Elogios para *Mapeamento de Experiências*

Segunda Edição

Jim Kalbach desmistifica a lógica visual por trás de cada artefato do "design thinking" ou do "workshop UX" com o entusiasmo intelectual de Edward Tufte. Kalbach dá significado e uma atenção fundamentada ao enorme blueprint de serviço que cobre uma parede inteira do seu escritório com modestas notas adesivas caídas no chão.
— John Maeda
Tecnólogo e autor de *How To Speak Machine*

É o livro que eu queria anos atrás. Fiz centenas de diagramas de alinhamento e mapas ao trabalhar com clientes e startups, e pareciam ruins e complicados. Jim solidifica os benefícios, esclarece os processos e dá exemplos visuais inspiradores que motivarão líderes de design e empresários a atenderem melhor seus clientes.
— Kate Rutter
Consultora, designer e professora de design de interação, California College of the Arts

Como saber que algo (música, filme, livro) é realmente bom? Sempre que você ouve, assiste ou lê descobre algo diferente: novo pensamento, novo insight, nova perspectiva. Há sempre novos insights. Este livro é exatamente assim. É o guia mais completo sobre como criar valor com mapas e diagramas que conheço e recomendo a meus colegas, alunos e parceiros.
— Yuri Vedenin
Fundador, UXPressia

O livro **Mapeamento de Experiências** *é o guia essencial para usar métodos de mapeamento centrados no ser humano para alinhar os stakeholders em silos de qualquer organização. Kalbach fornece com maestria uma filosofia de estruturação e instruções práticas, com uma boa associação de conselhos pragmáticos duramente conquistados, tudo em um pacote pronto para ser acessado e usado. É uma referência necessária para qualquer pessoa ou equipe que cria produtos e serviços no século XXI.*
— Andrew Hinton
Autor de *Understanding Context*

Nesta segunda edição, Jim expande o tópico do mapeamento que ele já tinha esmiuçado na primeira. Os insights de Jim dão clareza ao que, antes deste livro, era um monte de caixas e setas confusas.
— Leo Frishberg
Diretor, Phase II Design

É fácil abordar projetos de dentro para fora. Mapear uma experiência revela detalhes sobre as pessoas que usam seus produtos e serviços, podendo mudar seu ponto de vista para ver de fora para dentro e, por fim, resulta em soluções mais cuidadosas e impactantes.
— Frances Close
Chefe de design, Open Systems Technology

Não podemos criar uma UX até conhecermos a história que reúne usuário e experiência. O livro **Mapeamento de Experiências** *ajuda as pessoas a escolher os mapas, processos e estruturas certos para fazer o trabalho essencial da narrativa.*
— Torrey Podmajersky
Autor do livro *Redação Estratégica para UX*

Este livro é um tesouro com diagramas. Se você busca encontrar um adequado para suas necessidades específicas, ler este livro é o primeiro passo. Ele ensina a focar os conceitos básicos do alinhamento para que você não fique preso no labirinto de jargões.
— Saadia Ali
Consultora de CX e designer de jornadas na EPIC Consulting

Primeira Edição

O livro **Mapeamento de Experiências** *ajudará designers e usuários a compreender como visualizar as experiências e a ecologia do sistema no qual produtos e serviços existem com o cliente mais importante. Sua abordagem do tema é ampla e profunda. Os capítulos de análise e prática/uso conversam diretamente com o interesse atual nos artefatos visuais associados à estratégia e ao design de serviços.*
— Paul Kahn
Diretor do Experience Design, Mad*Pow, Autor de *Mapping Websites*

Como os designers lidam com serviços e sistemas cada vez mais complexos, a necessidade de mapeá-los visualmente é suprema. Há centenas de modos diferentes de mapear e diagramar as experiências, e elas estão trancadas em centenas de livros diferentes e documentos acadêmicos. Jim Kalbach colocou-as em um excelente livro que deve estar na mesa de todos os envolvidos na experiência do usuário, no design de serviço e nos negócios.
— Andy Polaine
Diretor de Design, Fjord

Adotar uma perspectiva de fora para dentro, desenvolver empatia com as pessoas para quem você dá suporte e criar visualizações dessa perspectiva é um trio poderoso para o futuro de sua organização. O trio permite apoiar as pessoas, interna e externamente, de uma maneira coordenada e com mais nuances. Também permite que você veja novos caminhos à frente para que possa desviar de sua concorrência. O livro de Jim é uma excelente explicação desse trio e inclui uma coleção de ferramentas que você pode usar imediatamente.
— Indi Young
Consultora, pesquisadora e coach de empatia *indiyoung.com*

Com o livro **Mapeamento de Experiências**, *Jim Kalbach fez um serviço incrível para qualquer pessoa que lida com os desafios de design complexos e sistêmicos. Ele não só documenta as melhores abordagens para o mapeamento das experiências, como também leva o assunto à frente, compartilhando suas ideias e experiências conquistadas com esforço sobre essa área da prática de design rica e ainda em evolução. O livro* **Mapeamento de Experiências** *será um guia essencial por muitos anos futuros.*
— Andrew Hinton
Autor de *Understanding Context*

Vivemos em uma época na qual as imagens têm mais poder que as palavras. Todos que trabalham nas áreas de experiência do cliente e de estratégia aproveitarão o aprendizado sobre como expressar as ideias visualmente, e o livro **Mapeamento de Experiências** *é um ótimo lugar para começar.*
— Victor Lombardi
Autor de *Why We Fail: Learning from Experience Design Failures*

Este livro oferece a abordagem certa para usar mapas como uma ferramenta na experiência de design e execução, ou seja, não há uma solução geral. Em vez de oferecer apenas uma ideia sobre como alinhar melhor suas equipes em torno da ideia de melhores experiências, Kalbach oferece diversas dicas, truques e processos para realmente fazer as coisas. Este é o manual prático que estava faltando. Os leitores encontrarão o caminho certo para seus desafios em particular, não um processo único para tentar adequar à sua situação. Todos podem se beneficiar com a leitura deste livro!

— Jeannie Walters
CEO e chefe de Investigação da Experiência do Cliente da 360Connext, escritora e oradora

Nossas experiências interagindo com empresas anônimas geralmente nos deixam doentes. O livro **Mapeamento de Experiências**, *se utilizado devidamente, poderá de fato fazer algo para eliminar o dar de ombros típico e a isenção de responsabilidade que enfrentamos — e ajudará designers e tomadores de decisão a se tornarem os heróis da experiência do cliente.*

— Lou Rosenfeld
Editora, Rosenfeld Media
Coautor de *Information Architecture for the Web and Beyond*

Kalbach dá clareza ao número crescente de visualizações focadas no cliente — também fornece aos leitores uma orientação prática para criar uma própria.

— Kerry Bodine
Coautora de *Outside In: The Power of Putting Customers at the Center of Your Business*

Reflexivo. Rigoroso. Claro. O livro **Mapeamento de Experiências** *de Jim Kalbach cria literalmente uma nova cartografia para que organizações e inovadores tenham uma navegação bem-sucedida dos processos de design. Seus temas essenciais do "planejar para alinhar" e "alinhar para planejar" abordam os principais problemas que vejo nas empresas que buscam organizar-se melhor em torno da experiência do usuário.*

— Michael Schrage
Pesquisador na iniciativa sobre a Economia Digital da MIT Sloan School
Autor de *Who Do You Want Your Customers to Become?*

Mapeamento de Experiências

O'REILLY®

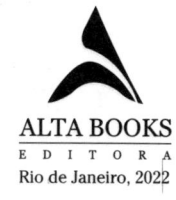

Mapeamento de Experiências

Segunda Edição

Um guia completo para alinhamento de clientes por meio de jornadas, blueprints e diagramas

Jim Kalbach

ALTA BOOKS
EDITORA
Rio de Janeiro, 2022

Mapeamento de Experiências – Segunda Edição

Copyright © 2022 da Starlin Alta Editora e Consultoria Eireli.
ISBN: 978-65-5520-859-7

Translated from the original Mapping Experiences. Copyright © 2021 James Kalbach. ISBN 978-1-492-07663-6. This translation is published and sold by permission of O'Reilly Media, Inc., the owner of all rights to publish and sell the same. PORTUGUESE language edition published by Starlin Alta Editora e Consultoria Eireli, Copyright © 2022 by Starlin Alta Editora e Consultoria Eireli.

Impresso no Brasil — 1ª Edição, 2022 — Edição revisada conforme o Acordo Ortográfico da Língua Portuguesa de 2009.

Todos os direitos estão reservados e protegidos por Lei. Nenhuma parte deste livro, sem autorização prévia por escrito da editora, poderá ser reproduzida ou transmitida. A violação dos Direitos Autorais é crime estabelecido na Lei nº 9.610/98 e com punição de acordo com o artigo 184 do Código Penal.

A editora não se responsabiliza pelo conteúdo da obra, formulada exclusivamente pelo(s) autor(es).

Marcas Registradas: Todos os termos mencionados e reconhecidos como Marca Registrada e/ou Comercial são de responsabilidade de seus proprietários. A editora informa não estar associada a nenhum produto e/ou fornecedor apresentado no livro.

Erratas e arquivos de apoio: No site da editora relatamos, com a devida correção, qualquer erro encontrado em nossos livros, bem como disponibilizamos arquivos de apoio se aplicáveis à obra em questão.

Acesse o site www.altabooks.com.br e procure pelo título do livro desejado para ter acesso às erratas, aos arquivos de apoio e/ou a outros conteúdos aplicáveis à obra.

Suporte Técnico: A obra é comercializada na forma em que está, sem direito a suporte técnico ou orientação pessoal/exclusiva ao leitor.

A editora não se responsabiliza pela manutenção, atualização e idioma dos sites referidos pelos autores nesta obra.

Dados Internacionais de Catalogação na Publicação (CIP) de acordo com ISBD

K14m Kalbach, Jim
   Mapeamento de Experiências: um guia completo para alinhamento de clientes por meio de jornadas, blueprints e diagramas / Jim Kalbach ; traduzido por Eveline Machado. – Rio de Janeiro : Alta Books, 2022.
   448 p. : il. ; 24m x 17cm.

   Inclui bibliografia e índice.
   ISBN: 978-65-5520-859-7

   1. Administração. 2. Organizações. 3. Clientes. I. Machado, Eveline. II. Título.

2022-698   CDD 658
                                        CDU 65

Elaborado por Vagner Rodolfo da Silva - CRB-8/9410

Índice para catálogo sistemático:
1. Administração 658
2. Administração 65

Atuaram na edição desta obra:

Tradução/Copidesque
Eveline Machado

Diagramação
Lucia Quaresma

Revisão Gramatical
Fernanda Lutfi
Vivian Sbravatti

Revisão Técnica
Vitor Perez
Designer de serviços e cofundador da Kyvo

Produção Editorial
Editora Alta Books

Diretor Editorial
Anderson Vieira
anderson.vieira@altabooks.com.br

Editor
José Ruggeri
j.ruggeri@altabooks.com.br

Gerência Comercial
Claudio Lima
claudio@altabooks.com.br

Gerência Marketing
Andrea Guatiello
marketing@altabooks.com.br

Coordenação Comercial
Thiago Biaggi

Coordenação de Eventos
Viviane Paiva
comercial@altabooks.com.br

Coordenação ADM/Finc.
Solange Souza

Direitos Autorais
Raquel Porto
rights@altabooks.com.br

Produtor Editorial
Thales Silva

Produtores Editoriais
Illysabelle Trajano
Larissa Lima
Maria de Lourdes Borges
Paulo Gomes
Thiê Alves

Equipe Comercial
Adriana Baricelli
Daiana Costa
Fillipe Amorim
Heber Garcia
Kaique Luiz
Maira Conceição
Victor Hugo Morais

Equipe Editorial
Beatriz de Assis
Brenda Rodrigues
Caroline David
Gabriela Paiva
Henrique Waldez
Marcelli Ferreira
Mariana Portugal

Marketing Editorial
Jessica Nogueira
Livia Carvalho
Marcelo Santos
Pedro Guimarães
Thiago Brito

Editora afiliada à: ABDR — ASSOCIAÇÃO BRASILEIRA DE DIREITOS REPROGRÁFICOS
ASSOCIADO CBL — Câmara Brasileira do Livro

ALTA BOOKS EDITORA
Rua Viúva Cláudio, 291 – Bairro Industrial do Jacaré
CEP: 20.970-031 – Rio de Janeiro (RJ)
Tels.: (21) 3278-8069 / 3278-8419
www.altabooks.com.br — altabooks@altabooks.com.br
Ouvidoria: ouvidoria@altabooks.com.br

Para minha mãe e meu pai

Para uma melhor visualização das imagens, você pode baixar o material complementar no site da Editora Alta Books (www.altabooks.com.br). Procure pelo título ou ISBN do livro.

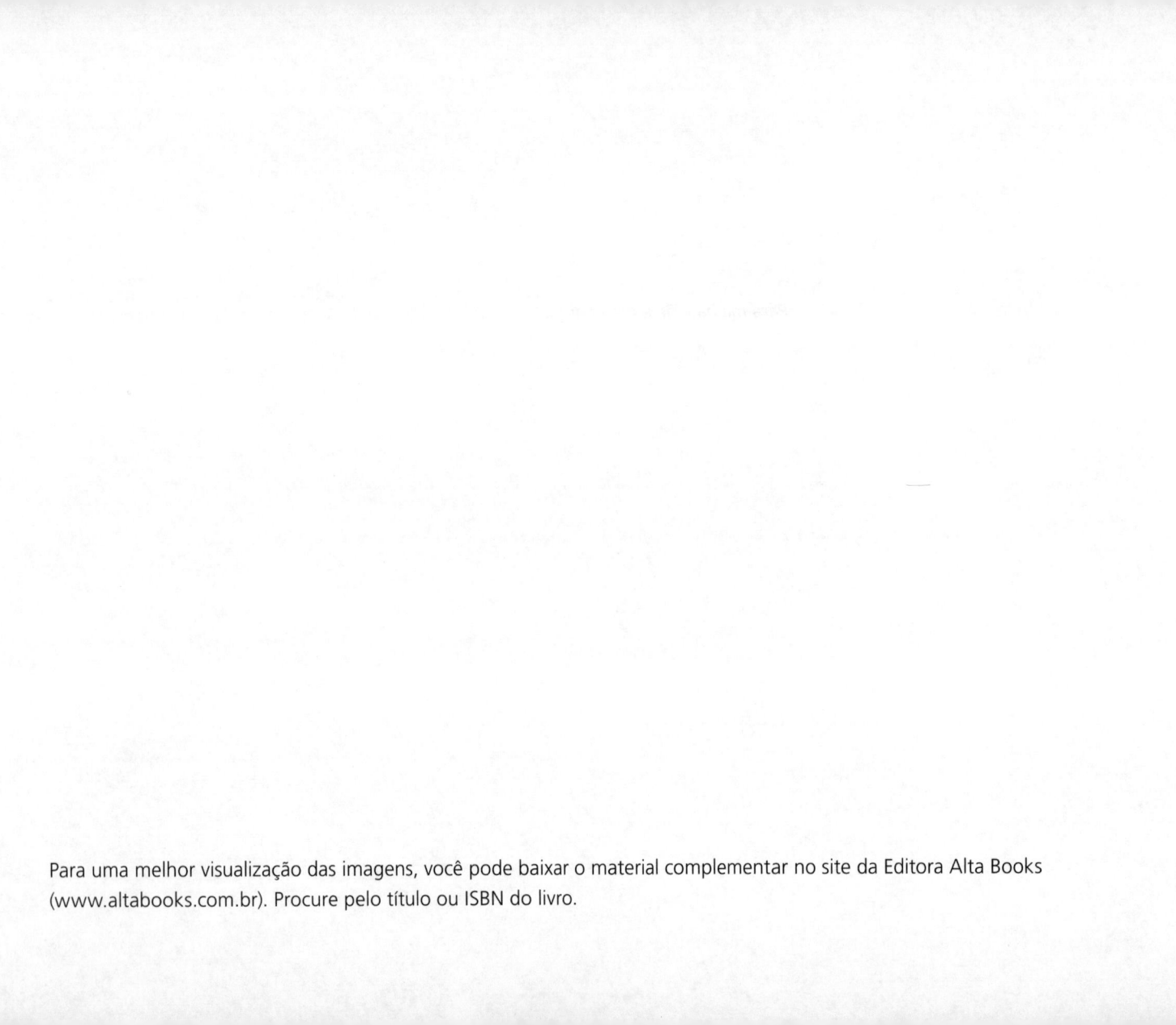

Sumário

Prefácio xv

PARTE 1: Visualizando o Valor

CAPÍTULO 1: Visualizando o Valor: Alinhar de Fora para Dentro 3
- Modelando Experiências — 4
- Diagramas de Alinhamento — 5
- Múltiplo Alinhamento — 12
- Foco ao Alinhar Valor — 13
- Princípios do Alinhamento — 18
- Benefícios dos Diagramas de Alinhamento — 19
- Estudo de Caso: Lutar contra o Extremismo Violento com Diagramas de Alinhamento — 25

CAPÍTULO 2: Fundamentos do Mapeamento de Experiências 31
- Estruture o Esforço de Mapeamento — 32
- Identifique os Pontos de Contato — 42
- Estudo de Caso: Mapeamento da Intervenção do Consumidor — Planejar Estratégias para a Economia Circular — 49

CAPÍTULO 3: Experiência do Funcionário: Alinhamento Interno 57
- Experiência do Funcionário — 58
- Mapeando a EX — 60
- Alinhe CX e EX — 65
- Estudo de Caso: Alinhando CX e EX para Criar uma Estratégia — 79

CAPÍTULO 4: Visualizando o Insight Estratégico 85
- Um Novo Modo de Ver — 86
- Mapeando a Estratégia — 96
- Estudo de Caso: Identificando Oportunidades: Combinando Diagramas do Modelo Mental e Jobs to Be Done — 113

PARTE 2: Processo Geral para o Mapeamento

CAPÍTULO 5: Comece: Iniciando um Projeto de Mapeamento 123

- Inicie um Novo Projeto — 124
- Escolha uma Direção — 128
- Qual É a Diferença? Mapas da Jornada do Cliente, Blueprints de Serviço e Mapas da Experiência — 136
- Defina o Esforço — 140
- Reunindo Tudo: Quais Técnicas São Necessárias e Quando? — 143

CAPÍTULO 6: Investigue: Torne Realidade 147

- Examine as Fontes Existentes — 148
- Entreviste Dentro da Organização — 152
- Crie um Diagrama Preliminar — 154
- Faça uma Pesquisa Externamente — 157
- Um Guia Rápido para Entrevistar — 163
- Analise os Dados — 165
- Análise Formal — 168
- Pesquisa Quantitativa — 168
- Estudo de Caso: Curadoria da Música: Pesquisa do Usuário e Diagramação na Sonos — 172

CAPÍTULO 7: Ilustre: Torne Visual 177

- Layout do Diagrama — 179
- Compile o Conteúdo — 182
- Design da Informação — 187
- Mostrando Suas Emoções — 197
- Ferramentas e Software — 200
- Estudo de Caso: Mapeando a Experiência de Teste em Laboratório — 207

CAPÍTULO 8: Workshops de Alinhamento: Descubra o Problema Certo para Resolver 215

- Ter Empatia — 216
- Business Origami — 218
- Prever — 222
- Avaliar — 226
- Estudo de Caso: Presumptive Design Alinha Equipes no Problema a Ser Resolvido — 231
- Facilitando um Workshop de Alinhamento — 233
- Estudo de Caso: Jogo do Mapeamento da Jornada do Cliente — 239

CAPÍTULO 9: Prever Futuras Experiências: Crie a Solução Certa 245

- Faça Experimentos — 245
- Ideias Supervalorizadas — 248
- Planeje a Nova Experiência com Mapas — 250
- Anseie por Transformar — 254
- Design Sprints — 264
- Estudo de Caso: Rápido Workshop Online de Mapeamento e Design — 266

PARTE 3: Tipos de Diagramas Básicos em Detalhes

CAPÍTULO 10: Blueprints de Serviço 273

- Visualizando os Serviços — 274
- Estendendo o Blueprint de Serviço — 276
- Abordagens Afins — 283
- Elementos de um Blueprint de Serviço — 289
- Estudo de Caso: Facilitando Sessões Colaborativas com um Blueprint de Serviço Prático — 293

CAPÍTULO 11: Mapas da Jornada do Cliente 299

- Mapas do Ciclo de Vida do Cliente — 305
- Modelos Relacionados — 307
- Elementos dos MJCs — 312
- Estudo de Caso: Mapeamento da História de Valor — Visão Alternativa aos MJCs — 316

CAPÍTULO 12: Mapas da Experiência 323

- Mapas da Experiência Híbridos — 326
- Modelos Relacionados — 331
- Elementos dos Mapas da Experiência — 343
- Estudo de Caso: Mapeando a Jornada da Violência Doméstica — 347

CAPÍTULO 13: Diagramas do Modelo Mental 353

- Diagramas do Modelo Mental — 355
- Abordagens Relacionadas — 362
- Elementos dos Diagramas do Modelo Mental — 366
- Estudo de Caso: Modelo Mental de uma Seguradora Inovadora — 368

CAPÍTULO 14: Modelos de Ecossistema 379

- Mapas do Ecossistema — 380
- Elementos dos Modelos de Ecossistema — 392
- Estudo de Caso: Criando um Mapa do Ecossistema de Serviços do Zero — 396

Referências 403

Índice 413

Prefácio da Segunda Edição

Minha jornada com mapeamento de experiências iniciou por volta de 2005, quando eu trabalhava na LexisNexis. Na época, a intenção era entender os fluxos de trabalho dos profissionais do setor jurídico. Havia pouco texto sobre mapeamento naquele tempo e fui forçado a percorrer abordagens diferentes sozinho. De várias formas, a primeira edição do livro *Mapeamento de Experiências* é a soma de muitos erros e observações ao longo do caminho.

O mapeamento ficou popular na última década, aproximadamente. Os stakeholders agora pedem "mapas da jornada do cliente" pelo nome, mesmo que não saibam exatamente o que estão solicitando. O mapeamento de experiências e campos afins — como design da experiência, design de serviço e gerenciamento de CX — estão amadurecendo rapidamente para acompanhar a demanda.

Conforme continuei a observar o campo, notei cinco tendências desde que o *Mapeamento de Experiências* foi publicado em 2016.

Em primeiro lugar, o mapeamento está deixando de ser uma atividade focada em entrega para focar a ação. Não significa *mapa* (substantivo), mas *mapear* (verbo). O designer se torna necessariamente um *facilitador* e o mapa passa a ser um trampolim para a noção coletiva girando em torno da experiência humana. Os Capítulos 8–9 foram reescritos para refletir melhor essa tendência e muitos estudos de caso incluídos nesta edição destacam como tornar o mapeamento mais útil.

Uma segunda tendência é um maior foco no design da experiência *multicanal* e no mapeamento do ecossistema. Embora eu tenha tocado nesses tópicos na primeira edição, a demanda aumentou muito. Reformulei um capítulo inteiro (Capítulo 14) para detalhar mais os diversos alinhamentos.

Terceira, também vi o mapeamento aplicado em cenários *não comerciais*. A noção de diagramar experiências foi usada em cenários sociais, governo e outros. Por exemplo, no fim do Capítulo 1, resumo meu envolvimento ao mapear as experiências de ex-extremistas violentos. Mas também vi o mapeamento sendo usado para lutar contra a falta de moradia, ajudar vítimas de tornado e até mesmo combater a violência doméstica. No fim das contas, o mapeamento de experiências não é só para design de software ou aplicações comerciais, mas para entender a condição humana.

Quarta, vemos a expansão do mapeamento como uma atividade de *gerenciamento*. A medição da experiência do cliente (CX) amadureceu um pouco, com várias ferramentas no mercado. Examino esse progresso no Capítulo 3 em alto nível. O tipo de mapeamento que defendo em *Mapeamento de Experiências* é mais abrangente, começando com o alinhamento da equipe e a exploração criativa de possibilidades. O mapeamento CX se contrapõe a isso, focando a quantificação e rastreando a experiência ao longo do tempo.

Por fim, houve um aumento drástico no foco da *experiência do funcionário* (EX) como um estímulo para ótimas experiências do cliente. Como o mapeamento tem uma função na EX, incluí um capítulo novinho sobre o assunto. É um campo rico, com corpo crescente de literatura e pesquisa, o suficiente para um livro inteiro. Assim, meu foco se limita a alguns conceitos essenciais de mapear a EX: em particular, alinhar EX e CX.

E mais, a pandemia da COVID-19 em 2020 mudou como trabalhamos de modo geral e, junto com isso, mudou a natureza do mapeamento da experiência. Primeiro, a pesquisa de mapeamento e os workshops precisam ser remotos. Como um defensor de longa data da colaboração remota, eu já tinha incluído algumas perspectivas sobre trabalho remoto na primeira edição do livro. Em um mundo pós-pandemia, o mapeamento online e a facilitação de sessões remotas farão parte do novo normal; como colaboramos no trabalho mudará para sempre.

Talvez o mais importante seja que a pandemia forçou as empresas a serem mais resilientes de muitas maneiras, desde gerenciar funcionários até encontrar novos caminhos para o sucesso. Mais uma vez, o mapeamento pode ajudar as equipes a priorizar de novo as jornadas do cliente existentes e a criar experiências completamente novas. Por exemplo, um supermercado pode usar o mapeamento para planejar e acelerar uma nova jornada de coleta online ou uma grande empresa poderia mapear o novo espaço do escritório e as interações do funcionário para uma EX mais segura.

Esta segunda edição do livro *Mapeamento de Experiências* foi muito atualizada para incluir informações atuais que reflitam essas tendências, assim como novos exemplos e referências estendidas.

Prefácio da Primeira Edição

"E começa o pingue-pongue."

Foi o que o cliente me disse sobre sua experiência com o processo de faturamento da empresa para a qual eu estava dando consultoria. Depois de me aprofundar e conversar com outros clientes, ficou claro o que ele queria dizer.

Aparentemente, a empresa era conhecida por enviar faturas incorretas. Encontrar uma solução geralmente era difícil para os clientes. Eles ligavam instintivamente primeiro para a central de atendimento, mas os agentes não tinham poder para corrigir os problemas nas faturas. Então, os clientes ligavam para seu representante de vendas, que não era responsável pelos problemas de faturamento. De modo relativamente rápido, os clientes entravam em um ciclo de comunicação irritante com a empresa.

Mas ficava pior.

O departamento de cobrança não suspendia os avisos programados. E eles não sabiam se um cliente tinha questionado uma fatura incorreta. Portanto, no meio da frustração dos clientes ao tentarem solucionar o problema de uma fatura incorreta, eles recebiam um aviso de vencimento.

Isso não só acrescentava insulto à ofensa, como também tornava a solução exponencialmente mais complicada: terceiros agora estavam envolvidos e o cliente ficava no meio. Pingue-pongue, de fato.

Isso não era raro. Foi fácil descobrir histórias parecidas com apenas algumas entrevistas extras com clientes. Uma pessoa com quem falei lembrou como ficou furiosa quando isso aconteceu. Ela estava pronta para cancelar um serviço vital para seu negócio por uma questão de princípio.

Como designer, acho desanimador ouvir tais histórias. Mas não é nenhuma surpresa. Tenho visto isso sempre: nas grandes organizações, um lado não sabe o que o outro está fazendo.

Minha pesquisa foi parte de um projeto maior de mapeamento da experiência que eu estava realizando. O esforço resultou em vários diagramas para ilustrar a condição atual dos clientes: um mapa da jornada completa e uma série de fluxogramas mostrando suas experiências passo a passo.

Para concluir o projeto, organizei um workshop com vários stakeholders de diversas funções: representantes de vendas, especialistas de marketing, gerentes comerciais, designers e desenvolvedores. Analisar as ilustrações nos permitiu entender a experiência do cliente em detalhes.

Intencionalmente, eu me coloquei no grupo da revolta ao examinar o fluxograma do faturamento, só para ver o que aconteceria. Todos foram bem até chegarmos no ponto em que uma fatura incorreta e avisos de vencimento foram enviados. Então, veio a indignação coletiva: "Como é possível?", perguntaram. Eles não sabiam que a empresa era capaz de provocar tanto sofrimento nos clientes.

Uma ação clara surgiu: implementar a capacidade de colocar um controle nas faturas que os clientes contestaram. Isso impediria que avisos de cobrança fossem enviados até o problema ser resolvido. O chefe do atendimento ao cliente teve uma proposta inicial para esse procedimento no fim do dia. No início, foi feito manualmente, mas, com o tempo, um controle automatizado foi necessário.

Naturalmente, o problema real era enviar faturas incorretas. Porém, mesmo que isso fosse corrigido, um problema mais fundamental e maior surgiu na discussão em equipe: a organização não estava conseguindo lidar com as reclamações do cliente e as solicitações entre os departamentos.

A partir desse incidente em particular, o gerente de vendas conseguiu relatar com facilidade outras histórias da solução de problemas não relacionados a vendas com os clientes. Isso desviava sua atenção das tarefas de vendas. E o representante do atendimento ao cliente descreveu que sua equipe muitas vezes não conseguia ajudar os clientes ao telefone imediatamente, e ainda enfrentava o impacto de sua raiva.

Reunindo-nos e conversando sobre a experiência real, fomos capazes de refletir sobre o desempenho da empresa como um provedor de serviços entre as funções, além desse incidente em particular. Ficou óbvio: a organização tinha problemas maiores e sistemáticos. Eles só apareceram depois de termos focado a experiência do ponto de vista do cliente.

Alinhamento para Valor

Poucas organizações desejam deliberadamente criar experiências ruins para as pessoas que elas atendem. Todavia, experiências como a descrita anteriormente acontecem o tempo todo.

Acho que o problema fundamental é o alinhamento: as organizações não têm sincronia com o que as pessoas atendidas realmente vivenciam.

A falta de alinhamento impacta a empresa inteira: as equipes ficam sem uma finalidade em comum e as soluções criadas ficam longe da realidade; o foco é a tecnologia, não a experiência, e a estratégia é imediatista.

As organizações alinhadas têm um modelo mental compartilhado do que estão tentando realizar. Elas têm obsessão por oferecer experiências surpreendentes para as pessoas atendidas.

Cada vez mais as pessoas escolhem produtos e serviços com base na experiência total que têm. Para atender às expectativas do mercado, é fundamental alinhar-se em torno da experiência completa.

Para conseguir alinhamento, enxergo três obrigações que as organizações devem seguir:

1. Veja suas ofertas de fora para dentro, não de dentro para fora.

   Trabalhando com dezenas de empresas, tenho visto equipes com as melhores intenções focadas demais nos processos internos. Elas se envolvem em uma excessiva introspecção organizacional. Muitas simplesmente não sabem pelo que os clientes estão realmente passando.

   Portanto, é necessário mudar o ponto de vista — de dentro para fora para de fora para dentro. As organizações devem ter uma clara compreensão das experiências que criam. Isso não está limitado apenas ao pessoal da linha de frente. Todos devem ter empatia pelas pessoas atendidas.

   Nesse sentido, ter *empatia* não é só sentir as mesmas emoções da outra pessoa. Empatia refere-se à capacidade de captar o que os outros estão experimentando e à capacidade de se colocar no lugar dos outros. Ter empatia pelos outros é reconhecer que a perspectiva deles é válida, mesmo que seja diferente da sua. Mas um pouco de empatia não é suficiente: as equipes devem cuidar *profundamente* de seus clientes e do que eles vivenciam.

Mais que isso, os membros de uma organização precisam internalizar os desejos e as motivações dos outros, e defender as pessoas atendidas, em tudo o que fazem. Eles precisam transformar a empatia em *compaixão* tomando uma ação para criar uma experiência geral melhor.

2. Alinhe as funções internas entre as equipes e os níveis.

    Os silos organizacionais impedem o alinhamento. As organizações alinhadas trabalham nos limites funcionais. Elas têm um foco rígido em fazer o que for necessário para assegurar que os integrantes tenham ótimas experiências.

    O alinhamento não se trata apenas de melhorias superficiais. São as ações coletivas do grupo inteiro, em todos os níveis. Os processos de retaguarda de uma organização têm tanta relação com a experiência geral quanto os pontos visíveis de interação que as pessoas veem.

    Em seu programa de TV, o chef Gordon Ramsay salva restaurantes falidos realinhando o estabelecimento inteiro. Normalmente, ele começa corrigindo a cozinha. Ele critica os cozinheiros pelo armazenamento incorreto da comida ou por terem um exaustor sujo sobre o fogão. As ações na cozinha influenciam a experiência que os clientes têm.

    As organizações alinhadas têm a cozinha em ordem. Elas se movem na mesma direção pela mesma causa: criar experiências brilhantes. Elas não focam partes da experiência. Elas consideram a interação completa. A soma das otimizações locais não assegura a otimização no nível global.

    Note que o "alinhamento" já é uma parte inerente do idioma da estratégia comercial. Em geral, os gerentes falam sobre alinhamento ascendente — fazer com que todos na organização trabalhem em direção a uma estratégia estabelecida de cima. Minha interpretação do termo foca o *alinhamento de valor*: ver primeiro o valor que uma organização precisa criar da perspectiva da pessoa e, então, descobrir a estratégia e a tecnologia necessárias para entregar esse valor.

3. Crie visualizações como referências compartilhadas.

    O desafio do alinhamento está na dificuldade de ver as interdependências na organização. Cada departamento pode funcionar bem sozinho. Mas, da perspectiva dos usuários, a experiência é um conjunto de interações que eles precisam navegar sozinhos.

    As visualizações são o principal dispositivo para interromper o pensamento em silo. Um diagrama da experiência do indivíduo serve como um modelo real no qual as equipes podem se apoiar. E, o mais importante, as visualizações permitem que o observador capte as relações entrelaçadas de uma só vez.

    Na história de abertura do prefácio, os gerentes de vendas e agentes de atendimento ao cliente tinham compartilhado separadamente seus obstáculos e ineficiências com os gerentes. Mas foi só quando os tomadores de decisão puderam ver os fatores conectados que o problema e a solução ficaram aparentes. Relatórios e slides não têm esse efeito de causa. As visualizações sim.

Mas as visualizações não dão respostas imediatas, elas estimulam conversas. Os diagramas são artefatos convincentes que atraem o interesse e a atenção das outras pessoas na organização. Eles são um meio de engajar os outros no debate. As visualizações apontam as oportunidades e servem como trampolim para a inovação.

Em um sentido mais amplo, as visualizações informam a estratégia. Elas são o principal modo de ver o mercado da perspectiva do cliente. O mapeamento de experiências não é uma ferramenta de design opcional; é uma obrigação para o alinhamento estratégico.

Finalmente, quando práticas como o desenvolvimento ágil do produto se estabelecem nas organizações, a necessidade de alinhamento só aumenta. Equipes pequenas e com autonomia precisam estar alinhadas com o resto da organização. Uma visualização convincente faz todos se moverem na mesma direção pelos mesmos motivos. A agilidade de sua organização depende da finalidade compartilhada.

Este livro é sobre possibilidades. Minha esperança é que ele expanda seu pensamento e sua abordagem para o mapeamento em geral.

Escopo deste Livro

Este livro é sobre um tipo de ferramenta que fornece às organizações ideias para seu produto mais amplo e ecossistemas de serviços. Chamo essas ferramentas de *diagramas de alinhamento* — um termo geral para qualquer mapa que busca alinhar a forma como as pessoas em um sistema interagem com esse sistema e seu provedor. Note que não há um método ou uma abordagem para criar diagramas de alinhamento. Ao contrário, você encontrará inúmeras opções dependendo do problema a resolver. O Capítulo 1 explica esse conceito com mais detalhes.

Este livro lida com as várias técnicas para o mapeamento de experiências, não um único método ou resultado. O foco está na *categoria* de diagramas que buscam coletivamente descrever a experiência humana. Muitas técnicas relacionadas estão incluídas aqui também.

Esses diagramas têm sido uma parte implícita do design e das disciplinas criativas por décadas. Na verdade, é possível que você já tenha usado diagramas de alinhamento como parte de seu trabalho.

Reformular as abordagens como ferramentas para o alinhamento organizacional enfatiza sua relevância estratégica. Elas ajudam a mudar a perspectiva da organização de dentro para fora para de fora para dentro. Ao fazer isso, ajudam a construir empatia e fornecem um modelo para uma tomada de decisão que inclui a condição humana.

Os diagramas de alinhamento também oferecem uma visão comum em toda a organização. Eles ajudam a criar consistência no pensamento e na ação entre todos os departamentos. Esse tipo de coerência interna determina o sucesso.

Para ser claro: os diagramas de alinhamento não são uma bala de prata, nem a única parte do alinhamento organizacional. Contudo, acredito que a história que eles contam contribui muito para a realização do alinhamento, em particular nas organizações maiores.

O conceito de *mapeamento* ajuda-nos a entender os sistemas complexos de interação, particularmente quando lidamos com conceitos abstratos, como a *experiência*. Mas o mapeamento de experiências não é uma única atividade limitada a um tipo de diagrama escolhido. Há muitas perspectivas e abordagens possíveis.

Nesse sentido, este livro é sobre *possibilidades*. Minha esperança é que ele expanda seu pensamento e sua abordagem para o mapeamento em geral.

Há muitos tipos de diagramas tratados aqui, cada um com nomes e informações diferentes. Não fique preso a rótulos. Muitas distinções são históricas e baseadas em qual termo foi inventado primeiro. Em vez disso, foque o alinhamento do valor, não uma técnica específica em detrimento de outra. É bem possível criar um novo tipo de diagrama que continua a desenvolver a prática. Encorajo que você faça isso.

O que Este Livro Não Aborda

Este livro não é sobre gerenciamento da experiência do cliente, design de serviço ou design da experiência do usuário. É sobre diagramas — modelos conceituais que abrangem esses campos de prática. A abordagem descrita aqui não é um *processo de design*, mas um processo de mapeamento independente da disciplina específica.

Também não é um livro sobre técnicas formais em design gráfico, design da informação ou ilustração. Há volumes de recursos sobre design gráfico e ilustração muito mais detalhados do que eu ofereço aqui.

Finalmente, sei que há uma diferença técnica entre as palavras *mapa* (uma ilustração de onde as coisas estão) e *diagrama* (uma ilustração de como as coisas funcionam). Contudo, este livro não distingue as duas. Na prática, termos como *mapa da jornada do cliente* e *mapa da experiência* são, de fato, inadequados. Mas são tão usados que a distinção entre mapa e diagrama se torna irrelevante.

Público do Livro

Este livro é para qualquer pessoa envolvida no planejamento completo, no design e no desenvolvimento de produtos e serviços. É para quem precisa de uma visão global do ecossistema no qual suas ofertas estão situadas. Isso inclui designers, gerentes de produtos, gerentes de marcas, especialistas em marketing, estrategistas, empreendedores e empresários.

Independentemente de seu nível de habilidade no mapeamento, há algo para você no livro. As etapas e os processos descritos aqui são básicos o bastante para os iniciantes começarem a criar diagramas. As técnicas relacionadas devem dar novos insights para os especialistas também.

Nota sobre os Diagramas

Tive muito cuidado em fornecer vários diagramas neste livro que refletem as diferentes abordagens para o mapeamento de experiências. Meu interesse está em fornecer exemplos inteiros e completos para que você possa vê-los totalmente. Embora eu tenha tido uma atenção extrema na exibição e na clareza de cada diagrama, em alguns casos, nem todos os textos são legíveis. Veja as referências nos créditos da imagem e no livro para localizar os originais online, onde estiverem disponíveis. Também o encorajo a encontrar e reunir seus próprios exemplos para ter inspiração e orientação.

Divisões do Livro

A segunda edição do livro se divide em três partes.

Parte 1: Visualizando o Valor

A Parte 1 fornece uma visão geral e informações sobre o conceito dos diagramas de alinhamento:

- O Capítulo 1 apresenta o termo *diagrama de alinhamento* como uma classe de documento que busca alinhar visualmente a experiência de uma pessoa com os serviços de uma organização. Ele foca os conceitos do alinhamento de valor e o design centrado no valor.
- O Capítulo 2 analisa os principais elementos do *mapeamento de experiências*, dividindo-os em componentes individuais.
- O Capítulo 3 apresenta o tópico mais amplo do design da experiência com um foco em particular na *experiência do funcionário*.
- O Capítulo 4 lida amplamente com o tópico da *estratégia* em geral e o papel da visualização na criação de estratégia.

Parte 2: Processo Geral para o Mapeamento

A Parte 2 detalha um processo geral para criar diagramas de alinhamento, dividido em quatro fases: iniciar, investigar, ilustrar e alinhar. Depois de entender e criar empatia com a experiência atual, idealizamos quais podem ser as futuras experiências:

- O Capítulo 5 detalha como *iniciar* um projeto de mapeamento, inclusive as principais considerações ao estruturar efetivamente o esforço.
- O Capítulo 6 descreve como *investigar* e realizar a pesquisa antes de criar um diagrama.
- O Capítulo 7 fornece uma visão geral de como *ilustrar* um diagrama.
- O Capítulo 8 lida com o uso de diagramas para *alinhar* as equipes em um workshop a fim de explorar e entender o problema a ser resolvido antes de desenvolver uma solução.

- O Capítulo 9 apresenta várias técnicas complementares usadas junto com os diagramas de alinhamento para *idealizar futuras experiências* e tornar o mapeamento útil por meio da experimentação, do design e do desenvolvimento.

Parte 3: Tipos de Diagramas Básicos em Detalhes

A parte final do livro apresenta alguns tipos específicos de diagramas em detalhes e uma visão geral histórica de cada um:

- O Capítulo 10 apresenta os *blueprints de serviço,* o tipo mais antigo de diagrama tratado aqui.
- O Capítulo 11 foca os *mapas da jornada do cliente*, incluindo investigações na tomada de decisão e funis de conversão.
- O Capítulo 12 lida com os *mapas da experiência* e faz uma análise dos mapas do trabalho e dos fluxogramas.
- O Capítulo 13 explora os *diagramas do modelo mental*, conforme trabalhados por Indi Young. Há também análises da teoria fundamentada, arquitetura da informação e diagramas relacionados.
- O Capítulo 14 examina os *mapas do ecossistema* ou diagramas que buscam visualizar um sistema amplo de entidades e as interações entre elas.

Sobre o Autor

Jim Kalbach é um autor famoso, orador e instrutor de UX design, arquitetura da informação e estratégia. Atualmente, é chefe de Experiência do Cliente na MURAL, o principal serviço online de criação de diagramas, e também consultor em grandes empresas, como eBay, Audi, SONY, Citrix, Elsevier Science, LexisNexis e outras. Jim tem mestrado em Biblioteconomia e Ciência da Informação, e em Teoria Musical e Composição, ambos pela Universidade de Rutgers.

Antes de voltar aos Estados Unidos em 2013, depois de viver por 15 anos na Alemanha, Jim foi cofundador e organizador por muito tempo das conferências de Arquitetura de Informação Europeia. Ele também é cofundador da IA Konferenz, um importante evento de UX design na Alemanha. Antes, Jim era editor assistente no *Boxes and Arrows*, um ilustre jornal com informações sobre UX. Ele também fez parte do comitê consultivo do Instituto de Arquitetura da Informação em 2005 e 2007.

Em 2007, Jim publicou seu primeiro livro completo, *Design de Navegação Web*, e em 2020 lançou o livro muito popular *The Jobs To Be Done Playbook* (Rosenfeld Media). Ele tem um blog em *experiencinginformation.com*, Twitter em *@JimKalbach*, realiza workshops e cursos online com The JTBD Toolkit (*www.jtbdtoolkit.com*). Todos os sites indicados no livro possuem conteúdo em inglês.

Agradecimentos da Segunda Edição

A escrita é solitária; a publicação de um livro é colaborativa. É incrível a quantidade de pessoas envolvidas. Agradeço a todas. Espero não esquecer ninguém.

Primeiro, gostaria de agradecer às pessoas na O'Reilly que possibilitaram este projeto, em particular Angela Rufino, Kristen Brown, Ron Bilodeau e Rachel Head.

Também estou agradecido aos revisores por seu feedback. Primeiro gostaria de agradecer especialmente aos revisores técnicos principais:

- Leo Frishberg fez considerações e deu um feedback crítico na primeira e na segunda edições do livro *Mapeamento de Experiências*.
- A análise cuidadosa de Kate Rutter da segunda edição adicionou novas perspectivas e informações que eu incorporei com alegria.
- Nathan Lucy deu um feedback muito minucioso e preciso, como o esperado, me levando a refletir bastante sobre como eu atualizaria esta segunda edição.

Obrigado a todos pela leitura detalhada do livro!

Recebi grandes insights de muitos outros revisores também. Obrigado a Andrew Hinton, Victor Lombardi, Ghulam Ali, Saadia Ali, Yuri Vedenin, Torrey Podmajersky, Ellen Chisa, Frances Close e Christian Desjardins.

Os estudos de caso na segunda edição foram demasiadamente expandidos e atualizados. Sou muito grato pelas pessoas talentosas que concordaram em colaborar com este livro:

- Obrigado a Matt Sinclair por sua excelente técnica do Mapeamento de Intervenção do Consumidor e seu estudo de caso no Capítulo 2.
- Obrigado a Seema Jain por sua colaboração ao alinhar CX e EX em seu estudo de caso no Capítulo 3.
- Obrigado aos meus antigos colegas pelo estudo de caso no Capítulo 4: Jen Padilla, Elizabeth Thapliyal e Ryan Kasper.
- Obrigado a Amber Brown por seu estudo de caso da Sonos no Capítulo 6.
- Obrigado a Paul Kahn e Mad*Pow por seu excelente estudo de caso e seus belos diagramas no Capítulo 7.
- Um agradecimento especial a Leo Frishberg por sua descrição do Presumptive Design no Capítulo 8.
- Obrigado a Christophe Tallec por seu estudo de caso em Jogos da Jornada no Capítulo 9.
- Obrigado a Erik Flowers e Megan Miller por colaborarem em uma parte na técnica Blueprint de Serviço Prático no Capítulo 10.
- Obrigado a Michael Dennis Moore por nos apresentar o Mapeamento da História de Valor no Capítulo 11.
- Um agradecimento especial a Karen Woods por sua história incrível ao usar o mapeamento da experiência para ajudar a combater a violência doméstica no Capítulo 12.

- Mais uma vez obrigado a Indi Young pela descrição dos diagramas do modelo mental no Capítulo 13.
- Obrigado a Cornelius Rachieru por seu estudo de caso no Capítulo 14 sobre ecossistemas.

As figuras e as imagens tornam o livro *Mapeamento de Experiências* acessível e envolvente de modo único. Muitíssimo obrigado a todos os criadores que concordaram com a publicação dos diagramas no livro:

- *Parte 1:* Susan Spraragen, Carrie Chan, Chris Risdon, Indi Young, Andy Polaine, Gianluca Burgnoli, Tyler Tate, Gene Smith, Trevor van Gorp, Booking.com, Accelerom AG, Matt Sinclair, UXPressia, Chris McGrath, Rafa Vivas, Martin Ramsin, Sofia Hussain, Claro Partners, Clive Keyte, Michael Ensley, Alexander Osterwalder, Elizabeth Thapliyal, Seema Jain e Emilia Åström.
- *Parte 2:* Jim Tincher, Yuri Vedenin, UXPressia, Chris Risdon, Indi Young, Amber Braden, Eric Berkman, Sofia Hussain, Hennie Farrow, Craig Goebel, Jonathan Podolsky, Ebae Kim, Paul Kahn, Samantha Louras, Jess McMullin, Scott Merrill, Brandon Schauer, Erik Hanson, Jake Knapp, Christophe Tallec, Deb Aoki, Steve Rogalsky e Leo Frishberg.
- *Parte 3:* Brandon Schauer, Erik Flowers, Megan Miller, Susan Spraragen, Carrie Chan, Pete Abilla, Adam Richardson, Effective UI, Marc Stickdorn, Jakob Schneider, Kerry Bodine, Jim Tincher, Michael Dennis Moore, Sarah Brown, Diego Bernardo, Tarun Upaday, Gene Smith, Trevor van Gorp, Stuart Karten, Jamie Thomson, Megan Grocki, Karen Woods, Beth Kyle, Indi Young, Chris Risdon, Patrick Quatelbaum, Andy Polaine, Lavrans Løvlie, Ben Reason, Kim Erwin, Mark Simmons, Aaron Lewis, Wolfram Nagel, Timo Arnall, Paul Kahn, Julie Moissan Egea, Laurent Kling, Jonathan Kahn e Cornelius Rachieru.

Um agradecimento especial a Hennie Farrow pelo belo diagrama no Capítulo 7, mas também por fornecer o estilo do trabalho de arte nas duas edições do *Mapeamento de Experiências*. Obrigado, Hennie!

Enfim, gostaria de mostrar meu apreço a todos que deram feedback na primeira edição do livro *Mapeamento de Experiências*, seja online ou em meus workshops. É uma honra ter essa recepção positiva e por esta segunda edição ser possível. Obrigado!

O diagrama acima é um modelo em branco de um mapa de experiência multicanal criado por Chris Risdon e pelas pessoas na Adaptive Path — líderes nas técnicas de mapeamento da experiência (com permissão de "Anatomy of an Experience Map").

Neste livro, veremos como completar esta e outras ilustrações para ajudar a mudar o alinhamento da equipe de uma perspectiva de dentro para fora para uma de fora para dentro.

PARTE 1
Visualizando o Valor

Vejo isto sempre: as organizações ficam envolvidas em seus próprios processos e se esquecem de olhar para os mercados atendidos. A eficiência operacional é priorizada acima da satisfação do cliente. Muitos simplesmente não sabem pelo que seus clientes passam.

Mas estamos testemunhando uma mudança de grandes proporções.* Atualmente, os clientes não giram em torno do negócio; pelo contrário; hoje, os negócios devem descobrir como se adaptar às vidas de seus clientes. Isso requer uma mudança de mentalidade — com o que este livro pode lhe ajudar.

A Parte 1 aborda alguns dos aspectos fundamentais do processo de mapeamento.

Nota da editora: Durante a edição da versão em português da obra, optou-se pela manutenção dos diagramas em inglês quando são reprodução de diagramas de terceiros e/ou meramente ilustrativos.

Os *diagramas de alinhamento*, apresentados no Capítulo 1, são uma categoria de diagrama que reorienta as organizações. Eles ajudam a ir da visão "de dentro para fora" do mercado para uma perspectiva "de fora para dentro".

O Capítulo 2 lida com a abordagem geral para o *mapeamento de experiências*. Embora o conceito de "experiência" seja delicado, há um modo sistemático de capturar uma experiência no diagrama.

A melhor maneira de criar uma ótima experiência do usuário é incentivar atentamente uma excepcional *experiência do funcionário*. Esse é o tema do Capítulo 3, que mostra como usar técnicas de mapeamento para melhorar e inovar; ir além da mera satisfação e criar um senso de propósito entre os funcionários.

O Capítulo 4 examina como os diagramas apontam para novas oportunidades que indicam a *estratégia*. Eles representam um novo modo de ver o mercado, sua organização e sua posição nele.

---

* Veja, por exemplo, Steve Denning, "Why Building a Better Mousetrap Doesn't Work Anymore". Forbes (fev 2014).

"Você precisa começar com a experiência do cliente e voltar à tecnologia."

– Steve Jobs

NESTE CAPÍTULO

- Apresentação dos diagramas de alinhamento
- Design centrado no valor
- Princípios e benefícios do mapeamento
- Estudo de caso: Combater o extremismo violento com diagramas de alinhamento

CAPÍTULO 1

Visualizando o Valor: Alinhar de Fora para Dentro

As pessoas esperam algum benefício quando usam os produtos e os serviços que uma organização fornece. Elas querem realizar algum trabalho, resolver um problema ou experimentar determinada emoção. E, se perceberem que esse benefício é valioso, elas darão algo em troca — dinheiro, tempo ou atenção.

Para serem bem-sucedidas, as organizações precisam capturar algum valor com suas ofertas. Elas precisam ter lucro, maximizar o alcance ou melhorar sua imagem. A criação de valor é bidirecional.

Mas como localizamos a fonte de valor em tal relação? Simples. A criação de valor está na interseção da interação humana com o provedor de um serviço. É onde as experiências das pessoas em certo mercado cruzam com as ofertas de uma organização (Figura 1-1).

Há alguns anos, eu estava com dificuldades para determinar qual tipo de diagrama usar em um projeto: um mapa da jornada do cliente, um diagrama do modelo mental, um blueprint do serviço ou outra coisa. Depois de comparar vários exemplos, um conjunto parecido de princípios ficou aparente: esses digramas representam a equação da criação de valor de modos diferentes.

Exibir os pontos em comum de vários diagramas abriu possibilidades. Eu não estava preso a um método prescrito, preferindo outro. Percebi que o foco não deveria estar em uma técnica específica, mas no conceito mais amplo de alinhamento.

O mais importante é que consegui conectar os pontos entre os objetivos do negócio e os de design centrado no ser humano. Concentrar no *alinhamento* permitiu-me falar com gestores e stakeholders sobre como as experiências de mapeamento poderiam ajudá-los a atingir seus objetivos. Em pouco tempo, eu estava fazendo workshops com líderes seniores e mostrando meus diagramas aos CEOs.

A criação de soluções focando a interação entre as pessoas e as organizações representa uma perspectiva referida como *design centrado no valor*. Em seu artigo "Searching for the Center of Design", o especialista em design de serviço Jess McMullin define o design centrado no valor desta forma:

FIGURA 1-1. O valor está na interseção das pessoas e da oferta de uma organização.

O design centrado no valor começa uma história sobre uma interação ideal entre uma pessoa e uma organização, e os benefícios que cada uma consegue com essa interação.

Neste capítulo, apresento o conceito dos *diagramas de alinhamento* para descrever uma classe de diagramas que visualizam a história da interação entre pessoas e organização. No fim, você deverá ter uma boa compreensão sobre alinhamento do valor, os pontos em comum nos diferentes diagramas e os benefícios desse alinhamento.

Modelando Experiências

Em 1997, Steve Jobs voltou para a Apple como CEO. Em uma reunião na prefeitura, ele respondeu a uma pergunta sobre a tecnologia da empresa feita por um funcionário da Apple dizendo: "Você precisa começar com a experiência do cliente e voltar à tecnologia."*

Assim, ele deu a entender como mudaria a Apple: invertendo a equação-padrão de fornecer software. Em vez de inventar uma tecnologia e comercializá-la para os clientes, ele queria começar imaginando uma experiência ideal, e então encaixaria a tecnologia nessa experiência.

A estratégia deu certo, pelo menos para a Apple. Certas empresas demoraram para adotar essa mentalidade e outras ainda trabalham nessa direção. Embora simples a princípio, organizações tradicionais têm dificuldade para adotar uma nova visão de criação de valor.

Parte da dificuldade é que o conceito de "experiência" não tem uma definição precisa. As organizações não estão preparadas para lidar com conceitos subjetivos. Como uma equipe deve iniciar com uma experiência e voltar à tecnologia?

Uma maneira de entender "experiência" é criar um *modelo* que representa visualmente a experiência. Os modelos já são uma parte comum da inovação e do design. Por exemplo, um personagem representa as pessoas em certo mercado e um modelo de negócio representa como uma organização pode ser lucrativa.

Hugh Dubberly, um renomado designer e consultor de negócios, acredita que os modelos são um antídoto para a complexidade nas operações comerciais modernas. Mostrando todas as partes móveis de uma só vez, eles também ajudam as organizações a entender melhor seu campo de atuação e seus mercados. Ele explica:

> *[Na era da internet,] teoricamente, existem combinações infinitas e um cliente não faz a mesma coisa que outro. E são coisas que nunca terminam; elas continuam crescendo, mudando e sendo atualizadas constantemente de modo dinâmico. Um modelo é o que se tem quando reunimos tudo em uma visão para entender o que está acontecendo. Pode ser uma ótima ferramenta para gerenciar as equipes necessárias.*†

---

* Veja no YouTube "Steve Jobs Customer Experience" em *https://www.youtube.com/watch?v=r2O5qKZII50*.

† De uma entrevista com Hugh Dubberly feita por David Brown. Veja David Brown, "Supermodeler: Hugh Dubberly", *GAIN: AIGA Journal of Design for the Network Economy* (maio, 2000).

É razoável considerar que um modelo de experiência possa alinhar as perspectivas das pessoas que devem permitir essa experiência. Essa é a função do mapeamento de experiências: uma forma de narrativa visual que permite às equipes encontrarem soluções juntas.

Em geral, os diagramas coordenam os insights do mundo externo com as equipes de uma organização que criam produtos e serviços para atender às necessidades do mercado, ou seja, um modelo pode servir como uma articulação a partir da qual podemos pivotar do *espaço do problema* para o *espaço da solução*.

Diagramas de Alinhamento

Uso o termo *diagrama de alinhamento* para me referir a qualquer mapa, diagrama ou visualização que mostra os dois lados da criação de valor em uma única visão geral. É uma *categoria* de modelos que mostra a interação entre as pessoas e as organizações, tornando tangível e concreta uma circunstância (experiência humana) antes invisível e abstrata.

Logicamente, os diagramas de alinhamento têm duas partes (Figura 1-2). De um lado, eles mostram os aspectos da experiência de uma pessoa — uma representação do comportamento agregado em usuários arquetípicos. Por outro lado, os diagramas refletem as ofertas e os processos de uma organização. Os pontos de interação entre as duas são os meios da troca de valor.

FIGURA 1-2. Os diagramas de alinhamento têm duas partes: uma descrição de uma experiência e uma descrição das ofertas de uma organização, com a interação entre as duas.

Esses diagramas não são novos e já são usados na prática. Assim, minha definição do diagrama de alinhamento é menos uma proposição para uma técnica específica do que um conhecimento de como as abordagens existentes podem ser vistas de uma maneira nova e construtiva. Pode ser que você já tenha usado alguns dos exemplos comuns a seguir:

- Mapas de jornada do cliente.
- Blueprints de serviço.
- Mapas de experiência.
- Diagramas do modelo mental.

Veja, por exemplo, os *mapas da jornada do cliente* (MJCs). Eles mostram as experiências de uma pessoa como cliente de uma organização. Os MJCs costumam incluir três fases principais: ficar ciente de uma oferta, decidir adquiri-la e ser fiel ou parar de usá-la.

Mapa da Jornada do Cliente: Banco de Dados Mundial de Arquitetos

	Ficar Ciente	Tornar-se Cliente	Iniciar Serviço	Inserir Dados	Pesquisar Perfis	Atualizar Perfil	Pagar Fatura	Renovar/Atualizar
Ações	- Aprender na escola - Ver na primeira empresa - Ouvir de terceiros	- Considerar ROI - Assinar contrato	- Ter acesso - Aprender o básico	- Inserir informações - Verificar precisão	- Encontrar parceiros - Fazer contato	- Imprimir perfil - Fazer alterações	- Comparar com contrato - Enviar para o setor financeiro pagar	- Reconsiderar ROI - Renovar (ou cancelar)
Sentimentos	+ curioso - inseguro	+ pertencente - desconfiado	+ otimista - em dúvida	+ ansioso - confuso	+ confiante - inseguro	+ orgulhoso - chateado	+ cuidadoso - crítico	+ leal - resignado
Metas	Aumentar presença	Maximizar ROI	Maximizar eficiência	Minimizar esforço	Reduzir risco de parceiros abaixo do padrão	Manter imagem	Assegurar pagamento correto	Expandir serviço
Pontos Críticos	- Confusão da marca - Alto custo	- Marketing sem trabalho primário	- Tempo para treinamento - Velocidade, formatação	- Sistema lento - Tempo de divulgação	- Ensinar terceiros - Marketing por "spam"	- Verificar alterações - Sem aviso	- Faturas incorretas - Avisos	- Desconhecer serviços
PONTOS DE CONTATO	ANÚNCIOS NA MÍDIA SOCIAL	E-MAIL	TELEFONE / DIRETO	ADMIN	BUSCAR	E-MAIL / CALENDÁRIO	E-MAIL / TELEFONE	FOLHETO
Atividades por DEPARTAMENTO	MARKETING inicia campanhas VENDAS promovem serviços	MARKETING gera clientes para VENDAS Possível VENDA, faz primeiro contato DIRETOR assina contrato	VENDAS enviam contrato para central ENTRADA DO PEDIDO ativa conta ATENDIMENTO AO CLIENTE	GER. CONTA ajuda a tirar o máximo do sistema GER. CONTA aprova info.	GER. CONTA sugere parceiros	VENDAS mostram novos recursos MARKETING promove novos serviços DIRETOR promove novos recursos	COBRANÇA envia fatura VENDAS respondem à emissão de fatura SUPORTE AO CLIENTE responde à emissão COBRANÇA envia avisos	MARKETING envia aviso de renovação VENDAS contatam CLIENTE para renovação DIRETOR assina contrato
PONTOS FORTES	Nome conhecido	Banco de dados CRM	Entrada rápida de pedidos	Facilidade de uso	Qualidade dos anúncios	Prazos do sistema	Faturas eletrônicas	Limpar lembretes
PONTOS FRACOS	Confusão da marca	Contatos demais	Longo tempo de divulgação	Desconhecer serviços	SEO em idiomas diferentes	Nenhum lembrete	Faturas erradas	Instruir terceiros
OPORTUNIDADES	Aumentar alcance	Melhor coordenação	Processo aperfeiçoado	Atualizar processo	Rede de conhecidos	Automação	Melhor coordenação	Cálculos do ROI
AMEAÇAS	Valor percebido	Soluções grátis	Integridade de dados do perfil	Uso pouco frequente	Outros motores de busca	Clientes esquecem	Tempo para resolver problemas	Interferência no marketing

(Pessoas / Interações / Organização)

FIGURA 1-3. Um simples mapa da jornada do cliente alinha a experiência da pessoa e a permissão de atividades na organização.

A Figura 1-3 mostra um MJC simples de um serviço de pesquisa para encontrar arquitetos fora do país. É uma versão modificada de um diagrama que criei para um projeto há muitos anos, ocultando o nome do produto e o da empresa. A intenção foi mapear o estado atual da experiência que os clientes tinham com o serviço.

As fases da interação são listadas no topo, começando com "Ficar Ciente" e indo até "Renovar/Atualizar". As linhas mostram várias facetas da experiência do cliente: ações, sentimentos, resultados desejados e pontos críticos.

A metade inferior mostra as principais atividades do departamento para dar suporte ou responder ao cliente. Uma análise dos pontos fortes e fracos, oportunidades e ameaças aparece abaixo. Os meios de interação são listados na linha central.

Em geral, ir da esquerda para a direita na cronologia mostra o alinhamento entre a experiência do cliente e os processos que se cruzam com essa experiência. A equipe com a qual trabalho no momento usou o diagrama a fim de identificar oportunidades para inovação e melhoria na jornada. Conseguimos resolver algumas barreiras maiores no consumo antes desconhecidas.

Os *blueprints de serviço* são outro tipo de diagrama, e mostram a cronologia de uma interação de serviço. A Figura 1-4 exibe um exemplo do que é chamado de "blueprint de serviço expressivo", criado por Susan Spraragen e Carrie Chan. Ele mostra as interações de um paciente quando ele vai ao oftalmologista.

A intenção foi mostrar explicitamente as emoções humanas em um atendimento. No exemplo, o paciente fica confuso com a prescrição, um efeito causado por dois estados emotivos: distração e ansiedade.

De novo, vemos as duas metades da equação: a experiência de fachada (rosa e roxo) e os processos nos bastidores da organização (verde e azul). O diagrama serve como uma ferramenta de diagnóstico para identificar as ineficiências do serviço e as fontes de melhoria para o cliente.

Os *mapas da experiência* são um tipo relativamente novo de diagrama de alinhamento se comparados com os MJCs e os blueprints de serviço. A Figura 1-5 mostra um exemplo do mapa da experiência criado por Chris Risdon, autor e formador de opinião em mapeamento de experiências. Esses mapas mostram as experiências das pessoas em certo assunto, nesse caso, um tour de trem pela Europa.

O foco não deve estar em uma técnica específica, mas no conceito maior do alinhamento de valor.

Na parte superior, ele descreve a experiência que as pessoas têm ao viajar. Na parte inferior, estão as oportunidades do provedor de serviço. Suas interações estão incorporadas no meio do diagrama. As equipes podem usar essa exibição para entender como vários serviços podem entrar no objetivo maior da pessoa. No caso, as ofertas da Rail Europe são mapeadas segundo a experiência do viajante.

Blueprint de serviço expressivo para visita ao oftalmologista

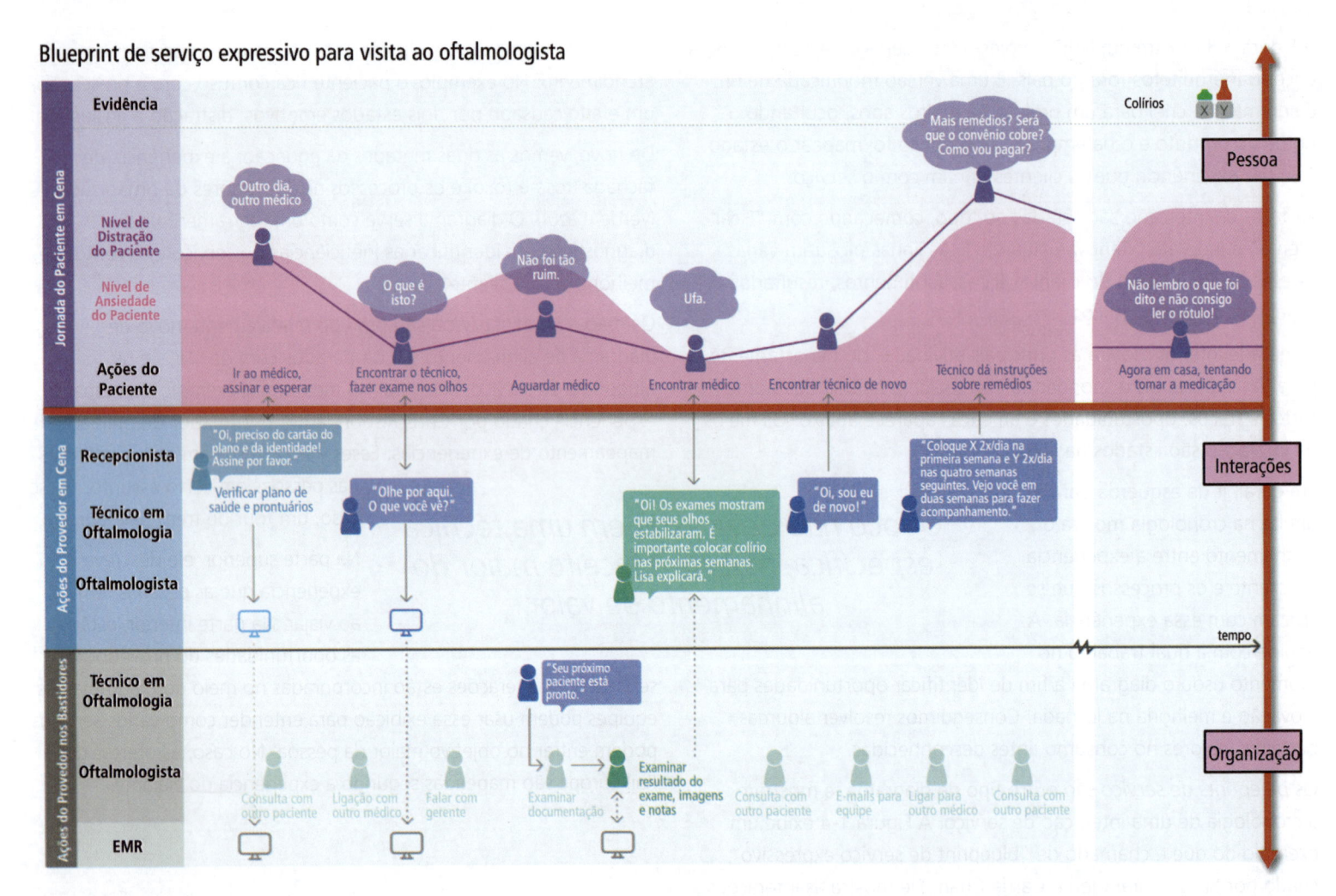

FIGURA 1-4. Este exemplo de um blueprint de serviço expressivo de Susan Spraragen e Carrie Chan mostra a consulta com um oftalmologista.

8   CAPÍTULO 1 Visualizando o Valor: Alinhar de Fora para Dentro

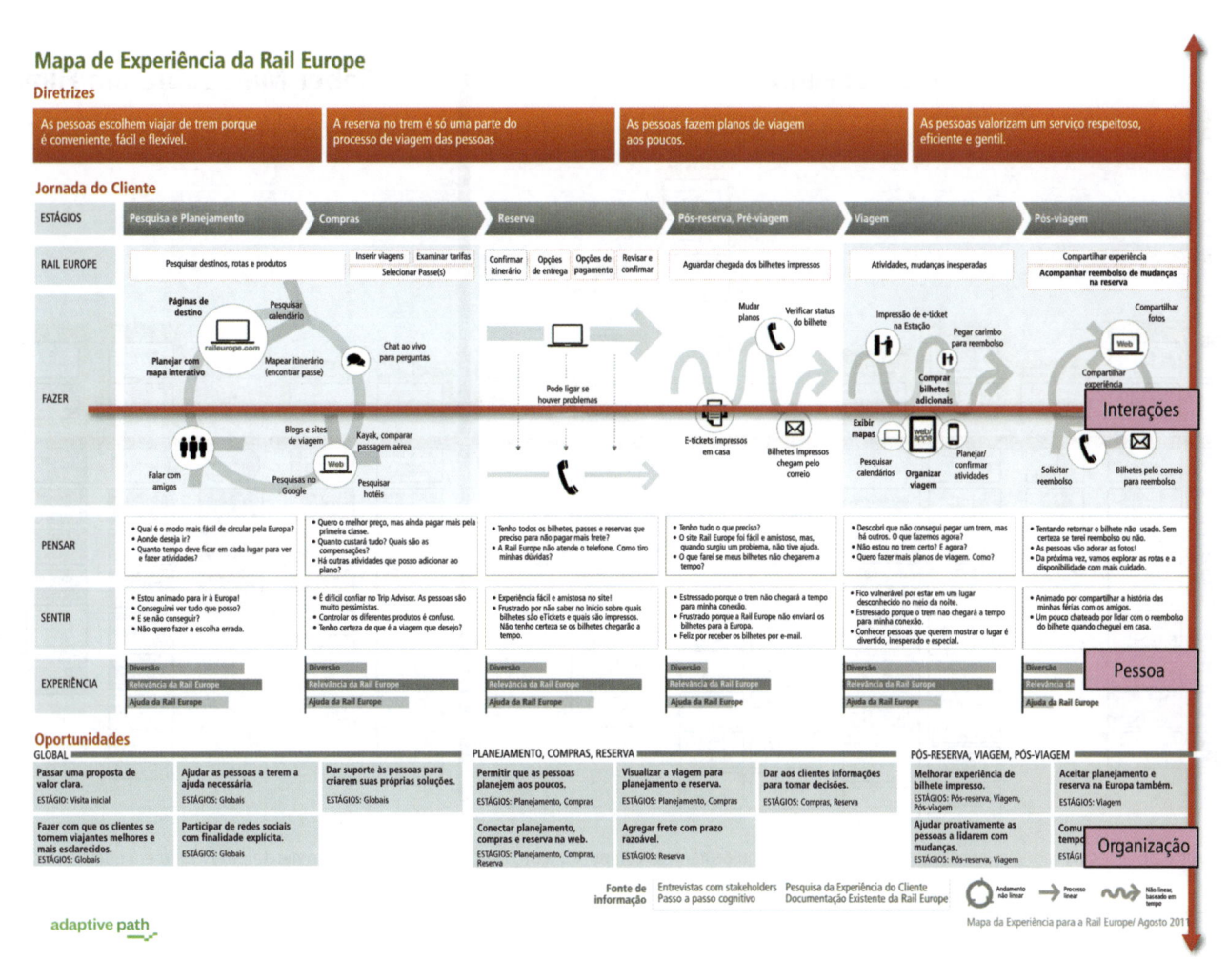

FIGURA 1-5. Este mapa de experiência da Rail Europe criado por Chris Risdon mostra o contexto maior de viajar na Europa.

Diagramas de Alinhamento

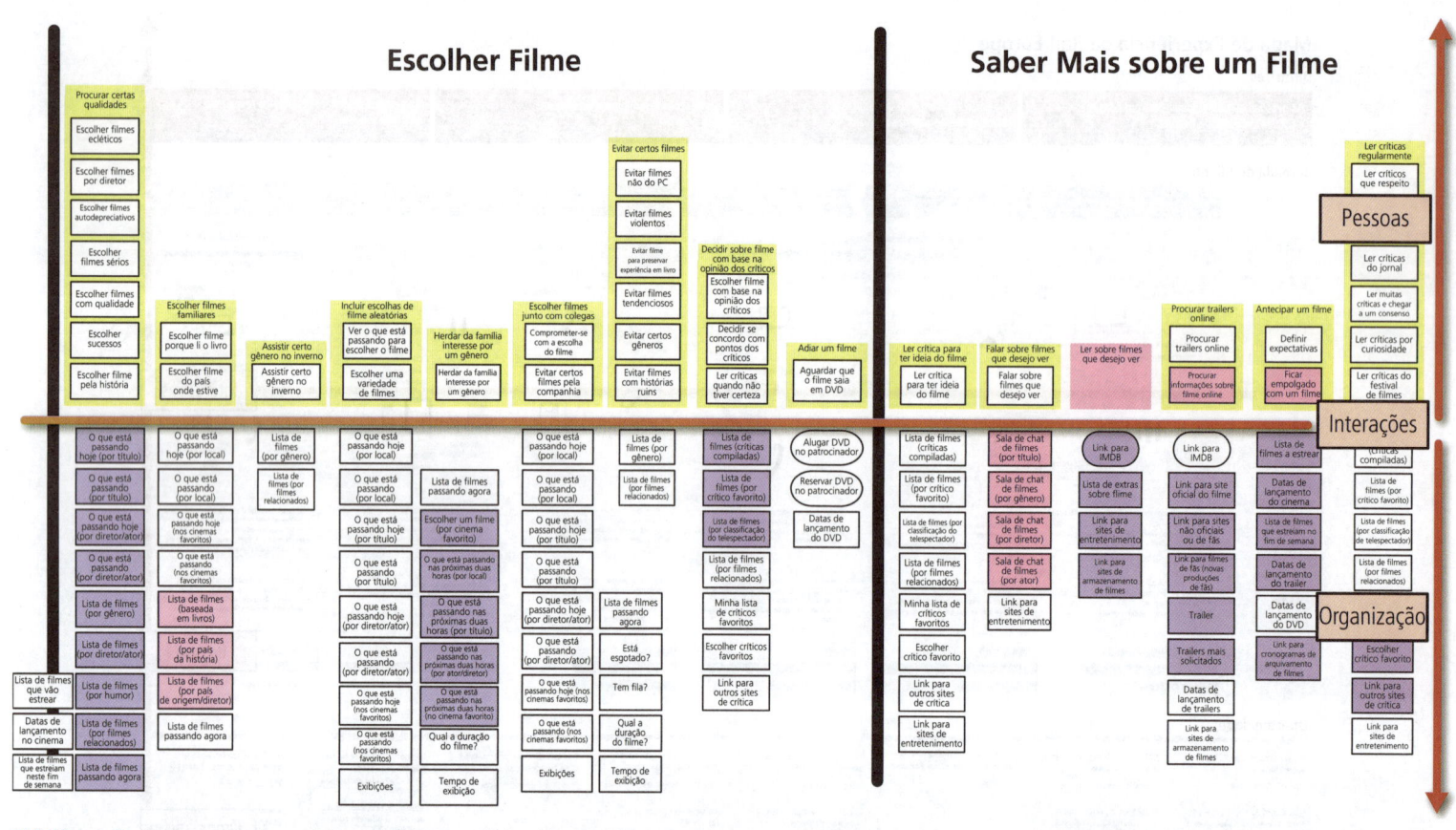

FIGURA 1-6. Os diagramas do modelo mental buscam alinhar hierarquicamente o comportamento do cliente e o suporte comercial, mostrado em duas metades.

Outros tipos também podem ser considerados diagramas de alinhamento. Por exemplo, um *diagrama do modelo mental* é a exploração ampla de comportamentos, sentimentos e motivações humanos. A abordagem foi explorada por Indi Young e detalhada em seu livro *Mental Models*. Geralmente, são diagramas muito grandes e, quando impressos, podem cobrir uma parede inteira. O exemplo na Figura 1-6 mostra uma parte de um diagrama do modelo mental para ir ao cinema.

Uma linha horizontal no meio divide o diagrama em duas partes. A parte superior mostra as tarefas, os sentimentos e as filosofias da pessoa, os quais estão agrupados por assunto no que são chamados de "torres", sendo, então, divididos em espaços objetivos (por exemplo, "Escolher Filme" e "Saber Mais sobre um Filme"). Os boxes abaixo da linha central mostram o suporte para atingir esses objetivos a partir de vários produtos ou serviços.

Os diagramas de alinhamento comunicam uma história agregada de comportamento e emoções típicos em um grupo parecido de pessoas. A forma como a história é contada difere entre os diagramas. Um mapa da jornada do cliente é útil para melhorar a experiência do cliente mostrando muitos pontos de contato ao longo do tempo; um blueprint de serviço detalha as etapas em um episódio do serviço e é muito adequado para otimizar o processo de provisão de serviços; um mapa da experiência mostra um contexto maior para ajudar a identificar como as ofertas se integram; e um diagrama do modelo mental revela as necessidades não atendidas, servindo como estímulo para soluções inovadoras.

Note que, em geral, a terminologia em torno dos diferentes tipos de diagramas de alinhamento é inconsistente: o que uma pessoa chama de mapa da jornada do cliente, outra chama de mapa de experiência ou blueprint de serviço. As linhas entre esses exemplos são muitas vezes tênues. Não se preocupe muito com rótulos. Foque o resultado desejado do esforço de mapeamento: o *alinhamento*.

A noção de diagramas de alinhamento tem um ponto em comum nesses exemplos. Conforme os campos da experiência do cliente, experiência do usuário e design do serviço evoluem e se sobrepõem, fica cada vez mais importante ter várias abordagens para resolver problemas ímpares, de modo a se adaptar aos novos desafios.

No fim, eles representam muitas tecnologias para mapeamento de experiências. Quando tais diagramas são criados com a perspectiva de fora para dentro, eles criam empatia e alinham a tomada de decisão. Como etnógrafos, observamos o mundo exterior e o codificamos. Mas, diferente deles, o resultado produzido não é um longo trabalho por escrito, mas uma visualização relativamente compacta que serve como um trampolim para a ação.

> *O principal modo de entender a "experiência" é criar um modelo que represente visualmente a experiência.*

Você escolhe a abordagem mais adequada para sua situação. Este livro ajuda a fazer isso e, nos próximos capítulos, eu o ajudarei a mapear melhor as experiências mais relevantes em seu caso.

Múltiplo Alinhamento

O mapeamento tende a focar um único ator e experiência. Mas a complexidade comercial moderna nos leva a ser mais inclusivos no escopo dos esforços de mapeamento. O múltiplo alinhamento (ou seja, alinhar entre vários atores e/ou diversos pontos de contato) é possível, mas as técnicas ainda estão se desenvolvendo.

Um modo que encontrei para mapear a experiência de *múltiplos atores* foi criar uma série de diagramas relacionados, mas separados, para cada segmento-alvo. Por exemplo, o eBay visa a dois grupos distintos de usuário: compradores e vendedores. É possível mostrar interações separadas como duas experiências interligadas, como na Figura 1-7. Uma comparação visual entre as duas experiências é possível analisando as partes superior e inferior de uma coluna que se estende nos diagramas (compare "Pegar pedido" com "Fazer pedido" na Figura 1-7).

Exper. Vendedor	Decidir vender	Anunciar item	Pegar pedido	Enviar produto	
Ações					
Pensamentos					
Sentimentos					
Exper. Comprador		Pesquisar item	Fazer pedido	Aguardar envio	Usar produto
Ações					
Pensamentos					
Sentimentos					

FIGURA 1-7. Para alinhar a experiência de vários atores, crie diagramas separados, mas relacionados, que possam ser exibidos juntos.

Também é possível mostrar a interação entre três ou mais atores em um diagrama, colocando o foco no processo geral, em vez de na experiência de certa pessoa. Andy Polaine, o principal especialista em design de serviços, expandiu os blueprints de serviço mapeando diversos atores simultaneamente. Sua abordagem é simples: adicione uma linha no diagrama para cada novo papel envolvido em um ecossistema de serviços, como na Figura 1-8.

Outro ponto no múltiplo alinhamento é mostrar a interação nos *múltiplos pontos de contato*. Gianluca Brugnoli, por exemplo, sugere criar uma matriz de pontos de contato, como na Figura 1-9, em seu artigo "Connecting the Dots of User Experience". Ele sobrepõe as interações de um ator nos possíveis pontos de contato em uma cronologia que não se move da esquerda para a direita, mas de modo circular nos pontos de contato. Mostrando uma sequência e os locais das interações, Brugnoli dá contexto para esse ponto em uma jornada.

Brugnoli acredita que o sistema é a experiência. É a soma de todos os pontos de contato, assim como as conexões entre eles. Ele escreve:

> *O desafio que se segue, logicamente, é criar as conexões. No cenário do sistema, o design deve ser principalmente focado em encontrar as conexões certas na rede e em suas partes, em vez de criar sistemas, ferramentas e serviços fechados e autossuficientes.*

Considere também o blueprint multicanal (Figura 1-10) criado por Tyler Tate, empreendedor e especialista em design de sistema de busca. Embora não inclua a riqueza visual de outros tipos de diagramas de alinhamento, ele alinha o comportamento do usuário (no topo do gráfico) com canais (verticais à esquerda) e o suporte da organização (linha inferior). Neste exemplo simples, mas esclarecedor, a taxonomia do produto se estende por todos os canais, destacando a necessidade de uma colaboração entre os departamentos.

Não importa a abordagem, os mesmos princípios básicos de alinhamento ainda se aplicam. A meta é coordenar visualmente fatores internos e externos do contexto no qual se opera. O resultado ajudará a alinhar as perspectivas das equipes que devem permitir a experiência pretendida. O Capítulo 14 explica em detalhes o design multicanal e o mapeamento do ecossistema.

O valor é um benefício percebido.

Foco ao Alinhar Valor

O magnata dos negócios Warren Buffett disse certa vez: "O preço é o que você paga, o valor é o que você obtém." Em outras palavras, o valor na perspectiva da pessoa é um conceito muito mais rico e dinâmico do que o custo, envolvendo o comportamento humano e as emoções. O valor é um benefício *percebido*.

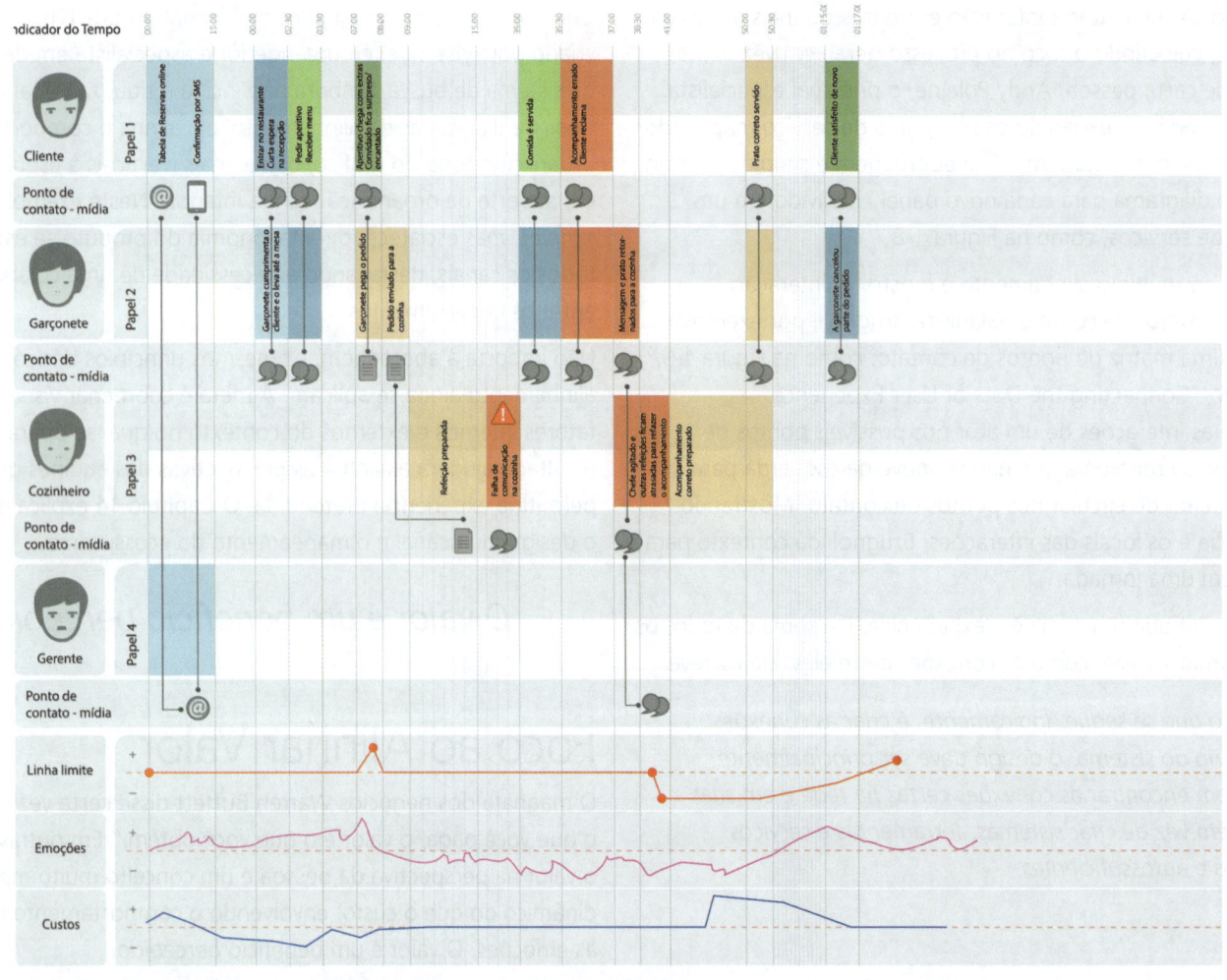

FIGURA 1-8. Este blueprint de serviço expandido de Andy Polaine inclui múltiplos atores, cada um em uma linha separada.

FOTOGRAFIA/LIGANDO OS PONTOS

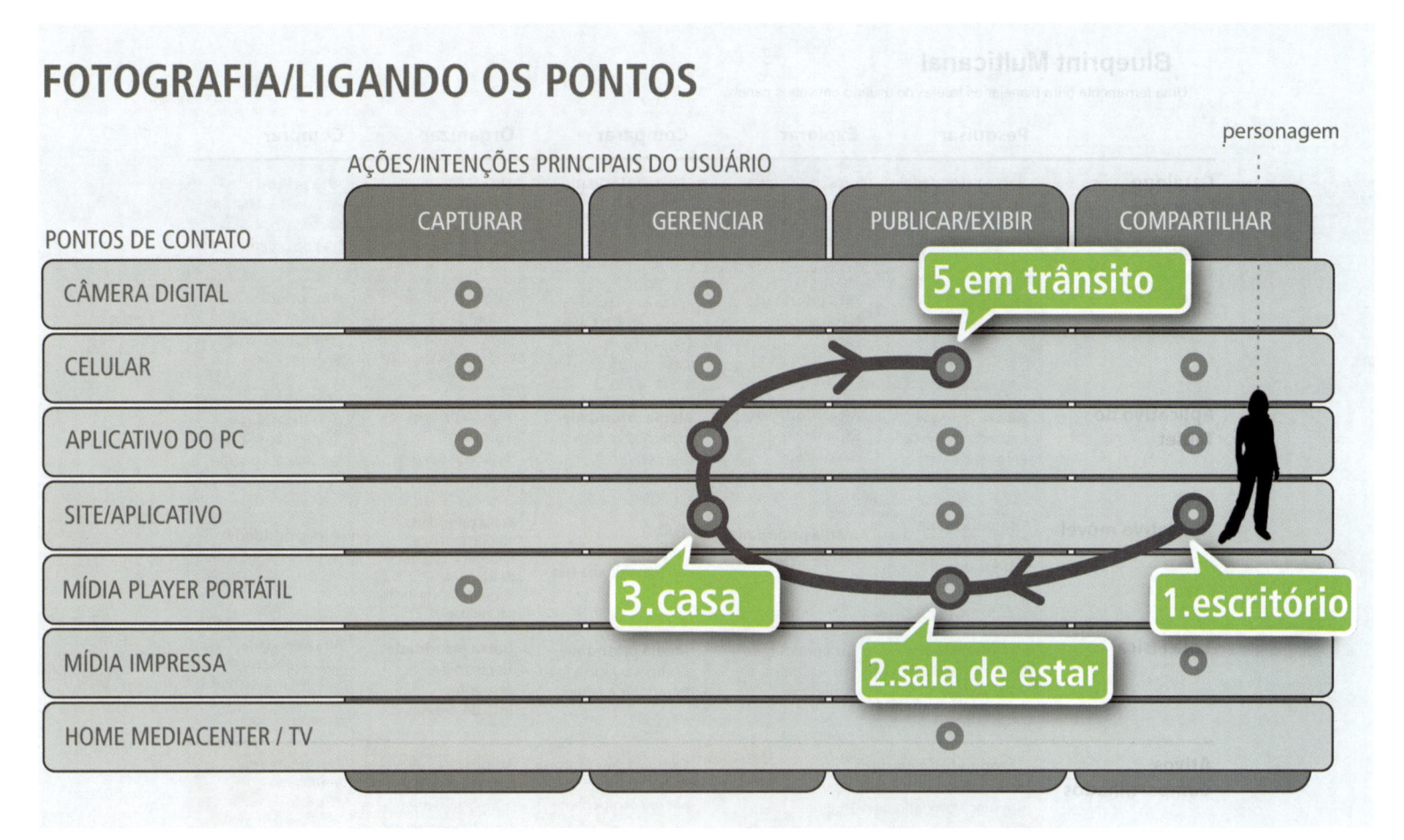

AÇÕES/INTENÇÕES PRINCIPAIS DO USUÁRIO

PONTOS DE CONTATO	CAPTURAR	GERENCIAR	PUBLICAR/EXIBIR	COMPARTILHAR
CÂMERA DIGITAL	○	○		
CELULAR	○	○	○ (5. em trânsito)	○
APLICATIVO DO PC	○	○	○	○
SITE/APLICATIVO		○ (3. casa)	○	○ (1. escritório)
MÍDIA PLAYER PORTÁTIL	○	○ (2. sala de estar)		○
MÍDIA IMPRESSA				
HOME MEDIACENTER / TV			○	

personagem

FIGURA 1-9. Este diagrama de experiência multicanal para uma fotografia criado por Gianluca Brugnoli mostra uma sequência de interações.

Foco ao Alinhar Valor

Blueprint Multicanal

Uma ferramenta para planejar as tarefas do usuário em vários canais.

	Pesquisar	Explorar	Comparar	Organizar	Comprar
Catálogo Impresso	Baixa prioridade Sumário Índice	Alta prioridade Fotografia imersiva	Baixa prioridade Paginar	N/D Paginar	Alta prioridade Pedido por telefone Pedido por e-mail Pedido online
Site	Alta prioridade Caixa de pesquisa	Alta prioridade Navegar por categoria	Alta prioridade Exibição em tabela dos itens selecionados	Alta prioridade Favoritos Lista de desejos/ registro de presentes	Alta prioridade Verificação-padrão Verificação expedida Pedido por telefone
Aplicativo do Tablet	Alta prioridade Caixa de pesquisa Entrada de voz	Alta prioridade Experiência de navegação como catálogo	Média prioridade Exibição em tabela dos itens selecionados	Média prioridade Favoritos Listas de desejos	Alta prioridade Verificação expedida Verificação-padrão
Aplicativo móvel	Alta prioridade Caixa de pesquisa Entrada de voz Scanner do código de barra	Média prioridade Navegar por categoria	N/D Impraticável devido ao tamanho da tela	Baixa prioridade Adicionar itens a favoritos e lista de desejos, mas disponibilidade limitada para editar	Alta prioridade Verificação expedida
Loja Física	Alta prioridade Limpar sinalização Mapa da loja Equipe prestativa	Alta prioridade Passear pelos corredores	Média prioridade Comparar lado a lado Perguntar à equipe	Baixa prioridade Registro de presentes/ lista de desejos	Alta prioridade Autoverificação assistida pelo atendente Escanear durante o processo
Ativos Compartilhados	Taxonomia do produto Todos os canais acionados por um único conjunto de categorias		Comparar mecanismo Web e tablet acionados por um componente	Favoritos Universais Lista de favoritos compartilhada pela Web, tablet, celular	Fluxograma da verificação Processo de verificação universal para Web, tablet e celular

Tylor Tate — sob Licença Não Adaptada Creative Commons Attribution 3.0

FIGURA 1-10. Este blueprint multicanal de Tyler Tate alinha o comportamento do usuário com canais e suporte organizacional.

As estruturas existentes ajudam a entender a natureza subjetiva do conceito. Os professores de marketing Jagdish Sheth, Bruce Newman e Barbara Gross* identificam cinco tipos de valor do cliente:

- O *valor funcional* se relaciona com a capacidade de realizar uma finalidade utilitária. O desempenho e a confiança são as principais considerações nesse tipo de valor.
- O *valor social* se refere à interação das pessoas, enfatizando o estilo de vida e a consciência social. Por exemplo, o Skype in the Classroom é um programa que visa a inspirar os alunos com oradores conhecidos que dão palestras a partir de locais remotos.
- O *valor emocional* enfatiza os sentimentos ou as respostas afetivas que uma pessoa tem durante a interação com as ofertas de uma organização. Por exemplo, os serviços de segurança dos dados pessoais exploram o medo do roubo da identidade ou da perda de dados.
- O *valor epistêmico* é gerado por um sentimento de curiosidade ou desejo de aprender. Esse tipo de valor enfatiza o crescimento pessoal e a aquisição de conhecimento. A Khan Academy, por exemplo, dá cursos online para as pessoas aprenderem em seu próprio ritmo.
- O *valor condicional* é um benefício que depende de situações específicas ou contextos. Por exemplo, o valor percebido de abóboras e fantasias de monstros aumentam condicionalmente antes do Halloween nos EUA a cada ano.

Além desses tipos, o estrategista de design e professor Nathan Shedroff aponta para o *significado* como uma forma do que ele chama de "valor premium".[†] Ele ultrapassa a mera novidade e o prazer, e vê a finalidade que produtos e serviços têm em nossas vidas. Os produtos e os serviços que fornecem experiências significativas nos ajudam a entender o mundo e nos dão uma identidade pessoal.

Junto com os coautores Steve Diller e Darrel Rhea, ele identifica 15 tipos de valor premium no livro *Making Meaning*:

1. *Realização.* O sentimento de orgulho ao alcançar os objetivos.
2. *Beleza.* A apreciação das qualidades estéticas que dão prazer aos sentidos.
3. *Comunidade.* Um sentimento de conexão com os outros à nossa volta.
4. *Criação.* A satisfação de ter produzido algo.
5. *Tarefa.* A satisfação de ter atendido a uma responsabilidade.
6. *Esclarecimento.* A gratificação de aprender um assunto.
7. *Liberdade.* Uma sensação de viver sem limites.
8. *Harmonia.* O prazer do equilíbrio entre as partes de um todo.
9. *Justiça.* A segurança de um tratamento correto e justo.
10. *Unidade. Um sentimento de unificação com pessoas e coisas à nossa volta.*

---

* Jagdish Sheth, Bruce Newman e Barbara Gross, *Consumption Values and Market Choices* (South-Western Publishing, 1991).

† Veja a conversa de Nathan Shedroff na Interaction South America sobre design e criação de valor: "Bridging Strategy with Design: How Designers Create Value for Businesses" (nov. 2014).

Princípios do Alinhamento

Compreender os aspectos comuns dos diagramas de alinhamento abre possibilidades: você não está limitado a uma abordagem, preterindo outra. Abaixo estão os princípios do alinhamento:

Mostre a visão geral.

Os diagramas de alinhamento focam o comportamento humano como parte de um ecossistema maior. Eles *não* são sobre a pesquisa do produto. Sempre que puder, veja o que as pessoas fazem, pensam e sentem em certo contexto.

Inclua múltiplas dimensões.

Os diagramas de alinhamento mostram várias facetas das informações simultaneamente. A parte "alinhamento" da técnica é sobre isso. Os aspectos comuns no lado do usuário incluem ações, pensamentos, sentimentos, estados de espírito, objetivos e pontos críticos. No lado da organização, os elementos típicos incluem processos, ações, objetivos e métricas, assim como atores ou papéis envolvidos.

Mostre como o valor é trocado.

Os diagramas de alinhamento expõem os pontos de contato e o contexto deles. As várias camadas de informação se reúnem para mostrar uma troca de valor. Como resultado, os diagramas de alinhamento criam o protótipo das experiências. É fácil percorrer os pontos de contato em câmera lenta, analisando as circunstâncias mais amplas em torno de cada interação.

Visualize a experiência.

Os diagramas de alinhamento mostram uma visão composta das experiências em uma visão geral gráfica. É a rapidez de uma visualização única que os torna poderosos. Um relatório de dez páginas ou slides com as mesmas informações não terá o mesmo impacto. As visualizações tornam os conceitos abstratos e invisíveis em uma "experiência do usuário" tangível.

Torne-o óbvio.

Os diagramas de alinhamento precisam de pouca ou nenhuma explicação. As pessoas podem ver um e orientar-se com relativa rapidez. Lembre-se de que um formato visual em si não garante simplicidade: você ainda terá que trabalhar muito para reduzir as informações para apenas os pontos mais destacados.

Assegure a relevância para a organização.

Os diagramas de alinhamento devem ser relevantes para a organização. Como o designer, você deve investigar e entender os objetivos, os desafios e os planos futuros da organização.

Faça pesquisas.

Os diagramas de alinhamento são fundamentados na investigação, e não criados isoladamente. Eles requerem certo contato com as pessoas no mundo real por meio de pesquisa e observação.

11. *Redenção*. Libertação das falhas do passado.
12. *Segurança*. Uma liberdade por não se preocupar com a perda.
13. *Verdade*. Um comprometimento com a honestidade e a integridade.
14. *Validação*. O reconhecimento externo da verdade de alguém.
15. *Surpresa*. A vivência de algo além da compreensão.

Os diagramas mostram a dinâmica humana da criação de valor em todos os níveis. Quando adotam a natureza subjetiva do valor, fornecem às organizações uma visão de fora para dentro do valor que elas realmente criam. Tente incluir uma indicação de como o valor é percebido da perspectiva da pessoa.

Como uma classe de documentos, os diagramas permitem visualizar e localizar o valor dentro do ecossistema de ofertas. Com isso, você pode perguntar: qual é a sua proposta de valor em cada ponto na experiência? Como a organização é significativamente única do ponto de vista do cliente? Qual significado você pode criar para os clientes?

Benefícios dos Diagramas de Alinhamento

Os diagramas de alinhamento não são uma panaceia. Eles não fornecem respostas definitivas de forma imediata. Pelo contrário, são visualizações convincentes que chamam a atenção das pessoas para conversas importantes sobre como criar valor. Seu maior objetivo é criar um diálogo inclusivo na organização, e não criar o diagrama em si. A partir dessa perspectiva, as experiências de mapeamento têm muitos benefícios em potencial:

Os diagramas de alinhamento criam compaixão pelos clientes.

Com frequência, é surpreendente ver como poucas organizações conhecem as experiências reais das pessoas quem atendem. Os diagramas de alinhamento trazem luz para as condições humanas no mundo real. Ao fazer isso, eles introduzem empatia na organização, porém o mais importante é levar a uma ação compassiva que visa a atender às necessidades das pessoas.

Bruce Temkin, líder do gerenciamento da experiência do cliente, enfatiza a relevância e a importância de tais atividades de mapeamento. Ele escreve em uma postagem de blog:

As empresas precisam usar ferramentas e processos que reforcem uma compreensão das necessidades reais do cliente. Uma das principais ferramentas nessa área é algo chamado de mapa da jornada do cliente... Usados adequadamente, esses mapas podem mudar a perspectiva de uma empresa "de dentro para fora" para "de fora para dentro".*

Examinar a organização de fora causa uma mudança de perspectiva, deixando-a mais sensível aos pensamentos e aos sentimentos das pessoas.

Esses diagramas fornecem uma "visão geral" comum.

Eles servem como uma referência compartilhada, ajudando a construir consenso. Nesse sentido, são ferramentas estratégicas: eles influenciam a tomada de decisão em todos os níveis e levam a uma consistência nas ações.

Por exemplo, Jon Kolko, agora parceiro no Modernist Studio, acha que os diagramas ajudam a endereçar o que ele chama de "atrito do alinhamento" — a tendência de sair de sincronia entre si. Ele escreve:

O modelo visual é uma das ferramentas mais eficientes para minimizar o atrito do alinhamento. Um modelo visual captura e congela um pensamento no tempo. Construindo um modelo visual, o alinhamento é descarregado e "congelado" no diagrama. Seus pensamentos, opiniões e visão mudarão, mas o diagrama, não. Portanto, você adicionou um limite de restrição à ideia, e uma ferramenta para visualizar concretamente como a visão do produto está mudando.†

Esse tipo de alinhamento é essencial ao projetar arquiteturas amplas de informação e compartilhar ambientes de informação. Esses diagramas podem fornecer um tipo de estrutura conceitual que permite às organizações conceberem serviços em escala.

E mais, os diagramas ajudam a manter uma visão geral comum quando as organizações trocam os colaboradores. Os membros da equipe podem ir e vir, e diagramas ajudam a manter a continuidade. Nesse sentido, eles também desempenham um papel de gerenciamento do saber.

Esses diagramas se dividem em silos.

As pessoas experimentam um produto ou um serviço de modo global. As soluções ideais podem cruzar facilmente as fronteiras dos departamentos de uma organização. As ilustrações da experiência do cliente costumam mostrar parcerias de divisões em uma organização. A discussão em torno delas desperta a colaboração entre os departamentos.

Mas cuidado: tais diagramas trazem verdades inconvenientes com eles. Os silos raramente são simples. O apontamento das falhas e fenômenos desconhecidos pode receber resistência. O

---

* Bruce Temkin, "It's All About Your Customer's Journey", Experience Matters blog (mar. 2010).

† Jon Kolko, "Dysfunctional Products Come from Dysfunctional Organizations", *Harvard Business Review* (jan. 2015).

alinhamento começa primeiro expondo inconsistências, depois convencendo outras pessoas a aceitá-las, não necessariamente para seu próprio benefício, mas em benefício do cliente.

Para grandes empresas, exibir várias funções da perspectiva individual é essencial para criar ótimas experiências do cliente.

Os diagramas de alinhamento são visualizações convincentes que chamam a atenção das pessoas para conversas importantes sobre como criar valor.

Os diagramas de alinhamento trazem foco.

Em um estudo de 2011 da Booz and Company,[*] a maioria dos 1.800 executivos pesquisados indicou que não conseguia focar a estratégia do negócio: eles se sentiam puxados em muitas direções. Como resultado, muitas empresas perdem a coerência.

Coerência na estratégia do negócio, ou incoerência, como costuma ser o caso, é o tema do livro *The Essential Advantage,* de Paul Leinwand e Cesare Mainardi. Após anos de pesquisa na estratégia corporativa, os autores concluíram:

Para desbloquear os benefícios da coerência, você precisa dar passos premeditados; reconsiderar sua estratégia atual, superar a separação convencional entre suas atividades externas e internas, e colocar sua organização no foco.

Os diagramas de alinhamento representam esse passo premeditado: por natureza, eles combinam esforços externos e internos. Assim, trazem foco e coerência para as organizações.

Diagramas de alinhamento revelam oportunidades.

As visualizações fornecem uma compreensão imediata, oferecendo ideias para oportunidades de criação de valor não notadas antes. Indi Young descreve esse potencial em uma resposta comum para seus diagramas do modelo mental dos stakeholders:

Convido executivos para virem às apresentações 15 minutos antes das outras pessoas, assim, eles podem ficar de frente para os diagramas na parede e andar da esquerda para a direita, fazendo perguntas enquanto apresento. Quando respondo às perguntas, explico como isso será usado para orientar o design do produto. Esse tipo de acompanhamento é rápido, direto ao ponto, e fica no contexto das oportunidades "perdidas" e "futuras" que os executivos geralmente focam. Muitos executivos disseram que nunca tinham visto antes todas essas informações coletadas de modo tão sucinto em um único lugar.[†]

---

[*] Booz and Company, "Executives Say They're Pulled in Too Many Directions and That Their Company's Capabilities Don't Support Their Strategy" (fev. 2011).

[†] Indi Young, *Mental Models* (Rosenfeld Media, 2009).

Embora os diagramas em si não forneçam uma solução imediata, sua apresentação para a equipe geralmente tem um efeito *eureca*. Eles apontam áreas para melhorias na eficiência operacional e no design da experiência, assim como expõem oportunidades para o crescimento. Os bons diagramas são convincentes e engajadores, fornecendo uma visão de fora para dentro da organização.

Diagramas de alinhamento desfrutam de longevidade.

Mapear uma experiência é uma atividade básica. Como os diagramas de alinhamento revelam as necessidades humanas e as emoções fundamentais, os dados não são voláteis. Quando concluídos, os diagramas tendem a não mudar com muita rapidez; geralmente, ficam válidos por anos. Dessa perspectiva, o mapeamento é mais bem-visto como um investimento com benefícios contínuos e de longo prazo, não como uma atividade no nível do projeto.

Diagramas de alinhamento vão além dos ambientes comerciais.

No sentido mais amplo da palavra, uma "experiência" reflete a condição humana, não apenas a relação do cliente com um provedor de serviço. Embora este livro foque os contextos comerciais, técnicas de mapeamento podem ser usadas em variadas situações, inclusive em campos sociais, no governo e outros. Vi o mapeamento sendo usado no design de aprendizagem, planejamento e melhoria urbanos, e ajudando a proteger o ambiente. As possibilidades são infinitas.

Resumo

Este capítulo apresentou o termo *diagramas de alinhamento*, uma categoria de diagramas que alinha visualmente as experiências das pessoas com uma organização. É um termo amplo para várias abordagens contemporâneas. Assim, os diagramas de alinhamento não são uma técnica específica ou método, mas uma recomposição das práticas existentes.

Os exemplos de diagramas de alinhamento incluem mapas da jornada do cliente, blueprints de serviços, mapas de experiência e diagramas do modelo mental. Existem mais exemplos mostrados neste livro. Da mesma forma que outros modelos usados no design de negócios, como o personas, os diagramas de alinhamento tornam concreto o abstrato.

Existem muitos benefícios para os diagramas de alinhamento:

- Quando devidamente elaborados, eles criam empatia e, por fim, *compaixão*, mudando a visão de uma organização "de dentro para fora" para "de fora para dentro".
- Os diagramas de alinhamento dão às equipes uma *visão geral comum*.
- O mapeamento de experiências ajuda a *quebrar os silos organizacionais*.
- As visualizações *trazem* o foco para as organizações.
- Os diagramas de alinhamento apontam para *oportunidades* de melhorias e inovação.

Os diagramas de alinhamento também desfrutam uma longevidade substancial. Eles são baseados nas necessidades e nas emoções fundamentais do ser humano. Quando concluídos, eles tendem a não mudar rapidamente. Por fim, esses diagramas vão além dos ambientes comerciais e podem ser aplicados em uma grande variedade de situações, nas quais é necessário entender as experiências.

Os diagramas de alinhamento são bases. Eles não fornecem respostas nem soluções diretamente, mas facilitam a conversa e estimulam uma reflexão mais profunda. Conforme aumenta a complexidade no negócio, tais abordagens não são mais opcionais: elas são ferramentas obrigatórias para as organizações aprenderem sobre as experiências que criam.

Mais Leitura

Chris Risdon e Patrick Quattlebaum, *Orchestrating Experiences* (Rosenfeld Media, 2018)

> *Esse livro abrangente apresenta o design de serviços de ponta a ponta com inúmeros exemplos e técnicas práticas. Embora a criação de um diagrama tenha um grande papel no processo, a abordagem dos autores vai além, mapeando a complexidade de alinhar organizações modernas. É um recurso muito recomendado.*

Gianluca Brugnoli, "Connecting the Dots of User Experience", *Journal of Information Architecture* (abr. 2009)

> *Brugnoli dá algumas dicas práticas sobre como mapear sistemas. O destaque do artigo é sua matriz da jornada do cliente. Ele observa: "A experiência do usuário ganha forma em muitos dispositivos interconectados, por meio de várias interfaces e redes usadas em diversos contextos e situações diferentes."*

Jess McMullin, "Searching for the Center of Design", *Boxes and Arrows* (set 2003)

> *Nesse artigo, McMullin nos leva a pensar além do design centrado no usuário e a adotar o design centrado no valor. Esse princípio fundamenta a noção básica dos diagramas de alinhamento.*

Jim Kalbach e Paul Kahn, "Locating Value with Alignment Diagrams", *Parsons Journal of Information Mapping* (abr. 2011)

Jim Kalbach, "Alignment Diagrams", *Boxes and Arrows* (set. 2011)

Esses dois artigos do autor são os textos mais concretos sobre diagramas de alinhamento como definidos neste livro. Eles são baseados em uma apresentação dada na conferência Arquitetura da Informação Europeia em Paris, em 2010. O primeiro teve como coautor Paul Kahn, que ajudou muito a desenvolver o conceito de diagramas de alinhamento.

Harley Manning e Kerry Bodine, *Outside In: The Power of Putting Customers at the Center of Your Business* (New Harvest, 2012)

Esse é um livro completo e excelente sobre o valor do design da experiência do usuário para os negócios. "A experiência do cliente está no centro de tudo que você faz — como você conduz seu negócio, o modo como as pessoas se comportam quando interagem com os clientes e entre si, e o valor fornecido", escrevem os autores. O mapeamento é a principal atividade para tomar ciência da experiência que os clientes realmente têm com a sua organização.

Lutar contra o Extremismo Violento com Diagramas de Alinhamento

Em novembro de 2016, me pediram para realizar um workshop de mapeamento para a Hedayah, uma ONG em Abu Dhabi envolvida em combater o extremismo violento (CEV). O projeto focava entender a experiência de ex-extremistas violentos, chamados "antigos", após eles se desligarem de seus grupos de ódio.

Os antigos são valiosos para os esforços do CEV. Eles conseguem ouvir "apitos de cães" (ou mensagens codificadas que parecem normais para o público em geral) e veem os grupos extremistas de dentro para fora. Além disso, atualmente as pessoas que procuram sair dos grupos de ódio costumam confiar nos antigos porque eles entendem o que significa se desligar.

Meu patrocinador teve a ideia de que mapear as experiências dos antigos traria insights sobre como recrutar mais deles. Uma busca por "mapeamento de experiências" os levou ao meu trabalho, e fui convidado a fazer o workshop. Aceitei o trabalho de graça e comecei a planejar minha viagem para Abu Dhabi e o workshop.

Conseguindo o Escopo Certo

Sem saber muito sobre extremismo violento, fiz uma investigação inicial sobre os ex-extremistas antes do evento. No mínimo, queria entender o suficiente para acompanhar os especialistas no campo, assim como esquematizar um mapa de experiência de hipótese a ser validado e concluído no workshop.

Mas minha exploração preliminar acabou saindo dos trilhos. Compreendi mal o dossiê e defini no nível errado a experiência a ser mapeada. A metade superior da Figura 1-11 mostra a experiência geral que comecei a mapear de modo errado, desde se tornar *radicalizado* até *desligado*, e então se *integrar* de novo na sociedade; basicamente todo o extremismo violento.

Percebi que era demasiado amplo para um único workshop e eu não conseguiria facilitar uma conversa com uma grande variedade de tópicos. Minha intuição estava certa, e eu esclareci o escopo com meu stakeholder em uma ligação seguinte.

A parte inferior da Figura 1-11 mostra o foco atualizado. É muito mais restrito, centrado especificamente no motivo de alguns antigos se envolverem em combater o ódio e outros não. Definir o escopo certo com o stakeholder principal foi essencial para o sucesso do projeto.

Realizando o Workshop

No workshop em Abu Dhabi, havia sete ex-extremistas de vários grupos, inclusive ex-supremacistas brancos, antigos membros da ex-Al-Qaeda e de gangues, todos tendo escolhido se envolver no combate ao ódio. E mais, havia nove outros participantes de diversas organizações CEV, inclusive do Departamento de Estado norte-americano e outras ONGs. Foi tenso para mim, pois não tinha certeza se funcionaria.

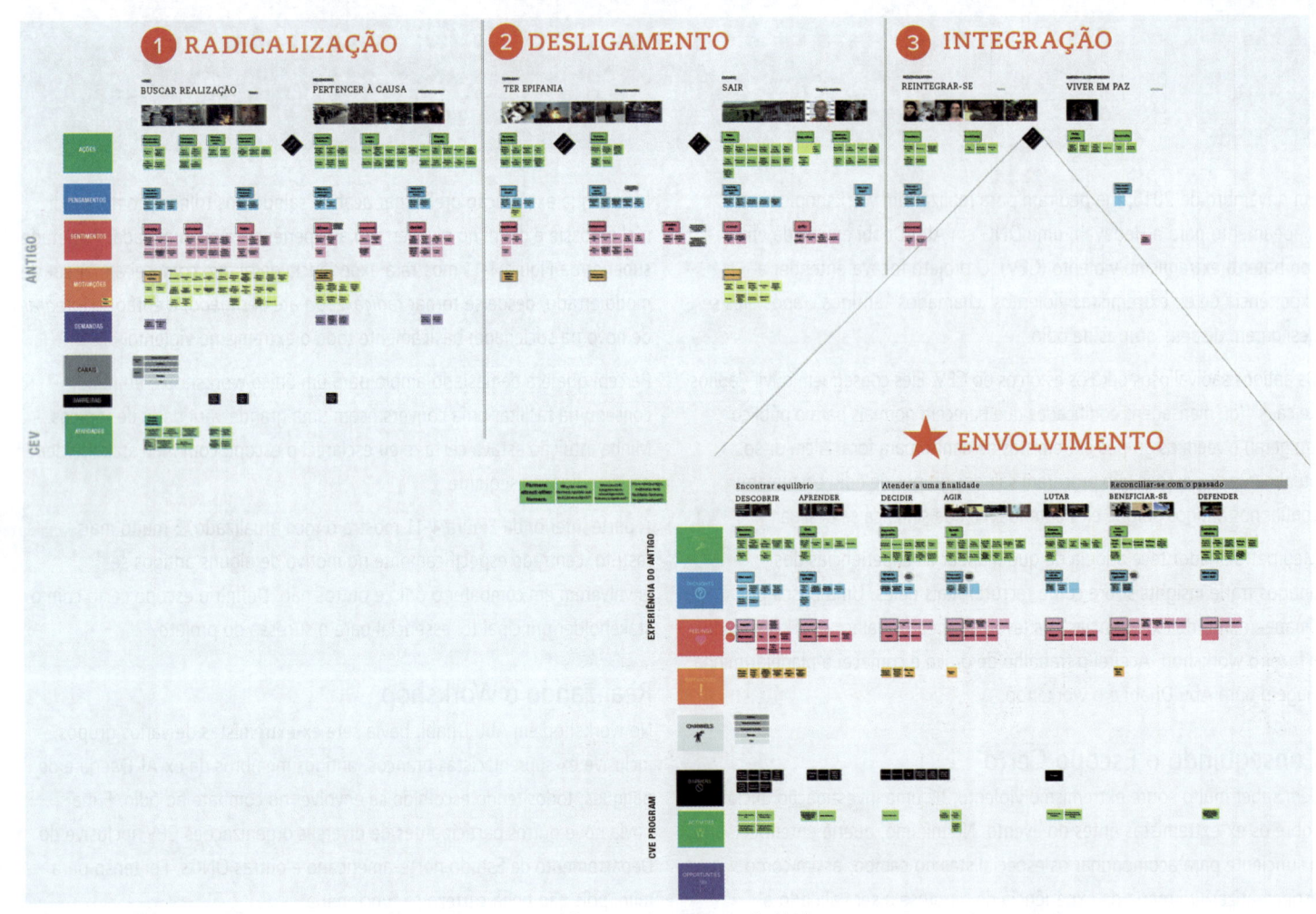

FIGURA 1-11. Dois mapas de experiência preliminares mostram os diferentes níveis de granularidade.

Planejei o workshop como faria em um mapeamento de experiência típico. Claro, o foco era um exercício de mapeamento em grupo para promover uma ampla discussão sobre como os antigos se envolveram no CEV (veja as imagens na Figura 1-12). Eles indicavam suas ações, pensamentos e sentimentos durante a jornada no envolvimento. Juntos, identificamos os principais momentos para nos concentrar e fizemos uma idealização antes de desenvolver soluções concretas em conjunto.

No geral, o workshop foi um sucesso e conseguimos muito feedback positivo. Um participante representando uma ONG disse: "Este foi o melhor workshop prático do qual participei." E um ex-extremista que participou comentou: "O mapeamento da experiência mudou como vejo o combate ao extremismo violento. Cultivar empatia mapeando uma experiência leva a técnica para além de apenas otimizar o desempenho comercial e a torna um ativo para construir um mundo mais pacífico."

Resultados Finais

Meu principal formato da sessão de vários dias foi um mapa da jornada do ex-extremista no sentido de envolvimento, incluído em uma análise profunda criada por Hedayah. A Figura 1-13 mostra o caminho desde a *culpa* (uma emoção comum após sair de um grupo extremista) até a *expiação*, uma motivação básica para se envolver no CEV.

Em geral, a sessão era uma exploração de um novo terreno: ninguém tinha investigado os caminhos dos antigos até o envolvimento. Nesse sentido, o projeto contribuiu para uma compreensão mais ampla e de longo prazo dos motivos para alguns ex-extremistas se envolverem no CEV e outros não.

Da minha perspectiva, o esforço reafirmou a noção de que as técnicas do mapeamento de experiências podem ter uma aplicação maior fora dos cenários comerciais. Na verdade, após compartilhar minha história nas apresentações em conferências e encontros, este exemplo inspirou outras pessoas que conheci a considerar aplicações sociais das técnicas criativas, como mapear experiências em seu próprio trabalho e em suas vidas.

FIGURA 1-12. Várias técnicas de mapeamento de experiências foram usadas em um workshop com ex-extremistas violentos.

ESTUDO DE CASO

Hedayah — countering violent extremism
Jornada de um Ex-extremista até o Envolvimento no CEV
desde a culpa até a expiação

EXPERIÊNCIA DO EX-EXTREMISTA

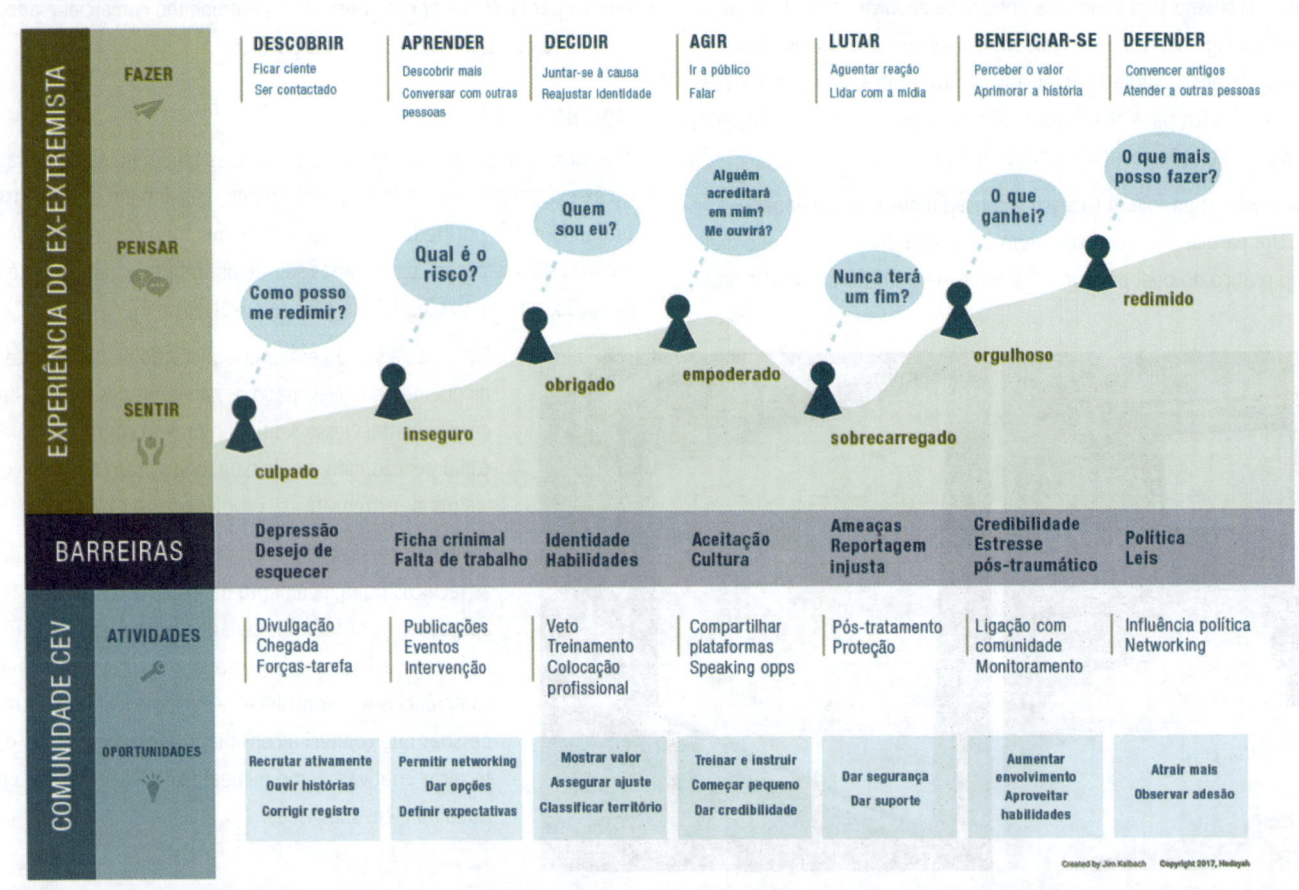

FAZER
- **DESCOBRIR**: Ficar ciente; Ser contactado
- **APRENDER**: Descobrir mais; Conversar com outras pessoas
- **DECIDIR**: Juntar-se à causa; Reajustar identidade
- **AGIR**: Ir a público; Falar
- **LUTAR**: Aguentar reação; Lidar com a mídia
- **BENEFICIAR-SE**: Perceber o valor; Aprimorar a história
- **DEFENDER**: Convencer antigos; Atender a outras pessoas

PENSAR
- Como posso me redimir?
- Qual é o risco?
- Quem sou eu?
- Alguém acreditará em mim? Me ouvirá?
- Nunca terá um fim?
- O que ganhei?
- O que mais posso fazer?

SENTIR
- culpado
- inseguro
- obrigado
- empoderado
- sobrecarregado
- orgulhoso
- redimido

BARREIRAS
- Depressão; Desejo de esquecer
- Ficha criminal; Falta de trabalho
- Identidade; Habilidades
- Aceitação; Cultura
- Ameaças; Reportagem injusta
- Credibilidade; Estresse pós-traumático
- Política; Leis

COMUNIDADE CEV

ATIVIDADES
- Divulgação; Chegada; Forças-tarefa
- Publicações; Eventos; Intervenção
- Veto; Treinamento; Colocação profissional
- Compartilhar plataformas; Speaking opps
- Pós-tratamento; Proteção
- Ligação com comunidade; Monitoramento
- Influência política; Networking

OPORTUNIDADES
- Recrutar ativamente; Ouvir histórias; Corrigir registro
- Permitir networking; Dar opções; Definir expectativas
- Mostrar valor; Assegurar ajuste; Classificar território
- Treinar e instruir; Começar pequeno; Dar credibilidade
- Dar segurança; Dar suporte
- Aumentar envolvimento; Aproveitar habilidades
- Atrair mais; Observar adesão

Created by Jim Kalbach Copyright 2017, Hedayah

FIGURA 1-13. Mapa final da jornada dos ex-extremistas após denunciar o extremismo violento mostra o processo de passar por diferentes estágios, desde a culpa até a expiação.

Créditos de Diagramas e Imagens

Figura 1-3: Mapa da jornada do cliente de Jim Kalbach, modificado de sua forma original, criado em MURAL, em Proxima Nova.

Figura 1-4: Blueprint de serviço expressivo de Susan Spraragen e Carrie Chan, usado com permissão.

Figura 1-5: Mapa de experiência da Rail Europe de Chris Risdon como encontrado em seu artigo "The Anatomy of an Experience Map", usado com permissão.

Figura 1-6: Seção de um diagrama do modelo mental criado por Indi Young e incluído em seu livro *Mental Models*, usada com permissão.

Figura 1-8: Diagrama de Andy Polaine do artigo "Blueprint+: Developing a Tool for Service Design", usado com permissão.

Figura 1-9: Matriz de pontos de contato criada por Gianluca Brugnoli, aparecendo originalmente em seu artigo "Connecting the Dots of User Experience", usada com permissão.

Figura 1-10: Blueprint multicanal de Tyler Tate, tirado de "Cross-Channel Blueprints: A Tool for Modern IA", CC BY-SA 3.0.

Figura 1-11: Rascunho do mapeamento de experiência de Jim Kalbach, criado em MURAL.

Figura 1-12: Fotos de Jim Kalbach, todos os direitos reservados.

Figura 1-13: Mapa de experiência dos antigos de Jim Kalbach, criado em Figma.

"A finalidade da visualização são as ideias, não as imagens."

– Ben Shneiderman
Readings in Information Visualization

NESTE CAPÍTULO

- Estruturando o esforço do mapeamento
- Pontos de contato
- Momentos da verdade
- Criação de valor
- Estudo de caso: Mapeamento da intervenção do consumidor — planejando estratégias para a economia circular

CAPÍTULO 2

Fundamentos do Mapeamento de Experiências

A causa do grande surto de cólera em Londres em 1854 inicialmente não era clara. Antes da teoria dos germes de Louis Pasteur, muitos pensavam que a doença estava no ar. John Snow, um médico de Londres, tinha uma explicação diferente. Ele acreditava que a cólera estava na água. Depois de exames microscópicos serem inconclusivos, Snow analisou a propagação da cólera para provar seu palpite.

Para tanto, Snow mapeou os casos de cólera em Soho, Londres (Figura 2-1). Os padrões resultantes demonstraram a causalidade: proximidade com certa bomba de água correlacionada aos casos de cólera com alta previsibilidade. O declínio da cólera é creditado à recomendação de Snow para fechar a bomba.

O mapa de Snow contém várias camadas de informações — ruas, casas com casos de cólera e bombas de água — suficientes para revelar uma evidência não detectada anteriormente (nesse caso, a causa de uma doença). A abordagem é simples, mas eficiente: Snow conseguiu gerar uma hipótese com base em seu mapa: *se* a cidade fechasse uma bomba específica, *então* os casos de cólera diminuiriam.

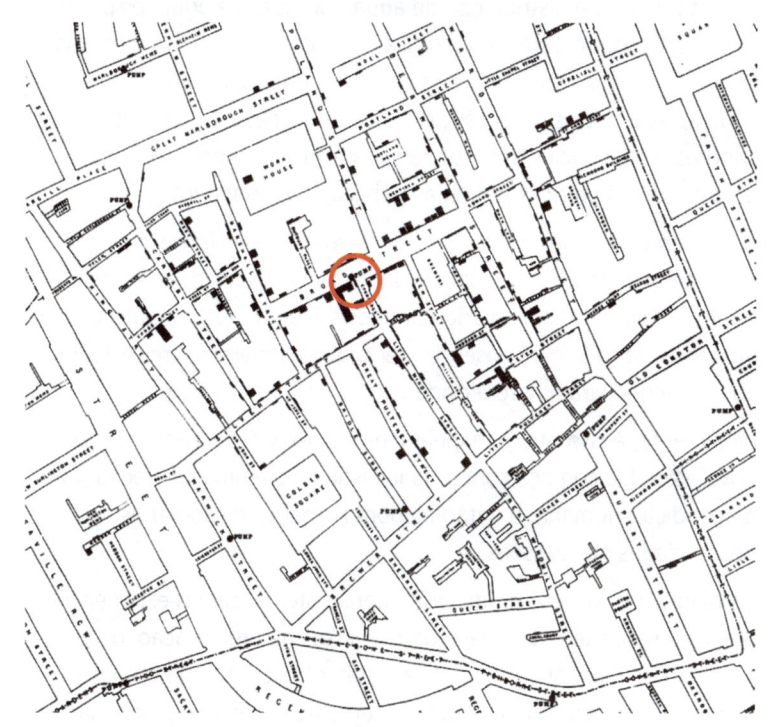

FIGURA 2-1. O mapa de Londres de John Snow durante o grande surto de cólera de 1854. O círculo destaca a bomba de água que era a fonte da doença.

As visualizações oferecem rapidez de compreensão e ajudam a chegar a tais hipóteses. Os mapas mostram as inter-relações em um ecossistema.

Pode não ficar imediatamente aparente, mas eu diria que há alinhamento no exemplo de Snow: água (um serviço fornecido pelo departamento de distribuição de água), bombas de água (os pontos de contato com o sistema) e famílias com cólera em Soho (pessoas). O que Snow mostrou foi que os meios de tratar e armazenar a água a quilômetros de distância afetavam as pessoas no centro de Londres. Essa conclusão costuma ser apontada como a responsável pelo início das práticas sanitárias públicas no mundo inteiro.

É por isso que adoro todos os tipos de mapas: eles fornecem uma visão geral e, com alguma criatividade, mostram novas relações que levam a novas ideias. Armado com apenas um mapa e alguns pontos de dados, John Snow conseguiu ver o que os melhores microscópios da época não viram. Isso é poderoso.

Igualmente, é isso que o mapeamento de experiências oferece: uma nova ideia. Ele começa com uma investigação e uma ilustração da condição humana, e então elabora maneiras de apoiar as necessidades das pessoas.

Os diagramas fornecem uma visão geral sistemática das experiências que as pessoas têm. Encorajando conversas na organização, o processo de mapeamento ajuda a evitar interações fragmentadas e promove a coerência. Independentemente do tipo de diagrama específico criado, há aspectos universais a considerar no mapeamento de experiências, que serão tratados neste capítulo. Eles incluem:

1. Estruturar o esforço claramente. Determine o ponto de vista, o escopo, o foco e a estrutura do diagrama, e como você pretende usá-lo.
2. Identificar os vários pontos de contato no sistema, assim como os pontos carregados criticamente, chamados de "momentos da verdade".
3. Focar a criação de valor. Use o diagrama para melhorar e inovar sua oferta e seus negócio.

No final deste capítulo, você deverá ter uma compreensão maior das principais decisões que terá que tomar ao mapear as experiências.

Estruture o Esforço de Mapeamento

O termo *experiência* desafia uma definição precisa, e podemos apontar alguns aspectos comuns para melhor entendê-lo:

As experiências são holísticas

A noção de uma experiência é ampla, e inclui ações, pensamentos e sentimentos com o passar do tempo.

As experiências são pessoais

Uma experiência não é uma propriedade objetiva de um produto ou um serviço; é a percepção subjetiva da pessoa.

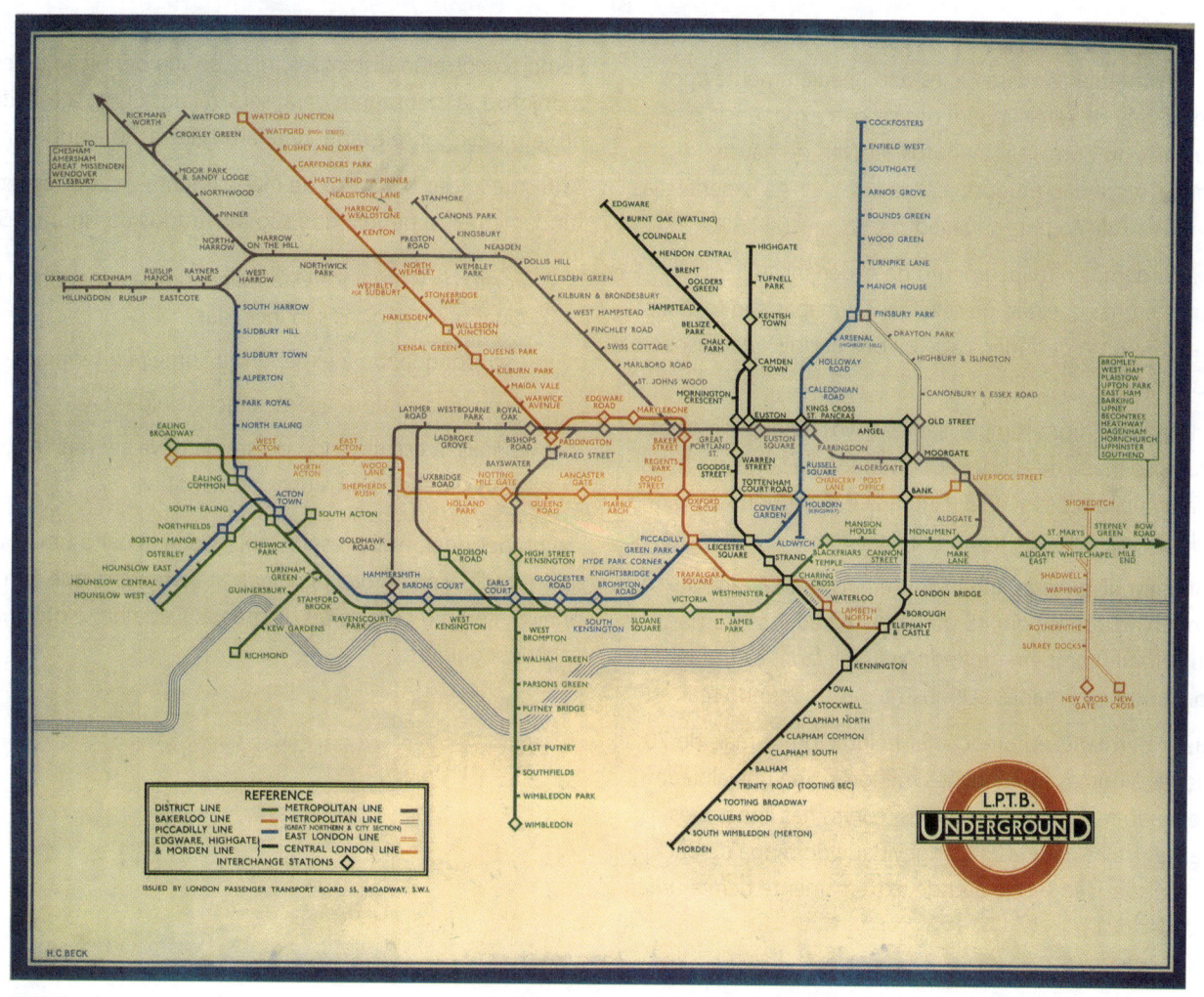

FIGURA 2-2. Harry Beck criou este mapa icônico do metrô de Londres em 1933.

As experiências são situacionais

Gosto de montanhas-russas, mas não imediatamente após fazer uma grande refeição. Em um caso, a experiência é estimulante; no outro, são minutos terríveis de náusea. A montanha-russa não mudou; a situação, sim. As experiências diferem de situação para situação.

Então, como abordamos o mapeamento de experiências? Em poucas palavras, é uma questão de seleção. Os mapas são focados intencionalmente. Como designer, cabe a você decidir quais aspectos incluir e quais omitir.

Os mapas cartográficos, por exemplo, são seletivos no que mostram. Considere o famoso mapa de Harry Beck do metrô de Londres, publicado pela primeira vez em 1933 (Figura 2-2). É econômico no que inclui: linhas do metrô, paradas, trocas e o Rio Tâmisa — nada mais.

Esse mapa também distorce as linhas de trem, contando apenas com linhas horizontais, verticais e em 45 graus. As paradas são espaçadas de modo equidistante também, quando, na realidade, as distâncias variam muito. Tudo bem: mapas são abstrações do mundo real.

O mapa de Beck permaneceu praticamente intacto por mais de 70 anos com apenas algumas atualizações menores. Sua genialidade está no que ele *não* mostra: ruas, prédios, curvas nas linhas e as distâncias reais entre as paradas. A longevidade do mapa de Beck é dada por sua disposição — ele atende extremamente bem a uma necessidade específica.

O mapeamento de experiências também requer uma escolha. Sempre ocorrerão distorções, mas, se sua definição de esforço for o objetivo, a mensagem geral será válida. Claro, a estruturação do projeto deve ser relevante para a organização e abordar as metas.

Antes de iniciar o esforço de mapeamento, há três aspectos fundamentais a definir, que são mostrados na Figura 2-3:

1. *Ponto de vista*: você está mapeando a experiência de quem? Quais experiências são incluídas?
2. *Escopo*: quando a experiência começa e termina?
3. *Foco*: quais informações serão incluídas?
4. E mais, a *estrutura* do diagrama deve ser melhor determinada antes, junto com os usos pretendidos.

Como designer, é sua responsabilidade chegar a um acordo sobre cada aspecto dos principais stakeholders que, em última análise, serão o público do diagrama. Cada um é detalhado nas seções seguintes.

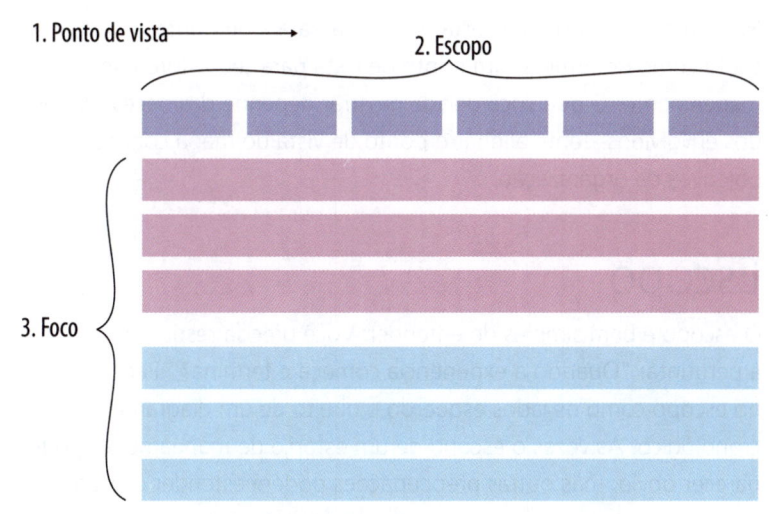

FIGURA 2-3. Defina cada esforço de mapeamento lidando antes com três critérios principais.

Ponto de Vista

O ponto de vista de um diagrama deve responder à pergunta: "A perspectiva de quem é captada no diagrama?" Em alguns casos, isso pode ser óbvio. Mas, em outros contextos, por exemplo, em situações B2B mais complexas, pode haver meia dúzia ou mais de atores envolvidos em certa experiência com diversas interações interdependentes. Você precisará primeiro separar quais experiências mapear.

Como designer, cabe a você decidir quais aspectos incluir e quais omitir.

O ponto de vista é dado por dois critérios: as pessoas envolvidas e os tipos de experiências focadas. Por exemplo, uma revista pode atender a dois públicos distintos: leitores e anunciantes. As interações que cada um tem com a editora são muito diferentes.

Assim que você tiver decidido quais pessoas focar — suponha os leitores neste exemplo —, há diferentes experiências a escolher. Considere estas três experiências em potencial para o leitor de uma revista:

Comportamento de compra

Um ponto de vista é analisar como os leitores *compram* a revista: como eles ouviram pela primeira vez sobre a revista, por que a compraram, se eles fazem uma compra repetida etc. Mapear uma experiência com esse ponto de vista fará sentido se houver necessidade de otimizar as vendas. Um mapa da jornada do cliente seria muito adequado.

Consumo das notícias

Outro ponto de vista pode ser como os leitores *consomem* as notícias em geral. Isso situaria a resposta em um espectro mais amplo do comportamento das informações do ser humano. Esse ponto de vista poderia ser vantajoso se a revista fosse expandir sua oferta. Um diagrama do modelo mental poderia ser útil nesse caso.

Vida diária

Você também poderia analisar a *vida diária* dos leitores típicos: como a revista se encaixa em suas ações diárias? Onde entram em contato com a revista? Quando? O que mais fazem para encontrar e ler as notícias? Um mapa de experiência pode ser adequado para mapear essa experiência.

Cada um desses pontos de vista tem uma unidade de análise diferente — comprar, consumir notícias ou rotina diária. E cada um pode ser benéfico, dependendo das necessidades da organização. Entender o ponto de vista do diagrama é essencial ao determinar sua abordagem e a mensagem resultante.

Em geral, todo diagrama reflete um único ponto de vista. Uma perspectiva clara geralmente reforça a mensagem do diagrama. É comum incluir uma referência para uma pessoa no canto superior de um mapa de experiência a fim de deixar claro o ponto de vista para o público do diagrama.

Mas, como mencionado no Capítulo 1, um mapa pode coordenar vários pontos de vista. Além disso, você terá que definir quais experiências, e de quem, incluir. Muitas vezes, um ponto de vista primário é definido e perspectivas secundárias se alinham a ele.

> Entender o ponto de vista do diagrama é essencial para determinar sua abordagem e a mensagem resultante.

Não existe uma resposta certa ou errada para a pergunta sobre como determinar um ponto de vista para seu esforço de mapeamento. O que você decide mostrar depende das necessidades dos envolvidos. Tente alinhar o ponto de vista do mapa com os objetivos da organização.

Escopo

O escopo é bem simples de entender. Você precisa responder à pergunta: "Quando a experiência começa e termina?" Pense no escopo como os lados esquerdo e direito de um diagrama cronológico. Às vezes o escopo de um esforço de mapeamento pode parecer óbvio, mas outras preocupações podem estender os pontos inicial e final definidos.

Considere o exemplo anterior da montanha-russa. Começa quando você é travado no carrinho ou quando espera na fila? Ou começa antes mesmo de ir ao parque de diversões, quando ainda está em casa ou até antes? E quando termina? Quando sai do carrinho ou quando vê suas fotos durante o passeio? Ou termina quando você vê as fotos um mês depois?

Cabe a você, designer, definir o escopo da experiência a ilustrar. Não há resposta certa ou errada; depende das necessidades do projeto. Muitas vezes encontro um ponto óbvio no tempo para começar e volto uma etapa a fim de incluir os precursores, antes do começo de uma experiência.

Por exemplo, em um projeto buscamos promover, nos funcionários da organização, uma mentalidade mais centrada no cliente. Inicialmente, o escopo está na experiência do funcionário ao iniciar no primeiro dia de trabalho. Mas voltando no tempo até as fases anteriores a isso, inclusive as de recrutamento e de contratação, encontramos mais oportunidades para aumentar o foco no cliente (por exemplo, despertar a mentalidade desejada durante o processo de contratação ou incluir nossa intenção no anúncio de vagas).

O diagrama na Figura 2-4 mostra de perto a primeira parte de um mapa de experiência para diferentes jogadores criado por Gene Smith e Trevor van Gorp (completo na Figura 12-4). Note que eles definem o começo da experiência como "Experiências Passadas", um reconhecimento explícito de que as pessoas trazem as experiências passadas para a mapeada aqui. O escopo desse diagrama é mais amplo do que apenas o jogar, podendo ajudar a identificar oportunidades não consideradas anteriormente.

Mas escopo vai além de apenas o começo e o fim de uma experiência. Também requer uma compensação em granularidade. Um mapa da experiência de ponta a ponta revela o cenário geral, mas omite o detalhe. Por outro lado, um diagrama detalhado pode mostrar interações específicas, mas cobrir menos terreno.

As paradas do metrô espaçadas igualmente no mapa de Beck do subterrâneo de Londres (veja Figura 2-2), por exemplo, permitem que o sistema inteiro caiba em uma página. O espaçamento real teria colocado as estações finais fora da página. Dado o escopo, ou seja, mostrar o sistema inteiro, essa falta de fidelidade é necessária.

Ou imagine que você foi contratado pela agência de turismo de uma cidade no Brasil para melhorar a experiência de visita dos turistas, com o objetivo específico de aumentar os serviços móveis oferecidos.

Uma abordagem poderia ser o escopo da visita inteira, começando desde o planejamento em casa até a visita pela cidade e todas as ações seguintes. Isso daria uma imagem ampla dos diferentes tipos de pontos de contato em toda a ecologia de serviços para os vários stakeholders.

Em outra abordagem, você poderia limitar o esforço a apenas as experiências na cidade com serviços móveis. Essa jornada poderia começar na chegada e terminar na partida, mas forneceria mais profundidade nos pontos de contato móveis para um determinado tipo de usuário.

As duas abordagens são válidas, dependendo das necessidades da organização, assim como dos interesses e das lacunas no conhecimento. Você está focando um problema distinto ou precisa de uma visão do sistema inteiro? O importante é ser explícito sobre as compensações que você está fazendo no início e definir as expectativas certas. Definir o escopo certo orientará a compreensão subsequente da experiência, assim como quais oportunidades estratégicas podem surgir.

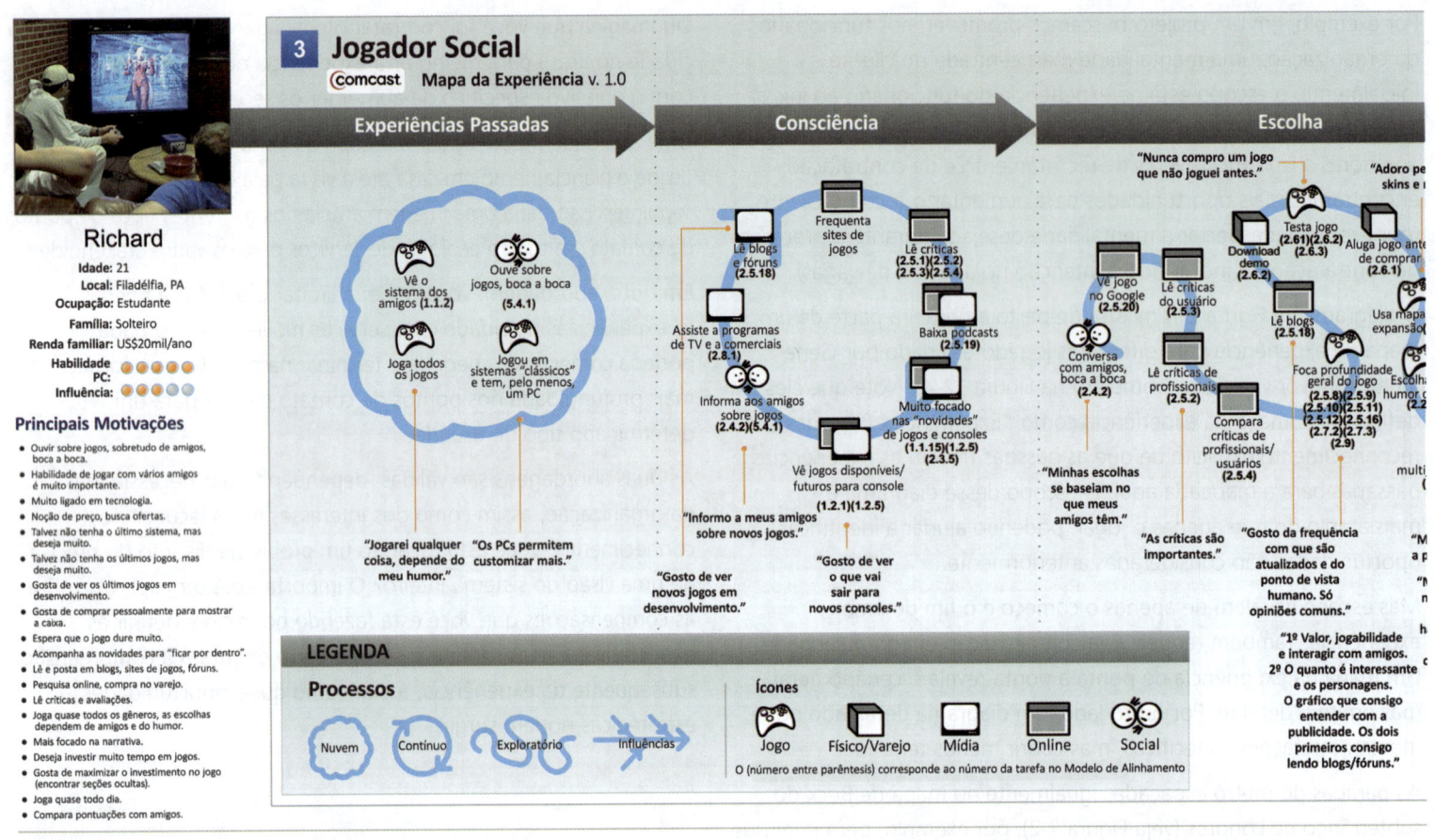

FIGURA 2-4. Um mapa da experiência pode incluir elementos antes mesmo de a experiência principal começar, como as "experiências passadas" neste diagrama.

Foco

Quais informações você incluirá no diagrama? Sobre o que é o diagrama? Pense no foco como as linhas de informação em determinado mapa. Isso define o conteúdo a ser incluído.

Mais uma vez, cabe a você, designer, escolher quais aspectos focar. Faça com que seja relevante para sua organização e para as necessidades dos stakeholders.

Existem muitos elementos a considerar. Os escolhidos dependem de como você estruturou o esforço (veja Capítulo 5) e quais aspectos se destacam mais para a organização.

Normalmente começo com ações, pensamentos e sentimentos da pessoa como um caminho-padrão para descrever uma experiência, no geral. Talvez seu projeto precise enfatizar outros focos. Para que seu mapa seja relevante para a equipe, você pode incluir alguns dos seguintes aspectos típicos:

- *Físico:* artefatos, ferramentas, dispositivos.
- *Comportamental:* ações, atividades, tarefas.
- *Cognitivo:* pensamentos, visões, opiniões.
- *Emocional:* sentimentos, desejos, estados de espírito.
- *Necessidades:* objetivos, resultados, trabalhos a serem feitos.
- *Desafios:* pontos críticos, limites, barreiras.
- *Contexto:* cenário, ambiente, local.
- *Cultura:* crenças, valores, filosofia.
- *Eventos:* gatilhos, momentos da verdade, pontos de falha.

Definir o escopo certo orientará a compreensão subsequente da experiência, assim como quais oportunidades estratégicas podem surgir.

Os elementos que descrevem a organização podem incluir:

- *Pontos de contato:* meios, dispositivos, informações.
- *Oferta:* produtos, serviços, recursos.
- *Processos:* atividades internas, fluxos de trabalho.
- *Desafios:* problemas, questões, paralisações.
- *Operações:* cargos, departamentos, governança.
- *Métrica:* tráfego, finanças, estatística.
- *Avaliação:* pontos fortes, fracos, aprendizagens.
- *Esforço:* dificuldades, ineficiências, facilidade de interação.
- *Oportunidades:* lacunas, fraquezas, redundâncias.
- *Objetivos:* rendimento, economias, reputação.
- *Estratégia:* política, criação de design, princípios.

A questão do equilíbrio dos elementos acima entra em cena também. Recomento listar um conjunto de aspectos-alvo mais relevantes para seu esforço de mapeamento, começando com as sugestões aqui. Depois organize-os em um esboço de mapa para ver como se encaixam para atender a seus objetivos.

Lembre-se também de que é natural que diagramas diferentes tenham focos diferentes (veja a Figura 2-5). Por exemplo, um mapa da jornada do cliente pode focar basicamente uma experiência com apenas uma descrição mínima da organização. Um blueprint de serviço, por outro lado, pode destacar o processo de provisão do serviço nos canais às custas de uma descrição detalhada da experiência do usuário.

Estrutura

Os diagramas de alinhamento diferem na estrutura. O esquema mais comum é cronológico (Figura 2-6a), e muitos exemplos neste livro têm uma organização cronológica. Contudo, outras organizações são possíveis, inclusive estruturas hierárquicas, espaciais e de rede (Figuras 2-6b a 2-6d).

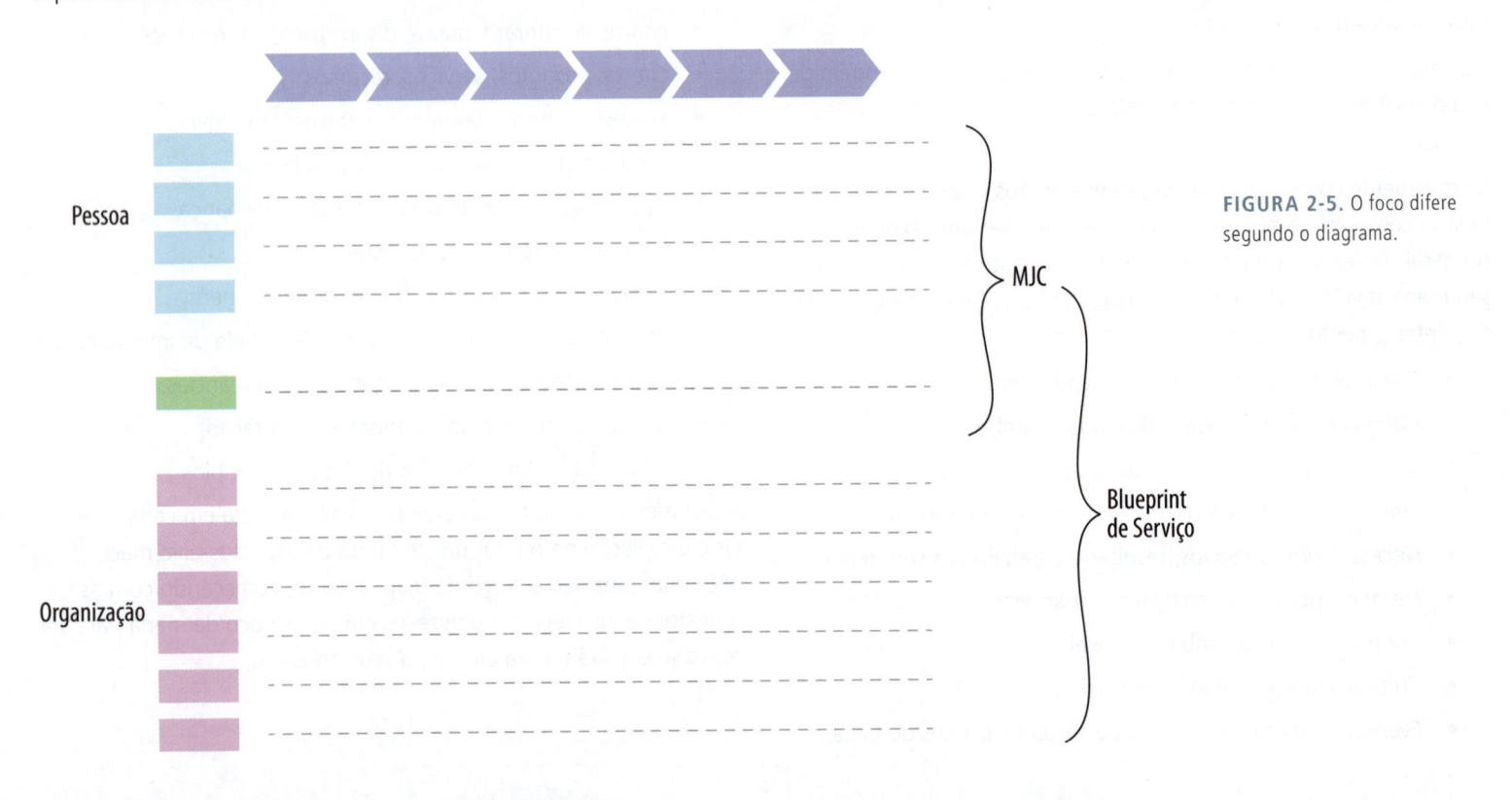

FIGURA 2-5. O foco difere segundo o diagrama.

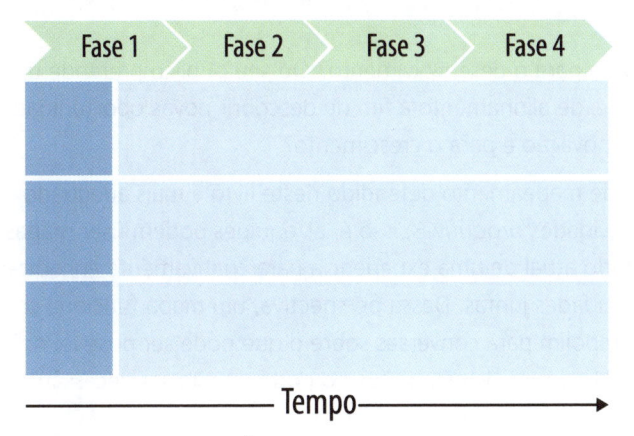

FIGURA 2-6a. CRONOLÓGICA: Como as experiências ocorrem em tempo real, uma organização cronológica fornece uma sequência natural do comportamento humano. Algum tipo de linha do tempo é o modo mais predominante para estruturar os diagramas de alinhamento. Veja os Capítulos 10–12 sobre os blueprints de serviço, mapas da jornada do cliente e mapas de experiência para saber mais.

FIGURA 2-6b. HIERÁRQUICA: Mapear as experiências hierarquicamente remove a dimensão do tempo. Isso pode ter vantagens quando há muitos aspectos ocorrendo simultaneamente, sendo difícil mostrar de forma cronológica. O Capítulo 13 analisa os diagramas do modelo mental e outras organizações hierárquicas.

FIGURA 2-6c. ESPACIAL: Também é possível ilustrar as experiências espacialmente. Isso faz sentido quando as interações ocorrem em um local físico, como um serviço em que as pessoas se encontram presencialmente. Os diagramas espaciais podem ser impostos em uma experiência no sentido metafórico: os mapas espaciais representam as experiências como se elas pudessem existir em um espaço em 3D, mesmo quando não existem.

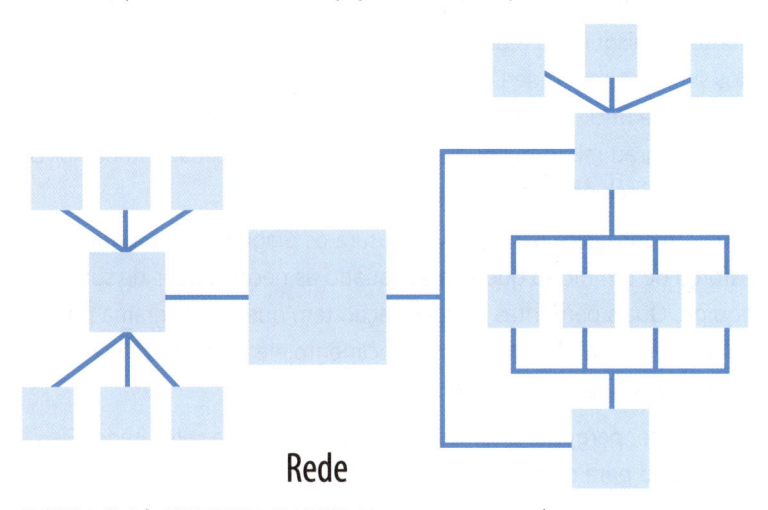

FIGURA 2-6d. ESTRUTURA EM REDE: Uma estrutura em rede mostra uma rede de inter-relações nos aspectos de uma experiência que não são cronológicos nem hierárquicos.

A Figura 2-7 é um mapa da experiência do hóspede do serviço Booking.com. É um excelente exemplo de ilustração de uma experiência na estrutura do tipo rede. O foco está nos pontos de contato que levam a experiências positivas ou negativas.

Uso

Lembre-se do uso pretendido de um diagrama de alinhamento desde o início.

Primeiro, considere *quem* consumirá as informações em seu diagrama. O mapa do metrô de Londres é lido por todos os viajantes no metrô. Eles o utilizam para determinar como viajar entre dois pontos quaisquer na rede. Mas os engenheiros que mantêm a troca dos sinais no metrô de Londres muito provavelmente achariam que o mapa de Beck não tem detalhes. Eles precisam de especificações com um grau muito maior de fidelidade para realizar seu trabalho. O mapa de Beck não é para esse público.

Também considere *para que* você usará os diagramas. Estruture o esforço de um modo que seja adequado às necessidades de sua equipe. Quais perguntas a organização tem que um diagrama pode responder? Quais lacunas no conhecimento ele preenche? Quais problemas ele ajudará a resolver?

Finalmente, pergunte a si mesmo *como* o diagrama será usado. Ele será usado para diagnosticar problemas ou para melhorar o design de um sistema existente? Ele será usado para criar uma estratégia e um plano para o desenvolvimento? Ou seu público pretende usar o diagrama de alinhamento a fim de descobrir novas oportunidades para a inovação e para o crescimento?

O tipo de mapeamento defendido neste livro é mais adequado para atividades *produtivas*, isso é, as equipes podem usar mapas do estado atual de uma experiência para criativamente encontrar oportunidades juntas. Dessa perspectiva, um mapa funciona como um trampolim para conversas sobre o que pode ser possível no futuro. Um mapa de estado futuro pode ou não ser necessário, dependendo das soluções geradas.

O mapeamento também tem uma função *somativa*. O gerenciamento da jornada é um campo de rápido crescimento que coordena dados dinâmicos (pontuações de satisfação, métricas de uso) para pontos de contato na experiência do cliente com um monitoramento contínuo. As equipes conseguem ver dados sobre a experiência das pessoas em tempo real em cada estágio da jornada.

Identifique os Pontos de Contato

Estruturar o esforço, como descrito acima, fornece uma base para ilustrar a experiência geral. Nessa experiência, você também precisa considerar a relação entre as pessoas e uma organização. O conceito dos *pontos de contato*, o meio da troca de valor, permite mostrar a interação dos dois.

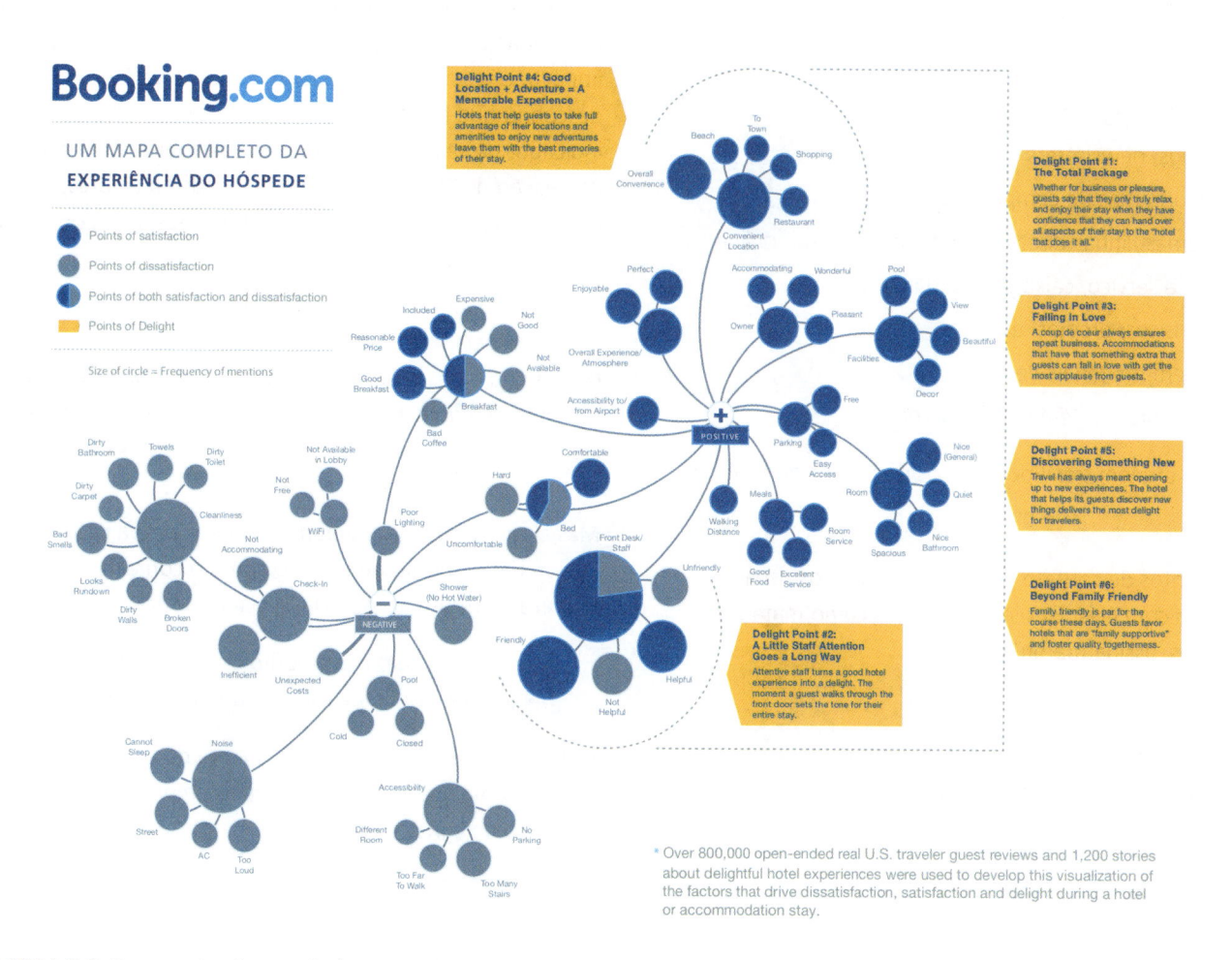

FIGURA 2-7. Uma organização em rede de atores e conceitos mostra as experiências positivas e negativas com o Booking.com.

Em geral, os pontos de contato incluem várias coisas, como:

- Anúncios de TV, anúncios impressos, brochuras.
- E-mail marketing, newsletters.
- Sites, blogs, newsletters online.
- Apps, programas de computador.
- Telefonemas, linhas direta de atendimento, chat online.
- Balcões de serviço, caixa para pagamentos.
- Objetos físicos, prédios, estradas.
- Embalagem, materiais de envio.
- Contas, faturas, sistemas de pagamento.

Historicamente, existem três tipos básicos de pontos de contato:

Estático

Esses pontos de contato não permitem que os usuários interajam com eles. Eles incluem coisas como materiais impressos, assinatura ou anúncios.

Interativo

Sites e apps são pontos de contato interativos, assim como uma chamada para ação e o fluxo de trabalho a seguir.

Humano

Envolve a interação entre seres humanos. Os exemplos incluem um representante de vendas ou um agente de suporte ao telefone, comunidades moderadas e fóruns.

Organizações que adotam uma visão ecológica das experiências fornecidas têm vantagem competitiva. Para as empresas, isso impacta o resultado. Um estudo em 2013 de Alex Rawson e colegas descobriu que a otimização nos pontos de contato era um forte indicador da saúde corporativa.* Os pesquisadores descobriram uma correlação de 20% a 30% com resultados melhores, como maior receita, melhor retenção e boca a boca positivo. Compensa reduzir o atrito e fornecer uma experiência coerente.

Considere o inventário desses pontos na Figura 2-8. Esse diagrama foi criado pela suíça Accelerom (*accelerom.com*), uma empresa de consultoria e pesquisa internacionais de Zurique, como parte do seu processo de gerenciamento de pontos de contato em 360°.[†] Ele mostra uma lista bem completa dos pontos de contato que uma empresa tem com seus clientes.

Mas algumas pessoas querem uma perspectiva mais ampla. Chris Risdon define ponto de contato como o *contexto* em torno da interação. Em seu artigo "Un-Sucking the Touchpoint", ele escreve:

> *Ponto de contato é um ponto de interação envolvendo uma necessidade humana específica em certo momento e lugar.*

Jeannie Walters, importante consultora da experiência do cliente, também defende uma definição mais ampla. Ela critica os inventários do ponto de contato escrevendo:

---

* Alex Rawson, Ewan Duncan e Conor Jones, "The Truth About Customer Experience", *Harvard Business Review* (set. 2013).

† Veja Christoph Spengler, Werner Wirth e Renzo Sigrist, "360° Touchpoint Management – How Important Is Twitter for Our Brand?" *Marketing Review St. Gallen* (fev. 2010).

FIGURA 2-8. A matriz em 360° criada pela empresa suíça Accelerom mostra vários pontos de contato.

O desafio ao mostrar os pontos de contato assim é que essa abordagem geralmente supõe que o cliente (a) esteve em uma relação linear e direta com a organização e (b) lê e interage com esses pontos de contato de maneiras significativas. Resumindo, um exame dos pontos de contato em geral é inteiramente focado na empresa. (Algumas vezes, é tão focado na empresa que os pontos de contato são classificados pelo gráfico organizacional: marketing, operações, faturamento etc.).‡

Mas a noção de visualização do ponto de contato pode ir além dos cenários comerciais que buscam otimizar a percepção da marca e dos lucros. Matt Sinclair, Leila Sheldrick, Mariale Moreno e Emma Dewberry desenvolveram uma ferramenta exclusiva para examinar os pontos de contato em um ecossistema amplo. Trabalhando no campo do *design circular* ou na criação de produtos além dos ciclos de vida para usuários individuais, eles queriam visualizar os pontos em um ecossistema no qual os stakeholders podem intervir na jornada do produto para estender sua vida útil. Veja o estudo de caso no fim do capítulo para saber mais sobre design circular e Mapas de Intervenção do Consumidor.

Em geral, os diagramas de alinhamento reforçam uma visão ecológica da interação com os clientes. Eles não só mostram os pontos de contato individuais, como também fornecem uma imagem completa da experiência. O insight com o mapeamento vai além de apenas encantar os clientes e otimizar o consumo; tem fundamentos estratégicos que podem incluir inovação nos meios de produção, nos ciclos de vida do produto e um design mais sustentável.

---

‡ Jeannie Walters, "What IS a Customer Touchpoint?" Customer Think blog (out. 2014).

Momentos da Verdade

Os diagramas de alinhamento não são apenas uma coleção de pontos de contato. Eles também fornecem ideias para identificar e compreender os pontos críticos na experiência. Chamados de *momentos da verdade*, essas principais instâncias emocionais ajudam a focar a atenção nos aspectos que mais importam.

Os momentos da verdade podem ser considerados um tipo especial de ponto de contato. Eles são interações críticas e carregadas de emoções, e costumam ocorrer quando alguém investiu um alto grau de energia em um resultado desejado. Os momentos da verdade constroem ou interrompem a relação; eles são a essência da interação. Por exemplo, ao comprar uma casa nova, a escolha de qual imóvel comprar provavelmente será um momento da verdade.

O termo "momentos da verdade" foi popularizado por Jan Carlzon, então CEO da SAS Airlines, em seu livro com o mesmo nome. Para ilustrar seu argumento, Carlzon começa seu livro com a história de um cliente que chegou ao aeroporto sem a passagem. Os agentes da SAS foram pessoalmente ao hotel onde ele a tinha esquecido e entregaram-lhe no aeroporto. Isso deixou uma impressão permanente no cliente.

Os momentos da verdade apontam oportunidades para inovação e crescimento. Por exemplo, em seu livro *The Innovator's Method*, os estudiosos e consultores Nathan Furr e Jeff Dyer sugerem criar o que eles chamam de "linhas da jornada" ou uma rápida visualização dos passos que os clientes dão. Eles escrevem:

Crie um retrato visual profundo no qual você identifica os pontos críticos para entender como seus clientes fazem o trabalho hoje e como eles se sentem ao fazê-lo. Mapeie visualmente os passos que os clientes dão para conseguirem um resultado. Isso ajuda a atribuir emoção ao cliente a cada passo para identificar como ele está se sentindo.

Eles seguem recomendando procurar os momentos "que despertam suas emoções", em outras palavras, os momentos da verdade. Eles afirmam que as soluções que envolvem esses momentos muito provavelmente serão monetizadas: as pessoas geralmente querem pagar por serviços que resolvem necessidades críticas. Nesse sentido, os momentos da verdade são oportunidades para a organização.

Focar os momentos da verdade permite que você concentre sua energia nas experiências que importam. A coerência percebida de sua oferta é dada pelo modo como você lida com os momentos da verdade. Os diagramas fornecem ideias para esses pontos com o passar do tempo, permitindo que as organizações criem uma experiência mais coesa e reduzam a volatilidade transicional.

Resumo

Historicamente, o alinhamento visual tem ajudado as pessoas a entender o mundo. Pegue o mapa dos casos de cólera de John Snow em Londres, 1854: ele conseguiu ver literalmente a causa de um surto sobrepondo diferentes elementos em um mapa. Visualizar a experiência pode ter um efeito parecido.

Mas, diferentemente dos espaços físicos, as experiências são intangíveis e amplas, o que é frustrante. Como designer, é seu trabalho estruturar o diagrama e as experiências que mapeará. Isso inclui decisões sobre perspectiva, escopo, foco, estrutura e uso. O Capítulo 5 analisa o processo de seleção com mais detalhes.

Os *pontos de contato* são os meios pelos quais uma empresa e as pessoas podem interagir. Em geral, são vistos em termos de interação com um anúncio, aplicativos, sites, uso do serviço de atendimento e telefonema.

Contudo, uma definição mais ampla de pontos de contato inclui todo o contexto no qual ocorrem essas interações. A interação de uma pessoa e uma organização ocorre em certo momento e ambiente. As organizações que planejam e gerenciam a coerência nos pontos de contato veem enormes benefícios: mais satisfação, mais fidelidade e mais retornos.

Os *momentos da verdade* são críticos e emocionalmente intensos. São aquelas instâncias que criam ou interrompem uma relação. A identificação dos momentos da verdade aponta para potenciais oportunidades de inovação.

Da perspectiva da pessoa, o valor é subjetivo e complexo. Há muitos tipos de valor que podem ser considerados: funcional, emocional, social, epistêmico e circunstancial. O valor premium vai além desses tipos ao incluir significado e identidade.

Mais Leitura

Matt Sinclair, Leila Sheldrick, Mariale Moreno e Emma Dewberry, "Consumer Intervention Mapping — A Tool for Designing Future Product Strategies within Circular Product Service Systems", *Sustainability* (jun. 2018) — conteúdos em inglês

> Esse artigo apresenta o Mapeamento da Intervenção do Consumidor como uma técnica para desenvolver estratégias de design circular. Apesar do estilo e do formato acadêmicos, o conteúdo é acessível e de fácil compreensão. Os autores incluíram muitos exemplos e disponibilizaram mais diagramas online (veja https://repository.lboro.ac.uk/articles/Consumer_Intervention_Map/4743577). Eles validaram a técnica em vários workshops e os resultados são apresentados nesse artigo.

Megan Grocki, "How to Create a Customer Journey Map", *UX Mastery* (set. 2014)

> É um artigo curto, mas muito informativo, sobre o processo geral do mapeamento da jornada. Grocki o divide em nove etapas. O artigo inclui um pequeno vídeo que explica muito bem a abordagem.

Marc Stickdorn, Markus Edgar Hormess, Adam Lawrence e Jakob Schneider, *This is Service Design Doing* (O'Reilly, 2018)

> Esse livro de fácil leitura tem mais de 500 páginas detalhadas sobre métodos e técnicas em design de serviço de especialistas reconhecidos no setor. O livro tem 54 descrições de métodos, inclusive muitas técnicas de concepção de ideias e facilitação, disponíveis em https://www.thisisservicedesigndoing.com/methods. Veja também o precursor desse livro, This is Service Design Thinking (BIS Publishers, 2012), de Marc Stickdorn e Jakob Schneider.

Harvey Golub *et alii*, "Delivering Value to Customers", *McKinsey Quarterly* (jun. 2000)

> É um excelente resumo dos artigos de três décadas anteriores sobre criação e entrega de valor do cliente. Ele destaca o trabalho dos funcionários da McKinsey com relação a seus respectivos artigos completos sobre o assunto.

Mapeamento da Intervenção do Consumidor — Planejar Estratégias para a Economia Circular

Matt Sinclair

O design circular é uma abordagem para a concepção e a criação de produtos e serviços que enfatizam ver além dos ciclos de vida de um produto para usuários individuais, tratando produtos como entidades em sistemas que permitem múltiplos usuários e usos.

A ideia do Mapeamento da Intervenção do Consumidor surgiu quando nossa equipe de pesquisa se envolveu em um projeto EPSRC (Conselho de Pesquisa em Engenharia e Ciências Físicas) analisando como o design circular poderia ser integrado na produção redistribuída, e qual o tipo de produção que pode ocorrer quando o maquinário da produção é menor, mais barato e mais facilmente localizado (impressoras em 3D são possivelmente o exemplo mais conhecido).

Percebemos que as visões mais estratégicas de uma economia circular observam o consumidor interessado somente no consumo. Mas também existe uma ideia totalmente diferente de consumidor, como alguém engajado, mesmo que em um grau relativamente pequeno, em projetar, criar, consertar e revender produtos cujos ciclos de vida não correspondem aos produtos do consumidor concebidos de modo convencional.

Os diagramas dos pontos de contato nos cenários comerciais em geral se concentram apenas nas experiências que ocorrem na cadeia de valor que uma marca consegue influenciar. As intervenções do consumidor, como modificação pós-compra, reparo, empréstimo e revenda costumam receber pouca atenção porque as marcas não podem monetizar isso. Percebemos que há um ecossistema inteiro de atividades acontecendo, praticado por pessoas interessadas em ideias centrais para a economia circular que nunca aparecem nos diagramas dos pontos de contato das marcas.

Os Mapas da Intervenção do Consumidor foram nossa maneira de tentar capturar essas atividades, em parte porque as consideramos interessantes por si só, mas também porque achamos que chamar a atenção para elas pode encorajar as marcas a pensar em como planejar com isso em mente. A Figura 2-9 mostra a estrutura subjacente do Mapeamento.

O design do mapa segue a roda convencional dos pontos de contato da marca, com eles definidos no nível mais alto como experiências de pré--compra, compra ou pós-compra. Elas são subdivididas em outras 6 categorias, inclusive o desenvolvimento de novo produto (algo que as marcas

ESTUDO DE CASO

Pós-compra

Uso
- Descarte
- Manutenção
- Serviços de Assinatura
- Uso do Produto

Envio
- Empacotamento
- Envio
- Equipe de Vendas

Compra
- Promoções e Incentivos
- Ponto de Venda

Compra

Pré-compra

Desenvolvimento de Novo Produto
- Definição
- Especificação
- Design
- Produção

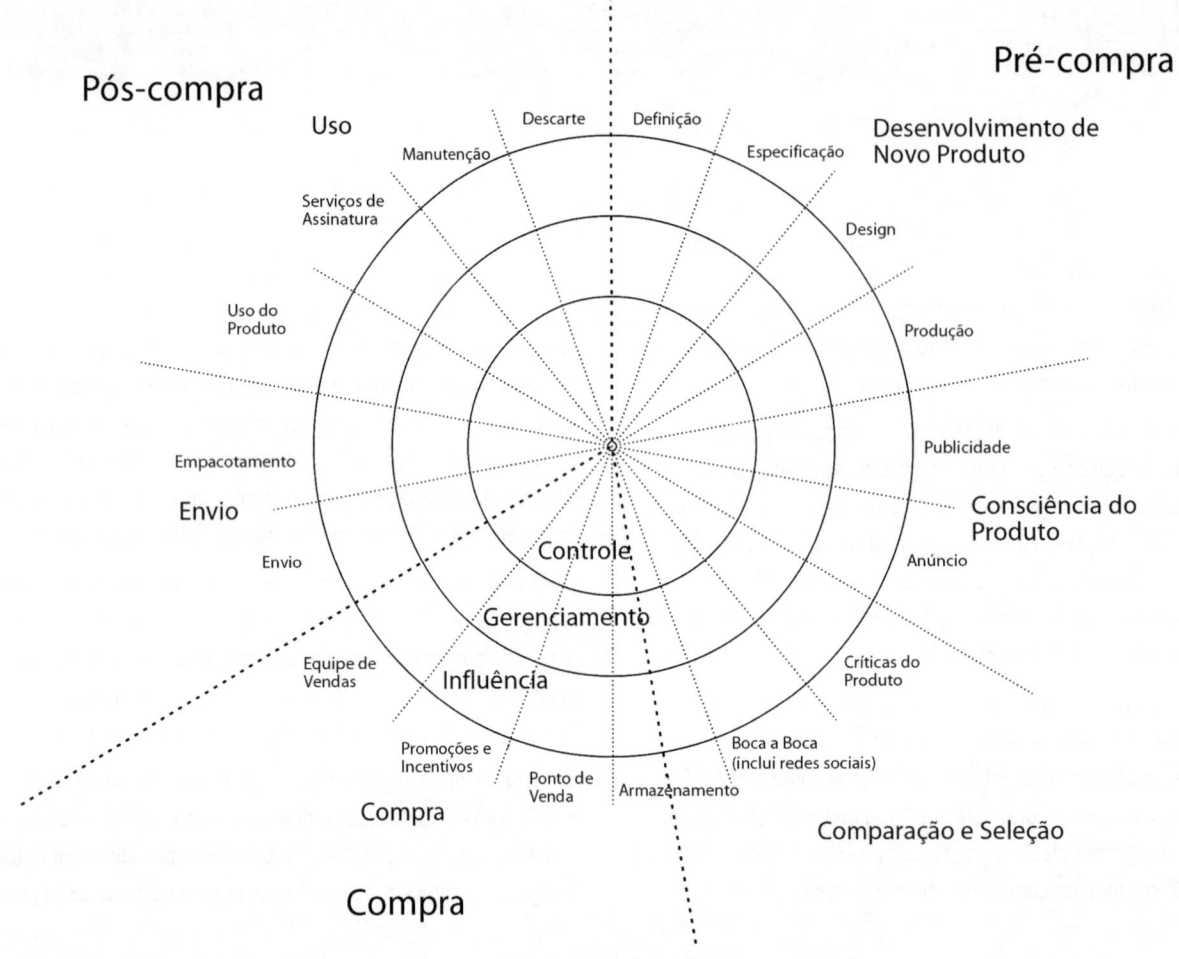

Consciência do Produto
- Publicidade
- Anúncio
- Críticas do Produto

Comparação e Seleção
- Boca a Boca (inclui redes sociais)
- Armazenamento

Controle
Gerenciamento
Influência

FIGURA 2-9. O espaço Intervenção do Consumidor visualiza o ecossistema maior do design circular.

50 CAPÍTULO 2 Fundamentos do Mapeamento de Experiências

raramente veem como uma área para o envolvimento do consumidor), e então subdivididas de novo em 18 categorias, inclusive manutenção e descarte (novamente, áreas que as marcas costumam omitir nos diagramas).

Para aprimorar mais é só adicionar anéis concêntricos indicando o grau de controle que uma marca exerce quando um consumidor interfere no ciclo de vida do produto (por exemplo, uma marca tem muito mais controle quando um consumidor usa um revendedor autorizado para reparos, em vez de comprar uma peça de reposição no mercado paralelo e consertar ele mesmo o produto).

Um ponto de contato no mapa se refere a um evento no qual uma pessoa interfere ativa e intencionalmente no modelo pretendido da jornada do cliente de um produto. Os pontos de contato passivos que não envolvem a intervenção do consumidor são excluídos (por exemplo, ver um anúncio). Esses pontos são indicados em fases apropriadas usando um sistema de codificação com cores: produção (laranja), comunicação (rosa), suprimento (azul) e uso (verde). O tom escuro da cor mostra até onde uma marca permite que os consumidores interfiram nesse ponto de contato.

Começando na fase de definição do desenvolvimento do novo produto, uma linha conecta os pontos de contato para descrever o ciclo de vida de um produto desde a pré-compra até a pós-compra. A Figura 2-10 mostra um ciclo de exemplo para um produto imaginário muito customizado, no qual o descarte envolve extrair materiais durante a nova produção e colocá-los de volta no desenvolvimento do novo produto.

O diagrama está cheio de pontos de contato encontrados em livros especializados e três workshops realizados com especialistas do setor e de meios acadêmicos, inclusive um realizado pelo Instituto de Engenheiros Mecânicos em Londres e um feito na conferência Product Lifetimes and the Environment em Delft. Cada workshop permitiu que os participantes questionassem e reposicionassem os pontos de contato, adicionando novos pontos não identificados anteriormente. Assim, o diagrama resultante (mostrado na Figura 2-11) foi validado e melhorado.

E mais, fizemos exercícios que pediam aos participantes que imaginassem cenários para sistemas de serviços para produtos em futuras economias circulares e visualizassem isso usando o Mapa da Intervenção do Consumidor.

Em grande parte, o valor da ferramenta foi visto nas discussões levantadas com os exercícios e na forma como surgiram visões alternativas de estratégias de produtos e modelos comerciais. Muitos participantes comentaram que é interessante quando pedem que eles considerem possibilidades, ao invés de estabelecer limites, e que o foco da ferramenta nos usuários introduz uma perspectiva que muitos não tinham considerado antes. É algo que estamos ansiosos para continuar fazendo com mais colaborações conforme a ferramenta se desenvolve.

Se você quiser usar os materiais mencionados neste estudo de caso, os seguintes estão disponíveis online nos Repositórios Institucionais (conteúdos em inglês):

- Consumer Intervention Map: *https://doi.org/10.17028/rd.lboro.4743577*
- Workshop materials and Interaction cards: *https://doi.org/10.6084/m9.figshare.4749727*

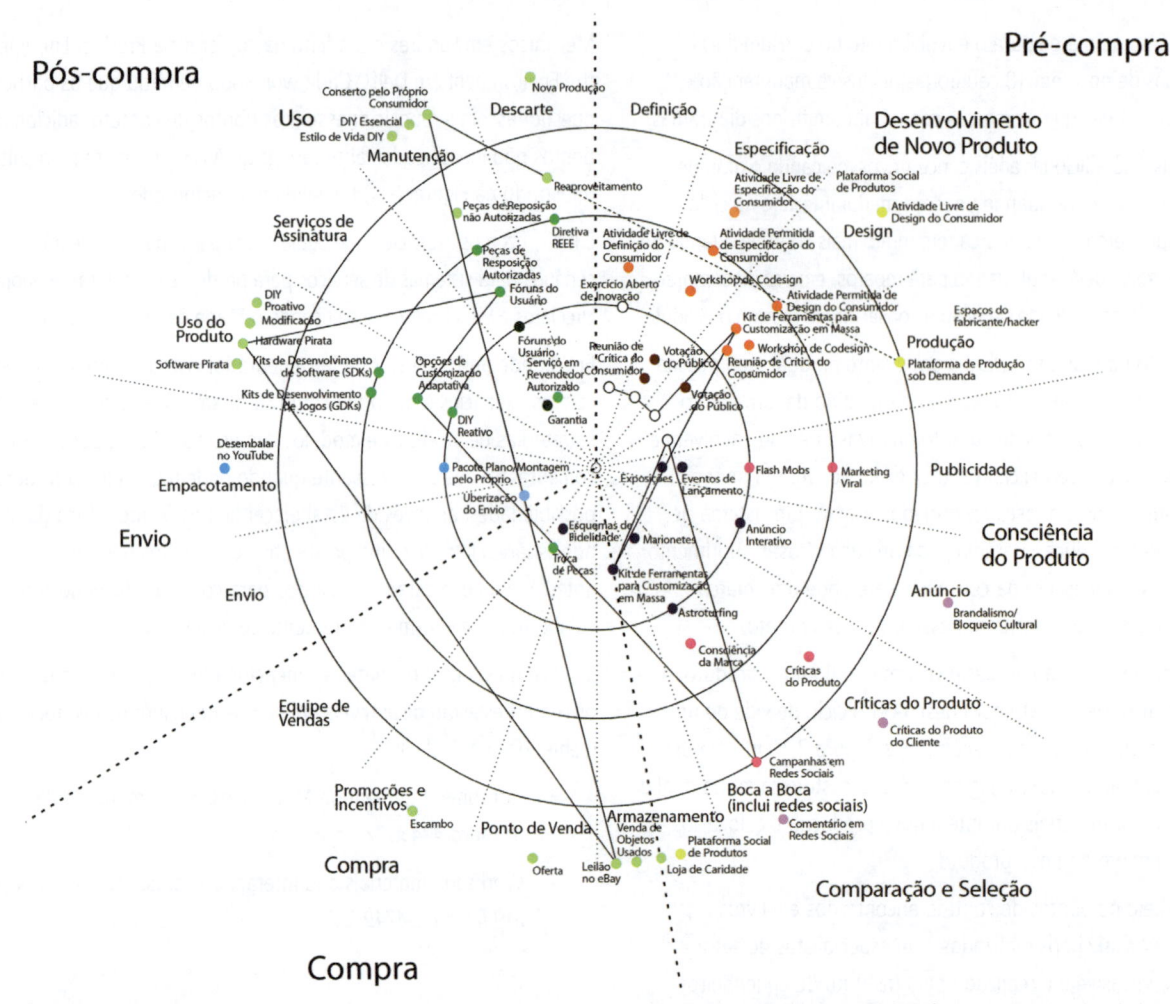

FIGURA 2-10. O Mapa da Intervenção do Consumidor totalmente preenchido mostra relações que identificam novas oportunidades para o design circular.

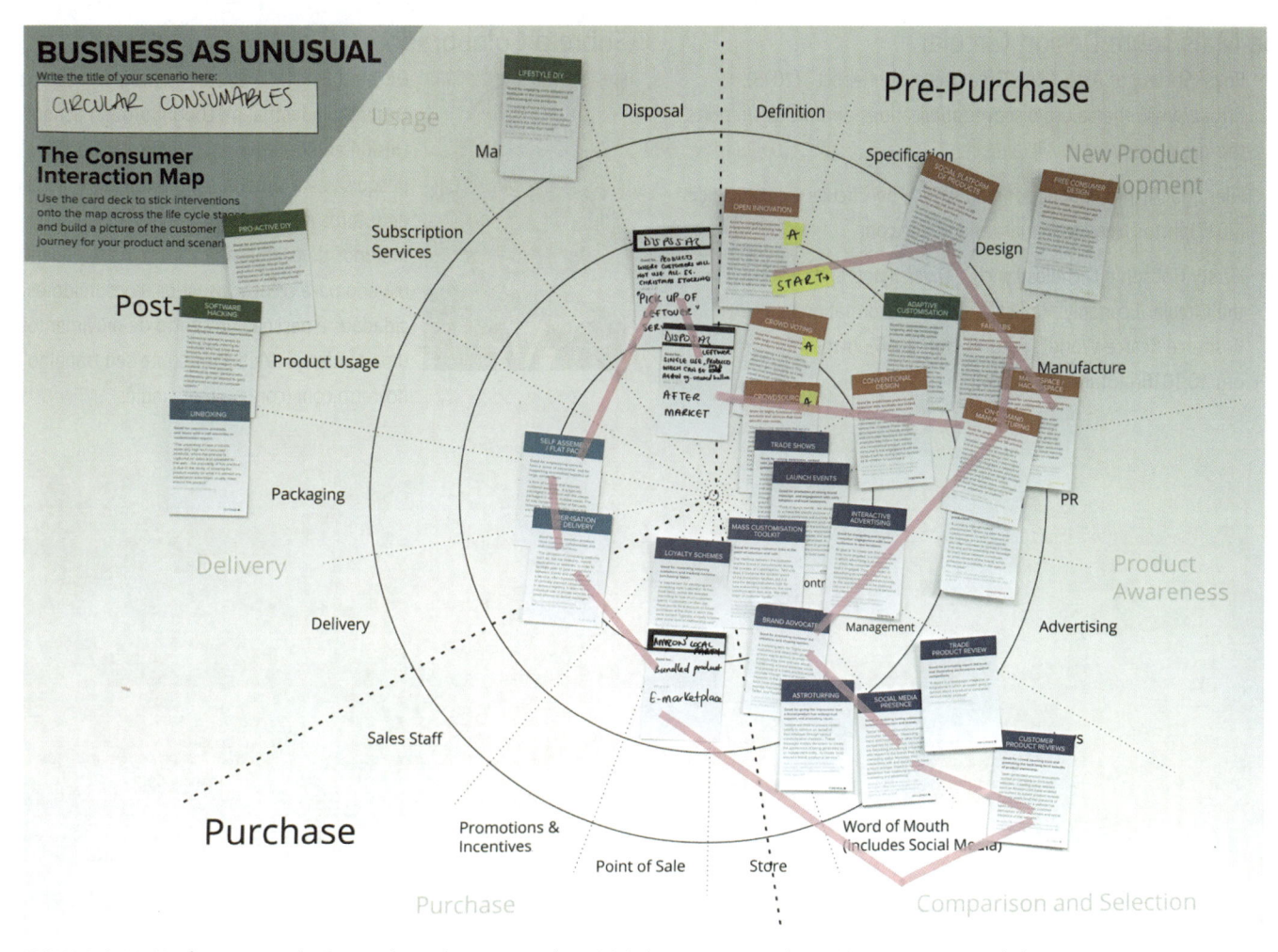

FIGURA 2-11. Um futuro mapa do sistema de serviços para produtos iniciado por um grupo de participantes em um workshop.

Estudo de Caso • Mapeamento da Intervenção do Consumidor — Planejar Estratégias para a Economia Circular

ESTUDO DE CASO

Saiba Mais sobre Design Circular

- Royal Society of Arts, "The Great Recovery Report" (2013), https://www.thersa.org/discover/publications-and-articles/reports/the-great-recovery
- Ellen MacArthur Foundation and IDEO, The Circular Design Guide (2017), https://www.circulardesignguide.com
- Kersty Hobson e Nicholas Lynch, "Diversifying and De-Growing the Circular Economy: Radical Social Transformation in a Resource-Scarce World", Futures (set. 2016), https://doi.org/10.1016/j.futures.2016.05.012

Sobre o Colaborador

Dr. Matt Sinclair é diretor de Programação para Desenho Industrial na Loughborough School of Design and Creative Arts, Reino Unido. Sua pesquisa está situada em grande parte no campo de futuros designs responsáveis, utilizando métodos de pesquisa do design da experiência do usuário para colocar usuários, consumidores, cidadãos e pessoas no centro de movimentos para uma mudança. Veja mais sobre seu trabalho em no-retro.com (conteúdo em inglês).

Créditos dos Diagramas e Imagens

Figura 2-2: Mapa do metrô de Londres de Harry Beck, licença da TfL, da coleção do Museu de Transporte de Londres.

Figura 2-4: Trecho do mapa de experiência de Gene Smith e Trevor van Gorp (veja o mapa completo no Capítulo 12), usado com permissão.

Figura 2-7: Imagem da Booking.com de Andre Manning, "The Booking Truth: Delighting Guests Takes More Than a Well-Priced Bed", usada com permissão.

Figura 2-8: Matriz dos pontos de contato em 360° da Accelerom AG (*accelerom.com*), empresa de consultoria e pesquisa internacional em Zurique, usada com permissão. A Accelerom vem combinando a prática de gerenciamento e pesquisa de marketing em diversas mídias e tecnologias de ponta para análise e visualização por mais de uma década. Para saber mais, veja *http://bit.ly/1WM1QyU* (conteúdo em inglês).

Figuras 2-9 e 2-10: Mapas da Intervenção do Consumidor de Matt Sinclair, Leila Sheldrick, Mariale Moreno e Emma Dewberry, usados com permissão.

Figura 2-11: Foto de Matt Sinclair, usada com permissão.

"A cultura come a estratégia no café da manhã."

– Peter Drucker

NESTE CAPÍTULO

- O que é experiência do funcionário e por que é importante
- Mapeando a experiência do funcionário
- Alinhando as experiências do cliente e do funcionário
- Design organizacional e experiência do cliente
- Gerenciamento da jornada
- Estudo de caso: Alinhando CX e EX para criar uma estratégia

CAPÍTULO 3

Experiência do Funcionário: Alinhamento Interno

Havia uma delicatessen na esquina da minha antiga casa em Hamburgo, Alemanha, que tinha carnes de qualidade e itens especiais. Eu costumava parar lá de vez em quando para comprar produtos difíceis de encontrar. Mas o atendimento geralmente era rude e grosseiro. Às vezes eu ficava nervoso ao interagir com os atendentes, que podiam ficar irritados se eu fizesse perguntas sobre os diferentes tipos de salame que eles tinham, por exemplo, como se eu devesse conhecer todas as sutilezas.

Minha esposa trabalhava na área e conhecia muitos comércios do bairro. Quando mencionei o atendimento ríspido que tinha recebido, ela disse de imediato: "Não é nenhuma surpresa: os proprietários são exatamente assim também. São pessoas difíceis de lidar." E com certeza eles tinham uma alta rotatividade de funcionários.

O fato é que as organizações costumam ser espelhos das experiências do cliente que elas entregam. Se os funcionários são maltratados internamente, como podem esperar oferecer um bom serviço aos clientes? Se a gerência dá mau exemplo para interagir com os clientes, por que os funcionários agiriam diferente?

O programador Melvin Conway percebeu que as soluções que as organizações produzem refletem suas próprias estruturas de comunicação. Intitulada "lei de Conway", sua observação destaca o poder do design organizacional: como uma empresa funciona é tão importante quanto o que ela produz.

Se ótimas experiências do cliente são informadas de fora para dentro, elas são construídas a partir do alinhamento interno. É um processo de duas etapas, como mostrado na Figura 3-1. Primeiro, uma organização deve estar profundamente sintonizada com as pessoas atendidas. Então as equipes devem estar alinhadas não só com a experiência do cliente ideal, mas também entre si.

Este capítulo examina o conceito de alinhamento interno através da lente da experiência do funcionário. Conforme a *experiência do cliente* (CX) fica mais indispensável para o

FIGURA 3-1. Há dois tipos de alinhamento: o com a experiência, que ocorre de fora para dentro, e o interno, entre as equipes que criam a experiência.

crescimento do negócio, a *experiência do funcionário* (EX) também é crítica para o sucesso, ou seja, o caminho para ser mais centrado no cliente é ser mais centrado no funcionário, criando uma ótima experiência do funcionário. Os dois (CX e EX) estão intimamente ligados. O mapeamento aumenta o alinhamento nas duas dimensões, coordenando-as com um propósito.

Experiência do Funcionário

EX é um campo relativamente novo que vai além da integração tranquila, do ambiente de trabalho adequado e sem privilégios. É mais do que a satisfação do cliente, e ainda mais do que o engajamento do funcionário.

Pelo contrário, a EX leva em conta a soma das experiências (pensamentos, ações e sentimentos) que um funcionário tem com uma organização ao longo do tempo. É como eles entendem e internalizam a visão e a estratégia da organização, são os comportamentos que os funcionários demonstram ao trabalhar segundo a missão da empresa.

A experiência do funcionário se sobrepõe às funções existentes na empresa, como RH ou Gestão de Pessoas. De muitos modos, EX é uma extensão dos campos existentes e representa um jeito moderno de gerenciar a mão de obra através da lente da experiência geral. Porém é mais ampla do que o escopo típico das funções de RH.

A EX também se sobrepõe à noção de cultura da empresa, mas tem importantes diferenças. Cultura são as crenças implícitas e as filosofias de um grupo de pessoas e suas suposições coletivas sobre como é o mundo. EX é como os funcionários vivenciam a cultura da empresa ao longo do tempo.

Por fim, EX é um conhecimento explícito de que os funcionários potencialmente têm liberdade para mudar de trabalho. Embora, de fato, muitos possam estar ligados a uma função e não seja possível simplesmente sair, a EX se posiciona como se houvesse liberdade de escolha, ou seja, não é suficiente ter uma mão de obra que é feliz trabalhando na empresa (por salário e benefícios). Ao contrário, uma organização evoluída também cria uma sensação de pertencimento, para que as pessoas *queiram* participar de sua causa. EX é sobre a finalidade que acompanha o emprego; uma finalidade para trabalhar ainda mais forte do que apenas por dinheiro.

Com isso em mente, surge um conjunto geral de fatores que contribuem, inclusive os seguintes:

- Espaços físicos e digitais, inclusive ferramentas e equipamento.
- Sistemas internos, capacidades e suporte.
- Flexibilidade, autonomia e transparência.
- Sentimento valorizado e ter uma sensação de ação.
- Coaching e mentoria no trabalho.
- Crescimentos pessoal e profissional.
- Trabalho em equipe e aspectos sociais do trabalho.
- Fluxo de trabalho e processos.
- Paixão pela marca.
- Diversidade e inclusão.
- Saúde e bem-estar físico.
- Bem-estar emocional e psicológico.

Há variação entre as organizações. Sua perspectiva pode resultar em diferentes divisões desses tópicos para destacar o que é mais importante para a organização nesse ponto. Por exemplo, uma startup pode enfatizar a paixão pela marca e o fluxo de trabalho mais do que uma empresa de grande porte, que pode focar o coaching e o desenvolvimento profissional.

Jacob Morgan, autor do *The Employee Experience Advantage*, mostra um modo prático de entender a EX por completo. Ele separa os principais aspectos da EX em três categorias:

Ambiente cultural

Este é o maior colaborador, e talvez o mais importante, para a experiência do funcionário. Muitos fatores estão em cena aqui: noção de finalidade, valor percebido dos funcionários na organização, diversidade e inclusão, igualdade de tratamento, crescimento e mentoria, bem-estar e outros.

Ambiente técnico

Os funcionários de software e hardware costumam compor o ambiente técnico. As opções de disponibilidade voltadas para o consumidor são fatores-chave ao fornecer uma ótima experiência do funcionário, assim como o alinhamento das necessidades deles e dos requisitos corporativos.

Ambiente físico

É onde os funcionários trabalham, inclusive escritórios e trabalhos remotos ou em casa. Flexibilidade e várias opções de espaço de trabalho são fatores-chave quanto ao ambiente de trabalho físico. Morgan destaca o desejo de levar amigos para o trabalho como sinal de um bom ambiente físico.

EX é como os funcionários vivenciam a cultura da empresa ao longo do tempo.

O fato é que a EX é multifacetada, considerando diversas características simultaneamente. É importante lembrar que a EX não só é interessante, mas essencial para o crescimento. Com uma pesquisa rigorosa, Morgan mostra que as organizações que investiram mais pesado na EX:

- Provavelmente apareceram mais de 11 vezes na lista "Melhores lugares para trabalhar" do Glassdoor.
- Provavelmente constam mais de quatro vezes na lista LinkedIn dos "Maiores empregadores sob demanda" da América do Norte.
- São listadas mais de 28 vezes entre as "Empresas mais inovadoras" da *Fast Company*.
- São listadas duas vezes mais pela *Forbes* como uma das "Empresas mais inovadoras do mundo".
- São encontradas duas vezes mais no Índice Americano de Satisfação do Cliente.

E mais, Morgan descobriu que as "organizações empíricas tiveram quatro vezes mais lucro em média e duas vezes mais receita em média. Elas também eram quase 25% menores, sugerindo níveis mais altos de produtividade e de inovação".

Essa mensagem não é necessariamente nova. Já em 1998, Joseph Pine II e James Gilmore mostraram que tínhamos entrado em uma nova era, intitulada por eles de "economia da experiência".* Estamos evoluindo em direção a uma era de empresas interligadas, em que as hierarquias tradicionais da corporação serão suplantadas por sistemas auto-organizados colaborando em plataformas digitais.

O resultado é que *o modo* como uma empresa opera é tão importante quanto *o que* ela produz. Isso inclui tudo, desde recrutamento e gráficos organizacionais até colaboração e cultura. Com tantos fatores a considerar, o conceito de experiência se torna uma força unificadora, ou seja, ver a experiência do cliente sem considerar a experiência do funcionário omite metade da equação.

---

* B. Joseph Pine II e James H. Gilmore, "Welcome to the Experience Economy", *Harvard Business Review* (jul. – ago. 1998).

Mapeando a EX

Organizações preocupadas com a experiência do funcionário não querem só observar e fazer relatórios; querem moldá-la ativamente. Como em qualquer experiência, podemos mapear a EX como uma sequência de interações que se desdobram com o tempo. Lógico, um diagrama da EX é a primeira etapa-chave ao facilitar um diálogo com um resultado prático.

O processo para criar um mapa da EX é o mesmo para criar um mapa da CX. Podemos aplicar tudo o que sabemos sobre diagramação das experiências do cliente e humanas para entender a experiência do funcionário de ponta a ponta.

Após determinar quem estará na equipe realizando o processo de mapeamento, comece determinando o ponto de vista, o escopo e o foco. Decida qual EX mapear. Nem todos (por exemplo, gerência executiva versus colaboradores individuais) terão a mesma experiência. Para começar, defina o ponto de vista mais relevante para o problema em mãos.

Mas só definir a experiência de quem mapear pode ficar complicado rapidamente. Por exemplo, pode ser que você queira considerar freelancers e como eles se encaixam na organização em relação à experiência do funcionário. Embora seja tentador excluir os prestadores de serviço externos do escopo do mapa EX, eles impactam a EX de quem trabalha em tempo integral. E, conforme a gig economy decola e as organizações ficam cada vez mais motivadas a expandir com freelancers, alinhá-los com a organização é essencial.

Após definir a experiência de quem mapear, defina o escopo da experiência. O mapa na Figura 3-2 mostra um exemplo de EX fornecido pela UXPressia, uma ferramenta de mapeamento online. É quase idêntico ao mapa da jornada do cliente em forma e formato.

No caso, o escopo do diagrama é amplo, vai do recrutamento ao desenvolvimento profissional. Essa visão de alto nível poderia ajudar a organização a priorizar quais aspectos da EX geral ela melhoraria primeiro. Por exemplo, abordar situações no recrutamento poderia ter um efeito posterior nos estágios seguintes. Também fica claro que a integração é um ponto fraco em relação às outras fases.

É possível ampliar e mapear apenas uma seção, como o começo, desde a procura de emprego até concluir uma fase de teste. Em qualquer ponto na jornada geral, é possível aprofundar mais e mapear a experiência com mais detalhes. Obtenha o nível certo de granularidade e defina o escopo para endereçar as questões mais importantes da equipe.

Por exemplo, Chris McGrath criou um mapa da vida diária de uma funcionária para sua consultoria de transformação digital, Tangowork. O topo do diagrama na Figura 3-3 mostra o fluxo de trabalho da funcionária em um único dia. O meio inclui uma estimativa dos pensamentos comuns junto com altos e baixos emocionais. Na parte inferior, em caixas coloridas, estão táticas concretas para lidar com os pontos problemáticos da funcionária.

Embora tal visão diária possa levar somente a soluções locais e táticas, mapear nesse nível faz parte da criação de uma EX mais gratificante. Essas visões granulares podem chegar a uma imagem da experiência geral dos funcionários.

Ou considere a abordagem adotada por Rafa Vivas, diretor criativo na XPLANE, uma consultoria de negócios visuais mostrada na Figura 3-4 (em espanhol). O modelo para uma EX reflete os estágios comuns do emprego no topo, desde a descoberta e a integração até o trabalho, recompensas e, por fim, a saída. As linhas mostram os pontos de contato que eles têm com as pessoas internas, ferramentas, sistemas, curva emocional estimada e necessidades antes de concluir com insights e oportunidades. No geral, isso reflete o alinhamento nos diversos aspectos do trabalho e aponta para resultados práticos para melhorias.

Após definir os pilares do esforço de mapeamento, pesquise a experiência com dados de funcionários atuais e futuros. Siga as etapas da investigação no Capítulo 6. Então ilustre a experiência como descrito no Capítulo 7. A meta é contar uma história que reflita os insights reunidos com a investigação, de um modo claro e acessível para outras pessoas.

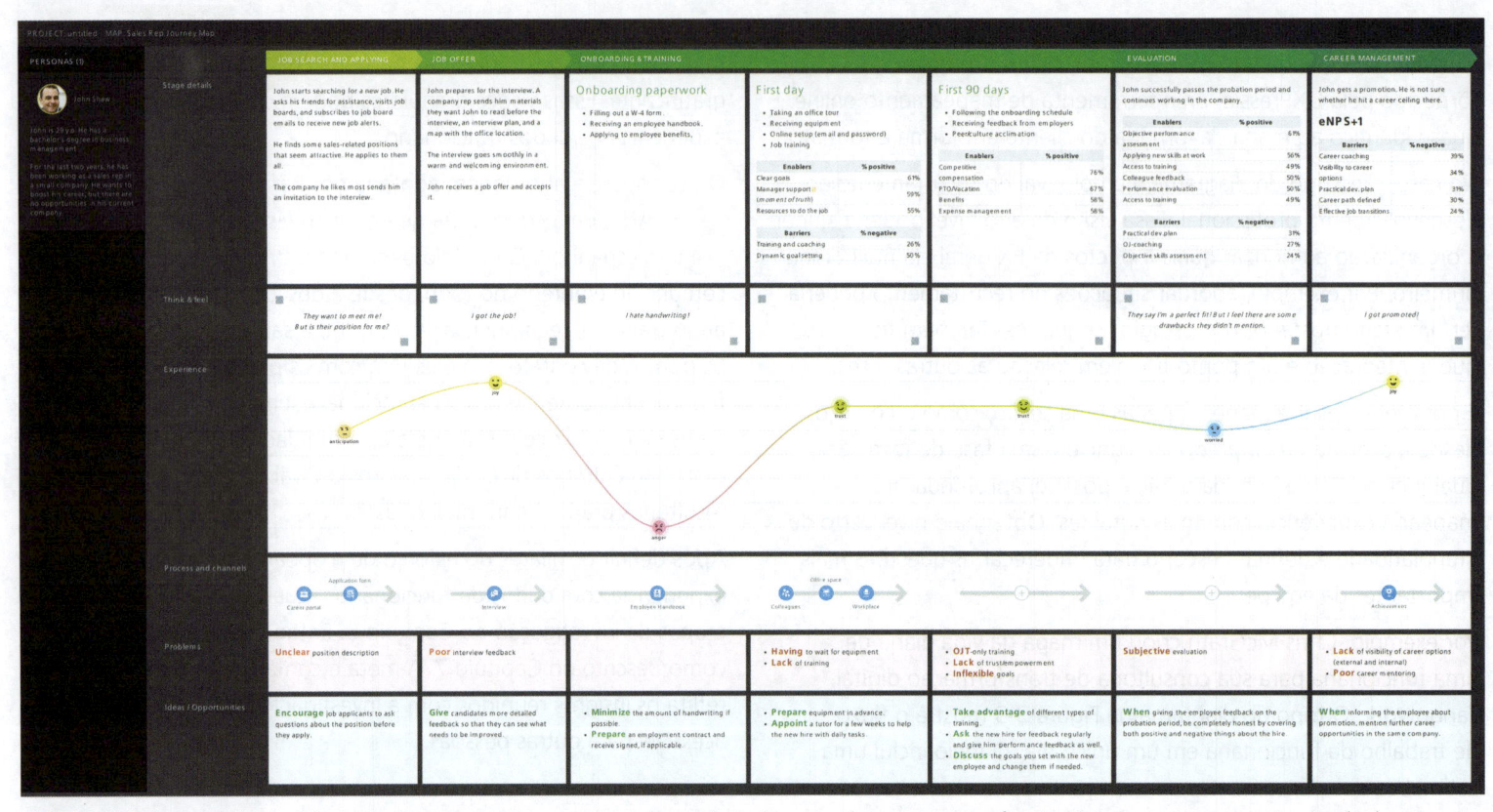

FIGURA 3-2. Um mapa da experiência de ponta a ponta mostra uma ampla sequência de pontos de contato que os funcionários têm com uma organização, desde a procura de emprego até a gestão de carreira.

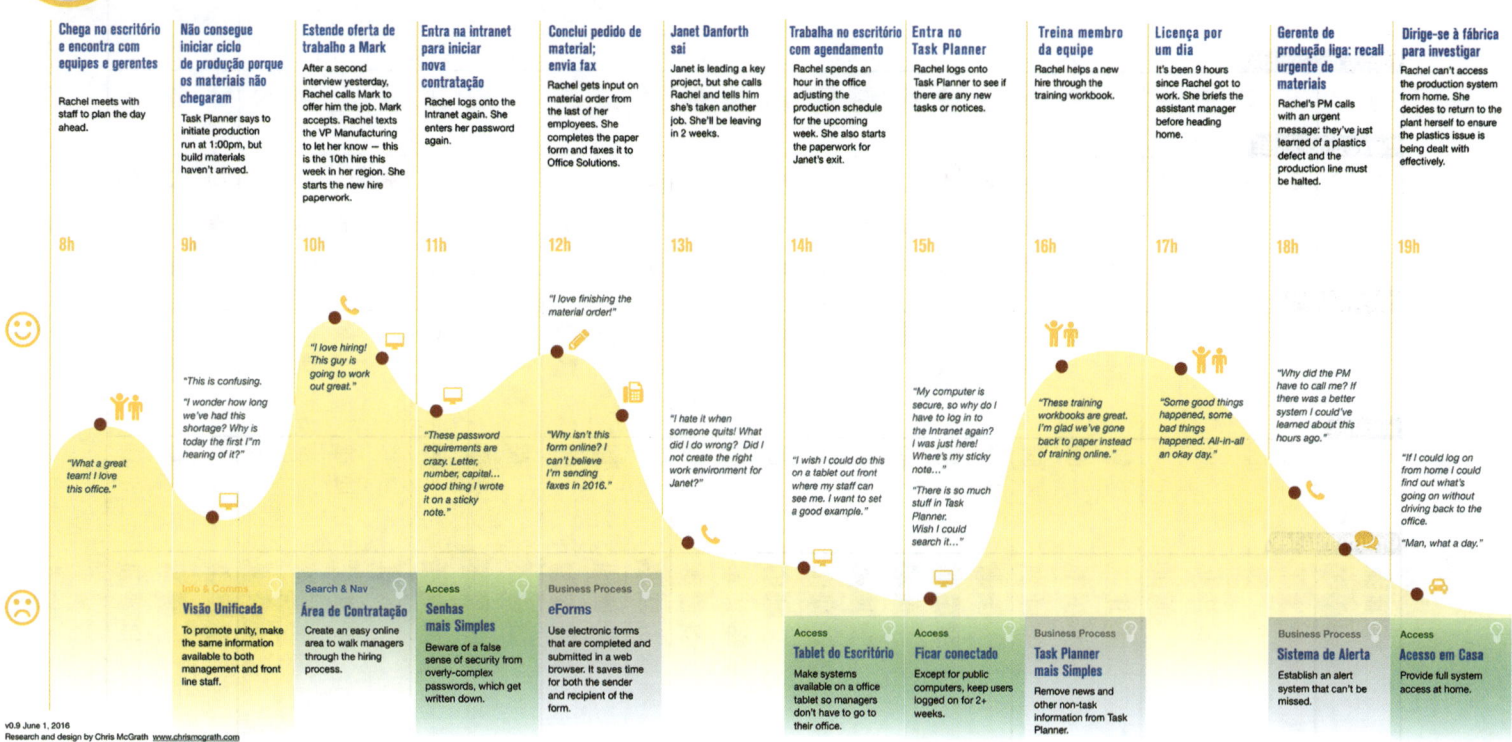

FIGURA 3-3. Um mapa EX pode ter um formato da vida diária, em vez de imitar um mapa da jornada do cliente

Mapeando a EX   63

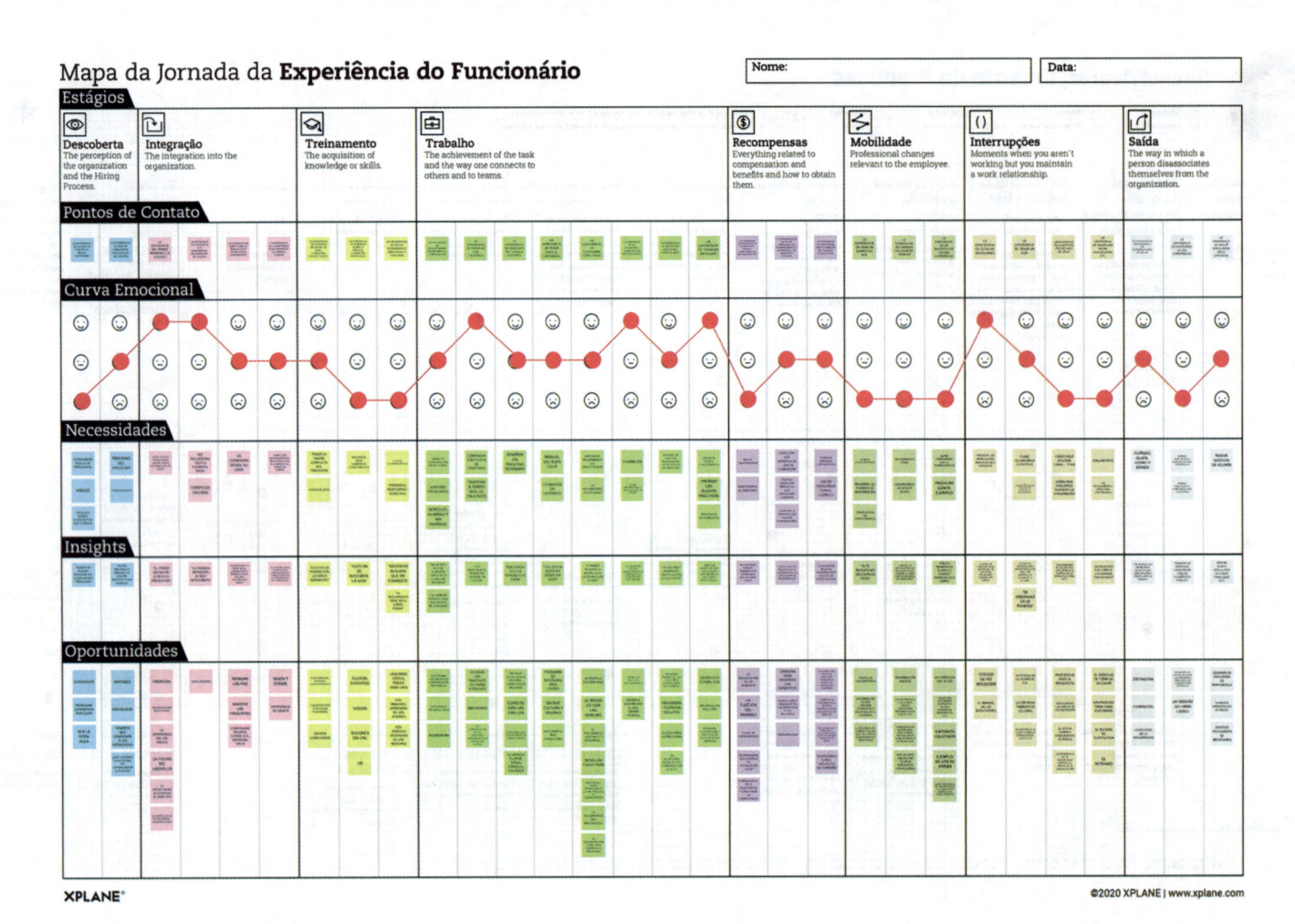

FIGURA 3-4. Com base em um modelo comum para EX, os consultores na XPLANE conseguem mapear diferentes experiências do funcionário de modo consistente usando o mesmo formato para cada diagrama.

Alinhe CX e EX

Gosto de considerar a relação entre clientes e funcionários como um ecossistema. Atualmente, *como* as empresas fornecem valor aos clientes é tão importante quanto a oferta em si. O segredo é ver os funcionários como pontos finais no processo de criação de valor: a experiência deles é tão importante quanto a experiência do cliente resultante.

Os funcionários de frente, como representantes de vendas e agentes de suporte ao cliente, podem ter contato direto com os clientes. Mas até os funcionários na retaguarda, como desenvolvedores de produto e RH, têm um papel também: eles dão suporte às pessoas que se comunicam com os clientes ou interagem com eles por meio da oferta. Todos na organização participam da experiência.

A Figura 3-5 mostra um modelo conceitual de como a EX e a CX se conectam com relações diretas e indiretas.

O fato é que as empresas devem se preocupar necessariamente com o desenvolvimento da infraestrutura que dá suporte à experiência, dentro e fora da organização. Para ser obcecado pelo cliente, é preciso também ser obcecado pelo funcionário.

Para ser obcecado pelo cliente, é preciso também deve ser obcecado pelo funcionário.

A especialista em liderança de marca Denise Lee Yohn explica a importância desse tipo de alinhamento. Ela destaca que o maior desafio ao se tornar uma empresa centrada no cliente é criar uma estrutura que permita a centralização nele. Lee Yohn explica a CX através da lente de uma marca e relaciona a EX à cultura da empresa. Em seu livro *Fusion*, ela usa a metáfora da fusão nuclear escrevendo:

> *Com a fusão, os dois núcleos criam algo totalmente novo. Do mesmo modo, é possível liberar um enorme potencial ao fundir os dois núcleos da organização: sua cultura — como as pessoas na organização se comportam, as atitudes e as crenças comunicadas ("o modo como fazemos as coisas aqui"); e sua marca ou identidade da marca — como a organização é compreendida por clientes e por outros stakeholders.*

Vejo a CX como a marca em ação e a EX como a cultura da empresa em ação, isso é, se a marca representa a postura geral da empresa em um mercado, a CX é como as pessoas a percebem ao longo do tempo ao interagirem com a empresa. Do mesmo modo, ao passo que a cultura são as atitudes e as crenças de uma empresa, a EX é a linha do tempo de como os funcionários vivenciam essa cultura de sua perspectiva enquanto no trabalho.

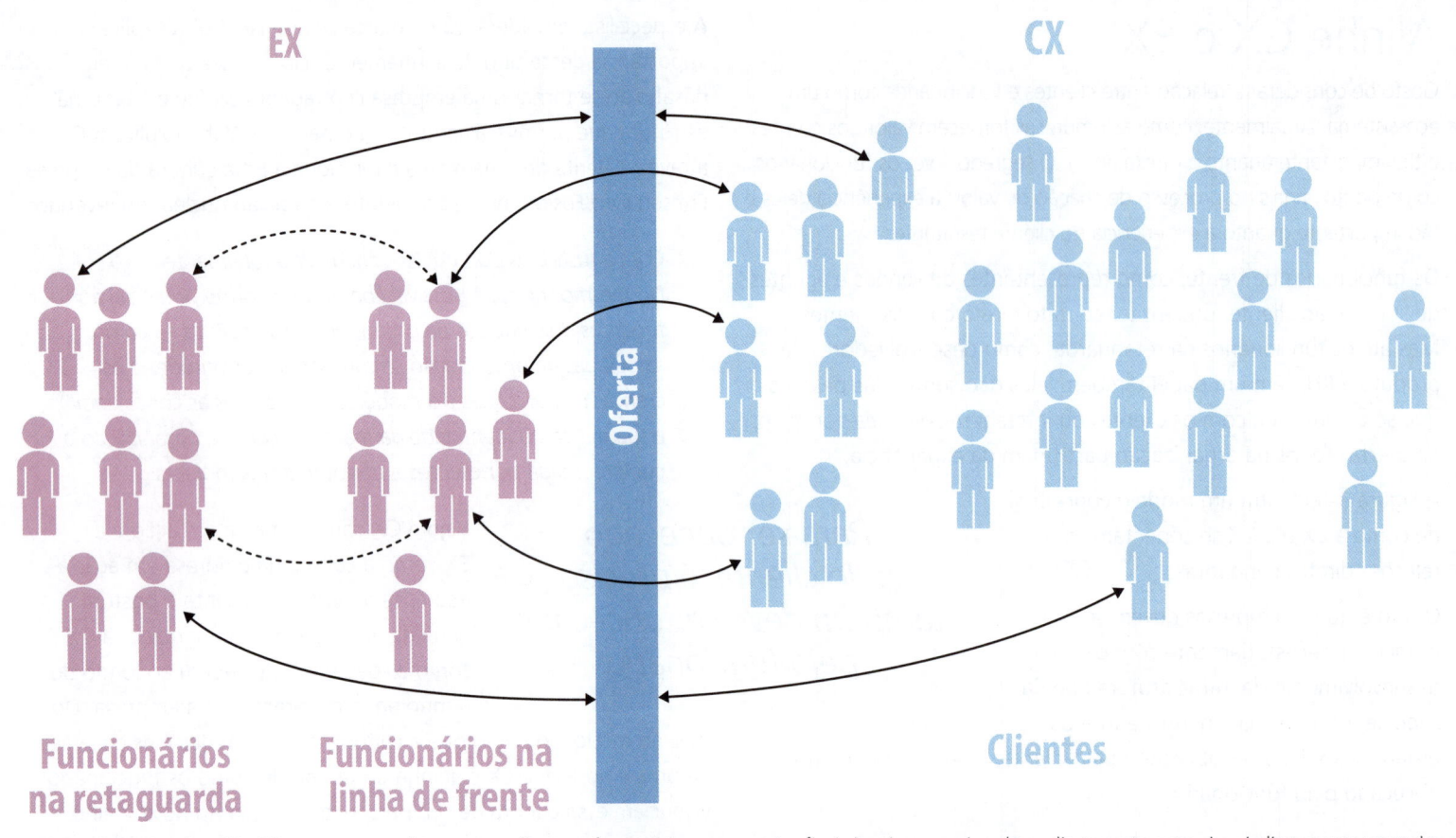

FIGURA 3-5. Visualize CX e EX como um ecossistema, com clientes e funcionários como pontos finais iguais, comunicando-se diretamente entre si ou indiretamente por meio de uma oferta.

Muitas empresas tornaram explícita a conexão entre CX e EX do modo como Lee Yohn recomenda. Por exemplo, a Southwest Airlines deixou isso bem claro em uma postagem no blog sobre a cultura da empresa: "Funcionários Felizes = Clientes Felizes = Negócios/Lucros Maiores = Acionistas Felizes! Acreditamos que, se tratamos nossos Funcionários corretamente, eles tratarão nossos Clientes corretamente e, por sua vez, isso resulta em negócios e lucros maiores que deixam todos felizes."

Seema Jain, minha colega na MURAL, adotou etapas práticas para alinhar CX e EX. Sua abordagem é simples: mapear ambas em uma única visão geral para ter um alinhamento visual entre as duas.

A Figura 3-6 mostra um modelo básico de sua abordagem. No topo está um mapa muito típico de uma jornada do cliente, em rosa. Abaixo, em azul-esverdeado, está um espaço para mapear a EX. O objetivo é enumerar os principais elementos de definição da CX (ações, atitudes e pontos de contato) e correlacionar isso com os aspectos da EX que dão suporte à experiência (processos, interações da equipe, sistemas, ferramentas, atitudes e sentimentos dos funcionários).

Em workshops com muitos stakeholders, ela conseguiu facilitar uma conversa estratégica sobre como alinhar o trabalho do funcionário para dar um melhor suporte para os resultados desejados no lado da CX. Leia mais sobre a abordagem dela e veja um exemplo completo do modelo de alinhamento CX/EX no estudo de caso no fim do capítulo.

Não é uma tarefa fácil planejar uma experiência do funcionário global. Em geral, muitas etapas requerem comprometimento e perseverança. Algumas considerações principais são como montar equipes compassivas, como gerenciar as jornadas ao longo do tempo e como organizar em torno da experiência; esses temas são examinados nas próximas seções.

Monte Equipes Compassivas

Empatia pelos clientes é um ponto de partida no caminho para conseguir centralização no cliente, mas não é suficiente. O sistema geral da criação de valor deve permitir compaixão ou a capacidade de tomar uma ação para criar uma experiência do cliente ideal.

Por exemplo, analisando uma jornada ampla do funcionário, desde antes de a pessoa ir para a empresa e durante o desenvolvimento da carreira, você pode considerar explicitamente como os funcionários internalizam a CX e ficam empoderados ao contribuir com ela. Considere algumas dessas abordagens para empoderar os funcionários para que sejam obcecados pelo cliente na jornada do funcionário:

Recrutamento

> Dê aos futuros funcionários uma ideia do que esperar, mesmo antes de eles entrarem para a organização. Indique seu comprometimento com a CX com antecedência sinalizando o tipo de funcionário que você procura. Avise sobre a cultura CX desejada antes para assegurar ter as pessoas certas. O primeiro contato que as pessoas têm com você, logo que encontram a descrição do trabalho, faz parte da EX delas e pode despertar o interesse na obsessão pelo cliente.

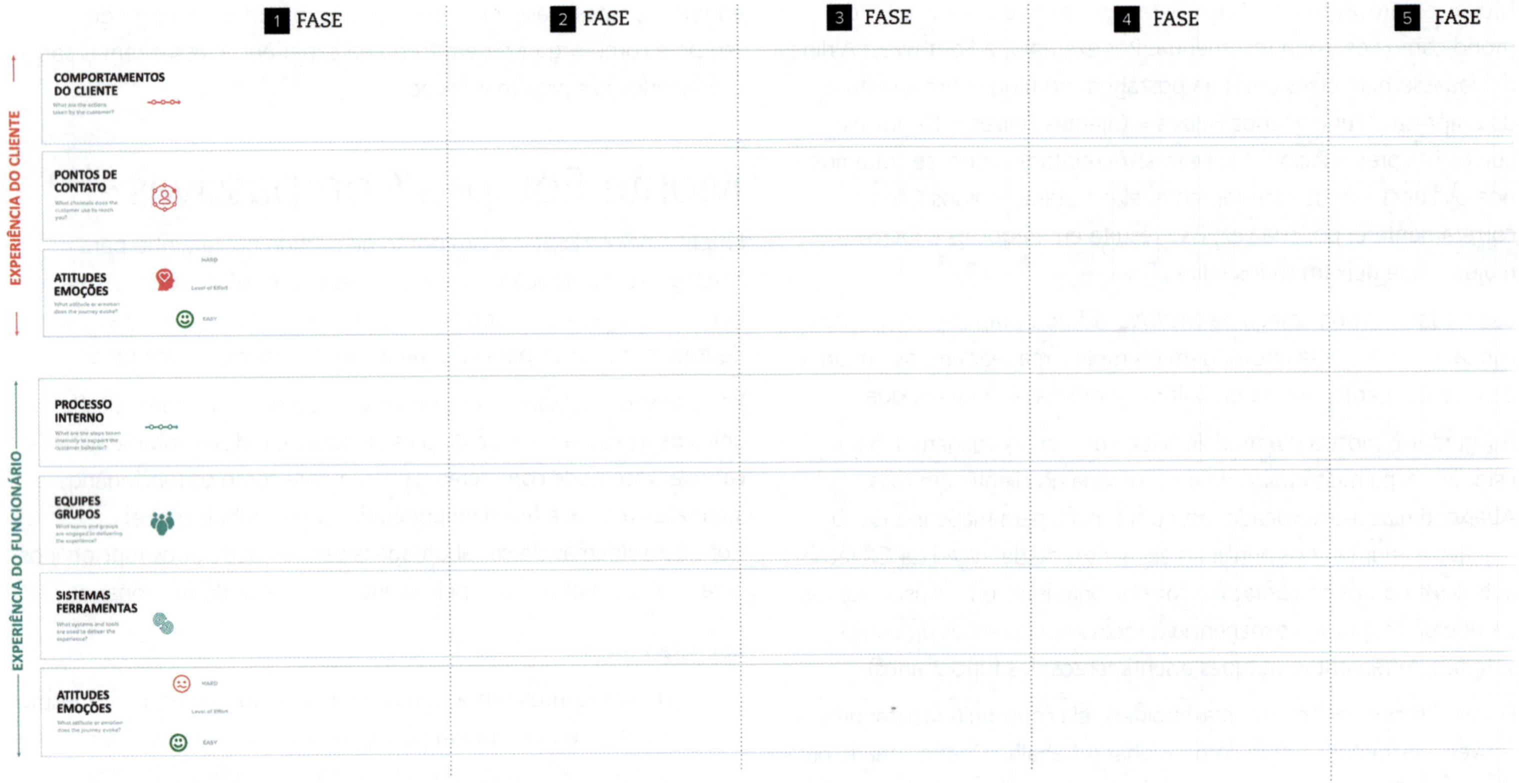

		1 FASE	2 FASE	3 FASE	4 FASE	5 FASE
EXPERIÊNCIA DO CLIENTE	COMPORTAMENTOS DO CLIENTE					
	PONTOS DE CONTATO					
	ATITUDES EMOÇÕES					
EXPERIÊNCIA DO FUNCIONÁRIO	PROCESSO INTERNO					
	EQUIPES GRUPOS					
	SISTEMAS FERRAMENTAS					
	ATITUDES EMOÇÕES					

FIGURA 3-6. Usando técnicas de mapeamento padrão, é possível alinhar visualmente CX e EX com um modelo simples.

Entrevista

Pergunte aos futuros funcionários sobre a impressão deles a respeito da CX da empresa durante a entrevista de emprego. Por exemplo, você pode perguntar sobre a experiência que eles tiveram ao interagir com a sua marca pela primeira vez ou como eles poderiam melhorar a CX. Isso pode dar ideias sobre o que eles pensam a respeito da CX em geral e como podem afetá-la desempenhando suas funções.

Contratação

Deixe claro nas ofertas de emprego e em outras comunicações o compromisso em fornecer uma CX de primeira. Reforce sua posição sobre CX e as expectativas quanto aos funcionários, e indique as responsabilidades deles em relação à CX.

Integração

Quando novos funcionários entrarem na empresa, mostre de cara como a experiência deles na empresa os empoderará para tomar uma ação, assegurando uma CX ideal. Por exemplo, em seu livro *The Year Without Pants*, o autor Scott Berkun analisa seus primeiros dias trabalhando na Automattic, os criadores do WordPress. Todo funcionário novo responde aos tíquetes de suporte dos clientes. Isso não só lhes dá contato direto com os clientes, como também os deixam expostos aos sistemas interno e externo que fornecem a CX.

Capacitação

Crie programas que exponham todos os funcionários ao insight do cliente. Por exemplo, a gigante de softwares financeiros, Intuit, estabeleceu, na empresa inteira, um programa "follow me home", que tira os funcionários do prédio e observa os clientes em seus locais de trabalho. Em outro exemplo, a Hyatt Hotels encoraja que os funcionários sejam autênticos em vez de usarem roteiros ao falar com os convidados. Eles são estimulados a interagir em um diálogo mais autêntico e empático com os clientes.

Desenvolvimento profissional e crescimento

Ancore os critérios para promoção e crescimento na organização em torno da CX. Em geral, os incentivos monetários permeiam as organizações como vigas invisíveis, orientando comportamentos e ações de cima para baixo. Por exemplo, os executivos podem ter metas de receita trimestrais que orientam suas estratégias e ações. Ao contrário, considere como os incentivos em torno da CX podem ser uma força motriz. Recompense explicitamente as pessoas por seus progressos ao criar uma melhor CX por meio de bônus e avanço profissional.

Vivência dos valores da marca

Planeje meios de os próprios funcionários vivenciarem os valores da marca e se colocarem no lugar dos clientes o máximo possível. Por exemplo, a Airbnb alinha diretamente a EX com sua identidade central da marca: "Pertencer a nenhum lugar." O design flexível de escritório permite que os funcionários circulem e trabalhem em mesas e áreas diferentes. A empresa também promove o trabalho remoto de um modo que permite aos funcionários colaborarem de qualquer lugar no mundo. O local de trabalho "pertencer a nenhum lugar", físico e virtual, permite que os funcionários vivenciem a marca, reforçando a CX desejada.

O sistema geral da criação de valor deve permitir compaixão ou a capacidade de tomar uma ação para criar uma CX ideal.

Claro, o mapeamento ajuda a fornecer insight para a EX de vários modos. Três maneiras de utilizar o mapeamento para melhorar a EX como um todo:

1. *Workshop da EX como uma equipe, internamente.* Criar um mapa é uma ótima primeira etapa para planejar uma melhor experiência do funcionário. Mas, a fim de ativar os insights do diagrama para as equipes de gestão e RH, será preciso reunir as pessoas para um esforço unificado. Faça um workshop para examinar juntos a EX e chegar a um acordo sobre as etapas de ação. Você pode usar muitas das técnicas descritas no Capítulo 8 para preparar e realizar tal workshop.

2. *Use mapas da experiência para integrar novos funcionários.* Durante a introdução inicial na empresa, examine os mapas da experiência existentes com os funcionários. Considere reservar um dia inteiro ou mais durante a integração para focar os clientes e a CX. Use um mapa não para apenas descrever a CX, mas para engajar os novos funcionários em exercícios mentais em torno de como eles impactam a CX a partir da posição deles na empresa.

3. *Torne o mapeamento um exercício regular para que os funcionários tenham uma mentalidade centrada no cliente.* Como foi dito em outro lugar neste livro, não é sobre o mapa (substantivo), é sobre mapear (verbo). Envolva os funcionários na criação de vários mapas com regularidade, talvez uma vez por trimestre. Entendam juntos a CX para a criação da equipe e de uma experiência do funcionário rica (veja Figura 3-7).

FIGURA 3-7. Torne o mapeamento uma atividade de equipe em intervalos regulares para ter uma EX envolvente que coloca as pessoas em contato com a CX.

Organize-se em torno da Experiência

Em seu artigo "Dysfunctional Products Come from Dysfunctional Organizations", o líder em design Jon Kolko aponta a burocracia, as funções em silo e a cultura de defesa como as causas profundas do fracasso do produto. Ele conclui:

> *Se o processo, a cultura e a experiência diária da organização são caóticos ou fragmentados, podemos prever que nossos clientes vivenciam um produto ou um serviço igualmente fragmentado... Observei a validade disso em muitos produtos e empresas. Claro, há exceções, mas no todo é fato que produtos ruins apontam para um alinhamento ruim.*

Ele recomenda várias atividades, todas podendo ser vistas como elementos de uma EX, para alinhar as equipes, como eventos reguladores a fim de montar equipes e workshops de alinhamento. Os modelos visuais, como mapas da experiência, têm um papel particularmente grande segundo Kolko. E, o mais importante, criar modelos da experiência pretendida *juntos* alinha a compreensão daqueles que criam a CX.

Mas treinamentos e workshops não são suficientes. Eles criam apenas superficialmente uma mentalidade empírica na organização. Alinhar equipes internamente para ter uma CX ideal é uma questão estrutural também, e pode ser necessária uma gestão ampla da mudança.

Toda empresa com um pouco mais de funcionários tem silos. O raciocínio da jornada requer uma organização de trabalho entre os silos. Alinhar as funções da organização com os aspectos da jornada do cliente vai além de criar uma EX que dá suporte direto à CX. É mais do que simbólico: os gráficos organizacionais que espelham a CX reforçam seu compromisso com uma empresa centrada no cliente.

Isso levanta a pergunta: a quem pertence a CX de uma organização? Em última instância, é responsabilidade da empresa inteira. As equipes rotuladas com "Experiência do Cliente" ou algo parecido existem para ligar os pontos, não para tirar a responsabilidade das outras. Seu trabalho é empoderar e capacitar todos na organização para cuidarem da CX.

Se concordamos que "todos possuem a experiência do cliente" ou, pelo menos, "todos impactam a experiência do cliente", então como você organiza é essencial para fornecer o resultado desejado. Por exemplo, um antigo cliente meu em um provedor de e-commerce certa vez se apresentou como membro do grupo *Discovery*. Ele explicou que seu trabalho era ajudar as pessoas a encontrar os produtos oferecidos, independentemente do canal ou da mídia. Eles também tinham equipes para *Compra* e *Sucesso*, ou seja, a organização espelhava a jornada do cliente, não as linhas funcionais nem os tipos de tecnologia (Figura 3-8).

Os diagramas da jornada do cliente dão a base para esse tipo de organização. Eles revelam um modelo a seguir que espelha a experiência da pessoa e, assim, serve como um tipo de blueprint para a organização. Isso leva a um novo modo de ver as ofertas, que por sua vez estimula a inovação.

E mais, alinhar-se com a CX também pode orientar a definição de meta e as avaliações do desempenho. Por exemplo, uma equipe poderia usar as fases da jornada do cliente para formar OKRs (objetivos e principais resultados) mensais ou trimestrais, ou as avaliações do desempenho poderiam ter resultados-alvo para uma fase específica, como aumentar a consciência ou melhorar a facilidade de encontrar produtos ou serviços. O princípio organizador da jornada do cliente pode aparecer em toda a organização.

Se a CX importa, então você deve organizar de modo significativo para entregá-la. Por exemplo, veja como a USAA, uma provedora de seguros e serviços financeiros para militares veteranos nos EUA, se organizou em torno de diferentes "experiências".

Em vez de focar capacidades funcionais e serviços, como antes (por exemplo, contas correntes, cartões de crédito, financiamentos de carros e casas), eles mudaram para linhas de negócio mais centradas no ser humano. Agora há um proprietário de "gastos diários" responsável pelas partes das experiências nas contas correntes e nos cartões de crédito.

Em outro exemplo, uma grande editora na qual já trabalhei adotou uma abordagem parecida. Primeiro ela identificou quatro divisões lógicas em suas ofertas que correspondiam às experiências que ela queria criar, depois organizou equipes de ofertas em torno delas. Embora não incorporadas no gráfico organizacional de alto nível, as equipes multifuncionais se reuniram, alinhando-se em torno das CXs pretendidas. O mapeamento fundamentou essa estrutura inicialmente, que foi entendida pelo mercado e também aumentou a colaboração interna.

Organizar-se em torno da experiência incorpora a centralização do cliente em um nível profundo. Não é uma tarefa fácil, mas as empresas obcecadas pelo cliente podem fazer a transição, o que acaba permitindo que superem os concorrentes. Ancorar a experiência no nível fundamental de uma organização cria uma EX única, apontando todos na mesma direção para terem uma melhor CX.

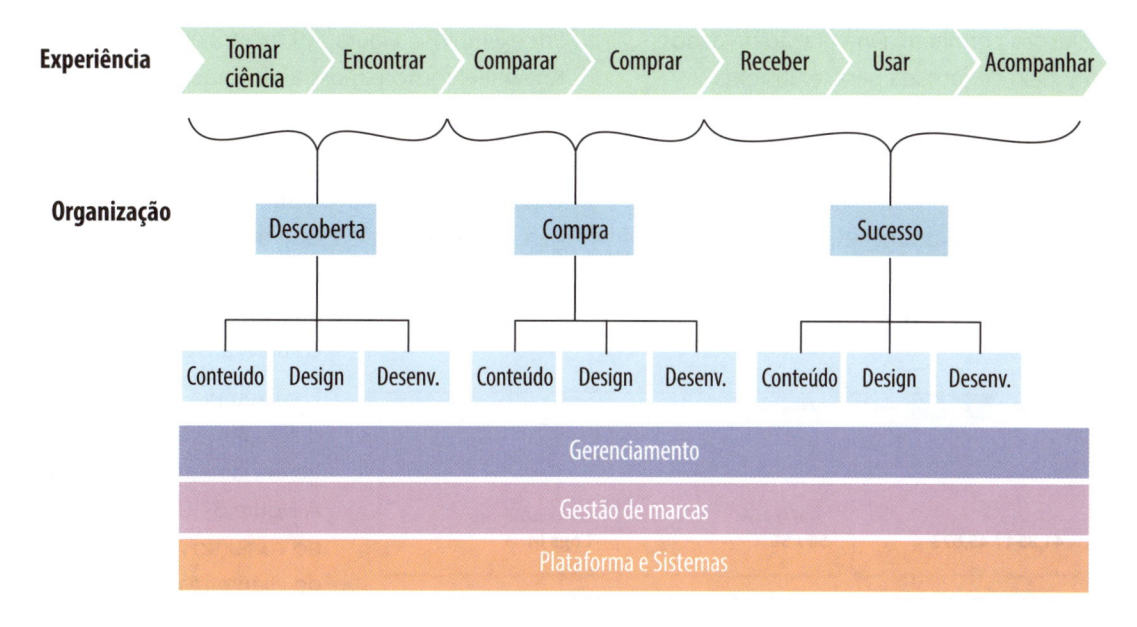

FIGURA 3-8. Organize as equipes em torno da experiência do cliente.

Gerenciar as Jornadas ao Longo do Tempo

Esforços pontuais não são suficientes. Orientar a experiência do cliente através de uma melhor EX é um esforço contínuo. O gerenciamento da jornada do cliente precisa ser feito ao longo do tempo para fornecer insight para o progresso e entender como os esforços do funcionário impactam consideravelmente os clientes.

O tipo de mapeamento defendido neste livro costuma ser centrado na criação do modelo qualitativo e na ativação dentro das equipes. O objetivo é mostrar empatia e acordar quanto às oportunidades e aos planos de ação no futuro. É uma etapa essencial no gerenciamento geral da CX, mas não é suficiente manter a dinâmica em relação a uma CX melhor.

Um gerenciamento ativo da jornada requer uma visão mais dinâmica da experiência e dar vida à EX. A intenção é monitorar a jornada do cliente usando dados dinâmicos conforme eles ocorrem e monitorar o desdobramento da CX. Isso requer muito mais do que apenas mapear uma experiência, isso é, integrar a métrica na jornada, por exemplo, via algum tipo de painel.

Muitas ferramentas e soluções permitem a integração de dados em tempo real em um modelo de jornada para ter insights atualizados do comportamento real do cliente. Exemplos atuais de tais ferramentas incluem BryterCX da ClickFox, Kitewheel, SuiteCX, TandemSeven e Touchpoint Dashboard, para citar alguns.

Essas ferramentas costumam ter várias funções, desde modelar jornadas a gerenciar e organizar as CXs ao longo do tempo. Muitas utilizam visualizações em mapa para ajudar a entender a análise.

Por exemplo, a Figura 3-9 mostra um exemplo de painel que a Kitewheel fornece mostrando caminhos em um serviço online. Os principais indicadores da jornada são mostrados no topo, com uma visão dos caminhos reais pelo site abaixo.

O gerenciamento da jornada faz parte do campo maior do gerenciamento da CX, que busca um monitoramento controlado das interações em cada ponto de contato. O objetivo é entregar a experiência certa no momento certo. A análise pode ficar bem complexa e detalhada.

Por exemplo, o pacote de ferramentas da Qualtrics XM oferece recursos de gerenciamento da jornada em tempo real. A Figura 3-10 mostra apenas um painel do conjunto XM para reportar a experiência do cliente real.

Como se espera, a inteligência artificial desempenha um papel cada vez mais importante no gerenciamento da CX. No fim, a IA permitirá uma maior personalização das interações dos clientes. Não obstante as tecnologias envolvidas, o gerenciamento da CX começa com uma compreensão profunda da jornada do cliente e, na maioria dos casos, está enraizado na pesquisa e é visualizado por meio do mapeamento da jornada do cliente.

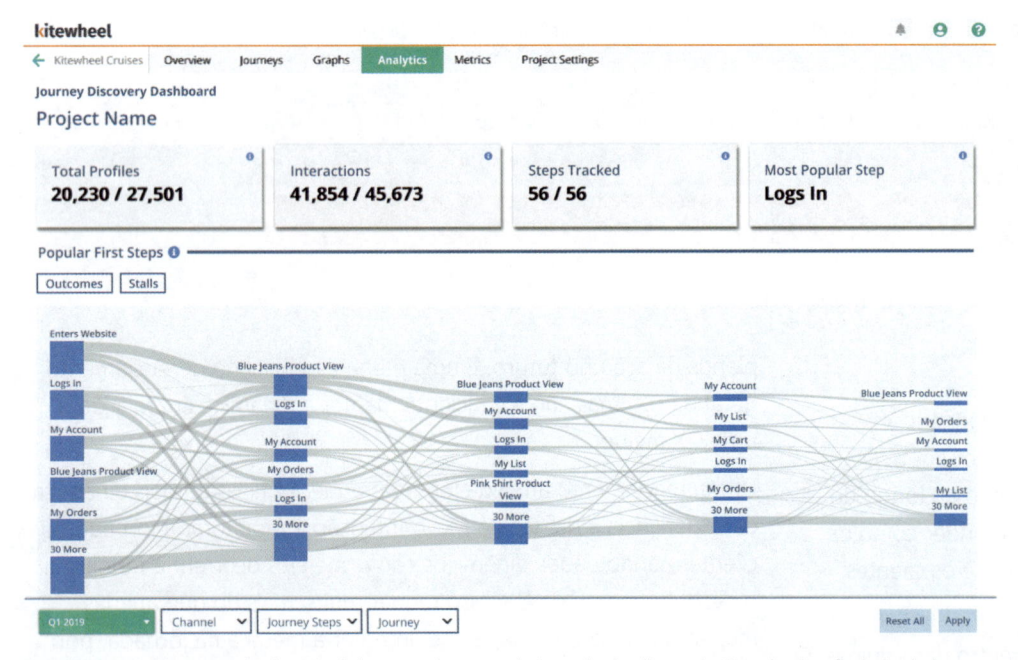

FIGURA 3-9. Um exemplo de painel de gerenciamento da jornada do cliente da Kitewheel, refletindo dados dinâmicos e interações com clientes.

Lembre-se de que, para ter uma visão da CX dinâmica, é necessário ter dados de toda a organização. A CX não é responsabilidade de um único departamento, e o gerenciamento contínuo da jornada se divide em silos.

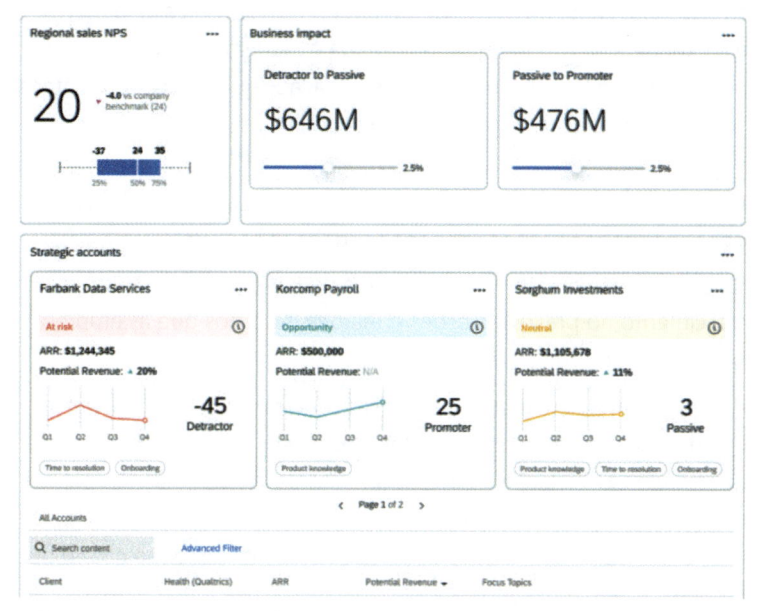

FIGURA 3-10. O pacote Qualtrics XM é uma coleção poderosa de ferramentas para medir a CX e a EX em tempo real.

Instalar um programa de gerenciamento da jornada do cliente é um esforço estratégico que requer adesão das equipes na organização e comprometimento do alto escalão da empresa. Em termos gerais, há cinco etapas envolvidas no monitoramento das jornadas do cliente ao longo do tempo:

1. *Defina sua visão da CX de ponta a ponta.* Não precisa ser uma análise elaborada. Para simplificar, defina e acorde quanto aos principais pilares que você acredita contribuir para uma ótima experiência do cliente para seu negócio.

2. *Segmente as jornadas por pessoa.* Nem todos terão as mesmas interações com sua oferta. Novos clientes são diferentes dos existentes; compradores podem ser diferentes dos usuários finais; parceiros terão uma experiência diferente dos fornecedores; funcionários em tempo integral são diferentes dos freelancers. Decida sobre quais categorias de clientes você deseja rastrear.

3. *Identifique os principais indicadores da CX.* Definir a métrica comercial para medir a experiência é um desafio. Pode haver um mix de pontos de dados qualitativos e quantitativos a considerar que desafiam a combinação em uma única medida. A análise da jornada é uma abordagem para insights e medição que examina o comportamento dos clientes não apenas nos pontos de contato individuais, mas ao longo dos caminhos que eles tomam conforme tentam realizar seus objetivos e tarefas.

4. *Conecte os dados nos canais.* Para implementar uma análise da jornada eficiente, você precisará de uma plataforma tecnológica a fim de agregar os dados em vários canais. Net Promoted Score (NPS), resultados da pesquisa de satisfação, pontuações do esforço do cliente e muitas métricas de uso são apenas alguns dados no gerenciamento ativo da jornada. Em alguns casos, podem ser necessários mecanismos de coleta de novos dados como, por exemplo, novas pesquisas do cliente.

5. *Organize para ter uma jornada do cliente ideal.* Use os insights do monitoramento da jornada do cliente para fazer melhorias e inovar a experiência. Continue aprendendo e melhorando conforme faz alterações e ajustes. O gerenciamento da jornada é um esforço contínuo.

Não tenha dúvidas: planejar um sistema para rastrear a CX de uma solução existente em tempo real é difícil, e apresenta muitos desafios e obstáculos no caminho. Para uma execução em grande escala, é preciso ter dados certos, governança correta e modelo operacional certo. Você também precisa dos funcionários certos e da EX certa em torno do esforço.

Para a CX ganhar vida com a EX, a líder em experiência do cliente e autora Kerry Bodine defende uma nova função, o gerente de jornada, para gerenciar ativamente a CX ao longo do tempo.[†] Ela compara essa função com a de um gerente de produtos ou alguém que cuida da oferta de uma empresa. Nesse caso, a oferta é a experiência. Um gerente de jornada é alguém que reúne perspectivas diferentes em uma organização, ajudando a reorientar a empresa em relação a uma CX imprescindível.

O gerenciamento da jornada é metade ciência, metade arte, mas foi mostrado que tem um ROI impactante. O gerenciamento da CX foi correlacionado a aumentos finais. Por exemplo, as empresas no topo do Customer Experience Index™ da Forrester tiveram um maior crescimento no preço das ações e maiores retornos que as empresas na parte inferior da lista.

A mensagem é clara: para as empresas capturarem essa vantagem competitiva e perceberem seu valor, elas devem adotar o "raciocínio da jornada". Em relação ao gerenciamento da jornada e ao design, o todo é maior que a soma das partes. Essa mentalidade é orientada por uma EX alinhada com a CX e gerenciada como tal ao longo do tempo. Focar a CX sem um plano para otimizar a EX omite metade do alvo.

[†] Veja o relatório de Bodine "The State of Journey Managers, 2018", disponível em *https://kerrybodine.com/product/journey-manager-report* (conteúdo em inglês).

Resumo

O conceito da EX é sobre a relação geral que os funcionários têm com uma organização, ou seja, a soma de suas ações, pensamentos e sentimentos ao longo do tempo. Não é suficiente atender aos requisitos básicos de salário e benefícios; atualmente as organizações também precisam criar uma sensação de finalidade para que as pessoas escolham colaborar.

Como nas CXs, a EX pode ser mapeada para ter uma maior compreensão. Visualizar a EX ajuda uma organização a encontrar as principais oportunidades para melhorias. O mais importante, o mapeamento ajuda a empresa a alinhar CX e EX. Se você tratar os funcionários do modo certo, eles tratarão os clientes do mesmo modo e o negócio expandirá. Se a CX é a marca em ação, a EX é a cultura da empresa em ação.

Além de o mapeamento da EX ajudar a encorajar funcionários apaixonados, as organizações também podem se organizar em torno da experiência formando equipes que se alinham com a CX. Mapear as jornadas ao longo do tempo e levar o insight do cliente para os funcionários regularmente se tornam indispensáveis. As ferramentas de gerenciamento do cliente e as técnicas ajudam a injetar a centralização do cliente em toda a organização.

O resultado é que, para ser obcecado pelo cliente, você também precisa ser obcecado pelo funcionário.

Mais Leitura

Denise Lee Yohn, *Fusion* (Brealey, 2018)

Lee Yohn reúne décadas de experiência assessorando empresas sobre marca e cultura. Ela apresenta um argumento convincente para a fusão das duas, demonstrando claramente como a vantagem competitiva é orientada por um alinhamento da CX/EX. O site dela (https://deniseleeyohn.com — conteúdo em inglês) inclui muitas ferramentas práticas para a avaliação e a criação de empresas fundidas de primeira classe.

Jacob Morgan, *The Employee Experience Advantage* (Wiley, 2017)

Esse livro se destaca entre muitos escritos sobre a experiência do funcionário. É bem organizado, fácil de ler e, o mais importante, tem uma pesquisa exaustiva. Morgan apresenta suas descobertas detalhadas com anos de investigação ao correlacionar a EX com resultados comerciais finais. Ele também dá dicas práticas sobre como criar uma EX ideal.

B. Joseph Pine II e James H. Gilmore, *The Experience Economy* (Harvard Business School Press, 1999)

Esse livro de referência é uma extensão do artigo dos autores na Harvard Business Review "Welcome to the Experience Economy". Em um nível macro, eles observam a transição de uma economia agrária inicial para a economia industrial, depois de uma economia de serviços para uma baseada na experiência. Escrito com rigor e muitas evidências, esse livro marca o começo de uma importante mudança que ainda lutamos para concretizar, em parte entendendo as experiências por meio de mapeamentos.

Simon David Clatworthy, *The Experience-Centric Organization* (O'Reilly, 2019)

Clatworthy diferencia ser centrado no cliente e centrado na experiência, com o último sendo mais geral e incorporando a cultura interna. Ele mostra uma escala de maturidade em cinco etapas para se tornar uma organização centrada na experiência. Esse livro tem muita pesquisa e rigor, mas também é acessível e prático.

Alinhando CX e EX para Criar uma Estratégia

Seema Jain

Os mapas da jornada do cliente começam com o primeiro ponto de contato, por meio da compra, e continuam em uma relação de longo prazo com uma marca. Porém, se focamos apenas a CX, omitimos metade da história. O que os mapas tradicionais da jornada do cliente não mostram é o que está sob a superfície: muita atividade do funcionário aplicada ao criar uma CX (veja Figura 3-11).

Experiência do cliente

Experiência do funcionário

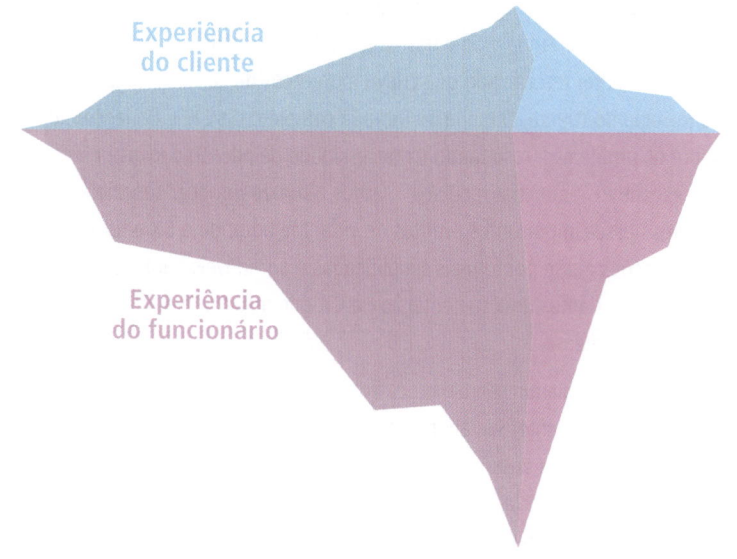

FIGURA 3-11. A CX é a ponta do iceberg acima da atividade do funcionário necessária para criar essa experiência.

Avaliar os lados do cliente e do funcionário fornece uma imagem geral essencial para entender a amplitude e a profundidade da jornada.

Criar mapas da jornada robustos e eficientes requer dados da equipe multifuncional, inclusive dos clientes. Costuma ser um desafio reunir equipes e pessoas dispersas geograficamente, mas 2020 incentivou uma mudança radical e involuntária para a interação digital, mesmo antes de o coronavírus se tornar uma pandemia.

Na MURAL, aprimoramos uma abordagem de alinhar explicitamente a CX e a EX para encontrar novas oportunidades. O processo tem quatro etapas:

1. Mapeie a jornada do cliente.

Com pesquisa e investigação do cliente, comece mapeando o comportamento passo a passo na jornada geral do cliente. Avalie as ações dele, suas principais interações e qual atitude ou emoção a jornada desperta. Entender e conectar a emoção é essencial para planejar experiências que conectam e ressoam nos clientes.

2. Mapeie a jornada do funcionário.

Completamos nosso mapa passando da superfície para entender a jornada do funcionário. Expomos os trabalhos internos da organização, inclusive processos comerciais, sistemas, ferramentas e equipes multifuncionais que facilitam e dão suporte à CX.

ESTUDO DE CASO

Convidar os representantes de todas as funções comerciais voltadas para o cliente para participar revelará as realidades diárias dos papéis dos funcionários e dos grupos. Quando os funcionários ficam frustrados ou têm problemas, isso costuma ser transferido para o cliente. É essencial descobrir essas emoções a fim de planejar experiências que conectam as equipes internas e as pessoas para gerar satisfação, engajamento e retenção.

A Figura 3-12 mostra o alinhamento visual da CX e da EX em um diagrama. Nesse caso, a experiência está centralizada na primeira parte do fluxo de integração na empresa MURAL.

3. Avalie o mapa da jornada.

Avaliando as emoções do cliente e do funcionário, podemos começar a identificar com facilidade onde ocorrem os momentos da verdade, ou seja, os momentos centrais na jornada que deixam impressões positivas ou negativas nos clientes e nos funcionários. Isso representa uma oportunidade para corrigir um problema ou capitalizar em uma oportunidade para despertar fidelidade e apoio.

Identificar momentos da verdade nos permite estruturar o problema ou a oportunidade como perguntas exploratórias usando a frase "como nós podemos". Essas perguntas criam um espaço aberto para novas ideias e nos levam a colaborar com outras pessoas para encontrarmos respostas. Elas também nos impedem de adotar uma solução rápido demais, fechando a porta para explorações e inovações.

4. Priorize.

Nesse ponto em nosso workshop digital, costumamos fazer várias perguntas "como nós podemos" que servem como um trampolim para uma concepção de ideias bem-sucedida. Podemos limitar o foco pedindo que os participantes votem na pergunta mais atraente, buscando um consenso democrático para onde começar.

Usamos essa abordagem em workshops estratégicos com nossos clientes para definir como trabalharemos nos próximos anos. Especificamente, conseguimos identificar as principais alavancas no lado da EX que melhorarão a CX.

Por exemplo, no workshop em uma grande empresa de seguro de vida, esse processo revelou vários problemas na jornada do funcionário relacionados a um call center terceirizado que criava momentos da verdade negativos na jornada do cliente. O mapa da jornada completo da CX + EX lançou luz sobre os problemas, resultando na necessidade de adesão e investimento dos executivos para criar recursos internos a fim de fornecer suporte aos clientes nesses importantes eventos de vida. Melhorando a EX e tornando as operações nesse ponto mais simplificadas e agradáveis para todos os envolvidos, criamos uma sustentação na CX que resultou em uma maior retenção do cliente.

Nossos clientes falaram sobre o processo: "Eu não sabia quanta coisa havia por fazer internamente. Sua abordagem nos ajudou a ter uma boa direção para lidar com os maiores desafios da CX." A satisfação do funcionário é o principal indicador da CX, ou seja, se os funcionários estiverem felizes e engajados, eles criarão experiências melhores, que se traduzem em clientes mais felizes.

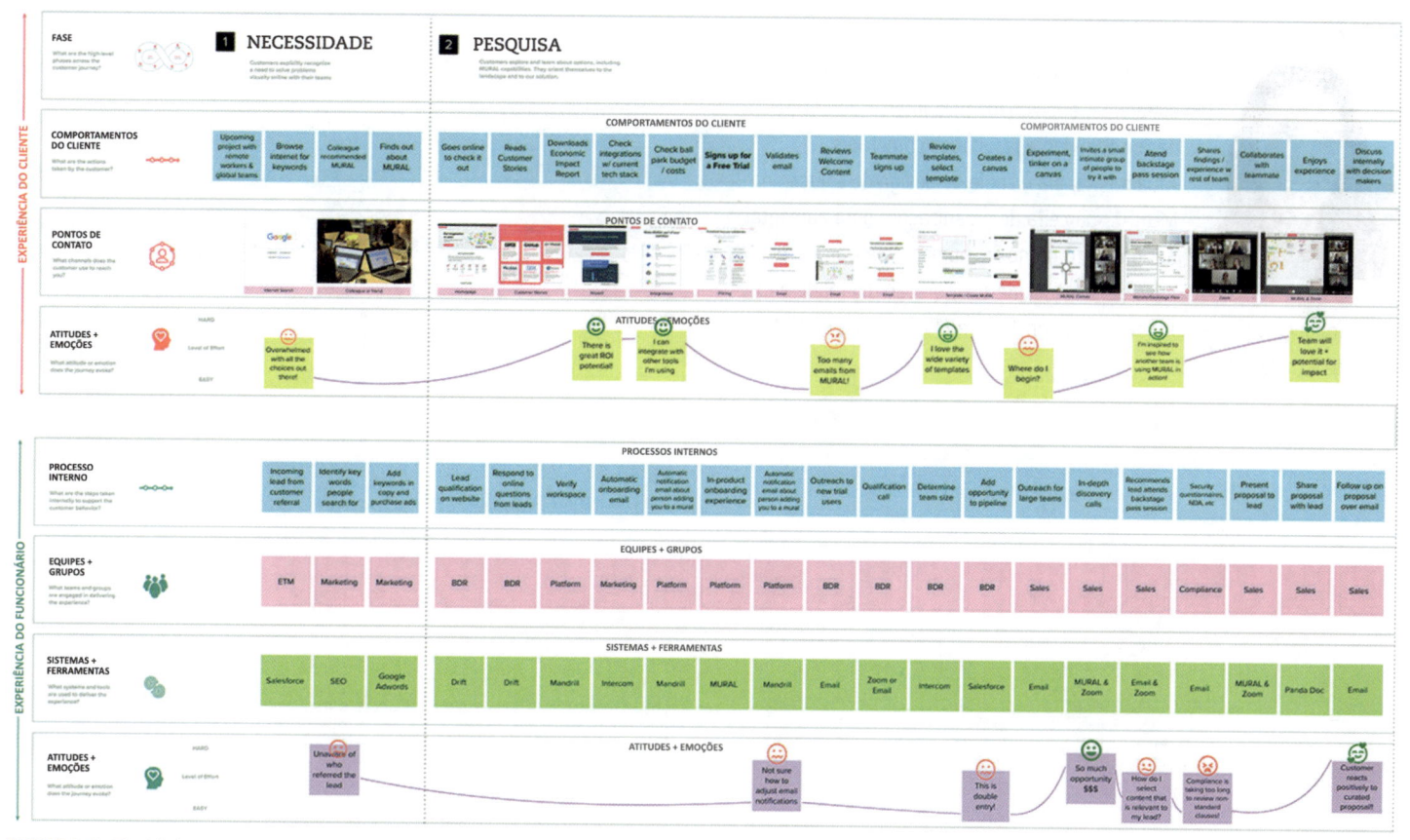

FIGURA 3-12. Alinhe CX e EX em um diagrama a fim de encontrar oportunidades para melhorar ambas.

ESTUDO DE CASO

Sobre a Colaboradora

Seema Jain é uma líder experiente em design e estratégia, apaixonada pela interseção entre design thinking e resultados comerciais. Atualmente, ela é chefe de design de solução na MURAL, parceira de organizações para aumentar o design centrado no ser humano mensurável por meio de soluções de colaboração digital de alto impacto. Seema tem a certificação Design Thinking Practitioner do LUMA Institute e da IBM.

Créditos dos Diagramas e Imagens

Figura 3-2: Mapa da experiência do funcionário criado pela UXPressia (*uxpressia.com*), usado com permissão.

Figura 3-3: Diagrama da experiência diária do funcionário criado por Chris McGrath, Tangowork: Consultants for Digital Transformation (*tangowork.com*), usado com permissão.

Figura 3-4: Mapa da experiência do funcionário baseado em um modelo criado por Rafa Vivas, diretor criativo na XPLANE (*xplane.com*), usado com permissão.

Figura 3-6: Modelo de alinhamento da CX/EX de Seema Jain, usado com permissão.

Figura 3-7: Foto de Martin Ramsin, cofundador e CEO da CareerFoundry (*careerfoundry.com*), usada com permissão.

Figura 3-9: Captura de tela da Kitewheel, tirada de *kitewheel.com*.

Figura 3-10: Captura de tela do pacote Qualtrics XM, tirada de *qualtrics.com*.

Figura 3-12: Diagrama de alinhamento da CX/EX criado por Seema Jain e Emilia Åström na MURAL, usado com permissão.

> *"Existe apenas uma definição válida da finalidade comercial: criar um cliente."*
>
> – Peter Drucker
> *The Practice of Management* (1954)

NESTE CAPÍTULO

- Um novo modo de ver
- Reformulando a concorrência, criando um valor compartilhado
- Reinventando a entrega de valor, organizando-se para ter inovação
- Visualizando a estratégia
- Estudo de caso: Identificando oportunidades — combinando diagramas do modelo mental e jobs to be done

CAPÍTULO 4

Visualizando o Insight Estratégico

Há alguns anos, promovi um workshop de estratégia por vários dias na empresa para a qual trabalhava. Durante o jantar, o diretor de vendas explicou sua perspectiva sobre a finalidade do workshop: "Temos que descobrir como conseguir clientes pelo que eles valem." Ele gesticulou como se torcesse uma toalha. "Para as toalhas ficarem secas, você tem que apertar mais. Um bom líder sabe como fazer isso e uma boa estratégia facilita."

Ele estava sério. Fiquei horrorizado. Nossos mercados não são pessoas "por aí" que sacudimos para liberar uma mudança. Os clientes são nossos ativos mais valiosos, pensei. Devemos lutar para aprender com eles e fornecer produtos e serviços melhores.

A perspectiva do diretor era imediatista. Ele achava que a única finalidade do nosso negócio era mais vendas. Isso pode ser bom a curto prazo, mas, no final, essa perspectiva estreita leva ao fracasso.

Com frequência, as empresas não percebem que, quando o negócio cresce, ele também deve ampliar seu campo de visão estratégico. Chamo esse equívoco de *miopia da estratégia*. Acontece sempre: as organizações acabam não sabendo em qual negócio realmente estão.

Veja a Kodak. A gigante dos filmes dominou o mercado por mais de um século, mas abriu falência em 2012. Muitas pessoas acreditam que ela faliu porque não tinha a tecnologia da câmera digital. Mas não é verdade. Na realidade, a Kodak inventou a primeira câmera digital em 1975 e tinha uma das maiores patentes dessa câmera.

A Kodak faliu porque tinha a visão míope de que estava no negócio do *filme*, em vez de no negócio de *contar uma história*. Os líderes temiam que a tecnologia digital canibalizasse os lucros. Eles acreditavam que poderiam proteger o negócio existente com marketing e vendas. Foi uma visão estreita da estratégia, não da tecnologia, que levou à queda da Kodak.

As organizações bem-sucedidas inovam e expandem continuamente seus horizontes. As melhorias incrementais não são suficientes. P&D técnicos não são suficientes. Ao contrário, devem crescer questionando o valor criado.

Os diagramas das experiências oferecem um insight que geralmente é negligenciado na criação da estratégia: uma visão da perspectiva do cliente.

Este capítulo mostra como o mapeamento de experiências pode contribuir para o insight estratégico que falta e, finalmente, servir como uma lente corretiva para a miopia da estratégia. Esse foi o foco do meu workshop com o diretor de vendas. Juntos, começamos a resolver nossa miopia da estratégia.

A conclusão do capítulo traz uma revisão de algumas técnicas complementares que estendem o mapeamento da experiência para visualizar melhor a estratégia. No fim do capítulo, você deverá ter uma noção de como os diagramas ampliam seu campo de visão.

Um Novo Modo de Ver

O contexto do negócio mudou nas últimas décadas. Os consumidores têm um poder real: eles têm acesso a preços, a informações do produto e a provedores alternativos em todo o mundo. As abordagens tradicionais para as vendas — pressionar um mercado pelo que ele vale — não funcionam mais para o crescimento sustentado.

Ao contrário, as organizações precisam inverter seu pensamento. O renomado líder de negócios Ram Charan, por exemplo, encoraja que as empresas invertam a perspectiva de vendas tradicional. Em seu livro O Que o Cliente Quer que Você Saiba, ele mostra um fluxo da ideia de valor oposto às abordagens tradicionais (Figura 4-1).

O insight sobre os usuários não é um transtorno, é uma oportunidade estratégica. O objetivo não é *empurrar*, mas *puxar*. Você não vende produtos, você compra clientes.

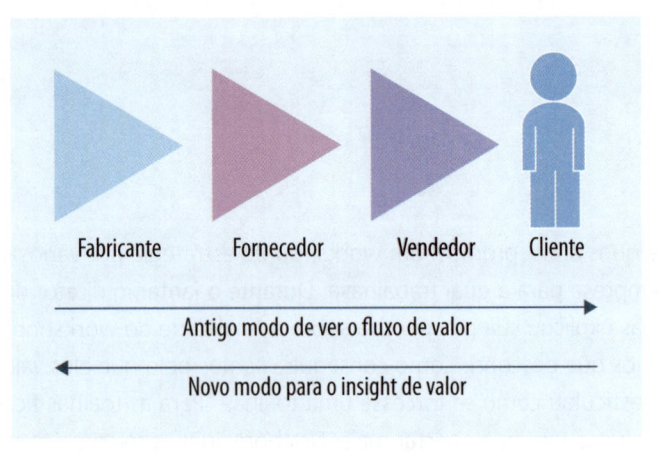

FIGURA 4-1. Entender o valor da perspectiva do cliente inverte o fluxo de ideias.

Essa ideia é o contrário da tomada de decisão estratégia típica, mas não é nova. No início dos anos 1960, o famoso professor de negócios de Harvard, Theodore Levitt, analisou a importância de colocar as necessidades humanas em primeiro lugar. Em seu influente artigo "Marketing Myopia",* Levitt escreve:

> *Uma indústria começa com o cliente e suas necessidades, não com uma patente, uma matéria-prima ou a habilidade de venda. A indústria se desenvolve com base nas necessidades do cliente, primeiro preocupando-se com a entrega física da satisfação do cliente. Então, volta ainda mais para criar as coisas que geram, em parte, essas satisfações.*

---

* Muitos dos temas e ideias neste capítulo vieram diretamente do memorável artigo de Levitt, inclusive o termo *miopia da estratégia*. O artigo ainda é relevante e muito recomendado.

Considere o fracasso do setor ferroviário nos EUA, um dos exemplos favoritos de Levitt. Durante seu auge no início do século XX, as ferrovias eram extremamente lucrativas e atraíam os investidores de Wall Street. Ninguém do ramo poderia imaginar seu fim apenas algumas décadas depois.

Mas as ferrovias não pararam de crescer no meio do século por causa da concorrência da tecnologia dos carros, caminhões, aviões e até telefones. Elas pararam de crescer porque permitiram que os concorrentes pegassem os clientes. Seu foco intenso em seus próprios produtos levou à miopia da estratégia: eles se viam no negócio da *ferrovia, em vez de no* negócio do *transporte.*

Embora não seja uma solução milagrosa, o mapeamento de experiências dá insights que ajudam a expandir a abertura estratégica. Por exemplo, Tim Brown, CEO da IDEO, descreve o trabalho de sua empresa com a Amtrak em seu livro *Change by Design*. Sua empresa foi sondada para redesenhar os assentos dos trens Acela. O objetivo era tornar a experiência da viagem mais agradável.

Contudo, no lugar de mergulharem no novo design dos assentos, primeiro eles mapearam uma viagem completa de trem. Eles identificaram cerca de 12 estágios únicos na experiência, o que levou a diferentes conclusões sobre seu foco e sobre como melhorar a experiência da viagem. Brown escreve:

> *As organizações bem-sucedidas inovam e expandem continuamente seus horizontes. Elas crescem questionando o valor criado.*

O insight mais marcante foi que os passageiros não conseguiam sentar no trem até o estágio oito, ou seja, grande parte da experiência da viagem de trem não envolvia o trem. A equipe raciocinou que cada uma das etapas anteriores era uma oportunidade de criar uma interação positiva, oportunidades que teriam sido negligenciadas se eles tivessem focado apenas o design dos assentos.

Os diagramas de alinhamento são um tipo de ferramenta que aponta para novas oportunidades. Eles alinham visualmente uma descrição da experiência da pessoa e as ofertas de uma organização.

Considere as *oportunidades* destacadas na parte inferior do diagrama da Rail Europe criado por Chris Risdon e mostrado antes no livro (veja a Figura 1-5 no Capítulo 1). Elas sugerem soluções táticas, mas vão além, apontando questões maiores e estratégicas. Eles devem tornar-se um provedor de informações de viagem? Devem integrar-se com distribuidores e parceiros de e-commerce? Como podem reinventar o suporte ou a experiência do bilhete? Esse insight estratégico está diretamente ligado à experiência real da viagem de trem e é mostrado em contexto no diagrama.

Nesse sentido, os diagramas oferecem um *novo modo de ver* os mercados, sua organização e sua estratégia: de fora para dentro, não de dentro para fora. Logicamente, são mais eficientes nos estágios iniciais ao fornecerem um serviço (Figura 4-2).

Acredito que o processo de mapeamento ajuda a corrigir a miopia da estratégia. Em minha experiência, os diagramas resultantes mostram invariavelmente uma imagem muito mais ampla das necessidades do cliente do que um negócio resolve atualmente.

Mas expandir seu campo de visão estratégico requer mudança. A organização inteira deve adaptar-se a uma nova mentalidade. Em particular, há três aspectos envolvidos:

- Reformular a concorrência.
- Criar um valor compartilhado.
- Reinventar a entrega de valor.

As próximas seções descrevem esses aspectos e o papel do mapeamento de experiências desempenhado em cada um.

Diagramas de alinhamento

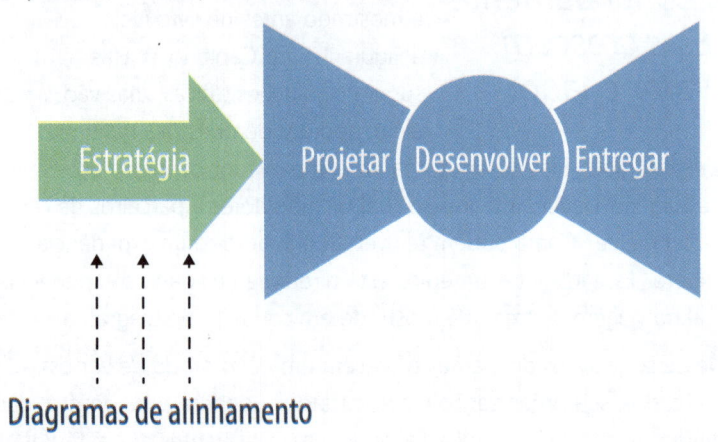

FIGURA 4-2. Os diagramas de alinhamento fornecem insights de fora para dentro e é melhor que sejam criados no início para informarem a tomada de decisão estratégica.

Reformular a Concorrência

Tradicionalmente, as empresas classificam os clientes por atributos demográficos ou psicográficos (idade, renda, raça, estado civil etc.), e veem o comportamento de compra ou o tamanho da empresa.

Ao fazerem isso, os gerentes criam categorias que não correspondem às necessidades e às motivações reais do cliente. Ninguém compra um produto *por causa* da idade ou da renda. A abordagem genérica falha inevitavelmente, fazendo com que os gerentes troquem suas categorias demográficas de modo arbitrário.

Um modelo alternativo vê o mercado da perspectiva do cliente. Simplificando, as pessoas compram produtos para satisfazerem necessidades. Os resultados que as pessoas buscam, não os clientes em si, são a dimensão primária da segmentação significativa (Figura 4-3).

Lembrando Levitt, Clayton Christensen e os coautores Scott Cook e Taddy Hall apontam para a falha das práticas de segmentação tradicionais. Em seu artigo, "Marketing Malpractice", eles escrevem:

> *Os métodos comuns de segmentação que os gerentes em desenvolvimento aprendem nas escolas de negócios e praticam nos departamentos de marketing das boas empresas são realmente a principal razão para que a inovação do produto tenha se tornado um jogo no qual as probabilidades de vencer são assustadoramente baixas.*

Há um modo melhor de pensar na segmentação do mercado e na inovação do produto. A estrutura de um mercado, observada do ponto de vista dos clientes, é muito simples: eles apenas precisam fazer as coisas, como Ted Levitt disse. Quando as pessoas precisam fazer algo, basicamente contratam produtos que façam o trabalho por elas.

Mudar sua perspectiva sobre a segmentação reformula a concorrência. O trabalho, não o setor nem a categoria como definida pelos analistas, determina a concorrência na mente do usuário. Você não compete com produtos e serviços em sua categoria: compete com qualquer coisa que faça o trabalho do ponto de vista do usuário.

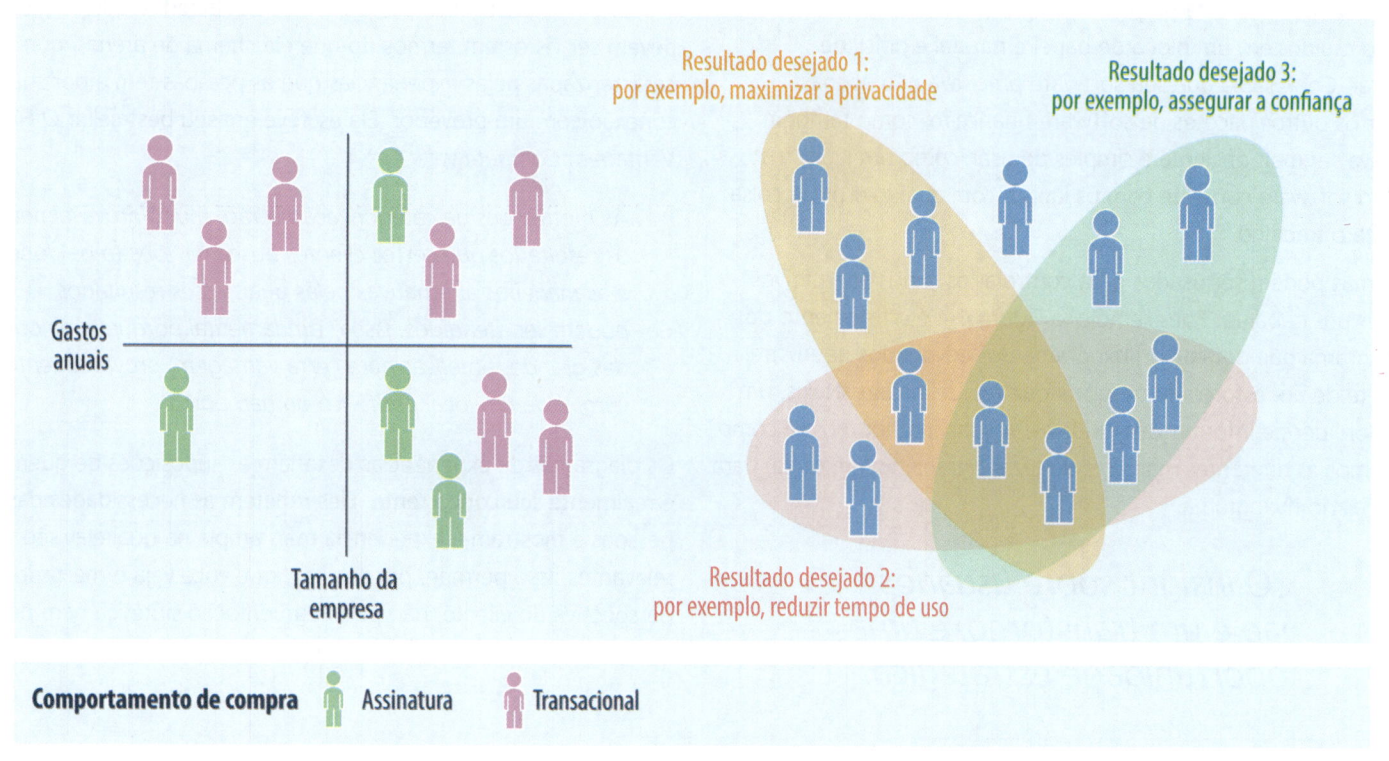

FIGURA 4-3. Uma segmentação típica foca as dimensões demográfica e comportamental (esquerda), em vez dos resultados desejados (direita).

Por exemplo, Scott Cook, fundador da gigante Intuit, empresa de software financeiro, disse:

> O maior concorrente [do software financeiro]... não estava no setor. Era o lápis. O lápis é um substituto difícil e resiliente. Embora o setor inteiro o tenha ignorado.[†]

Pense: quando você está preparando os impostos, fazer cálculos rápidos em um bloco de papel é natural e difícil de melhorar. Cook sabia que seu software precisava não apenas superar os outros pacotes de software financeiro, como também precisava ser mais eficiente e simples de usar, como um lápis. Visto assim, o software compete com os lápis e com qualquer outra coisa que faça o trabalho.

Diagramas podem ser usados para controlar os meios alternativos de fazer um trabalho. Por exemplo, a Figura 4-4 é o fragmento de um diagrama que detalha o fluxograma dos advogados na Austrália. Era parte de um esforço de pesquisa que realizei na LexisNexis, um provedor líder de informações jurídicas. A linha inferior mostra como mapeamos as diferentes maneiras de fazer o trabalho (em cinza) para as etapas no fluxograma.

> *O insight sobre usuários não é um transtorno, é uma oportunidade estratégica.*

Depois de visualizar as soluções concorrentes na experiência inteira, descobri que os advogados provavelmente faziam uma pesquisa jurídica em bibliotecas ou com recursos online gratuitos, como nosso banco de dados principal. Isso abriu os olhos dos stakeholders. Os diagramas mostraram claramente como e onde eles competiam com diferentes serviços.

A líder de negócios Rita Gunther McGrath acredita que os mercados devem ser vistos em termos do que ela chama de *arenas*, que são caracterizadas pelas experiências que as pessoas têm e por sua conexão com um provedor. Ela escreve em seu best-seller *O Fim da Vantagem Competitiva*:

> *As motivações da categorização serão, muito provavelmente, os resultados que certos clientes buscam ("jobs to be done") e as maneiras alternativas pelas quais esses resultados podem ser atendidos. Isso é fundamental porque a maioria das grandes ameaças para certa vantagem, provavelmente, surgirá de um local periférico ou não óbvio.*

Os diagramas de experiências desafiam as suposições de quem é realmente seu concorrente. Eles refletem as necessidades das pessoas e mostram a experiência mais ampla na qual elas são relevantes. Isso permite, por sua vez, que você veja o mercado da perspectiva do cliente, não pela segmentação sintética nem pela categorização tradicional do setor.

[†] Citado no livro de Scott Berkun *The Myths of Innovation*.

ADVOGADO Usa Recursos Adicionais

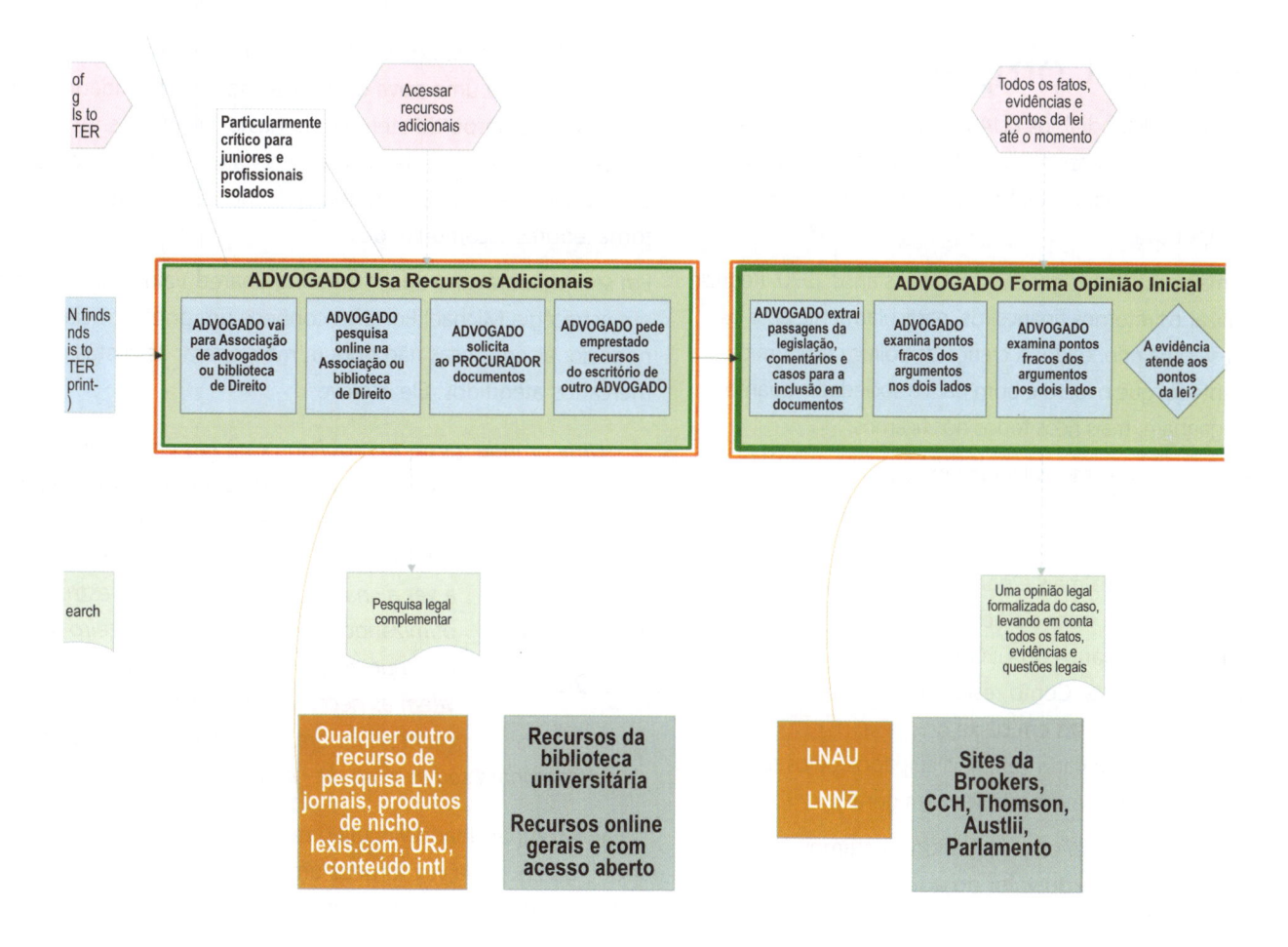

- Particularmente crítico para juniores e profissionais isolados
- Acessar recursos adicionais

ADVOGADO vai para Associação de advogados ou biblioteca de Direito

ADVOGADO pesquisa online na Associação ou biblioteca de Direito

ADVOGADO solicita ao PROCURADOR documentos

ADVOGADO pede emprestado recursos do escritório de outro ADVOGADO

ADVOGADO Forma Opinião Inicial

- Todos os fatos, evidências e pontos da lei até o momento

ADVOGADO extrai passagens da legislação, comentários e casos para a inclusão em documentos

ADVOGADO examina pontos fracos dos argumentos nos dois lados

ADVOGADO examina pontos fracos dos argumentos nos dois lados

A evidência atende aos pontos da lei?

Pesquisa legal complementar

Uma opinião legal formalizada do caso, levando em conta todos os fatos, evidências e questões legais

Qualquer outro recurso de pesquisa LN: jornais, produtos de nicho, lexis.com, URJ, conteúdo intl

Recursos da biblioteca universitária
Recursos online gerais e com acesso aberto

LNAU
LNNZ

Sites da Brookers, CCH, Thomson, Austlii, Parlamento

FIGURA 4-4. Esta seção de um diagrama mostra o fluxograma de um advogado. Os elementos na parte inferior indicam as soluções da organização (em laranja) e as soluções do concorrente (em cinza).

Um Novo Modo de Ver 91

Crie um Valor Compartilhado

Após a Segunda Guerra Mundial, os EUA adotaram como estratégia uma abordagem geral de *manter e reinvestir*. Eles recolocavam os ganhos na empresa, beneficiando os funcionários e tornando a empresa mais competitiva.

Isso deu lugar a uma postura *enxugar e distribuir* nos anos 1970. Reduzir os custos e maximizar os retornos financeiros, particularmente para os acionistas, tornou-se uma prioridade. A crença da política econômica mantida amplamente foi que o lucro é bom para a sociedade: quanto mais as empresas ganham, mais ricos todos nós ficamos.

Essa política não tornou os Estados Unidos mais prósperos.[‡] No geral, eles não ficaram mais ricos. Desde os anos 1970, os trabalhadores norte-americanos vêm trabalhando mais e ganhando menos. Ao mesmo tempo, o valor do acionista na forma de dividendos e os salários do CEO tiveram uma grande mudança positiva. Como resultado, a confiança nas corporações está em baixa o tempo todo. Os negócios são cada vez mais culpados pelos muitos problemas sociais, ambientais e econômicos em geral.

A boa notícia é que o equilíbrio está mudando e estamos testemunhando uma transição do valor do *acionista* para o valor *compartilhado*. Por exemplo, a Business Roundtable, uma associação composta de CEOs das maiores empresas nos EUA, lançou em 2019 uma nova declaração sobre a finalidade de uma empresa que parou de atender apenas os acionistas. Assinada por quase 200 CEOs, a declaração descrevia a compromisso do grupo em atender "todos os stakeholders", inclusive clientes, funcionários, fornecedores e comunidades.[§]

Em seu memorável artigo, "Creating Shared Value", o especialista em estratégia Michael Porter reconhece um ponto crucial no negócio: as empresas não podem mais operar às custas dos mercados atendidos. Ele escreve:

> *Uma grande parte do problema está nas empresas em si, que permanecem presas a uma abordagem desatualizada para a criação de valor que surgiu nas últimas décadas. Elas continuam a ver a criação de valor de modo estrito, otimizando o desempenho financeiro de curto prazo em uma bolha, enquanto não veem as necessidades mais importantes do cliente e ignoram as influências maiores que determinam seu sucesso de longo prazo.*

O valor compartilhado vincula o rendimento à criação de benefício social, que por sua vez fornece uma vantagem competitiva para a organização. É uma abordagem de ganho mútuo.

> *Estamos testemunhando uma transição do valor do acionista para o valor compartilhado.*

[‡] Para saber mais sobre os efeitos adversos de maximizar o valor do acionista na sociedade, veja o importante artigo de William Lazonick "Profits Without Prosperity", Harvard Business Review (set. 2014).

[§] Veja o compromisso Business Roundtable em *https://opportunity.businessroundtable.org/ourcommitment* (conteúdo em inglês).

O valor compartilhado vai além da responsabilidade social. Ele toca no centro da estratégia de uma organização. O objetivo é o cliente criar valor para a sociedade sempre que interagir com uma empresa. Há três modos de considerar o valor compartilhado estrategicamente:

Conceba novamente sua oferta

Por exemplo, o Skype lançou um programa chamado "Skype in the Classroom". Com isso, os professores podem colaborar com outros instrutores no mundo e construir diferentes experiências de aprendizado para seus alunos, ou seja, *o Skype não é apenas videoconferência, ele fornece oportunidades de* colaboração educacional *para os clientes.*

Inove a forma como produtos e serviços são produzidos

Por exemplo, em 2009, o Intercontinental Hotels Groups (IHG) introduziu o programa GreenEngage para lidar com sua pegada ambiental. Até hoje, eles conseguiram economias de energia em cerca de 25% e o IHG se diferencia com esse programa para os clientes. Em outras palavras, *o IHG não é apenas um provedor de quartos de hotel, ele está no negócio de criar comunidades ambientalmente conscientes.*

Colabore com parceiros de novas maneiras

A Nestlé, por exemplo, trabalhou de perto com pecuaristas na Índia, investindo em tecnologia para criar sistemas competitivos de fornecimento de leite. Isso gerou simultaneamente benefícios sociais por meio de um cuidado maior com a saúde, ou seja, *a Nestlé não fabrica apenas produtos alimentícios, ela está no negócio da* nutrição.

A noção de valor compartilhado significa que as organizações precisam conceber sua proposta de valor de um modo que leve em conta muitas perspectivas. A principal é uma compreensão profunda das necessidades humanas. Por exemplo, em uma entrevista por vídeo, Porter aconselha:

> *Descubra o que é seu produto e qual é sua cadeia de valor. Entenda onde essas coisas tocam nas necessidades sociais importantes e nos problemas. Se você presta serviços financeiros, pense em "economizar" ou "comprar uma casa", mas de um modo que realmente funcione para o cliente.*

Agora considere a Figura 4-5, um diagrama para comprar uma casa criado por Sofia Hussain, uma importante estrategista digital da Noruega. Ele mostra os serviços de uma empresa fictícia que anuncia casas no círculo interno, rotulado de *atividades internas*. As atividades do usuário (*atividades externas*) são listadas no círculo maior. Também são incluídos pontos de contato, mostrados com pequenos ícones.

No artigo "Designing Digital Strategies, Part 2", Hussain sugere um cenário estratégico para a empresa: eles desejam expandir seu negócio com serviços que satisfaçam mais as necessidades do cliente nesse domínio. A intenção é se afastar do negócio de *comprar uma casa* e ir para um que *ajuda as pessoas a se instalarem em uma nova casa*. Esse diagrama pode ser usado para mostrar como essa expansão se encaixa na experiência geral da perspectiva do cliente.

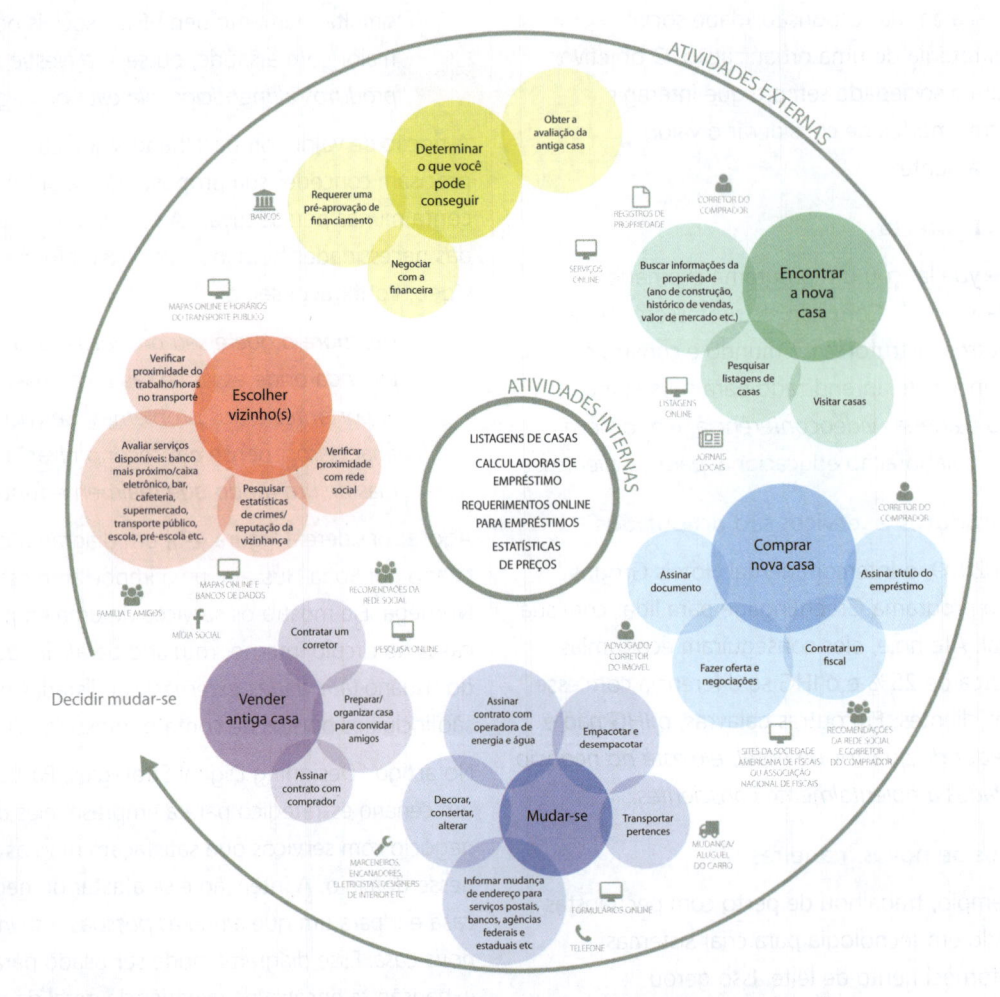

FIGURA 4-5. Este mapa criado por Sofia Hussain mostra a experiência de "comprar uma casa".

94　CAPÍTULO 4 Visualizando o Insight Estratégico

Mas o valor compartilhado é mais do que aumentar os serviços ou ir para um campo de ação. Ele requer que a empresa pergunte como também poderia criar um benefício social.

Por exemplo, a empresa poderia promover uma vida mais saudável coordenando anúncios de casas com informações sobre a *caminhada no bairro*. No mapa na Figura 4-5, os serviços para *selecionar um bairro* e *encontrar uma nova casa* são pontos de interação nos quais apresentar informações sobre caminhada faz sentido, mas, graças aos potenciais custos economizados, isso também poderia ser incluído ao *determinar o que você pode comprar*. Talvez, o sistema pudesse mostrar quanto dinheiro é economizado reduzindo as despesas com combustível ou simplesmente deixando o carro na garagem.

Com o valor compartilhado em mente, a aspiração estratégica da empresa fica ainda maior: é mais do que apenas comprar uma casa ou até se instalar em uma; é *ter uma vida mais saudável e ecológica ao comprar uma nova casa*.

Os diagramas nos ajudam a pensar nas interações e nas necessidades do cliente de um modo global; lembrando Porter, eles veem a oferta de um modo que realmente funciona para o consumidor. Descobrir o valor comercial compartilhado depende de tais exames da experiência humana geral, e as visualizações nos ajudam a encontrar oportunidades.

Reinvente a Entrega de Valor

Conforme os chips de computador ficam cada vez menores, a possibilidade de incorporar a capacidade de processamento em objetos comuns também aumenta. Equipados com um microcontrolador, os produtos físicos podem conectar-se à internet. Adicionados ao sistema IoT (Internet das Coisas), a rede resultante de dispositivos inteligentes conectados expande as possibilidades da entrega de valor.

O ecossistema Google Nest, por exemplo, é um dos serviços residenciais inteligentes mais extensos disponíveis hoje (Figura 4-6), conectando alto-falantes, termostatos, detectores de fumaça, roteadores, campainhas, câmeras e travas.

Nesse ambiente, o design de qualquer componente se torna mais desafiador. Também deve ser considerada uma consciência explícita do sistema maior. Um bom entendimento desse ecossistema ocorre com a visualização, não só de um dispositivo e do ponto de vista da conectividade, mas de uma perspectiva empírica.

Conforme as linhas do design das soluções física e digital ficam tênues, uma compreensão de como os serviços atendem às necessidades das pessoas é cada vez mais indispensável. Existe uma

FIGURA 4-6. O ecossistema Google Nest de dispositivos conectados inclui várias opções que podem ser usadas de infinitas maneiras.

progressão dos produtos individuais para soluções conectadas que se encaixam no ecossistema. Parte do valor que as organizações entregam é como suas ofertas se integram com as outras (Figura 4-7).

Por exemplo, a consultoria de design Claro Partners desenvolveu uma abordagem direta para mapear os vários elementos em um sistema IoT. Eles criaram uma série de fichas para os diferentes aspectos envolvidos normalmente. As equipes preenchem as fichas e as organizam em um diagrama do ecossistema.

A Figura 4-8 mostra um exemplo do mapa resultante, nesse caso, para a Nike FuelBand. Ela mostra as importantes interdependências na experiência, como a relação entre os usuários da FuelBand, assim como uma conexão entre os dispositivos físicos, software e serviços de dados.

A IoT não dificulta a concepção e a projeção de novos produtos. Ela muda fundamentalmente a estratégia. É inevitável que seu serviço fará parte de um sistema de serviços. Os diagramas ajudam a entender as complexidades e as inter-relações envolvidas. O sucesso é determinado pelo bom encaixe dos serviços em outros e, o mais importante, como se encaixam na vida das pessoas.

Mapeando a Estratégia

A estratégia geralmente é criada dentro de portas fechadas nos níveis altos de uma organização. Então, os líderes mostram a estratégia para o resto da organização, em geral como uma apresentação PowerPoint, e os funcionários devem "aceitar" e fazer mágica para conseguir alinhar seu trabalho com a estratégia.

Porém, quando as coisas dão errado mais tarde, esses mesmos líderes colocam a culpa na execução ruim. Eles negligenciam o fato de que a estratégia e sua execução estão relacionadas: uma estratégia brilhante, que não pode ser implementada, não é brilhante.

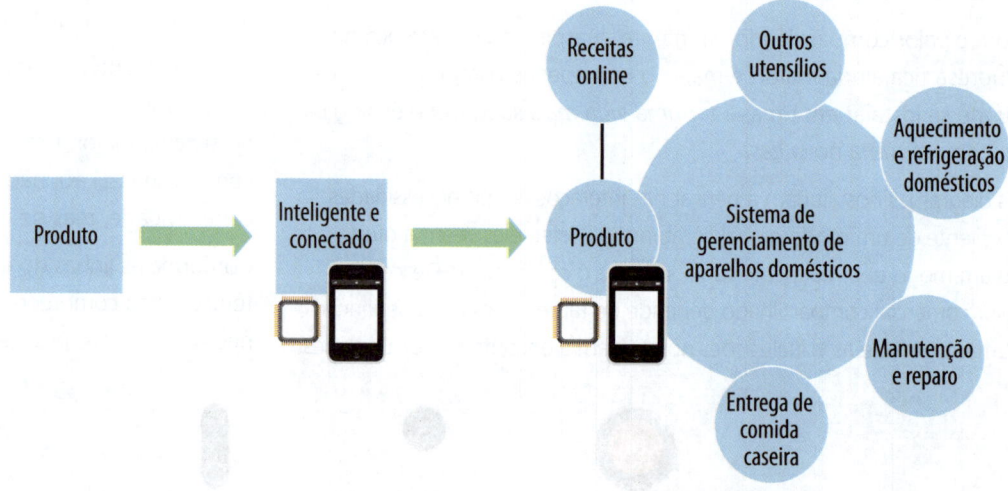

FIGURA 4-7. Conforme os produtos ficam inteligentes e conectados, eles se encaixam em um ecossistema de serviços.

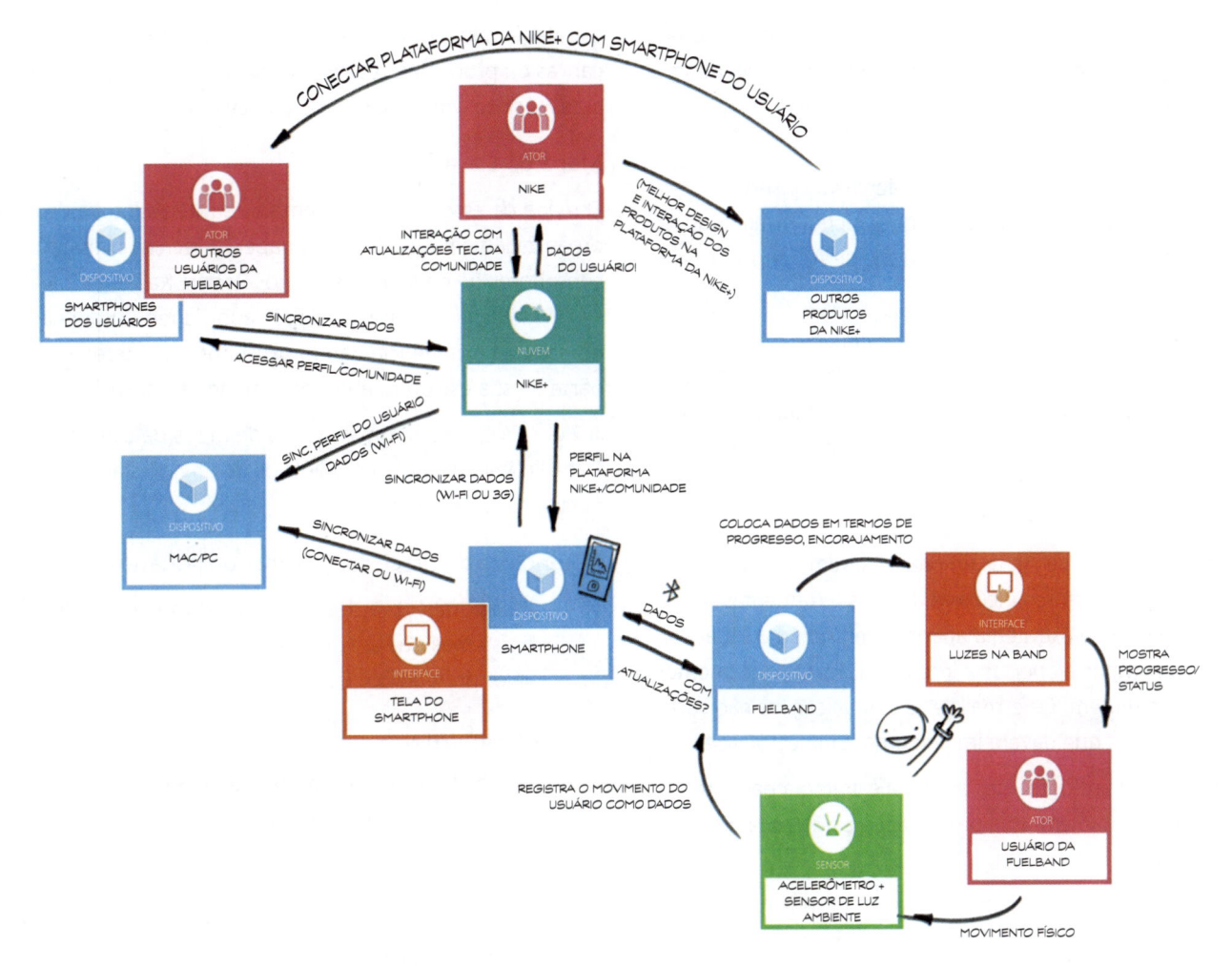

FIGURA 4-8. Diagrama simples de um ecossistema mostra os serviços conectados criados pela Claro Partners.

A comunicação ruim é apenas parte do problema. A maneira como a estratégia é *criada* também importa. O processo deve superar as lacunas ao entender a organização inteira. Do contrário, a realização da intenção estratégica não terá chance.

A consultora de negócios e autora Nilofer Merchant observou uma desconexão entre as camadas superior e inferior em muitas organizações. Ela a descreve como "Sanduíche de Ar" em seu livro *The New How*, no qual explica:

> *Um Sanduíche de Ar é, de fato, uma estratégia que tem uma visão clara e uma direção futura na camada superior, uma ação diária na inferior e nada no meio — nenhuma decisão--chave substancial que conecta as duas camadas, nenhum recheio farto no centro para alinhar a nova direção com as novas ações dentro da empresa.*

Para resolver o Sanduíche de Ar, as empresas devem ver a criação da estratégia como um esforço inclusivo. Mas as ferramentas tradicionais de criação da estratégia apenas confundem a situação. As palavras são abstratas e abertas à interpretação. Os documentos desnorteiam e confundem. Os e-mails e as comunicações não são inteligíveis por aqueles que devem implementar uma estratégia.

Os diagramas são um antídoto. Eles abrem a estratégia para um envolvimento mais amplo em uma organização e aumentam a compreensão geral.

As seções a seguir descrevem as várias ferramentas que *complementam* os diagramas de alinhamento. Elas buscam visualizar a estratégia ou partes dela. Incluem mapas da estratégia, canvas da estratégia, blueprint da estratégia, canvas do modelo de negócios e canvas da proposta de valor. Os diagramas de experiências conectam essas técnicas, informando os aspectos relacionados ao cliente.

Mapa da Estratégia

O *mapa da estratégia* representa a estratégia inteira de uma organização em uma folha de papel. A técnica ficou popular com os consultores de negócios veteranos Robert Kaplan e David Norton em seu livro *Mapas Estratégicos*. Essa abordagem surgiu da pesquisa e de anos de experiência dando consultoria a empresas-clientes, e faz parte de sua estrutura anterior chamada *balanced scorecard*.

A Figura 4-9 mostra um exemplo de mapa da estratégia genérico. Cada linha representa os objetivos de uma destas quatro perspectivas estratégicas:

Aprendizado e crescimento dos funcionários

Essa perspectiva descreve conhecimento, habilidades e sistemas que a organização precisa para entregar o valor pretendido.

Processos internos

Os objetivos nesse nível refletem as capacidades e as eficiências da organização inteira.

Clientes

Essa perspectiva representa a proposta de valor. Aqui, os diagramas de alinhamento mostram o que os clientes realmente percebem como valioso.

Missão	Gerenciar com grandeza e força, melhorando tudo diariamente
Visão	Liderar com inspiração e coragem, paixão pela futura possibilidade e mudança

Perspectiva financeira

Valor do acionista sustentado

Estratégia de produtividade | Estratégia do crescimento de rendimento

- Melhorar a estrutura dos custos
- Aumentar a utilização dos ativos
- Melhorar o valor do cliente
- Expandir as oportunidades de rendimento

Perspectiva do cliente

Proposta do valor do cliente

Preço | Qualidade | Disponibilidade | Seleção | Função | Serviço | Parceria | Marca

Atributos do serviço de produção | Relação | Imagem

Perspectiva interna

- **Processos de gerenciamento das operações**: Processos que produzem e entregam produtos e serviços
- **Processos de gerenciamento dos clientes**: Processos que melhoram o valor do cliente
- **Processos inovadores**: Processos que criam novos produtos e serviços
- **Processos reguladores e sociais**: Processos que melhoram as comunidades e o ambiente

Perspectiva de aprendizado e crescimento

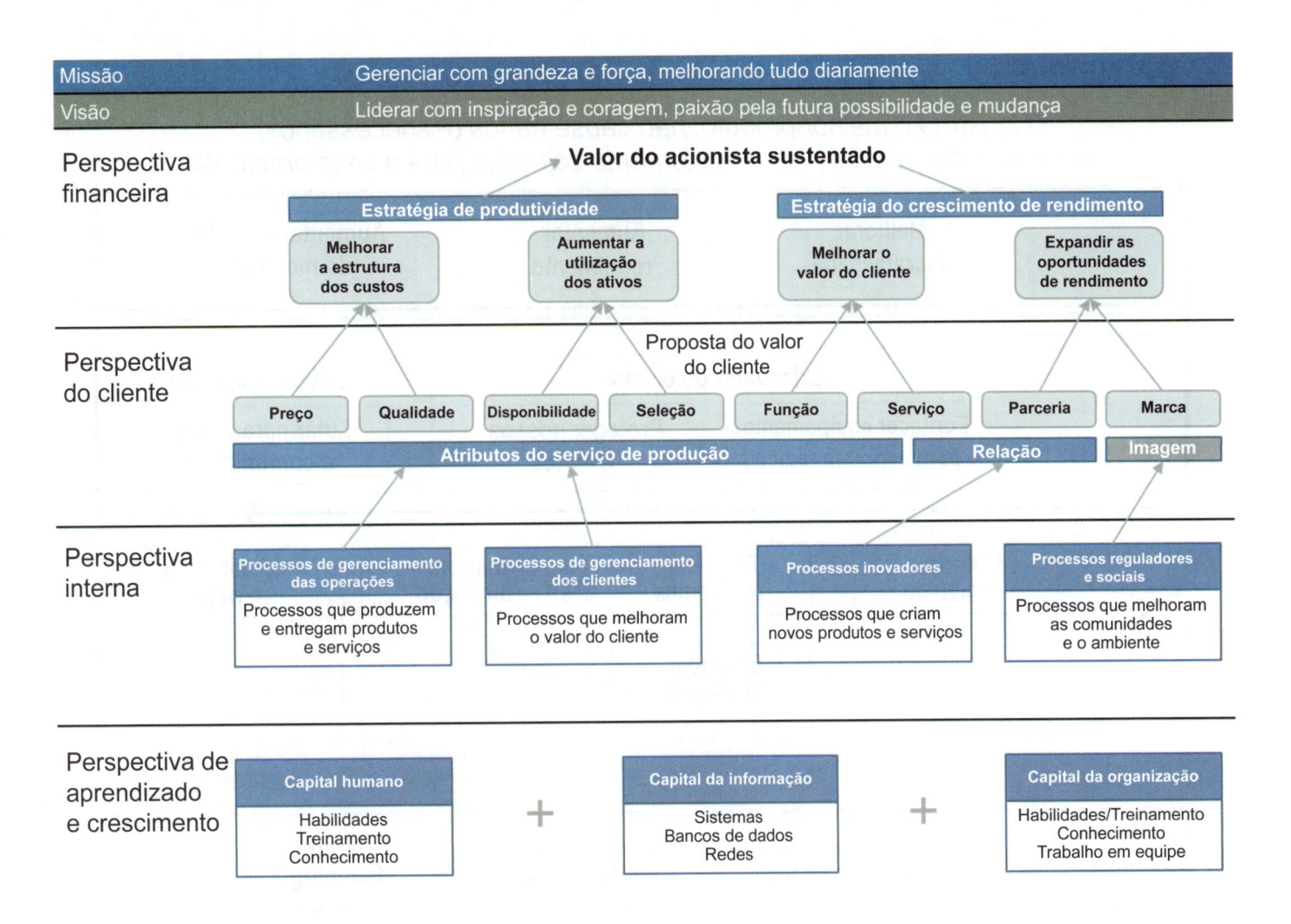

- **Capital humano**: Habilidades, Treinamento, Conhecimento
- **Capital da informação**: Sistemas, Bancos de dados, Redes
- **Capital da organização**: Habilidades/Treinamento, Conhecimento, Trabalho em equipe

FIGURA 4-9. Um mapa genérico da estratégia mostra a hierarquia das relações entre os objetivos.

patagonia

Construa o melhor produto, não cause danos desnecessários, use o negócio para inspirar e implemente soluções para a crise ambiental.

Finanças
- Melhorar lucratividade
- Aumentar rendimento
- Aumentar parcela do mercado

Cliente
- Criar valor do cliente
  - Fornecer equipamentos para esportes radicais
  - Proteger nossos clientes
- Causa ambiental
  - Lutar para salvar a comunidade

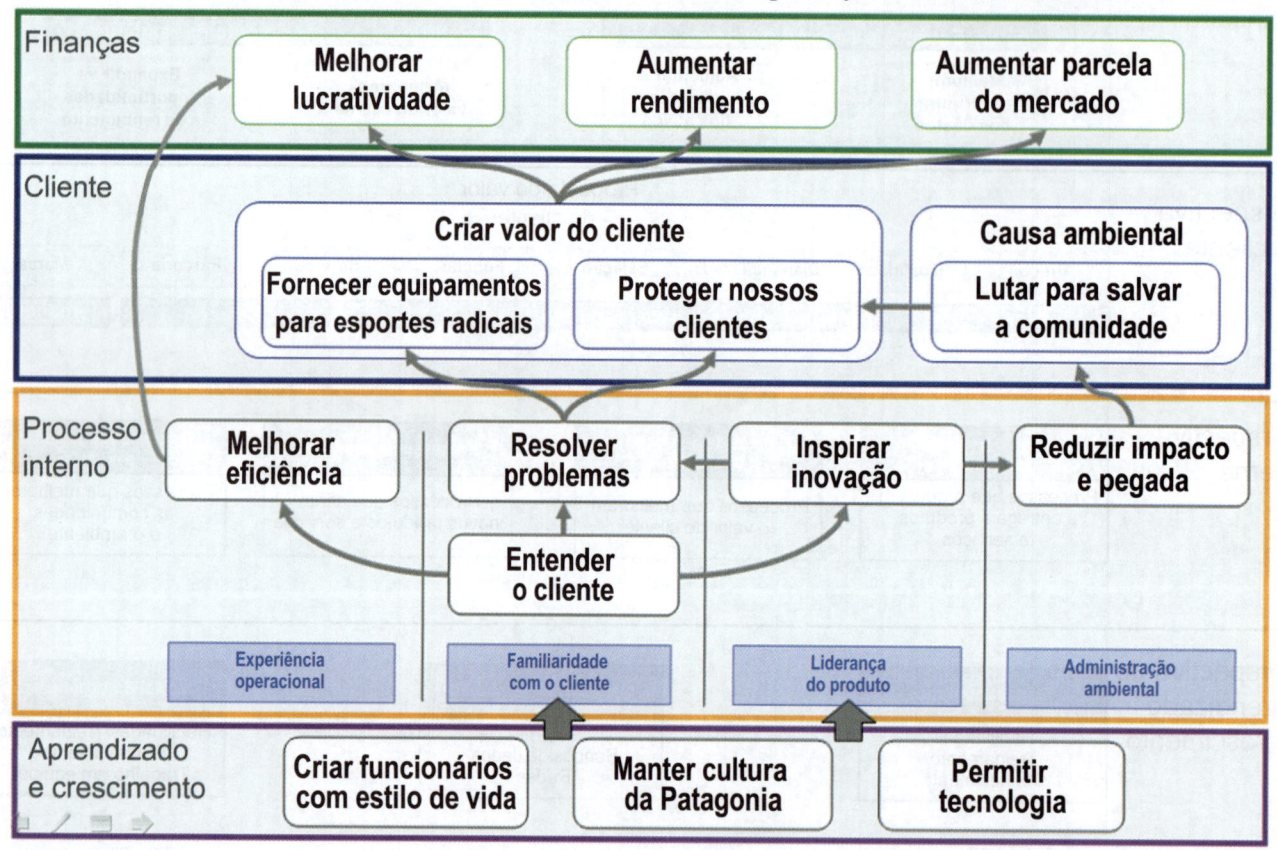

Processo interno
- Melhorar eficiência
- Resolver problemas
- Inspirar inovação
- Reduzir impacto e pegada
- Entender o cliente

Experiência operacional | Familiaridade com o cliente | Liderança do produto | Administração ambiental

Aprendizado e crescimento
- Criar funcionários com estilo de vida
- Manter cultura da Patagonia
- Permitir tecnologia

FIGURA 4-10. Um exemplo de mapa da estratégia para a empresa de produtos esportivos Patagonia mostra seu foco na causa ambiental.

Finanças

São os objetivos de alto nível centrados no valor capturado pela organização em termos de ganhos financeiros.

O mapa resultante é mais do que apenas uma lista de objetivos. Ele conecta os objetivos para mostrar causalidade. Desse ponto de vista, a estratégia é uma série de instruções SE/ ENTÃO, como Kaplan e Norton apontam.

Considere um exemplo de mapa da estratégia simples da Patagonia (na Figura 4-10), criado por Michael Ensley, um consultor de negócios da PureStone Partners. A causa ambiental é um objetivo-chave estratégico importante no diagrama. Ancorá-la aqui deixa isso visível para as outras pessoas na organização.

O centro do exemplo mostra como a Patagonia pretende criar o valor do cliente. Um processo interno principal é indicado como *resolver problemas de [por exemplo, cliente]*, que está ligado a dois aspectos: *fornecer equipamentos para esportes radicais* e *proteger nossos clientes*. Os diagramas de alinhamento encorajam a conversa necessária para chegar a esses problemas por resolver.

Os mapas da estratégia fornecem uma visão equilibrada do conjunto entrelaçado de escolhas estratégicas de uma organização. Eles mostram as relações nos objetivos e permitem que outras pessoas vejam como suas atividades se encaixam na estratégia inteira.

Canvas da Estratégia

Canvas da estratégia é uma ferramenta visual para diagnosticar as estratégias existentes e criar alternativas. Foi desenvolvida por W. Chan Kim e Renée Mauborgne em 2000, e apresentada em seu livro pioneiro *A Estratégia do Oceano Azul*. A Figura 4-11 mostra um exemplo de canvas da estratégia da Southwest Airlines.

Na parte inferior estão os fatores primários da concorrência. São os aspectos que criam valor para os clientes e as dimensões nas quais as empresas concorrem. O eixo vertical indica o desempenho relativo de cada fator de baixo para cima. Essa disposição mostra uma imagem de como várias organizações criam valor se comparadas entre si.

> *Diagramas revelam a estratégia de um envolvimento maior em uma organização e aumentam a compreensão geral.*

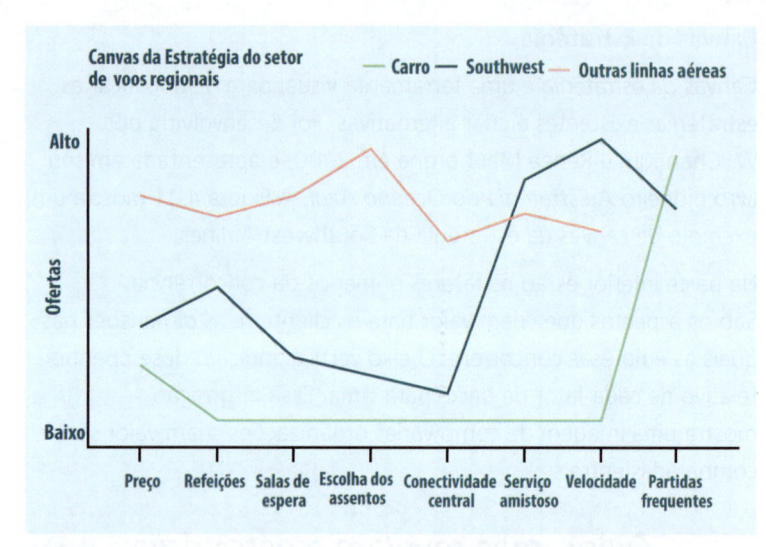

FIGURA 4-11. Este exemplo de canvas da estratégia da Southwest Airlines revela os diferenciais da concorrência.

Um canvas da estratégia reflete a principal dinâmica na abordagem da estratégia do oceano azul. Os oceanos vermelhos, Kim e Mauborgne explicam, representam a concorrência feroz entre os setores existentes em certo domínio. Conforme o espaço fica apertado, a fatia de mercado de cada organização diminui e as águas ficam cruéis.

Os oceanos azuis representam o espaço de mercado não contestado. Uma demanda é *criada*, não disputada. O conselho é claro: não concorra diretamente com os rivais. Pelo contrário, faça com que eles se tornem irrelevantes.

Para tanto, você deve fazer concessões difíceis. A Southwest escolhe *não* competir nos fatores tradicionais do serviço aéreo. Ao contrário, ela foca as partidas frequentes de aeroportos menores. Assim, ela concorre com as viagens de carro: os clientes que dirigiriam entre duas cidades agora podem considerar voar com a Southwest.

O processo para criar um canvas da estratégia envolve:

1. *Determinar os fatores de criação do valor.* Pode ser fácil propor dezenas de fatores em potencial. O segredo é focar os mais importantes. É onde os diagramas de alinhamento entram: eles ajudam a identificar esses fatores, mostram quais problemas a organização tem e como o valor é percebido de sua perspectiva.

2. *Determinar os concorrentes.* O truque é selecionar um conjunto limitado de concorrentes representativos. Três é o ideal. Incluir mais de quatro concorrentes reduz muito o impacto do diagrama resultante.

3. *Avaliar o desempenho de cada fator.* Em geral, isso é estimado em uma escala relativa de baixo para cima. Também é possível ter uma evidência empírica de cada avaliação, por meio de uma pesquisa.

Uma abordagem alternativa para determinar os fatores de criação do valor é focar os *tipos de experiências* que as pessoas têm. Por exemplo, a partir do mapa da jornada do cliente é possível identificar meia dúzia ou mais de fases de interação (por exemplo, ficar ciente, comprar, iniciar o serviço, usar o serviço, estender e renovar, e obter suporte). Para cada uma, você pode avaliar como são os serviços do concorrente, comparar sua solução com a dos principais concorrentes e outros (veja Figura 4-12).

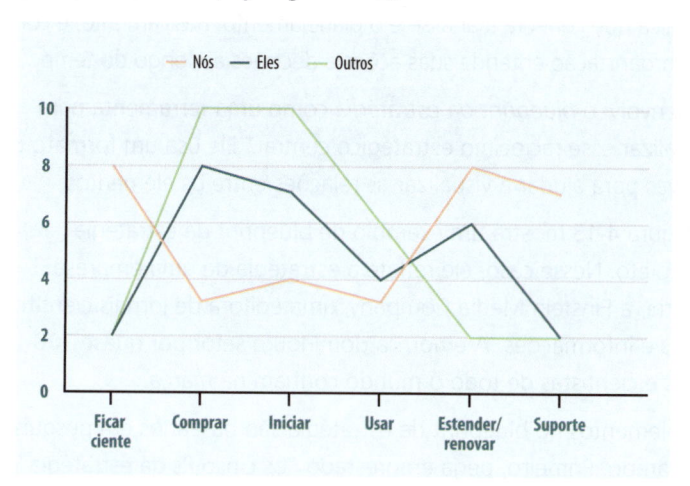

FIGURA 4-12. Um exemplo de canvas da estratégia baseado em experiências comparando os tipos de experiências.

Essa abordagem pode não ajudar a descobrir um oceano azul por si só, mas fornece insights valiosos e uma visão baseada em experiências da paisagem estratégica.

Também é possível usar o canvas da estratégia para comparar recursos de soluções específicas. Por exemplo, ao trabalhar anteriormente para um provedor de conteúdo, minha equipe queria entender por que as pessoas prefeririam recursos impressos aos digitais. Após entrevistar dezenas de clientes, descobrimos muitas necessidades que refletiam a diferença.

Em um gráfico, mostrado na Figura 4-13, apresentamos as soluções comparadas em termos de atender ou não a cada necessidade. Então fizemos suposições sobre o que precisaria acontecer para as pessoas usarem nossas soluções de conteúdo online, rotuladas como "Nova experiência online" no diagrama, e outras.

Com essa visualização, ficou claro para a equipe o que focar. As pessoas em nosso mercado precisavam anotar documentos e comparar fontes, e necessitavam de uma ajuda na navegação melhor do que as soluções de conteúdo online atuais ofereciam.

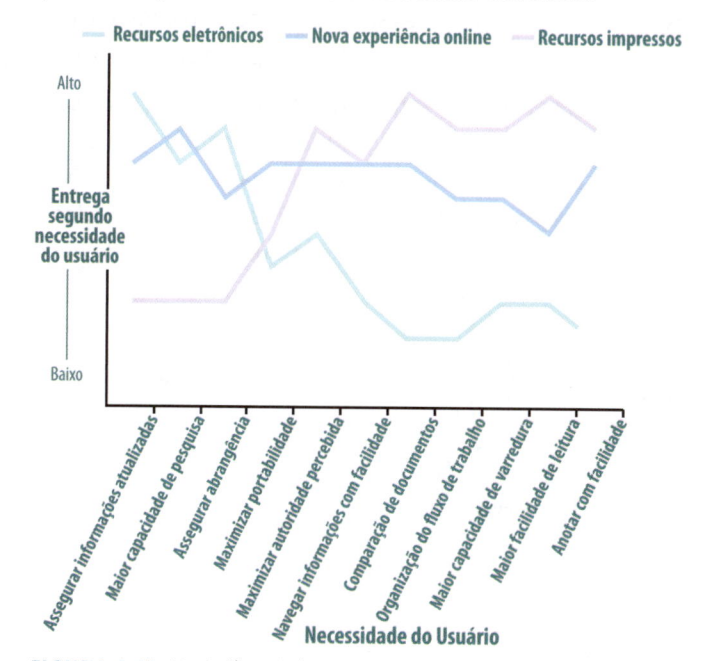

FIGURA 4-13. Um gráfico ajuda a comparar as vantagens segundo as necessidades.

Mapeando a Estratégia

Blueprint da Estratégia

É difícil definir estratégia com precisão. Por um lado, é confundida com *análise*. Ela inclui tudo, desde o tamanho do mercado até as avaliações técnicas e os prognósticos financeiros. O resultado geralmente são relatórios que se estendem por dezenas de páginas.

Por outro, a estratégia é combinada com *planejamento*. É possível que você tenha testemunhado afastamentos estratégicos anuais em sua organização, nos quais os líderes passam vários dias produzindo planos para o ano seguinte. Eles surgem da reclusão com roteiros detalhados e mapas financeiros que ficam rapidamente obsoletos.

A análise e o planejamento, enquanto entradas e saídas necessárias no processo de criação da estratégia, não são centrais. Não é possível analisar seu caminho para a estratégia: as respostas não surgem como mágica a partir dos dados. E os mapas detalhados não fornecem a fundamentação para a atividade organizada. A estratégia sim (veja Figura 4-14).

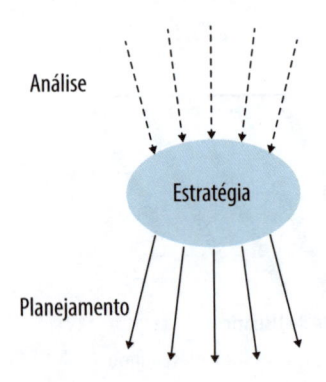

FIGURA 4-14. A estratégia fornece lógica entre a análise e o planejamento.

A estratégia serve para planejar um modo de melhor superar os desafios para atingir uma posição desejada. É um esforço criativo não baseado na análise e no planejamento apenas. A estratégia representa a lógica que conecta a análise e o planejamento. Basicamente, é como sua organização entende suas ações e decisões ao longo do tempo.

Desenvolvi o *blueprint da estratégia* como uma ferramenta para visualizar esse raciocínio estratégico central.¶ Ele usa um formato de canvas para ajudar a visualizar as relações entre os elementos.

A Figura 4-15 mostra um exemplo de blueprint da estratégia completo. Nesse caso, ele reflete a estratégia de uma empresa fictícia, a Einstein Media Company, uma editora de jornais científicos, livros e informações. A empresa dominou o setor por quase 100 anos e cientistas de todo o mundo confiam na marca.

Os elementos no blueprint da estratégia são baseados em pesquisa de campo. Primeiro, pega emprestado "os cinco Ps da estratégia" de Henry Mintzberg, apresentados em 1987** e posteriormente elaborados no livro *Safári de Estratégia*. Eles são combinados com as "cinco perguntas de estratégia" de Roger Martin e A.G. Lafley em seu livro *Playing to Win* (ambos os livros são muito recomendados).

¶ Baixe um PDF do blueprint da estratégia em meu blog: https://experiencinginformation.com/2015/10/12/strategy-blueprint (conteúdo em inglês).

** Henry Mintzberg, "The Strategy Concept I: Five Ps for Strategy", *California Management Review* (outono 1987).

Blueprint da Estratégia

Desafios
Quais problemas você está tentando resolver?
Quais obstáculos você deve superar?

- Perder clientes para recursos alternativos, por exemplo, comunidades online
- Recusar rendimento devido à ruptura do baixo custo e participantes gratuitos

Aspirações
Quais são os resultados desejados ideais?
O que você deseja conseguir?

- Reinventar a publicação científica para manter a liderança
- Contribuir com a descoberta científica e o progresso

Áreas de foco
Qual é o escopo da estratégia?
O que você focará para ter o maior impacto?

- Mercados globais
- Principais clientes = instituições de pesquisa
- Canais online
- Mídia social

Princípios de orientação
Como você irá superar os desafios?
Quais mantras específicos guiarão as equipes?

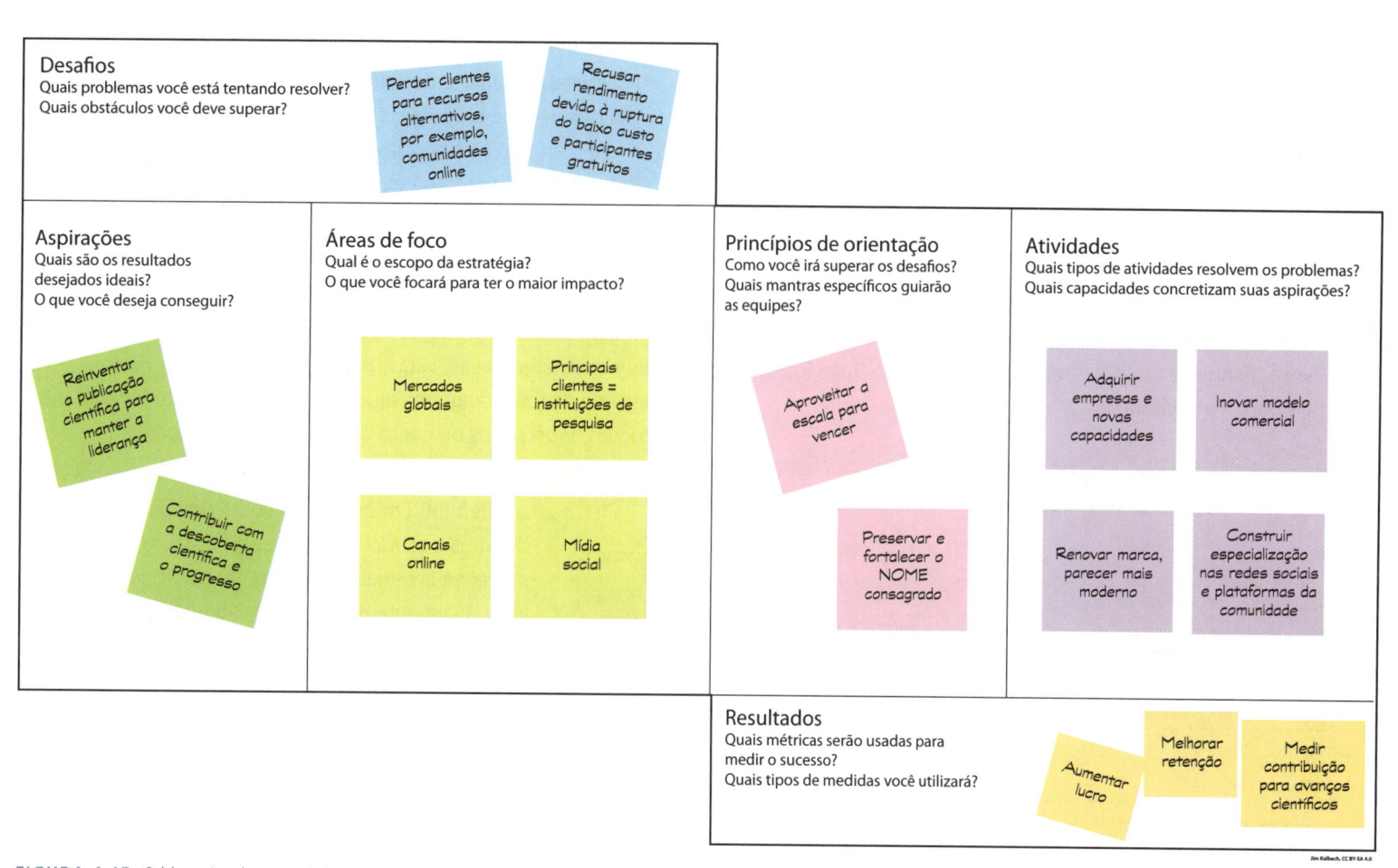

- Aproveitar a escala para vencer
- Preservar e fortalecer o NOME consagrado

Atividades
Quais tipos de atividades resolvem os problemas?
Quais capacidades concretizam suas aspirações?

- Adquirir empresas e novas capacidades
- Inovar modelo comercial
- Renovar marca, parecer mais moderno
- Construir especialização nas redes sociais e plataformas da comunidade

Resultados
Quais métricas serão usadas para medir o sucesso?
Quais tipos de medidas você utilizará?

- Aumentar lucro
- Melhorar retenção
- Medir contribuição para avanços científicos

FIGURA 4-15. O blueprint da estratégia mostra a principal lógica da estratégia, nesse caso, para a fictícia Einstein Media Company.

A Tabela 4-1 resume e alinha essas duas estruturas existentes. A última coluna mostra sua interseção temática, produzindo seis elementos comuns da estratégia. Cada elemento tem uma caixa no blueprint:

- *Desafios.* A estratégia implica na necessidade de mudança, um desejo de ir do ponto A para o ponto B. Quais são os obstáculos para fazer isso? Quais forças opostas você deve superar para atingir seus objetivos?
- *Aspirações.* Em qual tipo de organização você aspira estar? O que você aspira para os clientes e a sociedade?
- *Áreas de foco.* Definir um escopo para sua estratégia ajuda-o a concentrar o esforço nas coisas que mais importam. Quem você atenderá? Em quais regiões você atuará? Quais jobs to be done você visará?
- *Princípios de orientação.* São os pilares da estratégia que você acredita que superarão os desafios encontrados. Quais mantras unirão as equipes e unificarão a tomada de decisão?
- *Atividades.* Quais atividades são necessárias para implementar a estratégia e conseguir suas aspirações? Note que não é fazer um mapa ou planos, mas ver as habilidades e as capacidades de que você precisará em última análise.
- *Resultados.* Como você saberá que sua estratégia está no rumo certo? Como pode mostrar progresso e sucesso?

Montar uma estratégia é um esforço criativo. O blueprint da estratégia permite explorar as opções sem nenhum risco inicial. Experimente alternativas, risque os itens, retrabalhe as ideias e comece de novo. O diagrama ajuda a planejar a estratégia. Use-o em instruções, workshops ou como um documento de consulta.

Não há nenhuma ordem prescrita para terminar o blueprint. Em geral, é melhor começar com os desafios e as aspirações. Depois disso, você poderá mover-se livremente entre as caixas. Pode fazer isso individualmente no começo e agregar os resultados em uma versão principal do blueprint, ou pode trabalhar coletivamente em uma cópia do blueprint ao mesmo tempo.

O blueprint ajuda a ver todas as partes móveis da estratégia de uma só vez, tornando-a tangível e inclusiva. Recomendo criar um documento simples com uma ou duas páginas que descrevam

TABELA 4-1. A interseção das estruturas existentes origina seis elementos do blueprint da estratégia.

Lafley e Martin	Mintzberg	Elementos da estratégia
	Padrão	Quais desafios motivam você?
Qual é sua aspiração vencedora?	Posição	Quais são suas aspirações?
Onde você atuará?	Perspectiva	O que você focará?
Como você vencerá?	Atuação	Quais são seus princípios de orientação?
Quais capacidades são necessárias?	Plano	Quais atividades são necessárias?
Como você gerenciará a estratégia?		Como você medirá o sucesso?

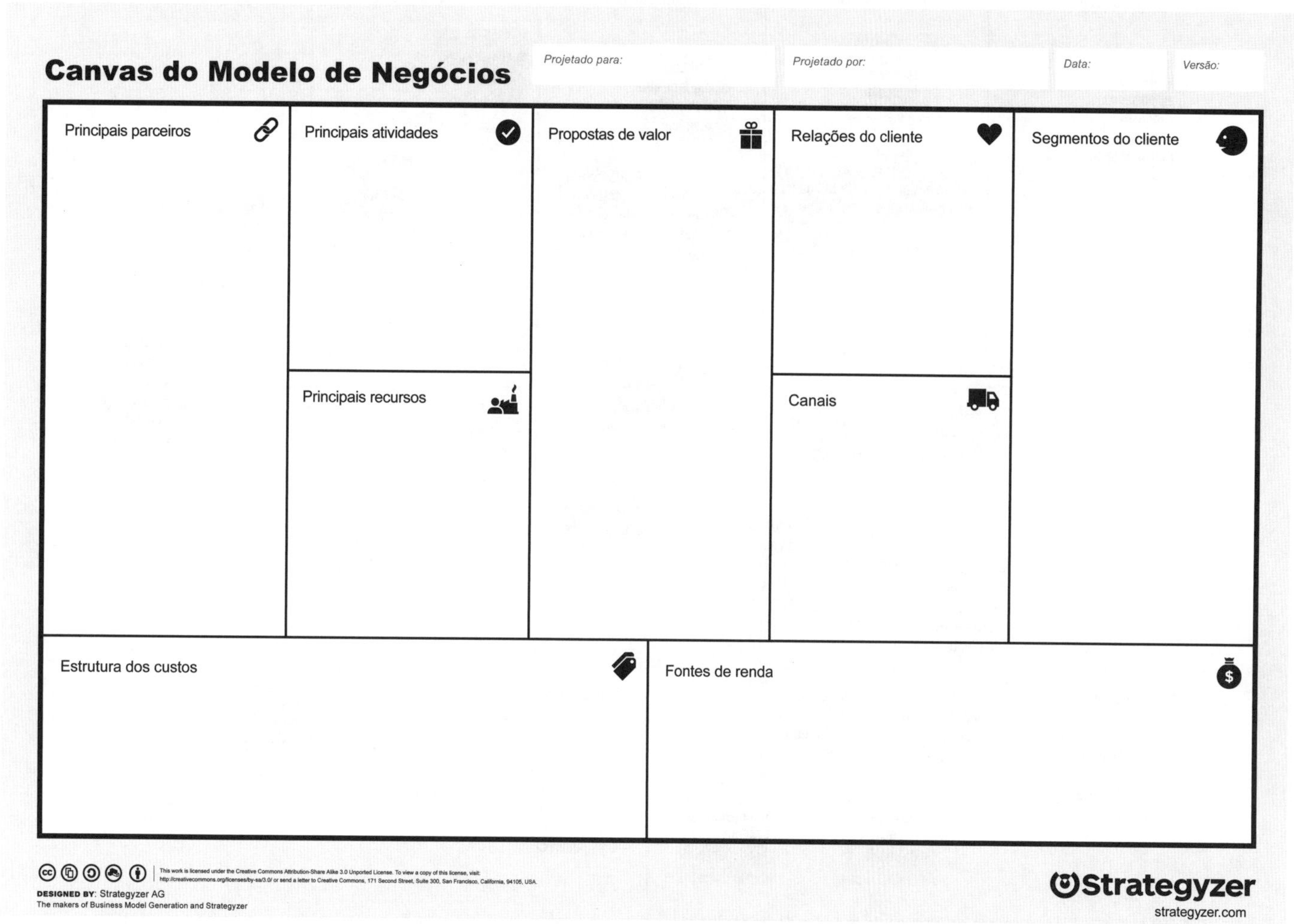
Canvas do Modelo de Negócios
Projetado para:
Projetado por:
Data:
Versão:
Principais parceiros
Principais atividades
Propostas de valor
Relações do cliente
Segmentos do cliente
Principais recursos
Canais
Estrutura dos custos
Fontes de renda
This work is licensed under the Creative Commons Attribution-Share Alike 3.0 Unported License. To view a copy of this license, visit:
http://creativecommons.org/licenses/by-sa/3.0/ or send a letter to Creative Commons, 171 Second Street, Suite 300, San Francisco, California, 94105, USA.
DESIGNED BY: Strategyzer AG
The makers of Business Model Generation and Strategyzer
Strategyzer
strategyzer.com

FIGURA 4-16. Canvas do modelo de negócios é uma ferramenta de gerenciamento popular criada por Alexander Osterwalder.

Principais parceiros	Principais atividades	Propostas de valor	Relações do cliente	Segmentos do cliente
Outras empresas da indústria química (concorrentes)	P/D, inovação do produto	+7.000 produtos de alto desempenho @ premium $$	Relações muito próximas de longo prazo	
	Web design e desenvolvimento — Branding e marketing da nova marca	Ofertas ajustadas e soluções — Ajuda técnica: teste e descoberta de produtos	Remotas, transacionais	Empresas maduras do setor, necessidades especializadas
	Principais recursos		**Canais**	Empresas com baixo desempenho, necessidades de alta qualidade e baixo $
	Pessoal de vendas, consultoria — Site internacional	Seleção limitada: 400 produtos	Vendedores, diretos, pessoalmente	
	Equipe dedicada e apaixonada — Distinção da marca nova em relação à principal	Muitos pedidos a preços baixos	Web	
Nova marca: atender com exatidão às necessidades do cliente				

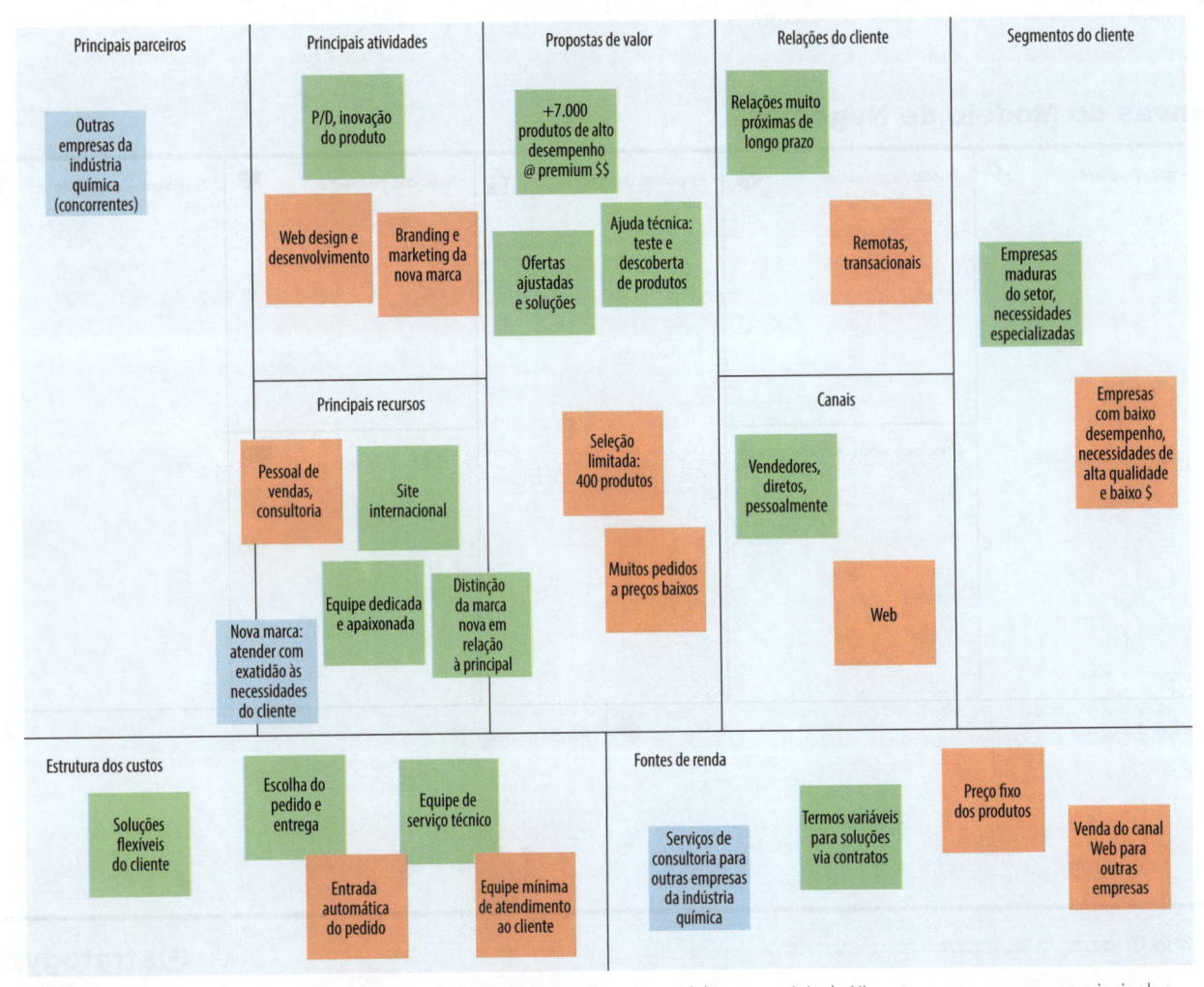

Estrutura dos custos		Fontes de renda		
Soluções flexíveis do cliente	Escolha do pedido e entrega — Equipe de serviço técnico — Entrada automática do pedido — Equipe mínima de atendimento ao cliente	Serviços de consultoria para outras empresas da indústria química	Termos variáveis para soluções via contratos — Preço fixo dos produtos — Venda do canal Web para outras empresas	

FIGURA 4-17. Este exemplo de canvas do modelo de negócios compara os modelos comerciais da Xiameter com sua empresa principal, a Dow Corning.

os principais pontos gerados durante o exercício para capturar a estratégia em palavras e em um formato que possa ser compartilhado facilmente com outras pessoas.

Canvas do Modelo de Negócios

O *canvas do modelo de negócios* é uma ferramenta de gerenciamento estratégico que ajuda os donos de negócio e os stakeholders a descobrir diferentes modelos comerciais. Alexander Osterwalder e Yves Pigneur apresentaram isso pela primeira vez em seu livro *Business Model Generation: Inovação em Modelos de Negócios* (Alta Books, 2011); e ficou muito popular desde então.

As nove caixas do canvas representam os principais componentes de um modelo comercial (Figura 4-16). Há lógica em sua organização. As caixas à direita representam os aspectos do mercado, chamados de *linha de frente*. À esquerda estão os elementos da *retaguarda* de um modelo comercial — os processos internos do negócio. O formato visual do canvas promove a exploração. Você pode experimentar rapidamente modelos alternativos e avaliá-los antes de se comprometer com qualquer direção. Ele permite criatividade nas decisões comerciais.

A Figura 4-17 mostra uma visualização do modelo comercial para o provedor de silicone Xiameter comparado com a empresa principal, Dow Corning. Ela está baseada no artigo "Dow Corning's Big Pricing Gamble", de Loren Gary. As notas verdes representam o negócio principal da Dow Corning. As notas laranja mostram o modelo Xiameter. Curiosamente, a Xiameter parece afetar o modelo comercial principal, segundo o artigo. Esses aspectos são mostrados nas notas azuis.

A Figura 4-18 mostra a foto de um canvas que completei com os stakeholders após uma sessão de ideação. Usando notas adesivas, conseguimos mover as informações quando necessário e consideramos qualquer alternativa possível. Isso nos permitiu testar as suposições sobre um novo conceito do ponto de vista da viabilidade comercial.

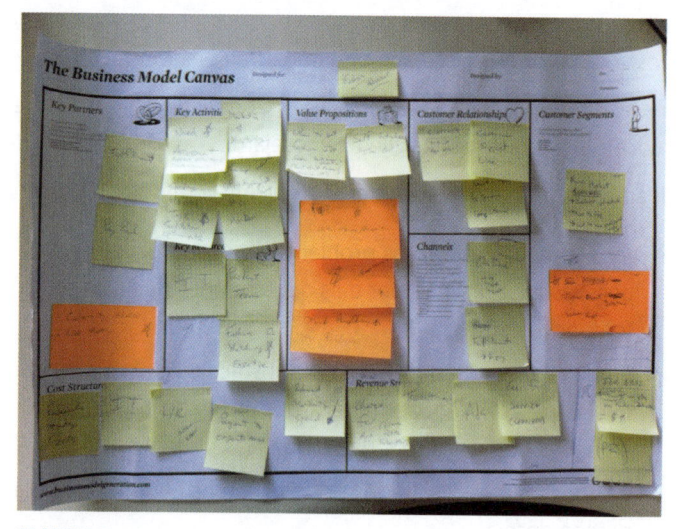

FIGURA 4-18. O canvas do modelo de negócios é bem adequado para usar notas adesivas e explorar as opções.

Trabalhar com o canvas do modelo de negócios requer prática. Você precisa reconhecer as diferentes informações rapidamente e classificá-las em suas respectivas caixas. Assim que o compreender, use o canvas para descobrir as alternativas rapidamente. Há muitos recursos online para aprender mais sobre essa ferramenta útil.

Canvas da Proposta de Valor

A estrutura de grade básica do canvas do modelo de negócios inspirou o desenvolvimento de ferramentas parecidas. Um exemplo é o *canvas da proposta de valor* (veja Figura 4-19), também criado por Alexander Osterwalder. Tem uma relação direta com o canvas do modelo de negócios e conecta dois elementos do modelo: os *segmentos do cliente* para os quais você deseja criar valor e a *proposta de valor* que você acredita que atrairá os clientes.

O canvas da proposta de valor permite criar e testar o ajuste entre o que você oferece e o que os clientes desejam.

Há duas partes. À direita está o perfil do cliente com três componentes:

- *Jobs to be done*. São os problemas importantes que as pessoas desejam resolver e as necessidades que elas estão tentando atender.
- *Pontos críticos*. São as barreiras, obstáculos e aborrecimentos que as pessoas têm ao tentar fazer um trabalho. Isso inclui as emoções negativas e os riscos que elas podem encontrar.
- *Ganhos*. São os resultados positivos ou os benefícios que a pessoa deseja.

> *Montar uma estratégia é um esforço criativo.*

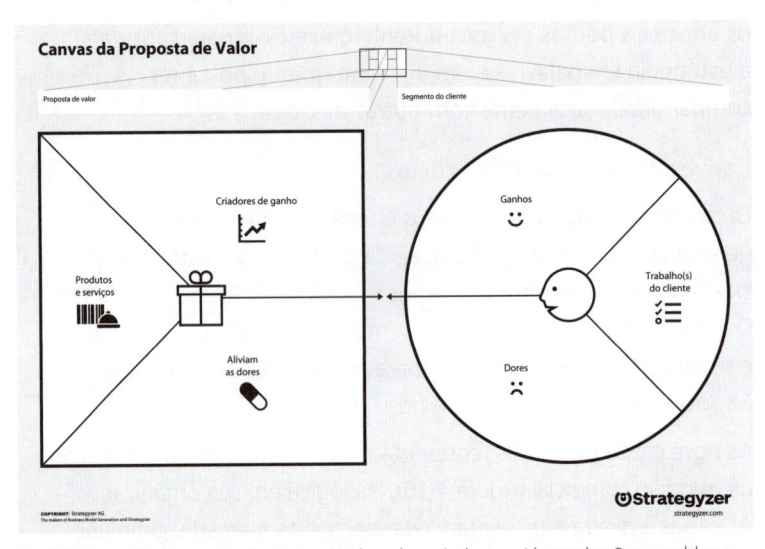

FIGURA 4-19. O canvas da proposta de valor criado por Alexander Osterwalder e sua empresa, Strategyzer, complementa o canvas do modelo de negócios.

A outra metade do canvas, no lado esquerdo, detalha os três recursos da proposta de valor:

- *Produtos e serviços*. Representam a oferta, inclusive os recursos e o suporte fornecido.
- *Aliviam as dores*. É uma descrição de como sua oferta aliviará as dores do cliente. Mostram quais problemas você está resolvendo.
- *Criadores de ganho*. Tornam explícitos como seus produtos e serviços beneficiam os clientes.

Mapeando do lado esquerdo para o direito, você pode explicitar como cria valor para seus clientes. Quando os alívios das dores e os criadores de ganho se correlacionam com as dores e os ganhos dos clientes, você tem um forte ajuste em potencial. Valide suas suposições nos mercados assim que tiver uma posição clara.

Resumo

Quando as organizações ficam maduras, elas desenvolvem uma miopia da estratégia — uma falha ao ver a paisagem maior do negócio e como elas continuam a criar um valor significativo. As empresas bem-sucedidas começam com ideias sobre as necessidades do cliente e trabalham em sua estratégia. Isso inverte muitas práticas existentes no negócio que buscam empurrar produtos e serviços por meio de canais de vendas tradicionais.

Para mudar, as organizações precisam considerar as fontes adicionais de ideias geralmente omitidas na criação de estratégias. Isso inclui uma compreensão profunda de como os clientes percebem o valor. As várias visualizações ampliam seu campo de visão e oferecem um novo modo de ver.

Primeiro, considere *reformular a concorrência*. Aos olhos do cliente, qualquer coisa que faça o trabalho é seu rival.

Também considere como contribuir com a sociedade e *criar um valor compartilhado*, ou seja, criar benefícios sociais com cada interação do cliente, indo além da responsabilidade social corporativa.

A Internet das Coisas (IoT) nos força a *reinventar a entrega de valor*. Os produtos conectados e inteligentes fazem parte, inevitavelmente, de um ecossistema maior. O valor criado é entregue e experimentado como parte desse contexto.

Por fim, *organize para inovar*. Primeiro, separe a proteção do valor existente da criação de novo valor configurando diferentes divisões na organização. Então, organize as equipes para se alinharem com a experiência do cliente.

As visualizações tendem a abrir a estratégia, tornando-a não só compreensível, como também mais inclusiva na organização. Várias técnicas ajudam a mostrar a estratégia graficamente, como mapas da estratégia, canvas da estratégia, blueprint da estratégia, canvas do modelo de negócios e canvas da proposta de valor. As ferramentas complementam e estendem os diagramas de alinhamento.

Mais Leitura

Jonathan Whelan e Stephen Whitla, *Visualising Business Transformation* (Rutledge, 2020)

> *Esse livro completo detalha o papel da visualização em geral, em conversas estratégicas e design organizacional. Os autores fazem um ótimo trabalho ao dividir os componentes visuais em elementos funcionais com base em sua "Visualização Contínua". São incluídas discussões de tudo, desde estruturas do design thinking e do canvas do modelo de negócios até um mapeamento detalhado do processo comercial.*

Phil Jones, *Strategy Mapping for Learning Organizations* (Rutledge, 2016)

> Nesse livro, Jones foca a qualidade das conversas que o mapeamento da estratégia faz as equipes terem, em particular quando associado a uma abordagem "balanced scorecard". A principal meta é permitir que gerentes façam as perguntas certas sobre estratégia para que possam motivar os comportamentos corretos na organização. Mapas são ferramentas eficientes para encorajar conversas de qualidade necessárias para um alinhamento estratégico, e Jones detalha como utilizá-los nesse volume.

A.G. Lafley e Roger Martin, *Playing to Win* (Harvard Business Review Press, 2013)

> Esse livro oferece uma estrutura clara para entender a estratégia em geral, com base em cinco perguntas principais. É uma das abordagens mais lúcidas e úteis para a estratégia disponíveis hoje. Os autores fornecem estudos de caso e exemplos de suas décadas de experiência. É uma leitura essencial para a pessoa que tenta compreender a estratégia.

W. Chan Kim e Renée Mauborgne, *A Estratégia do Oceano Azul* (Elsevier, 2005)

> Esse livro importante dos pioneiros da estratégia do oceano azul explica a abordagem com detalhes. O segredo não é competir diretamente com os rivais, mas torná-los irrelevantes, como os autores recomendam. Para tanto, as organizações precisam encontrar novos atributos da criação de valor. Visualizar a paisagem em um canvas da estratégia é o modo principal de identificar oportunidades desse tipo. Muitas ferramentas e recursos da estratégia do oceano azul estão disponíveis na internet, por exemplo em *https://www.blueoceanstrategy.com* (conteúdo em inglês).

Rita McGrath, *O Fim da Vantagem Competitiva* (Elsevier, 2013)

> A estratégia está presa, declara McGrath nesse livro obrigatório. As estruturas existentes veem a estratégia como conseguir uma vantagem competitiva sustentável. Ao contrário, as organizações precisam desenvolver um novo conjunto de práticas com base na vantagem competitiva temporária. Isso requer não apenas encontrar constantemente um novo valor, mas também desacelerar as ofertas existentes conforme elas esgotam. É um livro revelador e acessível para os leitores que não estão no mundo dos negócios.

Alexander Osterwalder e Yves Pigneur, *Business Model Generation* (Alta Books, 2011)

> Depois de pesquisar apenas modelos comerciais para sua tese, Osterwalder escreveu esse livro prático e inspirador para acompanhar seu canvas do modelo de negócios. É um livro colorido totalmente ilustrado que é acessível para qualquer pessoa e agradável de ler. Osterwalder destaca a importância dos artefatos, como pessoas, e defende o design thinking.

Identificando Oportunidades: Combinando Diagramas do Modelo Mental e Jobs to Be Done

Jim Kalbach, com Jen Padilla, Elizabeth Thapliyal e Ryan Kasper

O principal desafio no desenvolvimento de produtos é selecionar as áreas de melhorias e de inovação nas quais focar. Uma teoria sólida é necessária para conectar os insights do usuário e as decisões de desenvolvimento.

Com esse intuito, a equipe de design da experiência do usuário GoToMeeting na Citrix empreendeu esforços para dar insights de ação baseados em necessidades para o desenvolvimento de produtos. A abordagem combinou o mapeamento dos comportamentos do usuário e as motivações por meio de um diagrama do modelo mental e a prioridade das necessidades dos usuários usando a teoria "jobs to be done". Isso forneceu um mapa visual da paisagem, assim como direções sobre como criar valor para seus clientes.

O processo geral tem seis etapas:

1. Realize uma pesquisa primária.

   Começamos com uma consulta contextual. Vendo amplamente o domínio da colaboração e da comunicação no trabalho, realizamos mais de 40 entrevistas no site. Os stakeholders e os membros da equipe foram incluídos no processo de entrevista.

   A coleta de dados incluiu notas de campo, fotos e gravações com áudio e vídeo. Um prestador de serviços transcreveu mais de 68 horas de gravação. Isso resultou em quase 1.500 páginas de texto.

2. Crie um diagrama do modelo mental.

   Seguindo de perto a abordagem de Indi Young, analisamos as transcrições dos trabalhos que as pessoas tentavam fazer. Com um processo iterativo de grupos, criamos o diagrama do modelo mental. É uma abordagem de baixo para cima que envolve agrupar as descobertas individuais em temas, que são, por sua vez, agrupados em categorias.

   Objetivos fundamentais e necessidades começaram a surgir. O resultado foi a ilustração da "colaboração de trabalho" baseada diretamente na pesquisa de campo.

   O processo também incluiu o mapeamento dos produtos atuais e dos recursos que dão suporte aos objetivos e às necessidades do cliente. Isso permitiu que a equipe visse como nossas ofertas atuais se encaixavam no modelo mental do cliente.

3. Faça um workshop.

   Em um workshop com aproximadamente 12 stakeholders de vários departamentos, lemos o diagrama em grupos de trabalho. Cada grupo recebeu cerca de um terço do modelo mental com o qual trabalhar. O objetivo era fazer os envolvidos primeiro terem empatia com a atual experiência do usuário (Figura 4-20).

ESTUDO DE CASO

FIGURA 4-20. Usando um diagrama do modelo mental em um workshop com os stakeholders (o autor é representado pelo pesquisador especializado em Experiência do Usuário da Amber Brown).

Então, discutimos os conceitos usando cenários em torno do "futuro do trabalho". Para tanto, apresentamos a cada grupo as principais tendências sobre o futuro do trabalho a partir de relatórios do setor. Em cada seção do diagrama, fizemos uma pergunta para o grupo: "Se cada tendência se confirmar, o que devemos fazer para apoiar os clientes e, finalmente, evoluir como empresa?"

Para ajudar a socializar os resultados do workshop, criamos um infográfico resumindo as principais conclusões. Imprimimos esse gráfico em uma única folha de papel, que laminamos e enviamos por correio para os participantes do workshop. Após pouco mais de um ano, ainda era possível ver esse infográfico nas mesas dos membros da equipe.

4. Mapeie os conceitos a diagramar.

   Depois do workshop, atualizamos o diagrama com comentários e dados dos stakeholders. Então, mapeamos os vários conceitos no diagrama abaixo das torres de suporte. Isso resultou em um mapa estendido e uma imagem composta: a experiência do usuário no topo, o suporte que oferecemos atualmente no meio e as futuras melhorias e inovações na parte inferior (Figura 4-23).

   Mas quais lacunas na habilidade de colaboração devemos resolver primeiro? Os jobs to be done ajudaram a focar os conceitos com o máximo de potencial.

5. Priorize os jobs to be done.

   Priorizamos os trabalhos representados no diagrama por dois fatores:

   — O nível de importância associado ao resultado desejado.

   — O nível de satisfação associado ao resultado desejado.

   Representados em um gráfico, os trabalhos que são muito importantes, porém menos satisfatórios, têm mais chance de adoção pelo cliente (Figura 4-21). Eles atendem a uma necessidade não satisfeita.

   Para encontrar esse ponto ideal, empregamos uma técnica específica desenvolvida por Tony Ulwick. Para saber mais sobre esse método, veja os textos de Ulwick listados na seção "Mais Leitura" no fim deste estudo de caso.

   A técnica começa gerando as chamadas *afirmações do resultado desejado* ou medidas de sucesso para terminar um trabalho com êxito. Foram baseadas diretamente no diagrama do modelo mental.

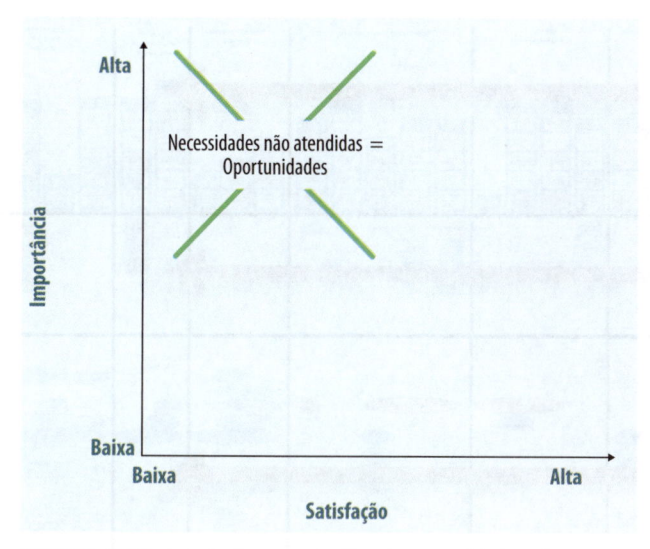

FIGURA 4-21. As soluções que atendem às necessidades não satisfeitas, ou os trabalhos importantes, mas não satisfatórios, têm maior chance de sucesso.

FIGURA 4-22. Pontuações da oportunidade para identificar os jobs to be done não atendidos.

Em seguida, iniciamos uma pesquisa quantitativa com o conjunto completo com cerca de 30 afirmações do resultado desejado. Pedimos que os entrevistados classificassem cada afirmação do resultado desejado quanto à importância e à satisfação.

Então, calculamos a pontuação de oportunidade de cada afirmação. Determinamos isso pegando a pontuação da importância e adicionando a lacuna de satisfação, que é a importância menos a satisfação. Por exemplo, se para determinada afirmação os entrevistados classificaram a importância com 9 e a satisfação com 3, o resultado da pontuação da oportunidade seria 15 (9 + (9 − 3) = 15). Veja a Figura 4-22.

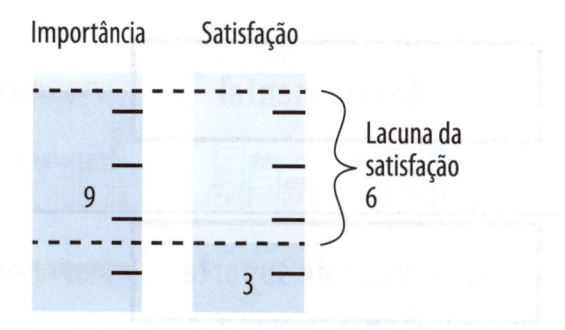

Observe que essa pontuação foca intencionalmente a oportunidade do cliente, não a oportunidade financeira ou a oportunidade do tamanho do mercado. Em outras palavras, estamos procurando resolver as necessidades do cliente que maximizariam as chances de adoção dos clientes.

6. Foque os esforços de inovação.

As tarefas no diagrama do modelo mental, as pontuações da oportunidade e os conceitos propostos foram alinhados visualmente, fornecendo uma imagem clara do espaço da oportunidade (Figura 4-23).

Os esforços foram priorizados com essas informações. Isso deu à equipe a confiança de que estávamos indo na direção certa, bem fundamentada nos insights primários.

ESTUDO DE CASO

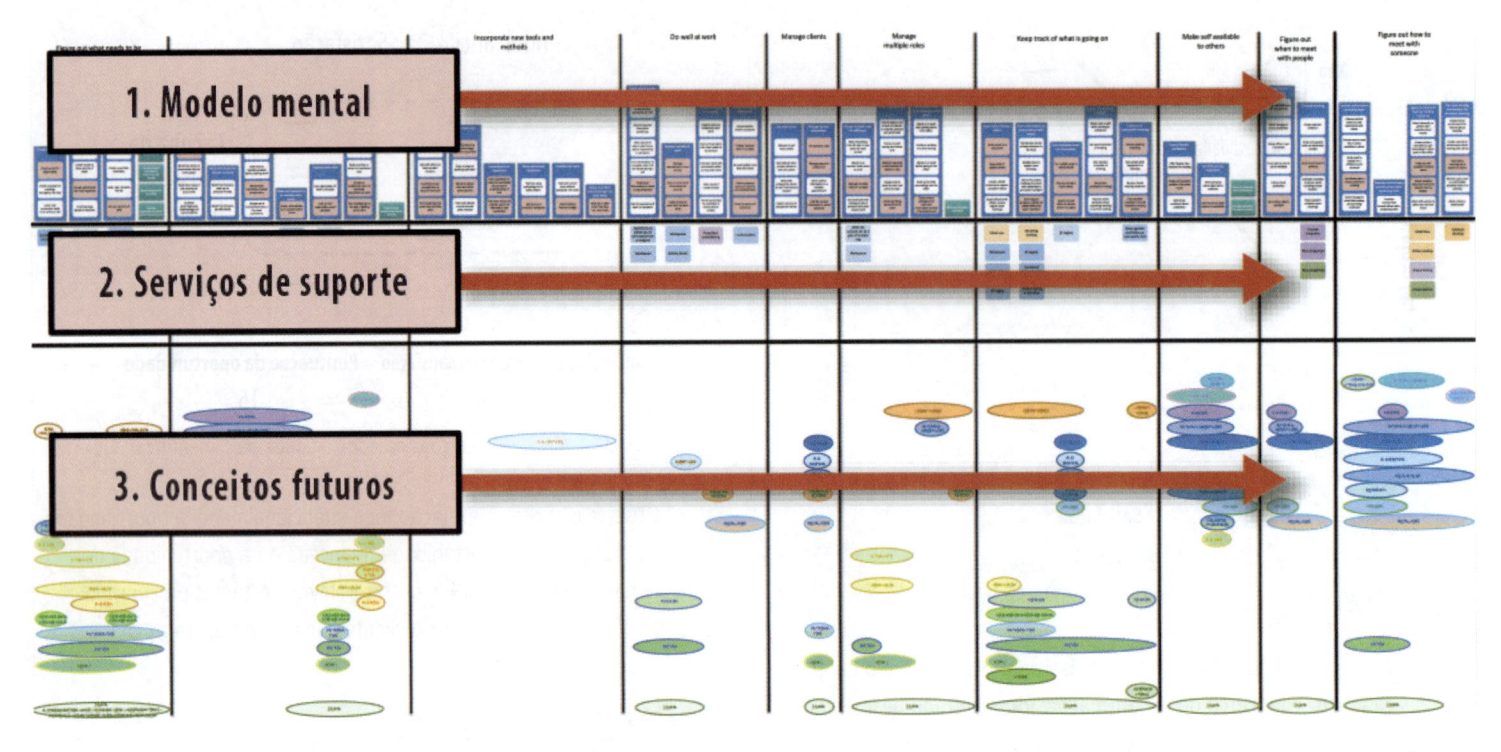

FIGURA 4-23. Uma parte do diagrama do modelo mental estendido mostrando as maiores áreas de oportunidade. Note que a resolução do diagrama é baixa de propósito para proteger as informações confidenciais. O importante é entender o alinhamento das quatro camadas de informação:

1. A experiência da pessoa representada como um diagrama do modelo mental.

2. Os serviços que atualmente dão suporte à experiência.

3. Os futuros conceitos desenvolvidos pela equipe.

4. As áreas das necessidades não atendidas refletindo a maior oportunidade, determinada pela pesquisa dos jobs to be done.

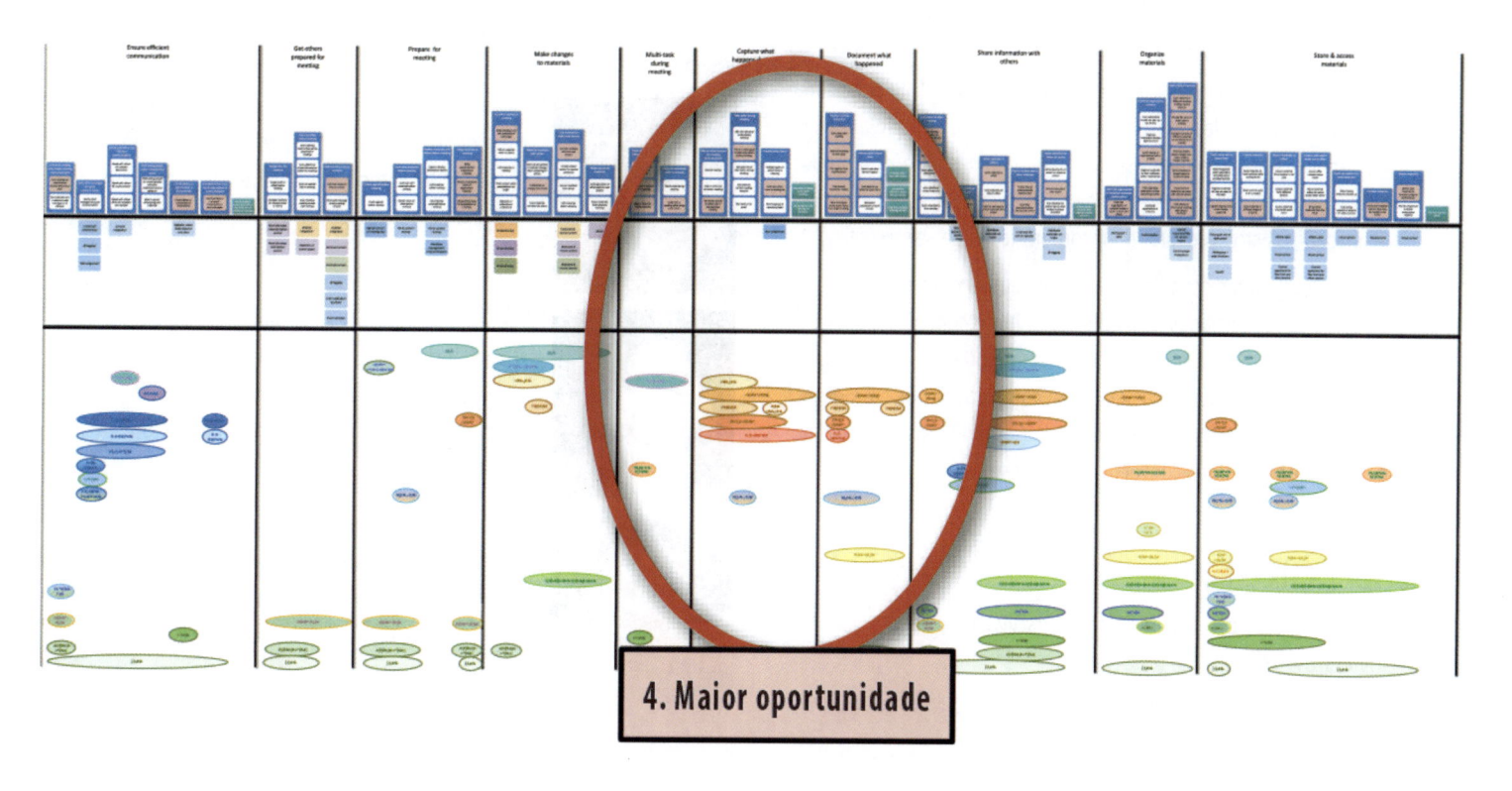

4. Maior oportunidade

Estudo de Caso • Identificando Oportunidades: Combinando Diagramas do Modelo Mental e Jobs to Be Done

ESTUDO DE CASO

Os gerentes de produto, gerentes de marketing e engenheiros acharam as informações úteis para seu trabalho. A lista priorizada das necessidades das pessoas acabou sendo um formato altamente consumível para as equipes se engajarem na pesquisa. Um product owner disse: "É ótimo ter esses dados para ajudar a tomar decisões embasadas. Estou procurando incorporá-los cada vez mais."

Com esses esforços, vários conceitos receberam um protótipo e duas inovações estão sendo iniciadas na Apple Store, junto com vários envios de patente. Em geral, a abordagem forneceu uma teoria rica e centrada no usuário para o desenvolvimento do serviço. A combinação dos métodos do modelo mental e dos jobs to be done serviu como um ponto central no processo, encorajando muitas conversas e consenso.

Mais Leitura

- Anthony Ulwick, *What Customers Want* (McGraw Hill, 2005)
- Anthony Ulwick, "Turn Customer Input into Innovation", *Harvard Business Review* (jan. 2002).

Sobre os Coautores

Jean Padilla é pesquisadora especializada em usuário; trabalhou em empresas de software na área de São Francisco, inclusive VMware, Citrix e Symantec.

Elizabeth Thapliyal é uma famosa designer da Experiência do Usuário que colidera projetos de inovação baseados em necessidades na Citrix. Tem MBA em Design Estratégico na California College of the Arts.

Ryan Kasper é pesquisador da Experiência do Usuário, atualmente no Facebook, e tem doutorado em Psicologia Cognitiva na Universidade da Califórnia, Santa Bárbara.

Créditos dos Diagramas e Imagens

Figura 4-1: Diagrama recriado e adaptado de uma imagem que aparece no livro *What the Customer Wants You to Know,* de Ram Charan.

Figura 4-4: Parte de um diagrama criado por Jim Kalbach para a LexisNexis.

Figura 4-5: Mapa do ecossistema de Sofia Hussain, aparecendo em seu artigo "Designing Digital Strategies, Part 2: Connected User Experiences", usado com permissão.

Figura 4-8: Mapa do ecossistema da Nike FuelBand criado pela Claro Partners, a partir de seu recurso gratuito "A Guide to Succeeding in the Internet of Things", usado com permissão.

Figura 4-9: Exemplo de mapa da estratégia criado pela Intrafocus Limited, Reino Unido (*intrafocus.com*), usado com permissão graças a Clive Keyte.

Figura 4-10: Mapa da estratégia da Patagonia criado por Michael Ensley da PureStone Partners, aparecendo originalmente em sua postagem no blog "Going Green", usado com permissão.

Figura 4-11: Canvas da estratégia da Southwest Airlines, redesenhado e adaptado de W. Chan Kim e Renée Mauborgne, *A Estratégia do Oceano Azul.*

Figura 4-15: Blueprint da estratégia criado por Jim Kalbach.

Figura 4-16: Canvas do modelo de negócios de Alexander Osterwalder, baixado de *http://www.businessmodelgeneration.com/canvas/bmc*, CC BY-SA 3.0.

Figura 4-17: Exemplo de um canvas do modelo de negócios completo comparando Xiameter e Dow Corning, criado por Jim Kalbach (para saber mais sobre esse estudo de caso, veja meu artigo "Business Model Design: Disruption Case Study").

Figura 4-18: Foto de um canvas do modelo de negócios em um workshop, de Jim Kalbach.

Figura 4-19: Canvas da proposta de valor, criado por Alexander Osterwalder e Strategizer, baixado de *http://www.businessmodelgeneration.com/canvas/vpc*; usado com permissão.

Figura 4-20: Foto original de Elizabeth Thapliyal, usada com permissão.

Figura 4-24: Diagrama do modelo mental estendido criado por Amber Brown, Elizabeth Thapliyal e Ryan Kasper, usado com permissão.

Iniciar → Investigar → Ilustrar → Alinhar → PREVER

PARTE 2
Processo Geral para o Mapeamento

Um processo geral para o mapeamento da experiência consiste em quatro modos iterativos de atividade:

1. *Iniciar:* O Capítulo 5 lida com os detalhes da configuração de uma iniciativa de mapeamento.
2. *Investigar:* Os diagramas de alinhamento devem ser fundamentados em evidência. As técnicas para a pesquisa são detalhadas no Capítulo 6.
3. *Ilustrar:* Representar visualmente como o valor é trocado entre uma pessoa e uma organização é um aspecto central do mapeamento de alinhamento. O Capítulo 7 trata dos aspectos da ilustração de um diagrama.
4. *Alinhar e prever:* O Capítulo 8 mostra modos de usar os diagramas em um workshop de alinhamento, que inclui conceitos de proposta para testar e o futuro desenvolvimento.

O processo anterior resulta em *mapas do estado atual*: representações das experiências como você as observa hoje. O objetivo é chegar a um acordo sobre como a equipe entende a experiência e quais problemas valem a pena resolver. Assim que uma direção for escolhida, use técnicas de mapeamento para planejar soluções e testar as suposições com os *experimentos planejados*, que serão examinados no Capítulo 9.

Lembre-se: não é sobre o mapa (substantivo), mas mapear (verbo). Envolva os stakeholders e os membros da equipe no processo, em todos os estágios. Obtenha comentários sobre sua proposta inicial, inclua-os na investigação, criem em conjunto o diagrama e reúnam-se para um workshop ao final do esforço. Não torne o mapeamento um esforço solitário.

> "O segredo de progredir é começar.
> O segredo de começar é dividir as tarefas muito
> complexas em pequenas tarefas gerenciáveis
> e iniciar na primeira."
>
> – Mark Twain

NESTE CAPÍTULO

- Identificar a necessidade
- Convencer os tomadores de decisão
- Determinar a direção
- Criar uma proposta

CAPÍTULO 5

Comece: Iniciando um Projeto de Mapeamento

Uma das perguntas mais comuns que me fazem nos workshops sobre mapeamento é: "Como começo?" Os designers aspirantes podem ver um valor imediato nessas técnicas, embora tenham barreiras para iniciar.

Conseguir a adesão de um stakeholder é um desafio comum. Sou feliz por ter tido oportunidades para criar diagramas de todos os tipos e ter descoberto que os stakeholders veem valor no mapeamento apenas depois de o processo estar concluído. Como resultado, iniciar um esforço requer convencê-los no início.

E mais, uma divergência de expectativas no início pode levar a problemas mais tarde. Portanto, é fundamental estruturar claramente sua intenção desde o começo, particularmente quando diversos stakeholders estão envolvidos. Com muitas possibilidades, cabe a você definir seu esforço de mapeamento com adequação. Alguns pontos-chave a lembrar são:

Inclua outras pessoas no processo

O designer tem funções diferentes no esforço: pesquisador, intérprete e facilitador. É fundamental ter a participação de outras pessoas em todos os estágios no processo.

Lembre-se: o objetivo não é apenas criar um diagrama, mas interagir com os outros em conversas e desenvolver soluções juntos, como uma equipe.

Considere os estados atual e futuro

Este livro foca criar o que pode ser descrito como *diagramas do estado atual*: visualizações das experiências existentes. Os produtos futuros previstos, os serviços e as soluções geralmente são vistos como uma camada adicionada a esses diagramas. Acredito que é importante ver ambos de uma só vez: causa e solução são visíveis simultaneamente. Técnicas complementares ajudam a detalhar as experiências futuras previstas, com algumas sendo analisadas no Capítulo 9.

Saiba que você não pode controlar tudo

Esforce-se para ter coerência na experiência inteira, mas também entenda que você não conseguirá planejar todo ponto de contato. Pode haver interações que você não consegue ou escolhe não controlar. Defina as expectativas em torno de um escopo em particular e o que *não* será incluído. E mais, uma consciência das interdependências dos atores e dos pontos de contato deve embasar suas decisões estratégicas.

Comece um projeto de mapeamento como faria com qualquer outro esforço: determine seus objetivos, escopo, custos, período de tempo e torne-os explícitos. Esse exercício não precisa ser extenso nem demorar muito; talvez precise de apenas uma reunião. Mas começar com o pé direito aumenta suas chances de sucesso.

Este capítulo detalha algumas armadilhas e lições que aprendi ao iniciar um projeto de mapeamento. No fim, você saberá quais são as principais perguntas a fazer no início e como tirar do papel um esforço de mapeamento.

Inicie um Novo Projeto

Cada vez mais gerentes e clientes estão solicitando diretamente artefatos, tais como mapas da jornada do cliente ou mapas da experiência pelo nome. Isso facilita o início.

Porém, sem um público instruído, começar um esforço de mapeamento pode ser difícil. Os stakeholders podem não estar imediatamente cientes dos benefícios do mapeamento. Ele fornece um tipo de insight que beneficia muito as organizações, mas isso só é perceptível após passarem pelo processo.

Antes de embarcar em um projeto, primeiro determine o nível de formalidade, então convença os tomadores de decisão a iniciarem.

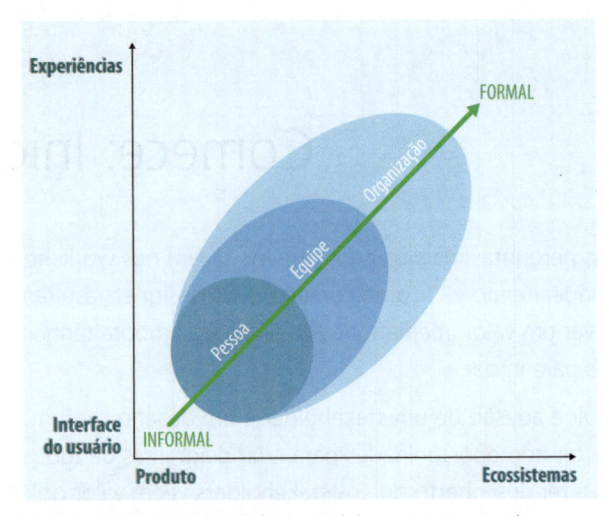

FIGURA 5-1. A necessidade de modelos aumenta quando as organizações inteiras criam experiências para ecossistemas.

Determine o Nível de Formalidade

Toda equipe pode aproveitar o mapeamento de alguma forma — desde um esboço feito à mão ou trabalho com diagramas detalhados. O escopo do esforço pode variar muito. Determine o nível de formalidade mais adequado antes de começar.

Este livro descreve uma abordagem *formal* para o mapeamento. Em alguns casos, como o do consultor externo que trabalha com uma grande organização, uma abordagem rigorosa faz sentido, ou seja, um processo completo pode ser inadequado. Por exemplo, ao trabalhar em uma startup, uma abordagem *informal* é boa.

A formalidade de um esforço de mapeamento pode ser vista em três dimensões, mostradas na Figura 5-1.* O eixo horizontal varia desde a produção de um único produto até fornecer ecossistemas de serviços. O eixo vertical indica o movimento desde o design de uma interface separada até o design de experiências globais. A terceira dimensão, no meio do gráfico, mostra um aumento no tamanho do grupo.

Os esforços tendem a ficar mais formais quando você sobe e vai para a direita no gráfico. Por exemplo, um designer que trabalha sozinho em um único produto talvez não precise de um diagrama formal. Mas uma equipe grande que lida com um ecossistema de serviços inteiro provavelmente precisaria. Considere onde sua organização está nesse gráfico.

O importante é considerar o nível adequado de formalidade antes de começar. Isso determinará quanto esforço você coloca em cada uma das fases descritas neste livro. Faça apenas a quantidade de trabalho necessária.

Convença os Tomadores de Decisão

Assim que você determinar o nível de formalidade, convença os tomadores de decisão a apoiarem seu esforço. Os funcionários internos geralmente encontram obstáculos diferentes dos consultores externos. Os primeiros precisam persuadir, e os últimos precisam vender.

---

* Este diagrama é adaptado de uma conversa por vídeo com Hugh Dubberly "A System Perspective on Design Practice".

Lembre-se: o objetivo não é apenas criar um diagrama, mas engajar outras pessoas em conversas e desenvolver soluções juntos, como uma equipe.

Embora sua relação com os stakeholders possa variar, muitos argumentos são iguais. Para convencer os tomadores de decisão, conheça as objeções, forneça evidência, encontre um defensor e realize um esforço-piloto para demonstrar o valor. E mais, crie uma argumentação que você possa recitar à vontade.

Conheça os objetivos

Se você tiver resistência, esteja pronto com argumentos persuasivos. A Tabela 5-1 lista algumas objeções típicas, o erro subjacente cometido e os contrapontos em potencial a fazer em cada um. Tente criar uma tabela parecida com base na resistência específica que você tem dos stakeholders para lidar com a argumentação.

Forneça evidência

Conheça os benefícios dos diagramas de alinhamento descritos no Capítulo 1. Mas também seja capaz de fornecer uma evidência convincente para apoiar seu esforço. Por exemplo, encontre exemplos e estudos de caso na literatura. Seja capaz de apontar esses exemplos e integre-os em sua discussão.

TABELA 5-1. As objeções típicas que surgem antes de você iniciar, as suposições por trás delas e os argumentos que você pode usar.

Objeção	Suposição	Argumento
Não temos tempo nem orçamento.	Criar diagramas demora demais e é caro.	O mapeamento não precisa ser caro nem demorado. Até um projeto formal pode ser feito em poucas semanas pelo custo de um teste de uso ou pesquisa de marketing.
Cada departamento tem seu próprio mapa do processo.	Os silos funcionais são eficientes individualmente.	Bom. Mas mostram uma interação nos canais e nos pontos de contato? As ótimas experiências do cliente cruzam as fronteiras dos nossos departamentos.
Já sabemos tudo isso.	O conhecimento implícito é suficiente.	Ótimo, temos um bom começo. Mas tornando explícito o conhecimento, podemos manter as conversas fluindo. E mais, não perdemos o insight quando alguém sai. E, se alguém novo entra na equipe, podemos reforçar rapidamente.
Eu estava nesse público-alvo. Pergunte a mim o que é valioso.	Os clientes são vistos de uma perspectiva "de dentro para fora", não "de fora para dentro".	Sua contribuição será valiosa para chegarmos a uma hipótese inicial. Queremos complementar isso com uma perspectiva externa fundamentada também. É onde se encontram os melhores insights para o crescimento e a inovação.
O marketing já faz a pesquisa.	Marketing e pesquisa da experiência são a mesma coisa.	É algo bom, mas não é suficiente. Precisamos descobrir as necessidades não atendidas e os sentimentos não expressados, e mostrá-los no contexto da experiência geral.

Um bom exemplo é a Forrester Research, uma empresa líder de pesquisa do setor de tecnologia, que faz relatórios completos sobre os benefícios do mapeamento da jornada do cliente em particular. Localize seus estudos ou relatórios parecidos que mostrem uma forte evidência a favor do mapeamento.

A evidência no retorno do investimento é até mais convincente. Por exemplo, Alex Rawson e colegas mostram aumentos concretos no rendimento quando as empresas criam experiências completas, ao invés de otimizarem os pontos de contato individuais. Em seu artigo "The Truth About Customer Experience", eles escrevem:

As empresas que se destacam na entrega das jornadas tendem a vencer no mercado. Em dois setores que estudamos, seguros e TV paga, o melhor desempenho nas jornadas corresponde a um crescimento mais rápido da receita: nas medidas de satisfação do cliente com as jornadas mais importantes das empresas, apresentar um ponto melhor que as empresas iguais em uma escala de 10 pontos corresponde a, pelo menos, uma superação de desempenho de 2% na taxa de crescimento da receita.

Os autores concluem que mapear as jornadas do cliente fornece insight para criar experiências melhores que, por sua vez, contribuem para o crescimento da receita.

Finalmente, se possível, descubra o que os concorrentes estão fazendo. Pesquise os concorrentes com palavras-chave como "mapa da jornada do cliente" ou "mapa da experiência". Mostrar que os outros estão fazendo esse tipo de trabalho contribui muito para convencer os tomadores de decisão.

Encontre um defensor

Identifique os stakeholders que possam ser os melhores defensores do esforço de mapeamento. Quanto mais influentes, melhor.

Para os consultores externos, pode ser um cliente com quem você tem uma relação antiga e contínua. Os funcionários internos precisam saber como navegar a tomada de decisão em sua organização. Nos dois casos, uma análise rápida dos stakeholders pode ajudar.

Realize um esforço-piloto

Se possível, realize um pequeno projeto-piloto. Os diagramas não precisam ser complexos nem detalhados para serem eficientes.

Como alternativa, experimente criar um diagrama como parte de outro esforço. Por exemplo, se você estiver fazendo um teste de uso tradicional, adicione perguntas complementares simples para obter as etapas em determinado processo. Mapeie isso em uma versão preliminar de um mapa da experiência e use como um ponto de discussão. Demonstrar valor com os primeiros resultados geralmente é o argumento mais persuasivo.

Crie um pitch

Por fim, crie uma frase sucinta que você possa recitar prontamente. Inclua os problemas comerciais que resolverá. Por que um tomador de decisão deve investir em algum tipo de esforço de mapeamento? Veja um exemplo de pitch:

> *Você gostaria de aumentar suas ofertas atuais. Mapeando a experiência inteira, você rapidamente terá uma compreensão melhor das necessidades e das emoções de novos mercados e segmentos.*
>
> *O mapeamento é uma técnica moderna para melhorar a compreensão do cliente que as empresas, como a Intel e a Microsoft, estão usando cada vez mais.*
>
> *Alinhando visualmente os vários aspectos da CX com os processos comerciais, você conseguirá ver como criar e capturar melhor o valor nos canais. Também produzirá ideias para produtos e serviços inovadores que superam o desempenho dos concorrentes.*
>
> *Com um investimento relativamente pequeno, o mapeamento fornece os insights estratégicos necessários nos mercados em rápida evolução de hoje.*

Escolha uma Direção

Há várias perguntas a responder no começo de um projeto. Podem ser uma simples questão de autorreflexão ou podem precisar de investigação. As duas áreas principais de preocupação são os objetivos organizacionais e os tipos de experiências que você deve mapear. Após determinar isso, selecione que diagrama seria adequado criar.

Identifique a Estratégia e os Objetivos da Organização

Os diagramas de alinhamento devem ser relevantes para a organização. Eles precisam responder às perguntas pendentes ou preencher as lacunas atuais no conhecimento. Os diagramas são mais eficientes quando são coerentes com a estratégia e os objetivos da organização.

Algumas perguntas a explorar nesta etapa são:

- Qual é a missão da organização?
- Como a organização cria, entrega e captura valor?
- Como a organização deseja crescer?
- Quais são os objetivos estratégicos?
- Quais mercados e segmentos são atendidos?
- Quais são as lacunas no conhecimento?

Determine Quais Experiências Mapear

A maioria das organizações tem relações com várias partes: fornecedores, distribuidores, parceiros, clientes e clientes dos clientes. Para determinar quais experiências mapear, primeiro compreenda a *cadeia de valor do cliente*: uma representação dos principais atores e o fluxo de valor para as pessoas.

A Figura 5-2 mostra um exemplo simples da cadeia de valor do cliente para uma revista, com o leitor como consumidor final. Nesse diagrama, os jornalistas fornecem o conteúdo para as editoras, que ganham dinheiro com os anunciantes. As lojas distribuem a revista da editora para os leitores, que formam o público dos anunciantes. No geral, o valor flui da esquerda para a direita no diagrama, dos jornalistas até os leitores.

A Figura 5-2 também indica alguns possíveis diagramas que podem ilustrar melhor a relação. Um *blueprint de serviço* faz sentido para mapear a relação entre as editoras e as lojas a fim de ajudar a otimizar os processos da retaguarda. Mas um *mapa da jornada do cliente* pode ser melhor para ilustrar a experiência que os leitores têm com os anunciantes. E, da perspectiva da editora, um *mapa da experiência* poderia ser uma boa maneira de entender a relação do jornalista com o conteúdo da revista.

As cadeias de valor do cliente são parecidas com o que também nos referimos como *mapas dos stakeholders* ou *mapas do ecossistema*. Você pode encontrar esses termos em outras fontes sobre mapeamento. A diferença aqui é a inclusão do fluxo de valor.

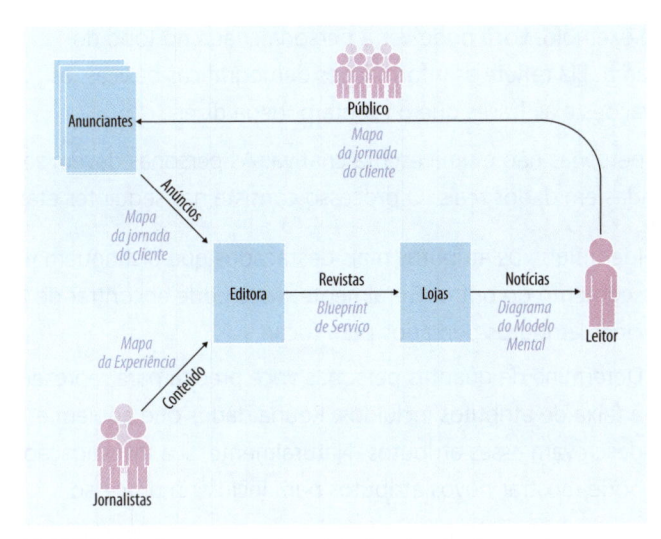

FIGURA 5-2. Este exemplo de cadeia de valor do cliente para uma revista mostra o fluxo do valor até os consumidores finais.

- Listar todos os atores e entidades envolvidos na experiência que está sendo investigada.
- Colocar o ator primário e o provedor primário no centro, com o provedor à esquerda.
- Colocar os outros atores e entidades em volta dos dois, de um modo que mostre suas relações básicas.
- Finalmente, reordenar os elementos quando necessário para mostrar como o valor vai dos provedores para os clientes.

Quando terminado, use o mapa da cadeia de valor do cliente para examinar as várias relações possíveis a mapear. Por exemplo, na Figura 5-2 a relação do anunciante com a editora é diferente da relação da editora com as lojas. E a relação dos jornalistas com os anunciantes é diferente da dos leitores com as lojas.

Uma cadeia de valor do cliente ajuda a definir as expectativas com seus clientes. Você pode esclarecer quais experiências mapear e quais excluir. No exemplo anterior, se a editora estiver interessada em aprender mais sobre a distribuição das revistas para as lojas e você estiver considerando mapear a relação dos leitores com os anunciantes, haverá uma divergência nas expectativas.

As cadeias de valor do cliente geralmente podem ser terminadas rapidamente — em uma questão de minutos, em alguns casos — e valem a pena o esforço para ter uma visão do ecossistema. Isso ajudará a ter o escopo do esforço, selecionar o diagrama adequado e também recrutar uma pesquisa.

> *Os diagramas de alinhamento devem ser relevantes para a organização. Eles precisam responder às perguntas pendentes ou preencher as lacunas atuais no conhecimento.*

Não há um modo certo ou errado de criar diagramas da cadeia de valor do cliente. Eles podem ser mapas de conceitos simples dos atores e das entidades envolvidos em uma experiência. Basicamente, trata-se de propor um modelo que se encaixa em sua finalidade. O processo é simples:

Principais perguntas ao determinar quais experiências mapear:

- Quais relações na cadeia de valor do cliente você deseja focar?
- Qual ponto de vista você deseja entender nessa relação?
- Quais tipos de usuários ou clientes são mais relevantes?
- Quais experiências são mais adequadas para incluir?
- Onde essas experiências começam e terminam?

Crie Personas

Personas são descrições narrativas dos arquétipos do usuário que refletem os padrões comuns de comportamentos, necessidades e emoções. Elas refletem os detalhes sobre um grupo de destino de um modo fácil de entender. Criar personas é um processo profundo que tem uma história de décadas. Para saber mais, veja alguns livros sobre o assunto, inclusive *The Persona Lifecycle* de Pruitt e Adlin, e *About Face 2.0* de Cooper.

As personas são geralmente pequenas, não mais que uma página ou duas. A Figura 5-3 mostra um exemplo de documento da persona que criei para um projeto antigo.

Ao mostrar a experiência de uma pessoa específica, é comum incluir a persona ou um pequeno formulário dela em um diagrama em si. Por exemplo, a Figura 5-4 mostra um mapa da jornada do cliente de Jim Tincher, fundador da Heart of the Customer (*heartofthecustomer.com*), uma consultoria especializada em mapeamento da jornada.

Nesse exemplo, você pode ver a persona criada no topo do diagrama. Ela reflete as informações demográficas básicas, as motivações e as frases que o cliente poderia dizer.

Criar personas não é uma escrita criativa. As personas devem ser baseadas em dados reais. O processo consiste nas seguintes etapas:

1. Identifique os atributos mais destacados que distinguem um segmento do outro. Geralmente, você pode encontrar de três a cinco atributos primários para focar.
2. Determine de quantas personas você precisa para representar a faixa de atributos incluídos. Reúna dados que apoiem e descrevam esses atributos. Naturalmente, sua investigação pode mostrar novos atributos para incluir no processo.
3. Elabore as personas com base nos atributos primários. Também inclua alguns aspectos básicos para detalhar a imagem, como demografia, comportamentos, motivações e pontos críticos.
4. Finalize as personas. Crie uma visualização convincente de cada uma em uma única página. Desenvolva vários formatos e tamanhos para diferentes contextos.
5. Torne as personas visíveis. Pendure-as nas sessões de brainstorm e inclua-as nos documentos do projeto. É seu trabalho fazer com que ganhem vida.

Criar personas também é um processo de colaboração. Inclua outras pessoas para que os documentos resultantes sejam lembretes do conhecimento compartilhado.

Thomas Brauer

Arquiteto, parceiro
"Eu me esforço para usar meu conhecimento especializado na Arquitetura para liderar com sucesso os projetos do cliente."

Pontos Críticos
- Manter uma grande rede de profissionais
- Viajar para locais
- Gerenciar muitos projetos de uma só vez
- Nova geração de negócios
- Manter os regulamentos

Formação e Habilidades
- 42 anos, casado, dois filhos
- 15 anos de experiência
- Inspetor de construção autorizado

Motivações
- Criar um negócio bem-sucedido
- Parecer bom para os clientes
- Ser profissionalmente reconhecido no ramo
- Criar um local de trabalho atraente para os funcionários
- Desenvolver o talento dentro da empresa

Empresa e Função
- Empresa de médio porte: 16 arquitetos, 6 pessoas na equipe
- Localizada em Nova York e Mineápolis
- Especializada em propriedade comercial
- Supervisiona de 3 a 5 projetos por vez
- Coordena atividades de marketing para a empresa

Atividades de Trabalho
- Gerenciar projetos e equipes de projeto (40%)
- Consultoria, comunicação, presente para os clientes (35%)
- Novo desenvolvimento comercial (15%)
- Gerenciar atividades de marketing da empresa (5%)
- Pesquisar e monitorar o ramo (5%)

Ferramentas e Uso
- Desenho profissional e software de Arquitetura
- Atividade regular com dispositivos móveis
- Plotter e impressoras usadas com frequência
- Manter arquivos eletrônicos e impressos, e calendários
- Encontrar novos programas de aprendizagem e ferramentas difíceis

Fontes: 1) Entrevistas 2) Pesquisa 3) Monster.com

FIGURA 5-3. Este exemplo mostra a persona de um arquiteto.

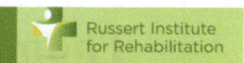

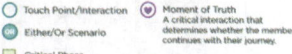

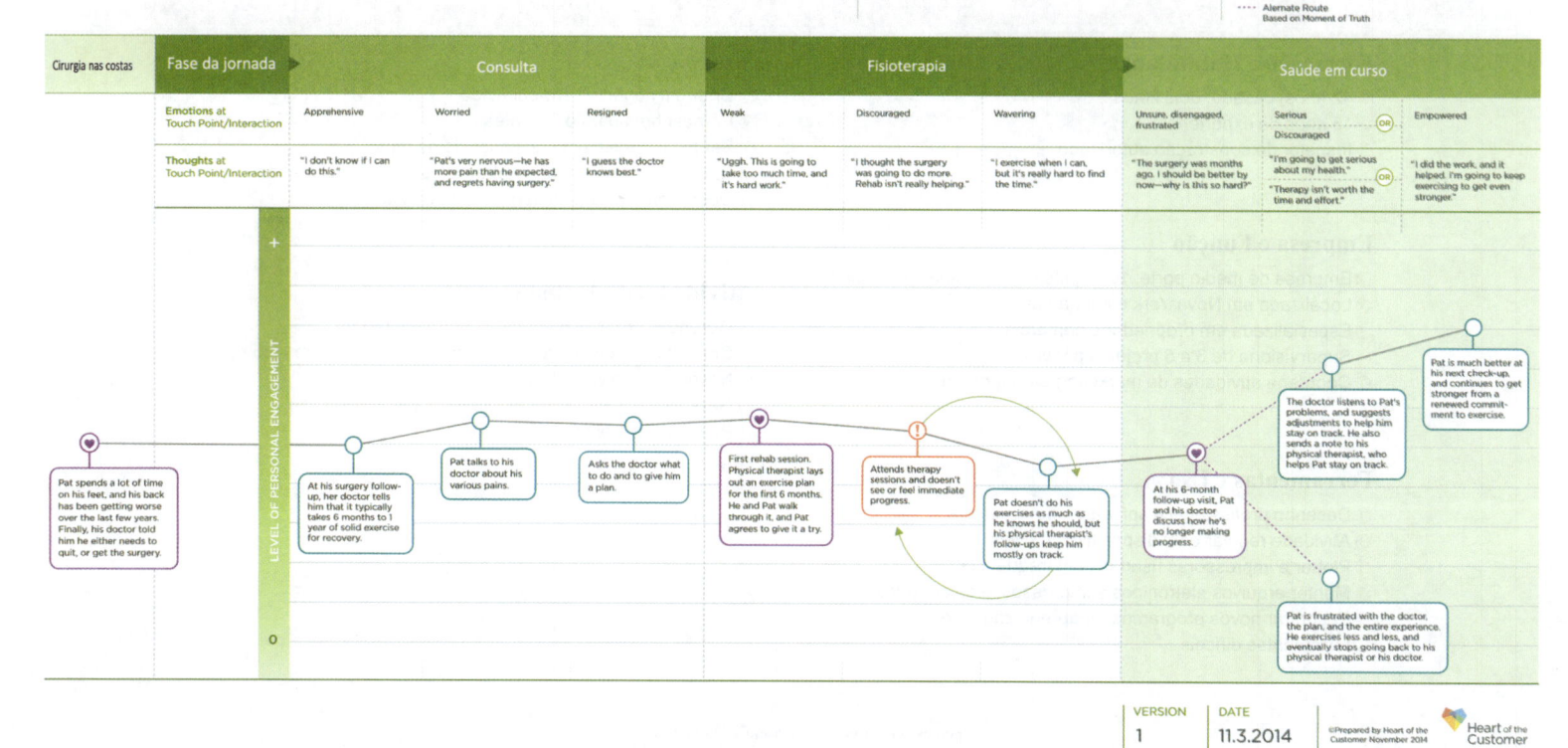

FIGURA 5-4. Os diagramas geralmente apresentam uma persona no topo, como visto neste exemplo de mapa da jornada do cliente.

TABELA 5-2. Uma comparação dos diferentes tipos nos vários elementos dos diagramas.

Tipo	Ponto de vista	Escopo	Foco	Estrutura	Usos
Blueprint de serviço	Pessoa como recipiente do serviço	Concentrado nos encontros de trabalho e nos ecossistemas, frequentemente em tempo real	Ações em tempo real, evidência física nos canais; ênfase na provisão de serviços, inclusive funções, atores de apoio, processos, fluxogramas	Cronológica	Usado pelo pessoal da linha de frente, equipes internas e gerentes para melhorar um serviço existente ou debater novos
Mapa da jornada do cliente	Pessoa como cliente fiel, geralmente tomando uma decisão de compra	Geralmente desde ficar ciente, com a compra, até sair da empresa e retornar	Ênfase nos estados cognitivos e emocionais da pessoa, inclusive momentos de verdade e de satisfação	Cronológica	Usado pelo marketing, RP, vendas, gerenciamento de contas, suporte ao cliente e gerentes de marca para otimizar vendas, relações com o cliente e valor da marca
Mapa da experiência	Pessoa como um ator se comportando no contexto de uma atividade mais ampla	Início e fim por definição dada pela experiência específica ou contexto	Ênfase em comportamentos, objetivos e jobs to be done; geralmente inclui ações, pensamentos, sentimentos, pontos críticos	Cronológica	Usado por gerentes de produtos, designers, desenvolvedores e estrategistas para melhorias no design de produtos e serviços, e inovação
Diagrama do modelo mental	Pessoa como um ser humano que pensa e sente dentro de certo domínio	Quantidade de experiência por definição que surge com os dados	Ênfase em motivações fundamentais, sentimentos e filosofias	Hierárquica	Usado por gerentes de produtos, designers, desenvolvedores e estrategistas para ganhar empatia das pessoas, informar a estratégia de produtos e serviços, e inovação
Diagrama do ecossistema	Pessoa como ator central em um sistema maior de entidades	O escopo maior com limites estabelecidos pelos delimitadores definidos do sistema	Ênfase nas relações entre vários tipos de entidade em um ecossistema para mostrar o fluxo de valor	Rede	Usado para ter insight para aspectos estratégicos de alto nível da criação de oferta e como se encaixa em um sistema maior de interações

Concreto

Depende da solução

- Mapas da história do usuário
- Mapas do ciclo de vida do cliente
- Mapas da jornada do cliente
- Mapas do ecossistema
- Blueprints de serviço
- Blueprints de serviço expressivos

Escopo restrito — **Escopo amplo**

- Mapas da experiência
- Diagramas do fluxo de trabalho
- Mapas do trabalho
- Diagramas do modelo mental

Independe da solução

Abstrato

FIGURA 5-5. Uma solução de plotagem matricial simples sem depender do escopo ajuda a separar as possíveis funções e finalidades dos diferentes diagramas.

Selecione o Tipo de Diagrama

Os diagramas incluídos neste livro têm uma semelhança: eles focam o alinhamento de valor. Mas reconhecer as diferenças entre eles permite aplicar uma abordagem que faça mais sentido para sua situação. Conheça suas opções e não descarte nenhuma técnica preterindo outra a priori.

Depois de entender os objetivos da organização e as experiências que você deseja mapear, selecione o tipo de diagrama mais adequado. Para tanto, considere os elementos primários do mapeamento analisados no Capítulo 2.

A Tabela 5-2 resume alguns tipos de diagrama comuns e as diferenças entre eles nessas dimensões.

Outro modo de determinar qual diagrama é mais adequado à sua situação é considerá-lo em duas dimensões: escopo e independência. A Figura 5-5 plota os principais tipos de diagrama analisados neste livro em uma matriz simples. A intenção é mostrar as diferenças entre os tipos de mapa, mas sempre há exceções. As cores na figura representam os diferentes diagramas, com algumas alternativas mostradas. O tamanho de cada forma reflete o grau de variação nesse tipo de diagrama.

Os diagramas à esquerda superior tendem a ser mais concretos. Por exemplo, os mapas da história do usuário mostram interações detalhadas com um produto específico. Eles são mais voláteis e podem mudar com a tecnologia, mas são ótimos para mostrar uma experiência perto da implementação. Seguindo para a direita inferior, os diagramas ficam mais abstratos, lidando com domínios amplos. Os diagramas nesse quadrante são estáveis e básicos, e ajudam a encontrar oportunidades amplas para a inovação.

O gráfico na Figura 5-5 também ajuda a saber com que frequência os diagramas precisam ser atualizados. Em geral, quanto mais independente da solução é a abordagem, maior a longevidade do diagrama. Por exemplo, se feitos corretamente, os mapas do trabalho e os diagramas do modelo mental ficam válidos e estáveis por uma década ou mais. Os diagramas no topo do gráfico tendem a ter uma vida útil menor limitada por um projeto de curto prazo.

> *Não descarte nenhuma técnica preterindo outra a priori.*

O escopo de um diagrama ajuda a determinar quantos deles serão necessários. Em geral, quanto maior o escopo, mais geral é, portanto, menos diagramas são necessários. Por exemplo, é improvável que você precise de mais de um mapa do ecossistema: por definição, ele mostra o cenário geral. Mas criar vários blueprints de serviço para diversas interações do cliente na organização é uma possibilidade.

Não há uma resposta clara para quantos diagramas você precisará e com que frequência eles precisarão ser atualizados. No fim, tudo depende dos fatores detalhados no Capítulo 2: pontos de vista, escopo, foco, estrutura e uso. Em geral, há um desejo de reduzir o esforço e o número de artefatos criados, por isso aconselho criar vários diagramas apenas se for necessário mostrar diferenças significativas.

Qual É a Diferença? Mapas da Jornada do Cliente, Blueprints de Serviço e Mapas da Experiência

Os tipos de diagramas mais combinados são *mapas da jornada do cliente, blueprints de serviço e mapas da experiência*. Como são todos mapas cronológicos e têm uma forma parecida, a comparação é compreensível. Mas existem distinções importantes que determinam a escolha do diagrama.

A principal diferença é o *ponto de vista* de cada um, em particular a relação da pessoa com a experiência:

- Os mapas da jornada do cliente (MJCs) mostram a pessoa como um cliente da organização. A história é sobre como alguém toma ciência da oferta, decide adquiri-la e se torna fiel. Os MJCs ajudam profissionais de marketing, vendedores e gerentes de sucesso do cliente a ver o ciclo de vida geral do cliente para melhorar as relações.

- Os blueprints de serviço detalham como um serviço é vivenciado pelo usuário em tempo real. A principal preocupação é o desempenho bom ou ruim do serviço após sua aquisição, para que possa ser otimizado. Esses diagramas ajudam designers e desenvolvedores a melhorar a entrega do serviço.

- Os mapas da experiência, como eu os defino, têm uma perspectiva diferente. Eles veem o contexto maior do comportamento humano e retratam a sequência de eventos que um ator realiza enquanto tenta atingir um objetivo independentemente de qualquer solução ou marca. Os mapas da experiência são úteis para encontrar novas oportunidades para a inovação.

Além do ponto de vista, há diferenças entre os diagramas em termos de *escopo*. Por exemplo, os MJCs tendem a ter um escopo muito amplo em um longo intervalo de tempo, já os blueprints de serviço costumam focar um episódio específico, porém são mais profundos. Os mapas da experiência vão variar em escopo, desde um dia na vida até experiências contínuas.

O *foco* varia em tipo também. Os MJCs focam motivações e gatilhos para se tornar e ser um cliente. Os blueprints de serviço expõem muitos processos da retaguarda e mostram poucos detalhes emocionais. Os mapas da experiência são mais livres que os dois últimos, mas se empenham nas necessidades e nos resultados desejados.

Para mostrar as diferenças, compare e avalie os três exemplos a seguir. Cada diagrama se baseia no caso imaginário de uma galinha atravessando uma estrada. Os atores e o domínio são os mesmos, mas o ponto de vista, o escopo e o foco são bem diferentes, assim como o estilo de mapeamento.

A Figura 5-6 é um exemplo de mapa da jornada do cliente para a ACME RoadCrossr, uma marca e um produto fictícios. É um app que ajuda as galinhas não só a encontrar o melhor ponto de travessia, mas também a avaliar as condições do trânsito.

Uma persona é incluída à esquerda superior, refletindo os principais detalhes demográficos. As fases vão da esquerda para a direita no topo do mapa; ações, pensamentos e sentimentos ficam na lateral.

Da esquerda para a direita, podemos ver que a galinha, nesse caso, se torna ciente do app, decide assinar e inicia o serviço antes de experimentar. Por fim, ela o recomenda para as amigas. Em geral, a representação da cronologia se trata dos aspectos do serviço no mercado, desde a geração inicial até a conversa e a defesa.

Os blueprints de serviço costumam mostrar interações em tempo real com o serviço existente. Eles focam os pormenores da provisão do serviço e tendem a ser muito menos sobre o marketing e os ciclos de vida do cliente que um MJC. Como resultado, você verá na Figura 5-7 muitos aspectos dos bastidores do serviço da ACME RoadCrossr, inclusive interações com terceiros e parceiros. Esses elementos se alinham com as ações da pessoa, mostradas na segunda linha de cima para baixo.

MAPA DA JORNADA DO CLIENTE

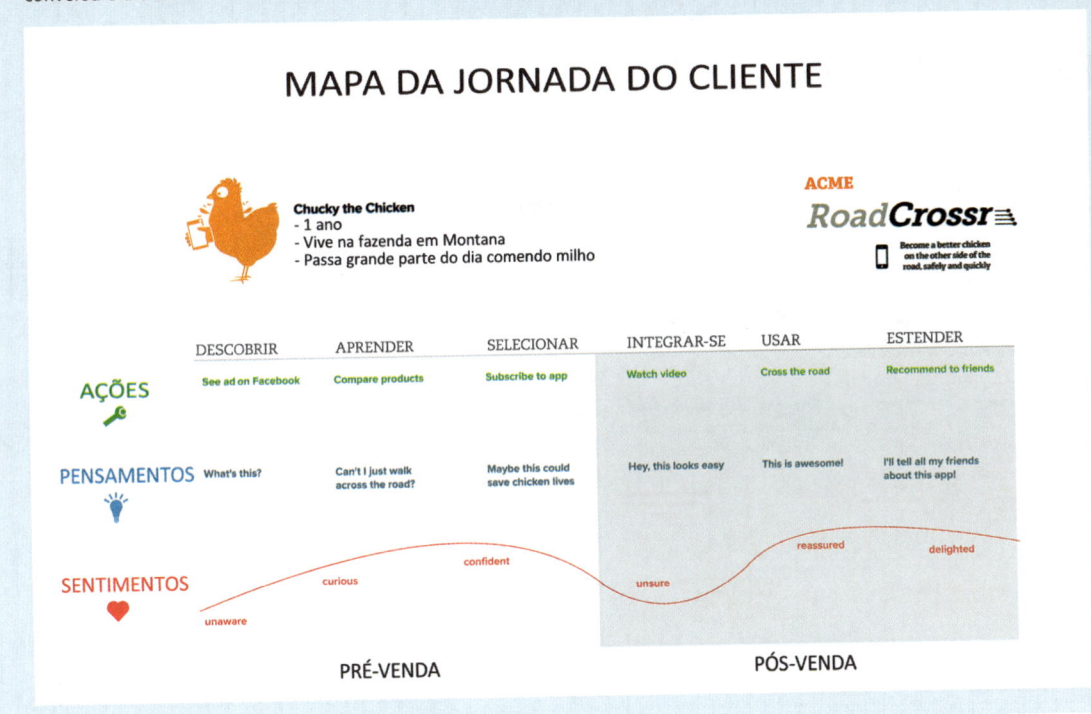

Chucky the Chicken
- 1 ano
- Vive na fazenda em Montana
- Passa grande parte do dia comendo milho

ACME RoadCrossr
Become a better chicken on the other side of the road, safely and quickly

	DESCOBRIR	APRENDER	SELECIONAR	INTEGRAR-SE	USAR	ESTENDER
AÇÕES	See ad on Facebook	Compare products	Subscribe to app	Watch video	Cross the road	Recommend to friends
PENSAMENTOS	What's this?	Can't I just walk across the road?	Maybe this could save chicken lives	Hey, this looks easy	This is awesome!	I'll tell all my friends about this app!
SENTIMENTOS	unaware	curious	confident	unsure	reassured	delighted

PRÉ-VENDA — PÓS-VENDA

FIGURA 5-6. Um mapa da jornada do cliente (MJC) mostra a interação de uma pessoa com a empresa e a marca ao longo do tempo, destacando as decisões para adquirir e se tornar fiel a ela.

Diferentemente dos MJCs e dos blueprints de serviços, os mapas da experiência não pressupõem que a pessoa é um cliente do serviço nem que ela precisa dele. Ao contrário, o exemplo na Figura 5-8 foca apenas a experiência de uma galinha ao atravessar a estrada.

Não há decisão de compra nem detalhes sobre usar determinada solução. Como resultado, várias equipes poderiam utilizar o diagrama: ele permite ver como elas se encaixam no mundo da pessoa, não como a pessoa se encaixa na oferta. Considerar como fazer a galinha realizar um serviço melhor pode ser uma fonte de inovação.

Comparados com os mapas da experiência, os MJCs oferecem uma visão autocentrada do mundo: eles pressupõem que as pessoas querem ficar cientes, comprar a solução da empresa, e então continuar e até defendê-la — uma história da posição de mercado ideal. A história subjacente é sobre a empresa, não a pessoa.

Os blueprints de serviço são menos egoístas, mas ainda veem a pessoa como o usuário de uma solução específica. Marca e emoções não são essenciais, em prol de revelar o mecanismo interno.

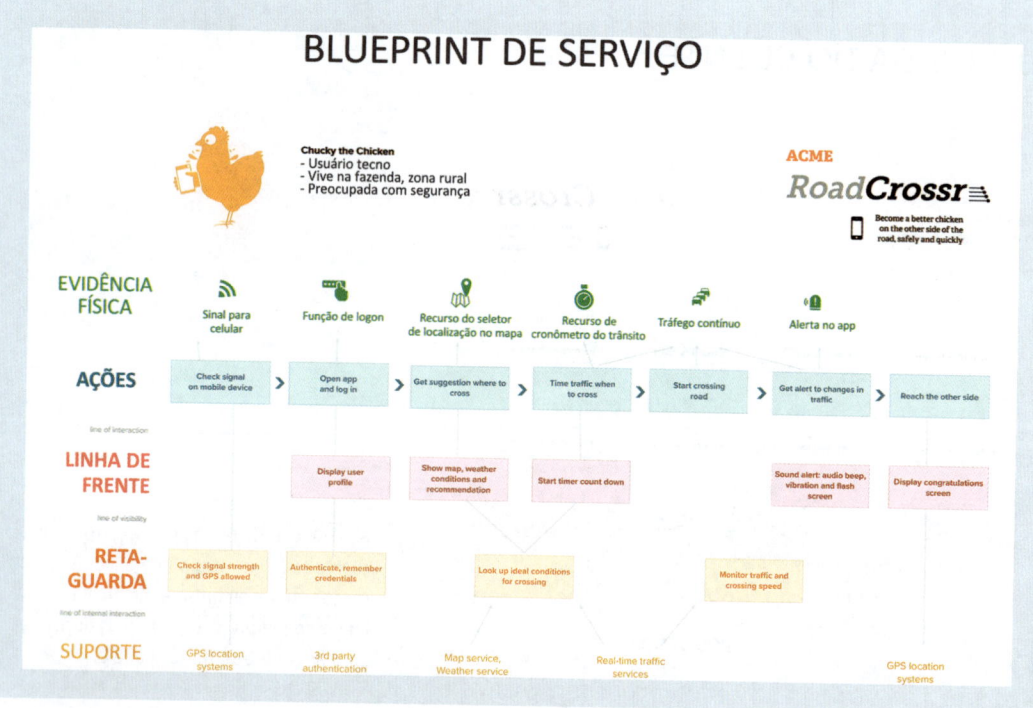

FIGURA 5-7. Um blueprint do serviço detalha os processos da linha de frente e da retaguarda de um serviço dentro de certo episódio da interação.

Os mapas da experiência são diferentes. Como os defini, eles mudam a perspectiva de ver as pessoas como consumidores para examinar suas experiências independentemente de uma solução.

Note que minha definição de mapa da experiência pode diferir. É fácil encontrar exemplos de diagramas rotulados como "mapas da experiência" que são na verdade uma combinação de MJCs e blueprints de serviço, inclusive muitos neste livro. Mas não se prenda a rótulos; eles não são tão importantes no fim das contas.

Enfim, qualquer mapa pode ajudar em sua situação. O importante é entender a natureza do diagrama pretendido antes de iniciar um esforço. Conheça o público do mapa e sua finalidade antes de iniciar. Depois foque como mostrará o alinhamento do valor visualmente para engajar as outras pessoas em uma conversa na organização.

MAPA DA EXPERIÊNCIA

Chucky the Chicken
- Precisa chegar no outro lado para se alimentar de tarde
- Preocupada com a segurança ao atravessar a estrada

Atravessar a estrada com segurança

ESTÁGIOS	PLANEJAR	PREPARAR	CONFIRMAR	ATRAVESSAR	MONITORAR	TERMINAR
PASSOS	Decide to cross a particular road	Check traffic conditions	Double-check no traffic is coming	Start to cross the road	Check traffic again	Reach the other side
	Determine best point to cross	Look both ways		Get assistance crossing	Change speed (if needed)	Celebrate!
NECESSIDADES	Believes life would be better on the other side	Lower anxiety enough to take first step	Increase the sense of safety before crossing	Keep up speed to cross as quickly as possible	Reduce the chance of making a mistake	Feel a sense of accomplishment
ANSIEDADE		Looks good...	I can do this!	Wait. What if a car comes now?	Better check...	I made it!
CERTEZA	I'm scared!					

FIGURA 5-8. Um mapa da experiência pode mostrar como a pessoa alcança um objetivo independentemente de qualquer produto ou serviço.

Defina o Esforço

Assim que a direção geral do esforço for descrita, avalie quanto tempo é necessário e os custos aproximados. Nessa etapa, assegure-se de ter as habilidades, o equipamento e os recursos apropriados.

Estime a Duração

O intervalo de tempo para os esforços de mapeamento varia muito. Depende da formalidade do projeto, do tipo de mapa que você está visando e da profundidade das informações contidas. Pequenas startups, por exemplo, podem conseguir criar um mapa rapidamente em uma questão de dias. Os projetos formais geralmente têm algumas semanas ou até alguns meses de duração.

Veja alguns intervalos de tempo relativos de vários tipos de esforços para ter uma vaga noção das durações:

- Esforço rápido — de um a dois dias.
- Projeto completo e pequeno — de uma a duas semanas.
- Iniciativa média — de três a seis semanas.
- Programa amplo — mais de seis semanas.

A estimativa do tempo é basicamente um fator da extensão de sua investigação, assim como quantos ciclos de revisão e reuniões com os stakeholders são necessários.

Avalie os Recursos

O recurso primário necessário para um esforço de mapeamento é o tempo da equipe: alguém para fazer a investigação, criar um diagrama e facilitar os workshops.

As habilidades necessárias para completar um diagrama incluem:

- Capacidade de organizar informações e conceitos abstratos.
- Capacidade de reunir dados e realizar uma pesquisa primária.
- Capacidade de modelar e visualizar informações complexas.

Outras exigências do projeto incluem:

- *Acesso aos funcionários internos.* Você precisará acessar os membros internos da organização. As equipes multidisciplinares são ideais. Os diagramas não são do tipo "entregue e vá embora": eles necessariamente envolvem pessoas na organização em todo o processo. Sua participação ativa é requerida.
- *Capacidade de recrutar clientes.* Você precisará da capacidade de recrutar participantes externos nas atividades de sua pesquisa (como descrito no Capítulo 6).
- *Capacidade de viajar.* Dependendo do setor e do local dos grupos de destino, viagens poderão ser necessárias para a pesquisa.
- *Serviço de transcrição.* Finalmente, dependendo da abordagem da pesquisa, você poderá querer gravar as entrevistas com os participantes e depois transcrevê-las.

Estime os Custos

Os custos podem variar muito. A Tabela 5-3 mostra estimativas altas e baixas para um projeto de alinhamento. O principal condutor é a estimativa mensal da equipe. Isso vai variar dependendo do custo do recurso por mês. A alta estimativa pressupõe uma pessoa trabalhando dois meses inteiros. A baixa estimativa pressupõe uma pessoa terminando um projeto em duas semanas.

Naturalmente, também é possível ter esforços maiores e menores. Essas estimativas são apenas diretrizes médias para dar uma noção das faixas de custos aproximadas.

TABELA 5-3. Exemplo de estimativas com alto e baixo custos para um projeto de alinhamento. Os valores podem variar muito em ambas as direções, dependendo basicamente do custo do mês de uma equipe.

	ALTA	BAIXA
Mês da equipe	2 × US$15 mil = US$30 mil	0,5 × US$15 mil = US$7.500
Incentivos da pesquisa	10 × US$50 = US$500	6 × US$25 = US$150
Transcrições	10 × US$150 = US$1.500	Nenhuma
Viagem	US$500	Nenhuma
TOTAL	US$32.500	$7.650

Escreva uma Proposta

Os esforços informais podem não requerer uma proposta. Os projetos formais provavelmente terão uma declaração de intenção por escrito. Não adie. Uma proposta não precisa demorar nem ser extensa. Mantenha-a simples listando apenas as respostas para cada um destes elementos:

- *Motivação.* Inclua o motivo pelo qual você está embarcando no projeto com a organização neste momento.
- *Intenção.* Inclua uma declaração sobre a intenção do esforço e da linha do tempo geral.
- *Objetivos.* Liste os objetivos e os resultados medidos do projeto.
- *Participantes do projeto.* Liste todos os envolvidos e suas funções. Mencione se você precisará acessar os stakeholders internos e ter o envolvimento deles no decorrer do projeto.
- *Atividades, entregas e momentos importantes.* Descreva a sequência de atividades e os resultados esperados.
- *Escopo.* Indique as experiências que você pretende mapear. É possível determinar isso com a cadeia de valor do cliente, como mostrado na Figura 5-2.
- *Tipo de diagrama.* Se você tiver um tipo de diagrama em mente, indique isso na proposta.
- *Suposições, riscos e limites.* Destaque os aspectos do projeto que podem estar fora de seu controle, assim como os fatores que podem limitar o esforço.

No total, uma proposta não precisa ter mais que duas páginas. Veja um exemplo na Figura 5-9.

Proposta: Projeto da Experiência do Cliente Acme

A Acme Corp. estendeu com sucesso suas ofertas de produtos e serviços na última década, conquistando uma fatia significativa do mercado no processo. Contudo, a experiência que os clientes realmente têm com a Acme aumentou naturalmente e ficou desconectada, resultando na redução da satisfação do cliente. Este esforço pretende alinhar as atividades internas com a jornada do cliente para criar uma experiência mais coesa nos pontos de contato e, finalmente, aumentar a satisfação e a fidelidade do cliente.

INTENÇÃO

Completar um projeto de mapeamento da jornada do cliente até o final do T1

OBJETIVOS

1. Envolver os participantes de, pelo menos, cinco departamentos diferentes no projeto, desde a criação dos mapas até a execução de experimentos mais tarde.
2. Gerar e priorizar, pelo menos, cem ideias novas para aumentar a satisfação do cliente.
3. Desenvolver planos de ação e experimentos para testar cinco novos serviços que demonstrem um aumento na satisfação do cliente.
4. Aumentar as pontuações da satisfação do cliente em 5% até o final do ano.

PARTICIPANTES

- Equipe Básica do Projeto
  - Jim Kalbach, chefe do projeto
  - Paul Kahn, designer
  - Jane Doe, pesquisadora do usuário
  - John Doe, patrocinador do projeto
- Participantes
  - Sue Smith, chefe de desenvolvimento de produtos (+ desenvolvedores de produto)
  - Joe Smith, suporte do cliente (+ agentes de suporte do cliente)
  - Frank Musterman, chefe de marketing (+ profissionais de marketing)
  - Representantes de vendas e e-commerce, TBD

ATIVIDADES

- Investigar: recrutar e pesquisar participantes internos e externos
- Ilustrar: criar mapa da jornada do cliente
- Alinhar: realizar workshop e gerar hipóteses
- Experimentar: realizar experimentos para testar hipóteses

ENTREGAS

- Mapas da Jornada do Cliente
- Documentos complementares, como personas e ilustrações típicas do dia
- Catálogo de ideias priorizadas
- Plano detalhado dos experimentos, incluindo medidas de sucesso

ESCOPO

- Este esforço focará duas personas do cliente:
  1. Nossos clientes pagantes atuais
  2. Os clientes deles (por exemplo, os clientes de nossos clientes)
- As experiências devem ver os pontos de contato completamente, começando com o primeiro contato que os clientes têm até quando eles decidem terminar o serviço.
- Cinco experimentos de hipótese com certos recursos (a confirmar dependendo da natureza e do escopo dos experimentos)

EVENTOS IMPORTANTES

- Jan.: Recrutamento e pesquisa
- Fev.: Terminar os mapas da jornada e realizar workshops
- Mar.: Conduzir experimentos para aumentar a satisfação do cliente

FIGURA 5-9. Uma proposta para um projeto de mapeamento não precisa ser longa.

Reunindo Tudo: Quais Técnicas São Necessárias e Quando?

Este livro é sobre possibilidades. No processo, destaquei muitas ferramentas para mapear experiências, mostradas na Figura 5-10. Muitas dessas ferramentas e abordagens serão analisadas nos próximos capítulos.

Mas com possibilidades há escolhas. Para ajudar a escolher a melhor abordagem, considere os tipos de modelos que descrevem uma experiência:

1. *Modelo de pessoas*. Para quem você planeja? Personas e mapas de insight do consumidor são exemplos.
2. *Modelos de contexto e objetivos*. Os mapas das experiências descrevem as circunstâncias da interação. Quais são os jobs to be done? Quais são as necessidades, sentimentos e motivações da pessoa?
3. *Modelos de futuras experiências*. Por fim, crie modelos para o futuro estado imaginado. Como são as soluções? Como podemos representá-las para a avaliação?

No mínimo, use um de cada. Mais é possível, porém tenha cuidado com a proliferação de modelos. Não confunda seu público.

As alternativas para um processo informal de diagramação podem seguir esta sequência de etapas:

- Mapa da experiência > Storyboards.
- Personas > Mapa do design.

Um processo mais formal de mapeamento pode incluir estes modelos:

- Personas > Diagrama do modelo mental > Cenários e storyboards > Canvas da proposta de valor.
- Mapas de insight do cliente > Blueprint de serviço > Narrativas > Canvas do modelo de negócios.

Sempre tenha em mente a intenção do mapeamento: contar a história das interações (passadas e futuras) para alinhar a equipe.

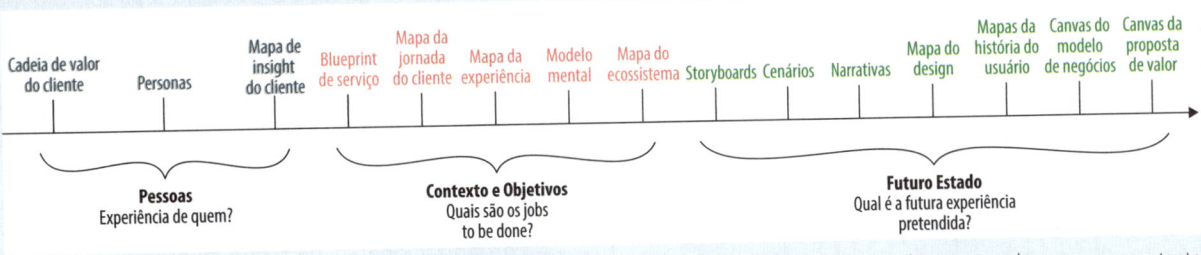

FIGURA 5-10. Uma sequências de técnicas analisadas neste livro pode ser classificada em três grupos: diagramas sobre pessoas, contexto e objetivos, e diagramas do futuro estado.

Resumo

Iniciar um projeto de mapeamento começa com a estrutura do esforço. Comece avaliando o nível requerido de formalidade. Em geral, as organizações maiores, que tentam criar experiências globais em um sistema de pontos de contato, têm maior necessidade de um esforço formal do que uma pessoa individual que cria a interface de um único produto.

Os funcionários internos e os consultores externos podem precisar superar barreiras em potencial para começarem. Conheça as objeções e esteja preparado com a evidência para ter contra-argumentos convincentes. E mais, identifique um defensor com quem pilotar o projeto. Demonstrar resultados em primeira mão contribui muito para persuadir os outros.

O conceito dos diagramas de alinhamento abre possibilidades para você: há mais de um modo de abordar certo problema. Você precisará entender a organização e seus objetivos a fim de modelar o esforço para que tenha mais impacto.

Cabe a você determinar quais experiências mapear. Examine as várias relações na *cadeia de valor do cliente* para reduzir as possibilidades e definir as expectativas certas. Então, escolha o tipo de diagrama mais adequado. Novamente, não há respostas certas ou erradas aqui. Você terá que formar uma perspectiva que funcione melhor para sua situação.

Para os esforços formais, defina o projeto e resuma-o em uma proposta por escrito. Isso deve incluir as motivações, os objetivos, os participantes, os recursos e os custos aproximados do projeto.

Esteja preparado para negociar os detalhes da proposta com os stakeholders a fim de chegar a um esforço adequado e bem definido. Os esforços informais podem não requerer uma proposta nem muita documentação.

Mais Leitura

Simon David Clatworthy, *The Experience-Centric Organization* (O'Reilly, 2019)

> *Esse livro vê as organizações de forma global e examina como mudar as empresas para que se tornem realmente centradas no cliente. Apesar de suas grandes intenções e fundamentos teóricos, o autor mantém o texto acessível e bem prático. A abordagem se baseia em um modelo maduro com cinco passos para a centralização no cliente. O Capítulo 5 lida exclusivamente com a organização em torno da experiência.*

Tim Brown, *Change by Design* (HarperBusiness, 2009)

> *Esse livro completo é o trabalho final sobre o raciocínio de design. Com base em anos de experiência na IDEO, uma das empresas mais inovadoras no mundo, Brown expõe em detalhes um argumento a favor do design thinking. As teorias são fundamentadas em histórias e estudos de caso do campo. Embora o mapeamento desempenhe apenas um papel menor, ele defende uma mudança na perspectiva organizacional — uma que favorece a empatia com os usuários e uma filosofia geral de fora para dentro que é essencial para os diagramas de alinhamento.*

Ram Charan, *O Que o Cliente Quer que Você Saiba* (Portfolio, 2007)

> Ram Charan é um líder de negócios muito aclamado que trabalhou com os principais executivos nas empresas Fortune 100. Ele é capaz de tornar muito acessíveis os conceitos comerciais. Esse livro analisa em detalhes a criação de valor da perspectiva do cliente, inclusive os aspectos específicos, como as cadeias de valor do cliente.

Alex Rawson, Ewan Duncan e Conor Jones, "The Truth About Customer Experience", *Harvard Business Review* (set. 2013)

> É um excelente artigo sobre o valor do design completo da experiência, aparecendo na principal revista do ramo. Os autores mencionam as atividades de mapeamento apenas rapidamente e não fornecem detalhes sobre como criá-las. Contudo, oferecem uma forte evidência sobre os efeitos positivos do design completo da experiência no final. Citando artigos como esse, é possível ajudar a convencer os stakeholders a embarcar em um projeto de mapeamento.

John Pruitt e Tamara Adlin, *The Persona Lifecycle* (Morgan Kaufmann, 2006)

> É um livro de referência sobre personas. Em mais de 700 páginas, ele tem teoria e orientação prática sobre como criar personas. Veja também o livro *About Face 2.0* de Alan Cooper para saber mais sobre personas e sua abordagem, chamada design direcionado por objetivos.

Créditos de Diagramas e Imagens

Figura 5-3: Persona de exemplo criado por Jim Kalbach.

Figura 5-4: Mapa da jornada do cliente criado por Jim Tincher da Heart of the Customer (*heartofthecustomer.com*), usado com permissão.

Figuras 5-6 a 5-8: Diagramas de exemplo criados por Jim Kalbach na MURAL.

> *"Você pode observar muito apenas olhando."*
>
> – Yogi Berra

NESTE CAPÍTULO

- Examinando as informações existentes
- Entrevistando internamente
- Criando um mapa preliminar
- Investigação contextual e análise
- Pesquisa quantitativa
- Estudo de caso: Curadoria da música — pesquisa do usuário e diagramação na Sonos

CAPÍTULO 6

Investigue: Torne Realidade

Geralmente fico impressionado com o quão pouco algumas organizações sabem sobre as pessoas que elas atendem. Com certeza, elas podem ter dados demográficos detalhados, estatísticas de compra abrangentes e outros. Mas falham em compreender as necessidades fundamentais e as motivações de seus clientes.

Parte do problema é que os comportamentos das pessoas normalmente são irracionais. Elas agem com emoções e crenças subjetivas. Isso é mais difícil de entender e de quantificar, e normalmente não faz parte do linguajar comercial.

Encontrei muitas organizações com pouco apetite para entender a experiência do usuário. Essas mesmas organizações podem estar dispostas a gastar muito dinheiro em relatórios de análise do mercado. Mas sair, falar com os clientes e observá-los diretamente recebe pouca atenção.

Descobrir as conexões emocionais profundas com produtos e serviços é um esforço complicado, mas essa investigação chega no *motivo* do comportamento do cliente. Ela favorece a compreensão em detrimento da mensura, e coloca a qualidade acima da quantidade.

Criar diagramas de experiências quebra esse padrão de excessiva introspecção organizacional. Muda a mentalidade "de dentro para fora" para "de fora para dentro". Naturalmente, os diagramas em si não criam empatia, mas estimulam e guiam as conversas para isso.

Tudo começa com uma investigação. Uma pesquisa é necessária para informar seu esforço e dar confiança no modelo da experiência. Do contrário, as conclusões se baseiam em conjecturas.

E mais, a pesquisa na experiência do cliente é geralmente reveladora. Há uma verificação da realidade saudável para todos os envolvidos. Por exemplo, em um projeto para um serviço de teste educacional, minha equipe de pesquisa descobriu vários professores fazendo cálculos extras à mão no papel. Adicionar um mecanismo para fazer isso online foi simples, mas ninguém estava ciente da necessidade até que observamos o fato. Não era algo que os usuários reclamavam ou perguntavam: eles simplesmente aceitavam o sistema como ele era. Mas, com a devida pesquisa qualitativa, conseguimos descobrir oportunidades não mostradas em outros dados.

As pessoas usam produtos e serviços de modos não pretendidos. Elas encontram brechas e soluções. Inventam novos usos e aplicações da oferta. Ao fazerem isso, podem criar sua própria satisfação. Como Peter Drucker, o famoso "pai" do gerenciamento moderno, escreveu:

> O cliente raramente compra o que a empresa pensa que vende para ele. Um motivo para isso, claro, é que ninguém paga por um "produto". O que é pago é a satisfação.

Tente descobrir o valor que os clientes *acreditam* que estão recebendo. Entender como sua oferta faz o trabalho é uma fonte de oportunidade. Vise as suas soluções para satisfazer as necessidades não atendidas.

Este capítulo cobre as cinco etapas principais de investigação ao mapear uma experiência:

1. Examinar as fontes de informação existentes.
2. Entrevistar os stakeholders internos.
3. Criar um mapa preliminar.
4. Fazer uma pesquisa externamente.
5. Analisar os dados.

As etapas descritas neste capítulo apresentam uma sequência lógica a seguir. Você pode acabar indo e vindo entre essas atividades de modo fluido. O processo geralmente é mais iterativo do que linear.

Examine as Fontes Existentes

Aproveite as fontes existentes de informação como um ponto de partida. Comece examinando o insight para obter padrões em vários tipos de recursos, como:

Feedback direto

Em geral, as pessoas podem entrar em contato com uma organização de vários modos: via telefone, e-mail, formulários de contato, comentários online, encontros pessoais de trabalho e chat. Obtenha uma amostra dos dados para examinar, por exemplo, e-mails do cliente ou registros do call center do último mês.

Redes sociais

Tenha uma noção do que as pessoas estão dizendo nos canais das redes sociais em seu setor. Siga postagens que se refiram à sua organização nos sites como Facebook e Twitter.

Críticas e avaliações

Utilize as críticas e as avaliações para ter um insight relevante. O Amazon.com é famoso por suas críticas e avaliações, assim como os serviços do TripAdvisor.com para viajar e o Yelp.com para restaurantes. E não se esqueça dos comentários e das avaliações nas app stores como uma fonte de ideias.

Pesquisa de mercado

Muitas organizações realizam pesquisas regularmente, com grupos focais e questionários. Isso fornece detalhes que poderiam informar seu esforço; informe-se sobre uma pesquisa de mercado anterior para ajudar a ter insight.

Teste de uso

Se sua organização realizou testes no passado, reveja-os para ter ideias sobre a experiência geral que os usuários têm.

Relatórios do setor e documentos

Dependendo do setor no qual você trabalha, pode haver relatórios disponíveis dos analistas do ramo.

Consolide as Descobertas

Provavelmente você não encontrará uma única fonte existente de informação sobre uma experiência completa do usuário. A maioria dos relatórios e documentos do setor foca apenas as fatias de uma experiência geral. E, a menos que sua organização já tenha feito o trabalho de mapear as experiências, é pouco provável que você terá alguma pesquisa preexistente interna.

Ao contrário, você terá que escolher as fontes disponíveis e identificar as partes relevantes. É um processo de baixo para cima que requer paciência e tolerância com as informações irrelevantes. Um relatório do setor, por exemplo, pode incluir apenas alguns fatos úteis para seu projeto em particular.

Para ajudar a examinar os dados existentes, utilize um formato comum para examinar as descobertas nos tipos de fontes. Organize as descobertas de sua pesquisa usando uma progressão simples em três etapas, focando a *evidência,* a *interpretação* e as *implicações da experiência*:

Evidência

Primeiro, anote qualquer fato ou observação relevante das fontes de informações sem nenhum julgamento. Inclua citações diretas e pontos de dados para esclarecer a evidência.

Interpretações

Explique as causas em potencial da evidência identificada: por que as pessoas se comportaram ou se sentiram desse modo? Considere várias interpretações do comportamento observado.

Implicações da experiência

Finalmente, determine o impacto da descoberta na experiência da pessoa. Tente incluir os fatores emocionais que motivam o comportamento dela.

Para cada fonte, consolide os insights em uma tabela separada. As tabelas de consolidação ajudam a classificar as várias informações. Então, elas padronizam as descobertas para uma comparação das fontes. A Tabela 6-1 mostra esse tipo de consolidação de dois tipos diferentes de fonte para um serviço de software fictício.

TABELA 6-1. Exemplos de consolidação de duas fontes diferentes de informação para um serviço de software fictício.

Fonte 1: Comentário por e-mail

Evidências	Interpretações	Implicações da experiência
Muitos e-mails indicam problemas na instalação, por exemplo: *"Depois de seguir as instruções e fazer o processo várias vezes, desisti."*	As pessoas não têm habilidade e conhecimento para concluir o processo de instalação e ficam frustradas. As pessoas não têm tempo nem paciência para ler as instruções com atenção.	A instalação é uma fase problemática na jornada.
Havia perguntas frequentes sobre ter direitos administrativos para instalar o software, por exemplo: *"Recebi a mensagem 'Entre em contato com seu admin TI' e eu não soube o que fazer."*	Por motivos de segurança, muitas empresas não permitem que os funcionários instalem o software. Pode ser difícil ou demorar para que os funcionários entrem em contato com um admin TI.	Para os usuários sem direitos administrativos, a instalação encerra sua experiência: é uma falha do software.
Alguns e-mails elogiaram o suporte do cliente, por exemplo: *"O atendente do serviço ao cliente com quem eu falei realmente entendia do assunto e foi prestativo!"*	As pessoas gostam de falar com uma pessoa "real". As pessoas sentem que estão recebendo uma atenção pessoal com atendentes humanos.	O suporte ao cliente é um aspecto positivo da experiência atual.

Fonte 2: Pesquisa de marketing

Evidências	Interpretações	Implicações da experiência
Os entrevistados indicaram que os principais modos de saber sobre a revista são: 1. Boca a boca (62%) 2. Pesquisas na web (48%) 3. Anúncios na internet (19%) 4. Anúncios na TV (7%)	Os clientes buscam informações com outras pessoas sobre sua decisão de comprar nosso software. Os anúncios podem não ser tão eficientes quanto foi presumido anteriormente.	O boca a boca desempenha um papel maior ao tornar nosso serviço conhecido.
64% dos clientes indicaram que trocam regularmente entre computador e celular ao usarem nosso serviço.	As pessoas precisam usar o software em trânsito.	Os clientes experimentam nosso software nos dispositivos.
A maioria dos clientes indicou que a instalação era difícil ou muito difícil.	A instalação não é simples para alguns usuários. As instruções da instalação não são fáceis de seguir.	A instalação é uma fonte de frustração.

Criar diagramas de experiência quebra esse padrão de excessiva introspecção organizacional. Muda a mentalidade "de dentro para fora" para "de fora para dentro".

Chegue a Conclusões

Em seguida, reúna todas as implicações da experiência em uma lista separada e agrupe-as por tópico. Assim, surgirão padrões colocando sua investigação em um foco maior. Por exemplo, a partir dos dados na Tabela 6-1, as afirmações da implicação são mostradas nesta lista simples:

- A instalação é uma fase problemática na jornada.
- Para os usuários sem direitos administrativos, a instalação encerra sua experiência: é uma falha do software.
- O suporte ao cliente é um aspecto positivo da experiência geral.
- O boca a boca desempenha um papel maior ao tornar nosso serviço conhecido.
- Os clientes experimentam nosso software nos dispositivos.
- A instalação é uma fonte de frustração.

Algumas descobertas com esse exercício serão diretas e não precisam de muita validação. Por exemplo, você pode achar que os modos como as pessoas conhecem um serviço podem não precisar de muita pesquisa extra. Com o exemplo na Tabela 6-1, você pode concluir que o boca a boca é o modo que leva as pessoas a ouvirem falar sobre seu serviço. Se estiver criando um mapa da jornada do cliente, poderá incluir prontamente essas informações no diagrama.

Outros pontos que você descobre podem revelar lacunas no conhecimento. Por exemplo, com a lista das implicações na Tabela 6-1, fica aparente que a frustração durante a instalação surge como um tema. Mas você pode não saber *por que* é assim e precisa pesquisar mais as causas dessa frustração.

No geral, o processo é fundamentado na evidência, indo dos fatos individuais para conclusões mais amplas (Figura 6-1). Dividindo as descobertas em um formato comum, você consegue comparar os temas nas diferentes fontes.

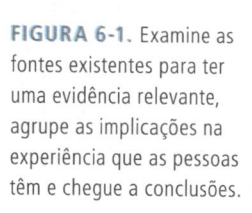

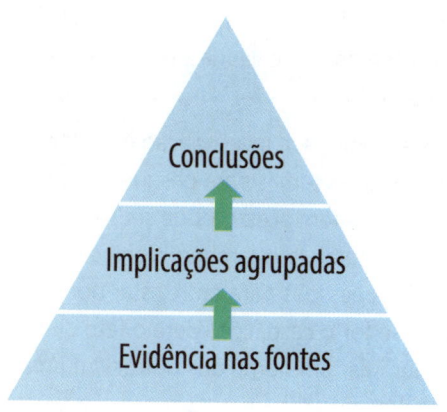

FIGURA 6-1. Examine as fontes existentes para ter uma evidência relevante, agrupe as implicações na experiência que as pessoas têm e chegue a conclusões.

Examinar as fontes de informação existentes não só orienta a criação de um diagrama, como também configura a agenda de sua pesquisa para as etapas seguintes nessa fase de investigação. Você terá uma ideia melhor sobre o que perguntar nas próximas fases da pesquisa, começando com os stakeholders internos.

Essa etapa não precisa demorar muito. Dependendo da quantidade de fontes a examinar, poderá levar apenas um dia (ou menos) para concluir. Experimente distribuir a análise das fontes entre os vários membros para trabalhar ainda mais rapidamente. Então, reúnam-se e discutam sobre as principais descobertas em uma reunião rápida.

Entreviste Dentro da Organização

Os esforços do diagrama de alinhamento envolvem necessariamente uma investigação com as pessoas dentro da organização. Procure uma faixa de pessoas para entrevistar. Não pare nos patrocinadores primários do projeto. Inclua tomadores de decisão, gerentes, representantes de vendas, engenheiros e técnicos, e o pessoal da linha de frente.

Neste ponto, sua investigação é exploratória: você deseja descobrir os principais temas para pesquisar mais. A amostra de pessoas às quais você tem acesso pode ser bem pequena, apenas meia dúzia ou mais no total. Isso também significa que você pode ter apenas uma ou duas pessoas para entrevistar por função dentro da organização. Se esse for o caso, considere o fato de seu parceiro de entrevista poder falar em nome dos outros em uma função parecida.

Faça Entrevistas

As entrevistas com o stakeholder interno podem levar de 30 a 60 minutos. Se muitos trabalharem no mesmo local, poderá levar um dia para concluir. Entrevistas por telefone ou online também são possíveis se você não consegue entrar em contato pessoalmente.

O questionamento aberto funciona melhor, uma vez que você conversará com diferentes tipos de pessoas. É uma técnica que permite ter uma conversa fluindo livremente. Suas entrevistas não devem ser um questionário, mas discussões guiadas com os participantes. O objetivo é explorar e aprender, não obter uma pesquisa quantitativa. Veja a seção "Um Guia Rápido para Entrevistar" posteriormente neste capítulo para saber mais sobre o questionamento aberto.

> *O mapeamento das experiências começa com modelos de baixa fidelidade, não com gráficos perfeitos.*

Existem três áreas principais a incluir:

Cargo e função

Comece obtendo um comentário do participante. O que ele faz na organização? Como sua equipe está organizada? Tenha uma ideia de onde ele se encaixa na cadeia de criação de valor.

Pontos de contato

Todos em uma organização têm algum impacto na experiência de outras pessoas ao interagirem. Em alguns casos, os stakeholders têm contato direto com os clientes. Assim, faça perguntas diretas sobre sua perspectiva na CX. Outras pessoas podem ter apenas contato indireto. De qualquer modo, experimente entender seu papel na UX e os pontos de contato mais relevantes.

Experiência

Descubra o que os participantes *pensam* sobre a experiência das pessoas ao interagirem com a organização. Comece entendendo o fluxo de ações: o que os clientes fazem primeiro? O que acontece depois? Também examine como o participante *acredita* que os clientes se sentem no percurso. Quando ficam mais frustrados? O que os deixa empolgados? Quando são os possíveis momentos de verdade? Lembre-se de que sua compreensão pode não corresponder àquilo que os clientes realmente vivenciam. Nesse ponto, sua investigação vai gerar suposições que precisam ser validadas com uma pesquisa de campo subsequente.

Peça aos participantes para desenharem um diagrama da experiência ou partes dela, conforme a descrevem. A Figura 6-2 mostra um exemplo de diagrama do meu trabalho. O esboço desenvolveu--se em uma conversa e nos permitiu apontar partes específicas da experiência e ter um maior aprofundamento. O desenho serviu como base para criar um diagrama. O mapeamento das experiências começa com modelos de baixa fidelidade, não com gráficos perfeitos.

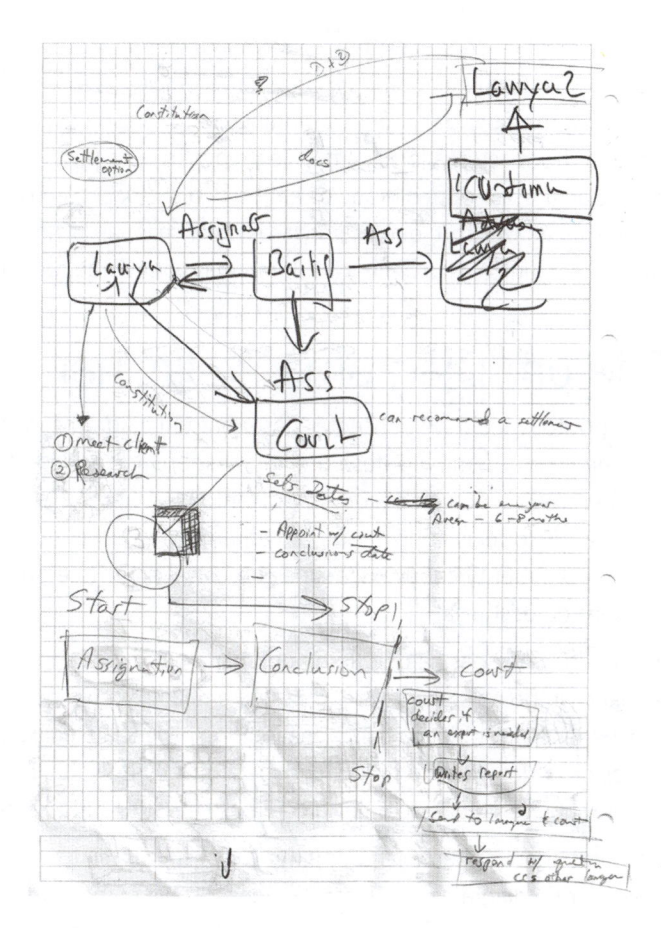

FIGURA 6-2. Faça com que os participantes desenhem algo durante as entrevistas dos stakeholders.

Como alternativa, tente usar um modelo para ter uma conversa guiada sobre a experiência do usuário. Por exemplo, a Figura 6-3 mostra um exemplo de modelo em branco da UXPressia (*uxpressia.com*) que descreve uma jornada do cliente genérica na produção. Você pode acessar outros modelos em branco ou criar um próprio. O importante é fazer com que os parceiros preencham as lacunas para entenderem juntos as experiências durante as entrevistas com eles.

Crie um Diagrama Preliminar

Neste ponto, você deve conseguir desenhar um diagrama inicial para servir como uma hipótese preliminar sobre a experiência. Ela não será baseada na pesquisa, portanto, será apenas uma suposição. E, o mais importante, o diagrama preliminar guiará sua investigação identificando as lacunas no conhecimento e outras questões da pesquisa.

Inclua outras pessoas na criação de um mapa preliminar. Monte um pequeno grupo de stakeholders para criarem juntos um modelo da experiência. O objetivo não é analisar a experiência e adicionar pontos de dados. Pelo contrário, chegue a um acordo sobre o modelo subjacente da experiência com base em suas suposições.

Use notas adesivas para elaborar junto uma estrutura preliminar do diagrama. O objetivo é pensar sobre como contar a história de alinhamento e a criação de valor para sua situação. Pode envolver certa suposição e você poderá ter que preencher as lacunas fazendo suposições.

Pode haver uma tendência de propor soluções nesse workshop inicial. Deixe que isso aconteça e capture essas ideias. Mas não torne o brainstorming o foco do workshop. Ao contrário, concentre-se no diagrama e na geração de perguntas para a pesquisa.

Note que, nas startups e nos esforços "lean", criar um mapa preliminar pode ser tudo o que você precisa fazer. Lembre-se: você está procurando uma compreensão comum dentro de sua organização sobre como criará valor para os clientes. Se uma pequena equipe estiver focada em como criará o valor do usuário, atividades mais formais poderão não ser necessárias.

Inventário dos Pontos de Contato

Depois de você ter uma estrutura inicial para seu diagrama, obtenha o inventário dos pontos de contato atuais.

Um modo de fazer isso é com um tipo de representação ou o conhecido "consumidor secreto." Com isso, você percorre um processo definido ou um fluxo como uma pessoa o vivenciaria e registra os artefatos e a evidência com os quais ela entraria em contato, inclusive:

- Evidência física, como a correspondência normal enviada para casa ou até um pacote.
- Pontos de contato digitais, incluindo tudo, desde e-mails até marketing online e uso do software.
- Contato pessoal, como uma ligação com um representante de vendas ou chat com o atendimento ao cliente.

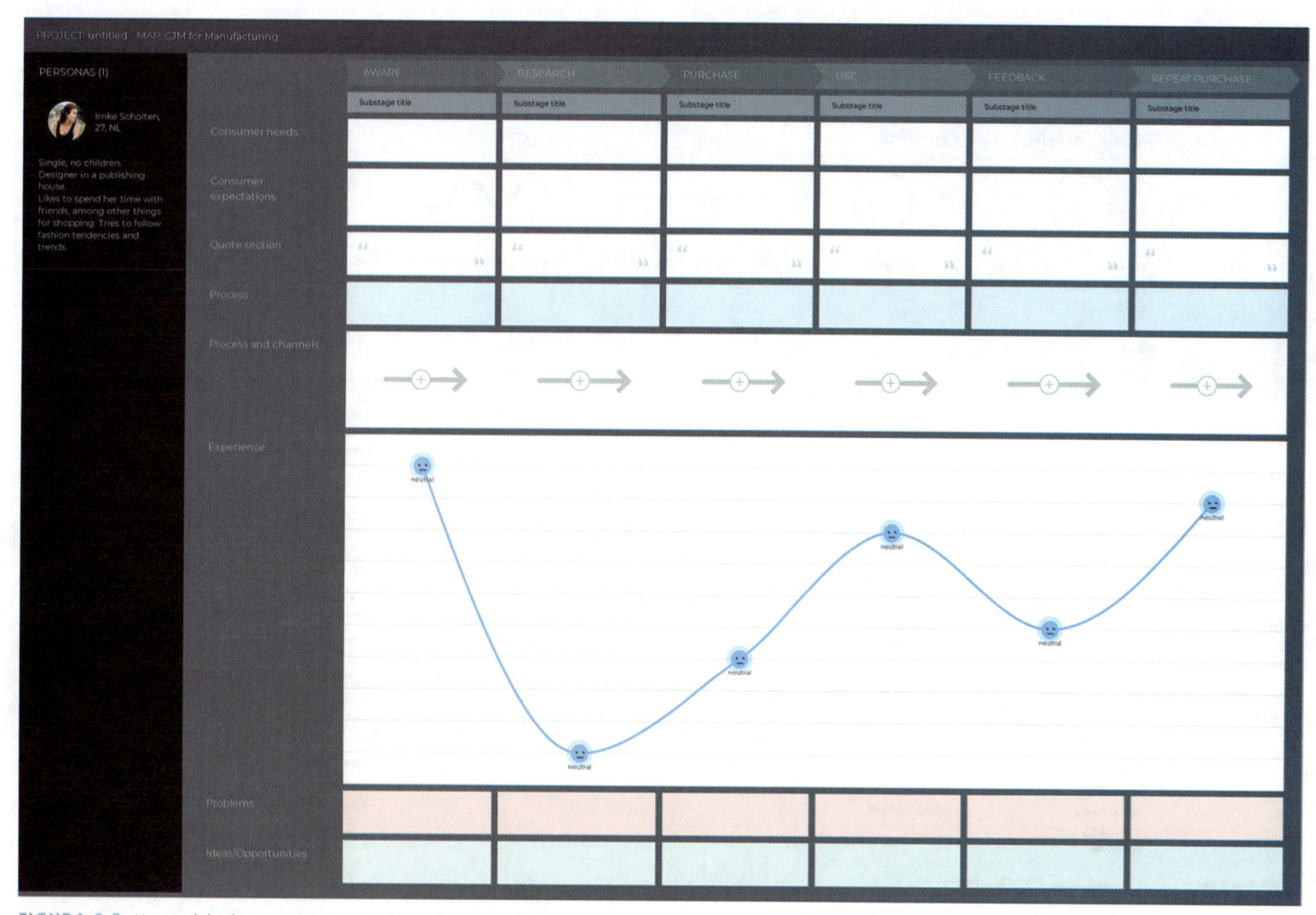

FIGURA 6-3. Um modelo de mapeamento simples pode ser usado para reunir o conhecimento existente sobre uma experiência.

Pontos de Contato por Canal da Rail Europe

Estágio / Canais	Pesquisa e Planejamento (Não-linear, sem restrição de tempo)	Compra (Não-linear, sem restrição de tempo)	Reserva (Processo linear)	Pré-viagem (Documentos) (Não-linear, mas baseado no tempo)	Viagem (Não-linear, sem restrição de tempo)	Pós-viagem (Não-linear, sem restrição de tempo)
Site	Maps Test intineraries Timetables Destination Pages FAQ General product & site exploration	Schedule look-up Price look-up Multi-city look-up Pass comparison	Web booking funnel - Pass - Trips - Multiple Trips	Select document option (from available options) - station e-ticket - home print e-ticket - mail ticket	Contact page for email or phone	
Call Center	Order brochure Planning (Products) Schedules General questions	Site navigation help	Automated booking payment Cust. Rep booking Site navigation help	Call re: ticket options Request ticket mailed Reslove problems (info, payment, etc.)	Call with questions regarding tickets General calls re: schedules, strikes, documents	
Celular	Trip ideas	Schedules	Mobile trip booking		Access itinerary Look up schedules Buy additional tickets	
Canais de Comunicação (redes sociais, e-mail, chat)	Chat for web nav help	FB Comparator Email questions Chat for website nav help	Chat for booking support	Email confirmations Email for general help Hold ticket	Ask questions or resolve problems re: schedules and tickets	Complaints or compliments Survey
Relação com o Cliente						Request for refund, escelation from call center.
Canais não REI	Trip Advisor Travel blogs Social Media General Google searching	Airline comparison Kayak Direct rail sites	Expedia		Travel Blogs Direct rail sites Google searches	Trip Advisor Review sites Facebook

FIGURA 6-4. Faça o inventário dos pontos de contato existentes para entender a experiência atual.

Contudo, o consumidor secreto pode não tocar nos fluxos extremos e excepcionais. Volte e encontre os pontos de contato alternativos para completar o inventário. Por exemplo, os e-mails que um único cliente de teste recebe podem ser diferentes daqueles para uma conta paga com vários usuários. Veja o geral para que a quantidade de pontos de contato seja levada em conta.

A Figura 6-4 mostra um exemplo de inventário de pontos de contato de Chris Risdon, antes da Adaptive Path e agora na H-E-B. Ele foi criado para o mapa da experiência da Rail Europe mostrado no Capítulo 1 (veja Figura 1-5). É uma tabela simples com uma lista dos pontos de contato por canal. No exemplo, cada ponto de contato é descrito com texto, mas você pode incluir também uma captura de tela ou foto do ponto de contato para ter mais fidelidade.

O diagrama preliminar e um inventário dos pontos de contato ajudarão a entender o domínio no qual você está trabalhando. Isso guiará uma futura pesquisa. Lembre-se de que uma rápida inspeção dos pontos de contato existentes não fornecerá uma imagem completa da CX. Para isso, você precisará fazer uma pesquisa com usuários reais.

Faça uma Pesquisa Externamente

A pesquisa dos diagramas de alinhamento geralmente foca *entrevistas* e *observações* qualitativas como uma fonte de dados primária. O diagrama preliminar criado junto com sua equipe ajuda a identificar suas suposições e perguntas abertas sobre a experiência da pessoa. Estruture sua pesquisa para preencher as lacunas no conhecimento.

Conte com pesquisadores especialistas para fazer as entrevistas se você é novo na técnica. Requer certa habilidade conduzir uma conversa e obter os dados tão necessários. Encontre profissionais na empresa ou em agências externas para ajudar a obter os insights qualitativos necessários.

Fazer entrevistas e observações no local é o padrão ouro desse tipo de pesquisa. Isso fornece uma interação pessoal com os participantes e permite ver o ambiente deles em primeira mão. Fazer pesquisas remotas por telefone ou software de teleconferência é uma opção viável que também produz insights de qualidade (veja o estudo de caso no fim do capítulo para ter um exemplo).

Vejo a pesquisa necessária para mapear uma experiência como etnográfica por natureza. Como mostra Clifford Geertz, famoso antropólogo, *descrição densa* é o processo de fornecer contexto cultural por meio de uma observação sistemática.* O objetivo é capturar o comportamento humano efêmero para que possa ser mais bem entendido por outras pessoas. Essa é a essência das experiências de mapeamento.

Mais recentemente, Tricia Wang destacou a importância da pesquisa qualitativa profunda como um meio de reunir o que ela chama de *dados densos* (lembrando Geertz). Em sua palestra TEDx em Cambridge, Wang diz: "Vejo as organizações descartando dados o tempo todo porque eles não vieram de um modelo quantitativo ou

---

* Veja o famoso ensaio de Geertz "Thick Description: Toward an Interpretive Theory of Culture" em *The Interpretation of Cultures: Selected Essays* (Basic Books, 1973).

não se encaixam em um. [...] [Pelo contrário,] os dados densos podem nos ajudar a resgatar a perda de contexto resultante de tornar um big data útil e utilizar o melhor da inteligência humana."[†]

Aborde seu esforço de mapeamento com uma mentalidade de modelar experiências após observações válidas e reais. A próxima seção descreve uma abordagem formal da pesquisa no local, envolvendo entrevistas de campo e observações. As entrevistas remotas seguem um padrão semelhante, mas envolvem menos observação direta.

Pesquisa de Campo

Uma das melhores técnicas de investigação é um método qualitativo chamado *investigação contextual*, formalizado e criado por Hugh Beyer e Karen Holtzblatt em seu livro *Contextual Design*. Esse tipo de entrevista envolve visitar os participantes no local, no contexto de suas experiências.

A investigação contextual formal pode demorar e ser cara. Esse tipo de pesquisa completa não é requerido para mapear os esforços. Porém, entender os princípios da investigação contextual é valioso para o tipo de pesquisa de campo requerido em geral.

As entrevistas e as observações no local costumam durar de uma a duas horas. Sessões mais longas são possíveis, mas normalmente desnecessárias. Planeje fazer de quatro a seis entrevistas por segmento.

[†] Veja a palestra TEDx Cambridge de Tricia em "The Human Insights Missing from Big Data", baseada em seu artigo "Why Big Data Needs Thick Data", *Ethnography Matters* (maio 2013).

Para reunir os comentários mais rapidamente, experimente enviar várias equipes ao campo simultaneamente para coletar os dados. Então, avaliem juntos no fim do dia.

A pesquisa de campo pode ser dividida em quatro etapas: preparar, fazer a entrevista, avaliar e analisar os dados. Cada uma é descrita a seguir. Consulte os recursos no fim do capítulo para ter uma análise mais profunda sobre as técnicas.

> *Aborde seu esforço de mapeamento com uma mentalidade de modelar experiências após observações válidas e reais.*

Preparar

Entrevistar os participantes no local adiciona complexidade à preparação. Não é como fazer uma análise ou uma entrevista remota. Você desejará prestar uma atenção particular no recrutamento, nos incentivos, no cronograma e no equipamento:

Recrutamento

Instrua os participantes e defina as expectativas. Lembre-se de que você estará em seu local de trabalho ou em casa durante a entrevista, e que vocês não devem ser interrompidos. Também verifique se está tudo bem gravar a sessão. Tenha alguém para fazer a triagem e assegurar que você recrutou os participantes adequados, e que eles aprovam as condições. Não subestime o tempo que leva para encontrar os participantes; para aliviar o peso por completo, conte com uma agência especializada em recrutamento.

Incentivos

A participação no local pode requerer um maior incentivo do que as outras técnicas de pesquisa, como uma análise. É comum oferecer dinheiro. Os incentivos generosos geralmente facilitam o recrutamento, portanto, não é aconselhável economizar dinheiro aqui.

Cronograma

Como você estará no local, agende as entrevistas com tempo suficiente para viajar entre elas. Encontrar vários participantes em um único local é o ideal, mas nem sempre é possível. Normalmente, você só conseguirá fazer de duas a três entrevistas no local por dia com certo conforto.

Equipamento

Prepare-se bem para cada entrevista. Saia em campo com tudo o que precisará:

– Guia de discussão (veja a seção "Um Guia Rápido para Entrevistar").
– Bloco de notas e canetas para fazer anotações.
– Folhas de papel para os participantes desenharem (opcional).
– Gravador digital ou app de gravação de áudio.
– Câmera (peça permissão antes de tirar fotos).
– Cartões de visita.
– Incentivos.

Partes de uma entrevista

Como você está no local para a entrevista, não desejará sobrecarregar o participante com entrevistadores e observadores. Pesquise em pares — não mais que duas pessoas de uma vez. Mais de dois pesquisadores pode criar uma atmosfera artificial, que, por sua vez, pode afetar o comportamento do participante e os insights obtidos.

Determine funções claras para cada pesquisador. Um é o entrevistador primário, o outro age como observador. Mantenha essas funções. Isso permite que o pesquisador principal crie vínculos com o participante e conduza a conversa. O observador pode fazer perguntas no fim ou quando solicitado.

Existem quatro partes em uma entrevista.

1. Cumprimente o participante

Cumprimente o participante, explique quem você é e defina o estágio da entrevista. Seja breve. Confirme se está tudo bem gravar a sessão antes de iniciar o áudio.

Comece fazendo com que os participantes se apresentem e descrevam seus conhecimentos com relação ao estudo.

2. Faça a entrevista

Use um guia de discussão para o questionamento aberto. Tenha uma curiosidade genuína. A relação que você deve criar é de mestre–
–aprendiz: o entrevistador é o aprendiz e o entrevistado é o mestre. Em outras palavras, não os instrua nem os corrija, mesmo que seus comportamentos descritos pareçam inaptos.

Você deseja aprender o que eles realmente fazem na situação que está investigando, não qual é a suposta maneira "correta". Faça uma entrevista sobre eles e suas experiências, não sobre você ou sua organização. Concentre-se em entender a experiência atual para formar a base de seu esforço de mapeamento e evite projetar futuras experiências ou soluções.

Ao fazer perguntas amplas e abertas, é comum obter a resposta "depende". Se for o caso, tente qualificar a indagação perguntando sobre a situação mais comum ou uma situação típica.

Uma técnica para manter a conversa fluindo é chamada de *incidente crítico*, que consiste nas três etapas simples a seguir:

1. Lembre um incidente crítico. Faça com que o participante lembre-se de um evento que aconteceu no passado que foi particularmente ruim.
2. Descreva a experiência. Peça que a pessoa descreva o que aconteceu, o que deu errado e por quê. Também pergunte como ela se sentiu na época.
3. Finalmente, pergunte o que *deveria* ter acontecido e o que teria sido o ideal. Isso geralmente revela necessidades subjacentes e expectativas da experiência.

A técnica do incidente crítico não só evita generalizações, como também obtém insights profundos das motivações e das filosofias que as pessoas têm sobre suas experiências. Em geral, você deseja conectar a lacuna entre o que as pessoas dizem ou pensam que fazem e o que elas realmente fizeram ou fariam.

3. Faça observações

Aproveite o fato de estar no local e faça observações diretas. Anote a organização física do espaço onde estão os participantes, quais artefatos eles apresentam e como o participante interage com eles.

Se apropriado, peça aos participantes para mostrar como eles fariam uma tarefa representativa. Lembre-se de que algumas coisas podem ser confidenciais. Assim que eles começarem, simplesmente observe com o mínimo de interjeição possível.

Tire fotos. Primeiro peça permissão e evite incluir informações confidenciais ou artefatos nas fotos.

Também é possível fazer uma gravação de vídeo da sessão, porém é mais complicado. O ângulo da câmera, a qualidade do som e a iluminação podem distraí-lo no começo da entrevista. E mais, a análise das entrevistas completas pode requerer muito tempo. Não grave em vídeo a sessão se você

> *Tenha uma curiosidade genuína. A relação que você deve criar é de mestre–aprendiz: o entrevistador é o aprendiz e o entrevistado é o mestre.*

não tiver recursos para examinar as gravações depois. Ao invés da sessão inteira, tente gravar pequenos testemunhos ou respostas para algumas perguntas predeterminadas.

Por fim, também considere pedir que os participantes façam e desenhem diagramas de seu trabalho ou atividades. Isso pode levar a novas conversas interessantes e insights.

4. Conclua

No fim da sessão, resuma os pontos principais para confirmar sua compreensão. Seja breve. Faça qualquer pergunta complementar para esclarecer. Pergunte se os participantes têm alguma consideração final sobre qualquer coisa que foi discutida.

Se você estiver gravando a sessão, continue a gravação nessa parte. Em geral, as pessoas inserem detalhes importantes que omitiram anteriormente. Até indo em direção à porta você pode ouvir uma ideia nova que desejará gravar.

Incentive o participante. Pode ser desconfortável para ele ter que perguntar a você diretamente. O incentivo é seu modo de dizer "obrigado". Seja sincero e compreensivo quando lhe der crédito.

Finalmente, pergunte se você pode entrar em contato mais tarde para fazer perguntas complementares ou ter esclarecimentos.

Debrief

Programe um tempo para fazer o debrief imediatamente depois de cada sessão ou duas. Examine as anotações com seu parceiro de entrevista. Reserve um tempo para terminar e complementar a compreensão do que o participante disse e fez. Você pode começar retirando alguns temas e ideias principais também.

Além disso, ajuda fazer uma rápida descrição do ambiente do cliente imediatamente após a entrevista. Se você for entrevistar alguém em seu local de trabalho, por exemplo, faça um mapa do escritório. Inclua ferramentas e artefatos em volta, assim como as interações que eles tiveram com outras pessoas.

Crie um espaço online para capturar as considerações, particularmente se houver vários pesquisadores envolvidos. Um painel de colaboração online, como o da MURAL (Figura 6-5), fornece um excelente formato para reunir as descobertas rapidamente. Em cada entrevista você pode adicionar fotos e anotações do campo. A estrutura pretendida do diagrama e os elementos incluídos já estão refletidos.

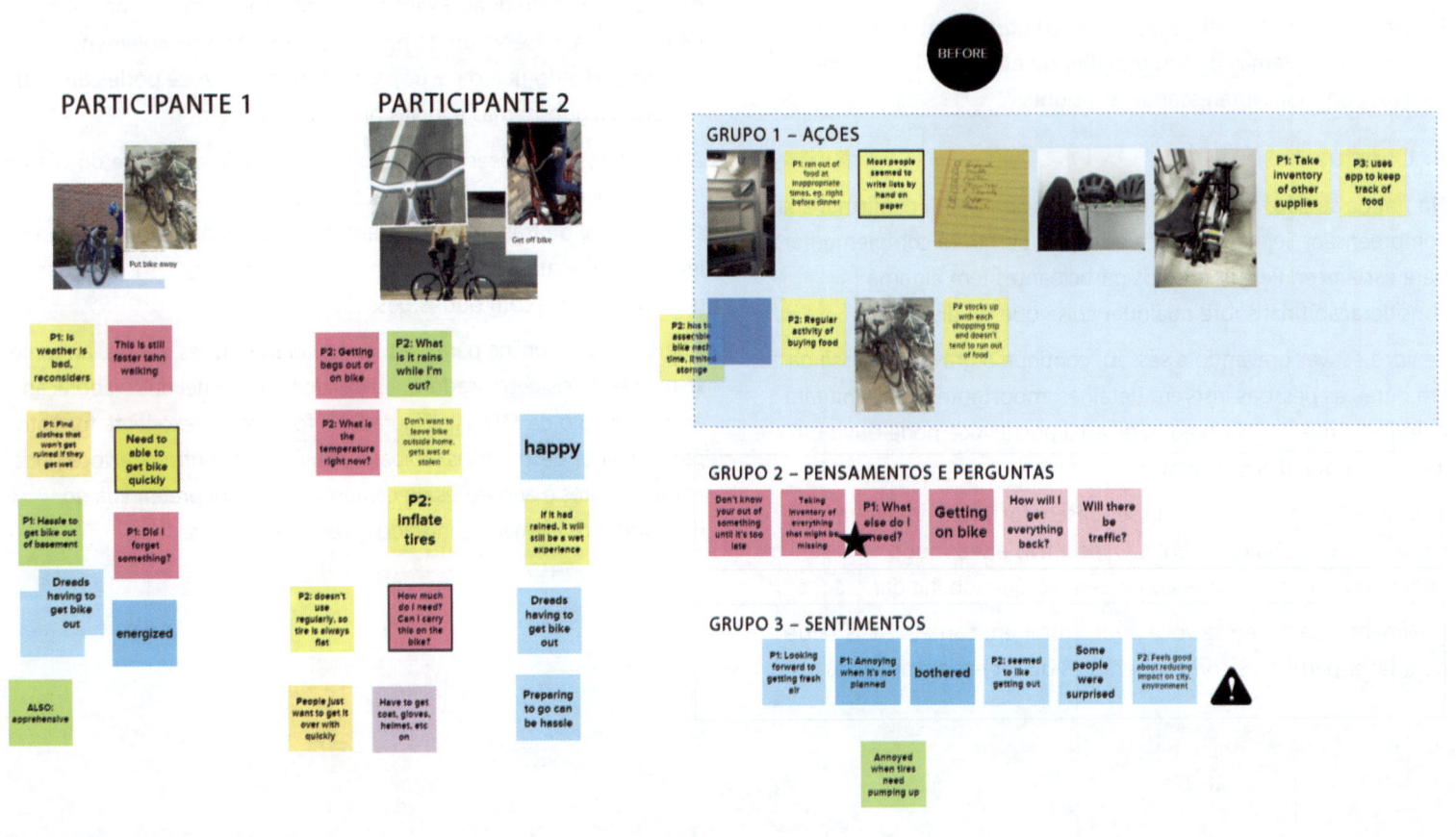

FIGURA 6-5. MURAL (*mural.co*) é uma boa ferramenta online para fazer o debrief após as entrevistas.

162 CAPÍTULO 6 Investigue: Torne Realidade

Um Guia Rápido para Entrevistar

O questionamento aberto é uma abordagem qualitativa para entrevistar muito adequada para criar diagramas de alinhamento. A ideia é manter conversas profundas com os participantes em seus termos. Não leia diretamente o questionário, mas experimente um modo não direcionado sobre os tópicos relevantes para o esforço.

O objetivo é aceitar a singularidade dos participantes e sua situação em particular. O que os torna especiais? Quais preocupações em particular eles têm? Como eles se sentem ao vivenciarem sua oferta?

Esse tipo de entrevista é uma arte. O desafio é equilibrar uma conversa não direcionada e conseguir feedback a respeito de tópicos específicos sobre os quais você precisa saber. Cabe ao entrevistador conduzir a conversa, soltando o controle às vezes, intervindo e dirigindo a sessão em outras.

Use um guia de discussão, como o mostrado na Figura 6-6. É um documento com uma ou duas páginas para consultar durante a sessão, nesse caso para entrevistar jornalistas. É um lembrete para o entrevistador, não uma pesquisa.

Um guia de discussão geralmente começa com uma saudação-padrão para definir as expectativas. O corpo do guia de discussão consiste em perguntas para estimular uma conversa sobre os tópicos relevantes para o estudo. zEsses lembretes devem conter perguntas, suposições e lacunas no conhecimento que você tem.

O guia de discussão é mais um lembrete dos tópicos do que um roteiro para ler de cima a baixo. Na verdade, é raro que você cubra os temas na mesma ordem do nosso guia. Tudo bem. Se um participante começar a conversar imediatamente sobre um dos tópicos mais abaixo em sua lista, siga o fluxo e mude para tal seção do guia.

Entrevistas com Jornalista — Guia de Discussão

Obrigado por concordar em conversar conosco hoje. Queremos reservar a próxima **1 hora** para compreender seu trabalho e como você interage com a editora. Primeiro, faremos algumas perguntas, e então pediremos que você faça tarefas típicas usando algumas ferramentas.

É importante ouvirmos como você faz o trabalho de **sua** perspectiva.

Gravaremos o áudio da sessão. É totalmente anônimo e apenas para nossa consulta posterior.

Podemos tirar algumas fotos — claro, com sua permissão. Se houver algo que seja confidencial, avise — respeitaremos isso sempre.

1. **Formação** (5 min): Fale um pouco sobre si mesmo e seu trabalho como jornalista. Há quanto tempo faz esse trabalho? Quais são seus interesses e áreas de especialização?
2. **Fale sobre o último trabalho que escreveu para a editora** (20 min)
    a. Quais foram os gatilhos? Quais preocupações você teve inicialmente? Como você se sentiu no início com uma nova atribuição?
    b. Como começou? O que você faz para se preparar para escrever?
    c. Qual investigação secundária você fez, se fez alguma? Qual conhecimento de pré-requisito é necessário?
    d. Como é o processo de escrita? Qual foi a maior preocupação nesse ponto?
    e. Como você interage com o editor? Qual é a parte mais difícil?
    f. Como é quando o trabalho é publicado? Você tem alguma ação complementar?
3. **Como é um dia típico para você** (15 min)? (Se o participante responder "depende", pergunte: "Como foi ontem?")
4. **Redes sociais**
    a. Qual papel a rede social desempenha na criação de uma história? Quais são suas experiências com redes sociais?
    b. Qual papel a rede social desempenha depois de uma história ter sido publicada? Como você se sente?

FIGURA 6-6. Um exemplo de guia de discussão para uma entrevista fictícia com jornalistas.

Dicas Gerais de Entrevista

- *Crie vínculos.* Estabeleça uma ligação com os participantes e tente ganhar sua confiança.
- *Evite perguntas do tipo sim ou não.* Tente fazer perguntas abertas que mantenham o participante falando.
- *Acompanhe a conversa.* Use o contato visual e gestos de afirmação, como movimentar a cabeça e fazer comentários, para mostrar que você está ouvindo ativamente. Concorde com a pessoa, quando for apropriado (por exemplo, "Sim, posso ver como isso é frustrante para você" ou "Sim, isso não parece funcionar muito para uma pessoa").
- *Ouça.* Deixe que o participante fale a maior parte do tempo. Não conduza os participantes nem coloque palavras na boca deles. Acompanhe sua linha de pensamento e use sua linguagem.
- *Aprofunde.* Tente compreender as crenças e os valores subjacentes dos participantes. Eles podem não fornecer essas informações imediatamente. Aprofunde com frases simples como: "Por que você pensa assim?" e "Como se sente sobre isso?"
- *Evite generalizações.* As pessoas costumam generalizar ao falar sobre seu próprio comportamento. Para evitar generalizações, faça perguntas como: "Como você *pessoalmente* faz essa tarefa ou se sente ao fazê-la?" e "Pode me contar sobre a última vez em que fez isso?".
- *Minimize as distrações.* As pessoas podem receber ligações ou ser interrompidas durante uma sessão. Tente restaurar o foco na entrevista o mais rápido possível.
- *Respeite o tempo dos participantes.* Comece na hora. Se a entrevista começar com atraso, reconheça o fato primeiro e pergunte se está tudo bem continuar.
- *Siga o fluxo.* O ambiente da entrevista pode não ser o que você esperava e pode não ser a melhor condição para entrevistar. Todavia, tente fazer o melhor com a entrevista.

Analise os Dados

A pesquisa qualitativa revela um conhecimento tácito — uma clara capacidade da abordagem. Contudo, os dados coletados não são organizados. Ao contrário, você terá muitas anotações desestruturadas e gravações pela frente. Não tenha medo. Deixe a história geral da interação definida no estágio da Iniciação conduzir sua análise.

Os diagramas de uma experiência atual são imagens agregadas das pessoas e das organizações investigadas. Ao sintetizar os dados reunidos, procure padrões comuns.

De cada entrevista, extraia as descobertas relevantes e agrupe-as por tema. Alinhe as conclusões em um fluxo ou padrão de seu diagrama. A Figura 6-7 mostra o progresso, desde os textos não estruturados até os temas comuns e as sequências das experiências.

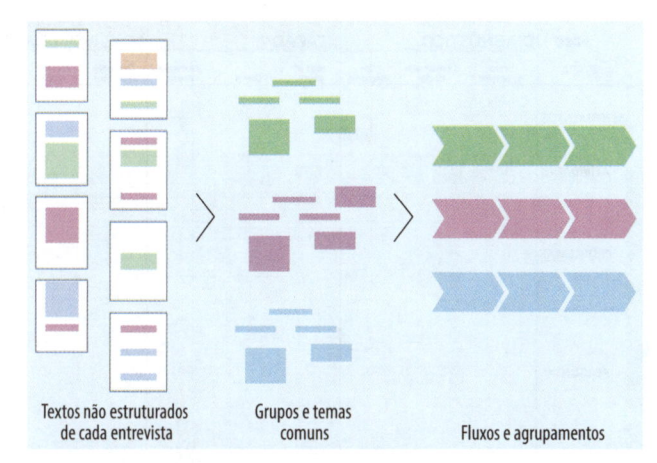

FIGURA 6-7. Durante a análise, você irá dos textos desestruturados para os grupos e, então, para os fluxos que compõem um diagrama.

Análise informal

Um modo informal de analisar os dados é agrupar notas adesivas em uma parede. A Figura 6-8 mostra a criação de um diagrama do modelo mental usando notas adesivas. Isso pode ser feito sozinho ou coletivamente em um pequeno grupo.

Como alternativa, você pode começar analisando os dados em uma planilha simples. A Figura 6-9 mostra uma planilha usada para capturar as descobertas da pesquisa. É uma versão modificada de uma folha de dados usada em um projeto anterior ao investigar uma doença crônica. Ela permitiu que várias pessoas contribuíssem de modo independente.

FIGURA 6-8. Uma análise informal usando notas adesivas pode ser feita em uma grande parede.

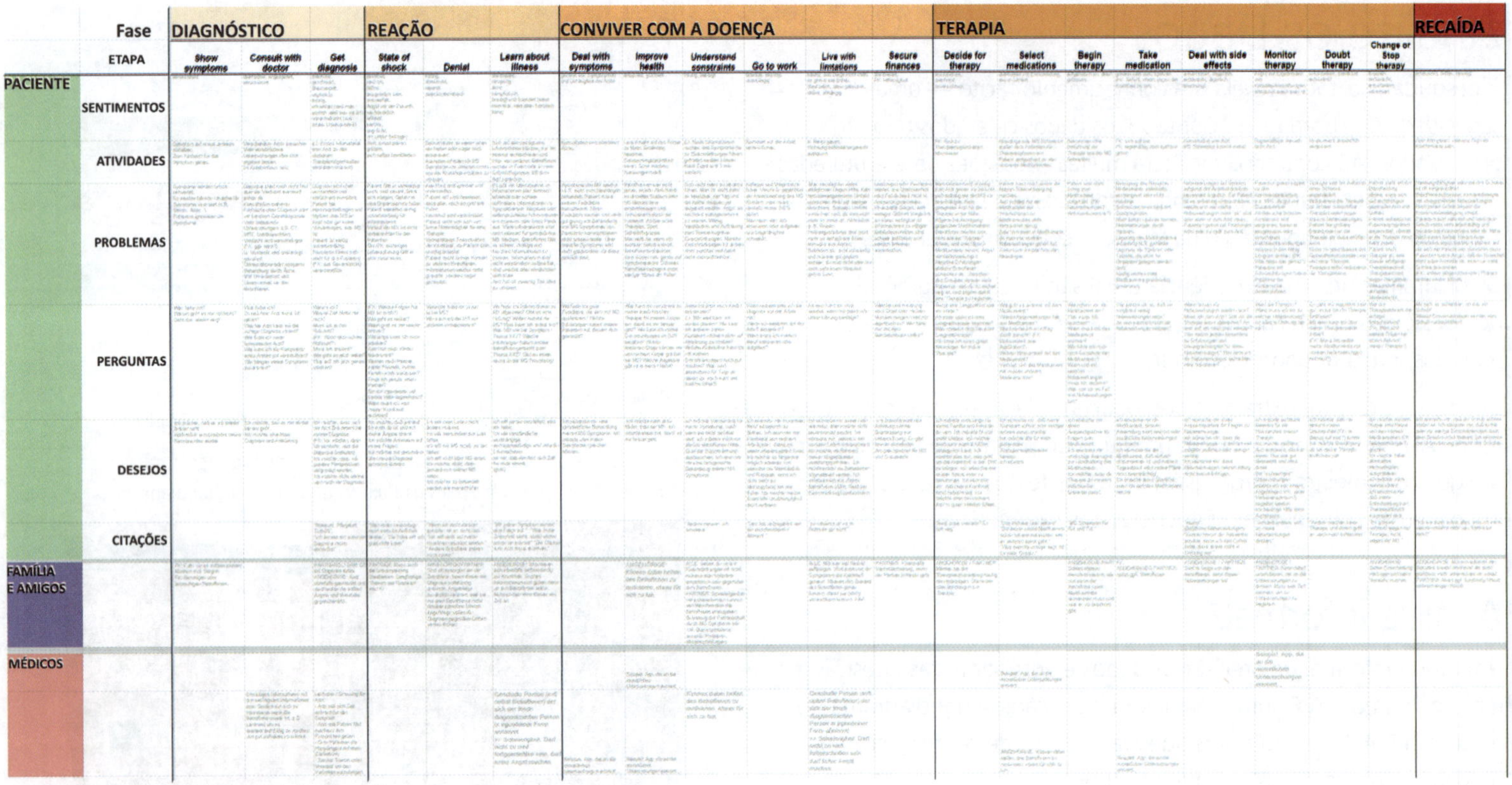

FIGURA 6-9. Use uma planilha simples para fazer uma análise informal de sua pesquisa.

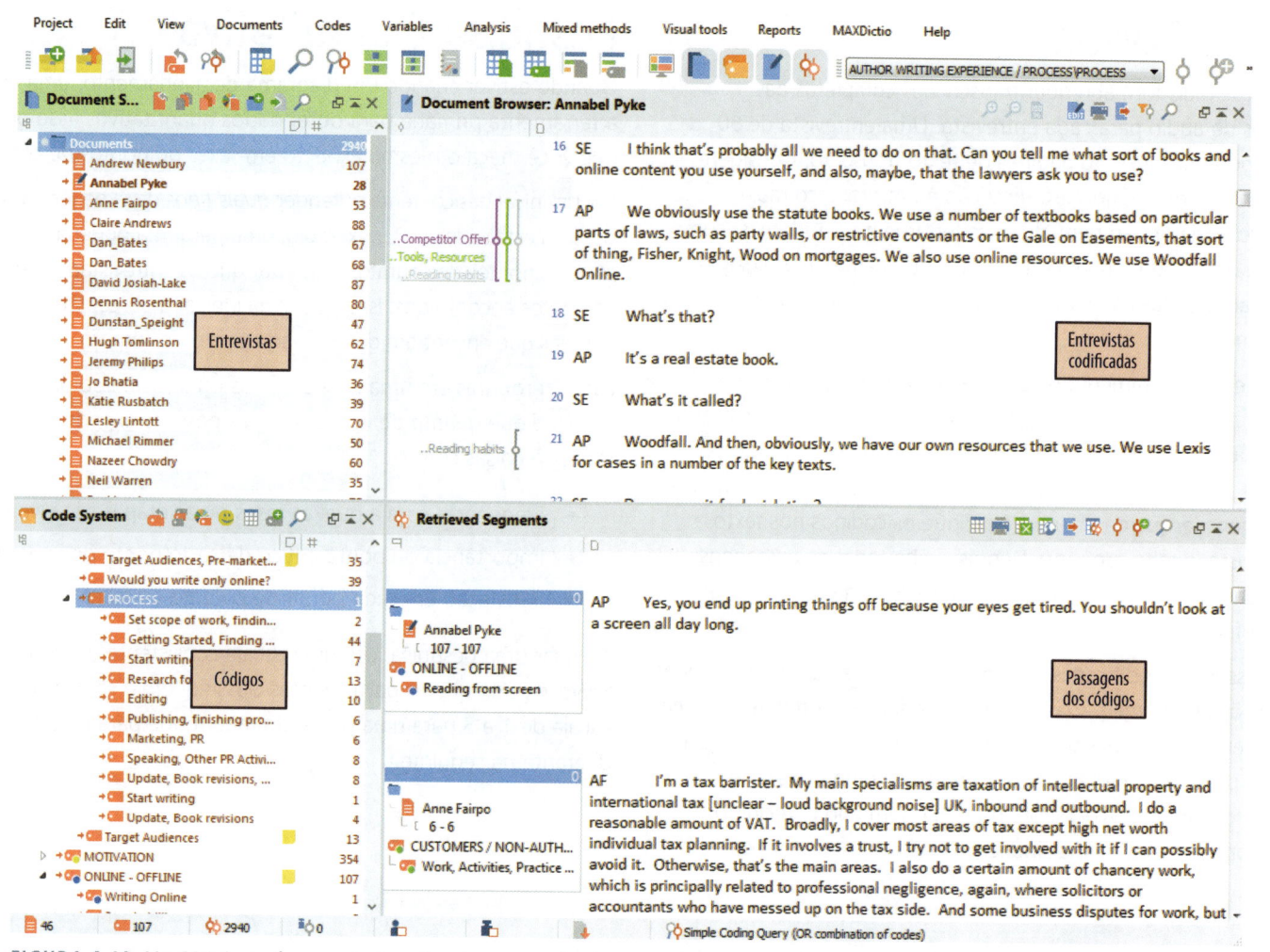

FIGURA 6-10. MaxQDA é uma ferramenta de análise de texto qualitativa que pode ser usada a fim de obter insights para usar no mapeamento.

Análise Formal

Uma análise mais formal requer transcrições completas das gravações de áudio para cada entrevista. Uma entrevista de 60 minutos pode produzir 30 páginas de texto transcrito. Considere terceirizar essa etapa, pois a transcrição é um processo muito demorado. Existem também algumas ferramentas modernas, como Otter.ai e outras, que transcreverão instantaneamente as ligações e as gravações, mas os textos resultantes podem precisar de uma limpeza manual.

Então, use uma ferramenta de análise de texto qualitativa para examinar os textos transcritos; por exemplo, a MaxQDA, mostrada na Figura 6-10 (página anterior). Primeiro, envie os textos da entrevista (esquerda superior), crie uma lista de temas para codificar as passagens (esquerda inferior) e aplique os códigos nos textos da entrevista (direita superior). Depois, exiba todas as passagens codificadas nas entrevistas para determinado tema em um lugar (direita inferior).

Ler as passagens codificadas para determinado tema permite chegar a conclusões fundamentadas sobre a experiência. Compare os temas com as perguntas da pesquisa abertas e incorpore suas descobertas no mapa preliminar. Ferramentas modernas, como Dovetail e Reframer da Optimal Workshop, permitem um tipo parecido de análise com soluções online simples.

Pesquisa Quantitativa

Quando estiver criando um diagrama de alinhamento, uma análise é a ferramenta primária para obter dados quantitativos. Isso permitirá que você meça o mesmo aspecto em fases ou pontos de contato.

Em um nível básico, tente entender *quais tipos* de experiências as pessoas estão tendo. Por exemplo, uma pergunta poderia listar uma série de pontos de contatos e solicitar que os entrevistados selecionem os pontos encontrados. Isso permitiria indicar a porcentagem de pessoas que encontram determinado ponto de contato.

Fazer perguntas em uma escala é mais poderoso. Isso permite que você indique *quanto* de um aspecto as pessoas experimentam, inclusive coisas como:

- Frequência com a qual as fases ou as etapas são vivenciadas.
- Importância ou ponto crítico de certo ponto de contato.
- Satisfação em cada ponto de contato ou fase.

Ao criar uma pesquisa, use uma escala consistente o tempo todo. Se você pedir que os participantes classifiquem a satisfação em uma escala de 1 a 5 para uma pergunta, não mude para uma escala diferente na seguinte.

Criar uma análise sob medida não é uma tarefa fácil. Considere usar uma análise padronizada. Por exemplo, o *NPS* (Net Promoter Score) é uma medida popular para a fidelidade do cliente, apresentada por Fred Reichheld em seu livro *The Ultimate Question*. Ou em software e aplicativos web, há análises como *SUMI* (Software Usability Measurement Index, *sumi.uxp.ie*) e *SUS* (System Usability Scale)* que existem há décadas.

Outras fontes de informações quantitativas incluem:

Métricas do uso

Os serviços eletrônicos — tudo, desde o software online até chips de computador em carros — podem capturar os dados de uso reais. Coisas como a análise da web e a telemetria do software permitem uma medição muito detalhada do uso.

Relatórios do call center

A maioria dos call centers grava o volume das chamadas e os padrões gerais do tráfego. Geralmente, há uma classificação quantitativa dos tipos de atendimento também.

Monitoramento de redes sociais

As medidas quantitativas da atividade das redes sociais podem ser consideradas para um diagrama. Isso pode incluir coisas como o tráfego para cada plataforma de rede social ou o volume de um uso de hashtags ou referências.

Benchmarks do setor

Dependendo do setor e da indústria na qual você está trabalhando, pode haver dados de benchmark disponíveis. Isso mostrará como seu serviço atual se compara com os outros na mesma área.

Ao coletar dados dessas fontes, pense em como pode incorporá-los em seu diagrama. Novamente, conte com especialistas na empresa ou de agências externas para ajudar a gerenciar a análise de dados quantitativos. Há muitas abordagens que dependem do tipo de diagrama que você está visando, sua estrutura e profundidade. O Capítulo 7 analisa alguns modos específicos de representar as informações quantitativas em um diagrama de alinhamento.

---

* Para ver uma descrição completa da SUS, consulte o artigo de Jeff Sauro "Measuring Usability with the System Usability Scale (SUS)", *Measuring U* (fev. 2011).

Resumo

Uma experiência é algo criado na mente do observador. Não é algo que uma organização possui. Para mapear as experiências, é necessário que elas sejam investigadas pela perspectiva da pessoa.

Comece *avaliando as fontes existentes* de informação. Isso pode incluir feedback por e-mail, ligações telefônicas, comentários em blogs, atividade da rede social, estudos formais de marketing e relatórios do ramo. Extraia as informações relevantes que podem ajudar na criação de um diagrama. Essas informações podem estar ocultas ou escondidas nas fontes existentes.

Também crie um *inventário dos pontos de contato* das interações físicas, digitais e entre as pessoas existentes. Anote o canal e os meios de interação quando concluir o inventário e colete imagens de cada ponto de contato.

Crie um *diagrama preliminar* junto com a equipe de projetos e stakeholders. Isso fornece uma imagem inicial da compreensão atual da experiência da pessoa. Também fornece uma visão geral do que é conhecido e desconhecido, que guia uma pesquisa subsequente. Em alguns casos, pode ser tudo o que é necessário para sua equipe ficar alinhada.

Em seguida, *entreviste as pessoas internamente* na organização. Obtenha uma mistura de papéis nas funções e nos níveis. Tente incluir as pessoas da linha de frente em suas entrevistas iniciais também: os agentes de atendimento e os funcionários da central de atendimento, por exemplo, geralmente têm uma perspectiva clara sobre a experiência de um cliente porque eles os estão atendendo.

Faça uma pesquisa de campo para preencher as lacunas no conhecimento e entender profundamente a experiência da pessoa. Vá até o local onde os participantes interagem com o serviço em questão. Engaje-os em entrevistas, mas também observe o ambiente. Uma pesquisa remota usando soluções de teleconferência agiliza o processo, mas não tem a riqueza da interação pessoal.

Uma pesquisa qualitativa pode validar as suposições. Análises e questionários funcionam melhor aqui. Os resultados desses métodos podem ser incluídos em um diagrama de alinhamento para ter um maior impacto.

Todos esses dados precisam ser analisados e reduzidos a apenas alguns pontos-chave. Só então você poderá começar a desenhar um mapa da experiência com confiança. O próximo capítulo analisa como pegar as descobertas de sua pesquisa e ilustrar um mapa.

Mais Leitura

Tricia Wang, "Why Big Data Needs Thick Data", *Ethnography Matters* (maio de 2013)

Nesse artigo, Wang apresenta a ideia de dados densos ou descrições etnográficas qualitativas, para comparar com as quantidades de big data. Reconhecendo o conceito da descrição densa de Clifford Geertz, os dados densos focam as emoções e as motivações em certo contexto para revelar novos padrões e explicar por que as pessoas se comportam de tal modo.

Hugh Beyer e Karen Holtzblatt, *Contextual Design* (Morgan Kaufmann, 1997)

É um livro original e fundamental que apresentou a técnica formal da consulta contextual para a comunidade de design. É um livro completo e bem estruturado com uma orientação passo a passo em seu processo. A primeira parte analisa as técnicas de entrevista e de análise em detalhes. As últimas partes do livro descrevem um método para converter as descobertas em desenhos concretos. É um livro altamente recomendado que todos devem ter. Veja também o livro Rapid Contextual Design *de Karen Holtzblatt, Jessamyn Burns Wendell e Shelley Wood (Morgan Kaufmann, 2004).*

Mike Kuniavsky, *Observing the User Experience*, 2ª ed. (Morgan Kaufman, 2012)

O mapeamento da experiência requer um tipo de investigação primária. É um excelente recurso para os prós e os contras da pesquisa do usuário.

Steve Portigal, *Interviewing Users* (Rosenfeld Media, 2013)

Portigal é um especialista reconhecido na pesquisa do usuário. Esse livro é uma leitura obrigatória para qualquer pessoa engajada em entrevistas contextuais ou pesquisa etnográfica. Há muitas informações práticas e dicas nesse volume, que apresenta muitos exemplos.

Giff Constable, *Talking to Humans* (editado pelo autor, 2014)

Esse volume fino fornece uma excelente visão geral sobre como se portar diante dos clientes e conversar com eles. A abordagem que o autor adota está claramente dentro do movimento Lean Startup, apresentando análises da suposição e teste de hipóteses. Há muitas informações práticas para iniciar e fazer entrevistas rápidas.

Curadoria da Música: Pesquisa do Usuário e Diagramação na Sonos

Amber Braden

A Sonos é o principal provedor de produtos de áudio sem fio para casa. Do ponto de vista do cliente, o serviço é simples: você conecta seus alto-falantes no Wi-Fi em casa e reproduz a música no telefone, no tablet ou no computador.

O app dos alto-falantes Sonos permite controlar vários serviços, ambientes e pessoas. Embora esses componentes sejam importantes para o funcionamento do serviço, nada mais realmente importa para os usuários do que reproduzir música. O objetivo do esforço era ilustrar a complexidade envolvida.

Antes de tentar diagramar como as pessoas faziam a curadoria da música, a Sonos primeiro teve que entender *como* e *por que* as pessoas usavam o produto. Nossa pesquisa consistiu em uma série de extensas entrevistas com dez famílias Sonos durante duas semanas.

A princípio, realizamos as entrevistas remotamente. Usando um software de teleconferência e câmeras web, conseguimos fazer com que os participantes demonstrassem como eles usavam o aplicativo Sonos em seus telefones. Todas as sessões foram gravadas para mostrar aos stakeholders que não estavam presentes durante as entrevistas.

Depois, pedimos que os participantes gravassem as interações com o produto diariamente. As checagens semanais com cada família resultaram em insights mais reveladores. Descobrimos que, quando os participantes recontavam as histórias, eles revelavam com frequência seus objetivos mais profundos.

Em seguida, examinamos todos os dados coletados para descobrir os temas comuns. Usando notas adesivas e um quadro de avisos, organizamos nossas descobertas em um modelo que serviu como base para um diagrama.

Por fim, criamos um diagrama completo refletindo os principais insights de nossa pesquisa, mostrados na Figura 6-11.

Isso simplifica a experiência do usuário focando cinco elementos principais:

- *Objetivos do usuário.* Procuramos descobrir as motivações subjacentes: o que os clientes tentam conseguir ao reproduzir música? Em cada entrevista, perguntamos ao cliente *por que* ele fez tal coisa.

- *Recursos de apoio.* Lembrando o processo de criação dos diagramas do modelo mental de Indi Young, mapeamos os recursos de nosso app para os objetivos. Isso ajudou os stakeholders a entenderem quais recursos as pessoas usaram para fazer o trabalho. Em nosso caso, descobrimos que havia muito peso nas funções de fila do app, por exemplo.

- *Benefícios dos recursos.* Listar os benefícios dos recursos mostra o valor de seus recursos atuais. Isso também ajuda na adesão do stakeholder. Em vez de focar apenas o feedback negativo, eles mostram o que está funcionando bem.

ESTUDO DE CASO

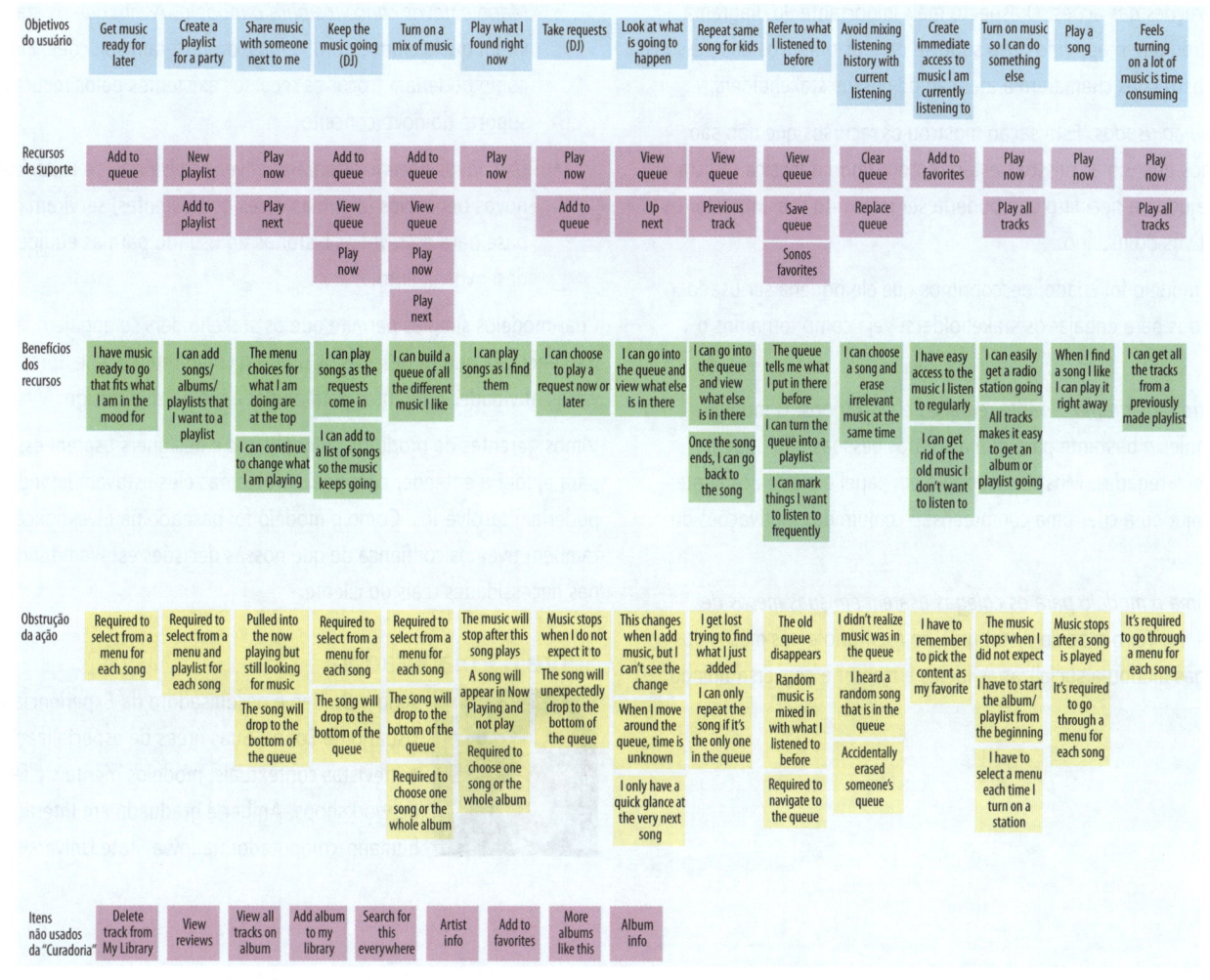

Objetivos do usuário	Recursos de suporte	Benefícios dos recursos	Obstrução da ação	Itens não usados da "Curadoria"
Get music ready for later	Add to queue; Add to playlist	I have music ready to go that fits what I am in the mood for	Required to select from a menu for each song	Delete track from My Library
Create a playlist for a party	New playlist; Play next	I can add songs/albums/playlists that I want to a playlist	Required to select from a menu and playlist for each song	View reviews
Share music with someone next to me	Play now	The menu choices for what I am doing are at the top; I can continue to change what I am playing	Pulled into the now playing but still looking for music	View all tracks on album
Keep the music going (DJ)	Add to queue; View queue; Play now	I can play songs as the requests come in	Required to select from a menu for each song; The song will drop to the bottom of the queue	Add album to my library
Turn on a mix of music	Add to queue; View queue; Play now; Play next	I can build a queue of all the different music I like	Required to select from a menu for each song; The song will drop to the bottom of the queue; Required to choose one song or the whole album	Search for this everywhere
Play what I found right now	Play now	I can play songs as I find them	The music will stop after this song plays; A song will appear in Now Playing and not play	Artist info
Take requests (DJ)	Play now; Add to queue	I can choose to play a request now or later	Music stops when I do not expect it to; The song will unexpectedly drop to the bottom of the queue; Required to choose one song or the whole album	Add to favorites
Look at what is going to happen	View queue	I can go into the queue and view what else is in there	This changes when I add music, but I can't see the change; When I move around the queue, time is unknown; I only have a quick glance at the very next song	More albums like this
Repeat same song for kids	View queue; Up next	I can go into the queue and view what else is in there; Once the song ends, I can go back to the song; I can mark things I want to listen to frequently	I get lost trying to find what I just added; I can only repeat the song if it's the only one in the queue	Album info
Refer to what I listened to before	View queue; Previous track	The queue tells me what I put in there before; I can turn the queue into a playlist	The old queue disappears	
Avoid mixing listening history with current listening	Clear queue; Save queue; Sonos favorites	I can choose a song and erase irrelevant music at the same time	I didn't realize music was in the queue; Accidentally erased someone's queue; Required to navigate to the queue	
Create immediate access to music I am currently listening to	Add to favorites; Replace queue	I have easy access to the music I listen to regularly; I can get rid of the old music I don't want to listen to	I have to remember to pick the content as my favorite; I heard a random song that is in the queue	
Turn on music so I can do something else	Play now; Play all tracks	I can easily get a radio station going; All tracks makes it easy to get an album or playlist going	The music stops when I did not expect; I have to start the album/playlist from the beginning; I have to select a menu each time I turn on a station	
Play a song	Play now	When I find a song I like I can play it right away	Music stops after a song is played	
Feels turning on a lot of music is time consuming	Play now; Play all tracks	I can get all the tracks from a previously made playlist	It's required to go through a menu for each song; It's required to go through a menu for each song	

FIGURA 6-11. Este modelo de curadoria simplificado da Sonos foi baseado em entrevistas.

- *Obstruções das ações.* O aspecto mais importante do diagrama mostrou que o app *não* dava suporte para os objetivos das pessoas. As obstruções chamaram a atenção de nossos stakeholders.
- *Itens não usados.* Esta seção mostrou os recursos que não são usados quando as pessoas estão reproduzindo a música. A lista nos ajudou a decidir o que poderia ser removido sem impactar os objetivos do usuário.

Assim que o modelo foi criado, descobrimos que ele poderia ser usado de vários modos para engajar os stakeholders. Veja como tornamos o modelo útil:

- *Mostre o diagrama durante reuniões e workshops.* O modelo é simples o bastante para que as outras pessoas não fiquem sobrecarregadas. Mostrei o modelo em papel e eletronicamente. Isso ajudou a criar uma compreensão comum das motivações do usuário.
- *Imprima o modelo para os colegas usarem em suas mesas de trabalho.* Ter o modelo distribuído no escritório e nas mesas dos colegas ajudou a socializar as ideias e manter a conversa fluindo.
- *Mapeie novos conceitos para o modelo.* Assim que os stakeholders viram quais eram os problemas, propuseram soluções. Eles viram como poderiam trocar os recursos existentes pelos recursos de suporte do novo conceito.
- *Use novos benefícios para escrever as histórias do usuário.* Os novos benefícios (algumas vezes os existentes) serviram como base para escrever as histórias do usuário para as equipes de desenvolvimento.

Criar modelos simples permite que os stakeholders se engajem facilmente. Isso encoraja que as pessoas os utilizem como referência e aproveitem em várias atividades diferentes para ajudar a melhorar o design.

Vimos gerentes de produtos, engenheiros e designers usarem esse diagrama para ajudar a entender com quais problemas eles estavam lidando e como poderiam resolvê-los. Como o modelo foi baseado na investigação original, também tivemos confiança de que nossas decisões estavam fundamentadas nas necessidades reais do cliente.

Sobre a Colaboradora

Amber Braden é pesquisadora da Experiência do Usuário na Sonos. Suas áreas de especialização incluem entrevistas contextuais, modelos mentais e facilitação de workshops. Amber é graduada em Interação humano-computador na Iowa State University.

Créditos de Diagramas
e Imagens

Figura 6-2: Esboço de Jim Kalbach refletindo o feedback dos participantes da entrevista.

Figura 6-3: Modelo do mapa da jornada disponível na UXPressia (*uxpressia.com*), usado com permissão.

Figura 6-4: Inventário dos pontos de contato criado por Chris Risdon, aparecendo em seu artigo "The Anatomy of an Experience Map", usado com permissão.

Figura 6-6: Exemplo de análise da pesquisa de Jim Kalbach, criado na MURAL.

Figura 6-8: Imagem do *Mental Models* de Indi Young, recuperada no flickr: *https://www.flickr.com/photos/rosenfeldmedia/sets/72157603511616271*.

Figura 6-9: Exemplo de uma planilha online para a coleta de dados nas Planilhas do Google, modificado da versão original.

Figura 6-10: Imagem da MaxQDA, de Jim Kalbach.

Figura 6-11: Modelo para curadoria de música com a Sonos, criado por Amber Braden, usado com permissão.

> "A excelência gráfica é aquela que dá ao observador o maior número de ideias no menor tempo com o mínimo de tinta no menor espaço."
>
> – Edward R. Tufte
> *The Visual Display of Quantitative Information*

NESTE CAPÍTULO

- Layout e forma de um diagrama
- Consolidando o conteúdo
- Design das informações
- Ferramentas e software
- Estudo de caso: Mapeando a experiência de teste em laboratório

CAPÍTULO 7

Ilustre: Torne Visual

"Não sou designer gráfico e não sei desenhar. Como é possível criar um diagrama?" Vejo muito essa reação em minhas aulas e workshops sobre diagramas de alinhamento.

Tenho uma boa notícia: mapear não é ter talento artístico, mas reunir todas as suas descobertas em uma única história coerente. O estilo não é a parte difícil, mas criar uma narrativa significativa da experiência.

Considere o diagrama na Figura 7-1, criado por Eric Berkman, coautor do livro *Designing Mobile Interfaces*. É visualmente mínimo, mas mostra os principais insights sobre os aspectos negativos e positivos do serviço na cafeteria Starbucks. Os diagramas não precisam ter um gráfico elaborado para serem eficientes.

Em alguns casos, uma linha de notas adesivas na parede pode ser tudo o que é necessário; por exemplo, em uma pequena startup onde o trabalho é feito em conjunto e informalmente. Outras vezes, você desejará algo mais elegante: por exemplo, ao se apresentar para o CEO de um grande banco em um projeto formal. Não importa o nível de fidelidade que a ilustração requer, alguns princípios de design ajudam muito na criação de uma história visual atraente.

Este capítulo analisa três fatores interdependentes ao ilustrar experiências:

1. Fazer o layout do diagrama ou determinar a forma geral.
2. Compilar o conteúdo em um formato reduzido.
3. Fazer o design da informação para uma visualização atraente.

Pode haver idas e vindas entre esses aspectos. Esteja preparado para iterar. Depois deste capítulo, você deverá conseguir transformar os insights de sua investigação em um diagrama significativo.

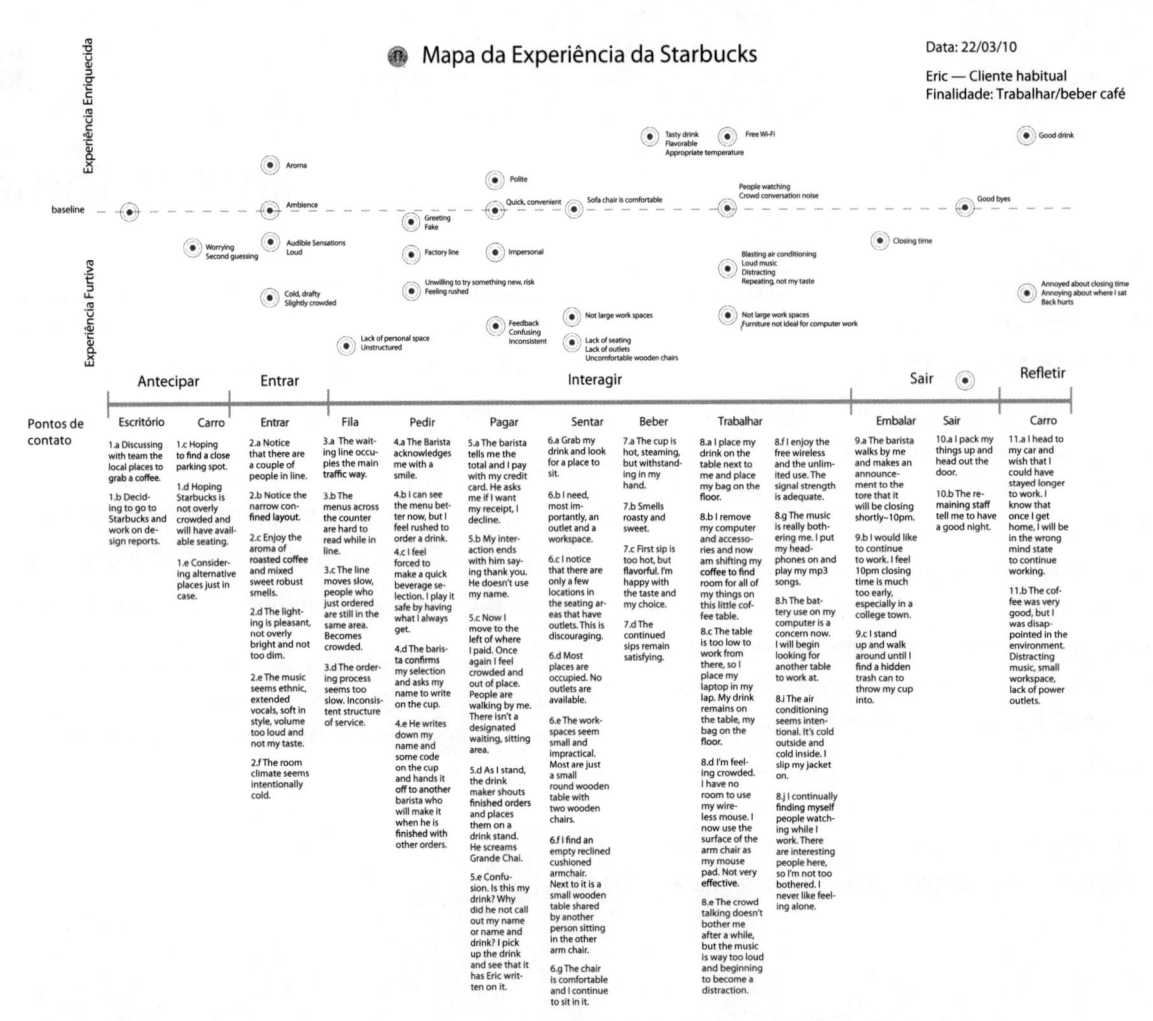

FIGURA 7-1. Diagrama simples, mas eficiente, de uma visita de Eric Berkman à Starbucks revela insights importantes com um design gráfico mínimo.

Layout do Diagrama

Alguns métodos prescrevem um layout a priori. Os diagramas do modelo mental, por exemplo, são organizados hierarquicamente em torres e um blueprint de serviço formal terá linhas de informação prescritas por padrão. Do contrário, o layout e a estrutura do diagrama são decididos por você, o designer.

Recomendo uma tabela ou uma linha do tempo simples, que funciona na maioria das situações. Mas vale a pena considerar formas alternativas também. Como analisado no Capítulo 2, os esquemas de organização típicos (cronológicos, hierárquicos, espaciais ou em rede) afetarão o layout do seu diagrama. A Figura 7-2 mostra alguns layouts possíveis.

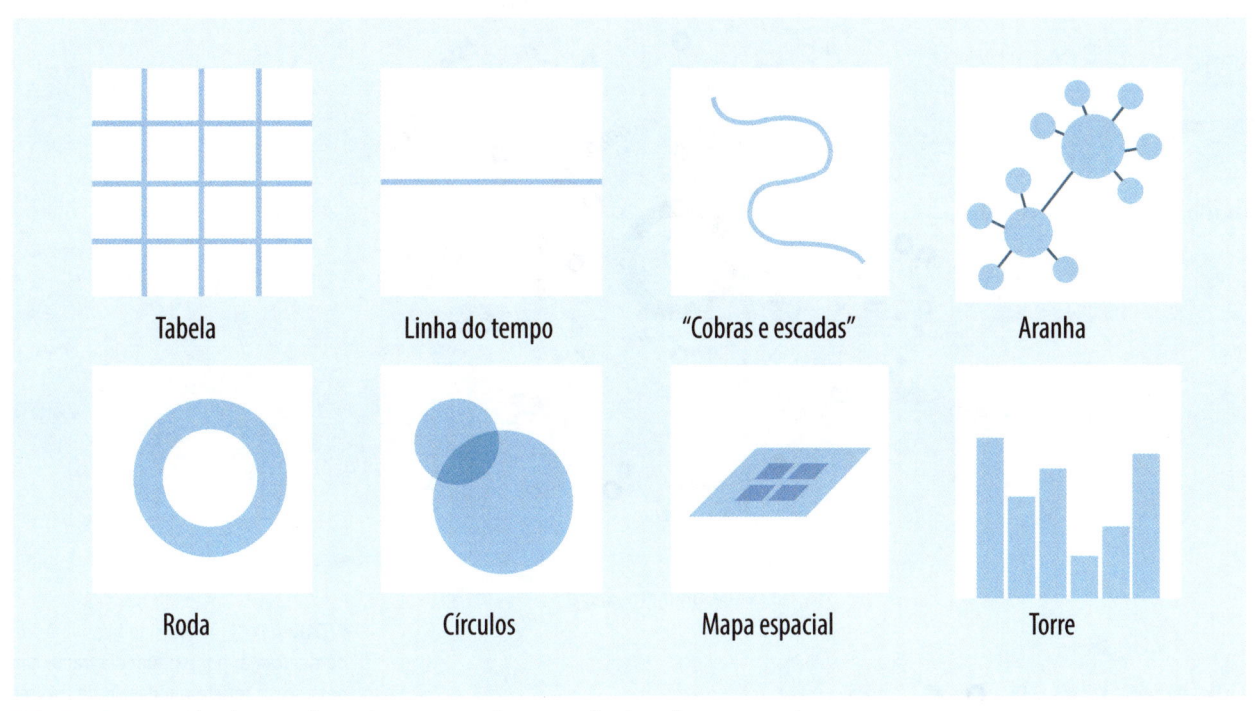

FIGURA 7-2. Considere layouts alternativos para seu diagrama a fim de melhorar a narrativa.

Não obstante o layout usado, o importante é como a forma da informação pode melhorar a mensagem geral. Por exemplo, Sofia Hussain, uma importante estrategista de design na Noruega, criou o diagrama na Figura 7-3. Ela escolheu de propósito uma forma circular para mostrar que o sucesso desse app de planejamento de eventos conta com o *uso repetido*. A forma amplia a mensagem.

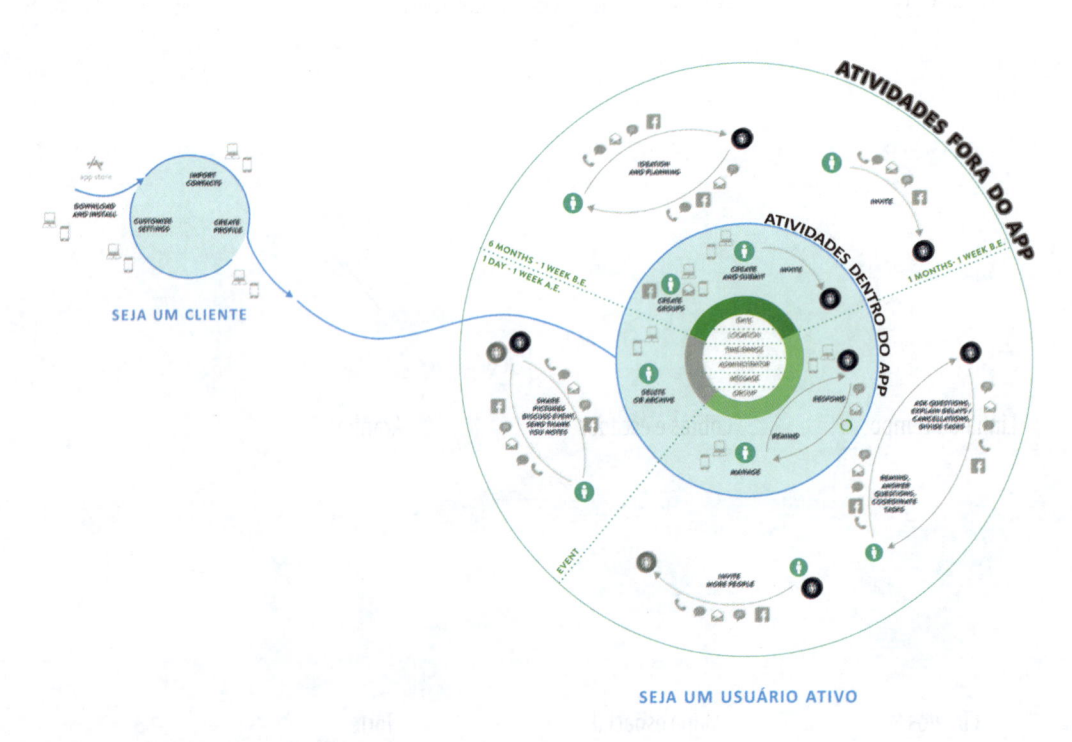

FIGURA 7-3. Torne significativa a forma do diagrama; por ex., um diagrama circular neste caso reflete um desejo de uso repetido de um app de planejamento de eventos.

Exibindo a Cronologia

Os mapas cronológicos são simples para outras pessoas entenderem, mas têm um desafio: nem todos os aspectos de uma experiência são sequenciais. Alguns eventos são contínuos, uns podem ter uma ordem variável e outros podem ter subfluxos diferentes. Você terá que superar o que chamo de "problema da cronologia" ou mostrar irregularidades em uma linha do tempo restrita. Algumas táticas são mostradas nas Figuras 7-4a até 7-4d.

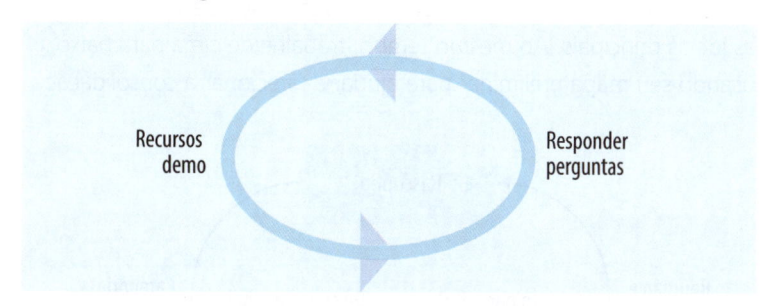

FIGURA 7-4a. COMPORTAMENTO REPETIDO: Use setas e círculos para mostrar as ações repetidas. Por exemplo, em uma ligação de vendas, o vendedor pode alternar entre mostrar um produto e responder às perguntas do cliente.

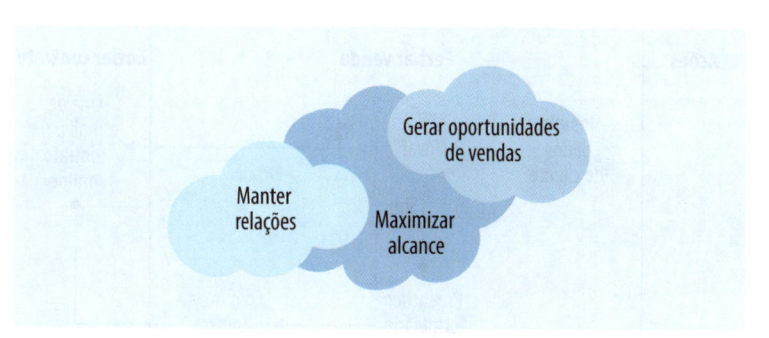

FIGURA 7-4b. ORDEM VARIÁVEL: Uma forma de nuvem pode indicar que as atividades não acontecem em sequência. Por exemplo, um vendedor pode gerar novas oportunidades de venda, manter as relações existentes e maximizar o alcance, tudo ao mesmo tempo.

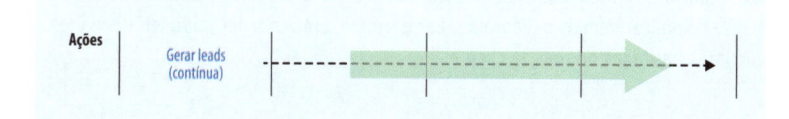

FIGURA 7-4c. ATIVIDADE CONTÍNUA: Indica a primeira vez que ocorre um comportamento contínuo e mostra que ele continua para evitar repetição. Por exemplo, um vendedor pode procurar continuamente novas oportunidades de venda.

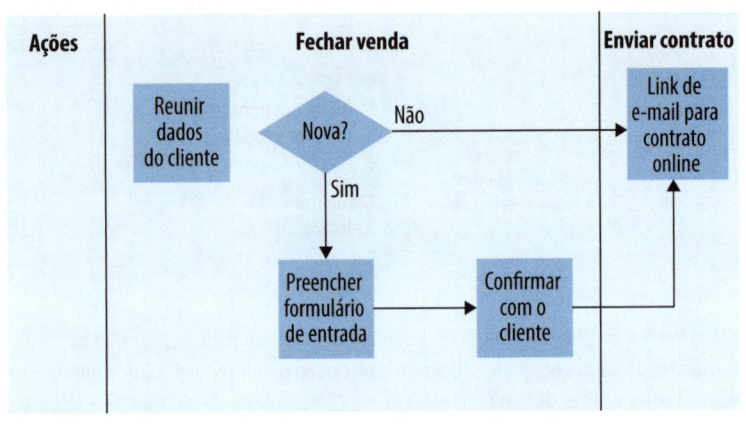

FIGURA 7-4d. FLUXOS ALTERNATIVOS: Você pode encontrar subfluxos distintos na experiência. Insira um ponto de decisão se necessário, mantenha isso no mínimo para evitar complicar demais o diagrama. Por exemplo, um vendedor pode ter atividades distintas baseadas no tipo de cliente.

Compile o Conteúdo

Neste estágio do processo geral, seu objetivo é mapear o estado atual de uma experiência. O mapeamento dos estados futuros e a proposta de soluções vêm depois, como descrito nos Capítulos 8 e 9.

Reduza os dados reunidos aos pontos mais destacados e encontre padrões comuns. Trabalhe de *baixo para cima* e de *cima para baixo*, alternando entre os dois (Figura 7-5). Comece reunindo e agrupando as descobertas repetidamente até ter reduzido sua pesquisa a apenas as ideias principais. Ao mesmo tempo, trabalhe de cima para baixo usando seu mapa preliminar para ajudar a direcionar a consolidação.

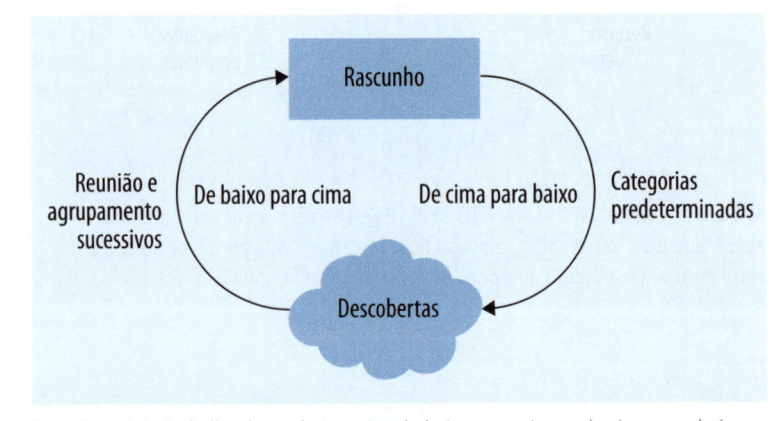

FIGURA 7-5. Trabalhe de modo iterativo de baixo para cima e de cima para baixo para consolidar as descobertas de sua pesquisa.

Esteja preparado para mudar as coisas. Seu objetivo é primeiro criar um protótipo do diagrama, levando em conta as informações qualitativas e quantitativas.

Informações Qualitativas

A maioria das informações para descrever as experiências é qualitativa, ou seja, descrições ricas do *por que* e do *como*, e não dados quantitativos sobre *quantos*. Veja algumas diretrizes para determinar os elementos qualitativos básicos:

Crie fases, categorias e divisões

Determine as "junções" maiores do modelo que você está criando. Nos mapas cronológicos, isso significa criar fases, por exemplo, *ficar ciente, comprar, usar, conseguir ajuda*. Geralmente, existem muitas, de 4 a 12 fases. Para os mapas espaciais e os diagramas hierárquicos, você precisa criar categorias. Tente encontrar o que parece ser natural para você e para os stakeholders. Também se lembre de que os rótulos da fase devem ser formulados com a perspectiva da pessoa, não da organização. Por exemplo, se você mapeia a experiência de conseguir um novo trabalho, a primeira fase deve ser *Iniciar pesquisa* (o que a pessoa faz), e não *Recrutar* (o que a organização faz).

Descreva a experiência

Decida sobre quais aspectos mostrar para descrever a experiência. Os elementos básicos incluem ações, pensamentos e sentimentos. Considere maneiras de tornar a descrição o mais rica possível. Por exemplo, inclua citações diretas dos clientes ou fotos da investigação. Cabe a você determinar o que é mais relevante para certo esforço. O objetivo é demonstrar o que é valioso para a pessoa e para a organização por meio das descobertas condensadas de sua investigação.

Mostre pontos de contato

Descreva as interfaces entre a pessoa e a organização para cada fase. Pense no contexto de uso. Lembre-se, um ponto de contato ocorre dentro de certo conjunto de circunstâncias. Verifique se as informações no mapa em torno da lista de interfaces fornecem contexto para esses pontos de contato.

Inclua aspectos da organização

Indique as funções ou os departamentos envolvidos em cada ponto de contato. Outros elementos que você pode mapear são os objetivos da organização, as obrigações estratégicas e até as políticas. Mostre o que é valioso para a organização.

Formate o conteúdo

Formatar o conteúdo é uma das partes mais capciosas do mapeamento. Depois de estar cheio de dados e de pesquisa, provavelmente você desejará incluir tudo o que descobriu. Resista a esse desejo. Prefira ser breve. Conseguir expressar uma experiência de forma compacta requer prática.

A Tabela 7-1 lista algumas diretrizes a seguir e mostra dois exemplos no processo de transformar iterativamente os insights da pesquisa em um conteúdo conciso para um diagrama. Observe como os insights no topo da tabela se reduzem a afirmações concisas. Na tabela, suponha que você esteja criando um mapa da jornada do cliente para uma empresa de software.

A linha superior da Tabela 7-1 começa com insights encontrados na pesquisa. Não é o que está incluído diretamente no diagrama. Pelo contrário, o objetivo é reduzir o mero insight à sua essência, transformando-o com o processo sugerido na tabela.

É importante manter a mesma sintaxe para cada tipo de informação. Um sistema coerente de conteúdo tornará o diagrama mais legível e unificado. Você pode sugerir padrões próprios, mas mantenha o sistema para ter consistência.

Estes são os formatos de exemplo que costumo usar ao mapear alguns dos tipos mais comuns de informação:

- *Ações:* inicie com um *verbo*; por exemplo, baixe o software, ligue para o atendimento ao cliente.
- *Pensamentos:* frases como uma *pergunta*; por exemplo: Há taxas ocultas? Quem mais preciso envolver?
- *Sentimentos:* use *adjetivos*; por exemplo, nervoso, inseguro, aliviado, satisfeito.
- *Dores:* comece com um *gerúndio*; por exemplo, aguardando a instalação, pagando a fatura.
- *Pontos de contato:* use *substantivos* para descrever a interface; por exemplo, e-mail, linha direta com o cliente.
- *Oportunidades:* comece com um verbo que mostre mudança; por exemplo, *aumente* a facilidade da instalação, *elimine* as etapas desnecessárias.

TABELA 7-1. Reduza as meras observações a afirmações compactas e bem formadas, passando pelo processo refletido nesta tabela de cima para baixo.

Diretriz	Descrição	Exemplo 1	Exemplo 2
Comece com insights	Comece com agrupamentos das meras descobertas de sua pesquisa.	*Agrupamento da pesquisa 1:* As pessoas indicaram que, algumas vezes, hesitam e reconsideram durante a fase de aquisição do cliente por causa de nosso modelo de preços premium.	*Agrupamento da pesquisa 2:* Há um ponto crítico claro ao implantar a solução, principalmente devido à falta de conhecimento técnico necessário.
Use uma linguagem natural	Use uma linguagem que reflita a experiência da pessoa em termos do que ela usaria.	As pessoas reconsideram ao fazer uma compra porque podem estar nervosas ou ansiosas com o alto custo.	Os usuários terão dificuldades para instalar o software na primeira vez se não tiverem as habilidades técnicas requeridas.
Mantenha a pessoa consistente	Reescreva os insights na primeira ou na terceira pessoa; escolha, mas não misture as pessoas.	Eu reconsidero ao fazer uma compra porque fico ansioso e nervoso com o alto custo.	Eu tive dificuldade de instalar o software na primeira vez porque não tenho as habilidades técnicas necessárias.
Omita pronomes e artigos	Para economizar espaço, omita artigos e pronomes que estão implícitos.	Reconsidero ao fazer a compra devido à ansiedade e ao nervosismo com o alto custo.	Foi difícil instalar o software na primeira vez porque não tenho as habilidades técnicas necessárias.
Foque a causa principal	Reduza as informações para refletir as motivações e as emoções subjacentes.	Fico ansioso e nervoso ao fazer a compra devido ao alto custo, então reconsidero.	Dificuldade durante a instalação devido à falta de habilidades técnicas necessárias.
Seja conciso	Reescreva as descrições a usar com a menor quantidade possível de palavras. Use um dicionário se necessário.	Fico ansioso durante a compra devido ao custo, então reconsidero.	Dificuldade durante a instalação devido à falta de habilidades técnicas necessárias.
Use abreviações com moderação	Abreviações poderão ser boas se forem usadas e aceitas amplamente.	Fico ansioso durante a compra devido ao custo, então reconsidero.	Dificuldade devido à falta de habilidades *tech* durante a instalação.
Conte com o contexto do mapa	Algumas informações podem ser deduzidas com sua posição. Conte com cabeçalhos com linhas e colunas se tiver um diagrama em forma de tabela.	Ansioso com o custo (*na célula da coluna "comprar" e da linha "sentimentos"*) Reconsidero (*na célula da coluna "comprar" e da linha "ações"*)	Dificuldade devido à falta de habilidades *tech* OU Faltam *tech skills* (*supondo uma coluna para "instalação" e uma linha para "pontos críticos"*)

Informações Quantitativas

Incluir um conteúdo quantitativo acrescenta validade ao diagrama. Considere como incorporar métricas, resultados da pesquisa e outros dados no diagrama. Há muitos modos de representar os dados quantitativos, e eles são mostrados nas Figuras 7-6a até 7-6d.

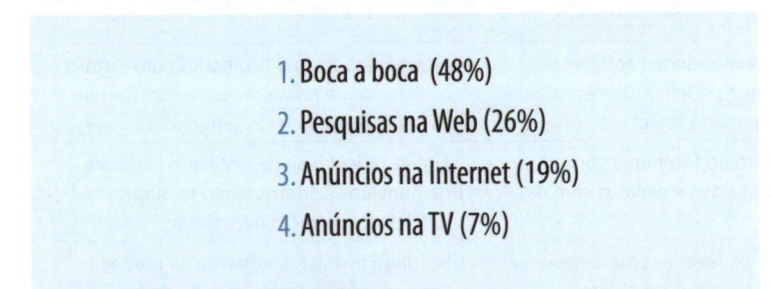

1. Boca a boca (48%)
2. Pesquisas na Web (26%)
3. Anúncios na Internet (19%)
4. Anúncios na TV (7%)

FIGURA 7-6a. EXIBA NÚMEROS COMO TEXTO: Inclua números para mostrar os valores absolutos. Por exemplo, você pode ter dados quantitativos sobre como as pessoas descobrem seu serviço.

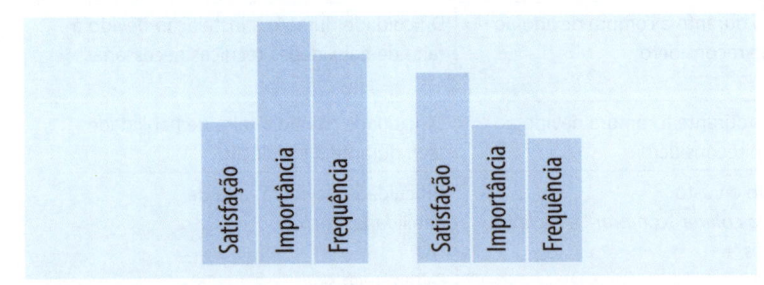

FIGURA 7-6b. USE BARRAS PARA QUANTIDADES: As barras mostram quantidades relativas. Os valores absolutos podem ser incluídos no texto se necessário.

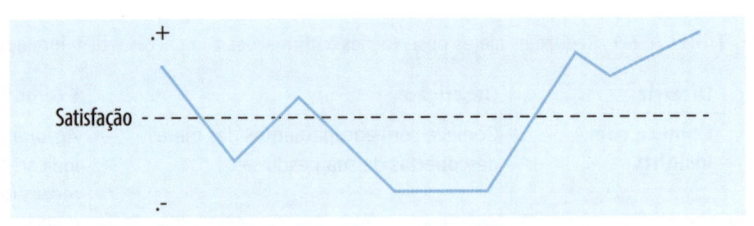

FIGURA 7-6c. REPRESENTE OS VALORES EM UM GRÁFICO: Um gráfico simples mostra a elevação e a queda de certa medida em um diagrama. Por exemplo, você pode ter dados quantitativos para a satisfação do cliente no ponto de contato final em uma jornada.

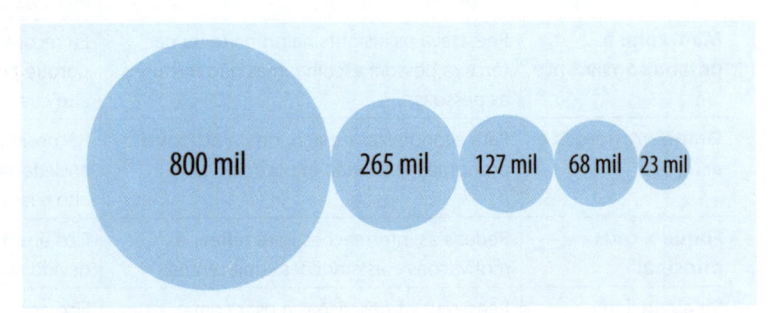

FIGURA 7-6d. USE O TAMANHO PARA INDICAR A QUANTIDADE: Também é possível mostrar a quantidade com o tamanho de uma forma. Por exemplo, a amostra nesta figura poderia ser usada para indicar o número de clientes que se movem em um funil de compras típico.

Design da Informação

As pessoas gostam que as informações tenham uma apresentação rica. O conteúdo apresentado com cores, textura e estilo tem relevância para nossas vidas e trabalho. A apresentação visual de um diagrama influencia como as outras pessoas compreendem a informação.

Tente criar uma linguagem visual consistente que melhore a mensagem geral. Quais insights devem ser destacados? Quais são as principais mensagens que você deseja comunicar? Como você pode tornar o diagrama acessível, esteticamente agradável e mais convincente?

Mesmo não sendo um designer gráfico, há algumas decisões básicas que você pode tomar para ajudar na clareza do diagrama. Siga estes princípios:

- *Simplifique.* Evite gráficos supérfluos e decorativos. Tente ter eficiência na exibição.
- *Amplifique.* O design deve ampliar os objetivos do projeto e as expectativas dos patrocinadores.
- *Esclareça.* Tente ser o mais claro possível.
- *Unifique.* Use a consistência para ter uma aparência bem modelada e uma visualização coesa.

Os principais aspectos nos quais prestar atenção são a tipografia, o gráfico e a hierarquia visual, analisados nas seções a seguir.

Tipografia

Tipografia se refere à seleção das letras e ao design geral do texto. Como os mapas da experiência são na maioria texto, a tipografia do seu diagrama é fundamental para facilitar seu uso prático.

As opções tipográficas podem impressionar. Deixe a função e a finalidade guiarem sua escolha. No caso de dúvida, prefira a legibilidade e a inteligibilidade a ter estilo e expressão. Considere fonte, tamanho e largura, letras maiúsculas e minúsculas, negrito e itálico (Figuras 7-7a até 7-7d).

Serifa

The quick brown fox jumps over the lazy dog. — Times New Roman
The quick brown fox jumps over the lazy dog. — Georgia
The quick brown fox jumps over the lazy dog. — Courier

Sem Serifa

The quick brown fox jumps over the lazy dog. — Arial
The quick brown fox jumps over the lazy dog. — Verdana
The quick brown fox jumps over the lazy dog. — Trebuchet

FIGURA 7-7a. SELECIONE UMA FONTE: Há duas categorias maiores de fontes, serifa e sem serifa. Em geral, os diagramas usam a fonte sem serifas para muitas informações, mas é possível encontrar fontes com serifa sendo usadas também. É melhor usar apenas uma ou duas fontes diferentes em um diagrama.

Larguras de fonte diferentes

The quick brown fox jumps over the lazy dog.	Verdana
The quick brown fox jumps over the lazy dog. The quick brown fox jumps over the lazy dog.	Frutiger Frutiger Condensed
The quick brown fox jumps over the lazy dog. The quick brown fox jumps over the lazy dog.	Arial Arial Narrow
The quick brown fox jumps over the lazy dog. The quick brown fox jumps over the lazy dog.	Franklin Gothic Franklin Gothic Condensed

FIGURA 7-7b. CONSIDERE O TAMANHO E A LARGURA DA FONTE: Você ficará motivado a usar um tamanho de fonte pequeno para ter mais informações no diagrama. Evite tornar o tamanho tão pequeno a ponto de não ser possível ler. Em vez disso, trabalhe com o conteúdo para reduzi-lo à sua essência mais significativa.

E mais, cuidado com a largura geral da fonte que você está usando. Por exemplo, Verdana é uma fonte muito larga e não é recomendada. Tente uma fonte condensada ou estreita. Junte isso com as versões normais para ter mais consistência.

Todas maiúsculas: frases inteiras vs. rótulo curto

✗ THE QUICK BROWN FOX JUMPS OVER THE LAZY DOG
✗ CONTACT CUSTOMER SUPPORT FOR HELP
✓ BECOME AWARE
✓ DECIDE

FIGURA 7-7c. ATENÇÃO NAS LETRAS MAIÚSCULAS E MINÚSCULAS: Em geral, os textos mais longos são mais difíceis de ler com letras maiúsculas do que uma mistura das duas. Elas ocuparão mais espaço também. Porém, palavras simples ou frases curtas, como o título de uma fase na jornada, podem funcionar bem com letras maiúsculas. Use-as moderadamente para enfatizar ou mostrar diferenças.

Estilos de fonte diferentes para enfatizar

The quick brown fox jumps over the lazy dog. The quick brown fox jumps over the lazy dog. The quick brown fox jumps over the lazy dog.	Frutiger Frutiger Ultra Black Frutiger Light Italic

FIGURA 7-7d. ENFATIZE COM ESTILOS EM NEGRITO E ITÁLICO: Use negrito e itálico para ajudar a distinguir os diferentes tipos de informação, mas use-os com moderação. Normalmente as informações serão mais legíveis se você mantiver o mesmo peso e estilo. Uma mistura de negrito e itálico pode ficar confuso.

A legibilidade também muda com o negrito e o itálico. Criar um texto grande em negrito pode não torná-lo mais legível. Por exemplo, Frutiger UltraBlack chama a atenção, mas não facilita a leitura do texto. Do mesmo modo, os textos longos na fonte Frutiger Condensed em itálico são menos legíveis.

Elementos gráficos

Depois de ter compilado o conteúdo, considere como representá-lo visualmente. Os elementos gráficos desempenham um papel importante. Você pode não conseguir criar o gráfico sozinho, mas saber o básico ajudará a planejar e criticar o resultado.

Mostre as relações com linhas

As linhas são o principal meio de mostrar um alinhamento visual. Elas têm quatro funções básicas nos diagramas de alinhamento: dividir, conter, conectar e mostrar caminhos.

Cuidado com as linhas desnecessárias. Se toda célula em um diagrama de tabela tiver uma linha, por exemplo, o diagrama geral ficará desnecessariamente pesado. Como regra geral, use a menor quantidade possível de linhas e só use as que tenham significado para o diagrama.

Transmita informações com cor

Cor é mais do que apenas decoração. Ela ajuda a criar uma sensação de prioridade e facilita a compreensão geral. Dois usos principais da cor no mapeamento da experiência são codificar por cor e mostrar regiões em segundo plano, como na Figura 7-8:

- *Codificar por cor* permite que os observadores vejam os aspectos individuais da informação no diagrama. É fundamental para criar uma sensação de alinhamento visual.

Por exemplo, os pontos críticos ou os momentos da verdade podem ter uma cor consistente em todo o diagrama. Mesmo que não estejam na mesma linha de visão, a cor conectará visualmente os diferentes aspectos de informação no diagrama.

Note que daltônicos podem não conseguir diferenciar bem as cores e as cores também têm significados diferentes em culturas diversas.

- Use a cor para criar *segundos planos* no diagrama. Isso evita o uso desnecessário de linhas. Por exemplo, as fases de uma jornada podem ter uma cor diferente para distingui-las. Você pode fazer isso com a divisão e a inclusão usando valores de uma única cor, no lugar de introduzir novas cores.

O uso de cores demais pode ter retornos menores. Use-as para enfatizar e seja consistente.

Eficiência com ícones

Os ícones não só comunicam muitas informações em um pequeno espaço, como também adicionam interesse visual. Os ícones típicos encontrados nos mapas das experiências incluem pessoas, evidência física dos pontos de contato, emoções e momentos da verdade (veja Figura 7-9).

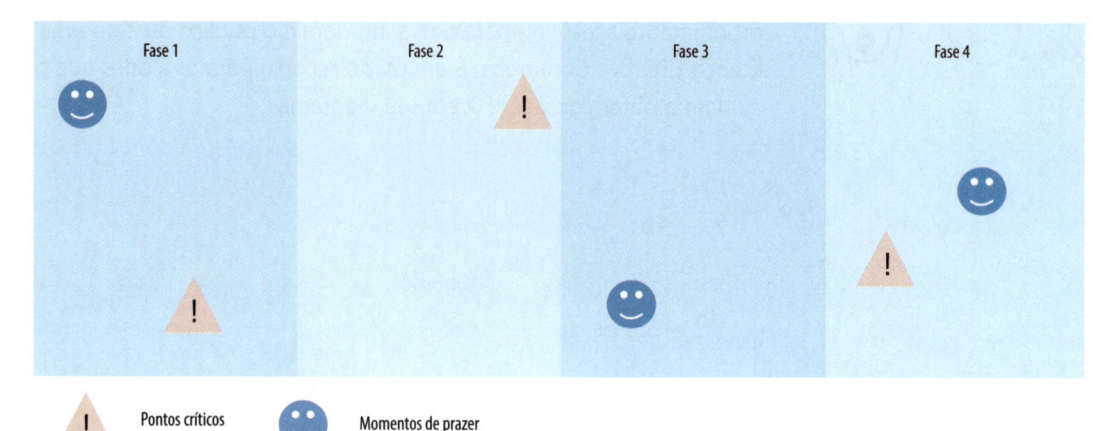

FIGURA 7-8. Transmita informações com cores.

Há muitas direções a escolher, com uma variedade quase infinita (exemplo, fundos sólidos versus apenas contornos, como na primeira linha da Figura 7-9). Tenha seu próprio estilo para os ícones e seja consistente em todo o diagrama

Lembre-se de que nem todas as informações podem ser representadas como ícones. Se houver ambiguidade, crie uma legenda para explicar os ícones. Também lembre-se de que, se houver ícones demais, será difícil entender o diagrama: o leitor sempre terá que consultar a legenda para entender a informação. Tente representar o conteúdo do diagrama de tal modo que ele possa ser lido sem que seja preciso consultar uma legenda ou obter outras explicações.

Observe ainda que os ícones podem ter significados diferentes em culturas diversas. Considere como você pode expressar o pensamento ou o conceito que gostaria de representar com menos parcialidade e implicações culturais possível.

O Noun Project (*thenounproject.com*) é um site que reúne ícones e símbolos de colaboradores do mundo inteiro. As imagens são prontamente acessíveis para o uso, no domínio público ou com uma licença Creative Commons. É um ótimo recurso para os ícones que o ajudam a obter consistência em seu diagrama.

FIGURA 7-9. Adicione ícones para ter eficiência.

Hierarquia Visual

Nem todas as informações em um diagrama têm igual importância. Crie uma hierarquia visual para direcionar como os olhos percebem a experiência que você está mapeando. Como mostrado e explicado nas Figuras 7-10a até 7-10d, as técnicas incluem um bom alinhamento, diferentes pesos visuais para enfatizar, camadas e evitar o excesso visual.

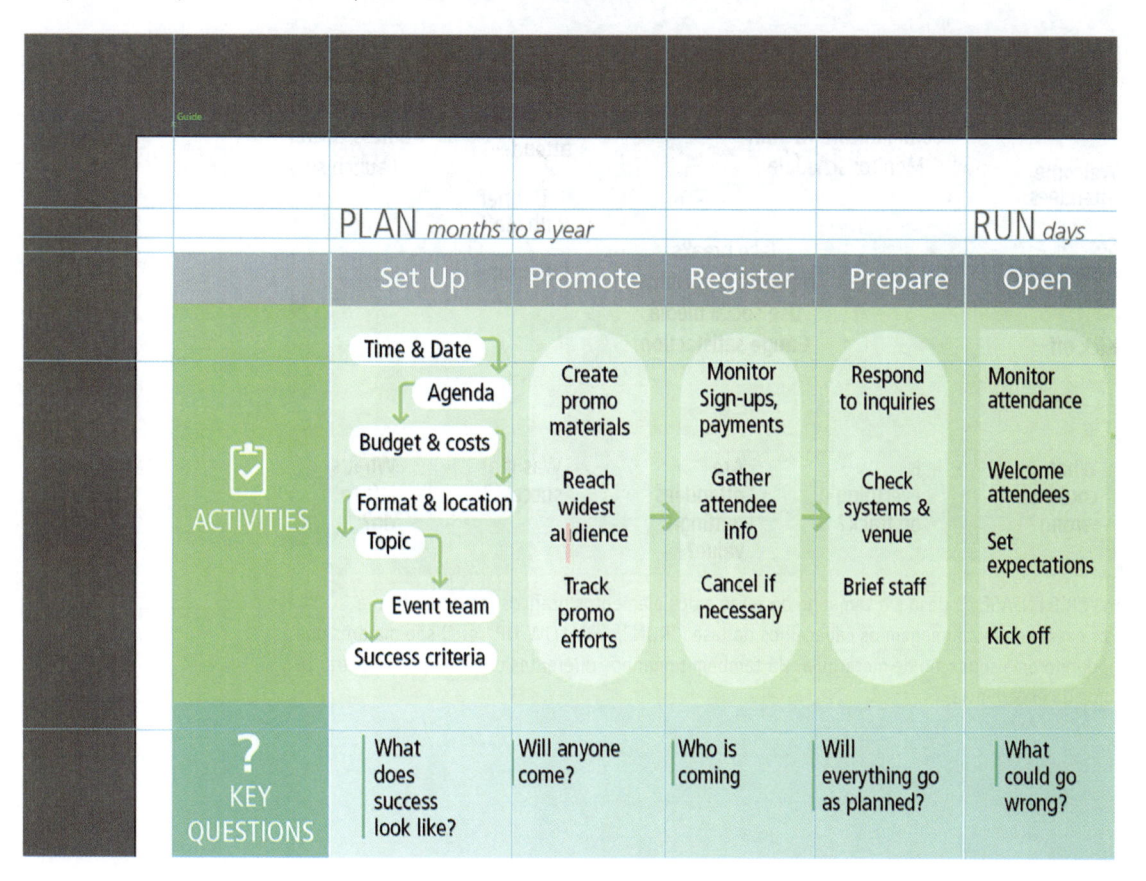

FIGURA 7-10a. ALINHE OS ELEMENTOS: O alinhamento visual é fundamental para seu diagrama. Grade é uma estrutura invisível de linhas espaçadas igualmente nas quais os elementos são justificados. Isso cria linhas claras e guia a linha de visão dos leitores na vertical e na horizontal. Tente fazer um alinhamento, mesmo que esteja usando uma planilha ou mapeando notas adesivas na parede.

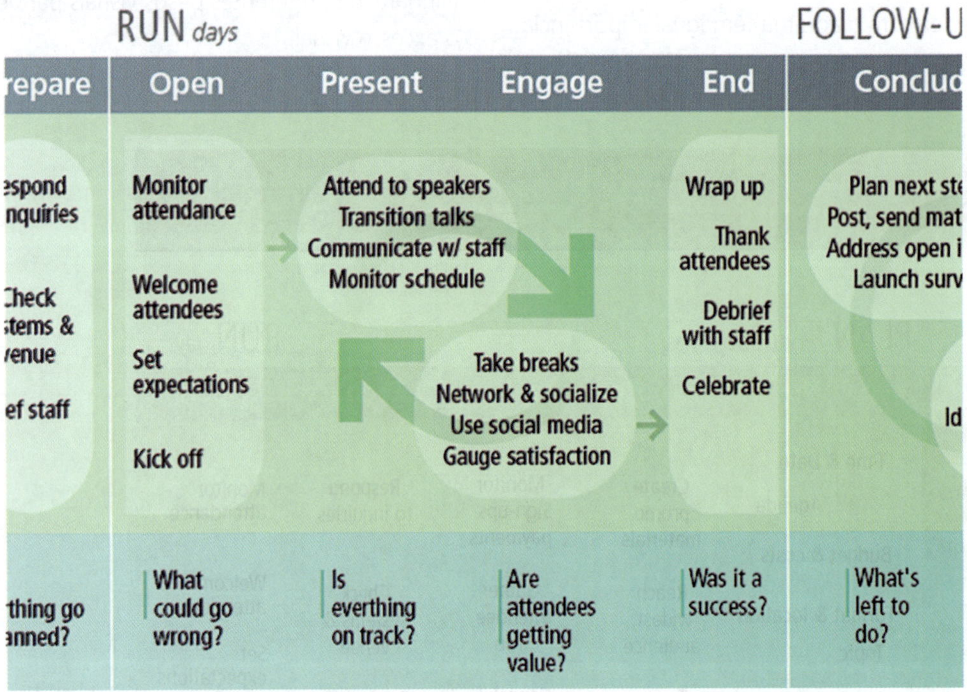

	RUN *days*				FOLLOW-U
repare	Open	Present	Engage	End	Conclu
espond nquiries	Monitor attendance	Attend to speakers Transition talks Communicate w/ staff Monitor schedule		Wrap up Thank attendees	Plan next st Post, send mat Address open i Launch surv
Check stems & venue ef staff	Welcome attendees Set expectations Kick off		Take breaks Network & socialize Use social media Gauge satisfaction	Debrief with staff Celebrate	Id
thing go anned?	What could go wrong?	Is everthing on track?	Are attendees getting value?	Was it a success?	What's left to do?

FIGURA 7-10b. CRIE ÊNFASE: O peso e o tamanho do texto e dos elementos gráficos fornecem foco e diferenciação. Por exemplo, nesta imagem os cabeçalhos da fase ("RUN", "FOLLOW-UP" etc.) são maiores que o resto do texto, dando uma sensação de hierarquia. Há também tamanhos diferentes de setas para mostrar os diferentes aspectos da experiência.

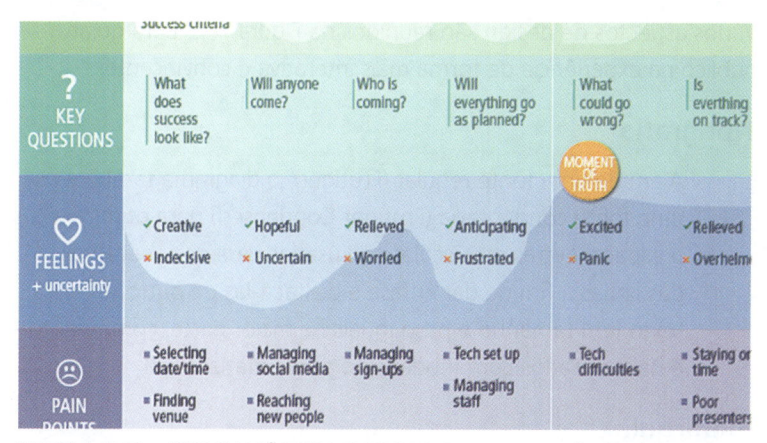

FIGURA 7-10c. INFORMAÇÕES EM CAMADAS: Faça com que alguns elementos se destaquem mais do que outros colocando em camadas textos com tamanhos e sombreamento diferentes. Neste exemplo, a palavra "uncertainty" é mostrada com um sombreamento de fundo e as emoções específicas aparecem como positivas ou negativas, tudo em um pequeno espeço no diagrama.

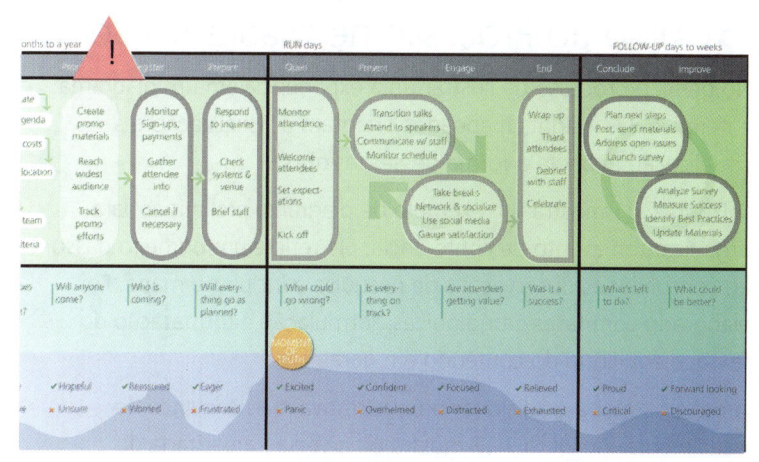

FIGURA 7-10d. EVITE O EXCESSO VISUAL: "Chartjunk", um termo inventado pelo guru de design das informações Edward Tufte, significa qualquer coisa desnecessária em uma exibição das informações. Faça com que cada marca valha a pena.

Exemplo do Processo de Diagramação

No geral, o processo de ilustrar uma experiência em um diagrama é iterativo. Os insights mapeados orientam a visualização e a visualização impacta a forma desses insights.

A Figura 7-11 mostra um exemplo de diagrama preliminar para organizar um evento de conferência. Ele reflete um primeiro passo ao consolidar as observações de pesquisa a incluir no mapa. Foi elaborado com fases cronológicas, formulação e formatação do texto, e equilíbrio do conteúdo em geral.

A próxima etapa é adicionar uma narrativa mais convincente visualmente. A Figura 7-12 mostra uma versão atualizada do diagrama preliminar criado por Hennie Farrow, vice-presidente de design e UX.

As pessoas gostam de informações com apresentação rica. A apresentação visual do diagrama influencia como a informação é compreendida.

Vários aspectos de design são reunidos na Figura 7-12 para guiar o público na experiência de forma mais interativa e convincente:

Tipografia

Além de uma fonte regular (Frutiger), o diagrama também usa uma fonte condensada (Frutiger Condensed) para otimizar o espaço. Letras maiúsculas são usadas para os cabeçalhos das linhas a fim de dar ênfase e destacá-las de outro texto. O texto tem tamanho e peso iguais na maior parte, com negrito e itálico usados com moderação para enfatizar.

Hierarquia

Os alinhamentos horizontal e vertical criam uma sensação de linhas e colunas no diagrama. Sombreamentos de fundo diferentes definem os cabeçalhos da linha e da coluna, e as fases ("Plan," "Run" e "Follow-Up") se destacam do conteúdo principal do mapa.

Organizador de eventos

	ANTES DA CONFERÊNCIA				DURANTE A CONFERÊNCIA				APÓS A CONFERÊNCIA	
	Planejar	**Promover**	**Convidar atendentes**	**Preparar**	**Iniciar evento**	**Iniciar principais apresentações**	**Engajar público**	**Terminar evento**	**Continuação**	**Melhorar evento**
AÇÕES	• Definir orçamento, custos • Determinar assunto • Criar agenda • Definir data e hora • Definir critérios de sucesso • Compreender relatório	• Criar materiais • Alcançar maior público • Decidir onde, quando • Promoção cruzada • Controlar dados na promoção • (Re)avaliar a promoção	• Manter listas de contato • Descobrir quem convidar • Criar entrada do calendário • Salvar avisos da data • Enviar convites e lembretes complementares	• Criar em conjunto materiais • Organizar materiais • Tornar materiais acessíveis • Discutir sobre automações • Verificar equipamento	• Aparecer cedo • Examinar diretrizes • Comunicar a hora • Monitorar atendimento • Cumprimentar público	• Saudar atendentes • Fazer uma inspeção geral, horários • Definir expectativas • Instruir atendentes sobre ambiente, ferramentas	• Integrar rede social • Avaliar atendimento • Fazer pausas • Rede	• Encerrar as atividades • Agradecer as pessoas • Responder às perguntas • Interrogar • Planejar próximas etapas	• Falar sobre perguntas não respondidas • Enviar materiais • Coletar comentários • Iniciar análise	• Analisar resultados da análise • Rever métrica, comparar com objetivos • Medir eficiência • Atualizar materiais
PENSAMENTOS	Para quem é? As pessoas virão? Como é o sucesso?	Quem estou visando? Como promovo melhor? A promoção é eficiente?	Quem estou atraindo? Quais são suas necessidades? Tudo sairá como o planejado? Lembrarei de tudo?	Alguém virá? Como é o sucesso? Como promovo melhor? A promoção é eficiente?	Quem se inscreve?	Tudo sairá como o planejado? Lembrarei de tudo?	O público está engajado? Ele está fazendo seu dinheiro valer a pena?	Foi bem recebido? Um sucesso?		
SENTIMENTOS	criativo indeciso	otimista incerto	aliviado preocupado		Motivado! entusiasmado pânico (muita incerteza)	aliviado sobrecarregado	aliviado exausto	avançando desencorajado	orgulhoso	
PONTOS CRÍTICOS	• Descobrir quando agendar um evento	• Determinar canais de mídia social • Gerenciar promoções da mídia social • Material com aparência pouco profissional	• Ter que reagendar o evento • Atualizar detalhes da reunião, agenda etc.	• Localizar materiais • Consolidar materiais • Configurar hardware • Coordenar equipe	• Dificuldades técnicas inesperadas	• Dificuldades técnicas inesperadas	• Manter foco • Avaliar compreensão dos atendentes		• Falta de tempo para dar continuidade logo em seguida	• Falta de motivação para atualizar materiais • Falta métrica coletada • Incapacidade de mostrar a eficiência do evento
NOSSOS OBJETIVOS	• Maximizar alcance do maior público	• Maximizar alcance do maior público	• Maximizar o número de pessoas atendidas • Aumentar a probabilidade de que as pessoas certas serão atendidas	• Aumentar a probabilidade de que o público será engajado • Maximizar a aparência profissional	• Aumentar a probabilidade de um início tranquilo	• Aumentar a probabilidade de que os atendentes tenham uma experiência positiva • Maximizar a utilização do tempo enquanto não estiver "em ação"	• Maximizar o engajamento do público • Reduzir a probabilidade de que os atendentes fiquem distraídos	• Maximizar a satisfação geral	• Maximizar a duração da relação com os atendentes	• Aumentar a qualidade dos futuros eventos • Maximizar o vozerio no evento e assunto
SATISFAÇÃO ATUAL		7.1/10	4.2/10		8.2/10	6.5/10	5.5/10		8.7/10	

FIGURA 7-11. Antes de adicionar detalhes gráficos, encontre o layout certo e consolide os insights de sua investigação em um diagrama preliminar.

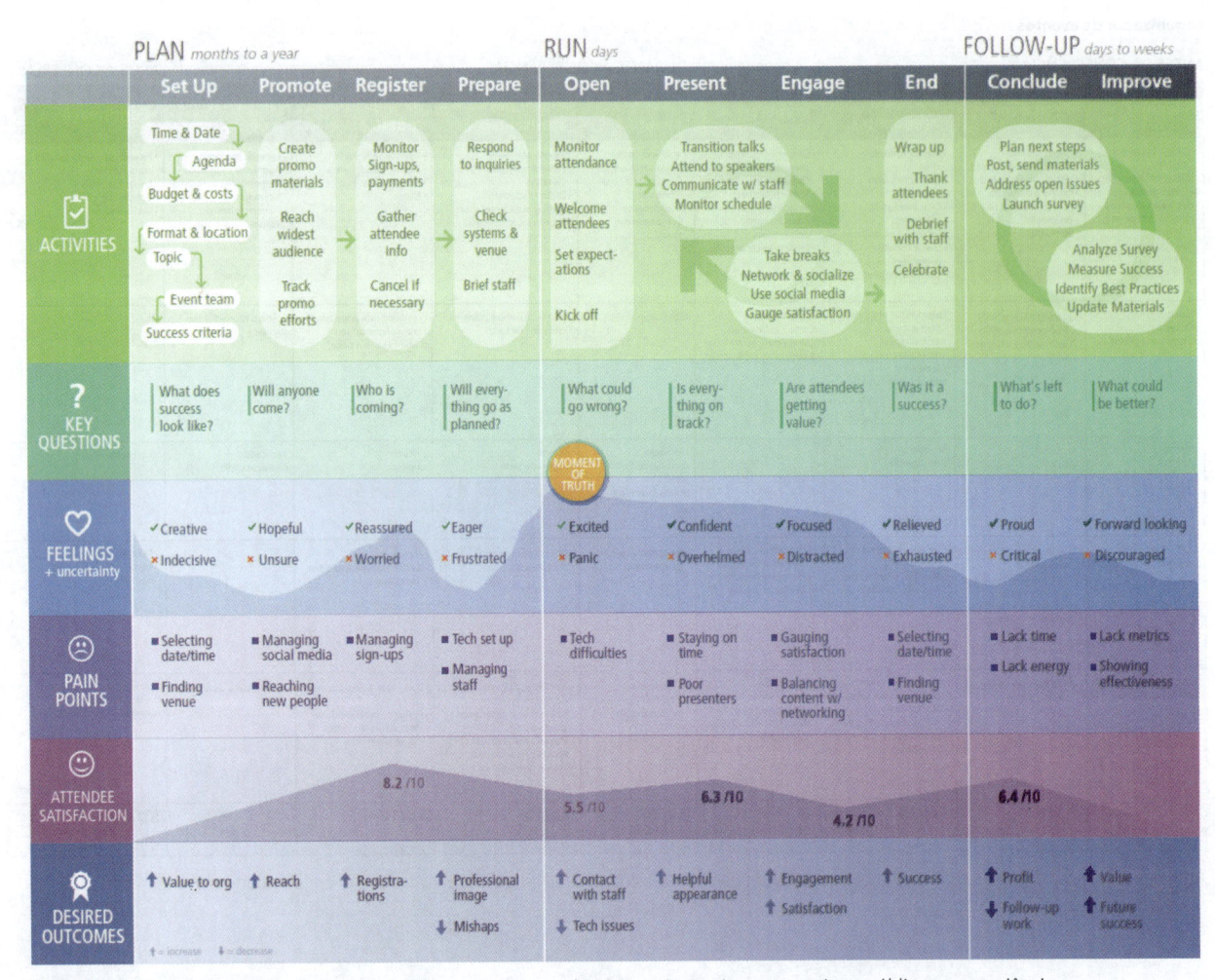

FIGURA 7-12. Use elementos do design visual para contar uma história mais convincente e guiar o público na experiência.

Mostrando Suas Emoções

As emoções desempenham um papel crítico nas experiências que temos. É necessária uma descrição do estado emocional da pessoa ao mapear as experiências, mas não é fácil representar as emoções em um diagrama.

A abordagem mais simples é indicá-las com texto. Também é possível mostrar emoções usando ícones de expressões faciais. A Figura 7-13 mostra um diagrama simples, mas muito eficiente, criado por Craig Goebel para a Intuit.

Observe também como a jornada emocional na Figura 7-13 é representada em uma linha que sobe e desce com diferentes sentimentos. É uma abordagem comum que surgiu nas últimas décadas. A Figura 7-14 é um exemplo inicial do relatório de 2004 de Ed Thompson e Esteban Kolsky intitulado "How to Approach Customer Experience Management"; é um trecho de um diagrama que avalia a experiência dos passageiros comerciais em uma grande linha aérea norte-americana.

Um problema nessa abordagem é que ela sugere uma quantificação. Porém, raramente essas informações são derivadas de uma investigação quantitativa — em geral, são estimadas de modo intuitivo. Cuidado com o que você comunica e como.

E mais, a abordagem da linha representada simplificou muito as emoções. Raramente temos apenas uma emoção de cada vez. Por exemplo, ao fechar a conta em um resort após duas semanas de férias, você pode estar *contente* com o serviço, mas ao mesmo tempo *triste* por partir ou até *ansioso* por voltar a trabalhar na segunda-feira, tudo ao mesmo tempo.

Uma abordagem que adoto costuma focar várias emoções possíveis indicando as emoções positiva e negativa mais prevalentes em cada fase da experiência. A linha "Feelings" na Figura 7-12 é um exemplo: note que a linha curva reflete especificamente a "incerteza", que orienta muitas emoções reveladas durante a pesquisa.

Entender e representar as emoções é um desafio. Considere as vantagens e as desvantagens que você terá e como caracterizará melhor os aspectos emocionais da experiência que está ilustrando.

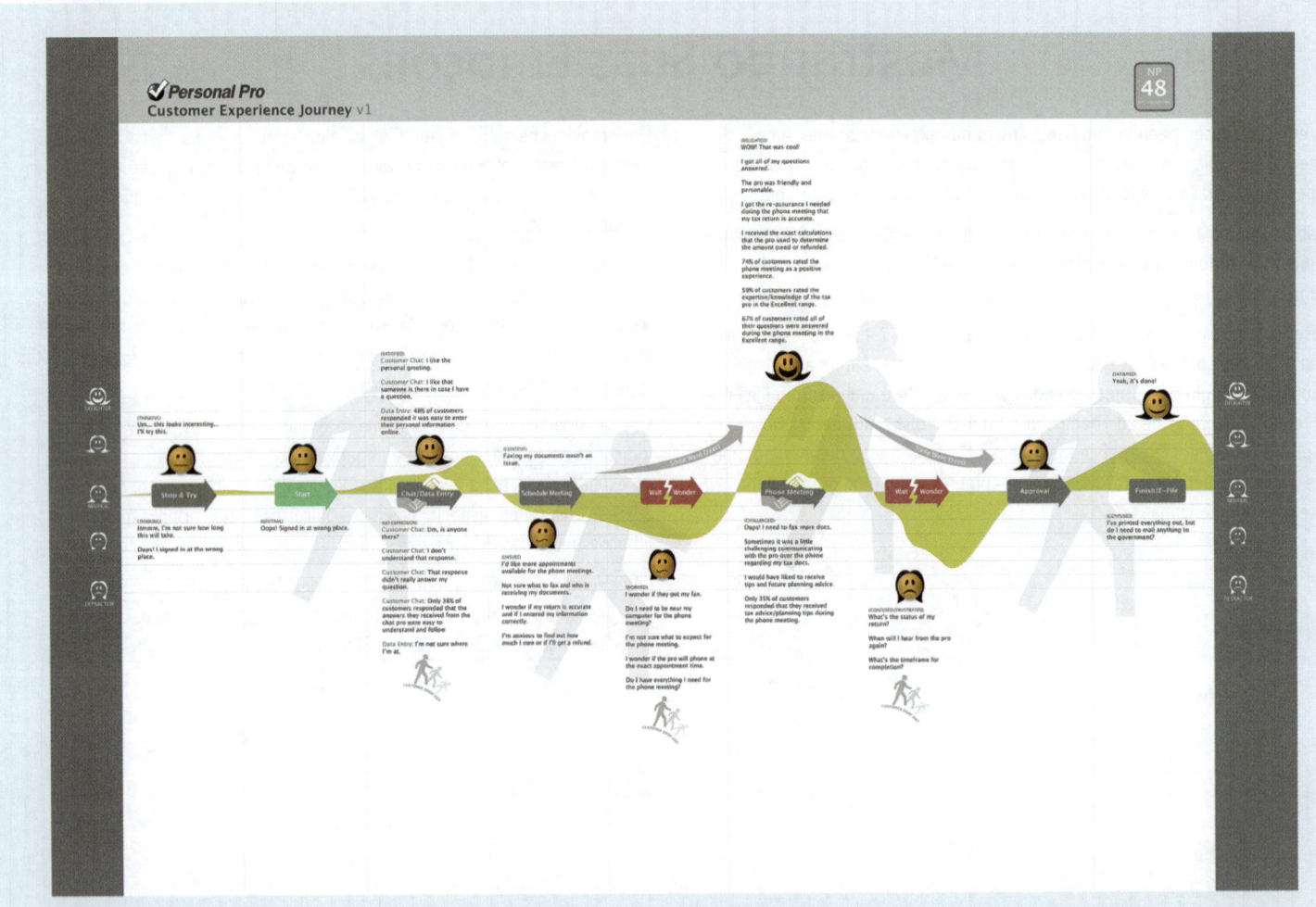

FIGURA 7-13. Este mapa da jornada criado por Craig Goebel consiste basicamente nos estados emocionais mostrados com ícones plotados em uma curva.

Avaliação da experiência

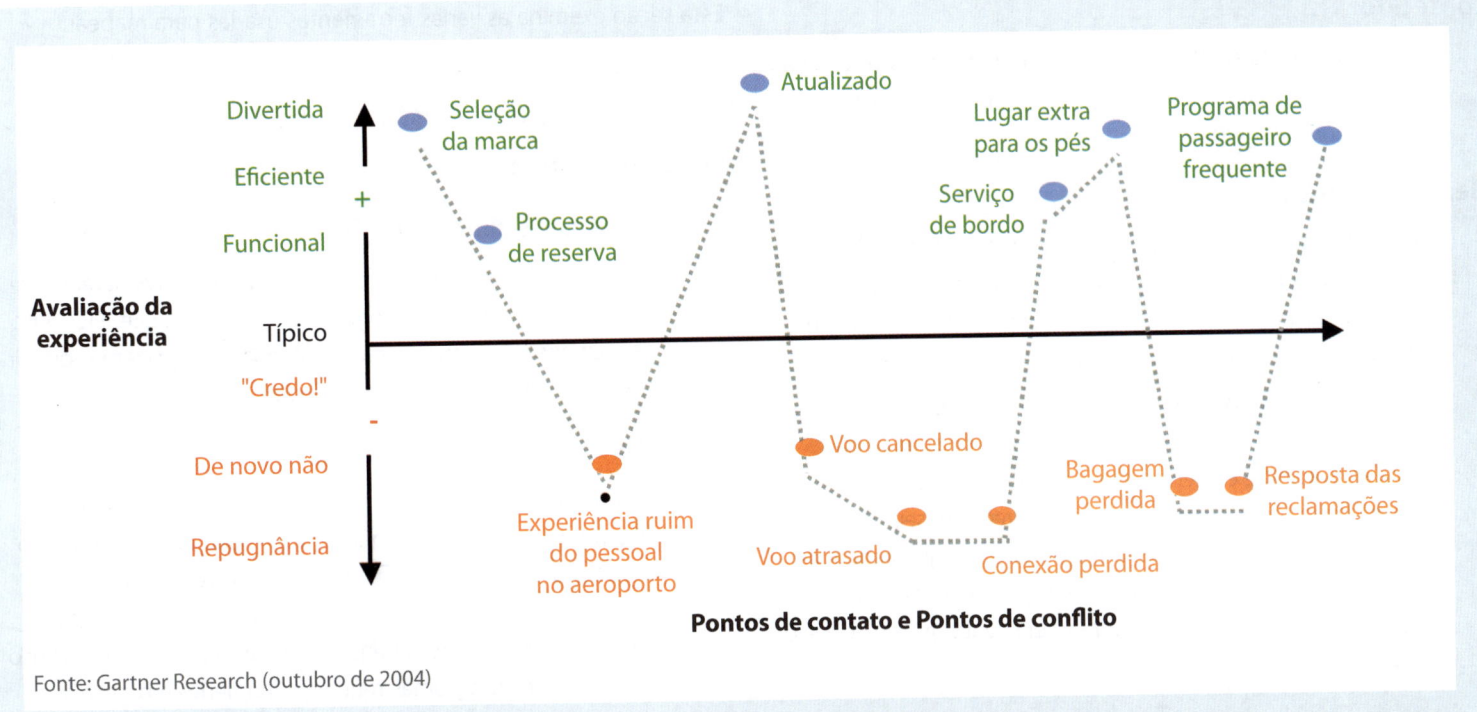

- Divertida
- Eficiente
- Funcional
- Típico
- "Credo!"
- De novo não
- Repugnância

Pontos de contato: Seleção da marca, Processo de reserva, Atualizado, Serviço de bordo, Lugar extra para os pés, Programa de passageiro frequente

Pontos de conflito: Experiência ruim do pessoal no aeroporto, Voo cancelado, Voo atrasado, Conexão perdida, Bagagem perdida, Resposta das reclamações

Pontos de contato e Pontos de conflito

Fonte: Gartner Research (outubro de 2004)

FIGURA 7-14. A ideia de representar os altos e os baixos emocionais é comum ao mapear e apareceu já em 2004.

Conteúdo

Há um uso consistente da sintaxe — por exemplo, verbos para a fase principal e adjetivos para os sentimentos. A pessoa é consistente também.

Elementos gráficos

A cor é usada para distinguir os diferentes aspectos das informações nas linhas. A primeira coluna com os rótulos da linha tem fundos mais escuros, dando profundidade ao diagrama em geral e prioridade a essas informações.

Ícones são adicionados para o interesse visual. Cada tipo de informação também inclui um elemento único para dar uma sensação de coerência. Por exemplo, os objetivos da organização têm setas para mostrar a direção desejada do resultado, os pontos críticos têm um marcador quadrado e as principais perguntas têm uma linha. O momento da verdade nessa experiência é indicado por um elemento gráfico no meio.

Ferramentas e Software

Existem várias ferramentas e software que você pode usar para ilustrar um diagrama dependendo de suas habilidades e necessidades. Para os esforços informais, um quadro de avisos simples com notas adesivas pode ser suficiente. Em outros casos, um diagrama mais elaborado pode ser apresentado formalmente para os clientes e stakeholders.

Esta seção examina as várias ferramentas usadas para mapear.

Programas de Computador

Existem muitas ferramentas disponíveis, inclusive:

Ferramentas de diagramação

O Omnigraffle para Mac e o Visio para Windows geralmente são usados para criar fluxogramas e mapas do site. Eles têm capacidades de diagramação avançadas que podem produzir diagramas finais com alta qualidade.

Aplicativos gráficos avançados

Os programas Adobe Creative Suite — em particular, o Illustrator (mostrado na Figura 7-15) — são aplicativos muito usados. O Sketch é uma ferramenta mais recente e ficou muito popular, e o Figma tem um poderoso ambiente de edição de gráfico diretamente por meio do navegador. O uso devido desses programas requer treinamento e prática.

Planilhas

Também é possível criar diagramas em programas como o Microsoft Excel. O importante ao procurar programas alternativos como esse é a capacidade de trabalhar em telas grandes, quase ilimitadas. Programas de apresentação, como o PowerPoint ou Keynote, geralmente não se estendem muito na largura ou na altura para conseguirem acomodar um diagrama de alinhamento completo.

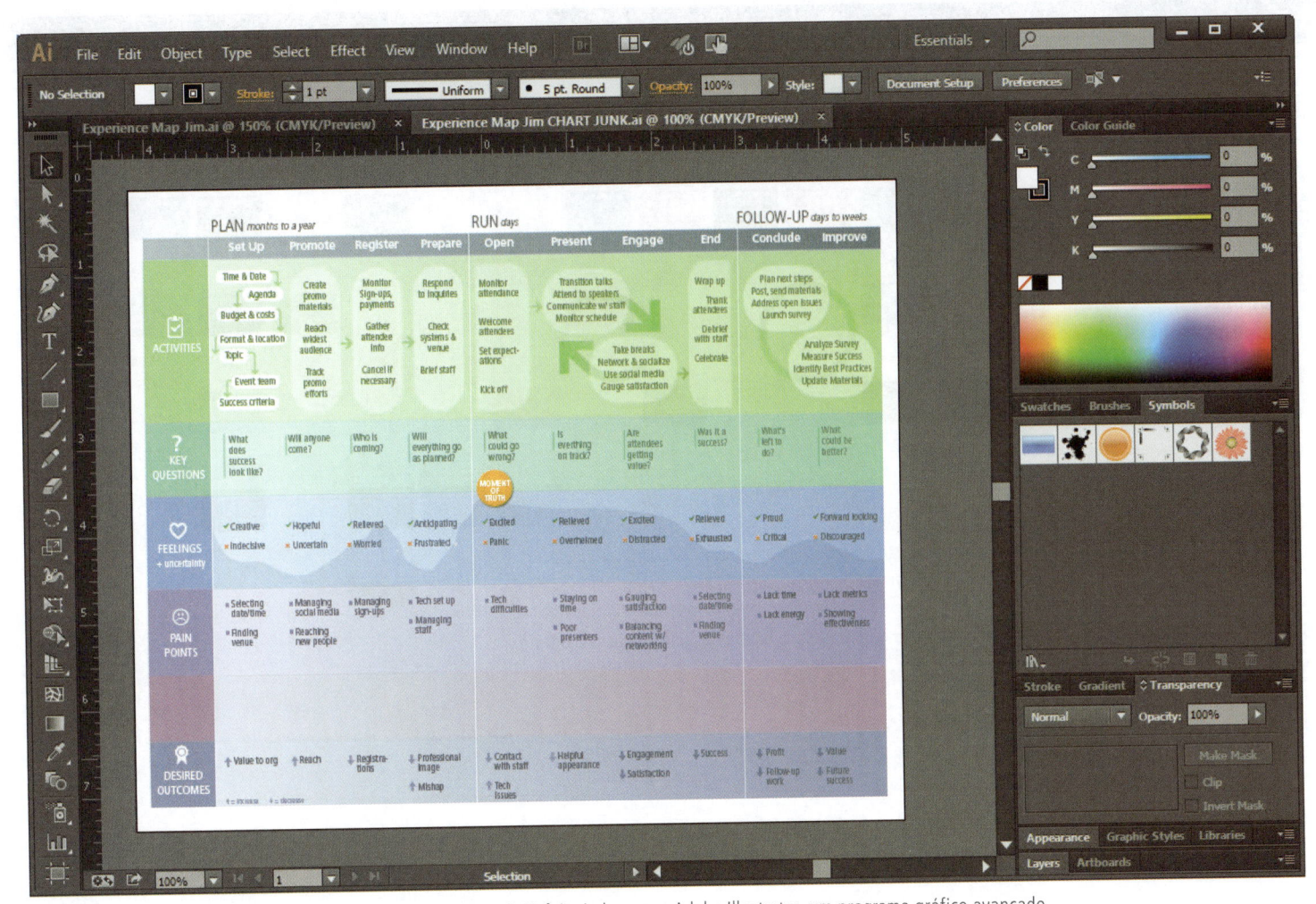

FIGURA 7-15. O exemplo de mapa da experiência na Figura 7-12 foi criado com o Adobe Illustrator, um programa gráfico avançado.

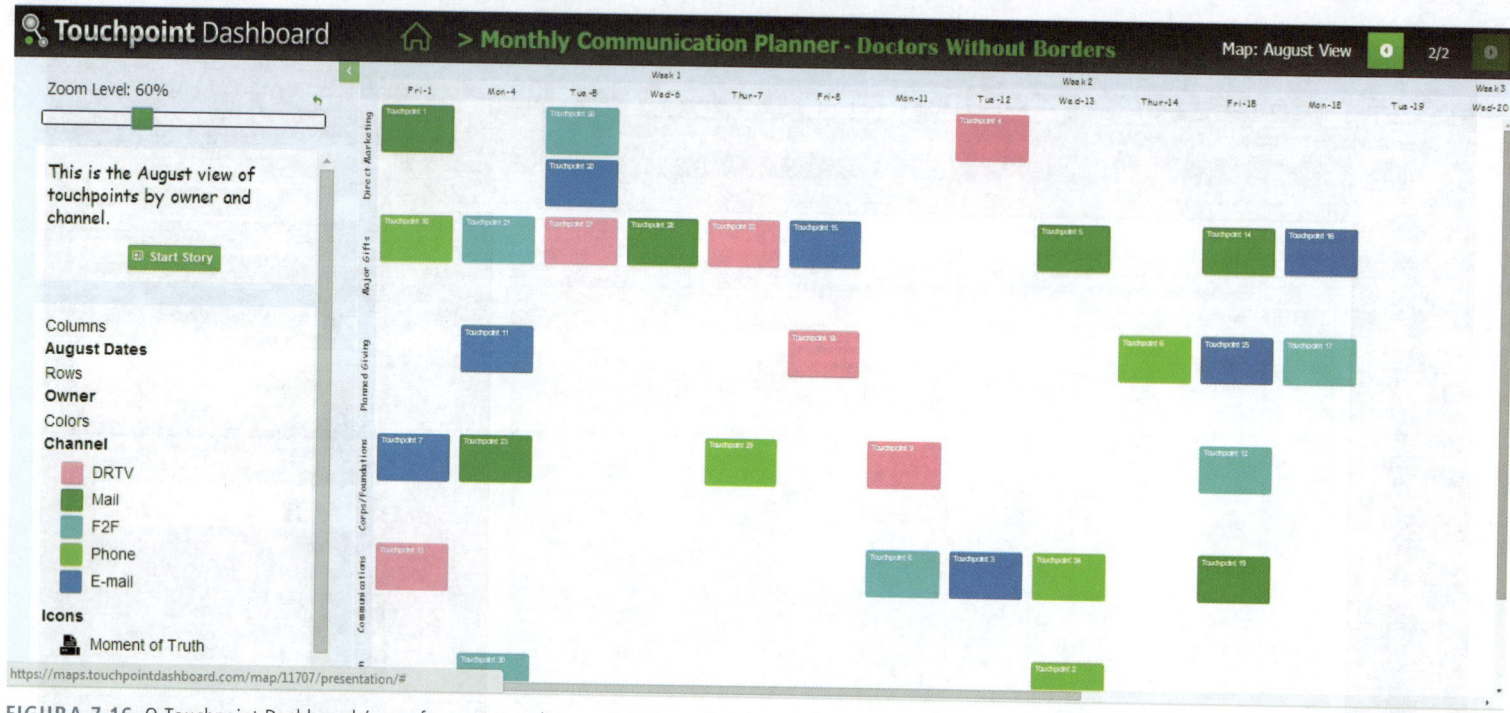

FIGURA 7-16. O Touchpoint Dashboard é uma ferramenta online usada para gerenciar pontos de contato.

Ferramentas da Web para Mapeamento

As ferramentas da Web para mapear estão ficando mais poderosas. Elas têm a vantagem de um fácil compartilhamento e alta portabilidade. Se você trabalha com pessoas em locais diferentes, uma ferramenta online pode dar suporte para a colaboração remota. Veja algumas ferramentas disponíveis:

Programas de gerenciamento dos pontos de contato

Touchpoint Dashboard (*touchpointdashboard.com*) é um bom exemplo de ferramenta online específica para gerenciar pontos de contato (Figura 7-16). É usado para controlar as mudanças nos pontos de contato ao longo do tempo. Como é baseada em bancos de dados, também permite várias exibições das informações. Você pode filtrar e mudar as exibições para ver os dados de várias perspectivas. Isso não é possível com programas gráficos e outros programas.

Ferramentas de mapeamento online

O UXPressia (*uxpressia.com*) é uma importante ferramenta de mapeamento online com muitos modelos para começar e a capacidade de colaborar com colegas direto no mapa. Outras incluem o Smaply (*smaply.com*) e o Canvanizer (*canvanizer.com*).

Ferramentas de diagramação online

O Lucidchart (*lucidchart.com*) é uma ferramenta de diagramação online parecida com o Ominigraffle ou o Visio, com a vantagem de se integrar diretamente ao Google Drive.

Quadros de aviso online

Quadros de aviso online, como o MURAL (*mural.co*) e outras ferramentas parecidas funcionam bem em todos os aspectos do processo de mapeamento. Sua flexibilidade e grande área da tela permitem criar diagramas detalhados, tudo online. Isso abre o processo para uma colaboração ativa de outras pessoas de modo contínuo.

A Figura 7-17 mostra um exercício de mapeamento finalizado usando o MURAL. Primeiro, várias atividades podem ser incluídas em um diagrama: mapeamento da cadeia de valor, personas, mapas de empatia e de experiência. Segundo, o grande serviço virtual nos permitiu comparar duas experiências diferentes: ir ao supermercado de bicicleta e de carro. Por fim, o trabalho online permite a integração de imagens para tornar a descrição da experiência ainda mais rica. O MURAL também permite que várias pessoas colaborem em tempo real na nuvem.

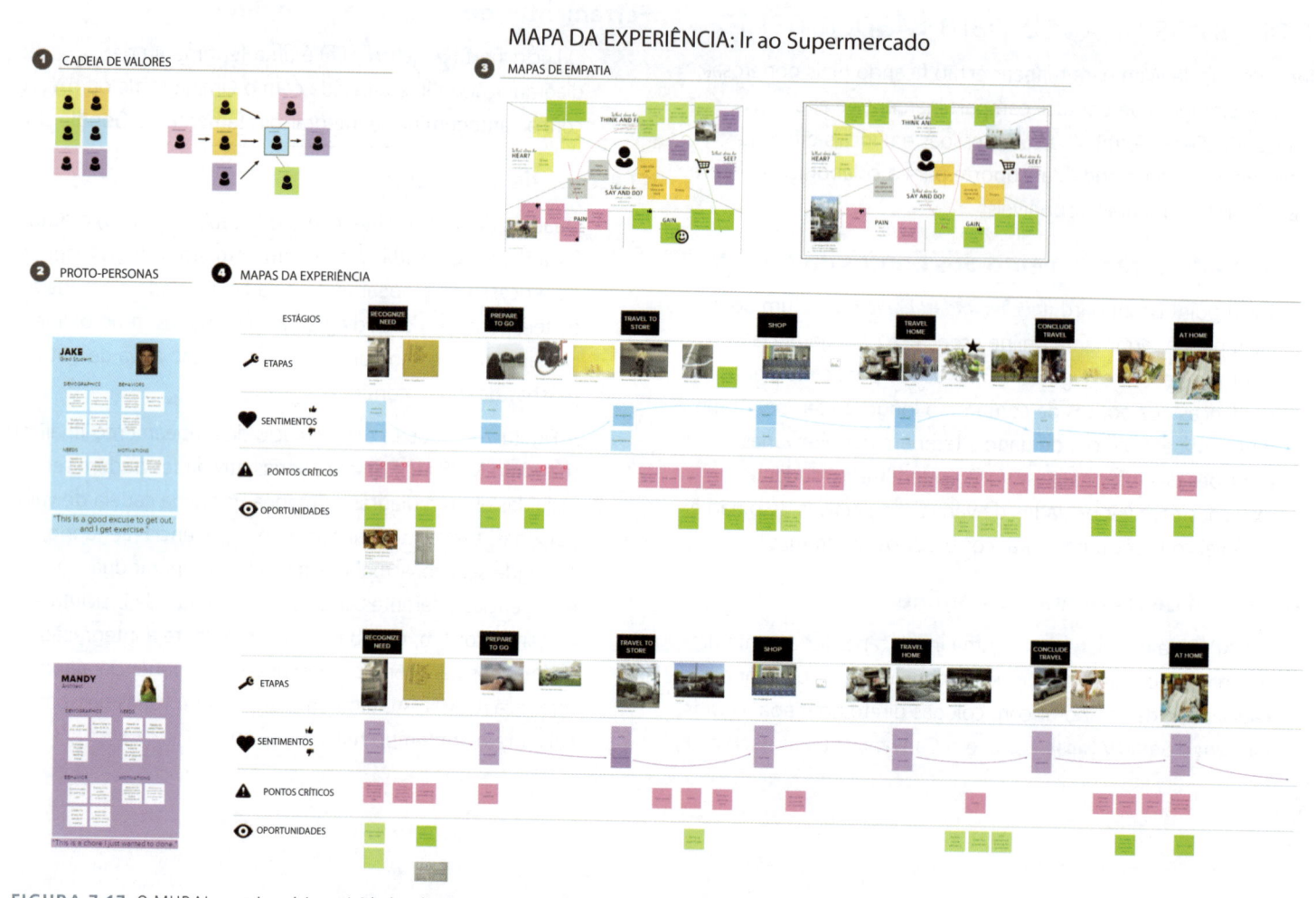

FIGURA 7-17. O MURAL permite várias atividades de mapeamento e uma comparação das diferentes experiências, tudo em um único lugar

Resumo

O objetivo neste estágio do processo é reunir insights com a investigação em um único diagrama. Mapear a experiência não só captura muitas informações em um espaço compacto, como também fornece uma narrativa interessante com a qual os stakeholders desejam interagir.

A forma do diagrama transmite significado. Em geral, um diagrama cronológico terá um layout de tabela ou linha do tempo. Mas há alternativas também, como layouts circulares, redes do tipo aranha e "cobras e escadas". Considere como a forma do diagrama amplia a mensagem geral.

Condensar o conteúdo em um formato é desafiador. É um processo iterativo de agrupar e reagrupar. Seu objetivo é reduzir as informações ao comportamento agregado representativo do grupo de destino. Pensar de cima para baixo ajuda no processo. Use a forma e a estrutura do diagrama para guiar a compilação do conteúdo.

É importante entender o básico do design das informações e a importância da visualização, mesmo que você não seja um designer gráfico. A tipografia é fundamental, pois grande parte do corpo é texto. Os elementos gráficos adicionam interesse visual e eficiência. Linhas, formas, ícones e cor melhoram a compreensão.

A hierarquia visual também tem sua função. Nem todos os elementos têm a mesma importância. Use camadas e tamanhos diferentes para colocar alguns aspectos em primeiro plano e outros em segundo plano. Se você precisar contratar um designer gráfico, deverá ser capaz de discutir sobre algumas coisas básicas com ele.

Existem várias ferramentas para ilustrar um diagrama. Usar planilhas e ferramentas de diagramação fornece um início fácil e resultados rápidos. Aplicativos gráficos de ponta podem produzir mapas elegantes, mas requerem habilidades especializadas. Há cada vez mais ferramentas online disponíveis, inclusive soluções de mapeamento específicas e soluções de lousa digital.

Mais Leitura

Robert Bringhurst, *Elementos do Estilo Tipográfico*, 3ª ed.

> *É um livro atraente e muito bem escrito que é considerado por muitos como a "bíblia da tipografia". As ilustrações e os exemplos incluídos são impecáveis e envolventes. Há muitas informações práticas, inclusive uma revisão de amostras de fontes selecionadas e um glossário completo. Esse volume é uma referência atemporal.*

Edward Tufte, *Envisioning Information* (Graphics Press, 1990)

Edward Tufte, *Visual Explanations* (Graphics Press, 1997)

> *Tufte é o principal pensador do design da informação. Esses dois livros são alguns de seus muitos volumes que descrevem os princípios fundamentais do design da informação. Entender esses conceitos ajuda muito ao criar diagramas de alinhamento.*

Mapeando a Experiência de Teste em Laboratório

Equipe de Design de Estratégias e Serviços Mad*Pow: Jon Podolsky, Ebae Kim, Paul Kahn e Samantha Louras

A Mad*Pow foi abordada por um laboratório internacional e uma empresa de diagnósticos para melhorar a experiência de teste em laboratório do paciente. Nosso processo para criar uma experiência convincente do usuário sempre começa com uma pesquisa. Para melhorar um serviço, precisamos entendê-lo do ponto de vista do cliente.

Começamos mapeando a experiência atual, usando uma combinação de entrevistas com stakeholders e usuários, junto com uma exposição direta ao serviço, equipe e operações para produzir materiais e insights.

A partir da pesquisa, criamos uma narrativa que descreve como um cliente interage com o serviço. A narrativa pode ser genérica ou apresentar um cenário associado a uma persona específica desenvolvida por meio da pesquisa. Organizamos as etapas da experiência do cliente em uma sequência cronológica e agrupamos as etapas em estágios que identificam as transições significativas.

Por exemplo, nossa pesquisa mostrou que vários estágios precedem o agendamento da consulta. O primeiro estágio, *Consciência de um problema de saúde*, é seguido da *Avaliação sobre procurar ou não ajuda médica*, quando a maioria dos usuários pesquisa de modo independente uma avaliação dos sintomas. Essa abordagem produziu um mapa da jornada do cliente mostrando estágios, etapas e pontos de contato do paciente associados a cada etapa (Figura 7-18). Isso nos permitiu mostrar ao cliente como seu serviço entra na jornada maior de assistência médica do cliente.

Os estágios da jornada também são a estrutura para criar cenários individuais do cliente. Podemos selecionar uma persona desenvolvida por meio da pesquisa (Figura 7-19), criando um cenário para ela, e podemos adicionar uma camada de emoções do cliente à jornada.

Essas respostas emocionais nos ajudam a identificar as etapas nas quais a experiência poderia ser melhorada. Os momentos de preocupação, desconforto e ansiedade da persona podem ficar visíveis combinando símbolos e citações emocionais, trazendo a experiência do cliente para o primeiro plano.

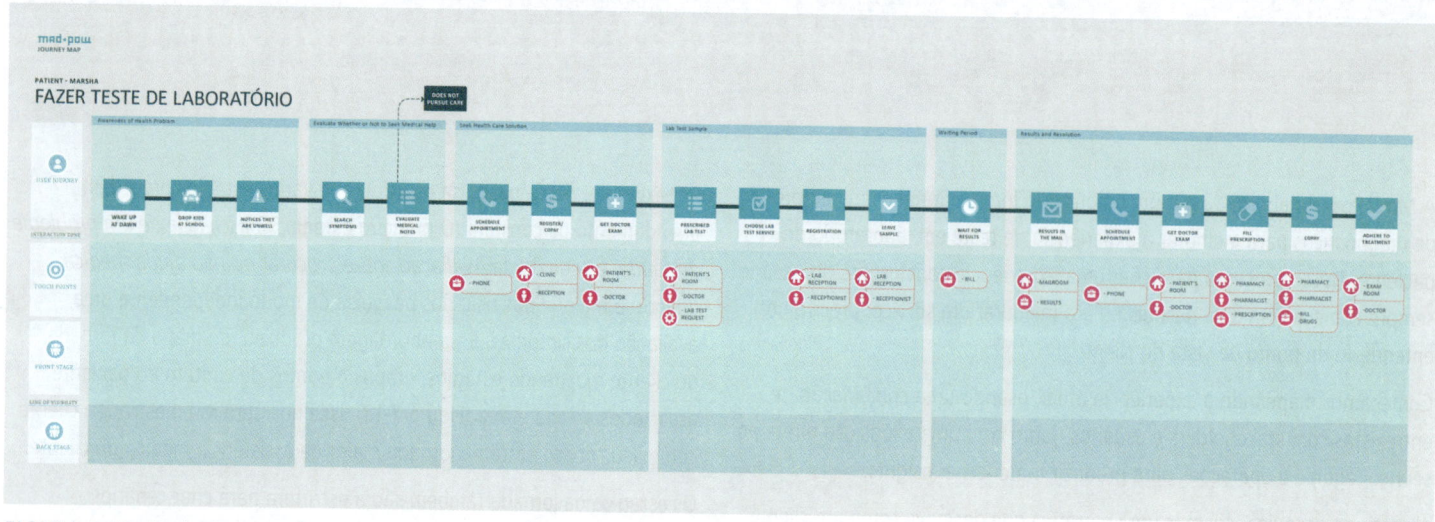

FIGURA 7-18. A primeira etapa é mapear os estágios da jornada do cliente e os pontos de contato.

Neste exemplo, codificamos as emoções da persona com uma única cor e variações das expressões faciais. A variação da cor é usada apenas a fim de chamar a atenção para dois momentos na jornada em que as mudanças poderiam ter um impacto positivo. Dividimos a etapa de espera pelos resultados do teste que gera ansiedade em três etapas adicionais para enfatizar quanta atividade negativa e sensação o período de espera pode produzir na persona (veja Figura 7-20).

Neste cenário, o cliente está interagindo com a equipe nos consultórios do profissional da área de saúde e no laboratório de teste. Adicionando processos da linha de frente aos dois locais, e alinhando-os com os processos da retaguarda necessários para dar suporte aos pontos de contato do cliente, o mapa foi expandido a fim de incluir os elementos de um blueprint de serviço (Figura 7-21).

Essa abordagem produz um mapa da jornada do cliente altamente legível e condensado, com a opção de adicionar informações do blueprint de serviço mais complexas, quando necessário, para ilustrar as lacunas atuais e as oportunidades para mudar a oferta e produzir a melhoria desejada.

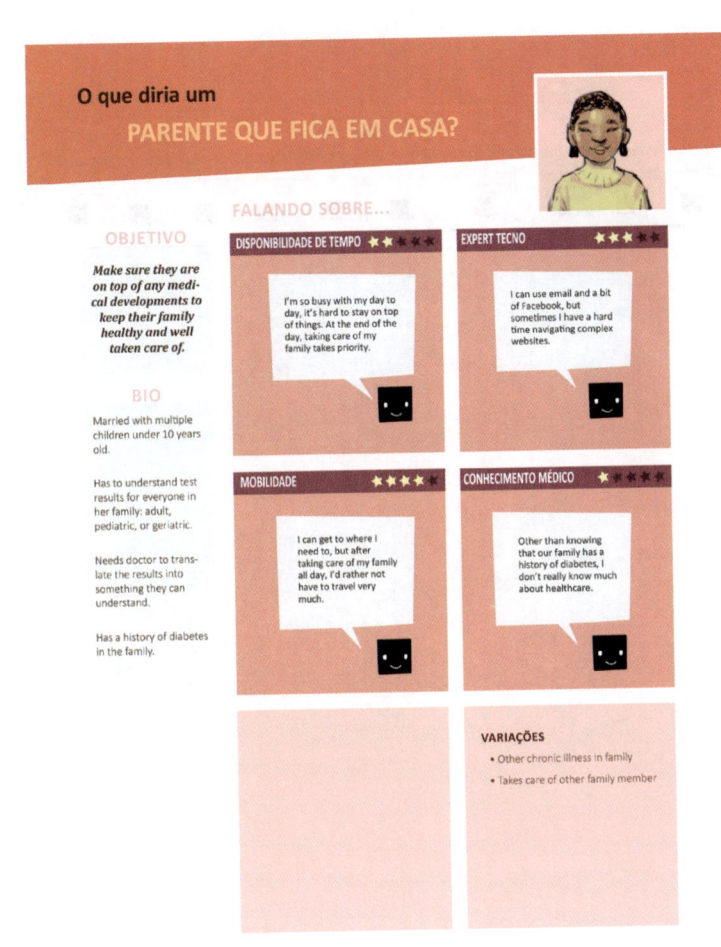

FIGURA 7-19. Na segunda etapa, selecione uma persona para criar uma jornada individual.

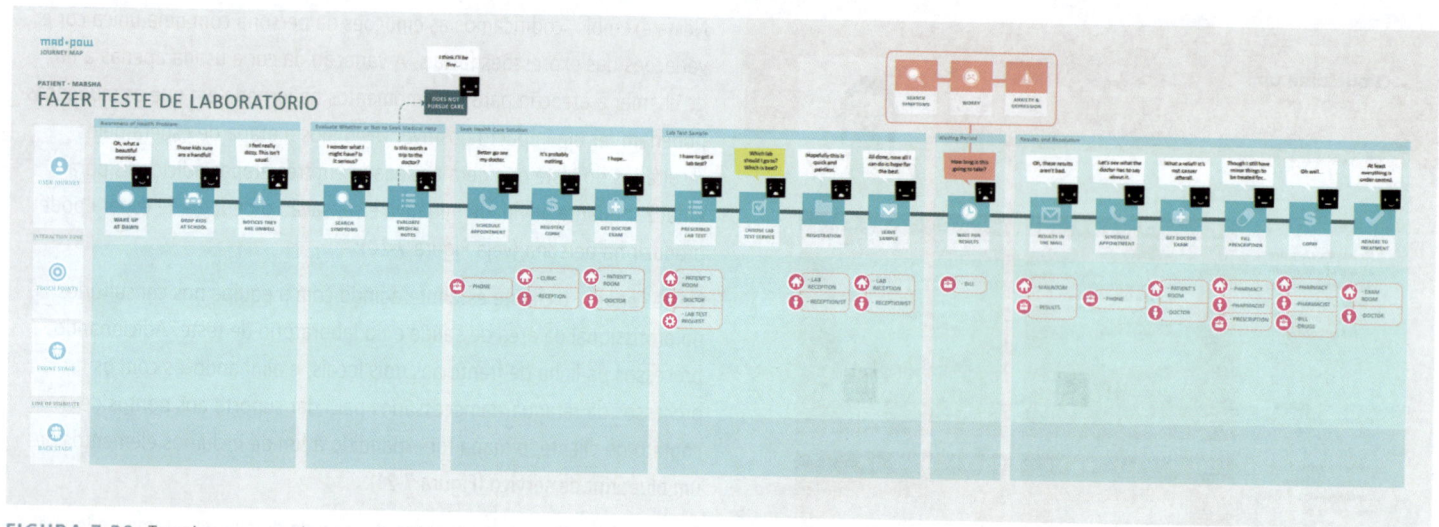

FIGURA 7-20. Terceiro, o mapa das emoções da persona em cada etapa.

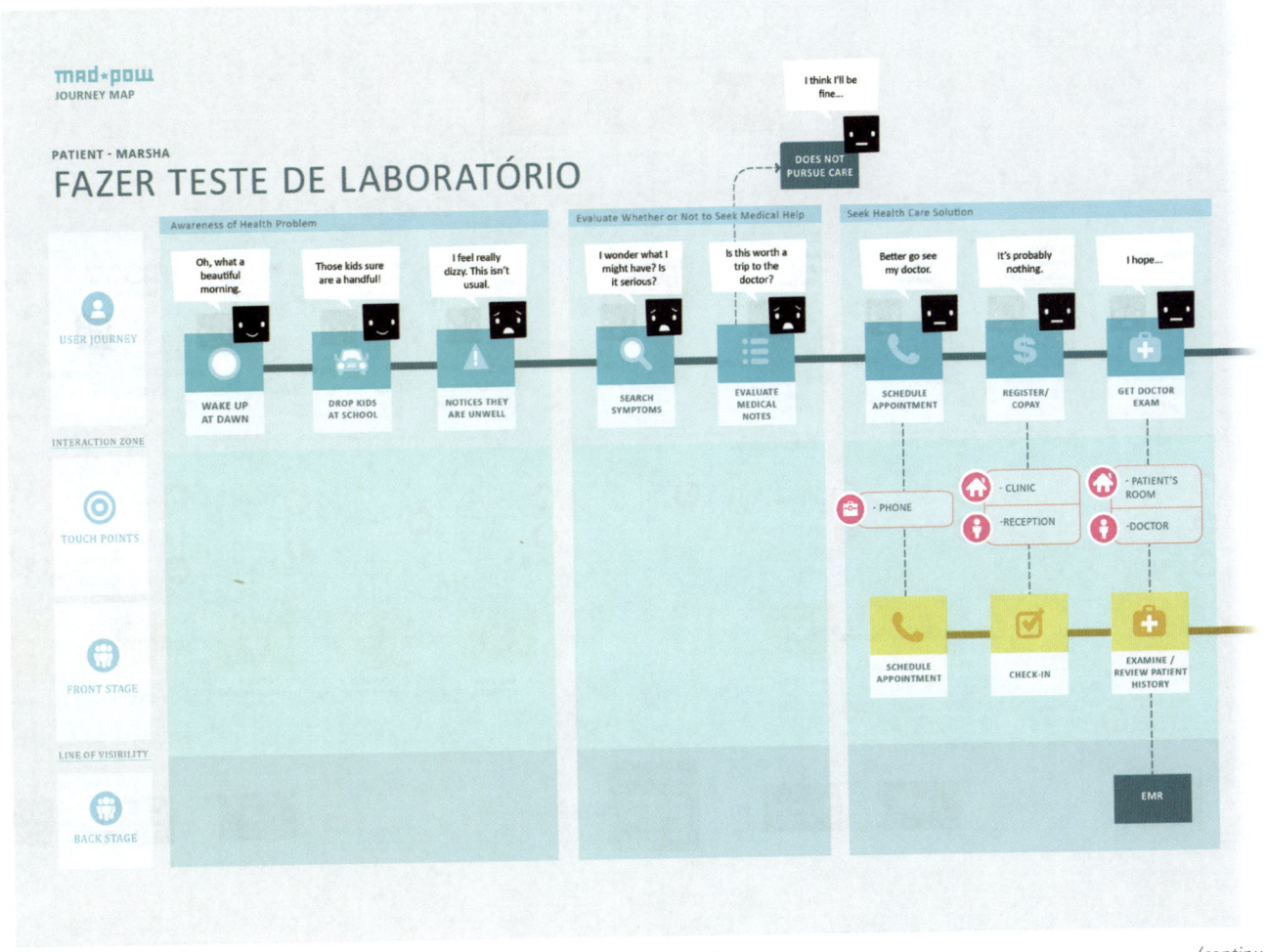

FIGURA 7-21. Finalmente, adicione os processos da linha de frente e da retaguarda.

(continua)

Estudo de Caso • Mapeando a Experiência de Teste em Laboratório

(continuação)

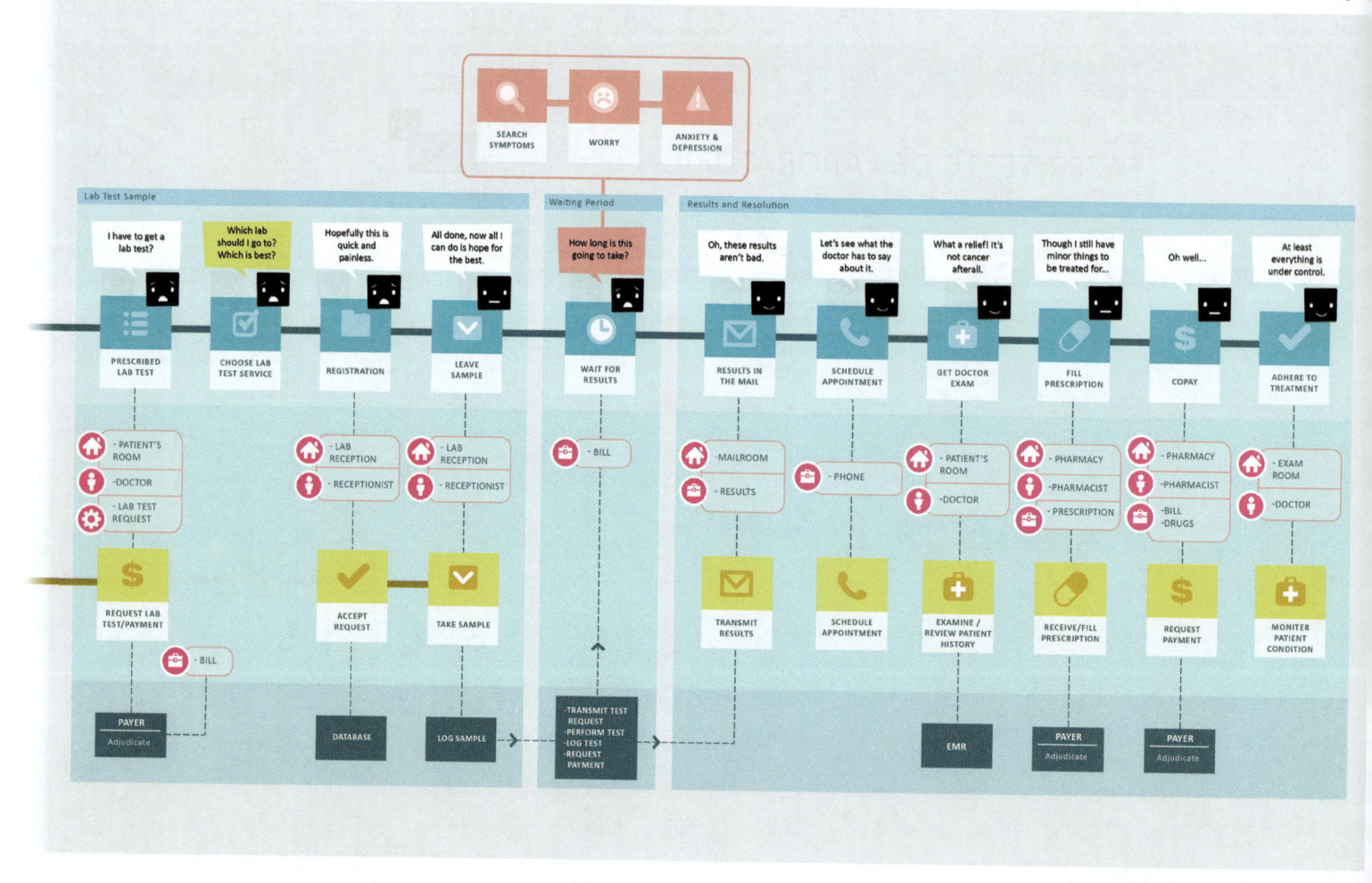

ESTUDO DE CASO

SEARCH SYMPTOMS → WORRY → ANXIETY & DEPRESSION

Lab Test Sample

- **PRESCRIBED LAB TEST** — "I have to get a lab test?"
  - PATIENT'S ROOM
  - DOCTOR
  - LAB TEST REQUEST
  - REQUEST LAB TEST/PAYMENT
  - BILL → PAYER (Adjudicate)

- **CHOOSE LAB TEST SERVICE** — "Which lab should I go to? Which is best?"

- **REGISTRATION** — "Hopefully this is quick and painless."
  - LAB RECEPTION
  - RECEPTIONIST
  - ACCEPT REQUEST → DATABASE

- **LEAVE SAMPLE** — "All done, now all I can do is hope for the best."
  - LAB RECEPTION
  - RECEPTIONIST
  - TAKE SAMPLE → LOG SAMPLE

Waiting Period

- **WAIT FOR RESULTS** — "How long is this going to take?"
  - BILL
  - TRANSMIT TEST REQUEST
  - PERFORM TEST
  - LOG TEST
  - REQUEST PAYMENT

Results and Resolution

- **RESULTS IN THE MAIL** — "Oh, these results aren't bad."
  - MAILROOM
  - RESULTS
  - TRANSMIT RESULTS

- **SCHEDULE APPOINTMENT** — "Let's see what the doctor has to say about it."
  - PHONE
  - SCHEDULE APPOINTMENT

- **GET DOCTOR EXAM** — "What a relief! It's not cancer afterall."
  - PATIENT'S ROOM
  - DOCTOR
  - EXAMINE / REVIEW PATIENT HISTORY → EMR

- **FILL PRESCRIPTION** — "Though I still have minor things to be treated for..."
  - PHARMACY
  - PHARMACIST
  - PRESCRIPTION
  - RECEIVE/FILL PRESCRIPTION → PAYER (Adjudicate)

- **COPAY** — "Oh well..."
  - PHARMACY
  - PHARMACIST
  - BILL
  - DRUGS
  - REQUEST PAYMENT → PAYER (Adjudicate)

- **ADHERE TO TREATMENT** — "At least everything is under control."
  - EXAM ROOM
  - DOCTOR
  - MONITER PATIENT CONDITION

212 CAPÍTULO 7 Ilustre: Torne Visual

Créditos de Diagramas e Imagens

Figura 7-1:c Diagrama da jornada do cliente da Starbucks criado por Eric Berkman, usado com permissão.

Figura 7-3: Diagrama criado por Sofia Hussain, aparecendo em seu artigo "Designing Digital Strategies, Part 1: Cartography", usado com permissão.

Figura 7-12: Um mapa da experiência para organizar uma conferência, criado por Hennie Farrow com Jim Kalbach.

Figura 7-13: Um mapa da jornada criado por Craig Goebel (*linkedin.com/in/craiggoebel*), usado com permissão.

Figura 7-14: Trecho de um diagrama aparecendo no relatório de pesquisa Gartner de Ed Thompson e Esteban Kolsky "How to Approach Customer Experience Management", usado com permissão.

Figura 7-16: Imagem do Touchpoint Dashboard em *touchpointdashboard.com*.

Figura 7-17: Captura de tela do mapa da experiência de Jim Kalbach, criado no MURAL.

Figuras 7-18 até 7-21: Criados por Jonathan Podolsky, Ebae Kim, Paul Kahn e Samantha Louras na Mad*Pow, usado com permissão.

"Visualizações são como uma fogueira em torno da qual nos reunimos para contar histórias."

– Al Shalloway

NESTE CAPÍTULO

- Usando diagramas para conseguir empatia
- Prevendo possíveis soluções
- Avaliando conceitos e Presumptive Design
- Estudo de caso: Presumptive Design alinha equipes no problema a resolver
- Realizando um workshop de alinhamento
- Estudo de caso: Jogo do mapeamento da jornada do cliente

CAPÍTULO 8

Workshops de Alinhamento: Descubra o Problema Certo para Resolver

Sou sortudo: em grande parte de minha carreira tive a sorte de entrar em contato direto com os clientes das empresas para as quais trabalhei. Observei centenas de pessoas em seus locais de trabalho, lojas de varejo ou suas casas, em muitos setores. Observei o que elas vivenciaram em contexto.

O ideal é que todos em uma organização entrem em contato direto com os clientes.

Mas, para muitos, esse tipo de exposição é limitada. Até o pessoal da linha de frente, como os agentes de atendimento ao cliente, pode ver apenas algumas experiências que os clientes têm. Os relatos aparecem sem contexto.

Um panorama maior é necessário para conectar os pontos ou perspectivas variadas sobre a experiência do cliente na organização. Os diagramas fornecem tal visão. Porém criar um diagrama não é o objetivo final, mas um meio de envolver em uma conversa outras pessoas na organização. É seu trabalho fazer essa conversa acontecer.

Você deve retornar para a organização a história do que os clientes realmente vivenciam. Como consequência, sua função alterna entre designer e facilitador nesse ponto do processo. Seu objetivo é conseguir alinhamento na situação atual e em como a organização

Um diagrama deve envolver as pessoas em uma conversa.

entende a noção da CX. Se os membros da equipe não concordam sobre onde estão atualmente, como podem concordar sobre a melhor direção no futuro? O diagrama ajudará a conseguir consenso.

O workshop de alinhamento é um evento que reúne outras pessoas para focar a experiência de fora para dentro. Os conceitos visualizados estruturarão o problema a ser resolvido, mas não terá necessariamente uma pronta implementação.

Este capítulo descreve os quatro estágios da sessão, mostrados na Figura 8-1:

- *Ter empatia:* Ter uma compreensão compartilhada da experiência da pessoa de uma perspectiva de "fora para dentro".
- *Prever:* Encontrar oportunidades e imaginar futuras soluções.
- *Avaliar:* Articular rapidamente as ideias e testá-las para ter um feedback imediato.
- Em um estágio final, você *planejará experimentos* para testar suas hipóteses.

Na próxima fase, analisada no capítulo seguinte, você fará os experimentos planejados e partirá para soluções concretas de design.

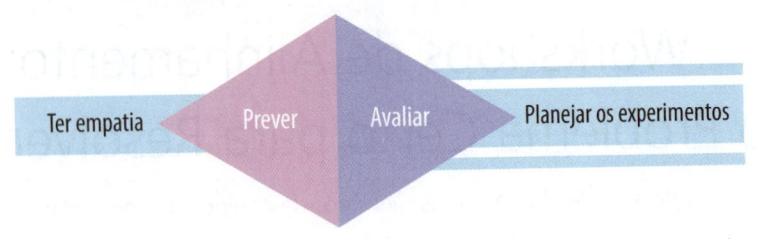

FIGURA 8-1. As principais partes de um workshop de alinhamento são: ter empatia, prever, avaliar e planejar os experimentos em torno de soluções concretas.

Ter Empatia

Não é suficiente que *você* tenha empatia pelas experiências das pessoas. É preciso assegurar que os outros tenham essa mesma compreensão profunda. Tente disseminar a empatia em toda a organização. A empatia à qual me refiro aqui é a do entendimento e da compreensão. É ver o mundo pelos olhos do outro.

Mais do que isso, tente motivar outras pessoas para que elas transformem sua empatia em compaixão tomando uma ação para lidar com os problemas e criar uma experiência do usuário positiva total. O objetivo é desenvolver um sentimento implícito de como é uma experiência, o que as pessoas valorizam e quais emoções estão envolvidas. Os diagramas permitem percorrer uma experiência em câmera lenta, trazendo tal empatia para a organização.

O processo começa primeiro entendendo as experiências atuais. Então, avalie como você apoia essas experiências antes de finalmente descobrir oportunidades para criar um valor exclusivo.

Para começar o workshop, examine em grupo as descobertas das investigações. Torne o diagrama o ponto focal. Complemente-o com outros artefatos criados, como as personas.

Você também pode passar vídeos das entrevistas para destacar um estado de espírito específico ou ponto crítico. Ou faça com que os pesquisadores parceiros contem histórias do campo que deem vida à experiência. Retrate uma descrição rica do mundo como o observou, de modo que seja relevante para a organização.

Depois de definir o estágio, faça com que os participantes interajam no diagrama. Exiba-o com destaque para que um grupo de pessoas possa ficar à sua volta (Figura 8-2). O objetivo é mergulhar a equipe nos detalhes da experiência examinando o diagrama em conjunto. Se houver muitas seções no diagrama, divida a equipe e faça com que cada grupo leia uma parte diferente.

O workshop não é uma apresentação de consumo passivo. Pelo contrário, os participantes são colaboradores ativos. Existem várias técnicas usadas para engajá-los desde o início.

Escreva no diagrama

Convide as pessoas para comentar, corrigir ou adicionar informações diretamente no diagrama (Figura 8-3). Mesmo que você tenha uma versão gráfica perfeita, mantenha-a aberta aos comentários. Por exemplo, crie linhas vazias para as pessoas fazerem acréscimos com suas próprias observações.

FIGURA 8-2. Exiba os diagramas com destaque para as outras pessoas se reunirem em torno dele.

FIGURA 8-3. Convide todos no workshop para contribuírem com o diagrama, pessoalmente ou em uma sessão remota.

Encoraje a discussão

Estimule o grupo com exercícios de raciocínio diretos. Por exemplo, faça com que o grupo indique os momentos da verdade e discuta sobre a relativa importância de cada ponto de contato.

Conte histórias

Faça com que todos no grupo recontem as histórias da pesquisa de campo. O que eles ouviram as pessoas dizerem em cada estágio de sua experiência? Qual evidência eles podem acrescentar? Encene situações da experiência para dar vida a elas.

A empatia não surge do diagrama em si, mas das conversas que criam uma compreensão mais profunda da experiência. Como facilitador, você deve assegurar que isso aconteça. Descobri que geralmente é fácil fazer as pessoas falarem e as conversas acontecem naturalmente.

Business Origami

O business origami é uma técnica de mapeamento específica para despertar empatia e compreensão. Ele usa representações físicas (papel) dos elementos do mapa da jornada que os participantes podem mover em um espaço físico. O objetivo é mapear as interações entre vários atores, objetos e outros componentes de serviço, como pode ser visto na Figura 8-4.

O business origami foi criado no Hitachi Design Centre e desenvolveu-se mais com o guru do design de serviço Jess McMullin por volta de 2010. É um modo de modelar uma experiência de serviço que seria difícil de representar em uma única interface ou artefato. O mais importante, é uma atividade envolvente e participativa que promove conversas e um debate saudável.

Baixe um conjunto de formas do business origami em *http://www.citizenexperience.com/wp-content/uploads/2010/05/Business-Origami-Shapes1.pdf* (conteúdo em inglês).

Para ver uma técnica parecida que utiliza objetos físicos em um quadro, consulte o estudo de caso no fim deste capítulo, proposto por Christophe Tallec.

Mais Leitura

- Jess McMullin, "Business Origami", blog Citizen Experience (abr. 2011) *http://www.citizenexperience.org/2010/04/30/business-origami*.
- Chenghan Ke, "Business Origami: A Method for Service Design", Medium (ago. 2018) *https://medium.com/@hankkechenghan/business-origami-valuable-method-for-service-design-43a882880627*.

FIGURA 8-4. O business origami usa objetos de papel para mapear uma interação de serviço em um workshop.

Identifique as Oportunidades

Os mapas de uma experiência contam uma história de um modo que ajuda a revelar oportunidades para ter melhorias e inovação. Para tanto, compare as ações da organização com a experiência da pessoa em cada etapa. As etapas para engajar um grupo na identificação das oportunidades incluem:

Identifique os momentos da verdade

Identifique coletivamente os pontos mais importantes para as pessoas na experiência. Dê a todos alguns adesivos coloridos e faça com que indiquem os momentos mais críticos. Discuta sobre as áreas que tiveram mais votos.

Vote na importância para a organização

Veja o que é valioso para a organização. Use uma votação com pontos para encontrar as partes mais importantes na experiência.

Classifique o desempenho

Uma das minhas atividades favoritas é pedir que os participantes do workshop classifiquem como o produto ou o serviço dão suporte aos clientes em cada estágio. Usar notas escolares fornece uma escala familiar que a maioria conhece ou você pode inventar um sistema simples de pontuação (de um a cinco, ou algo assim). Se você trabalha com vários grupos, compare as classificações após se reunirem. Discuta sobre as fases com pontuações diferentes nos grupos.

Por exemplo, a Figura 8-5 mostra as classificações de dois grupos separados trabalhando na mesma seção de um diagrama em um workshop que realizei. A escala era de 1 a 6, com 1 sendo o melhor ponto e 6, o pior. Em um momento, as pontuações entre os grupos de trabalho divergiram: um deu 6 e o outro deu 3.

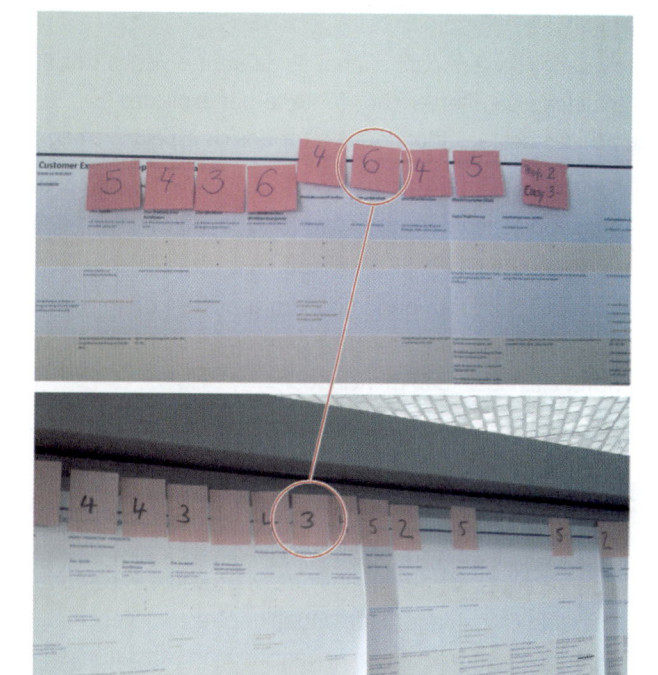

FIGURA 8-5. Neste exemplo, a classificação do desempenho revela uma discrepância entre dois grupos de trabalho no workshop.

Verificamos que alguns membros do grupo que deram uma nota menor estavam mais próximos do feedback real do cliente naquele ponto. Eles tinham acabado de descobrir reclamações e questões maiores que o outro grupo não sabia. A conversa subsequente foi esclarecedora para o grupo inteiro, criando consenso na equipe e empatia pelo cliente.

Essas atividades servem para alinhar as diferentes visões sobre os pontos ideais de intervenção. Tente tornar explícitas as oportunidades destacando alguns ou todos os aspectos a seguir:

- *Pontos fracos:* Procure pontos de falha. Como você pode dar um suporte melhor aos usuários? Quando as necessidades deles são menos atendidas?
- *Lacunas:* Descubra onde nenhum suporte é oferecido. Quais dores não recebem atenção? Quais momentos da verdade são potencialmente negligenciados?
- *Esforço:* Identifique os pontos onde as pessoas gastam mais energia até a próxima etapa. Como você pode aumentar ou diminuir o esforço da pessoa? O que pode ser feito para haver menos atrito?
- *Concorrentes:* Veja o que os outros provedores estão fazendo em cada etapa na jornada. Onde você está decepcionando? Quando eles fornecem experiências mais satisfatórias?

Visualizar as oportunidades no topo do mapa permite que a equipe volte um passo e considere-as no contexto da oferta da organização. Por exemplo, você pode adicionar uma estrela ou outro ícone aos pontos mais impactantes de intervenção. Costumam surgir padrões mais amplos.

Por exemplo, certa vez fiz uma consultoria para uma editora a fim de melhorar sua relação com os autores. Observamos uma tendência durante o workshop: a editora não mantinha um contato próximo com os autores depois de o texto ser enviado.

A Figura 8-6 mostra esse padrão representado no mapa. As barras mostram nosso nível de envolvimento relativo e estimado em cada estágio. Então, a equipe focou os modos de aumentar o contato com os autores em toda a jornada. Como seria possível fazer os autores se sentirem mais conectados? Como gerar um sentimento de pertencimento?

Explorar o espaço do problema assim afastou nossa conversa em relação a atrair novos autores e ao processo de edição com os autores existentes, e passamos para as fases após o texto ser enviado, algo que a editora negligenciara anteriormente. O mapeamento permite estruturar e reestruturar melhor o problema a resolver.

O consultor independente e mestre em design sprint Jay Melone usa o mapeamento em seu método de formulação do problema.* "A formulação do problema nos ajuda a validar que existe um problema que vale a pena resolver", diz Melone. A abordagem tem cinco etapas:

---

* Veja o artigo com quatro partes de Melone sobre sua abordagem para a formulação do problema, "Problem Framing v2: (Parts 1-4)", no blog New Haircut (ago. 2018).

- *Descoberta do problema:* identificar as principais áreas do problema para refinar os exercícios de formulação subsequentes.
- *Contexto comercial:* investigar os aspectos comerciais do negócio e as necessidades dele.
- *Perspectiva do usuário:* entender bem as necessidades do cliente e as experiências.
- *Mapeamento entre empresa e usuário:* alinhar o contexto comercial e a perspectiva do usuário em um único mapa.
- *Reformulação do problema:* propor uma afirmação clara e útil do problema.

Os exercícios em cada etapa ajudam as equipes a entender melhor os desafios enfrentados e suas origens. Mas a equipe precisa estar aberta ao questionamento: vocês focaram o problema certo a resolver? Como facilitador, oriente com cuidado a discussão de um modo produtivo para ter consenso. Em geral, esse tipo de introspecção leva a uma nova expressão da afirmação do problema, também chamada de *ponto de vista*.

FIGURA 8-6. Um padrão simples surgiu de um mapa da experiência para os autores: seu envolvimento diminuía durante as fases de produção.

Melone recomenda focar explicitamente os quatro elementos a serem incluídos na declaração reformulada do problema:

- Quem tem o problema?
- Sobre o que é o problema?
- Quando acontece ou qual é o contexto?
- Por que é importante resolver; os usuários se importam?

Para entrar em um brainstorm, reformule o ponto de vista como uma pergunta. Se necessário, divida o problema em partes menores e úteis. Algumas técnicas úteis para explorar:

Como poderíamos...?

Alimentar a concepção de ideias com afirmações claras concentra a equipe na busca por uma solução específica. A linguagem usada é importante: iniciar as perguntas com "Como poderíamos..." dá uma sensação de segurança para explorar várias opções sem medo de fracassar. É uma admissão de que a equipe não tem as respostas no início, mas está comprometida em descobri-las junto. Por exemplo, com base no padrão na Figura 8-6, perguntei aos participantes do workshop: "Como poderíamos envolver melhor os autores em cada fase do processo de publicação após eles enviarem o texto?"

E se...?

Perguntar "E se..." costuma focar a ideação em uma direção específica da solução e pode ser usado para limitar o brainstorming. Por exemplo, no cenário editorial, você pode perguntar: "E se focarmos apenas o contato pessoal com os autores?" A frase pode ser usada para mudar a atenção também, por exemplo perguntando: "E se utilizamos os antigos autores para ajudar os novos?" Colocar tais restrições no foco da equipe a encoraja a se aprofundar mais.

Piore as coisas primeiro

Outra técnica com a qual tive sucesso é passar um tempo considerando como agravar o problema. Assim que houver um acordo sobre o ponto de vista, faça com que as pessoas individualmente ou em grupos proponham modos específicos de piorar a experiência. Compartilhar essas ideias com o grupo é interessante e costuma levar a gargalhadas. Depois de ter uma lista de ideias, considere como conseguir o oposto a esses efeitos.

O mapeamento no geral e o workshop de alinhamento em particular no final ajudam a formular o problema que a organização tenta resolver de um modo alinhado com as necessidades do cliente. O resultado é um ponto de vista compartilhado que se torna um trampolim para encontrar soluções fundamentadas em observações reais.

A inovação sempre ocorre sem epifania. Não espere conseguir reconhecer a inovação como tal de imediato.

Prever

Por experiência própria, os diagramas inspiram ideias quase que instantaneamente. Em geral, os stakeholders ficam fervilhando com modos de melhorar sua oferta. As ideias saltam após uma inspeção inicial do diagrama. É seu trabalho como facilitador direcionar sua atenção e focar essa energia.

Neste ponto da sessão, vá da compreensão da experiência atual para a previsão das possíveis soluções. O processo serve para "ampliar" em termos de ideias e conceitos. Esse modo de trabalho é comumente chamado de *pensamento divergente* (Figura 8-7). O objetivo neste ponto não é decidir sobre uma solução ou uma direção a seguir, mas explorar a arte do possível.

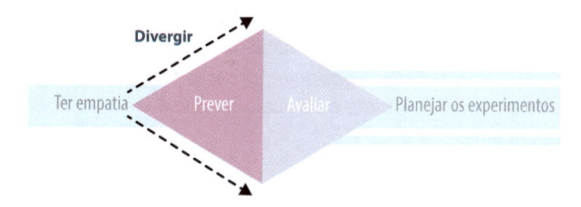

FIGURA 8-7. Comece explorando as diferentes direções e ideias com o pensamento divergente.

Então defina as expectativas certas com a equipe. Veja se a transição da empatia para a previsão acontece. Comunique as regras do pensamento divergente:

- *Buscar volume.* Vise cobrir muitas ideias. Mantenha os detalhes em um mínimo no início. Evite filtrar as ideias no processo.
- *Conter o julgamento.* Crie um lugar seguro para as pessoas serem criativas. Os participantes devem sentir-se confortáveis contribuindo com ideias, mesmo que não estejam pensando muito bem.
- *Basear-se em ideias.* Faça com que o grupo diga "Sim, e...", em vez de "Mas..." para as ideias que surgirem. Encontre o valor subjacente das ideias e baseie-se nisso.
- *Encontrar alternativas.* Tente propor variações e alternativas para as ideias iniciais. Não as descarte cedo demais.
- *Encorajar ideias malucas.* Evite censurar-se durante as ideias. Haverá muitas oportunidades para priorizar e avaliar as ideias mais tarde.
- *Ser visual.* Trabalhe com quadros de aviso e cavaletes para mapear as ideias propostas. Descubra novas relações e conexões ao fazer o brainstorming.

A intenção é proteger as ideias no início. Crie um ambiente que englobe várias possibilidades e recombine ideias para chegar a ideias inovadoras.

Depois de coletar as ideias iniciais do grupo, realize exercícios direcionados para ter conceitos mais inovadores. Duas abordagens específicas com as quais tive sucesso são remover barreiras e desafiar as suposições do setor.

Remova Barreiras

Um modo particularmente bom de identificar oportunidades para a inovação e a melhoria é ver o que está impedindo as pessoas em sua experiência. Identifique os obstáculos para fazer os trabalhos em cada estágio no diagrama. A Tabela 8-1 resume os principais tipos de barreiras a superar, com exemplos e como identificar cada tipo.[†]

[†] Esta tabela é adaptada do livro *The Innovator's Guide to Growth* de Scott Anthony e colegas. Veja este livro para saber mais sobre barreiras para a inovação.

TABELA 8-1. Tipos de barreiras que impedem que as pessoas consigam valor.

Barreira	Exemplo	Como identificar
Acesso: Algumas experiências são limitadas a momentos ou locais específicos, ou causam barreiras físicas ou cognitivas.	Os celulares deram acesso à telefonia, mesmo em trânsito. Agora, os smartphones dão acesso à internet e aos dados em qualquer lugar.	Veja exemplos nos quais uma pessoa não é capaz de consumir um produto ou um serviço. Ela está impedida de conseguir valor?
Habilidade: As pessoas não têm a capacidade de realizar uma tarefa necessária.	Os computadores antes de 1970 eram reservados para pessoas treinadas até a interface gráfica do usuário e o mouse surgirem em 1982. A fotografia no fim de século XIX, antes de a câmera Kodak ter simplificado tirar fotos, era uma arte complexa.	Ter que realizar muitas etapas em um processo é sinal de que a habilidade pode ser uma barreira. Como você pode tornar as tarefas simples o bastante para qualquer pessoa?
Tempo: Interagir com um produto ou um serviço pode ser simplesmente demorado demais.	Antes do eBay, comprar e vender itens de colecionador era demorado demais.	Procure as altas taxas de abandono em um processo e avalie se a falta de tempo é a principal causa. O que você pode fazer para encurtar o processo?
Dinheiro: As pessoas podem não ter meios financeiros para conseguir um produto ou um serviço.	A viagem aérea antes de 1970 era apenas para os ricos.	Identifique os pontos em que um serviço tem altos custos. Pergunte como você poderia oferecer esse mesmo serviço gratuitamente.
Esforço: Melhorias vêm de examinar modos de reduzir o atrito.	Antes de surgir o Uber, pegar táxi era algo aleatório, deixando os usuários de pé no frio ou na chuva, e o pagamento fazia com que as pessoas mexessem em suas carteiras no banco de trás do carro.	Busque meios de reduzir o tempo do cliente para concluir uma tarefa e como remover o máximo possível de atrito da experiência em geral.

Considere os aspectos emocionais e sociais também. Por exemplo, se você estiver analisando a experiência de participar de uma conferência, poderá descobrir que as pessoas têm medo de ficar constrangidas ao fazerem uma pergunta ao orador. Como você poderia superar essa barreira emocional e social?

Desafie as Suposições do Setor

Outra mudança significativa vem com a quebra de regras. Para ajudar a estimular uma mentalidade disruptiva, identifique as suposições dominantes do setor ou as regras não escritas que o definem, então desafie-as.[‡]

Primeiro, gere afirmações de suposição do setor usando esta fórmula:

> Todos no <setor ou categoria> sabem que <suposição>...

No início, peça que todos façam isso individualmente. Busque volume usando fases da experiência para descobrir suposições adicionais do setor. Depois vote na suposição mais relevante para o projeto ou o problema a resolver. A Figura 8-8 mostra um exemplo de coletar e priorizar as suposições do setor durante um workshop.

Em seguida, pense em maneiras de mudar ou anular cada uma considerando como faria o oposto. O que pode mudar totalmente? Quais convenções e clichês você pode quebrar? E se uma etapa ou um elemento for totalmente eliminado?

[‡] Para saber mais, veja o livro *Disrupt*, de Luke Williams, que detalha uma abordagem completa para desafiar as suposições do setor.

FIGURA 8-8. Desafie as suposições do setor em um workshop.

Para ilustrar, considere estes exemplos de inovações que viram o jogo e como elas quebram as suposições do setor:

- Todos na categoria de limpeza sabiam que um esfregão era uma compra do passado, até a P&G introduzir os esfregões descartáveis com o Swiffer.
- Todos no setor de aviação sabiam que os assentos dos passageiros eram determinados previamente, até a Southwest fazer a seleção do assento do tipo "primeiro a entrar, primeiro a sentar".
- Todos no negócio de locação de carros sabiam que o aluguel era por dia e era preciso preencher muitos documentos pessoalmente até a Zipcar possibilitar a reserva online e o pagamento por hora.
- Todos sabiam que os consultórios médicos tratavam muitas doenças, até a Minute Clinics da CVS tratar um número limitado de doenças que não requerem diagnóstico médico.

Para virar o jogo, você primeiro precisa saber onde está pisando. O mapa fornece um contexto para revelar as suposições comuns do setor do ponto de vista da pessoa. Inverter ou negar as convenções comuns em um mercado faz a equipe pensar fora da caixa.

> *Os diagramas não dão respostas; eles estimulam conversas.*

Avaliar

Neste ponto no workshop de alinhamento, a equipe deve ter gerado muitos conceitos. É só a primeira etapa. Não terminou ainda. Pelo contrário, integre as atividades de avaliação diretamente no workshop, ou seja, mude do pensamento divergente para o convergente (Figura 8-9).

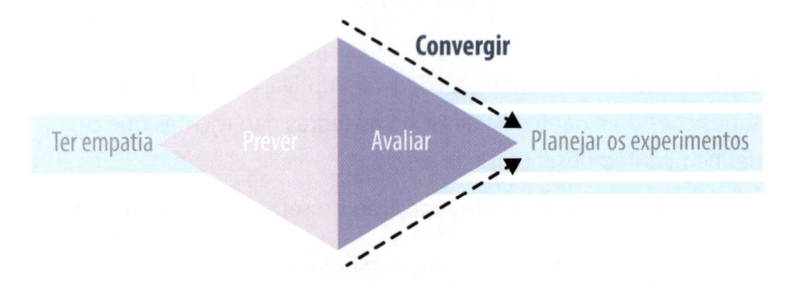

FIGURA 8-9. Depois do pensamento divergente, convirja as ideias em conceitos e priorize-as.

Priorize suas ideias, articule os detalhes de cada conceito e teste rapidamente para ter um feedback imediato.

Priorize

Use a matriz "viabilidade versus valor" para uma priorização inicial, mostrada na Figura 8-10. Em um eixo, considere como é fácil implementar uma ideia ou sua *viabilidade*. Por outro lado, considere seu *impacto* na experiência da pessoa. Use o mapa e sua identificação das oportunidades para ajudar a avaliar o impacto.

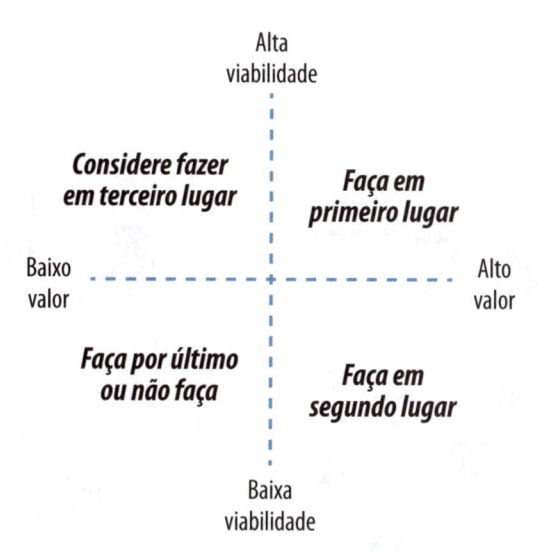

FIGURA 8-10. Um esquema de priorização simples examina o impacto na experiência e a viabilidade da entrega.

A intenção é classificar a saída das ideias nesses quadrantes. Uma vez classificadas, você poderá fazer uma priorização subsequente em cada quadrante. E mais, quando a viabilidade de uma ideia é baixa (ou seja, o conceito é mais difícil de implementar), é possível encontrar meios de subi-la na matriz mudando-a para que seja mais fácil de implementar, considerando alternativas de implementação, ou ambos.

A Figura 8-11 mostra um exemplo de matriz de priorização de um workshop que realizei. Usamos a estrutura da janela para a grade da matriz. Identificamos rapidamente cinco ideias de alto impacto que a equipe de engenheiros pôde implementar de imediato — literalmente no dia seguinte — sem nenhum financiamento ou recurso extra.

FIGURA 8-11. A priorização das ideias por viabilidade e valor para o cliente pode ser feita em uma grade simples.

Após descobrir os vencedores, fomos para as ideias que têm alto valor, porém são mais difíceis de implementar. Em geral, requerem planejamento, design e esforço de desenvolvimento. Selecione os conceitos para serem mais desenvolvidos com maior potencial e pelos quais pessoas têm entusiasmo. Peça que o dono do produto faça essas seleções ou realize uma votação com pontos para conseguir o consenso do grupo.

Articule

A inovação sempre ocorre sem epifania. Não espere reconhecer a inovação como tal de imediato. Você terá primeiro que desenvolver suas ideias de modo iterativo. Foque os pequenos artefatos que representam cada conceito, mas deixe-os abertos à interpretação e à aprendizagem.

O mais rápido possível, articule o conceito sobre o qual deseja feedback. Mesmo dentro de poucas horas você pode criar representações de suas principais ideias para uma avaliação. Os artefatos resultantes ajudam a "depurar" seu pensamento e podem provar ou desaprovar o valor de uma ideia rapidamente. Veja algumas técnicas:

Escreva os cenários

Escreva os detalhes de um conceito em prosa. Seja o mais detalhado possível em termos de experiência antecipada. Mesmo os conceitos mais simples podem encher facilmente várias páginas de texto. Deixe que outras pessoas leiam e critiquem.

Crie storyboards

Represente a experiência pretendida em uma série de painéis gráficos. Então, critique a ideia como um grupo. A Figura 8-12 mostra um exemplo de um storyboard simples criado durante um workshop. Nesse caso, decidimos colocar um conceito em espera com base em sua avaliação inicial.

Desenhe um fluxograma

Expresse rapidamente sua ideia como etapas em um fluxograma. Isso o ajudará a fazer conexões e ver todas as partes móveis de uma só vez.

Esboce as ideias

Desenhe rapidamente uma imagem do produto ou serviço para compartilhar com as outras pessoas.

FIGURA 8-12. Storyboards representam as ideias visualmente com pouquíssimo esforço para testar os conceitos.

Estruture as soluções

Crie versões simples das telas que descrevam a interação proposta (Figura 8-13).

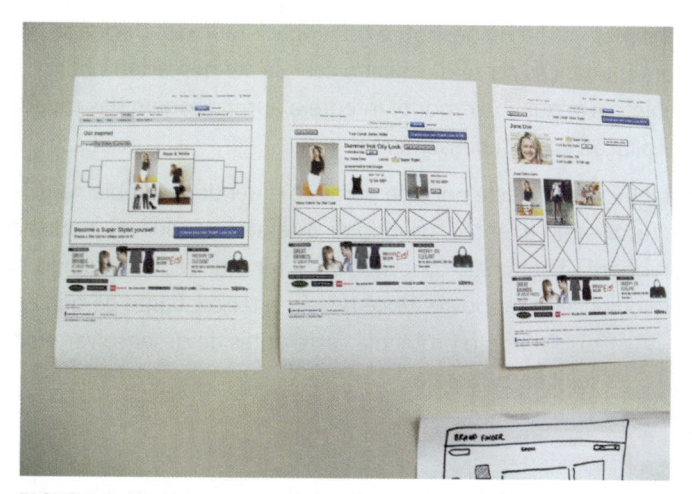

FIGURA 8-13. As estruturas criadas durante um workshop de alinhamento rapidamente deram vida às ideias.

Crie um protótipo de baixa fidelidade

Com ferramentas online, como InVision, é fácil criar protótipos simples de software em poucas horas. Mostre apenas o suficiente para conseguir feedback em um fluxo principal.

Até produtos físicos podem ter um protótipo em um workshop com duração de um dia. Por exemplo, em um workshop que realizei, testamos uma ideia para melhorar a experiência de envio para um grande site de e-commerce. Fomos a uma agência dos correios local, compramos uma caixa com as dimensões aproximadas e fizemos uma maquete parecida com o que tínhamos imaginado. Isso foi usado para ter um feedback imediato dos clientes em potencial.

Feedback do Conceito

Obtenha feedback dos conceitos o mais rápido possível, mesmo durante o workshop. Não será uma pesquisa controlada nem rigorosa, mas serve como um meio rápido de entender melhor suas suposições sobre uma solução ideal. Você está resolvendo os problemas certos? Sua ideia aborda o problema do modo correto? Você está seguindo na direção certa?

Para refinar sua avaliação com o feedback dos possíveis usuários finais, experimente estas pequenas técnicas:

Teste do "corredor"

Obtenha feedback das pessoas próximas que não fazem parte do workshop. Por exemplo, colegas em outros departamentos podem fornecer reações rápidas e iniciais sobre seus conceitos. Em situações remotas, peça aos colegas que não participaram do workshop que deem feedback sobre seus conceitos por teleconferência.

Testes online

Existem muitos serviços online que fornecem feedback sobre conceitos e protótipos — por exemplo, *Usertesting.com*. Em geral, você obterá os resultados em questão de horas.

Grupos focais

Recrute pessoas antes do workshop para dar um retorno direto. Apresente os conceitos a um pequeno grupo focal com duas ou três pessoas e veja como elas reagem.

Entrevistas para pensar em voz alta

Peça aos participantes que pensem em voz alta enquanto interagem com seu protótipo ou artefato. Como nos grupos de discussão, você precisa recrutar os participantes antes. A Figura 8-14 mostra um teste do conceito durante um workshop. Os testes foram realizados em uma sala separada, visível pela equipe do workshop via câmera de vídeo.

Continue com discussões sobre o feedback reunido. Decida se haverá mudanças ou se o conceito precisa ser descartado por completo. De qualquer modo, integre a aprendizagem das rodadas de avaliação em seu pensamento.

O objetivo geral neste ponto é primeiro entender o problema que está resolvendo e, então, usando os artefatos criados no workshop (storyboard, diagramas, conceitos etc.), ter um feedback rápido sobre o conceito proposto. Você deseja estar confiante de que está resolvendo o problema certo antes de desenvolver uma solução completa.

FIGURA 8-14. Teste os conceitos durante um workshop de alinhamento para ter um feedback imediato dos possíveis usuários da solução.

Presumptive Design Alinha Equipes no Problema a Ser Resolvido

Leo Frishberg

Como estrategista UX, dentro das equipes do produto ou como consultor externo, observei organizações que não estavam realizando a validação do problema com tanta sutileza e sofisticação quanto conduzem o desenvolvimento da solução. E se pudéssemos aplicar os mesmos processos usados na execução do trabalho (experimentos ágeis e interativos) em nossa estratégia e trabalho de validação do problema? Como conseguiríamos "experimentar" a estratégia antes de gastar recursos na execução?

Eu e o coautor Charles Lambdin escrevemos o livro *Presumptive Design: Design Provocations for Innovation* para discutir essas questões. Presumptive Design (PrD) é um método de pesquisa baseado em design focado na validação de problemas, no nível estratégico ou do recurso. Ele inicia criando artefatos que incorporam o problema (*sessão de criação*).

As equipes levam esses artefatos até os usuários que (supostamente) têm o problema. Nessas *sessões de avaliação*, os usuários tentam lidar com o problema usando o artefato. Em poucas sessões a equipe aprende quais são os problemas reais dos usuários e articulam, repetindo o processo até ficar satisfeita ao identificar um problema que vale a pena resolver.

Na conferência UXStrat de 2015 em Atenas, Georgia, Charles, Jim e eu tivemos uma oportunidade de aplicar o PrD em uma interação acompanhada (Figure 8-15). No workshop de Jim sobre mapeamento da experiência, os participantes criaram um mapa que incorporava um problema estratégico presumido: uma agência de turismo de uma cidade hipotética acreditava que revitalizar seu site melhoraria sua missão e seu alcance.

FIGURA 8-15. Participantes da UXStrat15 avaliando um mapa para dar feedback imediato sobre um conceito proposto.

Em nosso workshop igual imediatamente após, os participantes ofereceram seus mapas a possíveis viajantes para que avaliassem uma solicitação simples: "Imagine-se fazendo uma viagem. Usando o diagrama, indique as etapas que você realizaria para planejar a viagem."

Dentro do período desses dois pequenos workshops, a agência teve um feedback útil sobre sua estratégia de revitalização da web: não faça isso! O site não era o problema. Pelo contrário, a agência atenderia melhor sua missão analisando outras partes da experiência do visitante.

ESTUDO DE CASO

No geral, o PrD é um ajuste da abordagem normal do design centrado no usuário. Em vez de iniciar o processo do design com um esforço de pesquisa, o PrD começa elaborando artefatos aos quais os usuários reagem: um mapa da jornada, um esboço ou um modelo feito de tubinhos flexíveis. Esses artefatos se tornam o foco em sua investigação experimental para validar os problemas certos a resolver.

PrD alinha as equipes no problema certo a resolver:

1. Engajando a liderança e os stakeholders internos para elaborarem "soluções" que incorporam suas suposições. No exemplo da UXStrat15, a agência achava que precisava reformular seu site.
2. Obtendo os pressupostos da equipe interna (suposições, afirmações do problema, possíveis soluções) diante dos stakeholders que importam (principais clientes ou usuários). No exemplo da UXStrat15, os viajantes verdadeiros divergiram dos mapas das equipes de modos que mostraram que a estratégia original era falha.
3. Reduzindo o impacto do HiPPO (opinião da pessoa mais bem paga) sobre a validação do problema. Mesmo que a equipe de design *saiba* que a abordagem proposta está errada, o PrD rapidamente captura os dados que a equipe precisa para ilustrar até que ponto e de quais modos está errada.
4. Aumentando a compreensão da equipe quanto ao espaço do problema ("incógnitas") com uma série de experimentos iterativos.

Mais Leitura

- Leo Frishberg e Charles Lambdin, *Presumptive Design: Design Provocations for Innovation* (Morgan Kaufmann, 2015) — O Capítulo 1 do livro está disponível online em *https://www.uxmatters.com/mt/archives/2015/09/presumptive-design-design-provocations-for-innovation.php* (todos os conteúdos em inglês).
- *PresumptiveDesign.com* — artigos, debate, código de desconto do livro.
- Leo Frishberg e Charles Lambdin, "Presumptive Design: Design Research Through the Looking Glass", UXmatters (ago. 2015), *https://www.uxmatters.com/mt/archives/2015/08/presumptive-design-design-research-through-the-looking-glass.php* — uma análise de como o Presumptive Design vira de cabeça para baixo o processo de pesquisa e design.

Sobre o Colaborador

Leo Frishberg é estrategista, gerente de design e formador de opinião com +20 anos de experiência orientando uma inovação centrada no usuário para empresas como athenahealth, Intel e The Home Depot. *Presumptive Design*, um livro feito em coautoria com Charles Lambdin, descreve um método revolucionário para reduzir o risco de inventar o futuro.

Facilitando um Workshop de Alinhamento

Os diagramas não dão respostas, eles estimulam conversas. Como facilitador do workshop, é seu trabalho fazer essas conversas acontecerem. Se é pessoalmente ou trabalhando com uma equipe remota, sua função começa com uma preparação cuidadosa, segue para a moderação da sessão e continua com um bom acompanhamento.

1. Prepare

Organize o workshop de alinhamento com antecedência. Em muitas organizações, é difícil fazer as pessoas se comprometerem um dia inteiro ou vários dias. Inclua o workshop em sua proposta inicial e agende o evento cedo, antes mesmo de começar a criar o diagrama. O workshop faz parte do processo de mapeamento.

Esse workshop pode ser realizado pessoalmente ou com participantes distribuídos. Recomendo não misturar as participações remota e presencial: é muito difícil equilibrar a interação em uma situação híbrida. É melhor presencial ou remoto.

Considere o ambiente que criará para a discussão. Para os workshops presenciais, é preferível assegurar um espaço fora do local de trabalho habitual a fim de evitar distrações. Prefiro uma sala bem grande para permitir muito movimento.

Em geral, as seções presenciais podem ser agendadas para um dia inteiro ou até se estender por vários dias. Para os workshops remotos, considere dividi-los em períodos menores; por exemplo, ao invés de uma sessão de oito horas, agente duas seções de quatro horas em dias consecutivos para ter um melhor engajamento.

Planeje pausas, catering e atividades sociais. Por exemplo, planejar um almoço fora da sala do workshop pode renovar o grupo e ajudá-lo a focar a segunda parte. Uma boa facilitação também envolve ter as ferramentas certas, materiais e fluxo de trabalho. Considere todos os detalhes que entram na criação da experiência do workshop para os participantes.

O workshop de alinhamento é uma atividade inclusiva, portanto, convide vários stakeholders com funções diferentes na organização.

O workshop de alinhamento é uma atividade inclusiva, portanto, convide vários stakeholders com funções diferentes na organização. O objetivo é ter uma ampla adesão e informações com perspectivas variadas, inclusive especialistas do setor de fora da organização. Desse ponto de vista, as sessões remotas são vantajosas porque costumam abrir a participação para colegas que não conseguem viajar. Grupos de 6 a 12 participantes são melhores, mas grupos maiores são possíveis.

Atribua funções e deixe claro o que se espera de todos de cara. É muito importante para as sessões remotas. Veja algumas funções principais:

- *Facilitador:* É a pessoa que modera o workshop; o ideal é que seja o designer, mas pode ter cofacilitadores ajudando a orientar a sessão.
- *Líderes do grupo de discussão:* Se você planeja dividir em grupos menores, tenha uma pessoa por grupo para manter a discussão fluindo e a equipe na tarefa.
- *Tomadores de decisão:* Inclua os stakeholders antigos para tomar decisões comerciais em termos de recursos ou financiamento, e servirem como desempate se necessário.
- *Designers:* Inclua designers e outras pessoas que possam ajudar a articular os conceitos previstos.
- *Especialistas do setor:* Considere introduzir opiniões externas no workshop e identifique a função dessas pessoas para os outros com antecedência.
- *Moderador do teste:* Também inclua alguém que possa moderar os testes do usuário, se necessário.
- *Colaboradores:* Inclui as outras pessoas no grupo.

Planeje uma agenda para o workshop a fim de espelhar a forma desejada de interação, como descrito antes no capítulo. Tudo bem improvisar e sair da programação, mas ter uma agenda manterá a sessão nos trilhos. Ao trabalhar com equipes distribuídas, considere como o trabalho pode ser feito de modo assíncrono antes e após a sessão em tempo real para maximizar a eficiência do tempo passado juntos.

Tenha em mente os resultados desejados da sessão para orientar o fluxo: entenda a experiência (empatia), explore as soluções com base nos insights priorizados (previsão) e escolha uma direção para seguir em frente (avaliação). O segredo é passar por todos os três modos de trabalho durante a sessão para assegurar que os objetivos serão atendidos. A Figura 8-16 mostra como seria um workshop com duração de um dia, em um alto nível.

Também é possível fazer workshops de vários dias, como mostrado nas Figuras 8-17 e 8-18. A intenção é passar pelos três modos de pensamento (ter empatia, prever e avaliar) várias vezes antes de decidir sobre com quais soluções avançar nos experimentos da próxima fase.

Para os grupos remotos, você pode dividir um workshop de um dia em duas sessões separadas durante meio dia. Ao trabalhar com equipes distribuídas, divida esses componentes em sessões menores, como quatro sessões de duas horas. Também tente atribuir mais trabalho antes e depois para os workshops remotos, tornando as sessões em tempo real mais eficientes.

Recomendo uma ligação rápida uma semana antes do workshop de alinhamento para começar antes da sessão iniciar. Distribua materiais, apresente todos e defina as expectativas durante a ligação para tirar do caminho algumas tarefas com antecedência. Atribua um trabalho prévio para acelerar a agenda da sessão principal e peça que as pessoas reflitam sobre o assunto antes de comparecerem.

FIGURA 8-16. Fluxo de exemplo do workshop de um dia em três fases de interações, inclusive tempo para planejar experimentos posteriores.

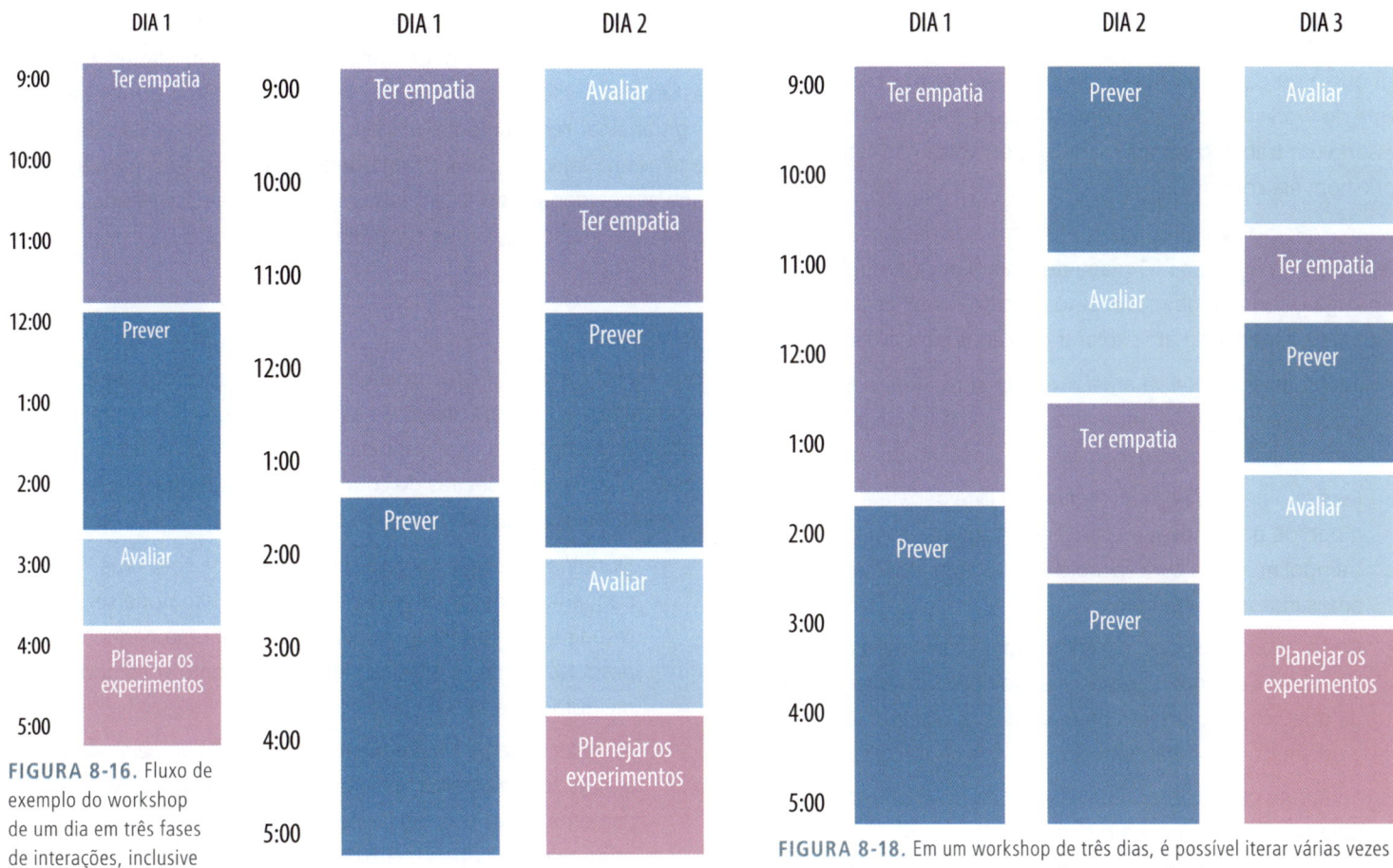

FIGURA 8-17. Um workshop de dois dias ocorre nas fases de um workshop de alinhamento cerca de duas vezes antes de planejar os experimentos no fim.

FIGURA 8-18. Em um workshop de três dias, é possível iterar várias vezes no ciclo de empatia, previsão e avaliação antes de planejar os experimentos.

Facilitando um Workshop de Alinhamento 235

2. Realize o Workshop

Assim que o grupo for montado, defina as expectativas. Examine a forma do workshop de novo com a equipe e informe-a que será necessário um trabalho complementar. A conversa não termina com o workshop; ela continua.

Após um exercício de aquecimento, foque a experiência representada no diagrama. O mapa deve ser a peça central da sessão. Siga o formato de movimento descrito antes, desde ter empatia pela experiência até explorar conceitos para avaliá-los:

- *Entenda a experiência atual.* Comece com exercícios que ajudam as pessoas a internalizarem, como fazer com que leiam e avaliem as experiências que elas têm atualmente.
- *Facilite o pensamento divergente.* O livre debate é o principal modo de gerar novas ideias. Use o diagrama como um trampolim para a concepção de ideias com algumas técnicas analisadas neste capítulo.
- *Crie artefatos.* Esboce, desenhe e faça o protótipo de suas ideias rapidamente. O espaço usado deve ser mais uma sala de operações do projeto do que uma sala de reuniões. Os workshops de alinhamento são sessões de trabalho.
- *Selecione os conceitos.* Foque as ideias que têm um alto valor para os clientes e para a organização.
- *Realize testes.* Avalie rapidamente os principais conceitos descritos anteriormente.

E mais, planeje atividades sociais. Em muitos casos, o grupo de pessoas que você reúne pode nunca ter estado junto antes. Para as sessões presenciais, inclua um evento social, como um jantar. Ao trabalhar remotamente, planeje um exercício de criação de equipes na agenda. É importante para a colaboração continuada que as pessoas se conheçam em um nível pessoal. Isso ajuda a criar confiança e respeito, o que contribui para o sucesso do esforço.

3. Acompanhe

Um workshop de alinhamento é um esforço criativo que gera resultados úteis. As atividades de alinhamento não terminam com o workshop. Mantenha a dinâmica fluindo depois do fim da sessão. Considere maneiras de continuar a trabalhar com a equipe e compartilhe os resultados do esforço:

- *Obtenha feedback sobre a sessão.* Prossiga com uma pequena pesquisa sobre o esforço em si. Isso pode ser feito verbalmente no fim do workshop ou com uma pequena pesquisa online. A intenção é aprender como você pode melhorar esse tipo de esforço no futuro.
- *Atualize o diagrama.* Pegue o feedback obtido na sessão e atualize o diagrama. Inclua nele os acréscimos e os comentários que as outras pessoas fizeram. Você também pode mapear outros recursos a partir do diagrama.

- *Distribua os materiais.* Reúna o resultado do workshop e distribua-o para os outros que não participaram. Marque uma reunião para apresentá-los para um grupo maior de stakeholders.
- *Torne os diagramas visíveis.* Crie diferentes formas de diagrama e torne-os visíveis. Imprima cópias grandes do espaço no escritório. Crie folhetos ou panfletos do diagrama que os colegas possam manter em suas mesas. Integre-o nas apresentações e em outros documentos internos. Se o trabalho é online, distribua um PDF do diagrama ou link para seu mapa por meio de suas comunicações com a equipe.

Você também precisa assegurar que os experimentos planejados sejam realizados de fato, como visto no próximo capítulo. Mantenha a dinâmica fluindo com um plano de ação e proprietários atribuídos para cada experimento. Realize pontos de verificação semanais para controlar o progresso, se necessário.

Resumo

O diagrama é um meio para um fim — conseguir o alinhamento da equipe. Mas os diagramas não dão respostas; pelo contrário, eles estimulam conversas. Eles são como fogueiras em torno das quais nos reunimos para contar histórias e entender as experiências criadas.

Nesse estágio do processo, sua função muda de designer para *facilitador*. O objetivo é duplo: alinhar a perspectiva interna da organização com o mundo externo e usar essa percepção para gerar novas ideias. Em um workshop de alinhamento, você alternará entre três modos de atividade: ter empatia, prever e avaliar.

Considere um diagrama como um protótipo de uma experiência. Ele permite que os membros da equipe se coloquem no lugar do usuário. No workshop de alinhamento, primeiro leia junto o diagrama e avalie o desempenho em cada estágio. Então, descubra as oportunidades vendo os pontos fracos, as lacunas e as redundâncias, assim como onde os concorrentes são bons. Os diagramas ajudam a formular os problemas certos a resolver.

Preveja as possíveis soluções. Selecione as ideias com mais potencial e represente-as de algum modo. Isso pode ser feito rapidamente com cenários, storyboards e estruturas. Use esses artefatos para conseguir informações das outras pessoas. Avalie os resultados e itere.

Mesmo no workshop de um dia, você pode realizar pequenos testes. Por exemplo, convide algumas pessoas de fora para criticar os storyboards. Itere quantas vezes for possível e planeje continuar iterando após o workshop. Se você trabalha com um grupo remoto, divida as sessões em partes menores e faça o teste, ou obtenha o feedback do cliente nos intervalos da reunião.

Realizar um workshop não é uma tarefa fácil. Requer muito planejamento. O alinhamento não para com o diagrama ou o workshop. Depois de você gerar entusiasmo, considere como manter a dinâmica fluindo. O próximo capítulo examina como fazer o planejamento e finalmente o desenvolvimento.

Mais Leitura

Daniel Stillman, *Good Talk* (Management Impact Publishing, 2020)

Stillman é destaque em técnicas de facilitação e esse trabalho reflete anos de experiência. Os mapas de uma experiência são basicamente ferramentas de comunicação e esse livro ajudará a planejar as melhores conversas. O texto de Stillman é leve e acessível, dando muito conselho prático.

Mark Tippin e Jim Kalbach, *The Definitive Guide to Facilitating Remote Workshops* (MURAL, 2019)

Fui coautor de um ebook gratuito com meu colega na MURAL, Mark Tippin. É um guia prático baseado em nosso trabalho ajudando e observando dezenas de equipes trabalhando remotamente. Mesmo em um mundo pós--pandemia, a colaboração distribuída da equipe será o padrão de trabalho, demandando habilidades de facilitação remota. Baixe o PDF gratuitamente: mural.co/ebook.

Chris Ertel e Lisa Kay Solomon, *Moments of Impact* (Simon & Schuster, 2014)

Esse livro é sobre como planejar reuniões eficientes nas organizações. O conselho dos autores ajudará a modelar seu tempo com outras pessoas. Você entenderá melhor a dinâmica da colaboração de grupo em tempo real e conseguirá realizar workshops mais eficientes.

Dave Gray, Sunni Brown e James Macanufo, *Gamestorming: Jogos Corporativos para Mudar, Inovar e Quebrar Regras* (Alta Books, 2010)

Gamestorming é uma coleção indispensável de atividades para workshops interativos. Há instruções detalhadas e exemplos de cada um. A introdução dá uma boa visão geral para realizar workshops.

Leo Frishberg e Charles Lambdin, *Presumptive Design* (Morgan Kaufmann, 2015)

Presumptive Design é um método de pesquisa de design que reduz o risco identificando rapidamente oportunidades para inovação e melhoria. Uma mudança na abordagem típica do design centrado no usuário, Presumptive Design começa elaborando rapidamente artefatos e aprendendo com as reações que clientes e colegas de equipe afins têm. Nesse livro, os autores detalham uma abordagem completa para as sessões de criação.

Jogo do Mapeamento da Jornada do Cliente

Christophe Tallec

Trabalhar com vários stakeholders é um desafio. Eles podem ter uma visão diferente do mundo segundo seus objetivos e perspectivas individuais, vindo de formações em engenharia, negócios ou políticas públicas.

A We Design Services (WDS), uma importante empresa de inovação de serviços, desenvolveu o *jogo do mapeamento da jornada do cliente* para facilitar a comunicação nesses ambientes complexos. O jogo usa uma jornada do cliente como um catalisador para a interação da equipe.

Embora várias configurações do jogo sejam possíveis, um processo típico tem as seguintes etapas:

1. *Prepare o jogo.* Antes da sessão do jogo, crie uma planilha da jornada em branco com faixas para os tipos relevantes de pontos de contato e informações. Forneça fichas representando os possíveis pontos de contato. Isso vai variar dependendo do domínio e da situação envolvida.
2. *Escolha personas.* Comece o jogo fazendo com que os participantes escolham uma persona. Pergunte: "De quem é a jornada que mapearemos?"
3. *Defina objetivos.* Defina um objetivo para a persona. Qual é a necessidade geral? O que estamos tentando fazer?
4. *Adicione pontos de contato.* Para a persona selecionada, coloque os pontos de contato na ordem em que possam ser experimentados. Faça essa etapa em equipe.
5. *Reflita.* Encontre padrões na experiência nos diferentes pontos de contato. Onde estão as lacunas e os problemas? Onde estão os altos e baixos emocionais? Onde há oportunidades para a organização?
6. *Repita.* Escolha uma persona diferente ou mude os objetivos e repita o processo. Como as jornadas diferem? Quais são os padrões comuns? Como os usuários extremos vivenciariam os pontos de contato?

Testamos essa técnica para uma grande cidade francesa que queria reunir os stakeholders para um exercício de cocriação. O objetivo era reinventar o transporte urbano.

O projeto foi um desafio por causa das perspectivas muito diferentes das diversas pessoas em torno da mesa (Figura 8-19). Como os usuários do sistema, havia participantes de montadoras de carros, grandes firmas comerciais, empresas de transporte público e sindicatos.

Introduzir essa nova metodologia nos permitiu desenvolver uma linguagem comum compartilhada por todos e não dominada por ninguém. Essa linguagem ajudou a identificar o valor compartilhado entre os diferentes stakeholders.

Esse workshop inicial confirmou que mapear a jornada do usuário em grupo é um modo eficiente de visualizar os pontos de contato comuns, os interesses e as maneiras de criar valor. Foi revelador para os participantes.

FIGURA 8-19. A participação no jogo do mapeamento da jornada engaja todos no workshop.

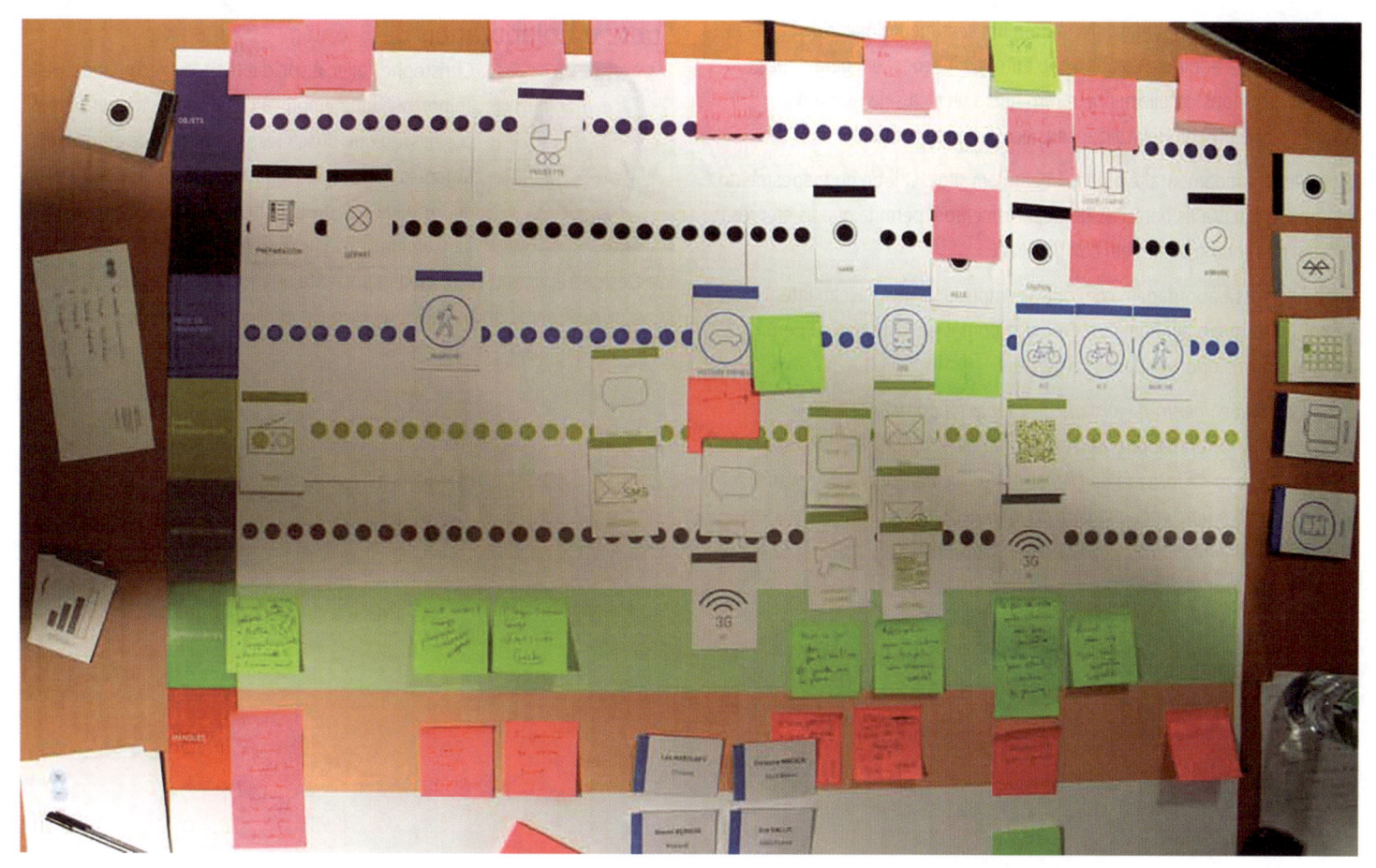

FIGURA 8-20. Um jogo do mapeamento da jornada completo captura informações da equipe inteira, além da estrutura básica da jornada.

ESTUDO DE CASO

Nesse caso, os participantes informaram um sentimento maior de alinhamento da equipe e colaboração entre as funções, em geral, após nossos workshops. Infelizmente, é raro que a técnica seja usada por Governos que buscam revitalizar seus ecossistemas locais.

O problema fundamental é o pensamento em silos. O jogo do mapeamento da jornada quebra as barreiras do departamento e permite que as empresas pensem de modo global e em colaboração.

Testamos nossa abordagem com outras empresas e invariavelmente descobrimos que o alinhamento desperta pontos de vista que as permitem descobrir novas oportunidades comerciais.

O jogo do mapeamento da jornada do cliente foi originalmente desenvolvido por Christophe Tallec e Paul Kahn. A Figura 8-20 mostra um exemplo do jogo da jornada do cliente e seus elementos. Tallec e Kahn também criaram uma versão online do jogo da jornada. Você pode acessar esse modelo online em http://prezi.com/1qu6lq4qucsm/customer-journey-mapping-game-transport.

Sobre o Colaborador

Christophe Tallec é sócio e diretor-executivo da Hello Tomorrow, uma empresa de consultoria orientada por missão que busca resolver alguns desafios mais urgentes nos setores industrial, ambiental e social. É apaixonado por design, ciências, tecnologias e pensamento sistêmico. Christophe fundou antes a We Design Services (WDS), uma importante agência de inovação de serviços na França, onde trabalhou com a Airbus, o World Bank e outras empresas globais.

Créditos de Diagramas e Imagens

Figura 8-2: Foto de Nathan Lucy fazendo um workshop de alinhamento, usada com permissão.

Figura 8-3: Foto de Jim Kalbach.

Figura 8-4: Foto de uma equipe usando o business origami de Jess McMullin, usada com permissão.

Figura 8-5: Fotos dos diagramas do workshop de Jim Kalbach.

Figura 8-6: Diagrama da jornada do autor de Jim Kalbach, criado no Visio.

Figura 8-8: Foto do exercício do desafio da suposição de Jim Kalbach.

Figura 8-11: Foto do exercício de priorização de Jim Kalbach.

Figura 8-12: Storyboard de exemplo criado durante um workshop de Erik Hanson, usado com permissão.

Figura 8-13: Foto de estruturas criadas durante um workshop de Jim Kalbach.

Figura 8-14: Foto do teste do conceito durante um workshop de Jim Kalbach.

Figura 8-15: Foto de uma sessão de avaliação Presumptive Design de Leo Frishberg, usada com permissão.

Figuras 8-19, 8-20: Fotos de Christophe Tallec, usadas com permissão.

> *"Se você não sabe aonde quer ir,
> qualquer caminho serve."*
>
> – Lewis Carroll

NESTE CAPÍTULO

- Experimentos do planejamento
- Mapas do design e mapas da história do usuário
- Canvas do modelo de negócios e da proposta do valor
- Estudo de caso: Workshop de mapeamento online rápido e design

CAPÍTULO 9

Prever Futuras Experiências: Crie a Solução Certa

No prefácio, encorajei-o a ter empatia pelas pessoas a quem você serve. O conselho é claro: mostre sua oferta de fora para dentro, não de dentro para fora. Também é importante desenvolver empatia antes de pensar em novas soluções. Diferenciar *conseguir* empatia de *aplicar* empatia como um ato de compaixão.

Caí nessa armadilha no passado. Em uma empresa anterior para a qual trabalhei, por exemplo, uma pequena equipe passou dois meses a portas fechadas desenvolvendo um novo conceito que ajudasse as pessoas a planejar eventos, sem nenhum contato com clientes em potencial.

Para qualquer pessoa que já tivesse empatia pelos usuários-alvo, ficou claro que a solução tinha graves falhas. Ela não abordava as necessidades reais do usuário e não correspondia ao seu modelo mental. Apesar da paixão da equipe, o conceito estava condenado desde o início. O tempo teria sido utilizado com mais sabedoria se primeiro ela tivesse definido melhor o problema a resolver. Note que não estou defendendo uma grande pesquisa inicial. Não precisa levar muito tempo e o mapeamento ajuda as equipes a desenvolver uma compreensão em comum da experiência da pessoa e formular o problema. Por isso, este livro focou as visualizações do *estado atual* — os diagramas do mundo como ele existe hoje.

Mas, após ganhar empatia e ligá-la às oportunidades certas, você deve planejar soluções concretas para implementar. Isso faz parte do seu papel como designer, não é apenas fazer a pesquisa e criar um diagrama. Você também deve planejar um bom acompanhamento no processo da solução.

Este capítulo examina alguns meios de tornar o mapeamento útil. Primeiro, faça os experimentos planejados no fim do workshop de alinhamento. Então, considere como planejar as futuras experiências com narrativas, mapas do design e mapeamento da história do usuário. Por último, encontre modos de manter o esforço do mapeamento vivo e constante; a empatia pelos clientes nunca deve ter fim.

Faça Experimentos

Criar novo valor traz incerteza. Embora você já tenha um feedback inicial sobre suas ideias durante o workshop de alinhamento, ainda não sabe como o mercado reagirá à inovação proposta no contexto proposto de uso.

É importante definir as expectativas certas com sua equipe e stakeholders ao sair de um workshop de alinhamento. Os resultados não são ideias prontamente implementadas, mas hipóteses que precisam de teste. Ainda existe muito trabalho necessário para concretizar os principais conceitos e comprovar a viabilidade comercial com experimentos.

Comece criando afirmações hipotéticas explícitas para cada conceito com o qual decidiu seguir em frente. Estruturalmente existem três:

Acreditamos que fornecer [solução, serviço] para [pessoa, cliente, usuário]

provavelmente resultará em [resultado desejado, efeito proposto]

e saberemos quando virmos [resultado, impacto medido].

Observe que a hipótese é formulada como uma *crença*. Você não saberá sobre o impacto até introduzi-la no mercado. Também observe que, se não houver um resultado medido, você não terá uma hipótese de teste. Inclua uma métrica.

Então, planeje os experimentos a serem conduzidos nas semanas seguintes. Algumas abordagens específicas incluem:

- *Vídeo explicativo.* Crie um vídeo explicando seu serviço e faça-o circular na internet. Meça o interesse via taxas de tráfego e respostas.
- *Landing page.* Crie uma landing page (às vezes chamada de "vitrine falsa") anunciando o lançamento fictício do serviço proposto.
- *Teste do protótipo.* Simule uma versão funcional de seu conceito. Teste com clientes em potencial e meça os aspectos concretos, como conclusão de tarefa e satisfação.
- *Serviço de concierge.* Inicie com uma versão simulada do serviço. Convide um grupo muito limitado de clientes em potencial para se inscrever e forneça o serviço manualmente.
- *Versão limitada do produto.* Crie uma versão de seu serviço com apenas um ou dois recursos funcionando. Meça o sucesso e o apelo desses recursos.

Também é possível fazer combinações. As pessoas familiarizadas com a literatura atual sobre técnicas "Lean" reconhecerão algumas dessas abordagens. Para saber mais sobre como definir e realizar experimentos de mercado, veja os livros *A Startup Enxuta* de Eric Ries, *Running Lean* de Ash Maurya e *Lean UX* de Jeff Gothelf e Joshua Seiden.

O fato é que você precisa ter um compromisso prévio de continuar após o workshop. Por exemplo, certa vez realizei um workshop de alinhamento por vários dias que iniciou explorando um mapa da experiência. Geramos com facilidade dezenas de ideias que priorizamos e as reduzimos a algumas que foram mais desenvolvidas e testadas rapidamente durante a sessão.

Um dos participantes do workshop era gerente de projetos, focando criar um plano de projeto dos experimentos a serem realizados. Também reservamos um tempo para continuar trabalhando nos conceitos depois. Em vez de terminar o workshop com apenas conceitos e protótipos iniciais, também planejamos prosseguir com uma experimentação extra e recursos para tanto.

Para um dos principais conceitos, a equipe de projetos contratou um artista gráfico profissional a fim de criar um storyboard. Depois, isso se transformou em um vídeo com narração. Ao criar o storyboard e o vídeo, o conceito original ganhou forma e expandiu. Só de concretizá-lo, aprendemos muito e fizemos alterações.

Depois colocamos o vídeo na landing page, na qual os visitantes poderiam também se inscrever, recebendo notificações sobre uma versão beta (Figura 9-1). Os que assinaram receberam uma pequena pesquisa com três perguntas. Algumas partes que consideramos mais benéficas tiveram uma recepção fria dos visitantes na página, outras, que não enfatizamos, receberam mais atenção. Ajustamos nossas prioridades e modificamos o conceito de acordo.

Com esses pontos de contato, conseguimos medir o tráfego no site em certo período de tempo e o número de inscrições e respostas à nossa pesquisa. Também falamos com pessoas selecionadas para entendermos melhor as motivações delas e o que as empolgava em nossa proposta de valor. No fim, o SnapSupport se transformou em algo diferente do que tinha iniciado no workshop.

Michael Schrage tem um método formal para provar o valor comercial por meio de experimentos que ele chama de *técnica 5x5*. A ideia é pegar cinco equipes de cinco pessoas cada, e lhes dar cinco dias para propor uma série de experimentos. Então, cada equipe recebe US$5 mil e 5 semanas para realizar os experimentos.

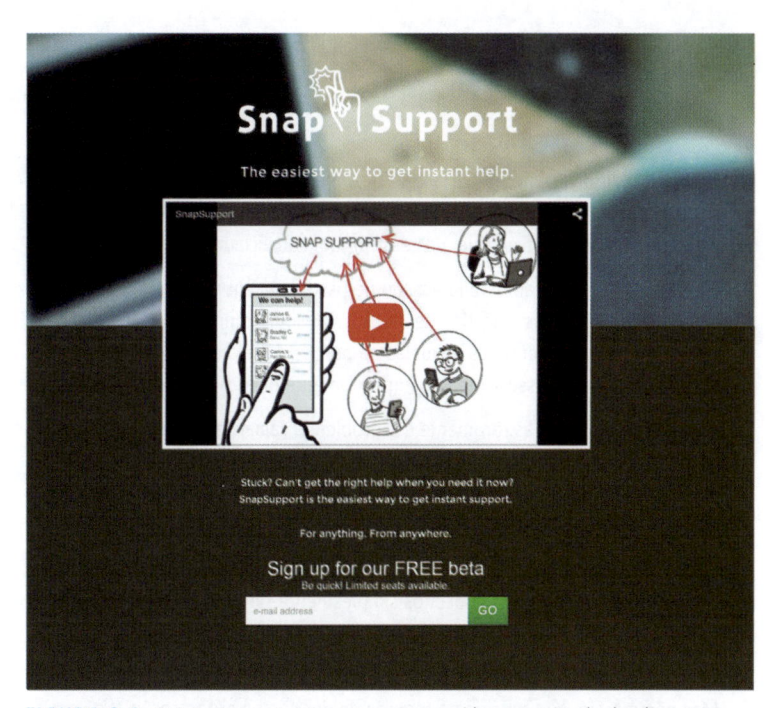

FIGURA 9-1. O SnapSupport começou como um vídeo conceitual e landing pages para testar as reações do mercado à ideia antes de um protótipo funcional ser construído.

A finalidade de tais experimentos não é lançar um produto, serviço ou recurso, mas aprender sobre quais soluções lidam melhor com seu problema. Em geral, testes pequenos podem fornecer insights com grandes impactos. Não só sua função muda de designer para facilitador, como você também fica responsável por assegurar que ocorram os movimentos de acompanhamento certos.

Ideias Supervalorizadas

Gerar ideias é divertido, até viciante. Eu deveria saber: trabalhando como chefe de design, facilitei muitas sessões para a concepção de ideias em minha profissão. É possível dizer que, de certo modo, sou viciado em ideias.

Provavelmente você também já passou por isso: uma equipe se reúne por algumas horas ou dias para debater ideias. "Busque volume" foi a instrução. No fim, pode haver centenas de ideias na parede da sala do workshop (Figura 9-2). E o sucesso é medido implicitamente pelas notas adesivas usadas.

Mas o volume de ideias raramente é o problema. Jamais encontrei uma organização que não tivesse ideias *suficientes*. Na verdade, a maioria nada em ideias sobre as quais nem sabe como agir. Sim, continuamos fazendo exercícios que adicionam cada vez mais ideias à pilha.

Parte do problema é a visão darwinista errada do ciclo de vida da ideia. Supomos que os melhores conceitos simplesmente surgirão na superfície por mérito próprio. Se você consegue coletar o suficiente, então a lógica continua, e as chances de alguns sobreviverem aumentarão matematicamente.

Mas não é assim que funciona a tomada de decisão na organização. As melhores ideias não surgem dessa pilha. Ao contrário, forças naturais em qualquer organização agem para manter as ideias na pilha, não importa se elas são boas ou não. A principal delas é a incerteza, o anticorpo essencial das ideias nas empresas.

Resumindo, novos conceitos representam um jogo para os gerentes de risco, mesmo se são bem expressados em um protótipo de alta fidelidade.

Muitas ideias parecem ótimas quando surgem. "É isso! Vamos salvar a empresa!", pensamos com confiança. Mas, quando decisões difíceis precisam ser tomadas e essas ideias inocentes se tornam reais, até as melhores murcham fácil.

As boas ideias prometem demais e entregam de menos. Elas desviam nossa energia das ideias "patinho feio" que poderiam se transformar em cisnes, se recebessem a devida atenção.

Parte do problema é que é difícil (se não impossível) reconhecer uma ótima ideia em sua infância. Pressupomos que haverá um momento "a-há" quando tudo parecer certo. Mas como é a inovação? Como saber se algo é grande?

A história da inovação mostra que até as inovações mais profundas e transformadoras, em geral, não foram reconhecidas como tais no início. Como Scott Berkun nos lembra em seu livro *The Myths of Innovation*, a maioria das inovações ocorre sem epifanias.

Veja o primeiro voo dos irmãos Wright. Havia apenas algumas pessoas assistindo ao histórico evento e levou seis anos para eles venderem o primeiro avião. Ninguém previu um setor multibilionário resultando dessa invenção.

Somos obcecados pela origem das ideias, mas precisamos considerar onde elas terminam nas organizações tanto quanto de onde elas vêm. Temos que ser honestos quanto ao ciclo de vida natural das ideias e como a organização avança.

O importante é que cabe a você definir as expectativas certas. Isso começa admitindo que uma ideia em uma nota adesiva é só o começo de um longo processo iterativo. Você não irá das notas adesivas na parede da sala direto para a implementação, e gerar fluxo de caixa com sua ideia pode levar anos.

Claro, as organizações tentam encurtar o longo nariz da inovação. Mas ela é um processo de reinvenção contínua em todos os níveis: conceitual, técnico e desenvolvimento comercial. Por sorte, há coisas bem simples que podem ser feitas para manter a dinâmica:

- *Gerencie a concepção de ideias como um projeto contínuo.* Convide um gerente de projetos para sua sessão de ideias ou brainstorming. Após participar na ação, sua função básica é dividir os resultados em etapas práticas. Faça com que ele crie um plano para o desenvolvimento contínuo de ideias conforme elas surgem.

- *Vise aos experimentos como resultados.* Torne os experimentos o resultado de seu workshop de alinhamento. Isso requer humildade, mas define as expectativas certas.

- *Faça pequenas apostas.* Evite visar apenas à inovação revolucionária. Certo, todos querem criar o próximo iPod do setor, porém maior nem sempre é melhor. Pelo contrário, faça muitas apostas pequenas. Você não sabe o tamanho que uma ideia alcançará.

- *Tenha recursos antes de começar.* Comprometa-se a priori com uma experimentação contínua, mesmo antes de começar a gerar ideias. Alinhe as pequenas equipes que dedicarão tempo para realizar os experimentos. Seja claro quanto ao orçamento com antecedência também. Um experimento barato pode levar de quatro a oito semanas para terminar e requer orçamento de alguns milhares de dólares.

- *Faça testes baratos.* Esteja preparado para reinventar inúmeras vezes. Após obter e agir com o feedback real, sua ideia original pode nem lembrar o conceito inicial.

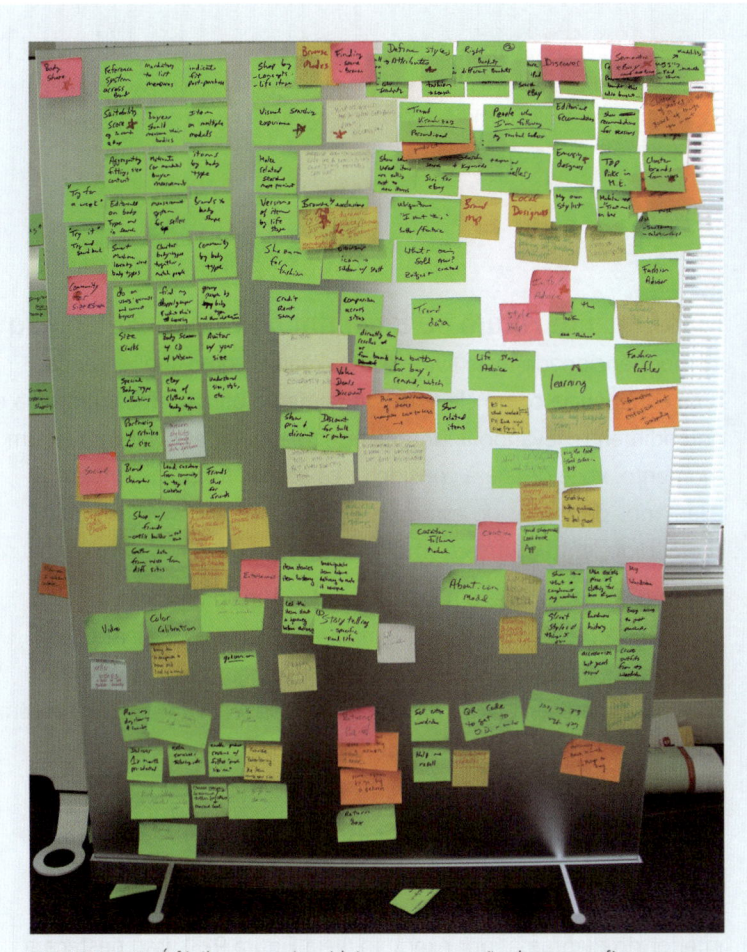

FIGURA 9-2. É fácil gerar muitas ideias, mas esse não deve ser o fim do seu trabalho.

> **Vida Longa às Ideias!**
> Tudo isso não quer dizer que você não deve fazer nenhum brainstorming. Gerar ideias é uma parte saudável da experiência do funcionário, reunindo as pessoas e fornecendo um local seguro para exercitar os músculos criativos.
>
> O foco é lembrar que as ideias em si são supervalorizadas. As decisões comerciais não se baseiam em um esboço, então defina expectativas realistas e esteja preparado para comprovar suas ideias a partir de um ponto de vista comercial se quiser ter uma chance de sucesso.

Planeje a Nova Experiência com Mapas

O mapeamento é o principal modo de capturar as observações do mundo real e representá-las visualmente. Mas ele também pode ser uma técnica geradora para descrever a experiência de novas soluções, sobretudo em contextos experimentais mais complexos e gerais. As equipes precisam ver a experiência completa para que possam planejar produtos e serviços adequados, mesmo que não controlem todas as partes.

Há inúmeras técnicas que contam com uma lógica de mapeamento que você pode aplicar para entender a experiência geral. Elas incluem mapeamento futuro, narrativas, mapas do design e mapeamento da história do usuário.

Mapeamento Futuro ou Blueprint do Estado Pretendido

Como mencionado, este livro foca os mapas como são: entender uma experiência como ela existe atualmente para oferecer empatia e entendimento, levando a identificar oportunidades. Mas, em algum momento, você desejará considerar os *mapas futuros*, também chamados de *mapas do estado futuro* ou *blueprints do estado pretendido*, entre outros termos.

Como o nome sugere, o mapa do estado futuro descreve a experiência de uma solução que não existe ainda. Diferente dos mapas do estado atual, eles não se baseiam em pesquisa. Pelo contrário, representam a visão de uma possível experiência e servem como uma ferramenta de comunicação para uma equipe criar algum serviço novo.

Existem alguns meios de mapear as futuras experiências. Costumo tentar não criar um diagrama separado. Normalmente é possível incluir as futuras experiências no mapa do estado atual, na parte inferior do diagrama, por exemplo (veja Figura 9-3). Isso destaca a transição necessária para ir do presente para o futuro. A causa e a solução são capturadas em um lugar.

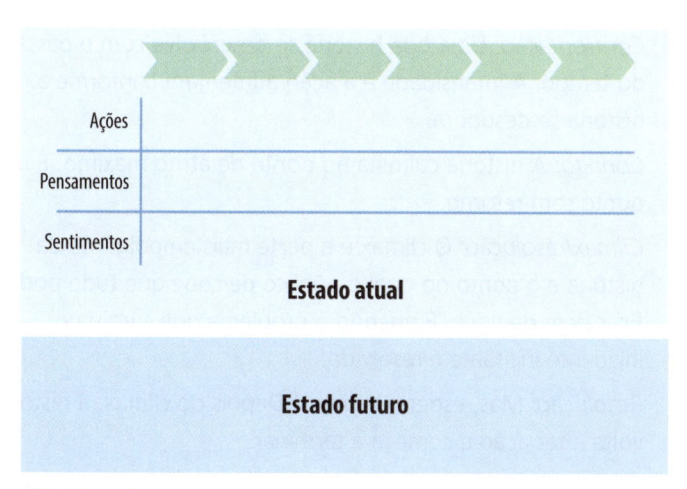

FIGURA 9-3. Mapear o estado atual para o estado futuro mostra a relação entre os dois.

Mas às vezes o estado futuro representará um fluxo diferente de interações e a cronologia das etapas difere. Por exemplo, um mapa da experiência de dirigir táxi teria uma cronologia diferente de usar um Uber. Com o Uber, o método de pagamento é determinado antes da viagem, o destino é passado ao motorista antes de o passageiro entrar no carro e as gorjetas são dadas bem depois. Nesse caso, prever o estado futuro seria mais bem representado em um diagrama totalmente separado.

O kit de ferramentas Enterprise Design Thinking da IBM inclui um exercício específico para criar um mapa do cenário futuro. Segundo o site (*https://www.ibm.com/services/business/design-thinking*) — conteúdo em inglês), ele serve como um esboço da visão da futura experiência do usuário para mostrar como as ideias esboçam suas necessidades atuais.

Primeiro, desenhe quatro linhas e identifique-as com "Fases", "Ação", "Pensamento" e "Sentimento". Então, individualmente ou em grupo, imagine uma experiência ideal preenchendo as linhas usando notas adesivas. Compare o estado futuro idealizado com o estado atual, e encontre altos e baixos. Onde estão as oportunidades? Onde está o momento "a-há" que pode diferenciar sua solução? Veja o "momento mágico" na Figura 9-4.

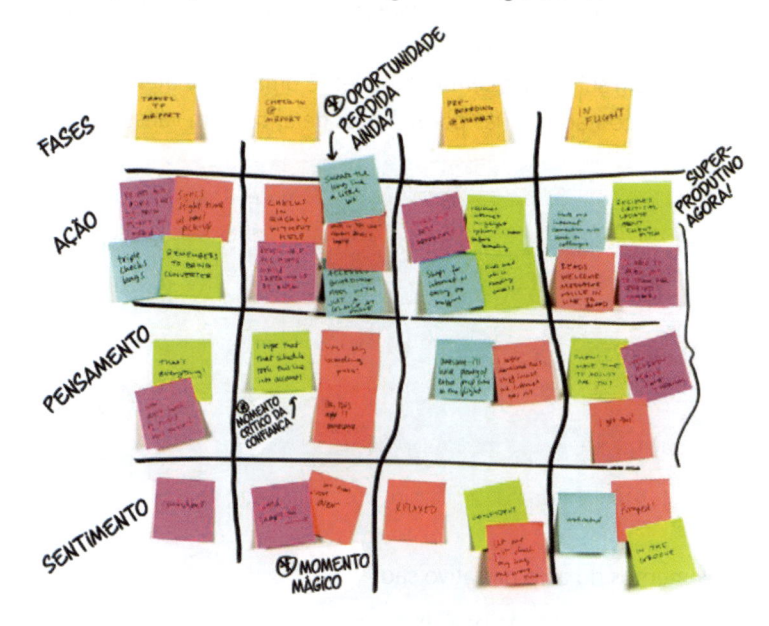

FIGURA 9-4. A abordagem simples da IBM para o mapeamento futuro inclui identificar um "momento mágico" visado na experiência pretendida.

Narrativas

Contar histórias não é apenas um meio de comunicar uma visão, mas ajuda a entender os problemas complexos. Segundo a estrategista de produtos digital Donna Lichaw, autora do *The User's Journey: Storymapping Products That People Love*, é possível usar os princípios da narrativa para guiar o design de produtos e serviços.

Para tanto, Lichaw conta com uma estrutura comum à maioria das histórias, chamada *arco narrativo* (Figura 9-5). Essa estrutura não é nova. Ela tem sua origem em Aristóteles. É uma forma atemporal usada para contar histórias por milhares de anos e em várias culturas.

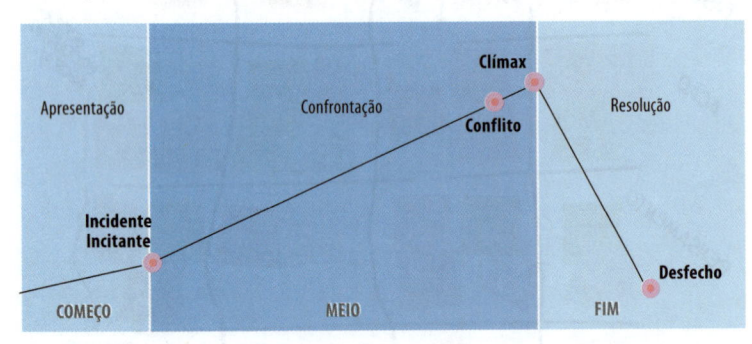

FIGURA 9-5. O arco narrativo arquetípico mostra a elevação na ação antes da resolução.

Os elementos do arco narrativo são:

- *Apresentação:* As boas histórias estabelecem o contexto e apresentam os personagens e as situações no começo.
- *Incidente Incitante:* É o ponto no qual algo dá errado ou há alguma mudança na situação.
- *Confrontação:* Uma boa história se desenvolve com o passar do tempo. A intensidade e a ação aumentam conforme a história se desdobra.
- *Conflito:* A história culmina no ponto de atrito máximo. É um ponto sem retorno.
- *Clímax/resolução:* O clímax é a parte mais empolgante da história e o ponto no qual o público percebe que tudo pode ficar bem de novo. É quando o problema que surgiu no incidente incitante é resolvido.
- *Resolução:* Mas, espere, há mais! Depois do clímax, a história volta a ter ação e começa a terminar.
- *Desfecho:* É o fim da narrativa. Em geral, há um retorno ao estado original.

A finalidade das narrativas não é contar uma história, mas desenvolver produtos e serviços como *se* você estivesse elaborando uma história, ou seja, aplique o arco narrativo no próprio processo de design. Para tanto, Lichaw recomenda primeiro mapear uma jornada ideal na narrativa. Então, desenvolva seu produto ou serviço com base nesse fluxo.

A Figura 9-6 mostra um exemplo de uso de um arco narrativo para planejar o conteúdo de um serviço digital. A intenção é tornar a jornada do usuário uma história impressionante e engajadora. O resultado é uma estratégia para o conteúdo e os recursos que atendam às necessidades do público de um modo engajador.

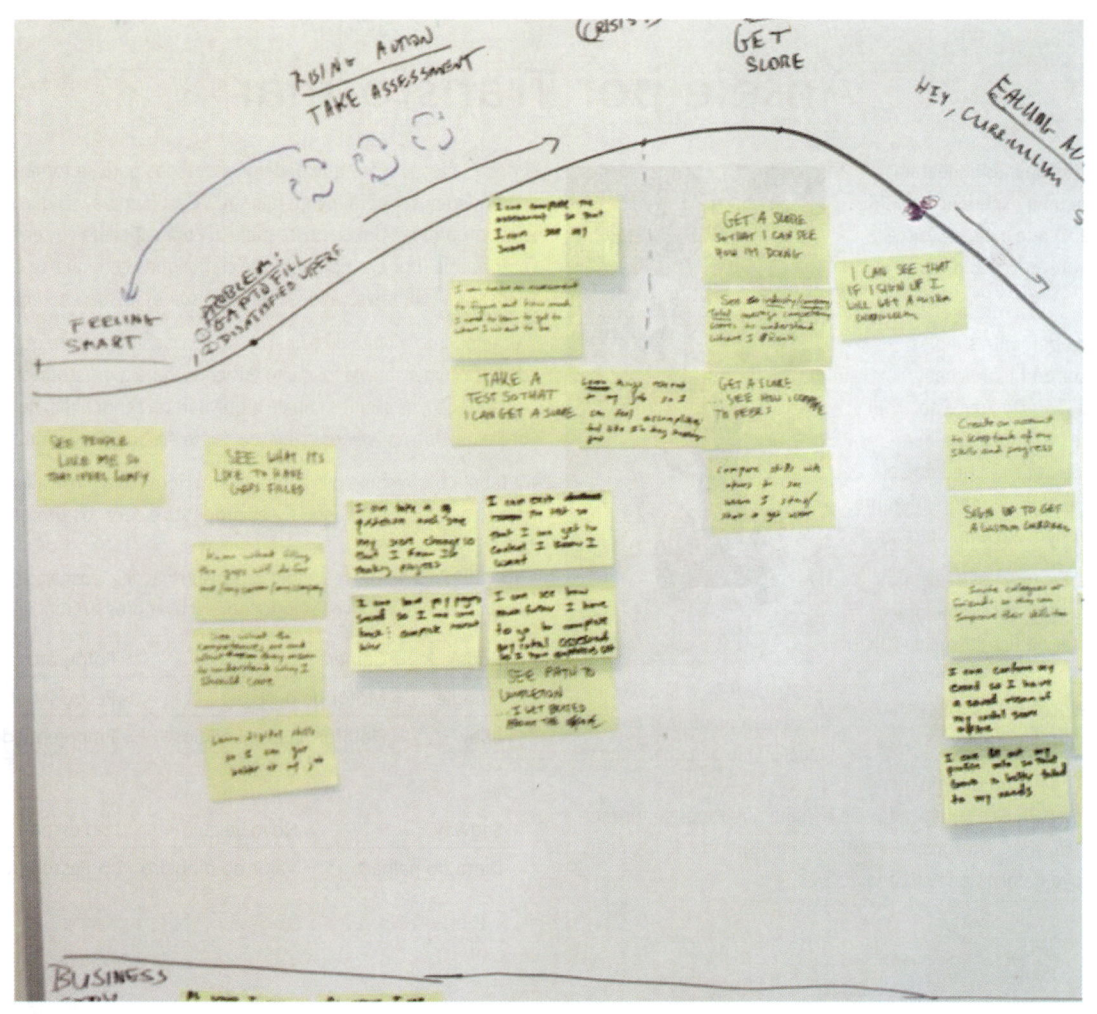

FIGURA 9-6. Um exemplo de arco narrativo e conteúdo previsto em um workshop mostra a confrontação e a resolução.

Anseie por Transformar

Produtos e serviços que apenas conectam, encantam e fornecem uma experiência positiva não vão muito longe. O que é necessário é um modo melhor de prever como os usuários *podem* agir.

Insira "The Ask", uma pergunta simples descrita pelo professor do MIT Michael Schrage em seu livro *Who Do You Want Your Customers to Become?* As inovações bem-sucedidas, afirma Schrage, não pedem apenas que os usuários façam algo de modo diferente: pedem que eles se tornem alguém diferente.

Por exemplo, George Eastman não inventou apenas uma câmera automática, com preço acessível e fácil de usar no fim do século XIX, ele criou *fotógrafos*. Sua inovação permitiu que todos fizessem algo que só profissionais treinados podiam fazer anteriormente.

Através da lente do The Ask, o Google não é somente um algoritmo de busca sofisticado. Ele permite que todos se tornem *pesquisadores especializados*. Ou considere o eBay. A plataforma de negócios popular criou uma nova geração de *empreendedores*.

FIGURA 9-7. O Segway nos pede para nos tornarmos alguém que não queremos ser.

Porém, as inovações que pedem às pessoas para se tornarem algo que elas não querem ser geralmente falham. Veja o Segway. O que ele nos pede para nos tornarmos? Um cientista maluco com capacete correndo na calçada? Uma autoridade (por exemplo, um policial) alguns centímetros acima dos outros pedestres? Ou talvez apenas uma *pessoa esquisita em um skate* (Figura 9-7)?

A campanha "a dieta do palhaço" do McDonald's é outro exemplo. Do ponto de vista comercial, ela foi muito eficiente. Por alguns centavos a mais para a organização, os clientes tinham o que parecia ser um bom negócio. Mas a empresa pedia que fossem *menos saudáveis* e isso acabou prejudicando sua reputação.

A Tabela 9-1 resume os exemplos anteriores. Ela mostra as transformações, positivas e negativas, que esses produtos e serviços fizeram nas pessoas.

TABELA 9-1. Um resumo das transformações, positivas e negativas, que os produtos e os serviços selecionados inovadores fizeram nas pessoas.

Kodak	= Câmera	> Fotógrafos
Google	= Motor de busca	> Pesquisadores especializados
eBay	= Plataforma de negócios	> Empreendedores
mas...		
Segway	= Novo veículo	> Pessoa esquisita em skate
Dieta do palhaço	= Valor do dinheiro	> Pessoa pouco saudável

Veja como aplicar o The Ask nos diagramas de alinhamento:

- Em cada divisão maior no diagrama, faça a pergunta: "Quem queremos que nossos clientes se tornem?"
- Colete as respostas em potencial e decida qual é melhor.
- Continue em cada divisão maior do diagrama.
- Finalmente, debata livremente as soluções.

Por exemplo, a Figura 9-8 mostra o blueprint de serviço do capítulo anterior, criado por Brandon Schauer. Representadas no topo, estão as respostas hipotéticas para The Ask em cada fase da jornada.

The Ask abre as portas para um pensamento de verdadeiro anseio e inovação transformadora. Começa com o resultado, não com a solução. O brainstorming em torno desses resultados geralmente produz novas ideias que se destacam dos exercícios anteriores no workshop de alinhamento.

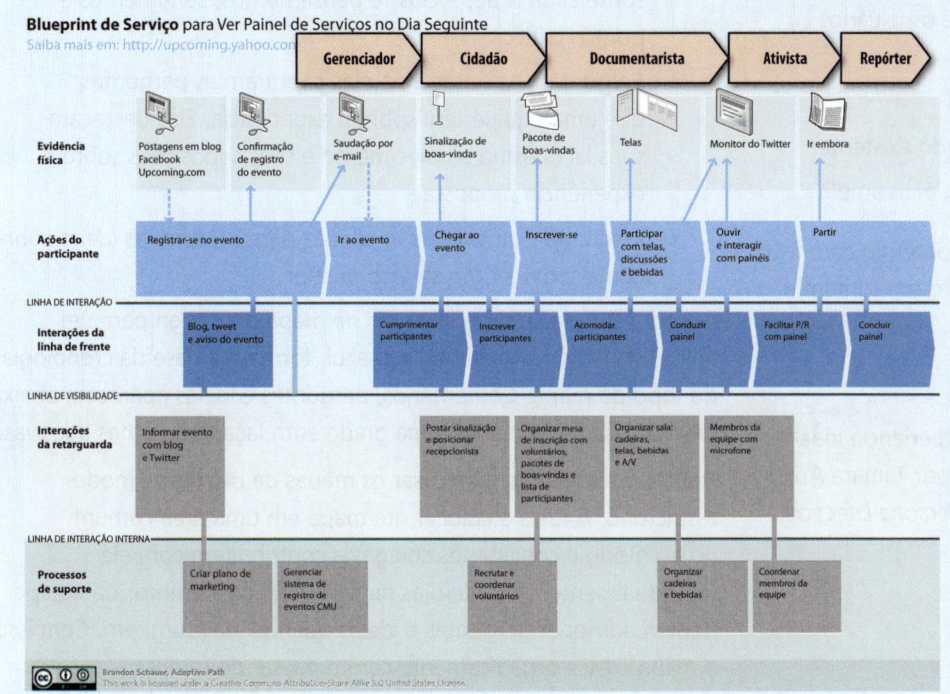

FIGURA 9-8. Um exemplo de blueprint de serviço que mostra as possíveis respostas para The Ask em cada fase.

Planeje a Nova Experiência com Mapas 255

Aplicar os arcos narrativos em workshops de design é simples. Junto com Lis Hubert, Lichaw descreve o processo em seu artigo "Storymapping: A MacGyver Approach to Content Strategy":

1. Organize um workshop com um conjunto grande de stakeholders.
2. Desenhe a jornada do usuário como um arco narrativo em um quadro de avisos.
3. Mapeie as partes individuais do conteúdo que os usuários precisariam em cada estágio.
4. Abaixo, registre o conteúdo existente.
5. Identifique lacunas e pontos fracos no conteúdo existente.
6. Priorize e planeje uma estratégia de conteúdo mais ampla.

Seguir essas etapas resulta em uma estratégia de conteúdo com foco e significado. Isso alinha as equipes com um objetivo em comum e produz serviços mais engajadores em geral.

Mapas do Design

Mapas do design são diagramas simples de uma experiência ideal criada junto com uma equipe. A técnica é descrita por Tamara Adlin e Holly Jamesen Carr no Capítulo 10 do livro *The Persona Lifecycle*.

Criar um mapa do design é uma prática simples que requer apenas notas adesivas e um quadro de avisos. O resultado é o mapa de uma experiência ideal. Há quatro elementos básicos no mapa, cada um com uma nota colorida diferente:

- *Etapas:* As notas azuis indicam as etapas que certa persona realiza em um processo.
- *Comentários:* As notas verdes fornecem mais detalhes sobre cada ação, inclusive pensamentos, sentimentos e pontos críticos.
- *Perguntas:* As notas amarelas capturam as perguntas que uma equipe tem sobre a experiência. Elas destacam suas lacunas no conhecimento e suas suposições sobre a experiência proposta.
- *Ideias:* As notas rosa são usadas para capturar as ideias sobre como fornecer um serviço melhor.

A Figura 9-9 mostra um exemplo de mapa do design para um aplicativo fictício. As etapas, em azul, formam a base da cronologia no topo do mapa. Comentários, perguntas e ideias aparecem abaixo de cada etapa, formando uma grade entrelaçada de notas adesivas.

Adlin e Carr recomendam usar os mapas de design de modo assíncrono. A ideia é colocar um mapa em uma área comum do escritório e convidar os colegas a contribuírem com ele individualmente. Durante dias ou semanas, os membros da equipe podem adicionar perguntas e ideias quando elas surgirem. Com isso, o mapa cresce organicamente com o passar do tempo.

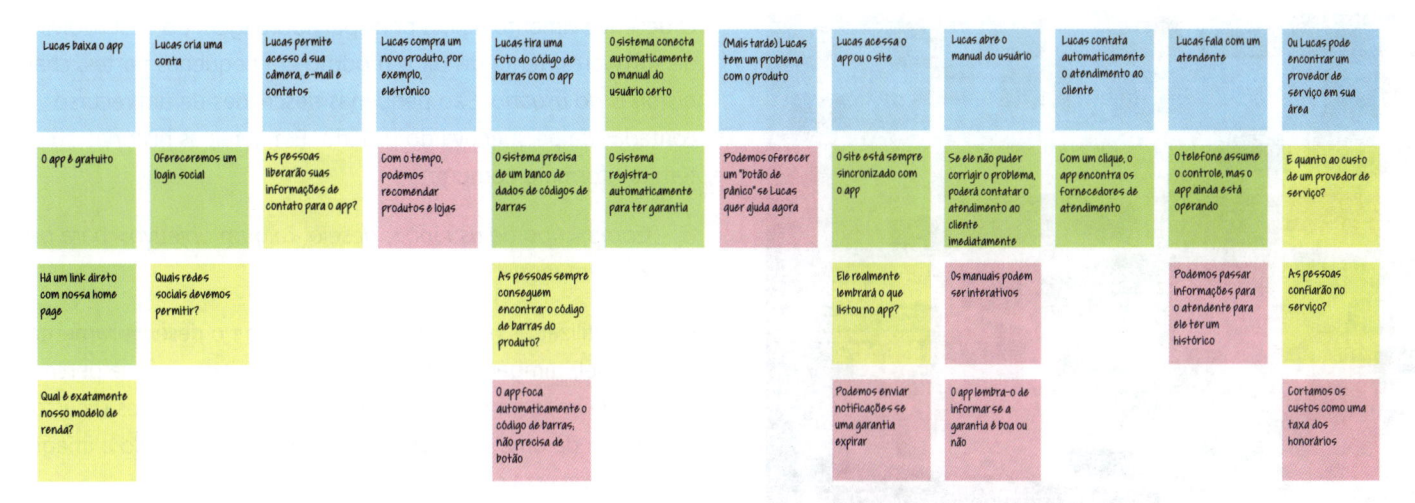

FIGURA 9-9. Um exemplo de mapa do design, modelado segundo a técnica descrita no livro *The Persona Lifecycle*.

Os mapas do design podem ser usados em workshops para prever uma futura experiência. Por exemplo, certa vez usei essa técnica em um workshop de alinhamento com três grupos focais. Primeiro, cada grupo criou um fluxo ideal de *etapas* para uma das três experiências que estávamos visando. Eles também adicionaram *comentários* para detalhar mais as etapas.

Então, girei os grupos para que eles agora trabalhassem com o mapa do design do outro grupo. Eles leram as etapas e comentários sobre o novo mapa do design e fizeram *perguntas* sobre cada etapa nas notas adesivas com cores diferentes.

Por fim, girei os grupos mais uma vez. Depois de lermos tudo, debatemos livremente as novas *ideias* na parte inferior do mapa. Eles também escreveram as melhores como um protótipo. Cada grupo interagiu com todos os três diagramas e baseou-se nos pensamentos dos colegas.

A Figura 9-10 mostra parte do quadro de avisos usado para esse exercício. Note que a codificação colorida das notas adesivas variou a partir do que Adlin e Carr prepararam. Usamos notas amarelas para as etapas, azuis para os comentários, rosa para as perguntas e verdes para as ideias. Mas o processo para criar o mapa do design foi o mesmo.

FIGURA 9-10. Uma seção do mapa do design criado em um workshop mostra os vários tipos de informações em notas adesivas com diferentes cores.

Mapeamento da História do Usuário

Meu vizinho de infância tinha o brinquedo Sr. Cabeça de Batata. Se você não conhece o brinquedo, é uma cabeça de plástico sem graça à qual é possível acrescentar vários detalhes faciais. As combinações resultantes podem ser engraçadas, por exemplo, óculos do comediante Groucho Marx com lábios grandes e vermelhos.

Os produtores de software costumam evitar a criação de produtos como o Sr. Cabeça de Batata. Mas, sem uma visão comum do que se está criando, é possível combinar, sem perceber, elementos que não ficam bem juntos.

O desenvolvimento ágil, a principal abordagem do desenvolvimento de softwares, tenta dividir o produto em pequenas partes, chamadas *histórias do usuário*. São pequenas descrições de um recurso contadas da perspectiva do usuário. Em geral, as histórias do usuário têm um formato comum:

> Como <tipo de usuário>, desejo <algum objetivo> para que <algum motivo>.

Embora utilizar as histórias do usuário torne o desenvolvimento mais gerenciável, também pode fazer com que as equipes se percam na grande imagem do que estão construindo. Focar os recursos individuais dá uma visão afunilada à equipe, perdendo a imagem geral do que está sendo criado.

Para evitar o efeito Sr. Cabeça de Batata ao desenvolver softwares, o coach Agile Jeff Patton propôs uma técnica chamada *mapeamento da história do usuário*. Ele aconselha que as equipes de desenvolvimento não suponham que todos têm a mesma visão do produto final. Em seu livro *User Story Mapping*, Patton descreve esse fenômeno e como superá-lo:

> *Se eu tenho uma ideia na cabeça e a descrevo escrevendo, ao ler o documento, é possível que você imagine algo diferente... Contudo, se nos reunirmos e conversarmos, você pode me dizer o que pensa e eu posso fazer perguntas.*

A conversa é melhor se podemos externalizar nosso pensamento desenhando imagens e organizando nossas ideias com fichas ou notas adesivas. Se nos dermos tempo para explicar nossos pensamentos com palavras e imagens, construiremos uma compreensão compartilhada.

Um ponto forte dos mapas da história do usuário é que eles são simples de entender. A Figura 9-12 mostra um exemplo criado por Steve Rogalsky, um coach especialista na metodologia Agile da empresa Protegra. É possível ver o alinhamento das atividades do usuário (em notas adesivas laranja e azul) para os recursos planejados (em amarelo).

O mapeamento da história do usuário tem suas raízes na modelagem da tarefa, como inventado por Larry e Lucy Constantine.[*] A técnica é flexível, com diferentes maneiras de abordar a criação de um mapa. Principais elementos que a maioria dos mapas da história inclui:

- *Tipos de usuário.* Uma pequena descrição das diferentes funções para as quais o sistema é projetado. São geralmente listadas no topo ou na lateral (não mostrado na Figura 9-11).
- *Backbone.* É uma sequência das atividades do usuário listadas no topo. Com frequência, uma descrição mais detalhada das tarefas do usuário que formam um fluxo nas fases acompanha isso. São listadas na horizontal, logo abaixo das fases da espinha dorsal (backbone).
- *Histórias do usuário.* O corpo do mapa contém as histórias necessárias para conseguir os resultados desejados. Geralmente são priorizadas e separadas em versões.

O backbone é parecido com a cronologia em um mapa da experiência. Contudo, um mapa da história do usuário tende a não ter muitos detalhes e contexto de um mapa da experiência, como pensamentos e sentimentos. Ele foca o desenvolvimento do produto de software.

O processo do mapeamento da história do usuário requer a participação da equipe desde o início. Siga estas etapas para envolver todos na criação do mapa:

Estruture a ideia

Como equipe, discuta *por que* vocês estão criando o produto. Identifique e registre os benefícios e os problemas que ele resolve. Também decida sobre para *quem* vocês estão criando o produto. Escreva suas respostas no topo do mapa.

Mapeie a situação geral

Ilustre o fluxo da solução de modo cronológico, incluindo detalhes sobre ações específicas. Se possível, inclua os pontos positivos e negativos que os usuários têm hoje para informar suas decisões de desenvolvimento.

---

[*] Veja, por exemplo, Larry Constantine, "Essential Modeling: Use Cases for User Interfaces", *ACM Interactions* (abr. 1995).

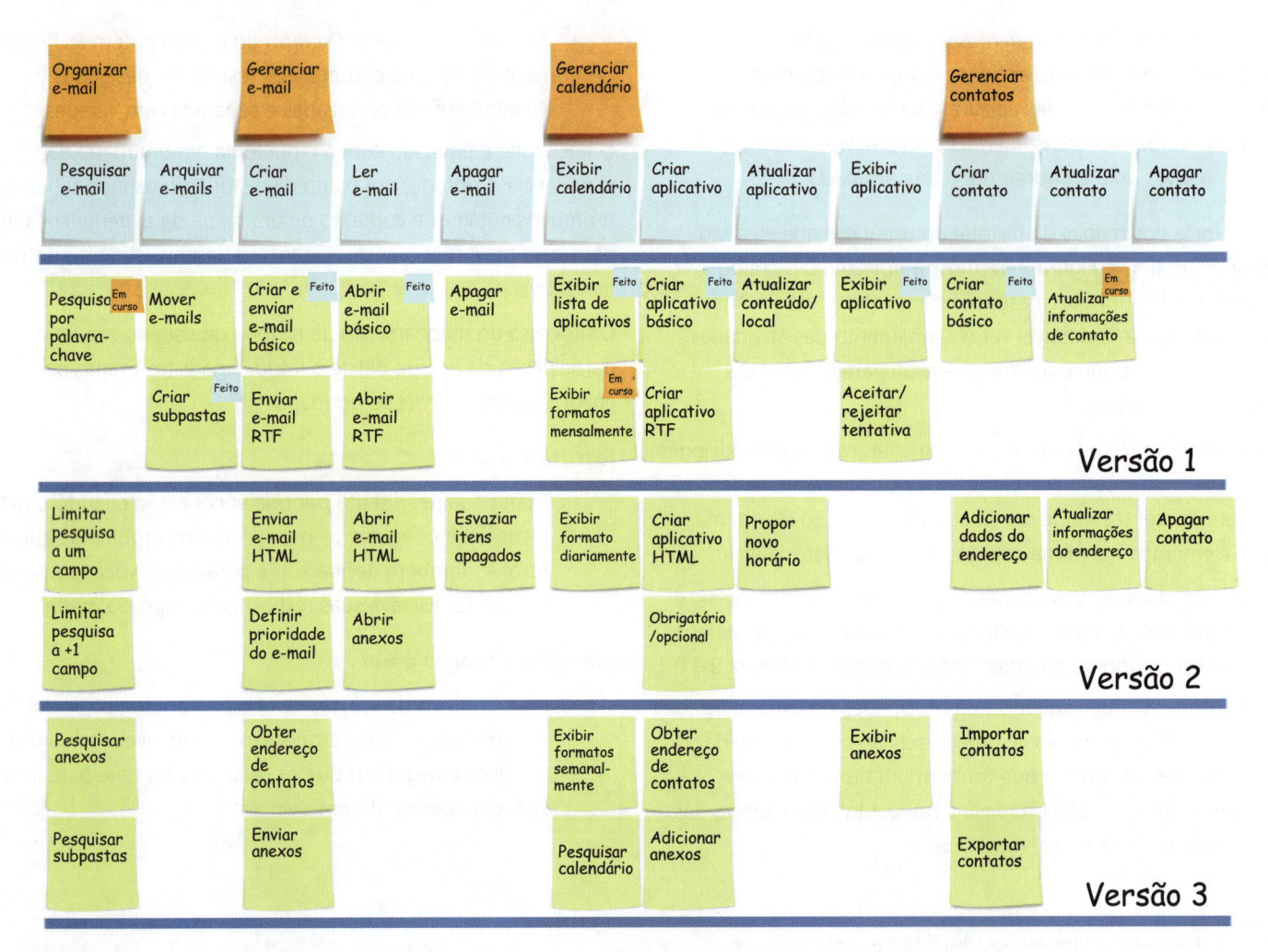

	Organizar e-mail			Gerenciar e-mail			Gerenciar calendário			Gerenciar contatos		
	Pesquisar e-mail	Arquivar e-mails	Criar e-mail	Ler e-mail	Apagar e-mail	Exibir calendário	Criar aplicativo	Atualizar aplicativo	Exibir aplicativo	Criar contato	Atualizar contato	Apagar contato
	Pesquisar por palavra-chave [Em curso]	Mover e-mails	Criar e enviar e-mail básico [Feito]	Abrir e-mail básico [Feito]	Apagar e-mail	Exibir lista de aplicativos [Feito]	Criar aplicativo básico [Feito]	Atualizar conteúdo/local	Exibir aplicativo [Feito]	Criar contato básico [Feito]	Atualizar informações de contato [Em curso]	
		Criar subpastas [Feito]	Enviar e-mail RTF	Abrir e-mail RTF		Exibir formatos mensalmente [Em curso]	Criar aplicativo RTF		Aceitar/rejeitar tentativa			

Versão 1

Limitar pesquisa a um campo		Enviar e-mail HTML	Abrir e-mail HTML	Esvaziar itens apagados	Exibir formato diariamente	Criar aplicativo HTML	Propor novo horário		Adicionar dados do endereço	Atualizar informações do endereço	Apagar contato
Limitar pesquisa a +1 campo		Definir prioridade do e-mail	Abrir anexos			Obrigatório/opcional					

Versão 2

Pesquisar anexos		Obter endereço de contatos		Exibir formatos semanalmente	Obter endereço de contatos		Exibir anexos	Importar contatos	
Pesquisar subpastas		Enviar anexos		Pesquisar calendário	Adicionar anexos			Exportar contatos	

Versão 3

FIGURA 9-11. Os mapa da história alinham as tarefas de desenvolvimento com a experiência do usuário pretendida.

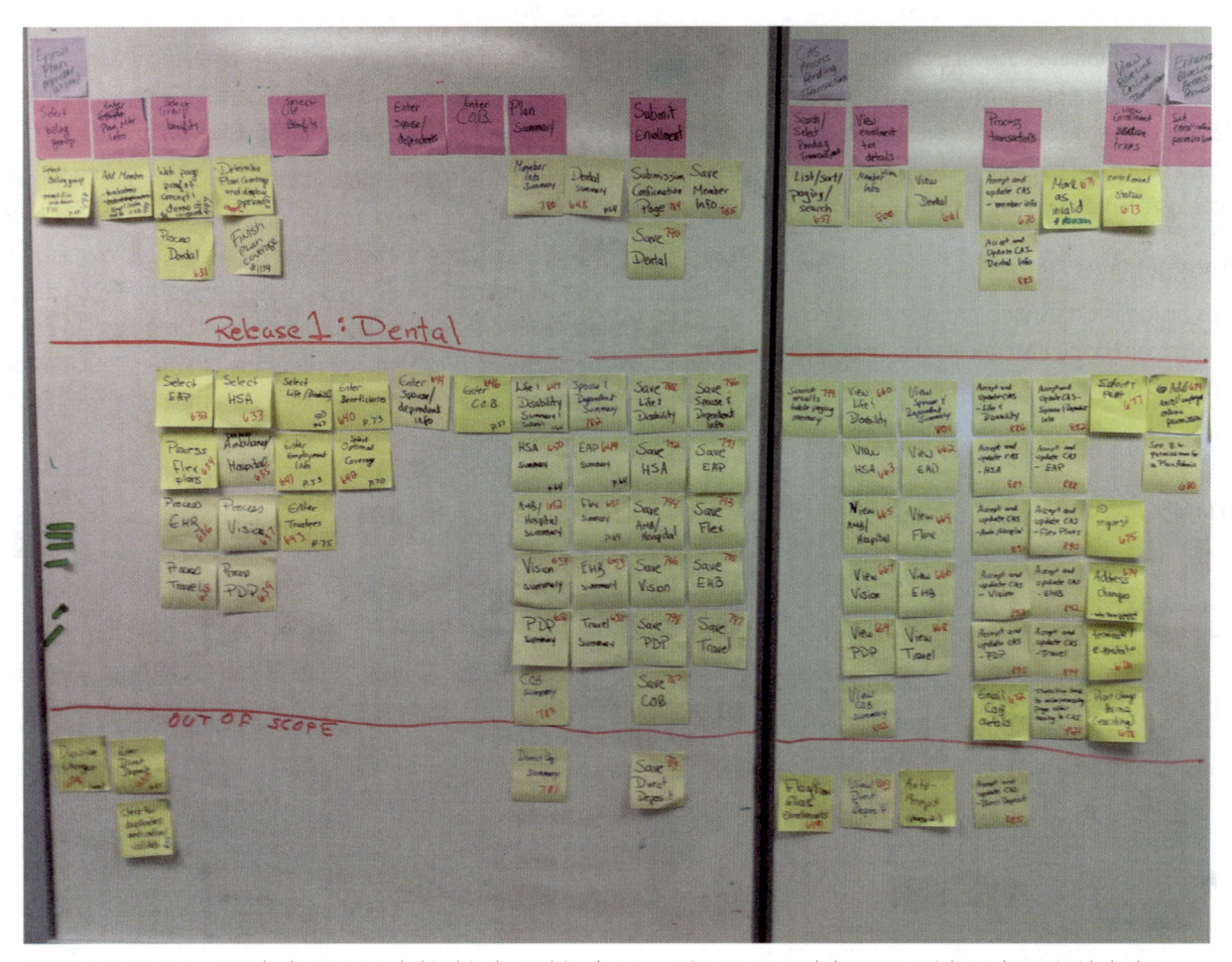

FIGURA 9-12. Este exemplo de um mapa da história do usuário, de uma equipe em um workshop presencial, revela a prioridade dos esforços nas versões.

Explore

Use o mapa para facilitar conversas sobre os resultados desejados e a experiência pretendida. Descreva os recursos para dar suporte aos usuários e registre-os como histórias no mapa. Esboce as soluções quando necessário, volte e entreviste os clientes também.

Crie uma estratégia de versão

Divida as histórias do usuário em diferentes versões, começando com o mínimo necessário para alcançar o resultado desejado.

Crie, meça, aprenda

Conforme o desenvolvimento avança, controle a aprendizagem da equipe com o mapa da história do usuário. Mantenha-o em um local visível e consulte-o com frequência.

Um mapa da história do usuário ilustra como as histórias do usuário se relacionam entre si em um modelo universal. Isso permite que as equipes entendam a totalidade do sistema. E, o mais importante, eles alinham o planejamento e o desenvolvimento com experiências do usuário reais. Basicamente, é uma compreensão compartilhada do software que a equipe pretende criar para guiar as decisões, melhorar a eficiência e terminar com melhores resultados.

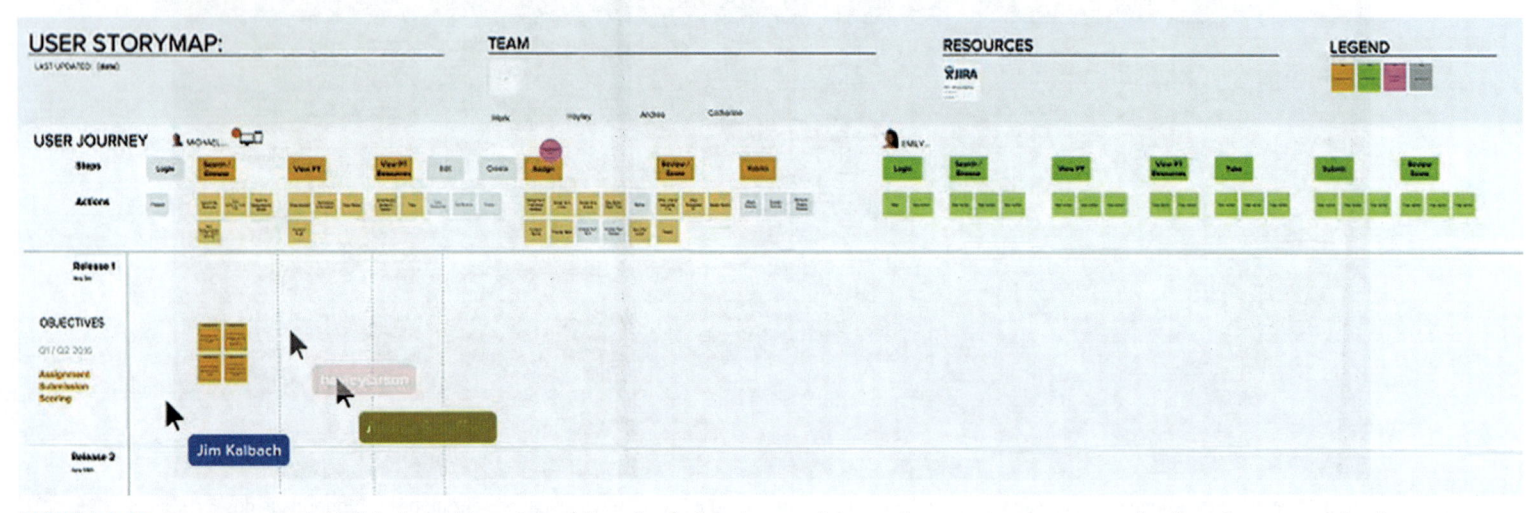

FIGURA 9-13. O mapeamento da história do usuário pode ser feito online facilmente para alinhar equipes remotas, mesmo quando não estão no mesmo local.

Em geral, o exercício é feito offline, utilizando notas adesivas e um quadro de avisos. Por exemplo, a Figura 9-12 mostra um exemplo criado em um workshop de equipe.

Também é possível mapear visualmente as histórias online usando um software, como o MURAL. Certa vez fiz a facilitação de um mapeamento da história do usuário para uma grande editora com pessoas geograficamente distantes desde Chicago, Illinois, até Dublin, Irlanda. Usamos um software de conferência para estabelecer uma conexão de áudio e vídeo para a conversa, então usamos o quadro virtual MURAL para mapear as histórias do usuário (Figura 9-13).

Resultado: não suponha que todos têm a mesma imagem mental sobre um projeto ou um esforço. Para enfatizar a importância de tornar o processo visual, Jeff Patton usa a imagem na Figura 9-14 em seu livro e outros lugares.

As visualizações (mapas do estado atual ou algum cenário futuro), contribuem muito ao estabelecer uma realidade compartilhada e alinhar as equipes, falando a mesma língua.

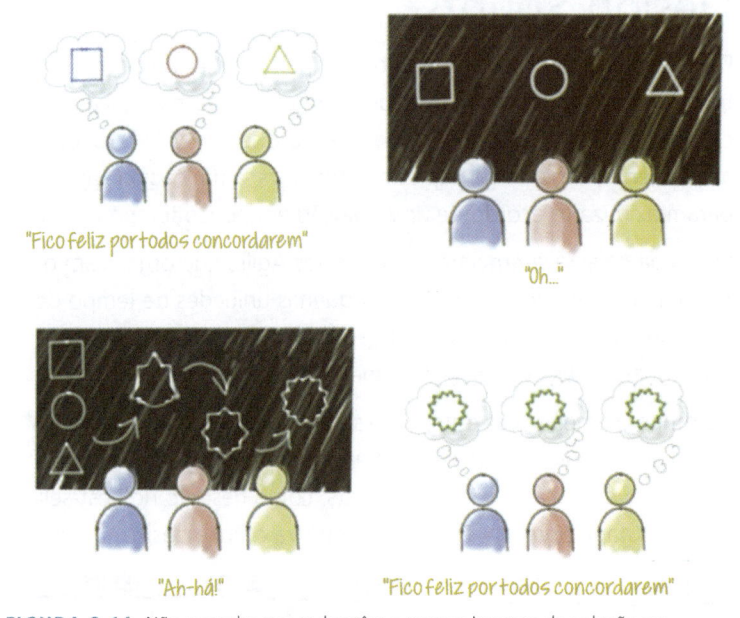

FIGURA 9-14. Não suponha que todos têm a mesma imagem da solução em suas cabeças.

Design Sprints

Design sprints são um formato popular para reunir equipes com uma série estruturada de atividades para planejar uma solução específica. Assim que houver uma direção a seguir no workshop de alinhamento, descrito no capítulo anterior, faça um design sprint para maximizar o acordo de uma solução em pouco tempo.

O uso da palavra *sprint* vem dos métodos Agile, que organizam o trabalho de desenvolvimento em pequenas unidades de tempo de uma a quatro semanas. Os design sprints focam resolver desafios conceituais antes de o desenvolvimento iniciar.

Há muitas semelhanças entre workshops de alinhamento de vários dias e design sprints. Por exemplo, um mapa da jornada do usuário é uma parte essencial dos design sprints, como descrito no best-seller de Jake Knapp *Sprint*. A Figura 9-15 mostra o fluxo básico.

FIGURE 9-15. Em geral, os design sprints começam com um mapa da experiência para entender o contexto das soluções que a equipe vai propor na semana seguinte.

Os autores do livro *Design Sprints*, Richard Banfield, Todd Lombardo, e Trace Wax, também destacam a função dos mapas no processo de sprint. Eles escrevem: "[O mapeamento] adicionará contexto ao projeto e destacará as oportunidades que seriam perdidas do contrário."

Mas, enquanto o foco de um workshop de alinhamento é conseguir acordo sobre o problema certo a resolver, um design sprint visa produzir uma solução concreta. Os sprints podem usar um mapa da experiência como ponto de partida para definir o contexto, mas passa rapidamente para atividades de design específicas. Os workshops de alinhamento e os design sprints se complementam, representando diferentes modos de pensar.

Resumo

A maioria das técnicas descritas neste livro focou basicamente o mapeamento do *estado atual* ou a visualização de uma experiência como observada atualmente. O mapeamento do *estado futuro* busca diagramar uma experiência pretendida como ela será criada.

Primeiro, planeje experimentos para validar suposições sobre uma experiência do estado futuro. Podem ser pequenos testes para conseguir feedback com cenários simulados, contando com as técnicas Lean.

Então mapeie a experiência futura desejada. Em muitos casos, um diagrama separado pode não ser necessário: o estado futuro pode ser anexado a um mapa existente. Mas, se necessário, um mapa extra pode ser criado para permitir que uma equipe reflita sobre a experiência pretendida. As técnicas para ilustrar uma experiência pretendida incluem narrativas, mapas do design e mapeamento da história do usuário. Design sprint é um formato concentrado para resolver desafios específicos de design e propor soluções para seguir em frente com a implementação.

Em geral, a visualização da experiência (estado atual ou estado futuro) ajuda a alinhar as equipes formando uma compreensão em comum e despertando uma empatia coletiva.

Mais Leitura

Michael Schrage, *Who Do You Want Your Customers to Become?* (Harvard Business Review Press, 2012)

> *É um e-book pequeno com uma mensagem poderosa. Em vez de ver quem são seus clientes atuais e tentar alegrá-los, tente transformá-los: permita que eles se tornem alguém ou algo que ainda não são. A pergunta simples "Quem você deseja que seus clientes se tornem?" reformula o foco para ir além e fornecer serviços cada vez melhores.*

Donna Lichaw, *The User's Journey* (Rosenfeld Media, 2016)

> *Donna escreve e ensina regularmente sobre narrativas. É um volume completo sobre técnicas que ela desenvolveu com os anos. Você pode encontrar mais informações online, inclusive alguns artigos em UXmatters (uxmatters.com. — conteúdo em inglês).*

Jeff Patton, *User Story Mapping* (O'Reilly, 2014)

> *Patton inventou a técnica dos mapas da história do usuário e detalha a abordagem nesse livro. Ele é bem escrito e mostra rapidamente os principais pontos. Os últimos capítulos incluem detalhes sobre a validação por meio de processos Lean.*

John Pruitt e Tamara Adlin, *The Persona Lifecycle* (Morgan Kaufmann, 2006)

> *Esse livro completo sobre personas geralmente é a principal fonte de consulta sobre o assunto. Com quase 700 páginas, ele é detalhado e abrangente.*

Jake Knapp, *Sprint* (Simon & Schuster, 2016)

> *É o livro que iniciou a tendência de design sprint e continua sendo a fonte original de informações sobre a técnica. Veja também* Design Sprint *de Richard Banfield, C. Todd Lombardo e Trace Wax (O'Reilly, 2015).*

John Vetan, Dana Vetan, Codruta Lucuta e Jim Kalbach, *Design Sprint Facilitator's Guide V3.0* (Design Sprint Academy, 2020)

> *Esse guia é bem acessível e oferece muitos conselhos práticos e recomendações de especialistas do setor com anos de experiência. Tive sorte por conseguir colaborar com a Design Sprint Academy quanto a esse guia prático ao fazer design sprints, sobretudo as partes a respeito do mapeamento.*

ESTUDO DE CASO

Rápido Workshop Online de Mapeamento e Design

Jim Kalbach

O MURAL (*mural.co*) é o principal quadro de avisos virtual para planejar a colaboração. É um serviço de nuvem que permite trabalhar visualmente online, de onde você estiver. Entrei para a equipe MURAL em março de 2015.

Usamos nosso próprio produto para examinar a experiência de integração do MURAL e fazer melhorias. Para tanto, organizamos um workshop com duração de um dia e meio em Buenos Aires com um grupo de oito pessoas em diferentes funções. O workshop teve três partes.

Parte 1: Ter empatia

O objetivo era primeiro compreender a experiência do usuário. Assim, mapeei os elementos da experiência usando o MURAL antes da sessão (Figura 9-16). Havia três seções principais no mural que criei:

- *Cadeia de valor*. Para entender o fluxo de valor, mapeei a cadeia de valor do cliente (esquerda superior). Isso fornece uma visão geral dos atores envolvidos e as relações entre eles.

- *Proto-personas*. À direita superior da Figura 9-16 você verá três proto-personas. Elas foram baseadas nos atores do diagrama da cadeia de valor. Sofia, a líder de design, foi nossa primeira persona para o exercício.

- *Mapa da experiência*. No meio, ficava um mapa da experiência, baseado na pesquisa anterior que realizei com a colaboração da equipe, assim como entrevistas recentes com o cliente. As formas circulares representam o comportamento repetido.

Foi deixado um espaço abaixo para os resultados da segunda parte do workshop.

Em grupo, discutimos sobre cada um desses elementos para entender a experiência maior. O formato digital do diagrama nos permitiu adicionar e atualizá-lo dinamicamente. Por exemplo, acrescentamos detalhes às proto-personas quando discutimos sobre elas.

Parte 2: Prever

Então, fizemos um brainstorming sobre as barreiras ao consumo. Perguntamos: "O que está impedindo a persona primária de usar nosso serviço repetidamente?"

Com uma grande área virtual na qual trabalhar, foi fácil registrar as respostas logo abaixo do mapa da experiência. Elas foram agrupadas e priorizadas usando um recurso predefinido de votação com pontos no MURAL.

Depois, realizamos um exercício para encontrar soluções, chamado design studio. Para cada barreira identificada, os participantes esboçaram individualmente as possíveis soluções. Os esboços foram fotografados e transferidos para outro mural, para todos do workshop verem (Figura 9-17).

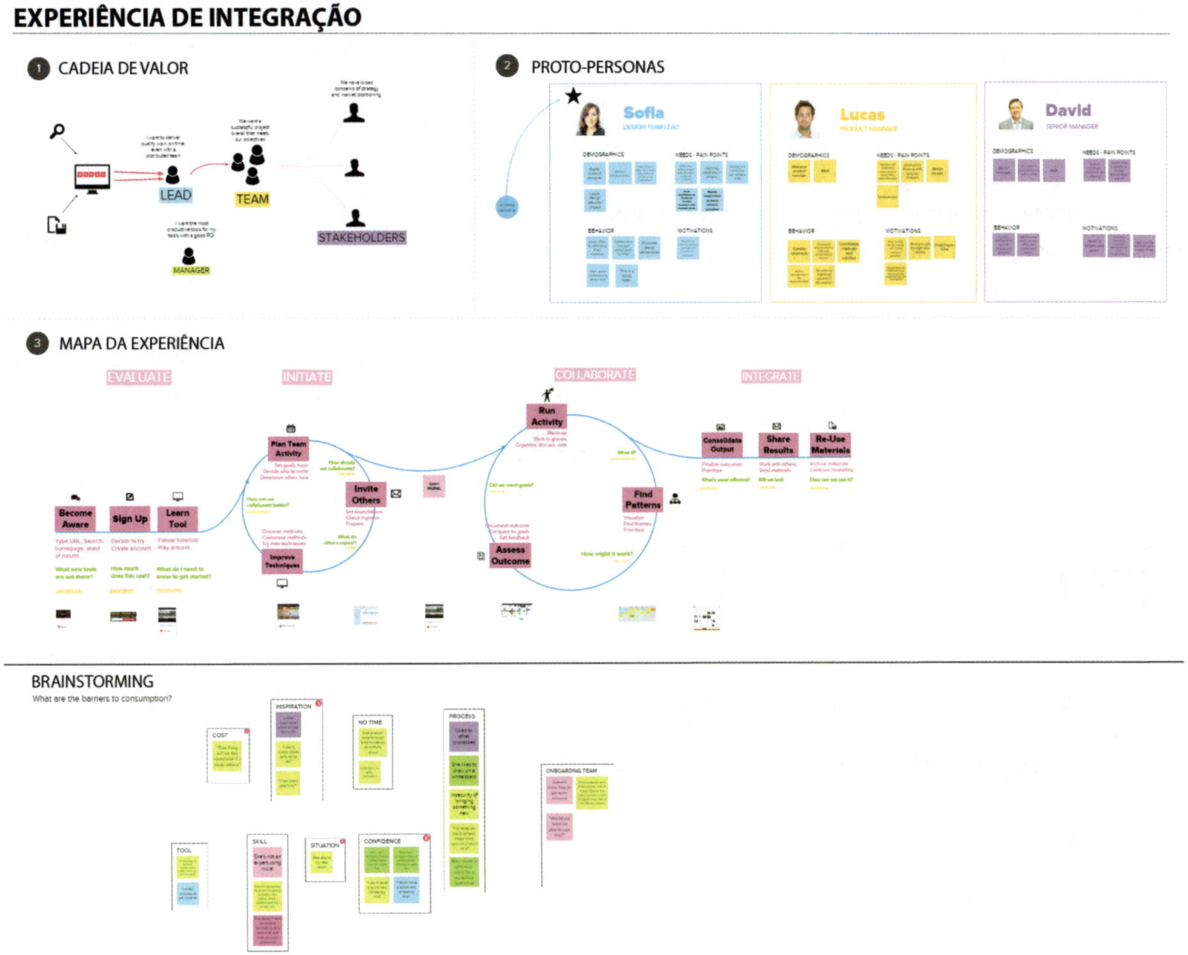

FIGURA 9-16. Combinação da cadeia de valor, proto-personas e mapa da experiência no MURAL, assim como os resultados da sessão de brainstorming inicial.

ESTUDO DE CASO

Parte 3: Avaliar

Depois do almoço, a equipe dividiu-se em dois grupos. Cada um focou consolidar os esboços em uma única solução. Nosso objetivo era criar artefatos de teste no fim do dia.

Usando o *Usertesting.com* (conteúdo em inglês), um serviço de teste remoto não moderado e online, rapidamente conseguimos feedback sobre as soluções propostas. Os testes foram feitos durante a noite e, na manhã seguinte, tínhamos os resultados iniciais.

Algumas de nossas suposições foram validadas, ao passo que outras foram desaprovadas. Pegamos o feedback do teste e iteramos nos designs propostos. Em uma etapa final, criamos um plano concreto para a implementação nos próximos meses.

Conclusão

Essa abordagem rápida nos permitiu ir da compreensão da experiência a fazer o protótipo e testar em menos de dois dias. Não houve nenhuma proposta escrita, relatório, nem outro documento.

O mapeamento da experiência não tem que ser um processo longo. Usar uma ferramenta online como o MURAL torna o processo até mais rápido. Mais que isso, trabalhar online também nos permitiu combinar os elementos em um lugar para ter uma visão geral melhor. Também facilita envolver, posteriormente, outras pessoas que não estavam presentes no workshop. Criar um mapa da experiência online torna o processo contínuo, ao invés de um evento estático e único, independentemente de onde estão as pessoas.

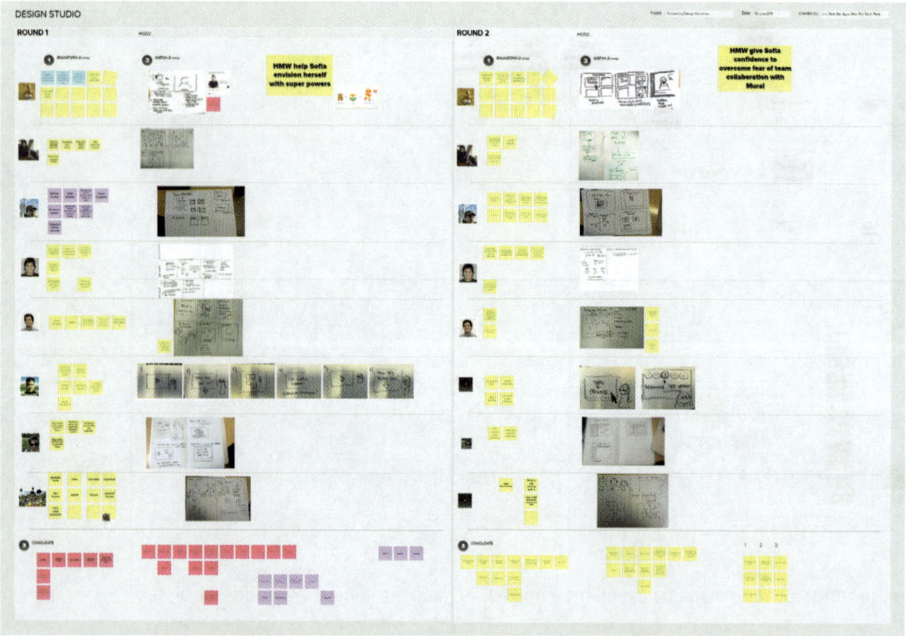

FIGURA 9-17. A técnica do design studio permite que uma equipe chegue a uma solução final em conjunto (neste caso, online no MURAL).

Créditos de Diagramas e Imagens

Figura 9-2: Imagem do workshop de Jim Kalbach.

Figura 9-4: Exemplo de um mapa futuro do kit de ferramentas Enterprise Design Thinking da IBM (ibm.com/design).

Figura 9-6: Foto do exercício de narrativa de Donna Lichaw, usada com permissão.

Figura 9-7: Foto de Scott Merrill (https://skippy.net), usada com permissão.

Figura 9-8: Blueprint de serviço criado por Brandon Schauer da Adaptive Path, usado com permissão.

Figura 9-9: Mapa de design de exemplo criado por Jim Kalbach usando MURAL.

Figura 9-10: Imagem do mapa de design de Jim Kalbach.

Figura 9-11: Mapa da história do usuário criado por Steve Rogalsky da Protegra (protegra.com), usado com permissão.

Figura 9-12: Imagem do mapa da história do usuário de Steve Rogalsky, usada com permissão.

Figura 9-13: Exemplo de mapa da história do usuário de Jim Kalbach, criado no MURAL.

Figura 9-14: Ilustração do livro *User Story Mapping* de Jeff Patton.

Figura 9-15: Cronograma do design sprint do livro *Sprint* de Jake Knapp, usado com permissão.

Figura 9-16: Mapa da jornada e sessão de brainstorming da equipe de Jim Kalbach, criado no MURAL.

Figura 9-17: Exemplo de um design studio de Jim Kalbach, criado no MURAL.

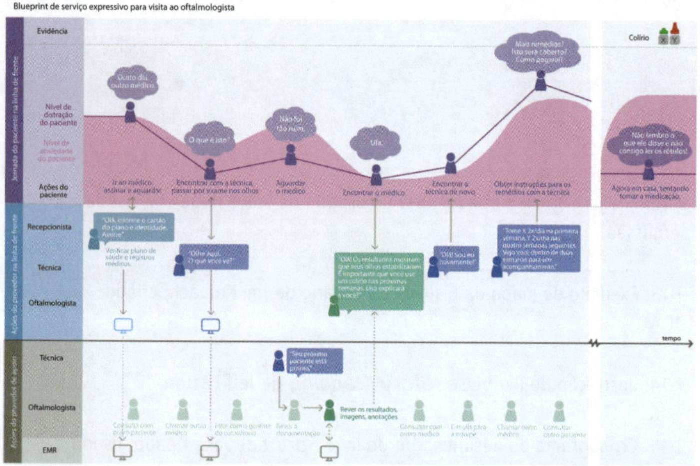

Blueprint de serviço expressivo para visita ao oftalmologista
Evidência
Colírio
Jornada do paciente na linha de frente
Nível de distração do paciente
Nível de ansiedade do paciente
Ações do paciente
Outro dia, outro médico.
O que é isto?
Não foi tão ruim.
Ufa.
Mais remédios? Isto será coberto? Como pagarei?
Não lembro o que ele disse e não consigo ler os rótulos!
Ir ao médico, assinar e aguardar
Encontrar com a técnica, passar por exame nos olhos
Aguardar o médico
Encontrar o médico
Encontrar a técnica de novo
Obter instruções para os remédios com a técnica
Agora em casa, tentando tomar a medicação.
Ações do provedor na linha de frente
Recepcionista
Técnica
Oftalmologista
Verificar plano de saúde e registros médicos
"Olhe aqui. O que você vê?"
"Olá! Sou eu novamente!"
tempo
Ações do provedor de apoio
Técnica
Oftalmologista
EMR
"Seu próximo paciente está pronto."
Rever os resultados, imagens, anotações

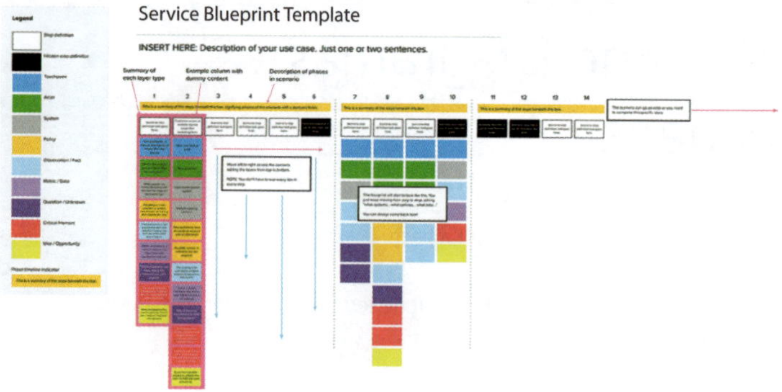

Legend
Service Blueprint Template
INSERT HERE: Description of your use case. Just one or two sentences.
Summary of each layer type
Example column with dummy content
Description of phases in scenario

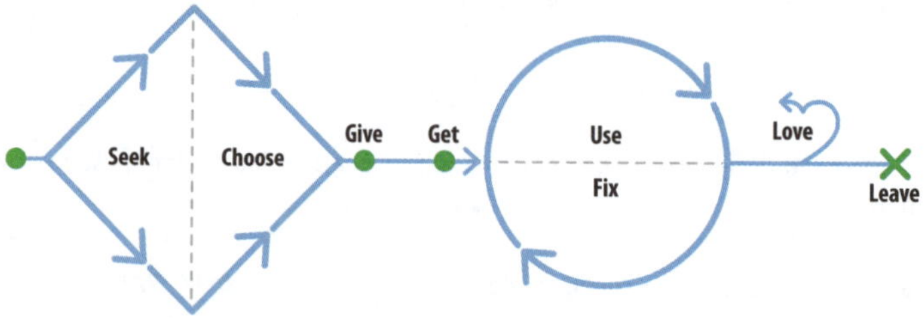

Seek
Choose
Give
Get
Use
Fix
Love
Leave

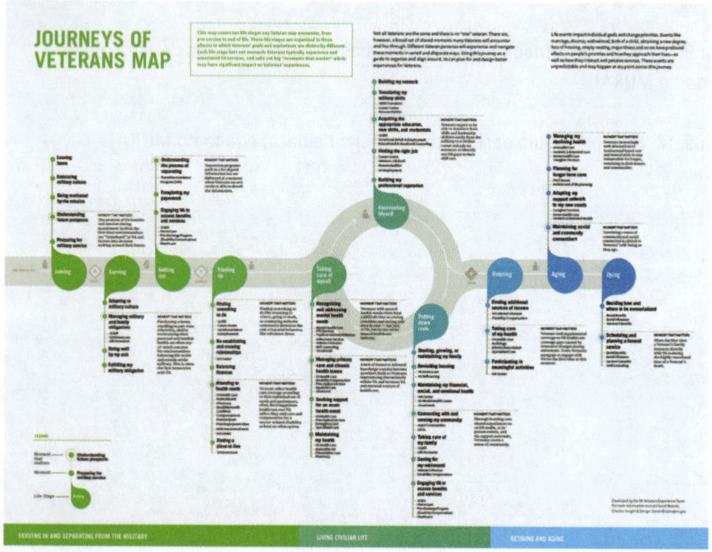

JOURNEYS OF VETERANS MAP
SERVING IN AND SEPARATING FROM THE MILITARY
LIVING CIVILIAN LIFE
RETIRING AND AGING

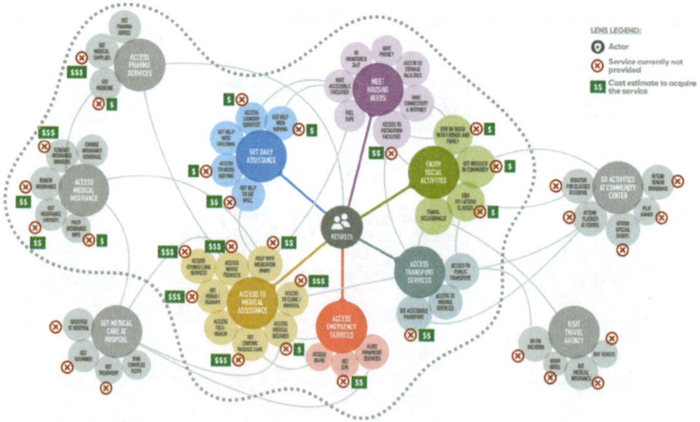

LENS LEGEND:
Actor
Service currently not provided
Cost estimate to acquire the service
ACCESS PHARMA SERVICES
MEET HOUSING NEEDS
GET DAILY ASSISTANCE
ENJOY SOCIAL ACTIVITIES
ACCESS MEDICAL INSURANCE
RETIREES
ACCESS TO MEDICAL ASSISTANCE
ACCESS EMERGENCY SERVICES
ACCESS TRANSPORT SERVICES
GET MEDICAL CARE AT HOSPITAL
VISIT TRAVEL AGENCY

PARTE 3
Tipos de Diagramas Básicos em Detalhes

A Parte 3 analisa os diagramas mais usados em detalhes. As técnicas relacionadas são apresentadas e analisadas junto com os arquétipos do diagrama para fornecer um contexto amplo para o mapeamento.

- Os *blueprints de serviço* são uma das técnicas mais antigas e formais, e dão o tom dos outros diagramas. O Capítulo 10 analisa os blueprints de serviço e como eles foram estendidos.
- Os *mapas da jornada do cliente* talvez sejam o tipo mais popular de diagrama. O Capítulo 11 detalha a prática atual do mapeamento da jornada do cliente e as técnicas afins.
- Os *mapas da experiência* lembram muito os blueprints de serviço e os mapas da jornada do cliente, mas com algumas diferenças importantes, analisadas no Capítulo 12.
- O *diagrama do modelo mental* é uma técnica excepcional criada por Indi Young. Você deveria ter o livro *Mental Models*, mas o Capítulo 13 resume os principais aspectos desse método e as abordagens afins.
- O Capítulo 14 foca os *modelos de ecossistema* ou diagramas que fornecem uma visão geral de um sistema global e a relação de suas partes, permitindo ou inibindo o fluxo de valor entre as entidades.

Mapear experiências não é um método isolado, mas um modo de contar a história do alinhamento de valor. Existem muitos meios de fazer isso. Este livro é sobre possibilidades, não uma técnica específica. Entender essas ferramentas básicas e suas variantes é essencial para saber qual mapa usar em qual situação.

NESTE CAPÍTULO

- Informações e histórico dos serviços de visualização
- Técnicas e diagramas Lean
- Estendendo o blueprint de serviço
- Elementos de um blueprint de serviço
- Estudo de caso: Facilitando sessões colaborativas com um blueprint de serviço prático

CAPÍTULO 10

Blueprints de Serviço

Em meu primeiro livro, *Designing Web Navigation*, analiso o princípio da *volatilidade transicional*. Descrita pela primeira vez por David Danielson em 2003, essa volatilidade é o grau de reorientação que uma pessoa vivencia ao se mover entre as páginas em um site. Se há volatilidade demais, ela fica perdida no hiperespaço.

A Figura 10-1 mostra esse padrão de interação. É uma sequência de se acostumar com um local (habituar), formar expectativa sobre o próximo ponto (prever), e então ajustar-se a uma nova posição (reorientar). Depois o padrão se repete.

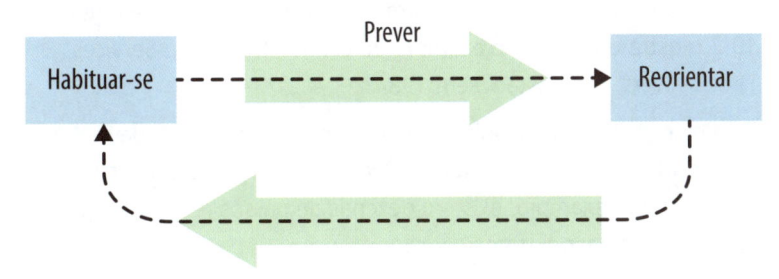

FIGURA 10-1. O padrão da volatilidade transicional nos pontos de interação.

Vemos um efeito parecido em maior escala quando as pessoas interagem com uma organização. Em vez de páginas, elas se movem entre pontos de contato, mesmo que breves. Se há muita reorientação em cada ponto, a experiência fica fragmentada.

Um alto grau de volatilidade transicional surge da inconsistência nos pontos de contato. É provável que você tenha passado por isso. Por exemplo, certa vez tive um incidente desagradável com meu cartão de crédito. A administradora do cartão e o banco pareciam discordar sobre quem era responsável por meu problema. Um reclamava do outro e eu fiquei no meio da confusão.

Minha experiência durou meses e teve vários meios de comunicação. Para algumas coisas usei o site deles, para outras, tive que ligar. Houve e-mails, correspondência normal e até fax. O grau de desorientação foi alto em cada ponto. Aparentemente, era minha função descobrir tudo isso. Nem é preciso dizer que não utilizo mais os serviços deles.

Mais recentemente tive uma experiência ruim com uma plataforma de publicação de música gravada. O negócio online dela é separado do CD físico, mesmo que existam recursos compartilhados, como uploads de arquivos. Tentar resolver problemas nos dois significou para mim muita repetição e novas conversas com cada um. O ônus ficou comigo, custando horas do meu tempo.

O conselho é claro: não force as pessoas a preencherem as lacunas da oferta. É sua obrigação. O mapeamento das experiências permite localizar a volatilidade transicional em um sistema maior de interações e encontrar soluções inovadoras para lidar com isso.

Mas isso não significa que você deve planejar cada ponto de contato. Em muitas situações, alguns aspectos ficarão além do seu controle. Contudo, entender os vários fatores que compõem uma experiência permite determinar quais partes focar, assim como evitar experiências negativas, mesmo se estão fora do seu controle.

E mais, o objetivo não é uma uniformidade generalizada. Ao contrário, tente ter *coerência* na concepção e no design do sistema global. Crie uma percepção equilibrada da organização, mas ainda dê controle às pessoas para modelarem suas próprias experiências.

Embora vivamos em uma economia baseada em serviços, um bom design do serviço permanece evasivo. Parte do desafio é que, diferentemente dos produtos físicos, as transições entre os pontos de contato em um serviço são intangíveis. Elas se desdobram em tempo real, então esses momentos terminam.

O *design do serviço* é um campo crescente que busca evitar experiências do serviço não pretendidas. O objetivo do design do serviço é tomar ações deliberadas que criem, entreguem e sustentem experiências de serviço positivas com o passar do tempo, de modo consistente e repetido. Mapear a experiência em um blueprint de serviço é uma atividade básica no setor.

Este capítulo fornece uma visão geral e informações históricas para os blueprints de serviço. Também toca em técnicas afins e estendidas, como o consumo Lean e o blueprint de serviço expressivo.

Visualizando os Serviços

O design de serviço não é novo. Ele pode ser remontado aos textos de G. Lynn Shostack no início dos anos 1980. Um marco do design de serviço é um mapa do processo de serviços. Shostack se refere a isso como *blueprints de serviço* em seus artigos originais. A Figura 10-2 mostra um primeiro exemplo do artigo "Designing Services That Deliver" de Shostack, em 1984.

Esse blueprint é bem simples e lembra um fluxograma. Todavia, produz ideias valiosas para a experiência de lidar com um corretor de desconto. Por exemplo, existem dezenas de passos requeridos para "preparar e enviar extratos bancários".

Shostack também inclui uma indicação dos pontos de falha em potencial (indicados com "F" em um círculo preto). São os pontos críticos nos quais o serviço pode mostrar problemas de inconsistência ou parar completamente.

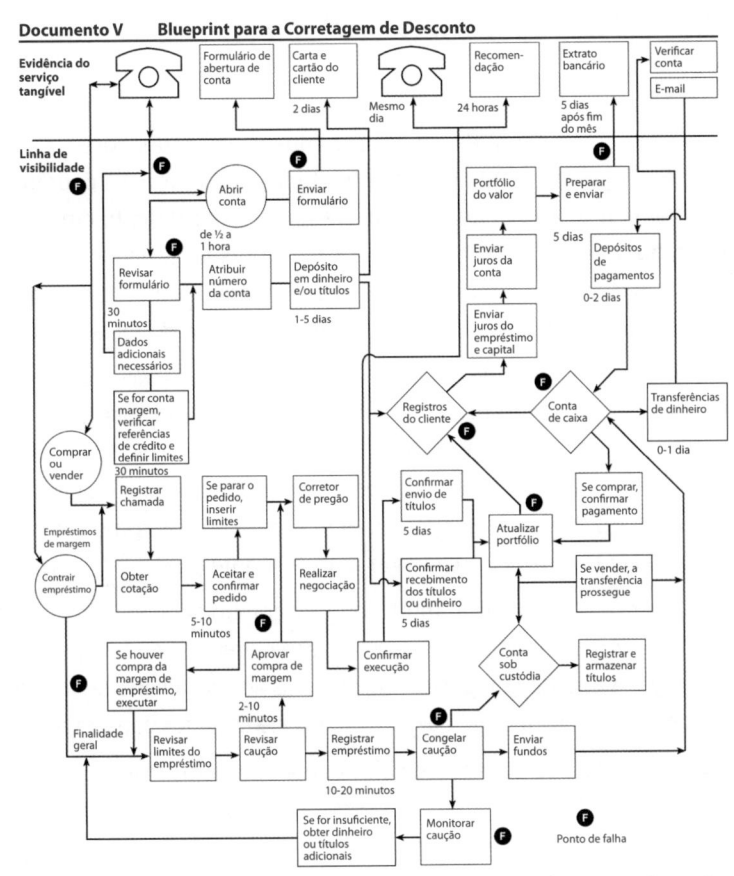

FIGURA 10-2. Um primeiro exemplo de blueprint de serviço de G. Lynn Shostack mostra a complexidade de fornecer um serviço.

Shostack enfatiza a importância geral das atividades de mapeamento no design do serviço. Ela escreve:

> A raiz da maioria dos problemas do serviço é, de fato, a falta de um design sistemático e controle. O uso de um blueprint pode ajudar um desenvolvedor do serviço não só a identificar os problemas antecipadamente, mas também a ver o potencial para novas oportunidades do mercado.
>
> ...
>
> Um blueprint encoraja a criatividade, uma solução de problemas preventiva e uma implementação controlada. Ele pode reduzir o potencial de falhas e melhorar a capacidade do gerenciamento de pensar efetivamente sobre novos serviços. O princípio do blueprint ajuda a cortar o tempo e a ineficiência do desenvolvimento aleatório de serviços e dá uma visão de mais alto nível das prerrogativas do gerenciamento do serviço.

Desde então, os blueprints de serviço têm sido amplamente usados. Por exemplo, o British Standard Institution fornece diretrizes gerais para o design do serviço no BS 7000-3: 1994. Isso dá uma direção sobre o gerenciamento do design do serviço nos setores da perspectiva dos clientes. A intenção do blueprint é isolar os pontos de falha — as etapas nas quais o serviço pode dar errado — e resolver o problema de acordo.

Mary Jo Bitner e colegas desenvolveram uma abordagem mais estruturada e normalizada para o blueprint de serviço. A Figura 10-3 mostra um exemplo de blueprint para um hotel, criado por Bitner e sua equipe.

As linhas separadas de informação e codificação colorida deixam a leitura do mapa mais fácil do que a do exemplo de Shostack. Ele lança mão dos diagramas com faixas encontrados na modelagem do processo comercial. Ao fazer isso, essa organização também torna mais compreensíveis a experiência e a provisão do serviço. Mostra melhor as oportunidades para melhoria e crescimento.

Especificamente, essa organização destaca a separação das interações da *linha de frente*, que são as experiências individuais, e da *retaguarda*, os processos necessários para fornecer um serviço. Essa noção é encontrada em toda literatura sobre design do serviço e reflete os princípios básicos do alinhamento de valor apresentado neste livro. A metáfora lembra um teatro, no qual o público vê apenas o que está no palco. Tudo nos bastidores fica invisível e serve para apoiar a experiência da linha de frente.

Versões modernas de blueprints de serviço seguem o padrão definido por Bitner e colegas. A Figura 10-4 mostra um blueprint de serviço criado por Brandon Schauer, antes estrategista na Adaptive Path, o principal grupo de design UX, e agora vice-presidente sênior na Rare, um grupo de defesa das mudanças climáticas. Ele representa a experiência do participante de uma conferência.

Estendendo o Blueprint de Serviço

As técnicas do blueprint de serviço continuam evoluindo. Por exemplo, Thomas Wreiner e colegas modificaram o formato-padrão de Bitner *et al* adicionando vários provedores, como descrito em seu artigo de 2009, "Exploring Service Blueprints for Multiple Actors". A Figura 10-5 mostra as interações entre três atores em um estacionamento público: motorista, operador e dono do local.

A abordagem mostra que, embora na superfície um serviço de estacionamento pareça banal, internamente é uma estrutura mais complexa, como visto no diagrama. Conforme os serviços ficam mais complexos, com uma mistura de pontos de contato offline e online, as técnicas do diagrama que mostram relações internas complexas (como na Figura 10-5) são cada vez mais relevantes.

Erik Flowers e Megan Miller, fundadores da comunidade Practical Service Design, também modificaram a técnica-padrão do blueprint de serviço. A abordagem busca coordenar as ações da linha de frente e da retaguarda, com uma maior variedade de aspectos considerados.

E mais, o modelo se distancia da abordagem de faixas restrita, favorecendo pilhas com código colorido. Isso economiza espaço e facilita a visualização online, em particular. As pilhas são organizadas em colunas e podem ter alturas variadas.

Blueprint para o Serviço de Pernoite em um Hotel

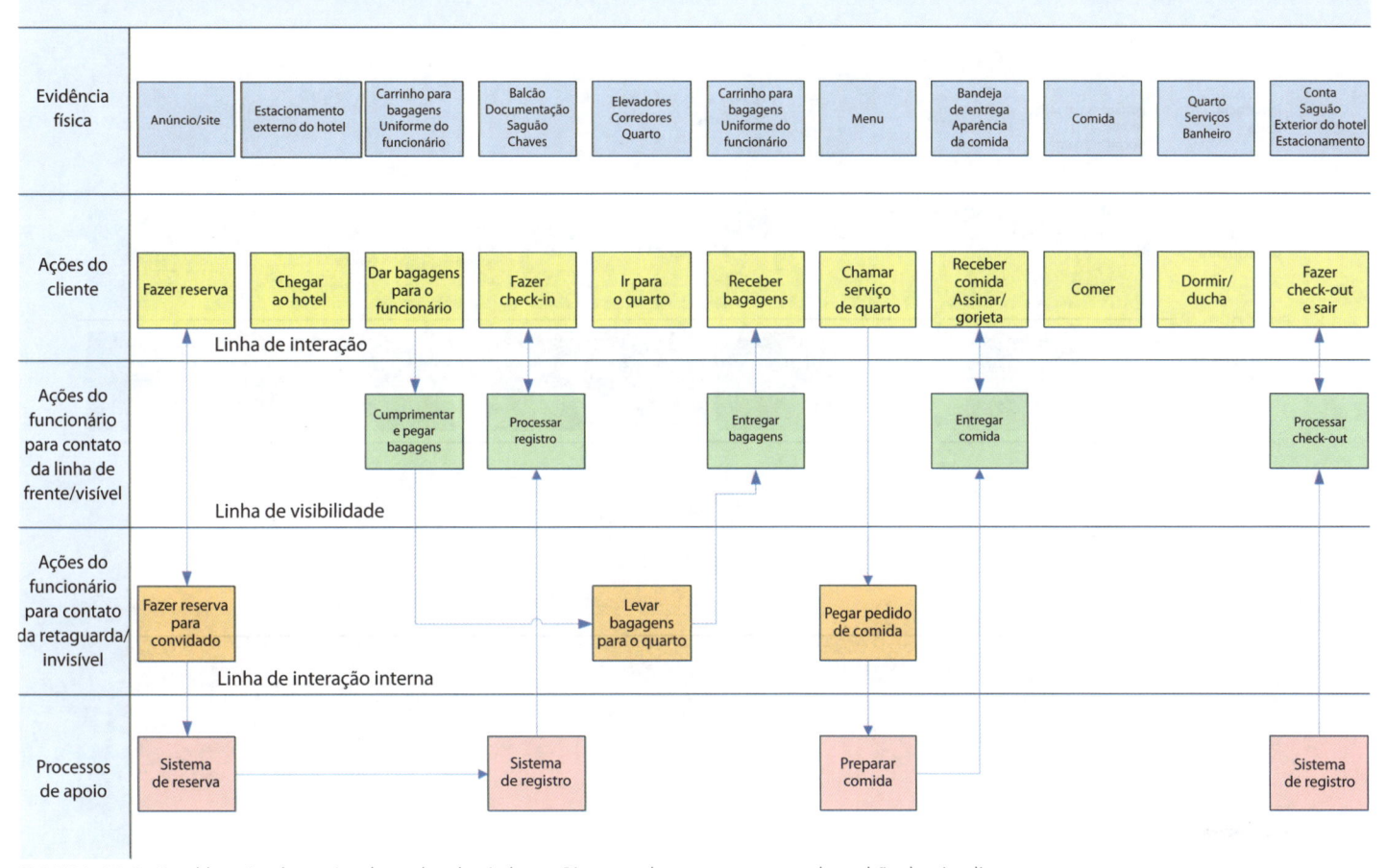

Evidência física	Anúncio/site	Estacionamento externo do hotel	Carrinho para bagagens Uniforme do funcionário	Balcão Documentação Saguão Chaves	Elevadores Corredores Quarto	Carrinho para bagagens Uniforme do funcionário	Menu	Bandeja de entrega Aparência da comida	Comida	Quarto Serviços Banheiro	Conta Saguão Exterior do hotel Estacionamento
Ações do cliente	Fazer reserva	Chegar ao hotel	Dar bagagens para o funcionário	Fazer check-in	Ir para o quarto	Receber bagagens	Chamar serviço de quarto	Receber comida Assinar/ gorjeta	Comer	Dormir/ ducha	Fazer check-out e sair

Linha de interação

| **Ações do funcionário para contato da linha de frente/visível** | | | Cumprimentar e pegar bagagens | Processar registro | | Entregar bagagens | | Entregar comida | | | Processar check-out |

Linha de visibilidade

| **Ações do funcionário para contato da retaguarda/ invisível** | Fazer reserva para convidado | | | | | Levar bagagens para o quarto | Pegar pedido de comida | | | | |

Linha de interação interna

| **Processos de apoio** | Sistema de reserva | | | Sistema de registro | | | | Preparar comida | | | Sistema de registro |

FIGURA 10-3. Este blueprint de serviço de um hotel, criado por Bitner *et al*, representa um modo-padrão de criar diagramas.

Estendendo o Blueprint de Serviço

Blueprint de Serviço para Seeing Tomorrow's Services Panel
Saiba mais em: http://upcoming.yahoo.com/

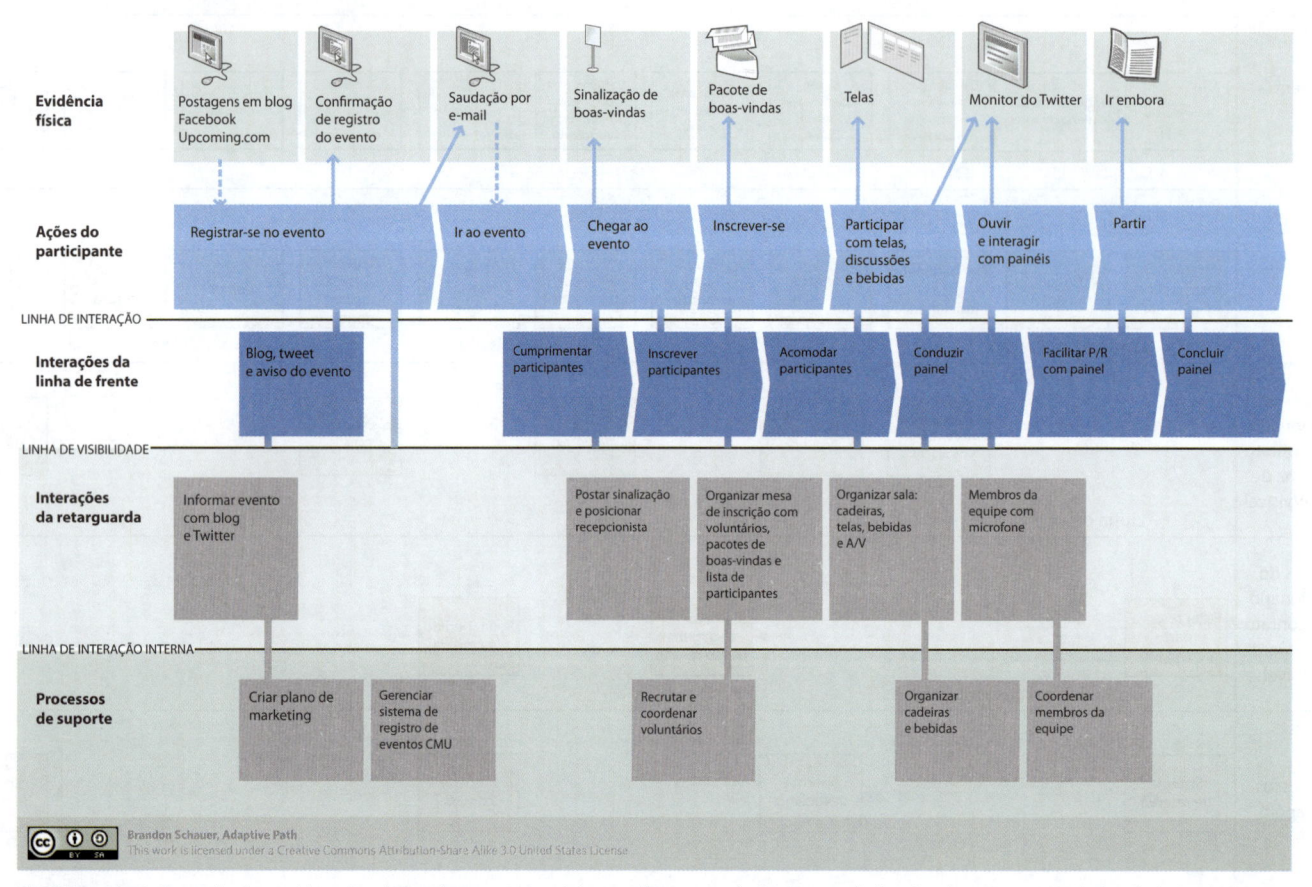

Evidência física: Postagens em blog Facebook Upcoming.com | Confirmação de registro do evento | Saudação por e-mail | Sinalização de boas-vindas | Pacote de boas-vindas | Telas | Monitor do Twitter | Ir embora

Ações do participante: Registrar-se no evento | Ir ao evento | Chegar ao evento | Inscrever-se | Participar com telas, discussões e bebidas | Ouvir e interagir com painéis | Partir

LINHA DE INTERAÇÃO

Interações da linha de frente: Blog, tweet e aviso do evento | Cumprimentar participantes | Inscrever participantes | Acomodar participantes | Conduzir painel | Facilitar P/R com painel | Concluir painel

LINHA DE VISIBILIDADE

Interações da retaguarda: Informar evento com blog e Twitter | Postar sinalização e posicionar recepcionista | Organizar mesa de inscrição com voluntários, pacotes de boas-vindas e lista de participantes | Organizar sala: cadeiras, telas, bebidas e A/V | Membros da equipe com microfone

LINHA DE INTERAÇÃO INTERNA

Processos de suporte: Criar plano de marketing | Gerenciar sistema de registro de eventos CMU | Recrutar e coordenar voluntários | Organizar cadeiras e bebidas | Coordenar membros da equipe

Brandon Schauer, Adaptive Path
This work is licensed under a Creative Commons Attribution-Share Alike 3.0 United States License.

FIGURA 10-4. Exemplo de um blueprint de serviço para o participante de uma conferência que alinha visualmente as atividades da linha de frente e da retaguarda.

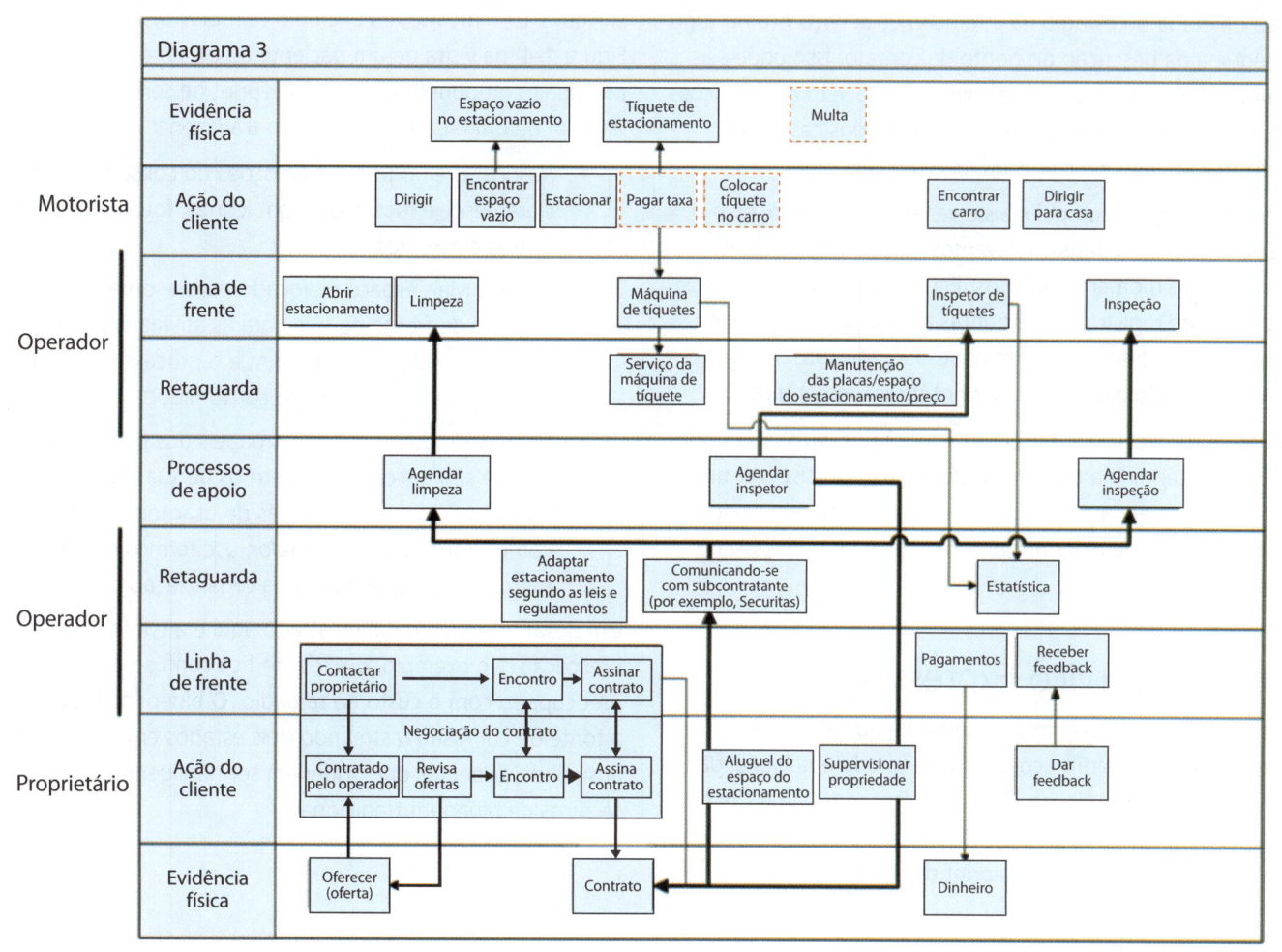

FIGURA 10-5. Uma abordagem estendida para blueprint de serviço mapeia vários stakeholders em um diagrama.

Estendendo o Blueprint de Serviço 279

A definição de etapa ou estágio na interação do serviço fica no topo da pilha, seguida da descrição do ponto de contato. Isso pode ser uma captura de tela ou foto, se disponível. Abaixo vêm as descrições dos atores e dos sistemas envolvidos. Na maioria dos casos, há alguma informação para indicar as quatro camadas superiores.

Os próximos elementos são opcionais e variam em número, com detalhes sobre políticas e regras relevantes, observações e fatos, métricas e dados, e momentos críticos. Para engajar outras pessoas, você também pode registrar as perguntas abertas da equipe e até gerar ideias para resolver as oportunidades identificadas. A Figura 10-6 mostra o modelo básico do blueprint de serviço prático.

A abordagem é flexível e sem o dogmático "não deverás". Ela pode ser adaptada e estendida a diferentes situações. É possível ver um exemplo completo e aprender mais sobre essa abordagem, inclusive como facilitar sessões de blueprint práticas, no estudo de caso no fim do capítulo.

Blueprint de Serviço Expressivo

Uma crítica comum aos blueprints de serviço é que eles não incluem explicitamente informações sobre o estado emocional da pessoa. Para resolver essa lacuna, Susan Spraragen e Carrie Chan adicionaram a dimensão dos sentimentos aos blueprints de serviço, em uma abordagem chamada "blueprint de serviço expressivo".

A Figura 10-7 mostra um exemplo (também visto no Capítulo 1, Figura 1-4) da visita de um paciente ao oftalmologista. Veja os principais componentes de um blueprint de serviço expressivo que diferem de um blueprint de serviço tradicional:

- *Respostas emotivas.* As emoções do consumidor são indicadas claramente e mostradas com ícones, fotografias, gráficos ou outros elementos.
- *Layout.* Mais espaço é alocado para a jornada do consumidor na linha de frente do que para as atividades de retaguarda, pois esse estágio do blueprint e o processo de design enfatizam a perspectiva do consumidor.
- *Identidade do provedor.* Os papéis dos participantes do serviço são indicados em termos de sua função relativa ao domínio do serviço. Ao invés de usar termos genéricos, como *provedor* e *consumidor*, use termos que espelhem os membros da equipe reais na organização do provedor.

Um desafio fundamental mostrado aqui é a conformidade da prescrição. No exemplo, o paciente fica confuso com a prescrição e preocupado com o custo do remédio. O blueprint expressivo mostra a fonte de confusão rastreando dois estados emotivos: distração e ansiedade, aspectos que poderiam ser negligenciados usando as técnicas de blueprint tradicionais.

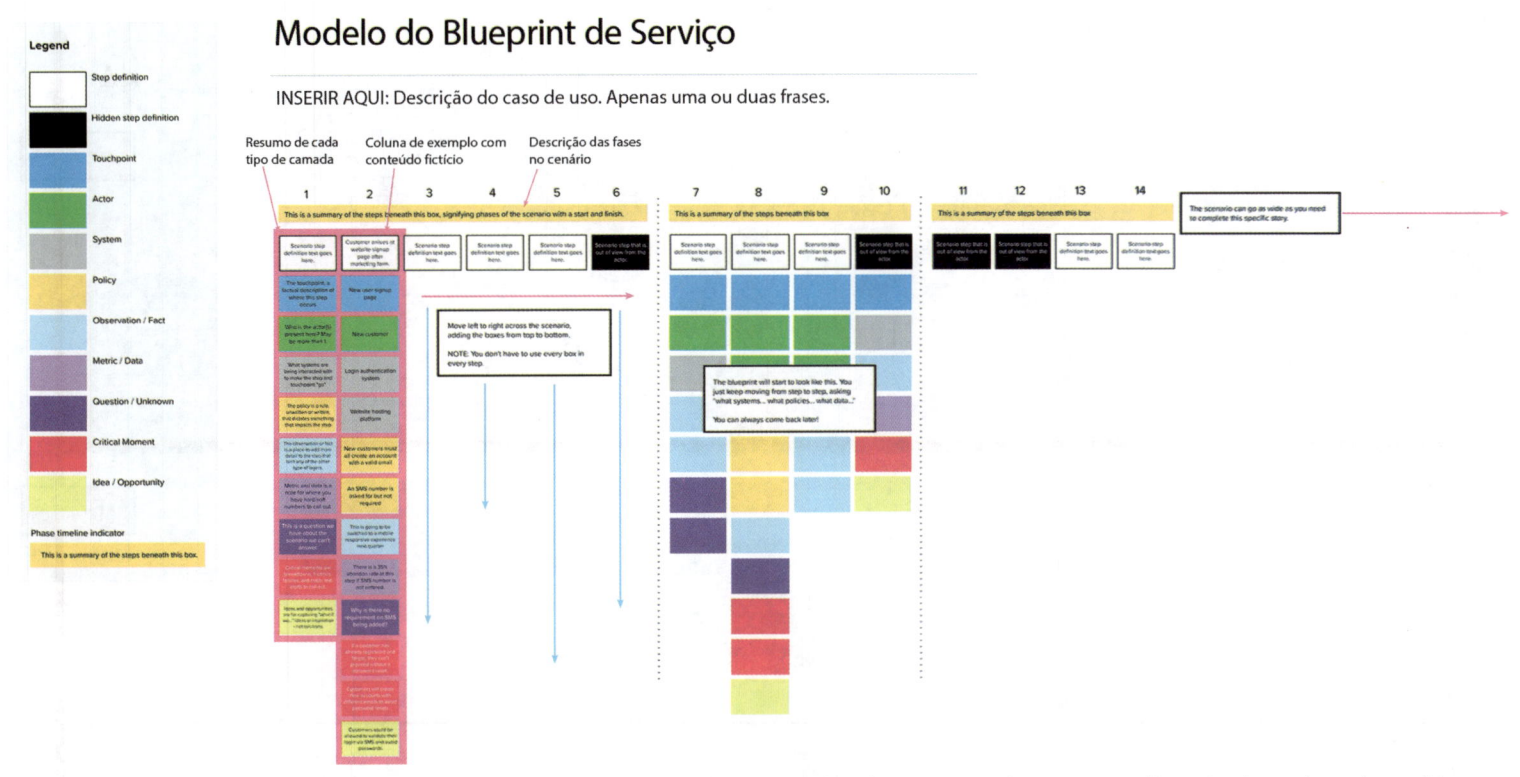

FIGURA 10-6. Abordagem alternativa para blueprint de serviço (prático) com diferentes aspectos de um encontro de serviços em pilhas coloridas, no lugar de usar faixas.

Estendendo o Blueprint de Serviço 281

Blueprint de serviço expressivo para visita ao oftalmologista

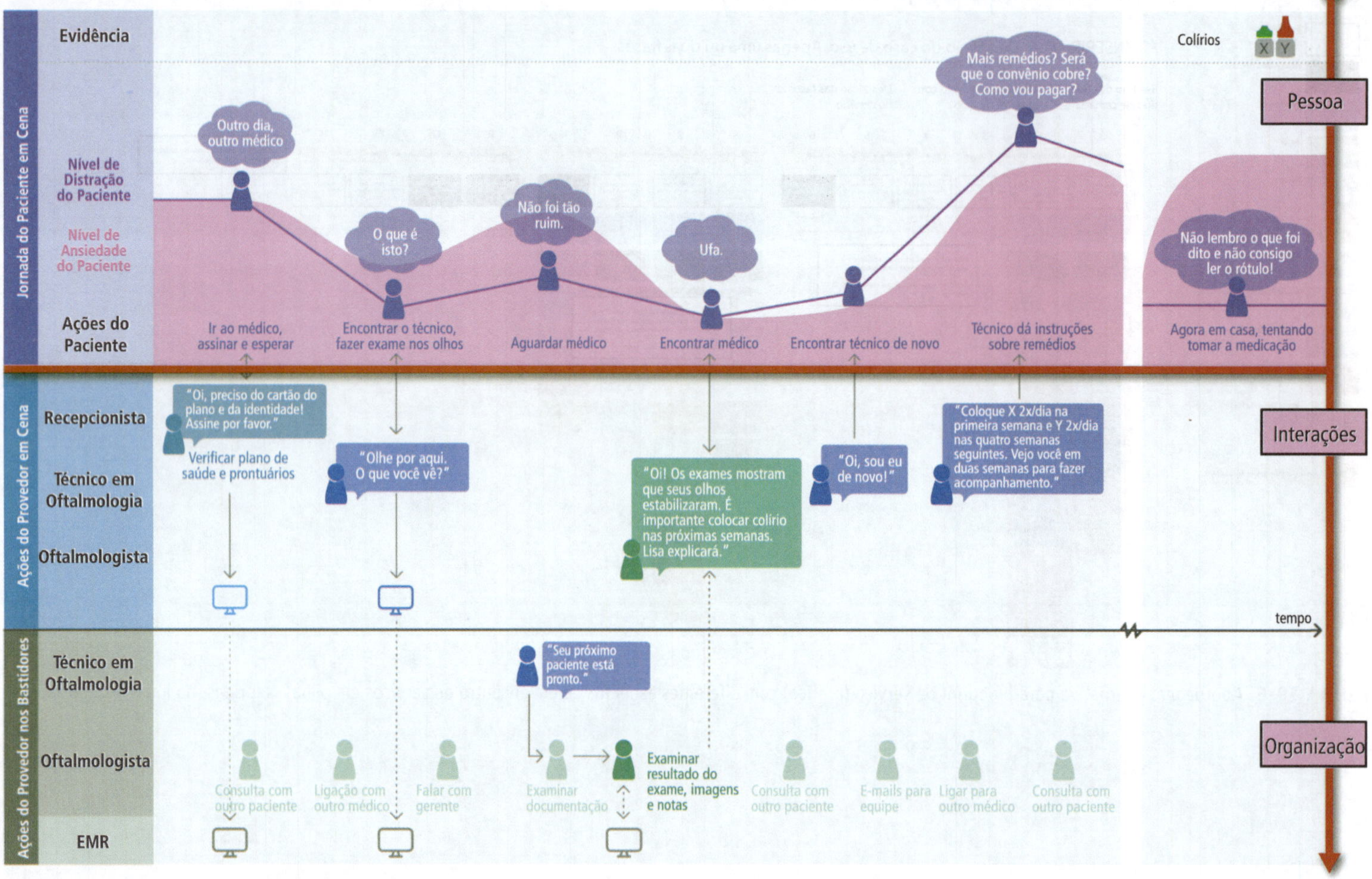

FIGURA 10-7. O blueprint de serviço expressivo integra a resposta emotiva no diagrama para ter uma visão mais empírica da interação.

Abordagens Afins

"Lean" é um tópico amplo usado de várias maneiras. Porém, todos os usos do termo têm uma coisa em comum: a noção de reduzir o desperdício. James Womack e Daniel Jones, pioneiros do movimento enxuto, descrevem os princípios fundamentais em seu importante livro *A Mentalidade Enxuta nas Empresas*. As etapas que eles recomendam realizar são:

1. *Especifique o valor.* Determine qual valor você está criando da perspectiva do cliente. Defina isso em termos da experiência inteira, não apenas das interações individuais.
2. *Identifique a cadeia de valor.* A cadeia de valor são todas as ações e processos necessários para uma organização entregar esse valor. Na metodologia Lean, o objetivo é eliminar as etapas que não adicionam valor.
3. *Otimize o fluxo.* Lean significa aumentar a eficiência da produção, ou seja, otimizar os processos do serviço da retaguarda.
4. *Crie demanda do cliente.* Após o fluxo ser estabelecido, deixe que o cliente empurre o valor para cima. Comece com a demanda ou a necessidade do cliente, e alinhe sua oferta com isso.

Os diagramas são uma parte inerente das práticas Lean. O mapeamento do fluxo de valor é uma técnica específica para ilustrar a cadeia de valor — veja o ponto 2. Esses gráficos focam unicamente os processos da retaguarda necessários para entregar valor ao cliente, como visto na Figura 10-8.

Esse diagrama lembra a metade inferior de um blueprint de serviço típico, por exemplo. Embora não pareça particularmente centrado no cliente por natureza, a intenção de um mapa do fluxo de valor é entregar valor. Os autores Karen Martin e Mike Osterling explicam o benefício dessa ferramenta no livro *Value Stream Mapping*:

> *Na maioria das organizações, ninguém consegue descrever uma série completa de eventos requeridos para transformar uma solicitação do cliente em produto ou serviço... Essa lacuna na compreensão é o tipo de problema que leva a fazer melhorias em uma área funcional apenas para criar novos problemas em outra... Isso estimula as empresas bem--intencionadas a implementar "soluções" da tecnologia da experiência que pouco fazem para resolver o verdadeiro problema ou melhorar a experiência do cliente.*

Ser Lean significa estar alinhado. Então, os diagramas de alinhamento não se encaixam apenas no critério Lean, mas os estendem potencialmente incluindo uma rica descrição da experiência do cliente.

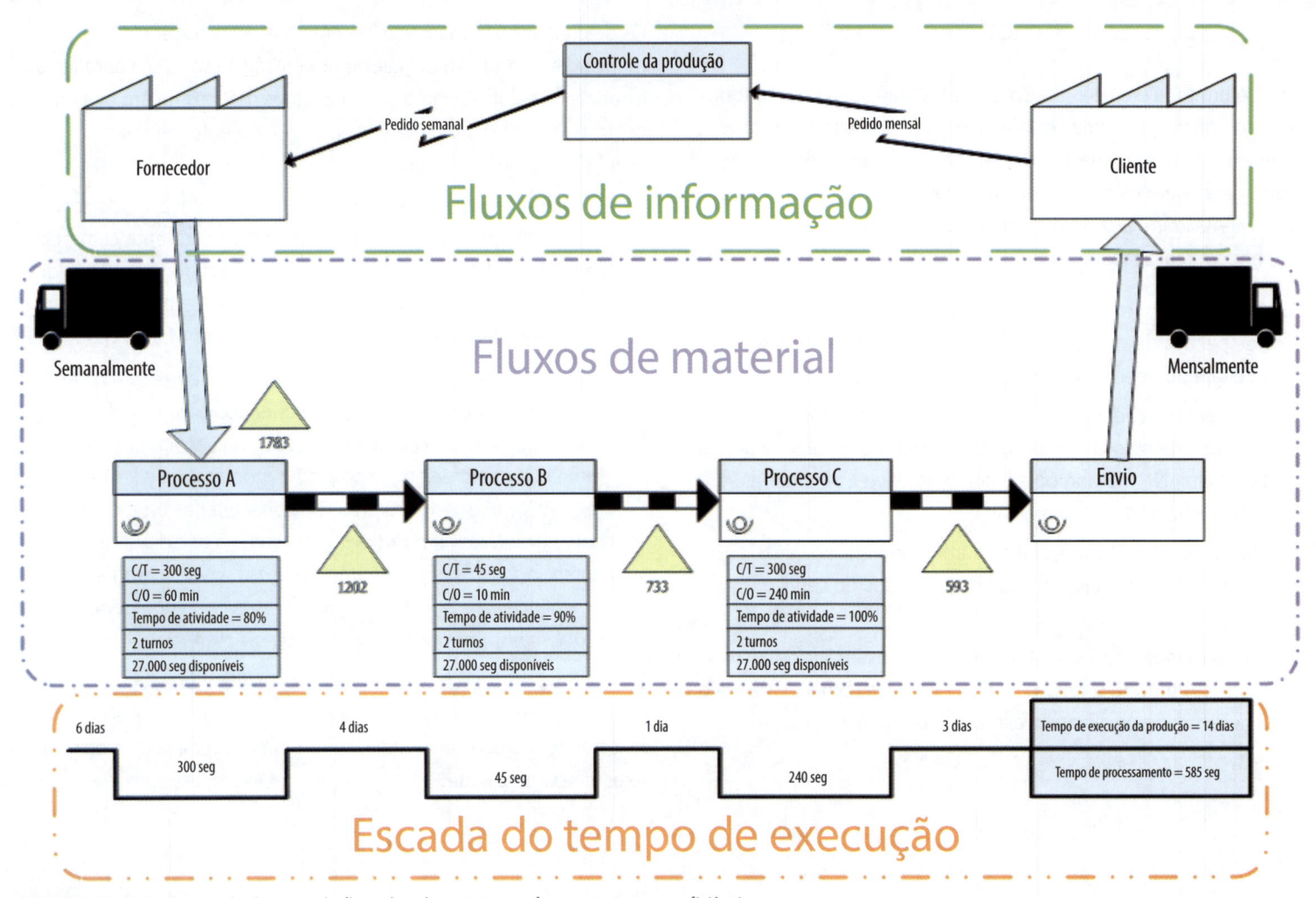

FIGURA 10-8. Este exemplo do mapa do fluxo de valor mostra um foco no tempo e na eficiência.

Consumo Enxuto

Um objetivo do design centrado no valor é reduzir a complexidade em nome do cliente. Para tanto, G. Lynn Shostack examinou momentos específicos de cada interação em seus estudos originais do mapeamento nos anos 1980.

A Figura 10-9 mostra momentos específicos de um encontro de serviço que Shostack oferece como exemplo — nesse caso, conseguir um engraxate na esquina. Como os encontros de serviço ocorrem em tempo real, os designers de serviço devem estabelecer um padrão e uma linha do tempo aceitável, indicados diretamente no blueprint.

James Womack e Daniel Jones inventaram o termo "consumo enxuto" em seu artigo homônimo de 2005. Eles descrevem os retornos comerciais positivos e a criação de valor aumentada para ambos os lados da equação:

> As empresas podem pensar que economizam tempo e dinheiro redirecionando o trabalho para os clientes, fazendo com que seja problema deles ter o computador funcionando e desperdiçando o tempo deles. Na verdade, porém, ocorre o oposto. Aperfeiçoando os sistemas para fornecer produtos e serviços, e facilitando a compra e o uso pelos clientes, um número crescente de empresas está realmente reduzindo os custos e economizando o dinheiro de todos. No processo, esses negócios estão aprendendo mais sobre seus clientes, fortalecendo a fidelidade e atraindo novos consumidores que saem dos concorrentes com pior usabilidade.

Para visualizar um consumo enxuto, os autores recomendam criar um mapa das etapas pelas quais os clientes passam para consumir produtos e serviços. Eles chamam esses diagramas de *mapas do consumo enxuto*.

As Figuras 10-10 e 10-11 mostram os mapas do consumo enxuto criados por Pete Abilla, um consultor de negócios e designer de serviço. Compare os estados antes (Figura 10-10) e depois (Figura 10-11) de um encontro de serviço para uma inspeção e registro de carro anual nos EUA.

O gráfico de barras mostra que o processo tem um total de 210 minutos para o cliente, com pontos de contato nos dois provedores: o mecânico do automóvel e a divisão de veículos motores (DVM). Depois de combinar a inspeção e o registro na Jiffy Lube, uma cadeia nacional de postos de gasolina norte-americana, o processo é reduzido a apenas 65 minutos.

Da perspectiva do consumo enxuto, o necessário para o provedor do serviço é claro: não desperdiçar o tempo do cliente. Tornar a experiência o mais enxuta possível melhora a satisfação e a fidelidade. Por fim, isso é refletido no resultado do negócio.

Documento I   Diagrama para Encontrar um Engraxate na Esquina

Tempo de execução padrão
2 minutos

Tempo de execução total aceitável
5 minutos

Escovar os sapatos — 30 segundos
Aplicar graxa — 30 segundos
Polir — 45 segundos
Receber pagamento — 15 segundos

Ponto de falha — Graxa na cor errada

Visto pelo cliente

Limpar sapatos — 45 segundos

Materiais (por exemplo, graxa, pano)

Facilitando produtos

Linha de visibilidade

Facilitando serviços e produtos

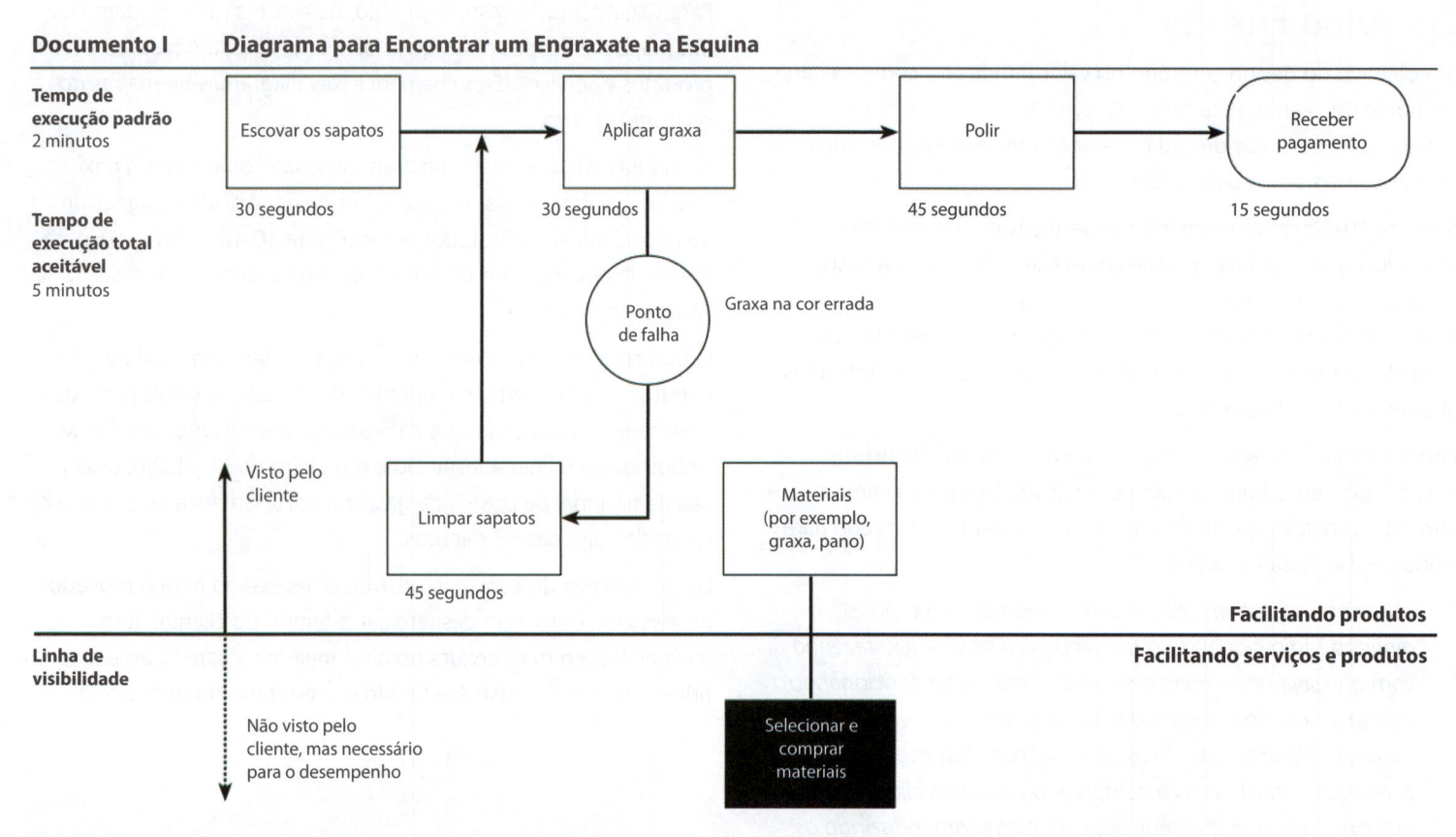

Não visto pelo cliente, mas necessário para o desempenho

Selecionar e comprar materiais

FIGURA 10-9. Este diagrama simples para um engraxate inclui tempos em segundos.

Cliente

10 minutos
Dirigir para o mecânico

120 minutos
- Aguardar o mecânico
- Discutir sobre óleo, segurança, emissões
- Aguardar o carro
- Pagar

60 minutos
- Dirigir para o Departamento de Veículos Motores (DVM)
- Aguardar

10 minutos
- Apresentar documentação
- Pagar

10 minutos
Dirigir para casa

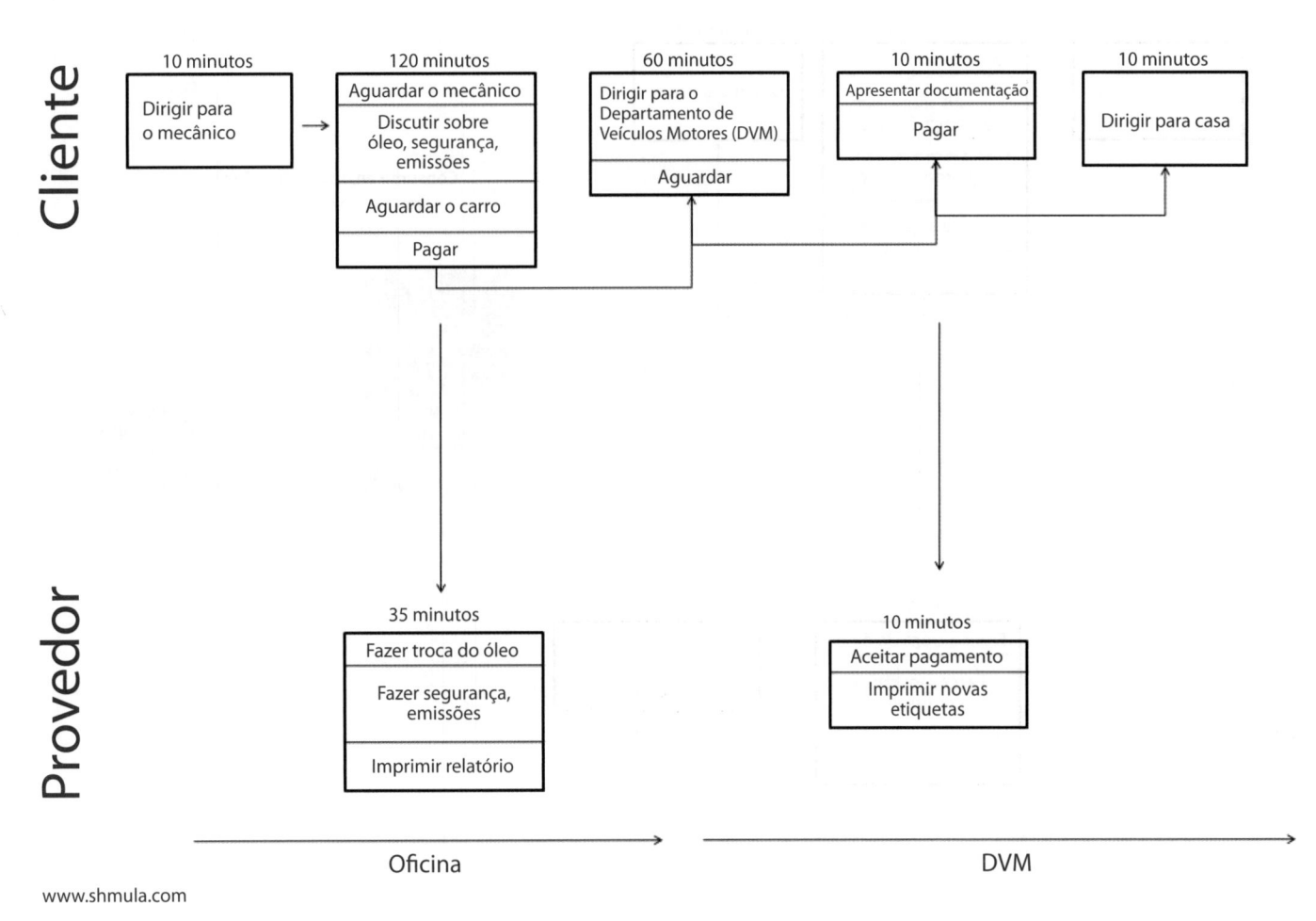

Provedor

35 minutos
- Fazer troca do óleo
- Fazer segurança, emissões
- Imprimir relatório

10 minutos
- Aceitar pagamento
- Imprimir novas etiquetas

Oficina → DVM →

www.shmula.com

FIGURA 10-10. ANTES — inspecionar e registrar um veículo demora 210 minutos para o cliente nos 2 provedores de serviço.

Abordagens Afins 287

Cliente

- **10 minutos** — Dirigir para Jiffy Lube
- **45 minutos**
  - Aguardar o mecânico
  - Discutir sobre óleo, segurança, emissões
  - Aguardar o carro
  - Jiffy Lube registra carro
  - Pagar
- **10 minutos** — Dirigir para casa

Provedor

- **35 minutos**
  - Fazer a troca do óleo
  - Fazer segurança, emissões
  - Imprimir relatório
- **10 minutos**
  - Aceitar pagamentos
  - Imprimir novas etiquetas

Jiffy Lube

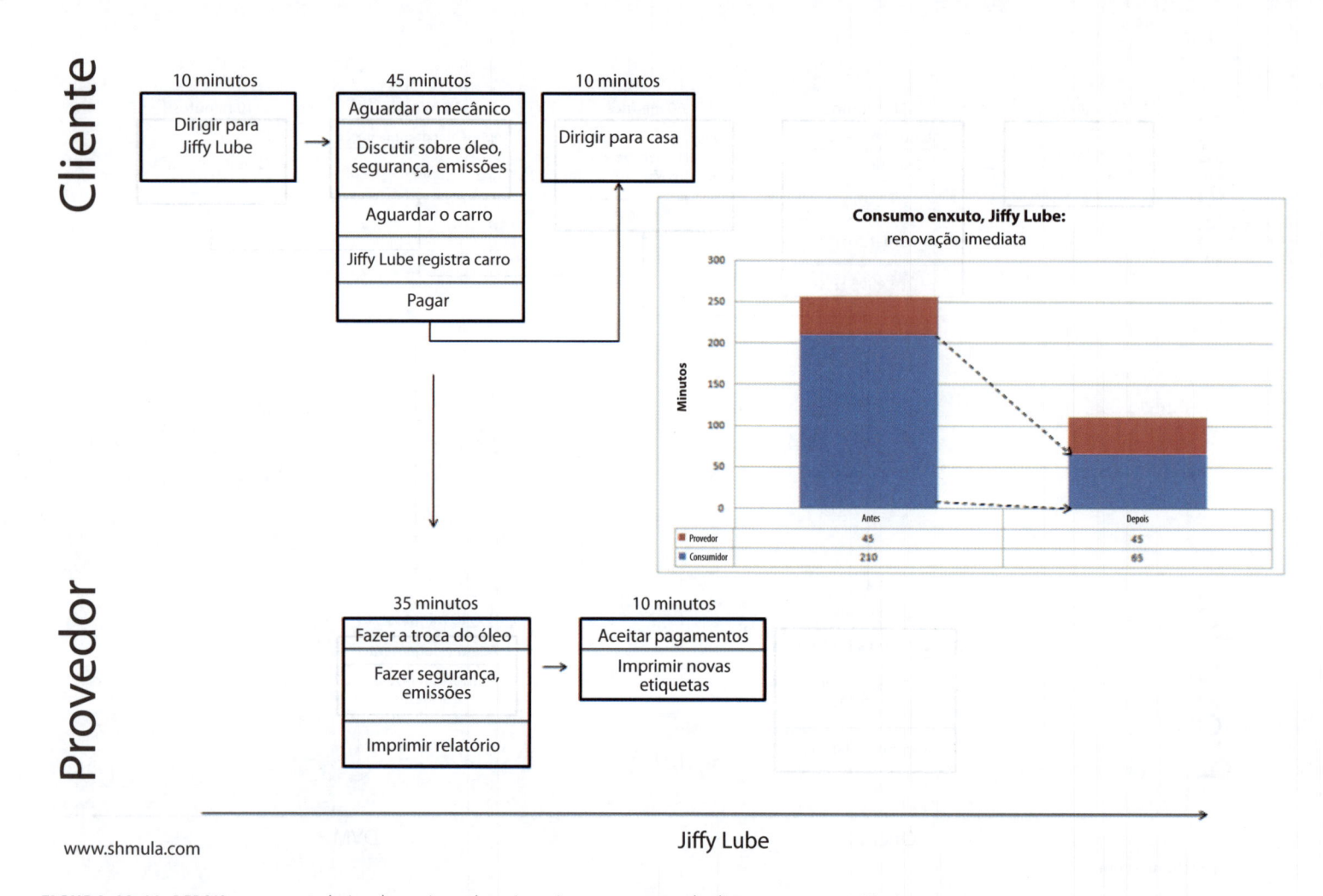

www.shmula.com

Consumo enxuto, Jiffy Lube: renovação imediata

	Antes	Depois
Provedor	45	45
Consumidor	210	65

FIGURA 10-11. DEPOIS — um novo design do serviço reduz o investimento em tempo do cliente para apenas 65 minutos.

Elementos de um Blueprint de Serviço

Os blueprints de serviço consistem em várias camadas de informação. É a interação dessas camadas que fornece uma visão dos sistemas da experiência do serviço. Tal blueprint tem cinco componentes principais, como organizados na Figura 10-12:

- *Evidência física.* A manifestação dos pontos de contato com os quais os clientes interagem. Isso pode incluir dispositivos físicos, software eletrônico e interações presenciais.
- *Ações do cliente.* São as principais etapas para um cliente interagir com o serviço de uma organização.
- *Pontos de contato na linha de frente.* São as ações do provedor visíveis para o cliente. A linha de visibilidade separa os pontos de contato na linha de frente das ações de retaguarda.
- *Ações da retaguarda.* São os mecanismos de provisão de serviço internos da organização não visíveis para o cliente, mas que impactam diretamente a experiência dele.
- *Processos de suporte.* São os processos internos que impactam diretamente a experiência do cliente. Os processos de suporte podem incluir as interações entre a organização e os parceiros ou fornecedores terceirizados.

A Tabela 10-1 resume os principais aspectos que definem os blueprints de serviço usando a estrutura descrita no Capítulo 2.

TABELA 10-1. Definindo os aspectos dos blueprints de serviço.

Ponto de vista	Pessoa como recipiente de um serviço. Geralmente, centrado em um único ator, mas também pode incluir vários atores ao examinar uma ecologia inteira de serviços.
Estrutura	Cronológica.
Escopo	Os exemplos normalmente mostram um encontro de serviço separado, mas também incluem visões gerais de um ecossistema inteiro de serviços.
Foco	Foca os processos de provisão do serviço em um encontro de serviço com ênfase nas ações da retaguarda e nos pontos de contato. As extensões do blueprint de serviço adicionam informações emotivas.
Usos	Usado para diagnóstico, melhoria e gerenciamento dos sistemas de serviço existentes. Bom para analisar momentos específicos das interações do serviço, de até um minuto em alguns casos.
Pontos fortes	Uma estrutura simples e predefinida com um foco claro de atenção. São necessárias uma pesquisa e investigação relativamente leves. Adequado para a cocriação com equipes e stakeholders. Fácil para outras pessoas entenderem a partir do mesmo ponto.
Pontos fracos	Faltam muitas dicas contextuais e ambientais de uma experiência (por exemplo, "ambiente barulhento" ou "comida muito saborosa"). A metáfora de um blueprint é um termo errôneo: eles se parecem mais com fluxogramas do que com blueprints arquiteturais.

Evidência física

Ação do cliente

Linha de interação

Contato da linha de frente
Ações do funcionário

Linha de visibilidade

Contato da retaguarda
Ações do funcionário

Linha de interação interna

Processos de suporte

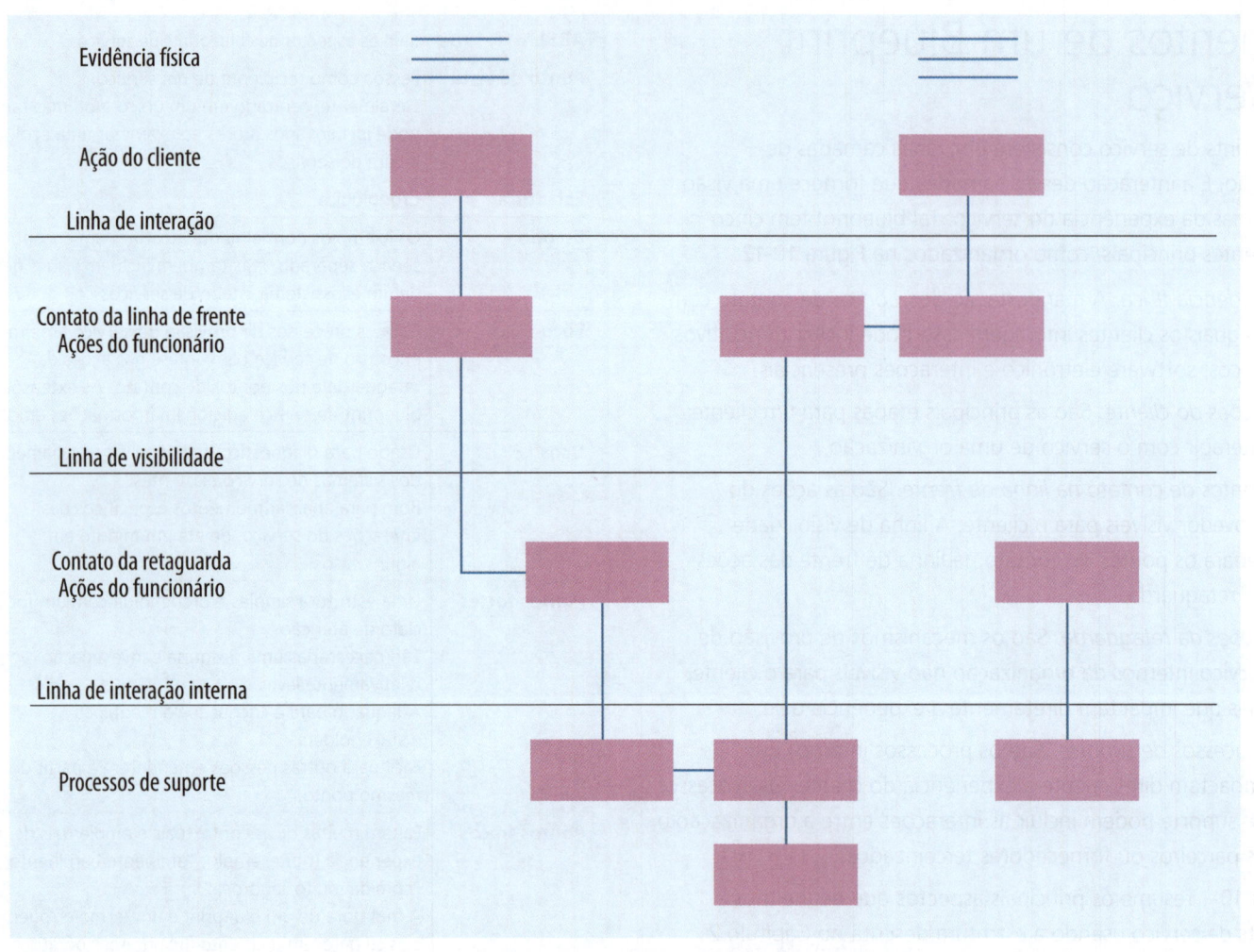

FIGURA 10-12. Os elementos básicos e a estrutura de um blueprint de serviço ajustam os elementos-padrão em linhas.

Mais Leitura

Erik Flowers e Megan Miller, "Practical Service Design" [site]. http://www.practicalservicedesign.com

> Flowers e Miller reuniram uma coleção muitíssimo útil de conteúdo e recursos, inclusive modelos para sua abordagem de blueprint de serviço prático. Fãs do blueprint online, eles têm um tutorial completo sobre como criar diagramas usando o MURAL. Participe da conversa na comunidade ativa via Slack.

Marc Stickdorn e Jakob Schneider, Isto é Design Thinking de Serviços

Marc Stickdorn, Markus Edgar Hormess, Adam Lawrence e Jakob Schneider, This is Service Design Doing (O'Reilly, 2018)

> Esses dois livros se tornaram referências-padrão para o design de serviço. O primeiro foca a teoria subjacente, mas também está repleto de muito conhecimento prático, apresentando várias técnicas de mapeamento. O último é um manual de métodos e técnicas, acompanhado de uma extensa biblioteca online de modelos e exercícios.

Mary Jo Bitner, Amy L. Ostrom e Felicia N. Morgan, "Service Blueprinting: A Practical Technique for Service Innovation", Documento de Trabalho, Center for Leadership Services, Arizona State University (2007)

> É um artigo acadêmico que tem muitas informações práticas, inclusive instruções detalhadas sobre como criar um blueprint de serviço. Existem também diversos estudos de caso em seu uso. É uma excelente visão geral do blueprint de serviço.

Andy Polaine, Lavrans Løvlie e Ben Reason, Service Design (Rosenfeld Media, 2013)

> É um dos melhores recursos disponíveis para ter uma completa compreensão do design de serviço em geral. O livro é completo e apresenta um argumento coerente para o campo de crescimento. O Capítulo 5 foca especificamente os diagramas como parte da disciplina do design do serviço.

G. Lynn Shostack, "How to Design a Service", *European Journal of Marketing* (jan. 1982)

G. Lynn Shostak, "Designing Services That Deliver", *Harvard Business Review* (jan. 1984)

> *Esses dois artigos são apontados com frequência como o incentivo para o movimento do design do serviço e são uma leitura recomendada. Embora tenham décadas, as observações e os conselhos de Shostack são inteiramente relevantes hoje.*

James Womack e Daniel Jones, "Lean Consumption", *Harvard Business Review* (mar. 2005)

> *Womack foi pioneiro no movimento Lean. Em seu importante artigo, ele muda a atenção dos processos Lean dentro de uma organização para a experiência do cliente. Ele e Jones criam um caso convincente e apresentam evidências para seguir o caminho do consumo enxuto.*

Facilitando Sessões Colaborativas com um Blueprint de Serviço Prático

Erik Flowers e Megan Miller

Os blueprints de serviço fornecem uma visão única de como uma empresa realmente funciona, resultando em insights úteis que geram consenso e empatia. Descobrimos que os blueprints tradicionais tendiam a focar as interações individuais, normalmente omitindo o cenário geral. Por isso decidimos desenvolver o formato do blueprint em uma aplicação mais prática que forneça uma melhor visão geral.

Vemos isso como a diferença entre tentar construir uma casa usando a aquarela de um artista (blueprints tradicionais) e a planta real de um arquiteto (blueprints de serviço práticos). Ambos contam uma história, mas apenas um permite tomar uma ação de fato.

Nosso formato de blueprint adota o DNA de muitas outras fontes, inclusive aspectos do blueprint de serviço clássico, mapas da jornada do cliente, mapas de empatia e elementos da narrativa. A abordagem evoluiu durante a solução de problemas reais com clientes, portanto, sua aplicabilidade foi validada conforme a iteração. O blueprint de serviço prático tem origem na natureza de pegar os elementos à nossa volta e combiná-los em algo maior, utilizando as informações de milhares de pessoas do mundo inteiro.

Ajudamos bancos, profissionais da área de saúde, empresas de tecnologia, empresas de streaming e até governos a aprender a usar o formato e desenvolver técnicas de facilitação no espaço de trabalho. Descobrimos que o segredo é assegurar que os insights sejam úteis no momento, durante a sessão, como parte da facilitação em si. Não saímos da sessão de blueprint prático sem itens de ação para uma mudança concreta. Não é um workshop, é trabalho.

Em geral, há seis etapas para o blueprint de serviço prático que orientarão o processo:

- *Explore o espaço da oportunidade.* Primeiro, defina a oportunidade na qual você quer trabalhar. Pode ser uma questão conhecida ou o resultado de um desejo de preencher uma lacuna que pode abranger canais, equipe e contexto.
- *Escolha os cenários.* Selecione uma coleção de cenários importantes ou particularmente difíceis para um blueprint.
- *Faça o blueprint dos cenários.* Usando nossa técnica de blueprint, mapeie por completo a visão da experiência do serviço.

ESTUDO DE CASO

- *Colete momentos críticos e ideias.* As possíveis melhorias do serviço vêm da interpretação dos insights que a equipe tem em conjunto.

- *Identifique os temas.* Agrupe os momentos críticos em temas que se aplicam a cenários para ter uma visão de melhorias globais de longo prazo.

- *Tome uma ação.* Crie um roteiro para a melhoria do serviço que inclua correções táticas que possam ser implementadas imediatamente junto com inovações estratégias que se desdobram com o tempo.

A Figura 10-13 mostra o exemplo de um blueprint de serviço prático completo criado por uma equipe multifuncional na Intuit usando o processo anterior. Você pode ver um momento crítico indicado no meio do diagrama, assim como várias setas e círculos destacando os principais pontos na experiência do serviço.

Quando as pessoas se reúnem para criar um blueprint de serviço prático, há duas constantes. A primeira é que existe um grupo que resiste inicialmente à atividade e resmunga sobre como fazia as coisas antes. A segunda é que, quando essas mesmas pessoas agradecem aos facilitadores, elas falam sobre como o processo é diferente, quanto insight foi descoberto, antes inexplorados, e como elas estavam erradas.

Testemunhamos pessoalmente empresas multibilionárias mudarem de ação e fazerem mudanças significativas em seus sistemas, processos e experiências no mesmo dia da atividade. O blueprint de serviço prático é o oposto da teoria ou de um experimento de laboratório; é uma técnica prática e comprovada designada a avançar e ganhar terreno.

A adoção do blueprint de serviço prático por profissionais foi enorme. Pessoas em grandes empresas, universidades e governos em todo continente têm usado nossa abordagem. Ao mesmo tempo, startups e pequenas empresas usam o formato como um meio de aprimorar o que poderia tornar melhor sua oferta. O amplo uso e o apelo são uma prova do valor subjacente da técnica.

Toby Wilcock, CEO da Cloudwerx, uma empresa de serviços na nuvem da Austrália, disse sobre o Practical Service Design: "Seus cursos foram ótimos para a Cloudwerx. Utilizamos extensivamente o blueprint no ecossistema do setor de vendas. É a espinha dorsal do nosso negócio. Erik e Megan arrasaram!"

O blueprint de serviço prático é uma técnica de fonte aberta. Não somos uma agência nem fazemos isso comercialmente. Ao contrário, conduzimos a sabedoria coletiva de volta ao formato. Acreditamos que isso é responsável pelo grande sucesso. No fim, os créditos reais vão para as pessoas que participaram do processo e do formato do blueprint, e o aplicaram em situações reais. Os resultados falam por si só.

Sobre os Colaboradores

Erik Flowers é cofundador do Practical Service Design e designer-chefe da CX na Intuit, com mais de 20 anos de experiência. Pela lente do design do serviço moderno, ele reformula as experiências do cliente por meio do ecossistema diverso da Intuit, desenvolvendo a capacidade em toda a empresa para ver as experiências de formas horizontal e vertical.

Twitter: @erik_flowers

Megan Miller é cofundadora do Practical Service Design e diretora de design do serviço na Universidade Stanford, onde trabalha planejando experiências do cliente de qualidade e integradas para a comunidade do campus. Megan tem muita experiência em design, inclusive de marca, de comunicações, de identidade, visual, de UX, de produto e design do serviço.

Twitter: @meganerinmiller

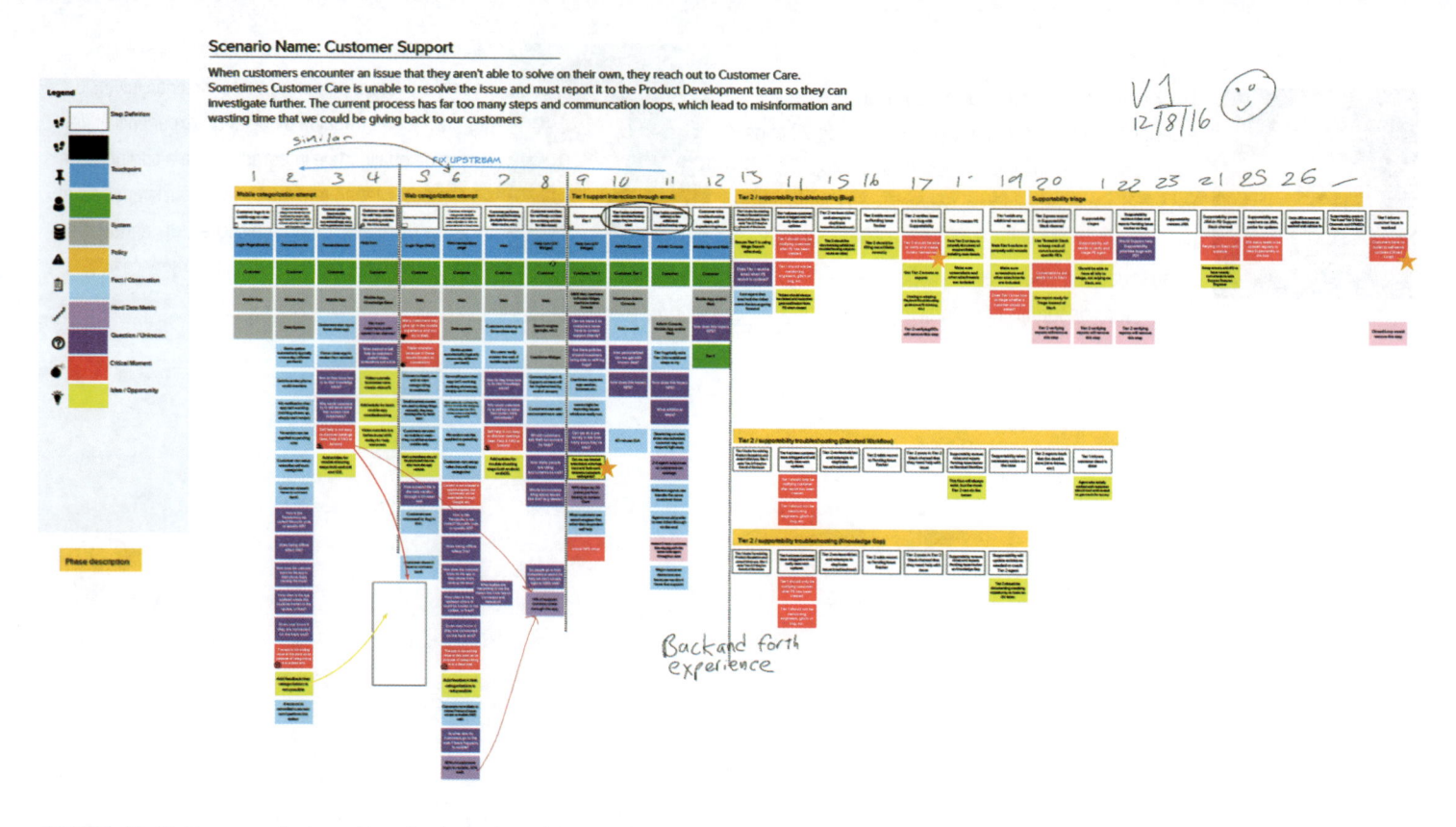

FIGURA 10-13. Este exemplo de um blueprint de serviço prático completo mostra as camadas de análise e conversas, além de ideias que refletem ações complementares concretas.*

---

* Para saber mais sobre a criação deste exemplo de blueprint de serviço, veja o estudo de caso sobre mapeamento digital na Intuit com o MURAL: *https://mural.co/cases/intuit*.

Créditos de Diagramas e Imagens

Parte 3, diagrama inferior esquerdo: Mapa da jornada do cliente criado por Adam Richardson, que aparece originalmente em "Using Customer Journey Maps to Improve Customer Experience", usado com permissão.

Figura 10-2: Blueprint de serviço de G. Lynn Shostack de seu artigo "Designing Services That Deliver", usado com permissão.

Figura 10-3: Blueprint de serviço do artigo de Mary Jo Bitner, Amy L. Ostrom e Felicia N. Morgan "Service Blueprinting: A Practical Technique for Service Innovation", usado com permissão.

Figura 10-4: Exemplo moderno de um blueprint de serviço criado por Brandon Schauer, usado com permissão.

Figura 10-5: Blueprint de serviço do artigo de Thomas Wreiner et al "Exploring Service Blueprints for Multiple Actors", usado com permissão.

Figura 10-6: Modelo de blueprint de serviço prático desenvolvido por Erik Flowers e Megan Miller, criado no MURAL e usado com permissão.

Figura 10-7: Blueprint de serviço expressivo criado por Susan Spraragen e Carrie Chan, usado com permissão.

Figura 10-8: Mapa do fluxo de valor da Wikipédia, upload de Daniel Penfield, CC BY-SA 3.0.

Figura 10-9: Blueprint para encontrar engraxate na esquina de G. Lynn Shostack em seu artigo "Designing Services That Deliver", usado com permissão.

Figura 10-10 e Figura 10-11: Diagramas do blog de Pete Abilla "Lean Service: Customer Value and Don't Waste the Customer's Time", usados com permissão.

Figura 10-13: Exemplo de um blueprint de serviço prático completo de Erik Flowers, Jim Kalbach e equipe na Intuit, criado no MURAL.

NESTE CAPÍTULO

- Informações para os mapas da jornada do cliente
- Tomada de decisão e funil de conversão
- Mapeamento da história de valor
- Elementos dos mapas da jornada do cliente
- Estudo de caso: Mapeamento da história de valor — visão alternativa aos MJCs

CAPÍTULO 11

Mapas da Jornada do Cliente

A origem exata do termo *mapa da jornada do cliente* (MJC) é imprecisa. A ideia básica de ver os pontos de contato parece ter suas raízes no conceito dos momentos da verdade de Jan Carlzon,* que defendia uma visão ecológica da experiência do cliente, mas nunca falou explicitamente sobre um mapa da jornada do cliente como tal.

Foi apenas quando o campo do gerenciamento da experiência do cliente entrou em foco, um pouco antes da virada do século, que surgiu o mapeamento da jornada. Por exemplo, em um artigo embrionário aparecendo em *Marketing Management* em 1994, os autores Lewis Carbone e Stephan Haeckel falaram sobre um *blueprint da experiência*, definido como "uma representação gráfica das dicas da experiência a ser construída, junto com a especificação que as descreve e suas funções individuais."[†]

Em 2002, o especialista em experiência do cliente Colin Shaw introduziu o conceito que ele chama de *mapeamento do momento*, trazendo de volta Carlzon.[‡] O diagrama resultante (Figura 11-1) usa uma seta para mapear as fases da experiência do cliente.

Com isso, podem ser obtidas oportunidades de análise para criar uma experiência do cliente positiva, como na Figura 11-2.

O estilo contemporâneo dos MJCs parece acontecer em meados dos anos 2000. Bruce Temkin, o principal especialista da experiência do cliente, é um dos primeiros defensores dos MJCs e promoveu muito seu uso nos EUA. Em um relatório Forrester de 2010, intitulado "Mapping the Customer Journey", Temkin define os MJCs como "documentos que ilustram visualmente os processos dos clientes, as necessidades e as percepções em suas relações com uma empresa". Temkin também aponta a importância dos MJCs em um blog posterior "It's All About Your Customer's Journey":

> *As empresas precisam usar ferramentas e processos que reforçam uma compreensão das necessidades reais do cliente. Uma das principais ferramentas nessa área é algo chamado de mapa da jornada do cliente... Usados devidamente, esses mapas podem mudar a perspectiva de uma empresa "de dentro para fora" para "de fora para dentro".*

---

*   Veja Jan Carlzon, *Os Momentos da Verdade* (Reed Business, 1987).

†   Lewis P. Carbone e Stephan H. Haeckel, "Engineering Customer Experiences", *Marketing Management* (inverno de 1994).

‡   Colin Shaw e John Ivens, *Building Great Customer Experiences* (Palgrave Macmillan, 2002).

Cada seta lida com as expectativas, físicas e emocionais, oportunidades e ameaças.

Ligar para o restaurante
Chegar ao restaurante
Pedir a comida
Pagar a conta
Sair do restaurante

Espaço em branco
Pedir bebida
Fazer a refeição

Começo da experiência do cliente   Estágio na experiência do cliente   Término da experiência do cliente

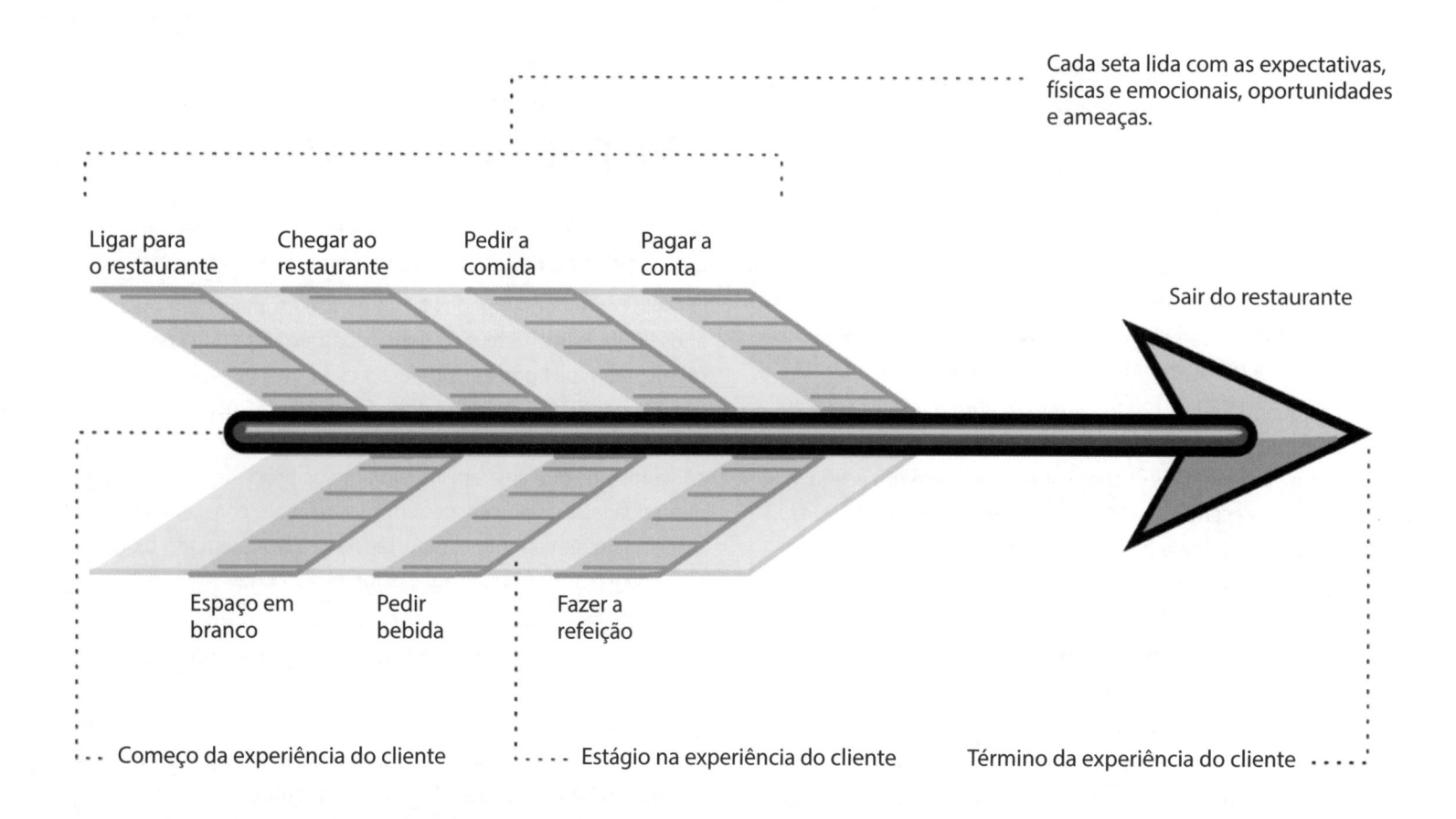

FIGURA 11-1. A descrição de Colin Shaw em 2002 dos elementos de um mapa do momento lembra um MJC contemporâneo.

Etapa	Reserva	Espaço em branco	Percurso	Chegar ao estacionamento	Entrar no restaurante	Fazer o pedido
Expectativa	Conseguirei rapidamente e eles terão disponibilidade.	Nada acontecerá até eu chegar ao restaurante à noite.	Não será dada nenhuma forma de instrução.	O estacionamento será fácil.	Serei cumprimentado com um sorriso e eles serão amistosos — me levarão à mesa.	Haverá escolha suficiente — será apresentada de modo amistoso.
Ameaça	As reservas estão completas.	Nada acontece — oportunidade perdida.	O cliente não sabe onde está.	Não há vaga no estacionamento quando o cliente chega.	O cliente é ignorado porque toda a equipe está ocupada.	Não há nada no menu que o cliente gosta — o restaurante não tem uma escolha informada.
Oportunidade para exceder as expectativas físicas	Uau — quando fiz a reserva, eles perceberam que eu já tinha estado lá antes e o que tinha comido!	Uau — acabei de receber uma carta confirmando minha reserva junto com uma cópia do menu.	Uau — o restaurante me enviou um mapa!	Uau — eles reservaram uma vaga para mim.	Uau — eles estavam esperando para nos cumprimentar quando passamos pela porta!	Uau — o garçom dá sua recomendação pessoal sobre o que é bom.
Oportunidade para exceder as expectativas emocionais	Eles reconhecem você e conseguem lembrar quando jantei na última vez.	A carta é personalizada e sugere alguns pratos que eu talvez goste. Isso me deixa feliz.	Estou lendo o menu, parece ótimo!	Há uma placa no lado de fora do restaurante me dando boas-vindas!	Sou cumprimentado como um velho conhecido!	Eles lembram o que comi na última vez, o que mostra cuidado.
Emoção despertada	Surpresa, antecipação	Surpresa e antecipação	Eles se importam	Sou especial	Estou com amigos	Eles se importam

FIGURA 11-2. Uma tabela do mapa do momento do livro *Building Great Customer Experiences* de Colin Shaw e John Ivens inclui os aspectos emocionais de uma jornada do cliente.

A Figura 11-3 mostra um exemplo de MJC, nesse caso para um provedor de banda larga. Esse MJC foi criado pela Effective UI, a principal consultoria da experiência digital. Ele inclui uma curva emocional muito acentuada no centro. Isso sugere claramente que muitos fatores entram em cena, com o principal sendo a experiência emocional.

Os MJCs são centrados na organização, vendo as pessoas como consumidores de produtos e serviços da organização. Eles contam a história de como uma empresa entra no mercado. Como resultado, três elementos principais definem os MJCs dessa forma.

Primeiro é uma fase inicial em que a pessoa fica ciente do serviço e da marca. Rótulos da fase, como "Ficar ciente", "Descobrir" ou "Pesquisar" (como na Figura 11-3) são comuns para marcar o ponto inicial na jornada.

Em seguida vem o ponto de decisão, em geral em torno de uma compra. É comum ter uma fase rotulada como "Comprar", "Selecionar" ou "Adquirir" no meio da jornada. Na Figura 11-3 existe uma fase clara marcada com "Compra".

Por fim, os MJCs precisam mostrar por que um cliente ficaria fiel e continuaria a usar o serviço. Isso costuma ser indicado simplesmente com uma fase chamada "Uso" ou algo parecido, mas pode haver interações adicionais, como "Ter suporte", "Renovar" ou até mesmo "Defender", tudo refletindo como as pessoas obtêm valor com a solução.

Os MJCs ajudam a responder perguntas do tipo: como uma organização pode engajar melhor os clientes? Como ela pode fornecer valor que os mantêm voltando? Como pode tornar os serviços mais relevantes?

As respostas para essas perguntas mostram que criar ótimas experiências não significa uma otimização dos pontos de contato individuais, mas como esses pontos se reúnem em um todo unificado. Os MJCs são uma ferramenta estratégica para visualizar os pontos de contato e gerenciá-los com mais eficiência.

O *canvas da jornada do cliente* (Figura 11-4) é uma variação do MJC particularmente boa para obter informações da equipe inteira. A organização de canvas aberto convida outras pessoas a contribuir. O canvas da jornada do cliente foi criado pelos especialistas de design do serviço Marc Stickdorn e Jakob Schneider para seu influente livro *This is Service Design Thinking*. O modelo de canvas permite que as equipes façam uma auditoria, em conjunto, da jornada do cliente.

O formato básico do canvas da jornada do cliente revela os componentes da linha de frente e da retaguarda para a experiência do serviço. Ele alinha coisas como as ações prévias do serviço do provedor e as expectativas do cliente, e como o provedor gerenciará as relações do cliente com o passar do tempo após um encontro do serviço.

Mas os MJCs não têm tantas regras rígidas de formatação e formulação quanto um blueprint de serviço tradicional (como descrito no capítulo anterior). A abordagem é versátil, e é fácil encontrar exemplos que representam exceções.

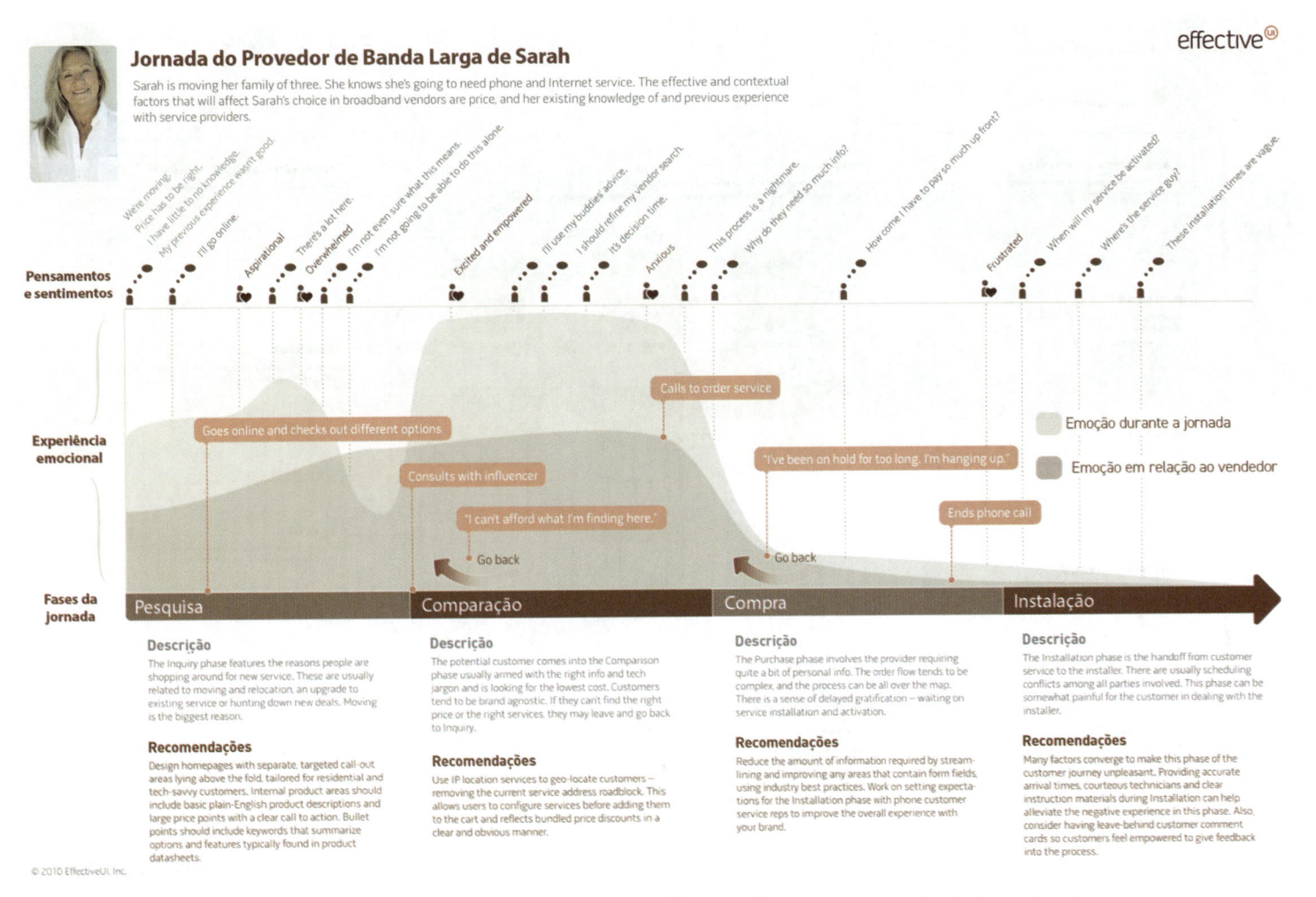

FIGURA 11-3. Este exemplo de MJC para um provedor de banda larga, criado pela Effective UI, foca os aspectos emocionais de uma jornada.

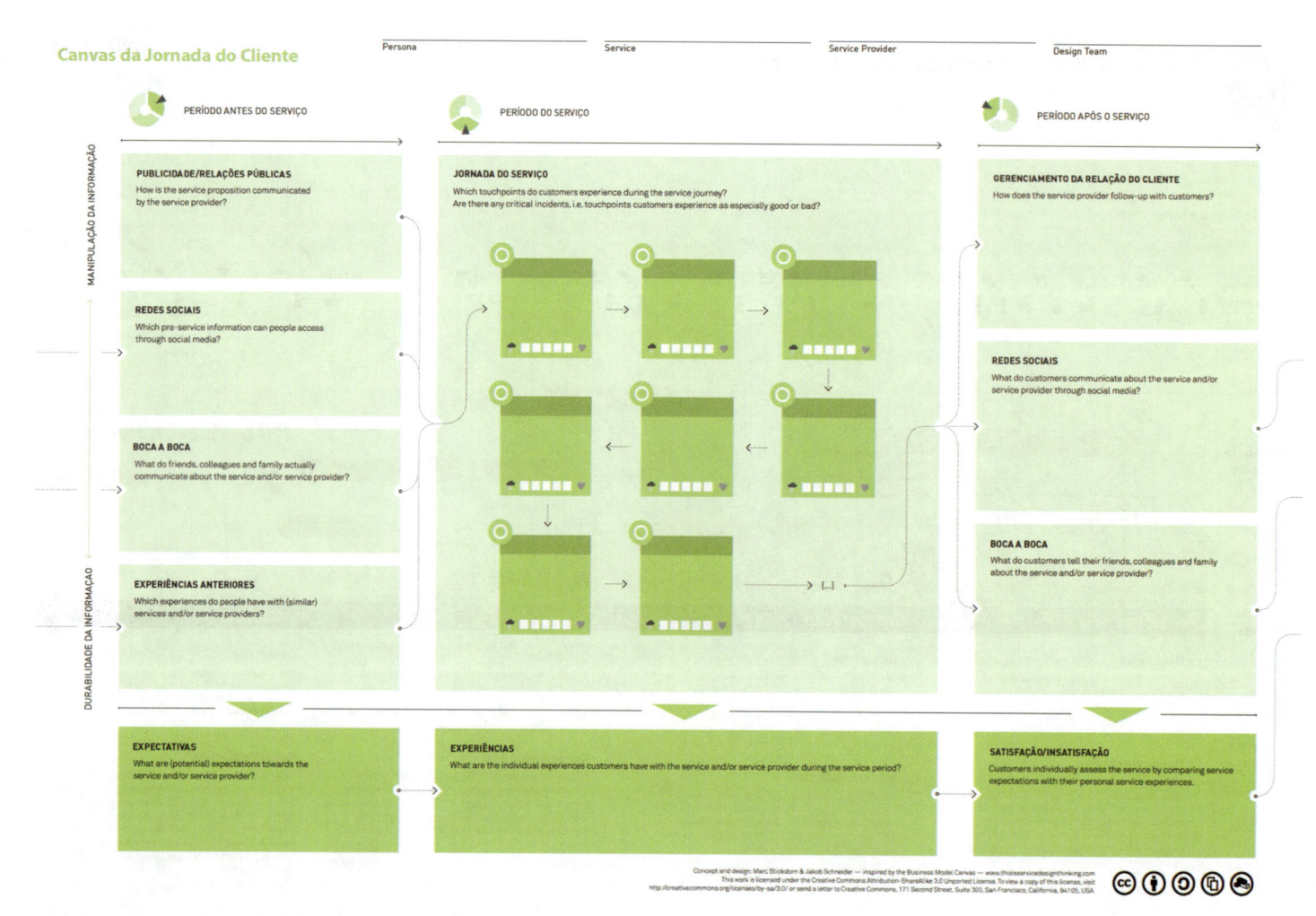

FIGURA 11-4. O canvas da jornada do cliente, criado por Marc Stickdorn e Jakob Schneider, é uma variação do MJC típico.

Mapas do Ciclo de Vida do Cliente

Alguns profissionais também fazem distinção entre os MJCs e os mapas do ciclo de vida do cliente.§ Os últimos são mais amplos ainda e lidam com a relação duradoura entre um cliente e uma organização. Os ciclos de vida do cliente geralmente incluem fases um pouco mais abstratas que refletem uma relação geral, não uma jornada específica.

A história do planejamento do ciclo de vida do cliente pode ser remontada ao início dos anos 1960. Por exemplo, em 1961 Russell Colley desenvolveu uma estrutura para avaliar o sucesso de publicidade em um livro intitulado *Defining Advertising Goals for Measured Advertising Results* (técnica referida pela abreviação DAGMAR). Esse modelo tinha várias fases de interação, desde a *conscientização até a ação*. Seus contemporâneos Robert Lavidge e Gary Steiner forneceram um modelo parecido no mesmo ano.¶

A partir desses modelos, e de outros formados durante os anos 1960, John Jenkins desenvolveu um dos primeiros diagramas do ciclo de vida completos em seu livro *Marketing and Customer Behaviour*. A Figura 11-5 mostra seu modelo original, que ele chama de *modelo contínuo do mercado*.

A líder em experiência do cliente e autora Kerry Bodine tem um formato moderno para os mapas do ciclo de vida do cliente. Sua estrutura proposta examina os estágios, desde o reconhecimento de uma necessidade inicial até a seleção, o uso, a defesa ou a saída. A Figura 11-6 ilustra as fases com setas para mostrar um movimento aproximado da experiência geral. No início, existe um movimento divergente de buscar a solução em uma seleção convergente, refletido nas setas no losango à esquerda. O uso de uma solução (e correções) é contínuo e circular, refletido no círculo à direita.

Vejo a diferença entre os mapas do ciclo de vida do cliente e os MJCs como uma hierarquia. Se incluirmos blueprints de serviços na comparação, há um efeito em escada entre os três. Os mapas do ciclo de vida examinam a relação geral de uma pessoa com uma marca ao longo do tempo. Os MJCs examinam a aquisição de uma solução específica com mais detalhes. Os blueprints de serviço detalham as interações específicas dentro da jornada do cliente, quase sempre após um serviço ser adquirido.

A Figura 11-7 mostra a relação aproximada entre os ciclos de vida do cliente, os MJCs e os blueprints de serviço, nesse caso, para a experiência de comprar e ter um carro. Na prática existem outras interpretações desses diagramas. Isso representa apenas um modo de ver a relação entre eles.

---

§ Veja, por exemplo, Lavrans Løvlie, "Customer Journeys and Customer Lifecycles", Livework blog (dez. 2013).

¶ Robert Lavidge e Gary Steiner, "A Model for Predictive Measurements of Advertising Effectiveness", *Journal of Marketing* (out. 1961).

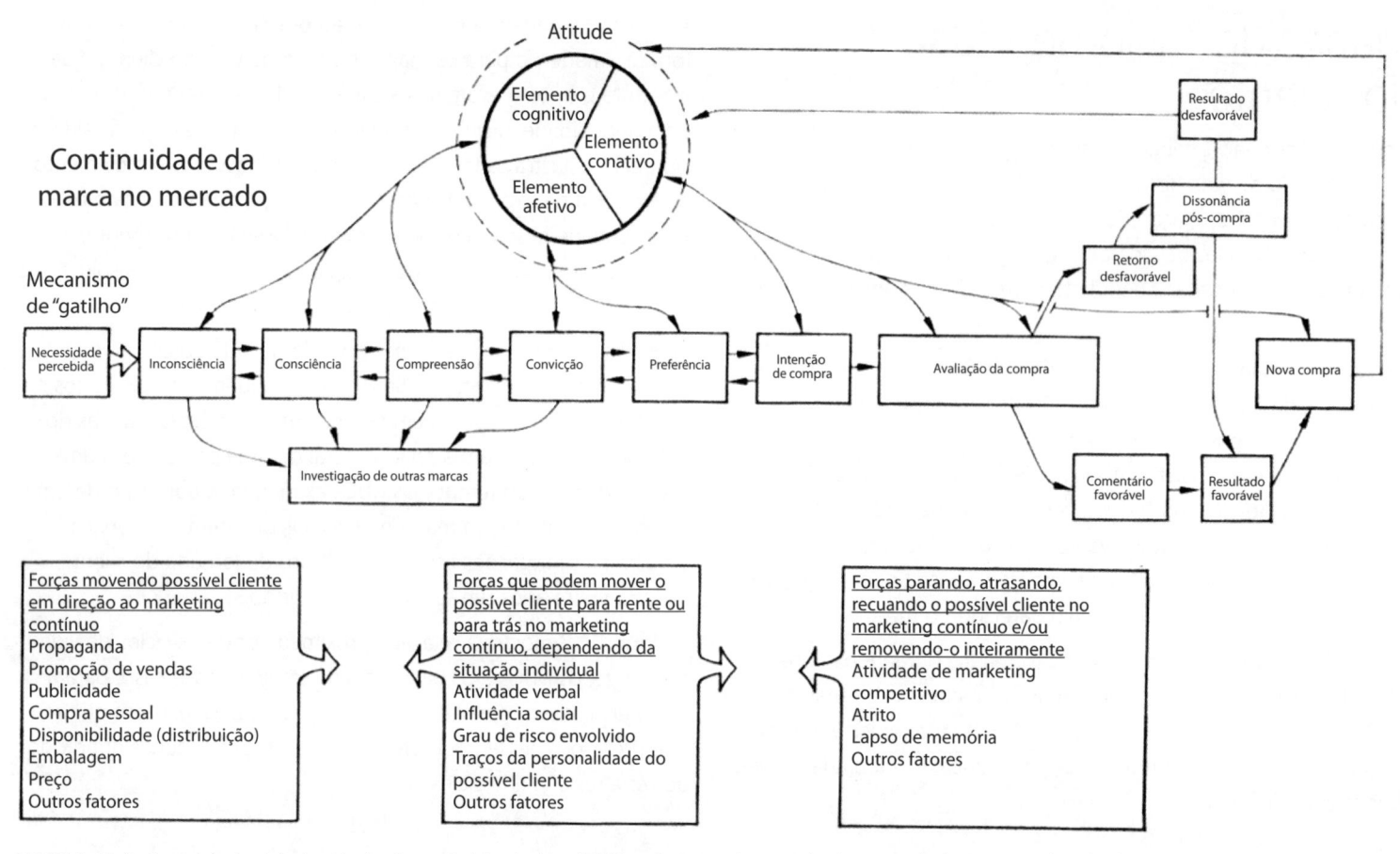

FIGURA 11-5. O modelo do ciclo de vida do cliente de John Jenkins (1972) apresenta, talvez, o primeiro exemplo de um mapa da jornada.

Modelos Relacionados

Fora dos cenários comerciais, Everett Rogers descobriu a complexidade da adoção de novos produtos. Em seu importante livro *Diffusion of Innovations*, Rogers descreve o *processo de decisão da inovação*, com base em décadas de pesquisa (Figura 11-8).

Voltando aos anos 1960, esse processo lembra a estrutura típica dos MJCs modernos. As principais fases de identificação aparecem nos dois fluxos: uma fase em torno da conscientização no início, um ponto de decisão no meio e fases para confirmar a decisão e ficar fiel ao adotar uma inovação. Não há dúvidas de que o processo de Roger tem a mesma estrutura subjacente de um MJC moderno. De fato, John Jenkins cita o modelo de Rogers como uma influência direta sobre o primeiro mapa mostrado na Figura 11-5.

A atitude da pessoa durante a fase de Persuasão, em particular, é fundamental. Rogers conseguiu reduzir os indicadores da tomada de decisão nessa fase a um conjunto de cinco princípios básicos. Estas são as perguntas que os tomadores de decisão basicamente fazem antes de adotar um novo produto ou serviço:

- *Vantagem relativa:* É melhor que as alternativas existentes?
- *Compatibilidade:* É apropriado? Encaixa-se em minhas crenças e valores?
- *Complexidade:* É fácil de compreender e usar?
- *Experimentação:* Pode ser testado sem ônus?
- *Observância:* Pode ser observado e entendido?

Se a maioria for respondida afirmativamente, a chance de adoção é mais alta, ou seja, são os principais fatores que influenciam o processo de tomada de decisão.

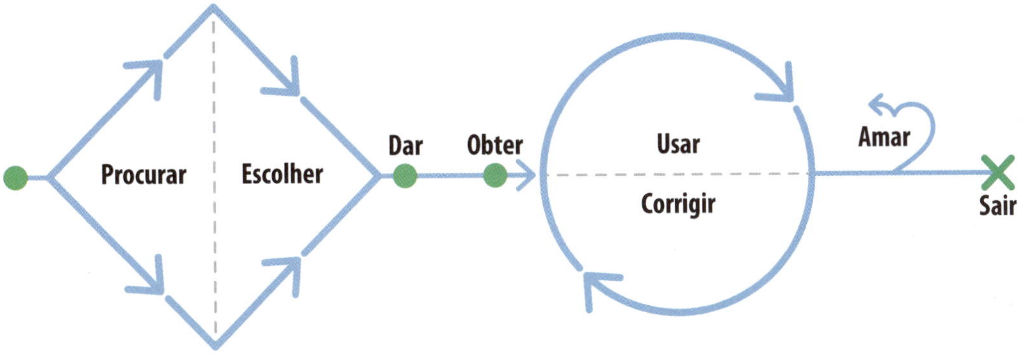

Lembre-se de que são características *percebidas*, isso é, a percepção do valor está na mente do cliente, não é uma propriedade absoluta de um produto ou um serviço. Do mesmo modo, os MJCs buscam entender como uma oferta é realmente percebida pelos clientes, a partir de sua perspectiva.

FIGURA 11-6. Esta versão moderna de um mapa do ciclo de vida do cliente, criada por Kerry Bodine, mostra uma experiência geral que os consumidores podem ter com uma solução ou marca.

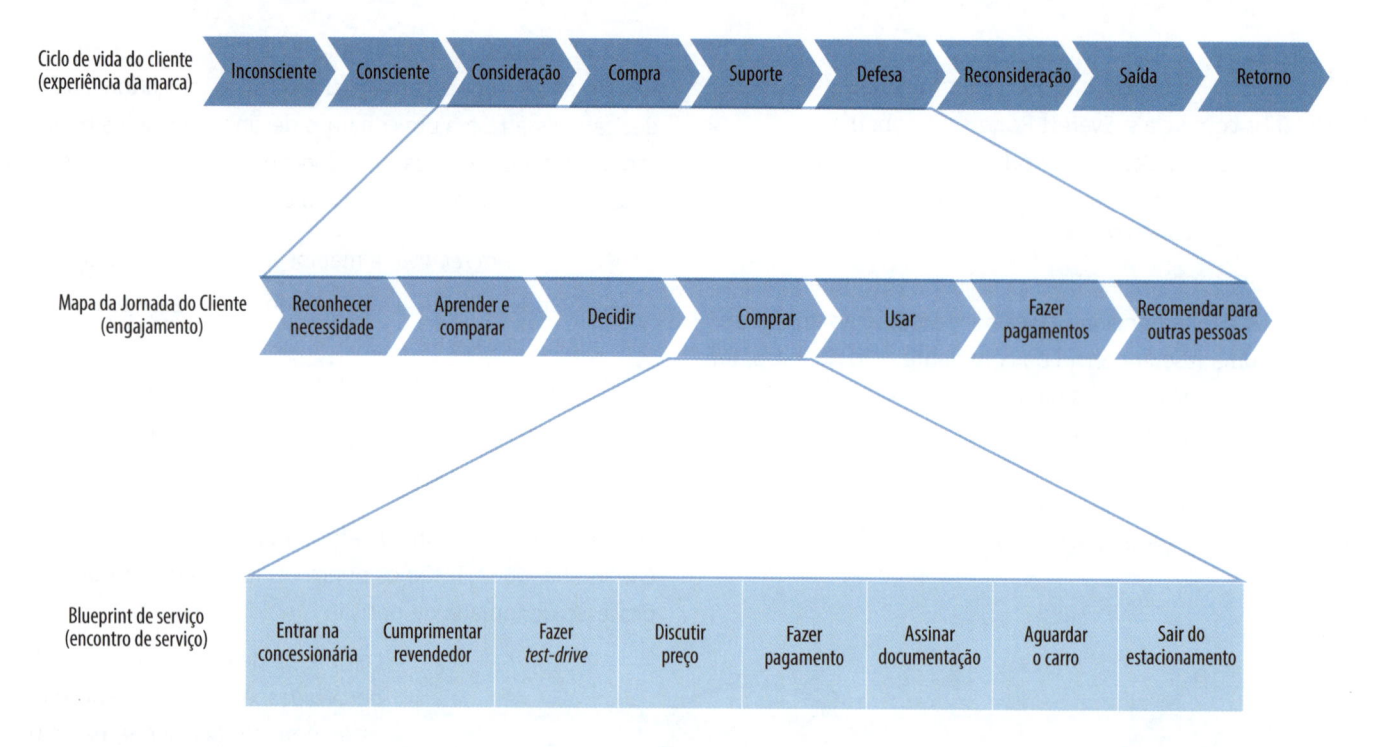

Ciclo de vida do cliente (experiência da marca): Inconsciente → Consciente → Consideração → Compra → Suporte → Defesa → Reconsideração → Saída → Retorno

Mapa da Jornada do Cliente (engajamento): Reconhecer necessidade → Aprender e comparar → Decidir → Comprar → Usar → Fazer pagamentos → Recomendar para outras pessoas

Blueprint de serviço (encontro de serviço): Entrar na concessionária | Cumprimentar revendedor | Fazer *test-drive* | Discutir preço | Fazer pagamento | Assinar documentação | Aguardar o carro | Sair do estacionamento

FIGURA 11-7. Os ciclos de vida do cliente na relação geral com uma marca. Os mapas da jornada do cliente examinam determinado tipo de engajamento. Em geral, os blueprints de serviço analisam tipos específicos de encontros de serviço.

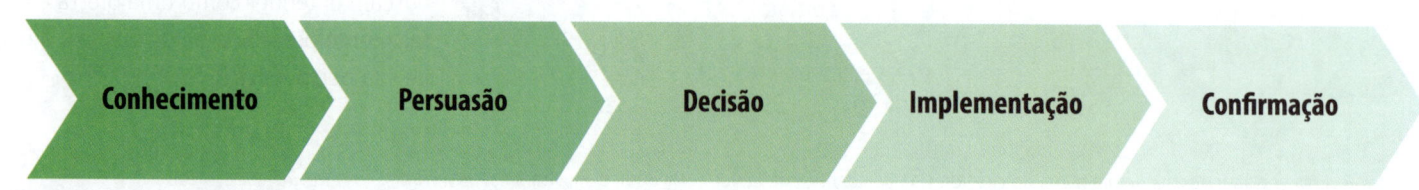

Conhecimento → Persuasão → Decisão → Implementação → Confirmação

FIGURA 11-8. O processo de decisão da inovação, descrito pela primeira vez por Everett Rogers, é um modelo inicial no qual os MJCs se baseiam.

Funil de Conversão

A decisão de fazer uma compra geralmente é vista como um funil (Figura 11-9). As fases exatas ou etapas no decorrer podem variar, dependendo de como o funil é concebido.

A metáfora sugere que as pessoas entram em uma abertura ampla e são afuniladas ao fazerem uma compra. Mas, em vários pontos, há decisões para sair do processo, reduzindo, assim, o número de pessoas que continuam até o fim para a conversão.

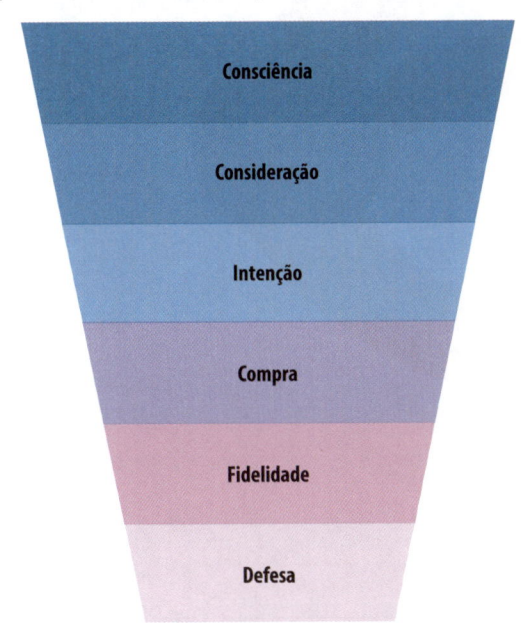

FIGURA 11-9. Um funil de marketing típico mostrando o processo da jornada do cliente.

(Etapas do funil: Consciência, Consideração, Intenção, Compra, Fidelidade, Defesa)

Os pesquisadores de mercado da McKinsey and Company sugerem um novo modelo, que eles chamam de *jornada de decisão do consumidor*.** A Figura 11-10 reflete seu modelo de tomada de decisão atualizado.

A organização circular do modelo reflete uma necessidade de reavaliar como os clientes vivenciam o processo de tomada de decisão. Na era de consumidores empoderados, o processo é mais circular. As experiências de uma pessoa após a compra tornam-se o critério de avaliação da pessoa seguinte. Com esse modelo, não há mais "topo do funil", onde os consumidores entram em massa.

Além disso, os autores acreditam que os consumidores estão mudando cada vez mais a forma como pesquisam e compram produtos e serviços. Eles pesquisam e comparam muito mais antes, sobretudo online.

Tradicionalmente, há três tipos principais de pontos de contato nas situações comerciais:

- *Estímulo:* a primeira vez em que os clientes ficam cientes de determinado produto ou serviço.
- *Primeiro momento da verdade:* a decisão de comprar um produto ou serviço.
- *Segundo momento da verdade:* a primeira experiência que os clientes têm ao usarem um produto ou serviço.

** Veja David Court *et al*, "The Consumer Decision Journey", *McKinsey Quarterly* (jun. 2009) e David C. Edelman, "Branding in the Digital Age: You're Spending Your Money in All the Wrong Places", *Harvard Business Review* (dez. 2010).

1
O consumidor considera um conjunto inicial de marcas, com base nas percepções da marca e na exposição aos pontos de contato recentes.

2
Os consumidores adicionam ou subtraem as marcas conforme avaliam o que desejam.

3
Por fim, o consumidor seleciona uma marca no momento da compra.

Avaliação ativa
Reunir informações, comprar

Conjunto de considerações iniciais

Ciclo de fidelidade

Momento da compra

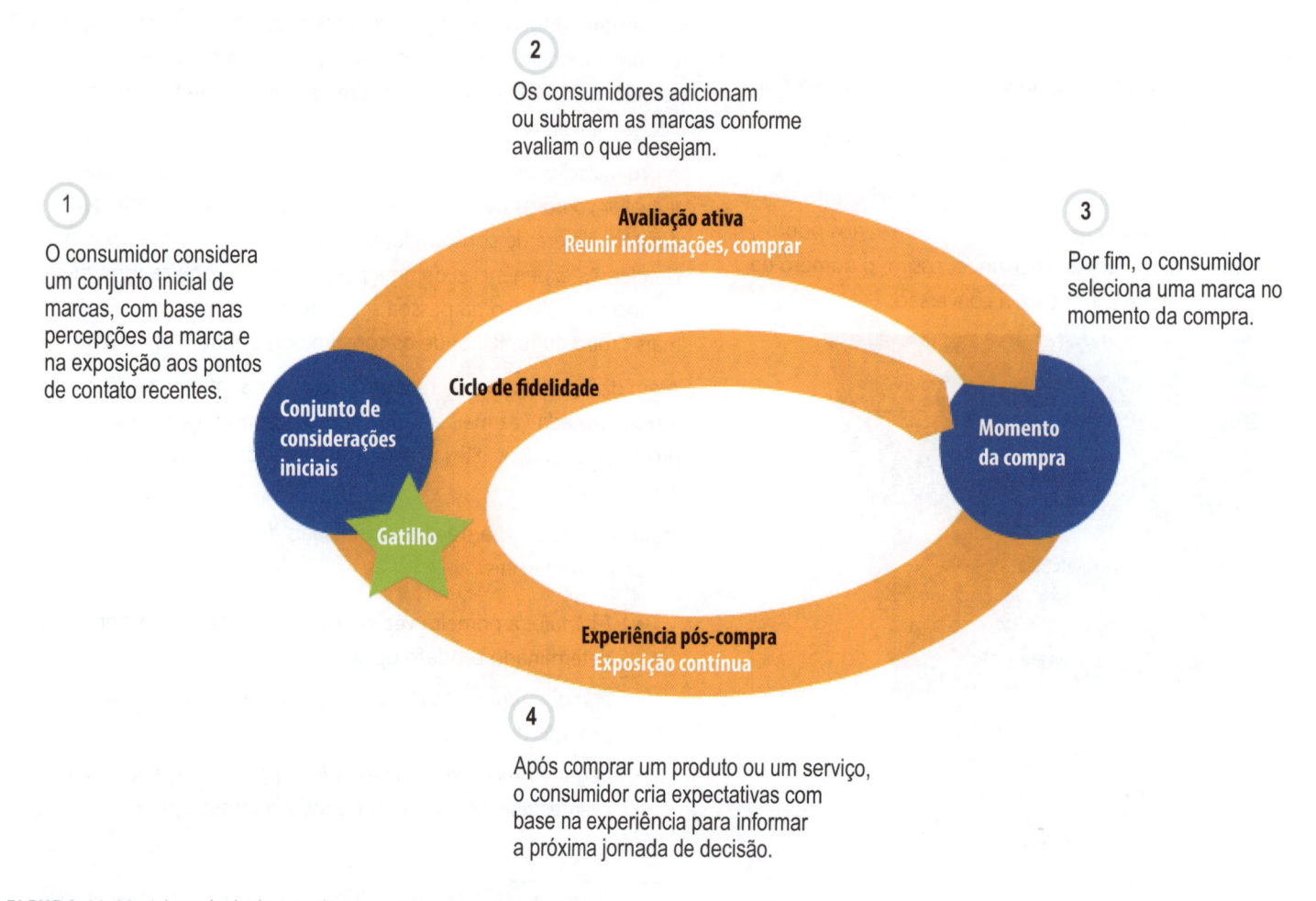

Gatilho

Experiência pós-compra
Exposição contínua

4
Após comprar um produto ou um serviço, o consumidor cria expectativas com base na experiência para informar a próxima jornada de decisão.

FIGURA 11-10. A jornada de decisão do consumidor, como visualizada pelos consultores na McKinsey, muda a noção básica de um funil.

Cada vez mais os clientes leem as avaliações de outros clientes. Eles visitam sites como o da Amazon para se informar sobre as decisões ou pedem opiniões aos seguidores do Twitter. Eles veem quem está por trás de um serviço, pesquisando os perfis no LinkedIn e até no Facebook. Independentemente da indústria ou do setor, os clientes estão bem mais informados hoje do que uma década atrás.

Além dos primeiro e segundo momentos da verdade, os pesquisadores do mercado no Google identificaram um novo ponto de contato crítico: o "Momento Zero da Verdade" ou ZMOT para abreviar.[††] Ele fica entre o estímulo e a decisão de comprar (Figura 11-11).

O conteúdo é crítico no ZMOT, mas não pode ser percebido como um marketing sem valor: as informações no ponto de contato ZMOT devem ser significativas e valiosas. As empresas bem-sucedidas conversam com os mercados e dialogam. Elas se posicionam não como banners do tipo "compre!", mas como verdadeiros consultores.

Observe que as recomendações do produto que alimentam o ZMOT vêm depois de alguém já ter usado o produto. A experiência de uso agora é relevante antes da decisão de compra.

E, o mais importante, as pessoas cada vez mais descobrem o significado dos produtos e dos serviços que compram durante o ZMOT. Elas desejam conhecer a empresa e as pessoas por trás de uma oferta. Querem saber como ela se encaixa em seu sistema de valores e como irá defini-las pessoalmente.

Você pode observar corretamente que as pessoas sempre se engajaram em conversas com as marcas. Os mercados na verdade são conversas. Agora, a diferença é uma combinação da quantidade de conteúdo disponível e da velocidade com a qual os clientes podem acessá-lo. Atualmente, espera-se que um cliente pesquise vários aspectos de seu negócio antes mesmo de entrar em contato com você ou suas ofertas.

Em qualquer caso, as várias partes da experiência de um produto ou serviço estão muito mais inter-relacionadas do que estavam há uma década. Uma mentalidade global é necessária para conectar os momentos da verdade e as experiências de design significativas para as pessoas.

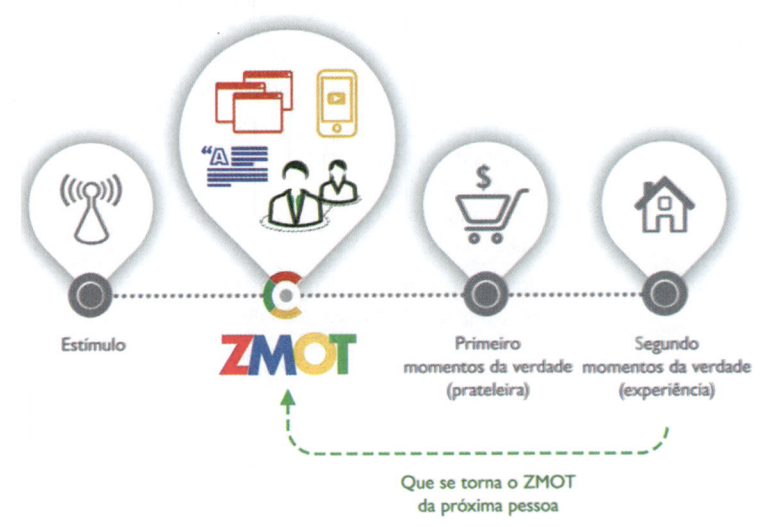

FIGURA 11-11. O Momento Zero da Verdade, uma nova fase no comportamento do cliente, foi apresentado por pesquisadores no Google.

[††] Veja Jim Lecinski, *ZMOT: Winning the Zero Moment of Truth* (Google, 2011).

Elementos dos MJCs

Os MJCs não são meros inventários dos pontos de contato. Eles incluem um insight mais profundo das motivações e das atitudes dos clientes. O que os faz comprar? O que os mantêm satisfeitos? Esses são os tipos de perguntas que um MJC precisa responder.

Os MJCs são, decisivamente, menos formalistas que os blueprints de serviço. Eles podem incluir vários elementos diferentes e tipos de informação. O criador de um MJC deve incluir os aspectos adequados às necessidades de uma organização. Alguns elementos típicos dos MJCs incluem ações, objetivos, emoções, pontos críticos, momentos da verdade, pontos de contato, percepção da marca, satisfação e oportunidades.

A Figura 11-12 mostra um modelo de MJC criado na Heart of the Customer (*heartofthecustomer.com*), uma importante empresa de consultoria de CX e mapeamento da jornada. Ele inclui elementos adicionais relacionados a um mapa da jornada, inclusive persona, perfil do cliente e métricas de importância e satisfação.

A Tabela 11-1 resume os principais aspectos que definem os mapas da jornada do cliente usando a estrutura descrita no Capítulo 2.

TABELA 11-1. Definindo os aspectos dos mapas da jornada do cliente.

Ponto de vista	Pessoa como consumidor.
Estrutura	Cronológica.
Escopo	Experiência completa, desde o reconhecimento de uma necessidade até terminar a relação. Geralmente centrado na jornada de uma pessoa, mas também pode mostrar um mapa agregado global das personas e dos pontos de contato.
Foco	Foca basicamente a experiência do consumidor, com pouquíssima ênfase nos processos da retaguarda.
Usos	Usado para a análise dos pontos de contato e da otimização. Útil no planejamento estratégico para o gerenciamento da experiência do cliente, marketing e iniciativas da marca.
Pontos fortes	Simples de compreender. Uso difundido. Adequado para a cocriação com equipes e stakeholders.
Pontos fracos	Normalmente mostra as pessoas como consumidores. Em geral, omite os processos internos e atores.

MAPA DE EXEMPLO

FASES DA COMPRA: CONSCIÊNCIA | PESQUISA E CONSIDERAÇÃO | COMPRA | PÓS-COMPRA

Meet Jane, a member of your Young Parents segment. She is feeling overwhelmed about healthcare and has no idea where to start. She goes to the state's exchange website, but soon becomes frustrated and procrastinates.

She runs into her friend Amy and asks about healthcare plans. Amy suggests looking at Coolsure. This map depicts her purchase journey.

- Positive Experience
- Neutral Experience
- Negative Experience

+ Jane sends out a tweet polling her network "looking 4 health plan ideas?" 3 out of 10 responses recommend Coolsure.

– Jane goes to the website but there are too many choices and she doesn't know which one is best. Jane also receives a tweet from another friend, Sara, saying, "Don't do Coolsure, my son's surgery coverage was a nightmare."

0 Jane googles Coolsure to read comments and reviews, most of which seem very positive.

+ Feeling encouraged, Jane decides to apply online.

– Jane soon realizes she doesn't know how to answer all of the questions on the online forms, and gives up and calls for help.

– Jane waits for 15 minutes on hold hearing, "Your call is very important to us" play over and over. Her young daughter starts to cry and just as she is about to hang up, her call is answered by agent Sam.

+ Agent Sam listens carefully to Jane's needs and recommends the best plan for her family. Sam offers to help Jane complete her application over the phone. Jane gratefully accepts.

0 After the call, Jane is a bit apprehensive and wonders if she made the right choice and if all the paperwork went through correctly.

+ Jane receives a confirmation text and email that she has been approved. She gives a huge sigh of relief. On her start date, she is greeted with a welcome email detailing her plan and helpful tips for her family's needs.

Jane is a very satisfied customer and rates your company a 9 out of 10 on your follow-up customer satisfaction survey, remembering to include Sam's name. Jane tweets "Now a Coolsure customer. Nice people, here is hoping the coverage is just as good!"

MOMENTOS DA VERDADE

Moments of Truth are the most critical steps in your journey. Get them wrong, and you lose customers. Get them right, and your customers become lifelong advocates. These should be your top priorities.

T – A Moment of Truth

1. The first moment of truth occurs when Jane looks on your website. If she can't quickly find what she's looking for, she moves on to Google and may end up selecting one of your competitors.

2. Your second moment of truth is the application process. One fourth of all applications are abandoned before completion, and many of these potential applicants never end up registering with you.

3. Your third moment of truth is the first month of coverage. Customers who report a 9 or a 10 in their onboarding survey renew at 75%, versus 25% for those who give you a 0-6 in their initial survey.

PERFIL DO CLIENTE

- 44%
- 56%
- 68% Suburban
- 25% Urban
- 7% Rural

- 65 Promoters
- 25 Passives
- 10 Detractors

- 42% 2 children
- 33% 1 child
- 25% 3+ children

© 2014 Heart of the Customer. All Rights Reserved.

O QUE OS CLIENTES TINHAM A DIZER

+ "I love the short emails that come every month with healthy tips. They help me stay on track."

0 "Your phone support is terrific – they always help me out. I just wish I didn't have to call them so often."

– "When I shop for auto insurance it's really easy. I put in my information and up pops three quotes. But choosing health insurance is a job–and one I don't enjoy."

– "The only problem is there are so many choices. There is a lot to think about and I felt it was hard to figure out what was best."

IMPORTÂNCIA E SATISFAÇÃO

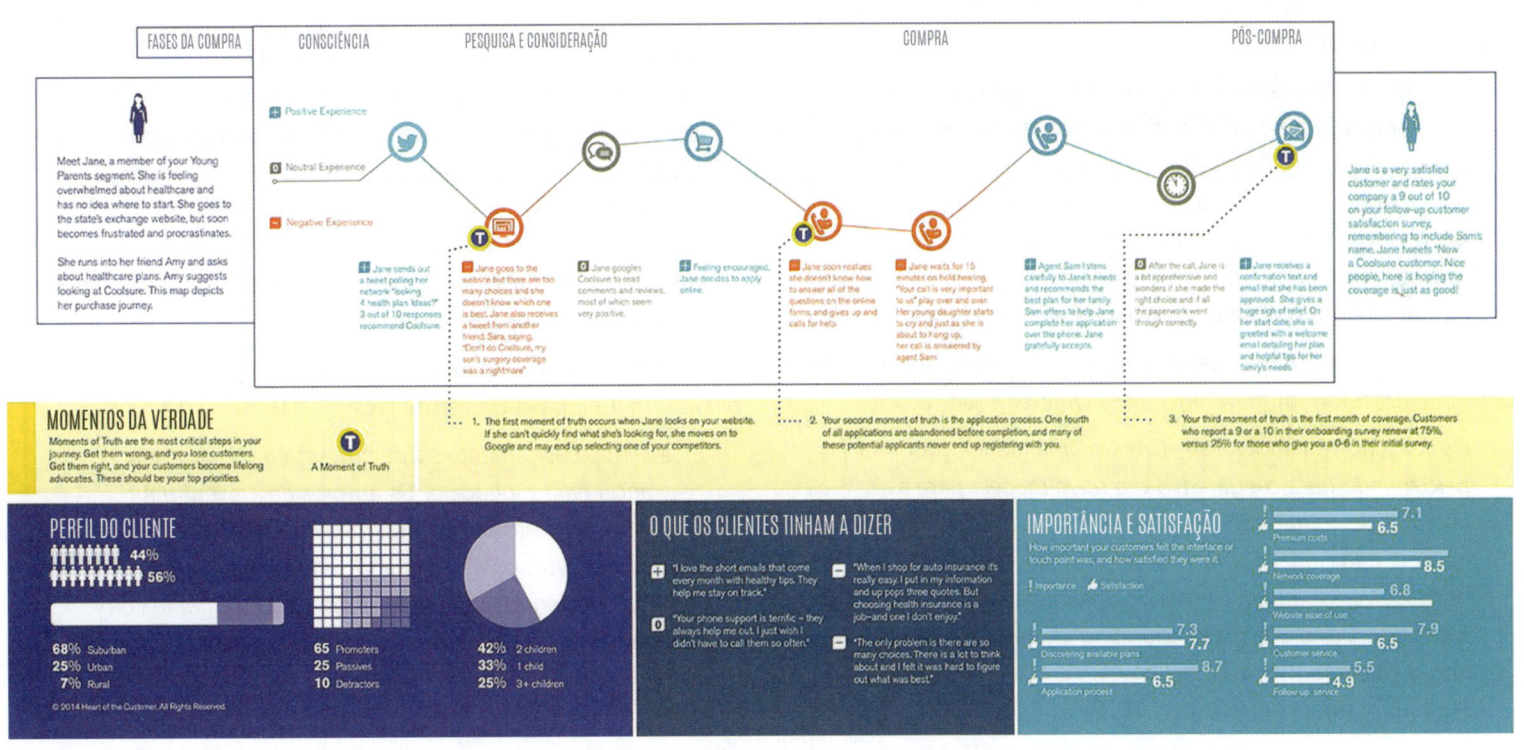

How important your customers felt the interface or touch point was, and how satisfied they were with it.

Importance / Satisfaction

- Premium costs: 7.1 / 6.5
- Network coverage: 8.5 / 6.8
- Website ease of use: 7.9 / 6.5
- Customer service: 8.7 / 5.5
- Follow-up service: 6.5 / 4.9
- Discovering available plans: 7.3 / 7.7
- Application process: 8.7 / 6.5

FIGURA 11-12. Os mapas da jornada do cliente podem incorporar várias informações e dados para uma descrição mais rica da experiência.

Mais Leitura

Jim Tincher e Nicole Newton, *How Hard Is It to Be Your Customer?* (Paramount, 2019)

> Esse livro mostra como o mapeamento da jornada pode ser usado para orientar a mudança focada no cliente em uma organização. Os autores criaram um caso mais amplo para mapear, não como uma atividade isolada, mas como um meio de tomar uma ação e fazer mudanças efetivas na cultura. Eles colocaram anos de experiência nesse volume e incluem muitos conselhos práticos e exemplos do setor.

David Court, Dave Elzinga, Susan Mulder e Ole Jørgen Vetvik, "The Consumer Decision Journey", *McKinsey Quarterly* (jun. 2009)

> Os consultores na McKinsey fizeram uma grande pesquisa pelo mundo para chegarem a um novo modelo para as decisões de compra do consumidor. Isso substitui o modelo de funil tradicional por um modelo circular da tomada de decisão. Veja também um artigo detalhado do chefe da McKinsey, David Edelman: "Branding in the Digital Age: You're Spending Your Money in All the Wrong Places", *Harvard Business Review* (dez. 2010).

Joel Flom, "The Value of Customer Journey Maps: A UX Designer's Personal Journey", UXmatters (set. 2011)

> É um bom estudo de caso sobre o uso dos mapas da jornada do cliente na Boeing, inclusive uma boa ilustração de mapa com um layout e forma interessantes. Leia esse artigo se precisar de argumentos para convencer outras pessoas. O autor era cético com seu uso, mas conclui: "Produzindo mapas da jornada que mostram uma experiência do cliente ideal, conseguimos fazer com que os stakeholders e os executivos identificassem, priorizassem e mantivessem o foco nas mudanças que importam."

Tim Ogilvie e Jeanne Liedtka, "Journey Mapping", no livro *Designing for Growth* (Columbia University Press, 2011)

> Esse livro é basicamente sobre o design thinking e sua relevância para o negócio. Os autores descrevem um processo completo para o design centrado no cliente com muitos métodos, com o primeiro sendo o mapeamento da jornada do cliente. O Capítulo 4 lida exclusivamente com o mapeamento e inclui métodos passo a passo para criá-lo.

Everett Rogers, *Diffusion of Innovations*, 5ª ed. (Free House, 2003)

    Considerado a bíblia da adoção de inovação, esse livro volumoso é baseado em décadas de pesquisa em vários campos. Embora o livro tenha aparecido pela primeira vez em 1962, a 5ª edição foi escrita em 2003 e inclui uma seção sobre a internet. Apesar da idade, os princípios e as discussões nesse famoso livro são muito relevantes para as discussões dos processos de tomada de decisão e para a adoção da inovação hoje. Rogers talvez seja mais conhecido por seu modelo dos tipos de adotante da inovação, inclusive inventando termos como "adotantes iniciais".

Bruce Temkin, "Mapping the Customer Journey", *Forrester Reports* (fev. 2010)

    Bruce Temkin foi o primeiro defensor dos mapas da jornada do cliente e contribuiu muito para aumentar seu uso e perfil. Escrevendo para a Forrester, ele produziu vários relatórios importantes sobre o assunto que foram influentes. Esse relatório é um de seus primeiros na Forrester; veja outros textos de Temkin sobre o tema.

ESTUDO DE CASO

Mapeamento da História de Valor — Visão Alternativa aos MJCs

Michael Dennis Moore

Os mapas da jornada do cliente tradicionais são naturalmente transacionais. Eles mostram vários eventos durante um período de tempo, até pensamentos e sentimentos do cliente costumam ser associados a esses eventos distintos.

Mas, como em qualquer boa história, a jornada do cliente tem dois lados. O primeiro é a linha de eventos representada, que chamo de "narrativa transacional".

O segundo é um arco do personagem sobre um herói (o cliente, não você) que enfrenta desafios, toma decisões cruciais e finalmente muda quem ele é e como se relaciona com os outros (mesmo que apenas levemente). Ele acaba amando ou odiando a marca, ou algo intermediário. Ele recomenda ativamente, destrói ou simplesmente não se importa em mencionar seus produtos ou serviços para outras pessoas.

Para a maioria das empresas, uma transformação positiva do cliente é a meta CX/UX estratégica final. Por sorte, essa meta comercial também se alinha bem com a meta mais interna da maioria dos clientes: ser o herói em uma história repleta de escolhas inteligentes, com um final feliz.

Ao examinar pela primeira vez um mapa da jornada do cliente recém-criado, é provável que você encontre facilidades na forma de pontos de atrito óbvios. Pode ser tentador iniciar imediatamente um brainstorming sobre melhorias táticas para amenizar a experiência do cliente.

Mas partir diretamente para o pensamento tático costuma ter o efeito indesejado de retornar prematuramente os membros da equipe para a familiar zona de conforto da perspectiva de um membro do grupo. Isso pode ser um caminho perigoso quando o surgimento inicial da empatia do cliente enfraquece e a história global centrada em valor se torna apenas uma série de transações discretas.

Correções táticas rápidas podem ser necessárias em curto prazo. Mas, para tirar o máximo dos mapas da jornada do cliente, é preciso uma estrutura estratégica para focar seu pensamento. O mapeamento da história de valor é um meio de sobrepor uma narrativa transformacional acima da narrativa transacional, inserindo decisões importantes e cruciais em um mapa da jornada (se ainda não houver um).

O processo tem três etapas.

1. Formule a Jornada como uma História de Valor

A Figura 11-13 mostra a jornada da história de valor básica, dividida em quatro fases com pontos cruciais. Note que os rótulos são diferentes dos estágios centrados no negócio que você está acostumado a usar, como Consciência, Consideração, Compra, Retenção e Defesa.

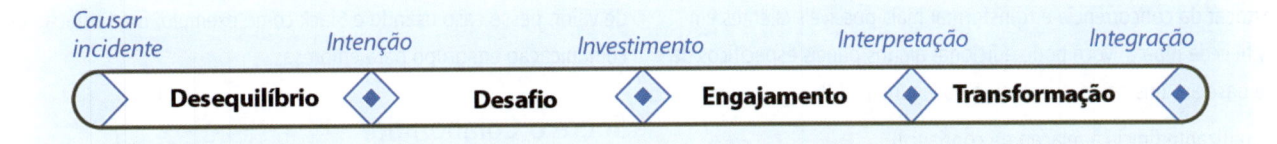

```
Causar                  Intenção              Investimento         Interpretação        Integração
incidente
        ◇ Desequilíbrio ◆       Desafio     ◆   Engajamento   ◆   Transformação   ◇
```

FIGURA 11-13. As fases de um mapa da história de valor representam a transformação pela qual passa uma pessoa usando certa solução, não as etapas transacionais de adquiri-la.

2. Crie uma Hipótese Lógica

Em seguida, escolha uma das quatro fases para analisar e use sua pesquisa qualitativa do cliente para responder às seguintes perguntas sobre a decisão crucial no fim dessa fase:

1. Quais são as forças motrizes nessa decisão? Veja as quatro categorias a considerar:
   - Objetivos funcionais.
   - Abordagem racional.
   - Influências sociais.
   - Estímulos emocionais.
2. Como o cliente arquetípico filtra e prioriza essas forças em uma história lógica que motiva e justifica?

Se você pergunta diretamente aos clientes por que eles tomaram certa decisão, eles tenderão a contar uma história lógica explícita que justifica a decisão deles com base em seus objetos funcionais e abordagem racional.

Contudo, sempre há uma história lógica mais profunda e implícita que motiva essa decisão. Isso costuma incluir influências sociais e estímulos emocionais que o cliente pode não querer compartilhar (ou pode nem saber que existe). A menos que seus clientes sejam excepcionalmente sinceros, você terá que dar um palpite sobre a história implícita baseada nos temas descobertos em sua pesquisa qualitativa.

3. Avalie os Papéis da História

Por fim, é hora de avaliar como cada ponto de contato na fase de foco contribui para (ou prejudica) uma decisão crucial positiva.

Cuidado nesse ponto. Assim que você começa a examinar o design e a execução dos pontos de contato, é fácil ficar preso em sua perspectiva interna. Ao contrário, aborde sua avaliação usando uma pergunta centrada no valor do cliente: quais papéis desempenhamos na história lógica do cliente?

ESTUDO DE CASO

Alguns papéis são universais: especialista, provedor e facilitador. Mas, para se destacar da concorrência e transformar mais possíveis clientes em defensores fiéis da marca, você pode adicionar alguns papéis específicos da fase que se baseiam uns nos outros, como na Figura 11-14:

- Simpatizante (inicia a relação de confiança).
- Contador de história (imagina a recompensa do herói).
- Guia (assegura o valor total do resultado e da experiência).
- Parceiro (comprova que você é sempre confiável).

Formular uma jornada do cliente como um mapa da história de valor tem muitos benefícios, mas dois são especialmente importantes.

Primeiro, ajuda os membros da equipe a focar o objetivo estratégico de uma transformação do cliente, enquanto buscam vitórias táticas rápidas. Sim, os profissionais de marketing ainda focarão em grande parte os últimos. Mas todos podemos também ver com facilidade como eles colaboram no sucesso de longo prazo da marca.

Segundo, em vez de simplesmente rastrear os altos e os baixos do sentimento do cliente entre as transações, ele formula esses pensamentos e sentimentos em termos de resultado crucial da decisão, ou seja, vai além de quem, o quê, onde, quando e como em relação a uma jornada transacional e analisa a pergunta mais importante de todas: por quê? Afinal, são os momentos que ocorrem na mente do cliente que mais importam.

A Figura 11-15 mostra um exemplo completo de um mapa da história de valor, nesse caso usando o Slack como exemplo, uma solução de comunicação em grupo para empresas.

Sobre o Colaborador

Michael Dennis Moore é consultor-chefe na Likewhys e criador do processo de mapeamento da história de valor. Suas experiências anteriores centradas no valor incluem ser proprietário de uma pequena empresa, gerente de produtos em várias empresas, inclusive a Apple, e gerente do Experience Design Group na Xerox. Ele pode ser encontrado em *michael@likewhys.com*.

Cliente/Usuário

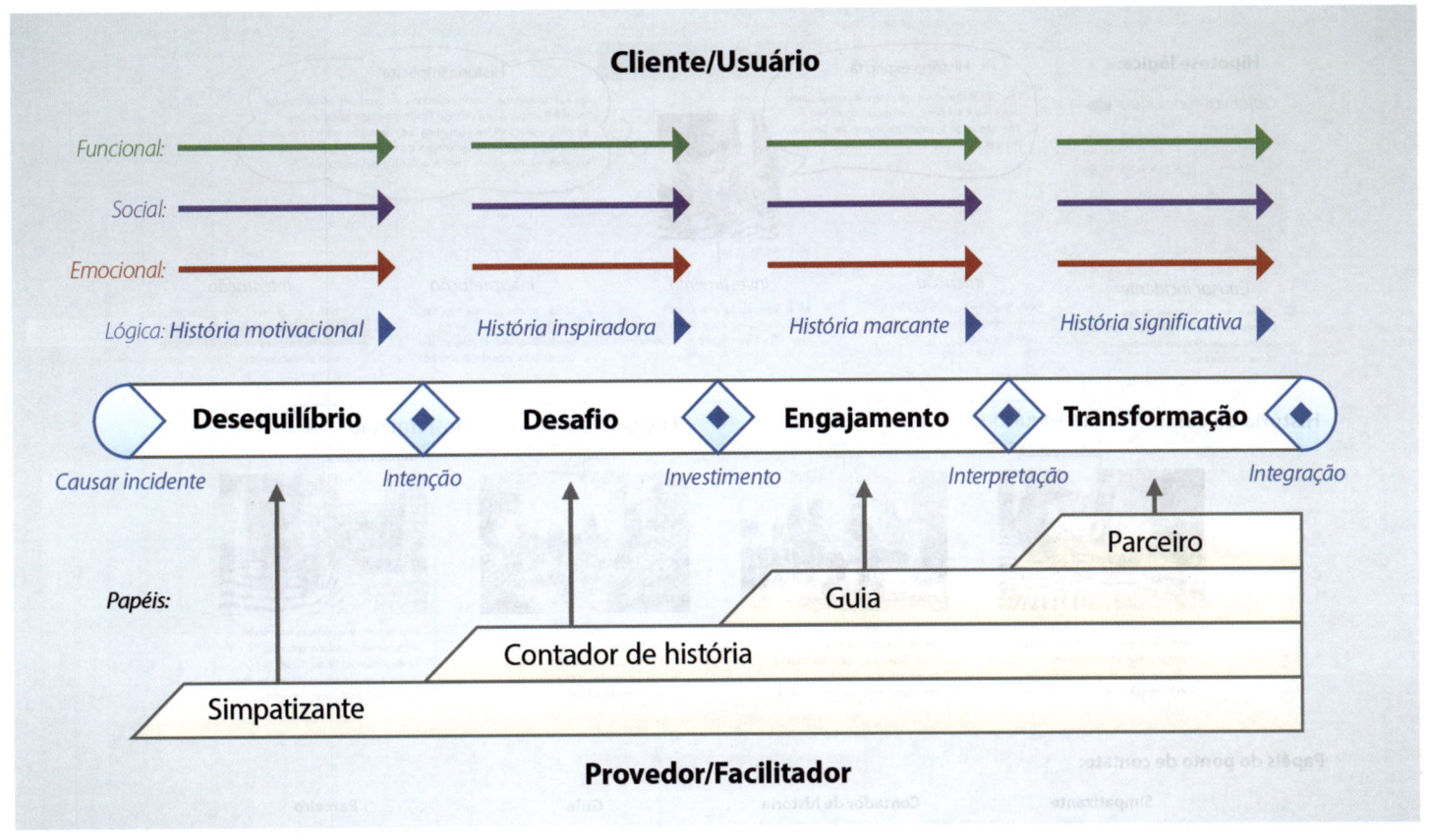

Funcional:

Social:

Emocional:

Lógica: **História motivacional** ▸   **História inspiradora** ▸   **História marcante** ▸   **História significativa** ▸

Desequilíbrio ◆ **Desafio** ◆ **Engajamento** ◆ **Transformação** ◆

Causar incidente   *Intenção*   *Investimento*   *Interpretação*   *Integração*

Papéis:

Parceiro

Guia

Contador de história

Simpatizante

Provedor/Facilitador

FIGURA 11-14. A abordagem do mapeamento da história de valor sobrepõe os diferentes estágios da transformação.

Estudo de Caso • Mapeamento da História de Valor — Visão Alternativa aos MJCs   319

ESTUDO DE CASO

Hipótese lógica:

- Objetivos funcionais →
- Abordagem racional →
- Influências sociais →
- Estímulos emocionais →

História explícita
I'm tired of the wheel spinning with email. Slack looks like it will help us be more productive. There must be a reason it's so popular. Besides, I'm just signing up for a trial for now ...

História implícita
I'm fed up with the current situation but concerned about how the team will respond to a change. Finding the right solution and learning a new tool feels daunting but I sense the team's morale is dipping. I need to do something. It's embarrassing how little I know about these tools. I better go with a proven solution.

Causar incidente
When a disjointed email thread causes a misunderstanding, Molly begins to question the effectiveness of her team's tools.

Intenção
Molly finally decides to look for a better collaboration tool for team communications.

Investimento
Molly signs up for a trial Slack account, hoping it will be worth the time, effort, and data commitment.

Interpretação
Molly decides the new tool has clearly improved her team's productivity and morale, so she signs up for a paid subscription.

Integração
With the tool deeply integrated into her work life, Molly identifies herself as a fan, recommending it to anyone with similar needs.

História de valor: Desequilíbrio ◆ Desafio ◆ Engajamento ◆ Transformação

Molly's sense of imbalance grows as her team spends more time sorting through irrelevant messages, clarifying who's responding to who, and looking for past emails by topic.

Molly searches online for information and reviews about collaboration tools. She also gets input from her team, and asks friends and colleagues for recommendations.

Molly and her team work their way through the learning curve and find that, most of the time, the software design anticipates their needs and guides them to success.

As the software updates keep pace with the team's evolving needs, Molly's experience continues to validate her choice and make her feel more confident about the future.

Papéis do ponto de contato:

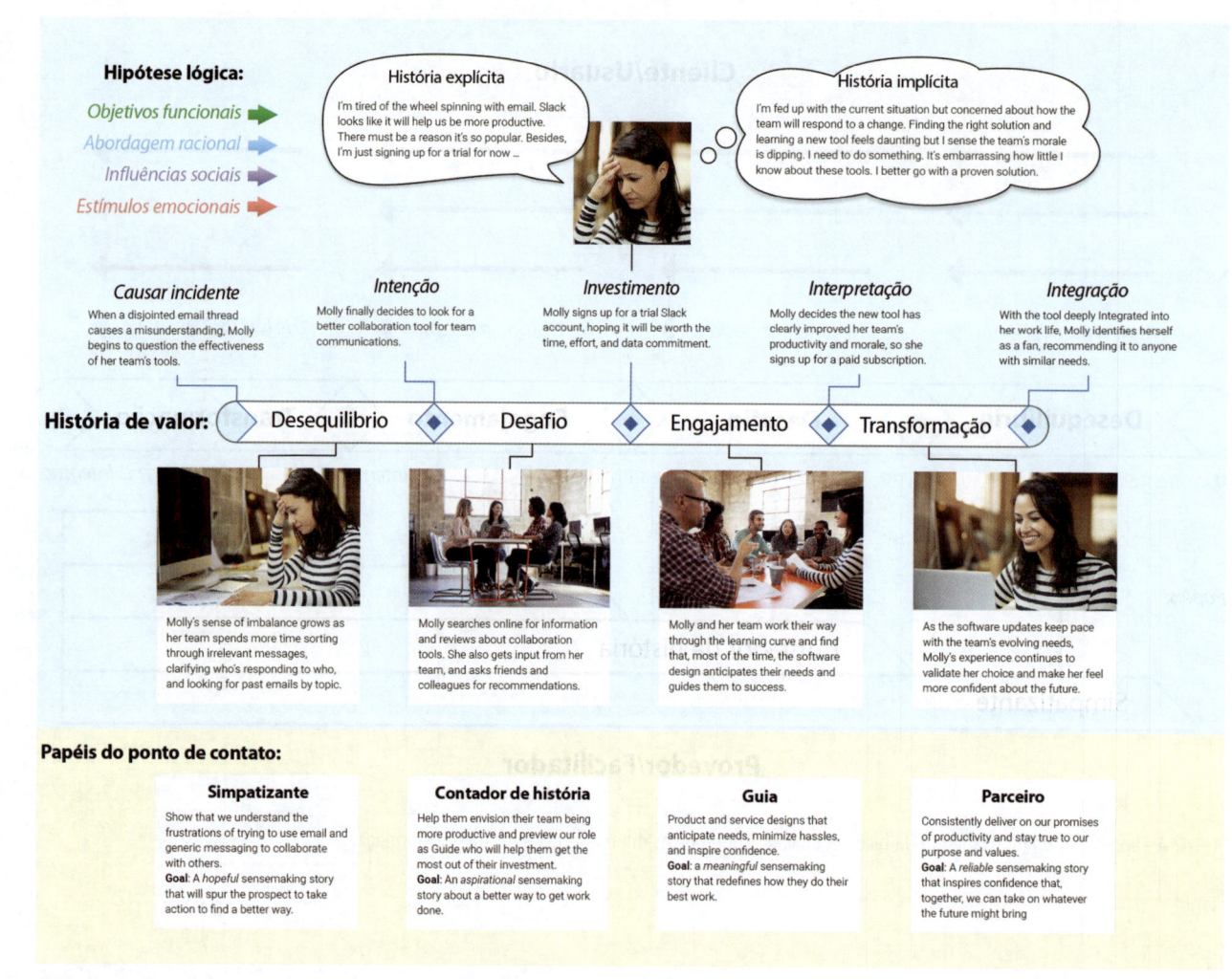

Simpatizante
Show that we understand the frustrations of trying to use email and generic messaging to collaborate with others.
Goal: A *hopeful* sensemaking story that will spur the prospect to take action to find a better way.

Contador de história
Help them envision their team being more productive and preview our role as Guide who will help them get the most out of their investment.
Goal: An *aspirational* sensemaking story about a better way to get work done.

Guia
Product and service designs that anticipate needs, minimize hassles, and inspire confidence.
Goal: a *meaningful* sensemaking story that redefines how they do their best work.

Parceiro
Consistently deliver on our promises of productivity and stay true to our purpose and values.
Goal: A *reliable* sensemaking story that inspires confidence that, together, we can take on whatever the future might bring.

FIGURA 11-15. Um mapa da história de valor completo detalha as etapas de transformação, desde causar um incidente até a integração.

Créditos de Diagramas e Imagens

Figuras 11-1 e 11-2: Diagrama do mapa do momento e tabela do livro *Building Great Customer Experiences* de Colin Shaw e John Iven, usados com permissão.

Figura 11-3: Um exemplo de MJC para um provedor de banda larga, criado pela Effective UI, usado com permissão.

Figura 11-4: Canvas da jornada do cliente criado por Marc Stickdorn e Jakob Schneider, do livro *Isto é Design Thinking de Serviços*, CC BY-SA 3.0.

Figura 11-5: Modelo do ciclo de vida do cliente de John Jenkins de seu livro *Marketing and Customer Behaviour*.

Figura 11-6: Modelo da jornada do cliente de Kerry Bodine, usado com permissão.

Figura 11-10: Imagem do artigo de David Court *et al* "The Consumer Decision Journey", usada com permissão.

Figura 11-12: Modelo de um mapa da jornada do cliente da Heart of the Customer, usado com permissão.

Figura 11-15: Estrutura do mapa da história de valor de Michael Dennis Moore, usada com permissão.

NESTE CAPÍTULO

- Visão geral dos mapas da experiência
- Modelos relacionados: Diagramas diários, diagramas do fluxo de trabalho e mapas do trabalho
- Elementos de um mapa da experiência
- Estudo de caso: Mapeando a jornada da violência doméstica

CAPÍTULO 12

Mapas da Experiência

Costumamos considerar o mapa de uma experiência em relação ao uso de um produto ou serviço, como visto com os blueprints de serviço e os mapas da jornada do cliente. Com certeza, grande parte deste livro foca mapear experiências orientadas à comercialização. Mas esse não precisa ser o caso. Também é possível mapear experiências *independentemente* de certo produto ou serviço.

Em particular, os mapas da experiência (como definidos neste livro) examinam o contexto maior da atividade humana, além das ofertas de apenas uma organização. Eles mostram as conexões entre pessoas, lugares e coisas, e ajudam no design de ecossistemas.

Em outras palavras, os mapas como definidos aqui têm um ponto de vista muito diferente, digamos, dos mapas da jornada do cliente. No lugar de ver a pessoa como consumidor de uma marca ou oferta, você pode focar seus objetivos e metas, não importando a solução.

Por exemplo, considere o diagrama na Figura 12-1, criado por Sarah Brooks, chefe de design no Departamento de Assuntos de Veteranos dos EUA.* É um mapa das experiências de vida de um veterano militar, refletindo muitas metas e objetivos distintos ao longo do tempo. Não existe uma fase "consciência" nem "compra" aqui porque o mapa tem um ponto de vista diferente de um mapa da jornada do cliente clássico. Esse diagrama conta uma história das experiências, não das transações. É literalmente a história de vida de um militar.

Considere o mapa mostrado na Figura 12-2, criado pelo estrategista de design Diego S. Bernardo. Seu objetivo foi ilustrar os altos e os baixos do cultivo de alimentos na cidade. As experiências negativas (em vermelho) indicam os motivos de as pessoas interromperem a atividade. Os pontos de abandono são indicados com linhas vermelhas apontando para baixo.

As experiências positivas (em azul) mostram os sentimentos sobre o cultivo. Esse diagrama nos lembra de ver não apenas os pontos críticos, os pontos fortes e os medos em uma experiência, mas também os aspectos que motivam e encorajam. Os loops no diagrama indicam os ciclos de feedback positivo e o engajamento aumentado com a experiência.

Em geral, o diagrama na Figura 12-2 conta a história da relação da pessoa com uma atividade (jardinagem urbana), não a relação com um produto, serviço ou marca. O importante é que analisar a

---

* Leia mais sobre o trabalho de Sarah no artigo de Kyla Fullenwindere "How Citizen--Centered Design Is Changing the Ways the Government Serves the People", *Fast Company* (jul. 2016).

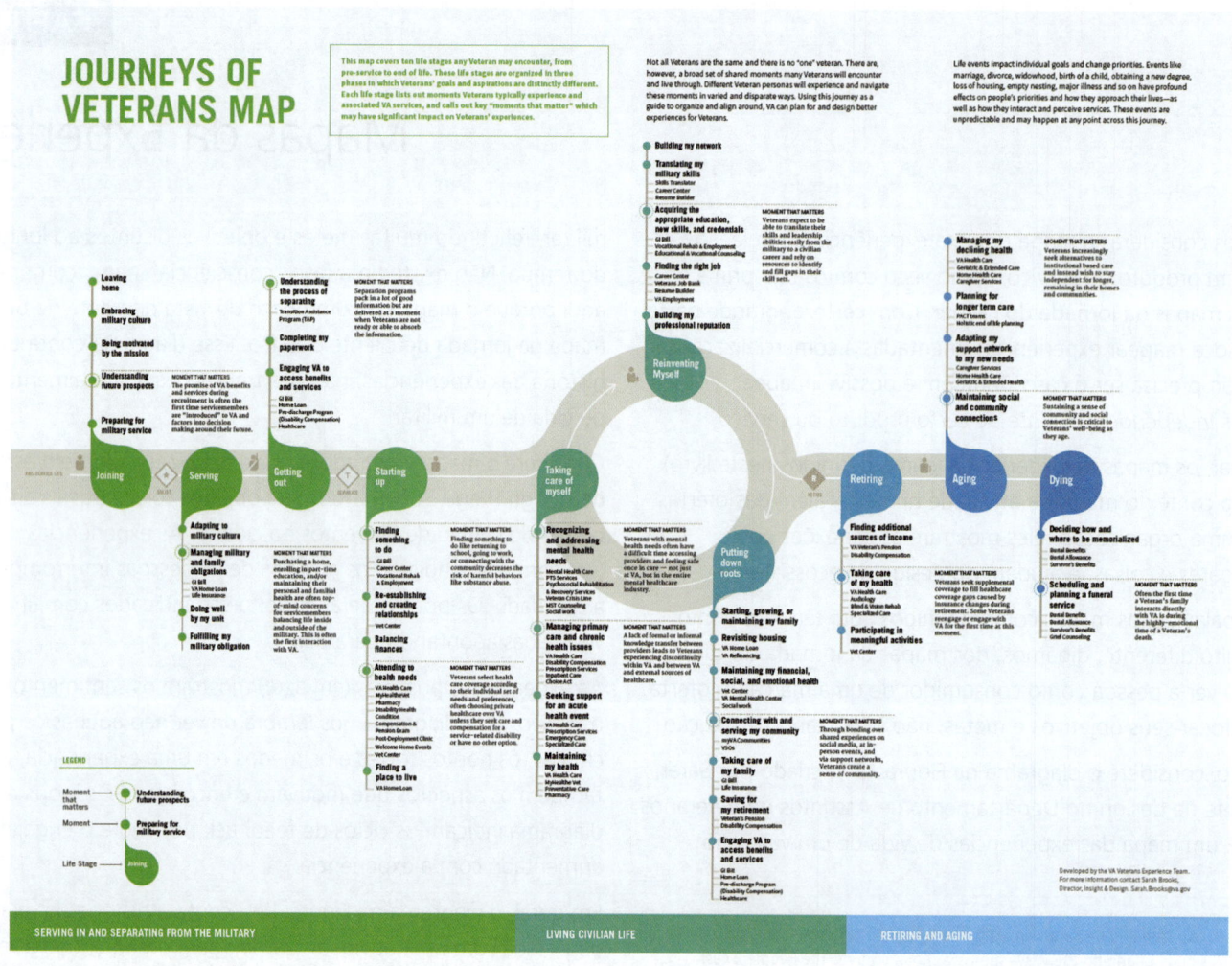

FIGURA 12-1. Um mapa da experiência mostra experiências independentemente das soluções ou, nesse caso, em vários tipos de provedor.

CULTIVO DE ALIMENTOS NA CIDADE
Mapa da experiência do usuário

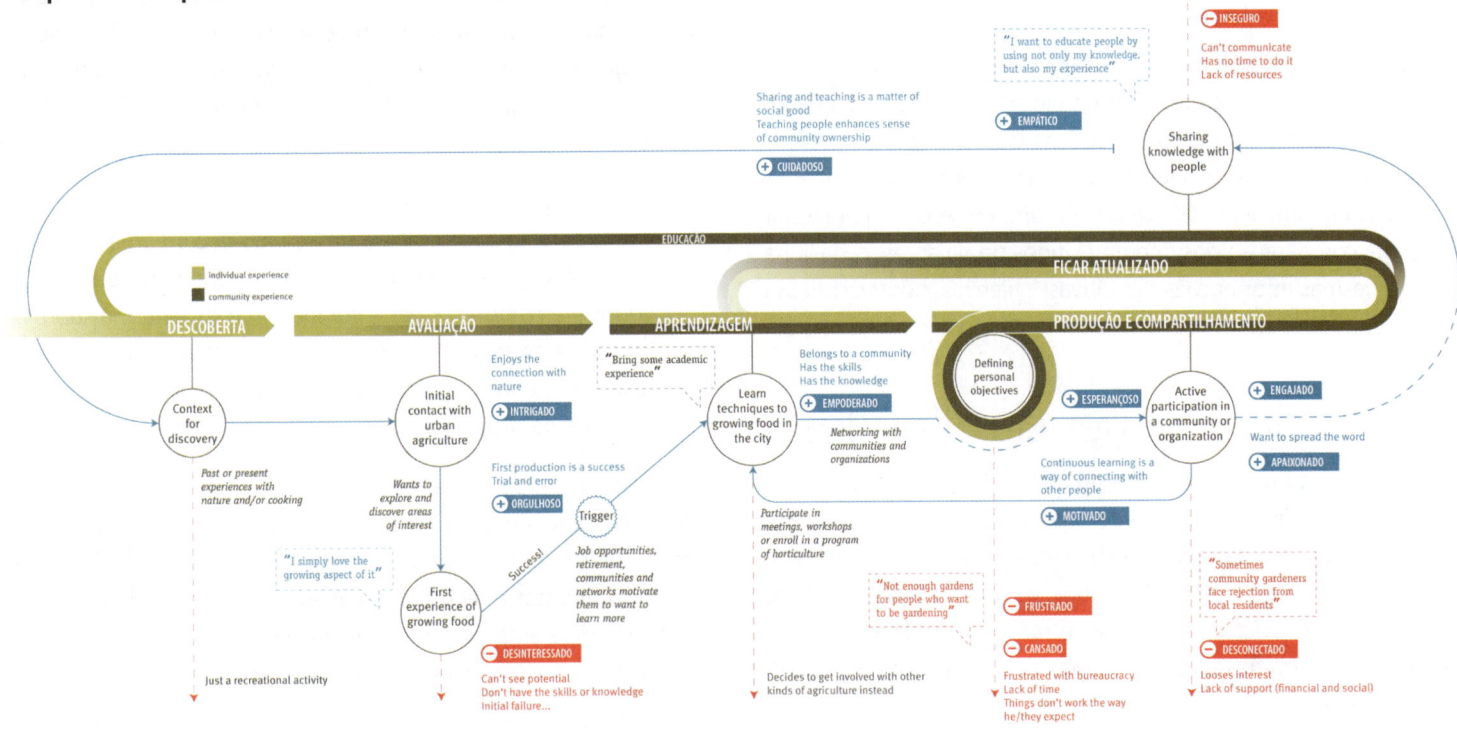

FIGURA 12-2. Um mapa da experiência para cultivar alimentos em Chicago foca os fatores positivos e negativos.

experiência assim aponta oportunidades. Em vez de mostrar como as pessoas consomem um produto, os mapas da experiência permitem que as organizações se perguntem: "Como nos encaixamos nas vidas das pessoas?" As respostas costumam levar a novas oportunidades de crescimento.

Também é possível que um único mapa da experiência mostre experiências de vários atores. O exemplo na Figura 12-3 foi criado por Tarun Upaday, cofundador e CEO da Gallop.ai (*gallop.ai*), um serviço de assistência de viagem por IA. Ele alinha três personas separadas em uma linha do tempo comum, nesse caso, para viajar. Para uma comparação dos diferentes tipos de viajantes, cada linha tem as mesmas informações descritivas: objetivos, pontos críticos e forças (ou fatores motivacionais que orientam o comportamento).

Mapas da Experiência Híbridos

Mas fique avisado: embora eu tenha uma definição bem estrita de um mapa da experiência, como descrito anteriormente, em muitos casos o uso do termo *mapa da experiência* se sobrepõe muito ao *mapa da jornada do cliente*. Na prática, os dois termos são usados alternadamente. Você pode até encontrar uma combinação de terminologia, com frases como "mapas da experiência do cliente" e "jornada da experiência".

Os mapas da experiência orientados à comercialização combinam uma visão da experiência fundamental da pessoa com uma solução específica. Um dos primeiros exemplos de um mapa da experiência vem de Gene Smith e Trevor von Gorp da nForm, uma importante agência de design da experiência no Canadá. A Figura 12-4 mostra seu mapa para um apaixonado por videogames.

Esse mapa inclui uma fase de "compra" clara, sinalizando que é uma jornada do consumidor, embora a compra não seja o foco do diagrama. Smith descreve que a motivação foi entender mais o contexto do jogo na postagem de seu blog, "Experience Maps: Understanding Cross-Channel Experiences for Gamers". Ele escreve:

> *A solução que propusemos foi um mapa da experiência — um diagrama que combina uma persona com uma história abstrata sobre a jornada do jogador, desde pesquisar os jogos até comprar, jogar e compartilhar experiência sobre o jogo. A história inclui detalhes nos diferentes canais nos quais os jogadores conseguem suas informações com as citações de suporte de nossa pesquisa.*

Os mapas da experiência reconhecem fundamentalmente que as pessoas interagem com muitos produtos e serviços a partir de vários provedores em muitas situações. Essas experiências modelam seus comportamentos e relação com qualquer organização. Examinar seu contexto mais amplo se tornará cada vez mais fundamental quando produtos e serviços ficarem conectados entre si.

A Figura 12-5 mostra outro exemplo de mapa da experiência — nesse caso, visitar um museu chamado Exploratorium — criado por Brandon Schauer e designers na Adaptive Path. Não há nenhuma decisão de compra no diagrama. Ao contrário, ele busca mostrar

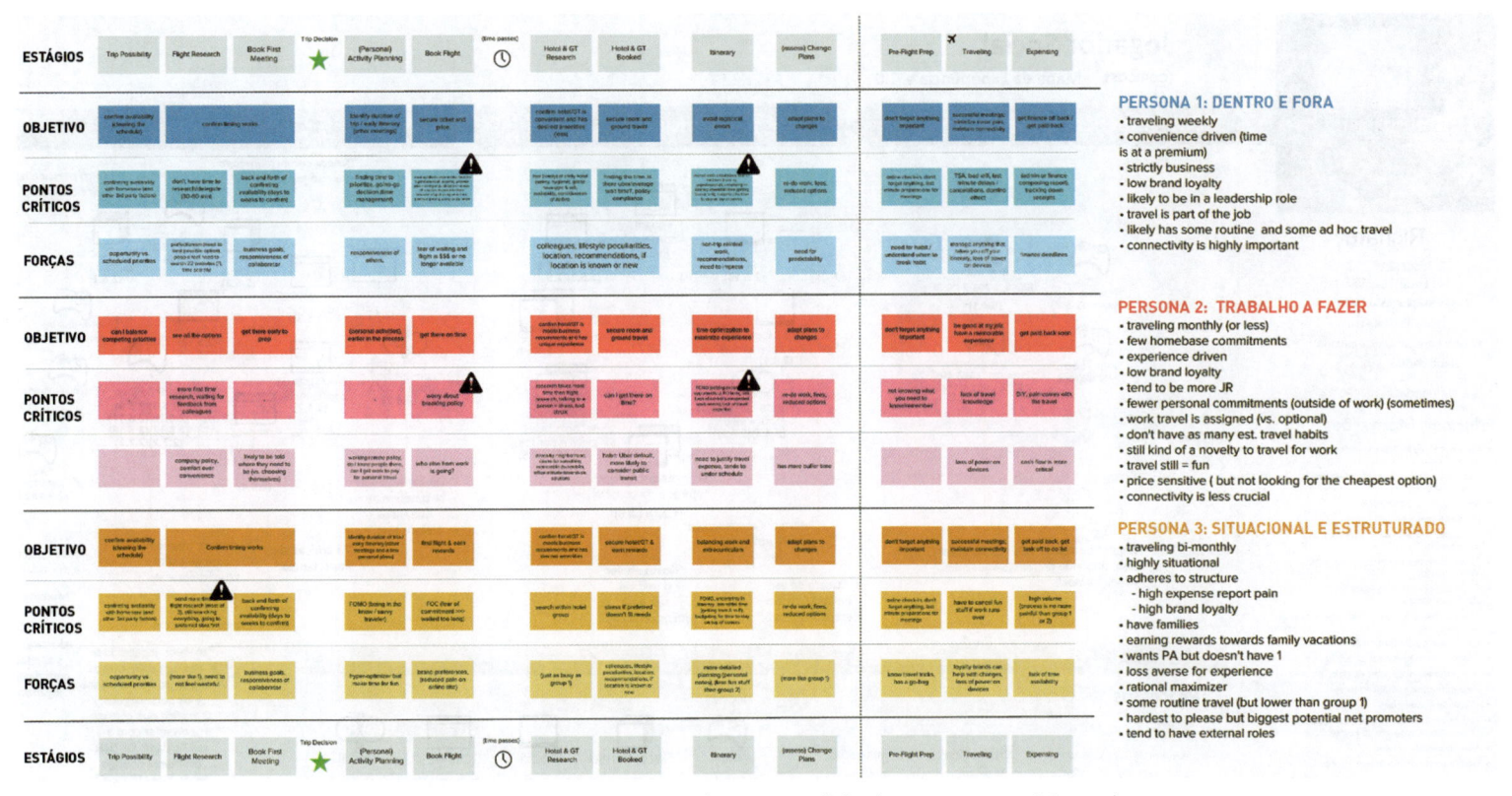

FIGURA 12-3. Um mapa da experiência pode comparar várias personas mapeadas na mesma linha do tempo em uma visão geral.

PERSONA 1: DENTRO E FORA
- traveling weekly
- convenience driven (time is at a premium)
- strictly business
- low brand loyalty
- likely to be in a leadership role
- travel is part of the job
- likely has some routine and some ad hoc travel
- connectivity is highly important

PERSONA 2: TRABALHO A FAZER
- traveling monthly (or less)
- few homebase commitments
- experience driven
- low brand loyalty
- tend to be more JR
- fewer personal commitments (outside of work) (sometimes)
- work travel is assigned (vs. optional)
- don't have as many est. travel habits
- still kind of a novelty to travel for work
- travel still = fun
- price sensitive (but not looking for the cheapest option)
- connectivity is less crucial

PERSONA 3: SITUACIONAL E ESTRUTURADO
- traveling bi-monthly
- highly situational
- adheres to structure
  - high expense report pain
  - high brand loyalty
- have families
- earning rewards towards family vacations
- wants PA but doesn't have 1
- loss averse for experience
- rational maximizer
- some routine travel (but lower than group 1)
- hardest to please but biggest potential net promoters
- tend to have external roles

Mapas da Experiência Híbridos

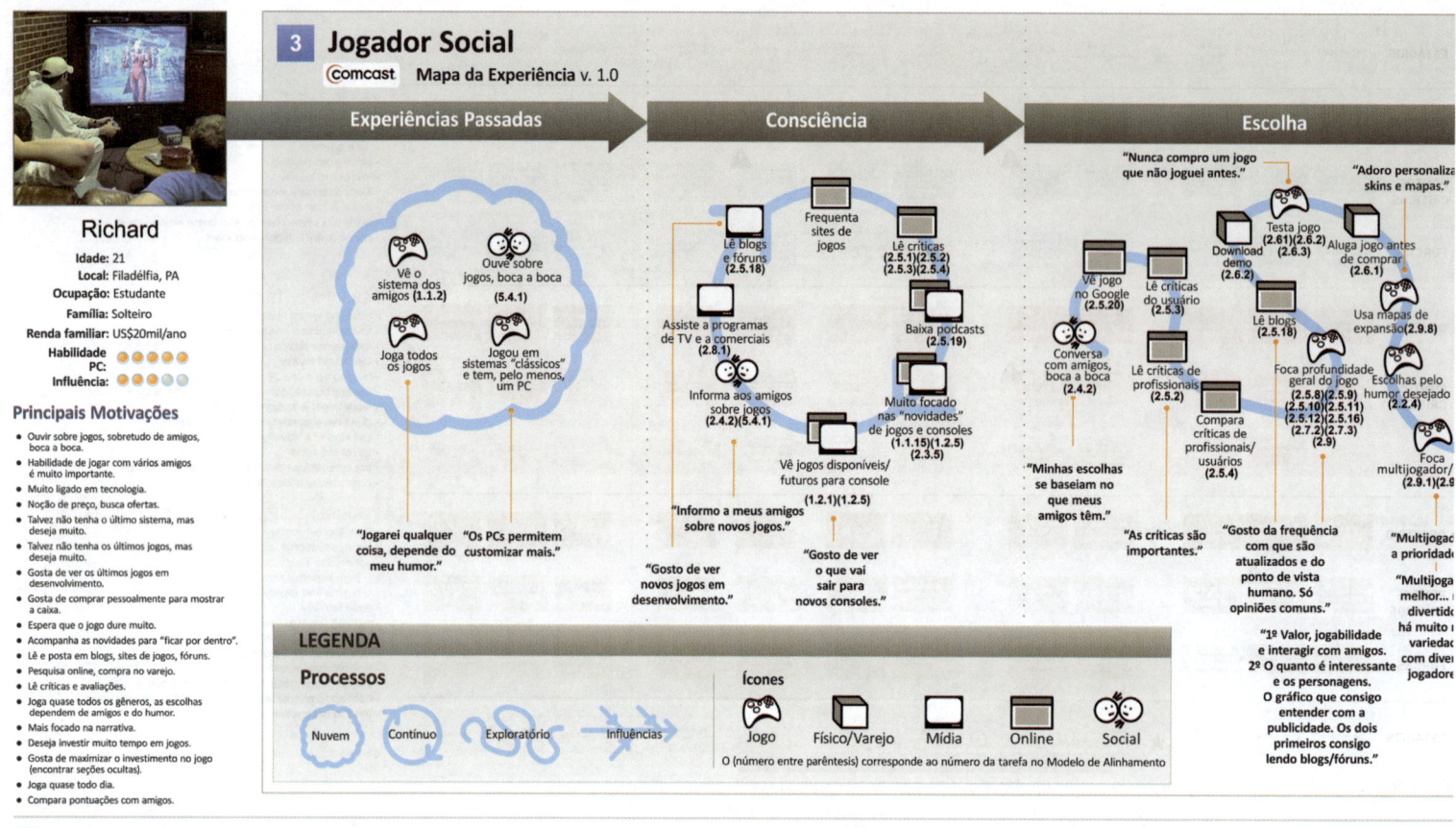

FIGURA 12-4. Este mapa da experiência dos jogadores sociais mostra uma cronologia clara da esquerda para a direita.

Compra

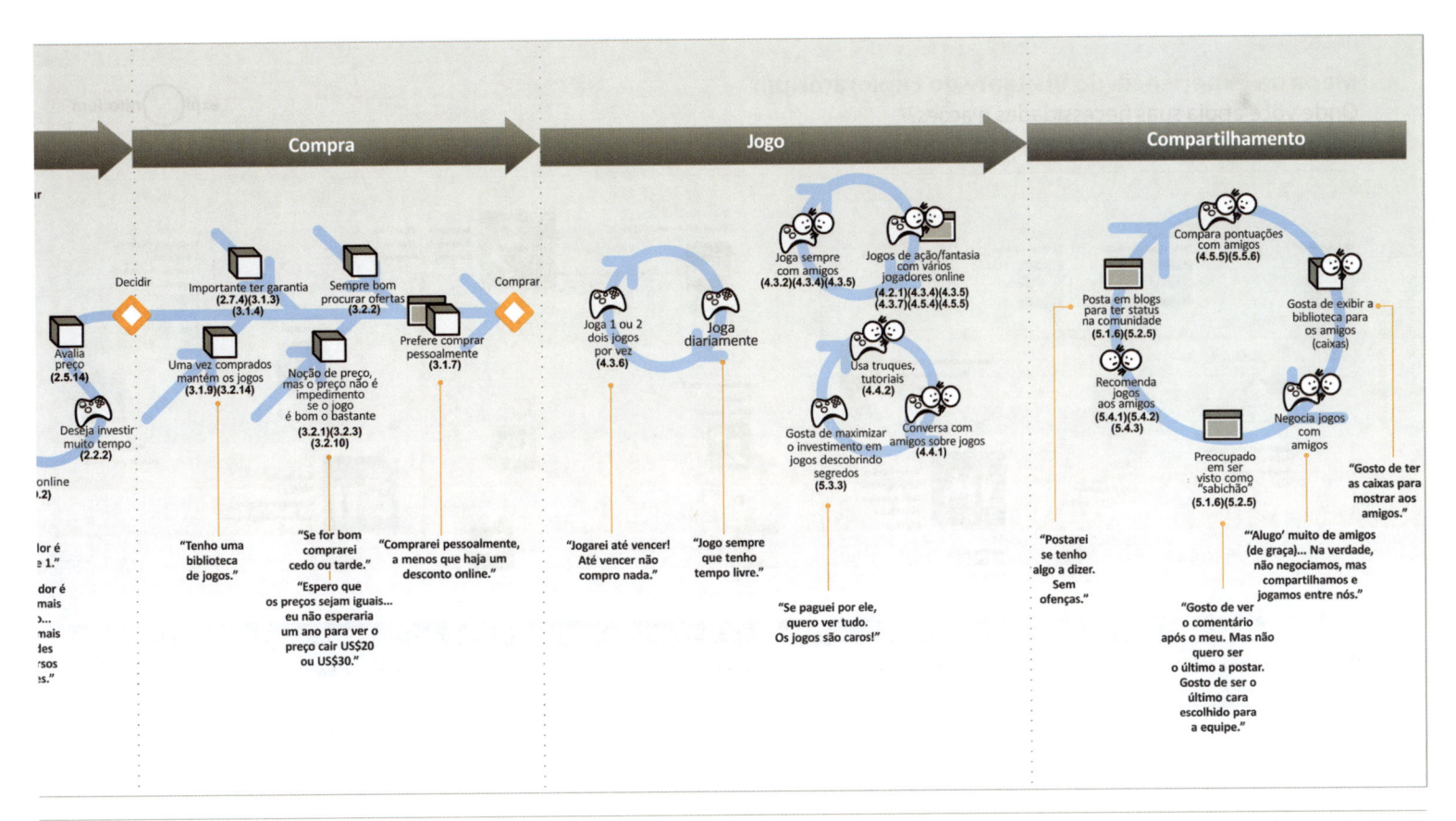

Decidir

Avalia preço
(2.5.14)

Deseja investir muito tempo
(2.2.2)

Importante ter garantia
(2.7.4)(3.1.3)
(3.1.4)

Uma vez comprados mantém os jogos
(3.1.9)(3.2.14)

Sempre bom procurar ofertas
(3.2.2)

Noção de preço, mas o preço não é impedimento se o jogo é bom o bastante
(3.2.1)(3.2.3)
(3.2.10)

Prefere comprar pessoalmente
(3.1.7)

Comprar

"Tenho uma biblioteca de jogos."

"Se for bom comprarei cedo ou tarde."
"Espero que os preços sejam iguais... eu não esperaria um ano para ver o preço cair US$20 ou US$30."

"Comprarei pessoalmente, a menos que haja um desconto online."

Jogo

Joga 1 ou 2 dois jogos por vez
(4.3.6)

Joga sempre com amigos
(4.3.2)(4.3.4)(4.3.5)

Jogos de ação/fantasia com vários jogadores online
(4.2.1)(4.3.4)(4.3.5)
(4.3.7)(4.5.4)(4.5.5)

Joga diariamente

Usa truques, tutoriais
(4.4.2)

Gosta de maximizar o investimento em jogos descobrindo segredos
(5.3.3)

Conversa com amigos sobre jogos
(4.4.1)

"Jogarei até vencer! Até vencer não compro nada."

"Jogo sempre que tenho tempo livre."

"Se paguei por ele, quero ver tudo. Os jogos são caros!"

Compartilhamento

Posta em blogs para ter status na comunidade
(5.1.6)(5.2.5)

Compara pontuações com amigos
(4.5.5)(5.5.6)

Recomenda jogos aos amigos
(5.4.1)(5.4.2)
(5.4.3)

Gosta de exibir a biblioteca para os amigos
(caixas)

Preocupado em ser visto como "sabichão"
(5.1.6)(5.2.5)

Negocia jogos com amigos

"Postarei se tenho algo a dizer. Sem ofensas."

"Gosto de ver o comentário após o meu. Mas não quero ser o último a postar. Gosto de ser o último cara escolhido para a equipe."

"'Alugo' muito de amigos (de graça)... Na verdade, não negociamos, mas compartilhamos e jogamos entre nós."

"Gosto de ter as caixas para mostrar aos amigos."

Mapas da Experiência Híbridos

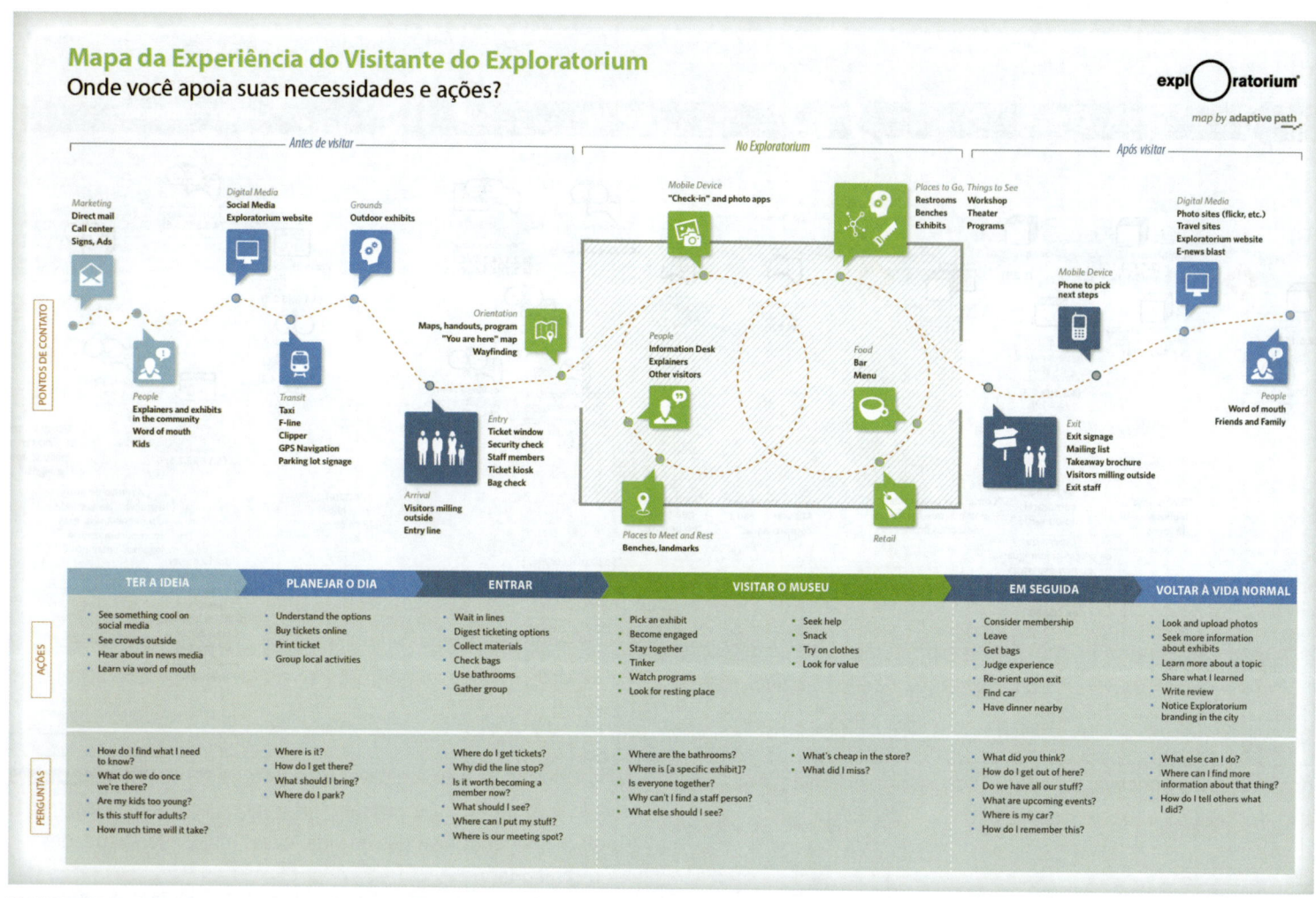

FIGURA 12-5. Este mapa captura as experiências dos visitantes que vão ao Exploratorium em uma única visão geral.

330 CAPÍTULO 12 Mapas da Experiência

ações e pensamentos dos frequentadores do museu, dentro e fora dele. Embora grande parte do mapa possa se aplicar a visitar qualquer museu, ele gira em torno da experiência de um específico, o Exploratorium. Por isso eu o chamo de mapa híbrido.

Os mapas da experiência, híbridos ou não, ajudam a fornecer uma visão de fora para dentro da sua organização. Por exemplo, trabalhar no processo de diagramação teve um impacto positivo na equipe do Exploratorium, como Schauer indica:

> O que achamos impressionante foi a rapidez com a qual esse grupo diverso alinhou-se usando os mapas em um pequeno conjunto de oportunidades que poderiam produzir mais impacto na experiência do visitante.[†]

Com os mapas como uma peça central da conversa, a equipe conseguiu chegar a um consenso e a um alinhamento.

Modelos Relacionados

Os mapas da experiência se preocupam com o modo como a oferta do provedor se encaixa na experiência de uma pessoa, não o contrário. Eles fornecem uma visão de determinado domínio da perspectiva do usuário. Os tipos relacionados de diagramas também adotam essa perspectiva, inclusive diagramas diários, diagramas do fluxo de trabalho e mapas do trabalho.

[†] Brandon Schauer, "Exploratorium: Mapping the Experience of Experiments", Adaptive Path blog (abr. 2013).

Diagramas diários

Um modo de mapear as experiências que uma pessoa tem é criar o chamado *diagrama diário*. Como o nome implica, esses mapas mostram um dia típico ou uma "média" dos dias típicos.

A Figura 12-6 exibe o exemplo de um diagrama diário criado por Stuart Karten, da Karten Design. Ele destaca os diferentes modos de pensar da pessoa durante o dia, indicados por cores variadas. Por isso, Karten chama essa abordagem de "mapeamento do modo". Por exemplo, na Figura 12-6, a busca pela informação é indicada com azul claro e a comunicação com outras pessoas usa roxo escuro. A linha dos modos que corta o diagrama sobe e desce para refletir os estados emocionais positivos ou negativos, respectivamente.

Na segunda edição do seu livro *Contextual Design*, Karen Holtzblatt e Hugh Beyer recomendam usar modelos do cotidiano para mostrar como as pessoas terminam uma atividade no mundo real. Eles sugerem criar o diagrama ao longo do tempo, conforme a pesquisa é feita. Assim, um diagrama diário também é um tipo de mecanismo de coleta de dados.

Por exemplo, se você investiga como as pessoas vão para o trabalho, Holtzblatt e Beyer sugerem configurar uma estrutura simples, como a mostrada na Figura 12-7. Conforme os insights surgem, você pode adicioná-los ao gráfico até haver uma história completa e ser possível consolidar as informações em um único modelo, como nessa figura. "Capture pequenas histórias da vida, casos reais, não abstrações", eles recomendam.

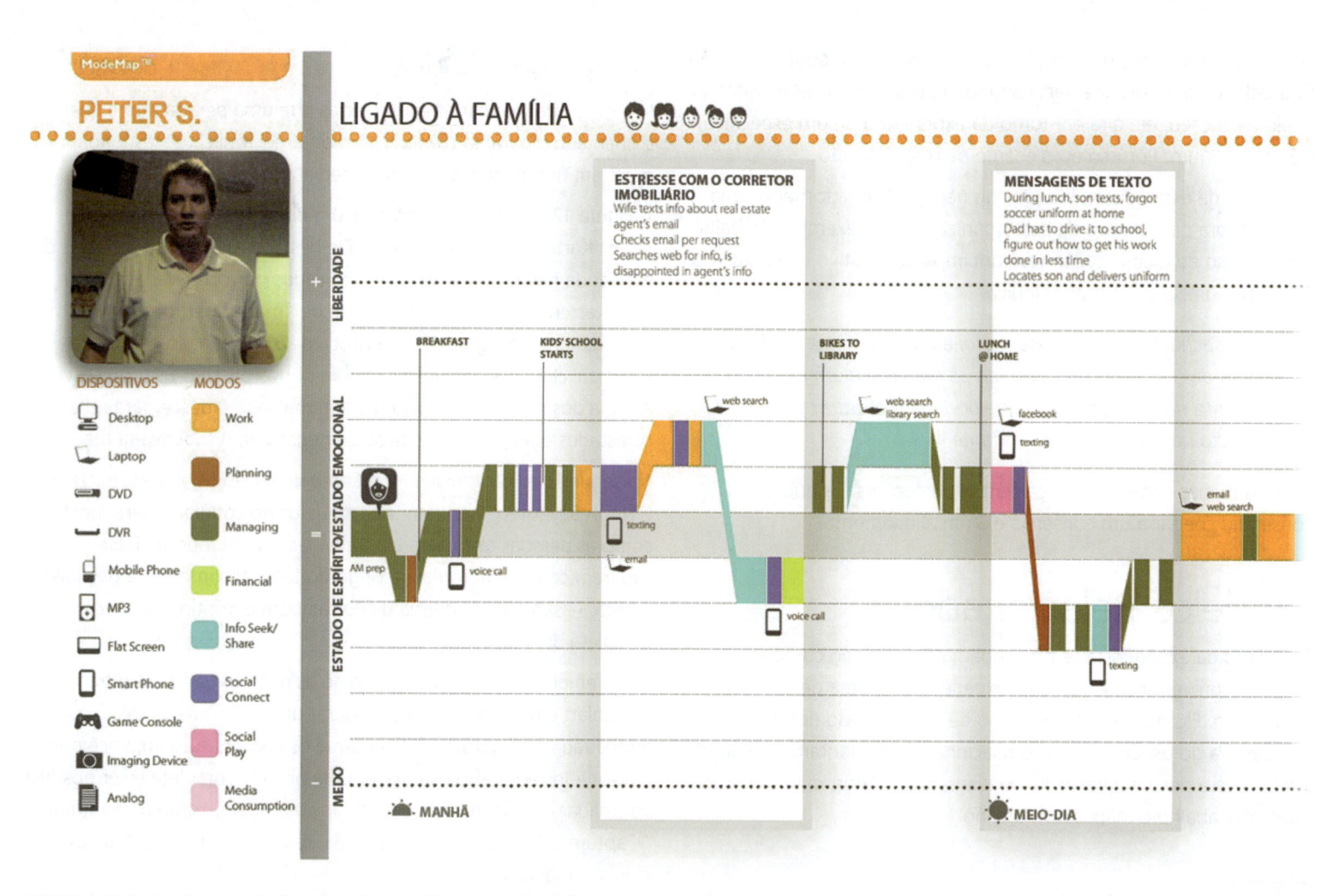

FIGURA 12-6. Um diagrama diário pode refletir os diferentes modos físicos, cognitivos e emocionais que uma pessoa vivencia em um dia.

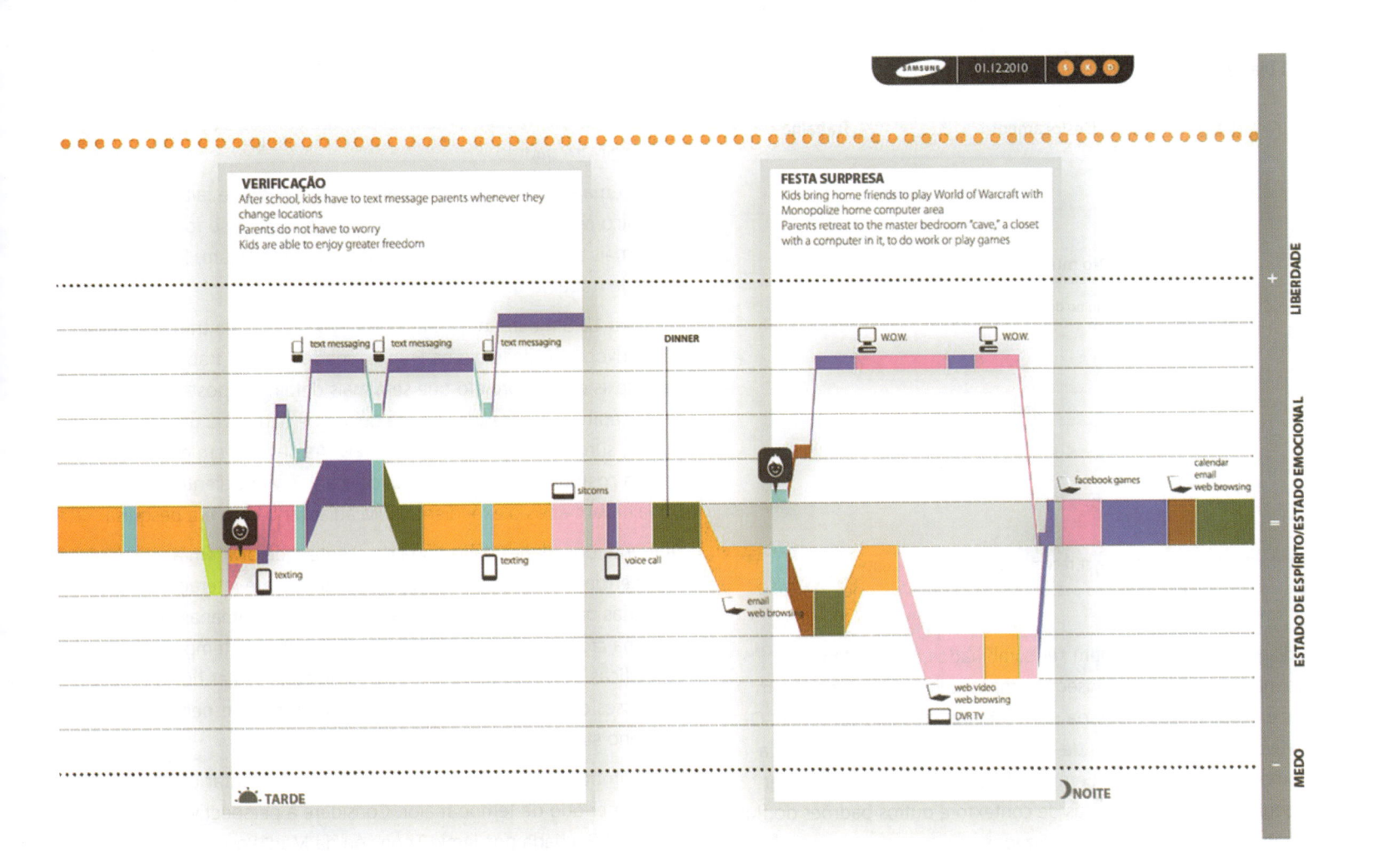

VERIFICAÇÃO
After school, kids have to text message parents whenever they change locations
Parents do not have to worry
Kids are able to enjoy greater freedom

FESTA SURPRESA
Kids bring home friends to play World of Warcraft with
Monopolize home computer area
Parents retreat to the master bedroom "cave," a closet with a computer in it, to do work or play games

text messaging · text messaging · text messaging
DINNER
W.O.W. · W.O.W.
sitcoms
facebook games
calendar
email
web browsing
texting
texting
voice call
email
web browsing
web video
web browsing
DVR TV

TARDE · NOITE

LIBERDADE
ESTADO DE ESPÍRITO/ESTADO EMOCIONAL
MEDO

Modelos Relacionados 333

U01 Dia na vida

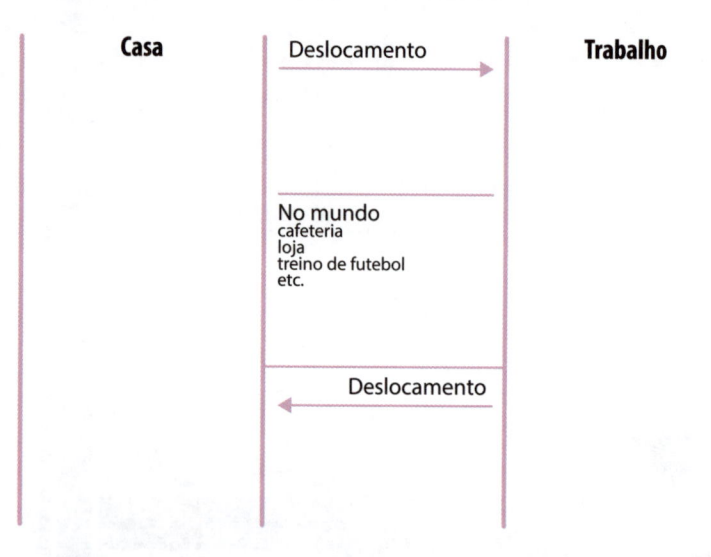

Casa — Deslocamento → Trabalho

No mundo
cafeteria
loja
treino de futebol
etc.

← Deslocamento

FIGURA 12-7. Holtzblatt e Beyer recomendam capturar insights reais sobre a história cotidiana de uma pessoa com uma estrutura simples, conforme faz a pesquisa.

Os diagramas diários podem ser combinados facilmente com personas para ajudar a conseguir empatia. Em geral eles incluem lutas e desafios que a pessoa deve superar, mas não consegue. O objetivo é mostrar os tipos de trabalho e as tarefas, a frequência e como eles se entrelaçam em um dia típico. Insights podem ser conseguidos sobre mudanças de contexto e outros padrões do fluxo de trabalho que podem ser otimizados.

Descobri que, ao entrevistar pessoas sobre um dia típico, em geral elas respondem: "Eu não tenho um dia típico." Nesse caso, pergunte o que fizeram ontem e compare com os dias anteriores até surgir um padrão.

Como uma alternativa para resolver a dificuldade de falar sobre um dia típico, você pode mapear uma semana típica. Isso fornece uma visão mais ampla de como as atividades se entrelaçam, formando um fluxo de trabalho geral.

A Figura 12-8 mostra o diagrama de uma semana de trabalho típica para advogados de litígio na França, criado quando trabalhei na LexisNexis em um projeto que será mais detalhado posteriormente neste capítulo. Apesar de sempre ouvir que não havia um "dia típico", surgiram alguns padrões gerais. As pessoas em nosso estudo costumavam ir ao tribunal de manhã, viam clientes à tarde e trabalhavam após o expediente para adiantar o caso e a pesquisa.

Diferente dos mapas da jornada do cliente, que dividem a experiência em fases com durações variadas e até interações repetidas ou contínuas, os diagramas diários ou semanais aparecem em uma cronologia rígida medida por unidades de tempo específicas. Nas Figuras 12-6 e 12-8, a unidade são as horas do dia. Veja esses diagramas como retratos de um cenário específico, em um pequeno storyboard.

Você também pode estender a cronologia para contar uma história em um período de tempo maior. Considere a perspectiva adotada na Figura 12-9, criada por Jamie Thomson da Mad*Pow, que mostra a

Semana de Trabalho Típica

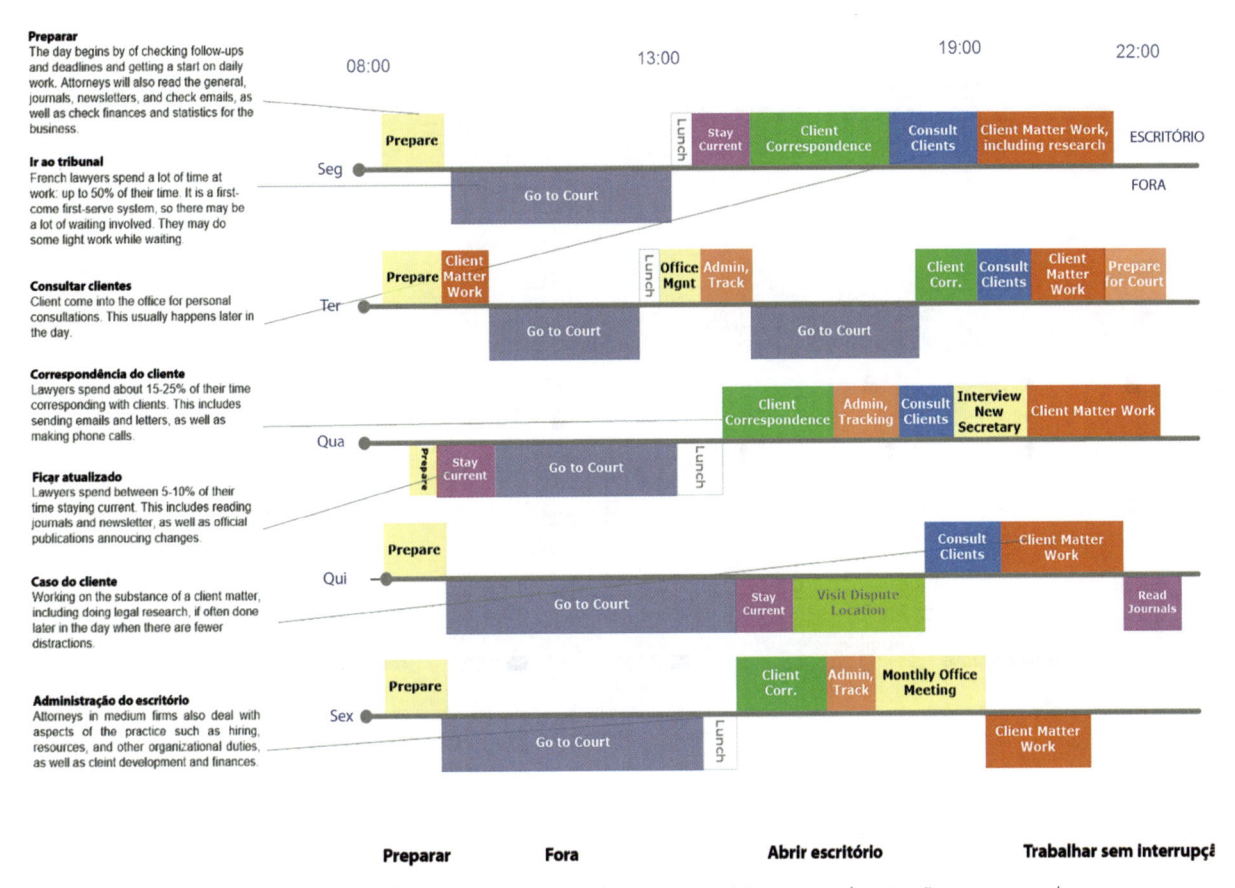

Preparar
The day begins by of checking follow-ups and deadlines and getting a start on daily work. Attorneys will also read the general, journals, newsletters, and check emails, as well as check finances and statistics for the business.

Ir ao tribunal
French lawyers spend a lot of time at work: up to 50% of their time. It is a first-come first-serve system, so there may be a lot of waiting involved. They may do some light work while waiting.

Consultar clientes
Client come into the office for personal consultations. This usually happens later in the day.

Correspondência do cliente
Lawyers spend about 15-25% of their time corresponding with clients. This includes sending emails and letters, as well as making phone calls.

Ficar atualizado
Lawyers spend between 5-10% of their time staying current. This includes reading journals and newsletter, as well as official publications annoucing changes.

Caso do cliente
Working on the substance of a client matter, including doing legal research, if often done later in the day when there are fewer distractions.

Administração do escritório
Attorneys in medium firms also deal with aspects of the practice such as hiring, resources, and other organizational duties, as well as cleint development and finances.

Preparar · **Fora** · **Abrir escritório** · **Trabalhar sem interrupção**

FIGURA 12-8. Para evitar encontrar um dia típico para mapear, algo que os participantes geralmente não conseguem descrever, considere uma semana de trabalho típica.

Modelos Relacionados 335

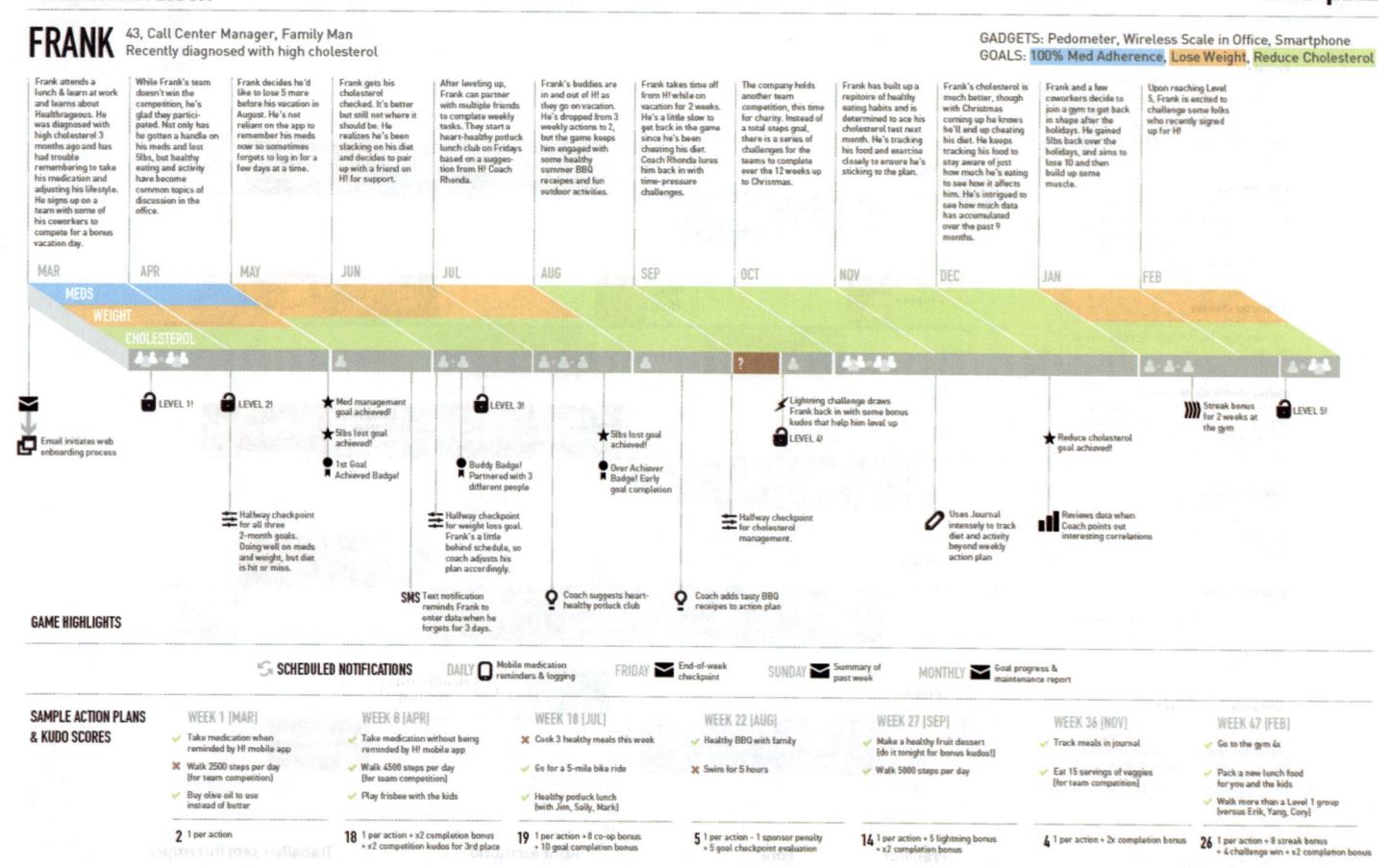

FIGURA 12-9. O mapa da experiência mostra a jornada de um ano de uma pessoa fazendo mudanças saudáveis.

experiência de reduzir o colesterol durante um ano. Há uma jornada linear clara com unidades de tempo iguais, medidas em meses, nesse caso. Embora não seja um diagrama diário por definição (ou seja, não é um dia), o diagrama tem uma narrativa semelhante estendida por um ano.

> Mapas da experiência permitem que as organizações se perguntem: "Como nos encaixamos nas vidas das pessoas?"

Diagramas do Fluxo de Trabalho

Relacionados aos mapas da experiência, os diagramas do fluxo de trabalho dividem as etapas realizadas para conseguir um objetivo. Esses diagramas focam como uma sequência de tarefas se encaixa, geralmente entre vários atores. São mais parecidos com um blueprint de serviço do que com mapas da jornada do cliente.

Diagrama de faixas é um tipo específico de documento amplamente usado para mostrar o fluxo de trabalho. Em geral, esses diagramas mostram as etapas de uma interação entre um usuário e as diferentes partes do sistema de um modo muito mecânico. As colunas ou linhas do diagrama — dependendo de sua orientação — compõem as "faixas". Isso ajuda a ver os diferentes atores e os componentes em uma interação.

A Figura 12-10 mostra um diagrama de faixas típico com ações paralelas com um sistema — nesse caso, para o fluxo de trabalho de fazer um pedido de compra a um agente de vendas.

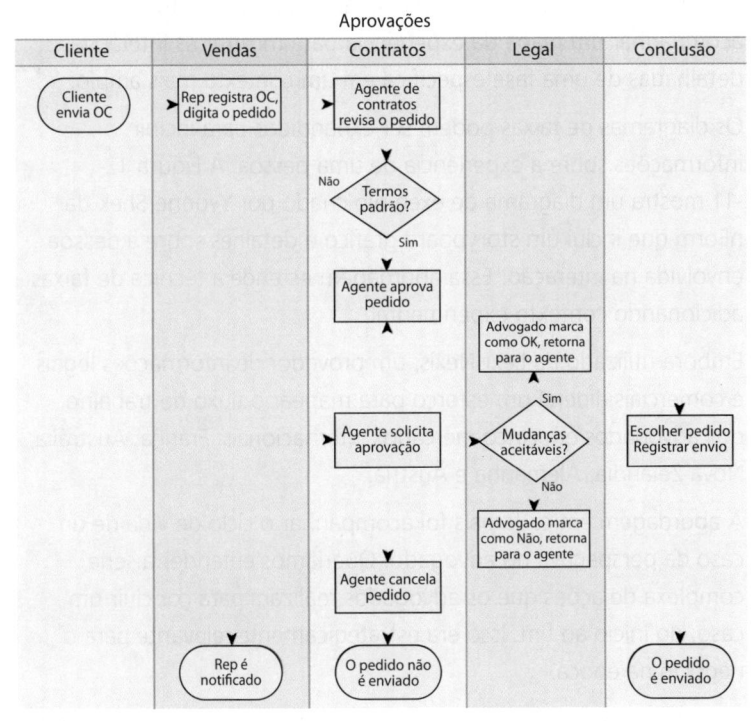

FIGURA 12-10. Um exemplo de diagrama de faixas típico separa as atividades em colunas diferentes.

É claro que esse diagrama não inclui informações contextuais explícitas ou detalhes sobre as emoções do cliente. Pelo contrário, os diagramas de faixas focam o fluxo cronológico de tarefas, materiais e informações. Muitas vezes, um diagrama do fluxo de trabalho pode acompanhar um mapa da experiência para mostrar as interações detalhadas de uma fase específica em um contexto mais amplo.

Os diagramas de faixas podem ser expandidos para incluir informações sobre a experiência de uma pessoa. A Figura 12-11 mostra um diagrama de exemplo criado por Yvonne Shek da nForm que inclui um storyboard gráfico e detalhes sobre a pessoa envolvida na interação. Essa abordagem estende a técnica de faixas adicionando contexto experimental.

Embora utilizado na LexisNexis, um provedor de informações legais e comerciais, liderei um esforço para mapear o fluxo de trabalho dos advogados em cinco mercados internacionais: França, Austrália, Nova Zelândia, Alemanha e Áustria.

A abordagem em cada país foi acompanhar o ciclo de vida de um caso da perspectiva do advogado. Queríamos entender a série complexa de ações que os advogados realizam para concluir um caso, do início ao fim. Isso era estrategicamente relevante para o negócio na época.

Após examinar a pesquisa existente e conversar com os stakeholders do negócio em cada país, fiz muitas entrevistas com clientes em nosso mercado. Com essa investigação, consegui criar diagramas detalhados do fluxo de trabalho para cada região.

Os diagramas incluíram três tipos diferentes de atores simultaneamente: advogados, secretárias e outros atores no fluxo de trabalho. Como resultado, eles consistiram em muitas linhas de informação, vistas à esquerda na Figura 12-12. Esse diagrama representa só uma pequena parte do fluxo geral, que era 20 vezes maior que esse fragmento.

Pontos críticos e objetivos também são incluídos, além de notas sobre o estado de espírito e a emoção. Personas, gráficos semanais típicos (Figura 12-8) e gráficos da organização acompanharam os diagramas para uma descrição completa da experiência do advogado.

Fiz vários workshops para examinar os diagramas em detalhes com os chefes das unidades comerciais de cada país. Juntos, descobrimos novas oportunidades para melhorias e crescimento. Em geral, os esforços de mapeamento do fluxo de trabalho em cada país deram uma visão profunda da experiência diária dos advogados.

Mapas do Trabalho

O conceito de *jobs to be done* fornece a lente pela qual entender a criação de valor. A estrutura examina as motivações do cliente no cenário comercial. O termo ficou popular com o empresário Clayton Christensen em seu livro *O Crescimento pela Inovação*, a continuação do seu importante trabalho *O Dilema da Inovação*. É um princípio simples: as pessoas "contratam" produtos e serviços para fazer um trabalho.

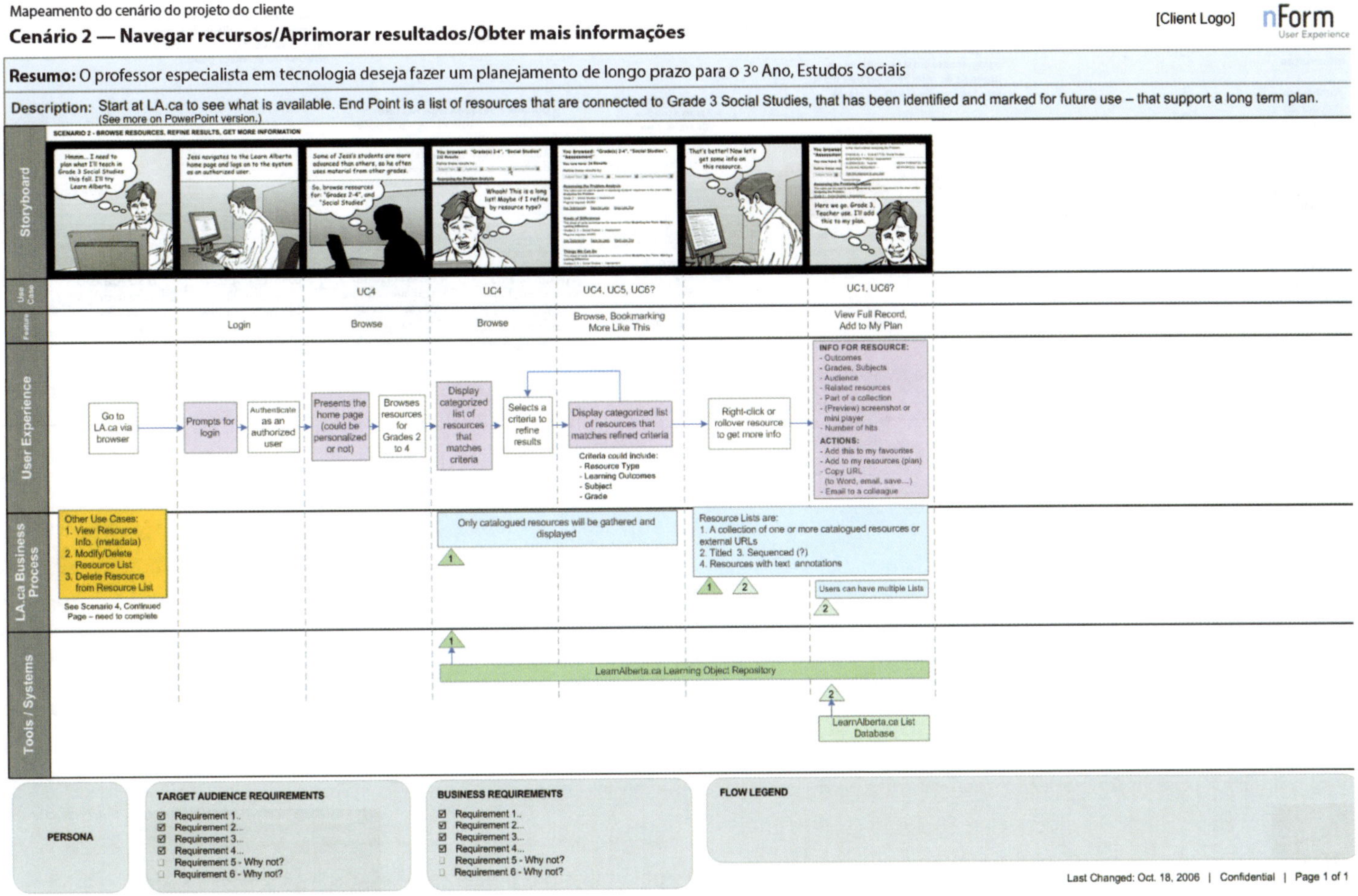

FIGURA 12-11. Os diagramas de faixas podem ser expandidos para abranger muito contexto da experiência do usuário.

Modelos Relacionados

3. IR PARA O TRIBUNAL

Preparar-se para o tribunal

Informação
Fornecedor
Preparação
Antecedente

ADVOGADO

ADVOGADO
Ação
Comportamento
Tarefa
Etapa

SECRETÁRIA
Ação
Comportamento
Tarefa
Etapa

OUTRO
Ação
Comportamento
Tarefa
Etapa

SAÍDA
Resultado
Consequência

Objetivos

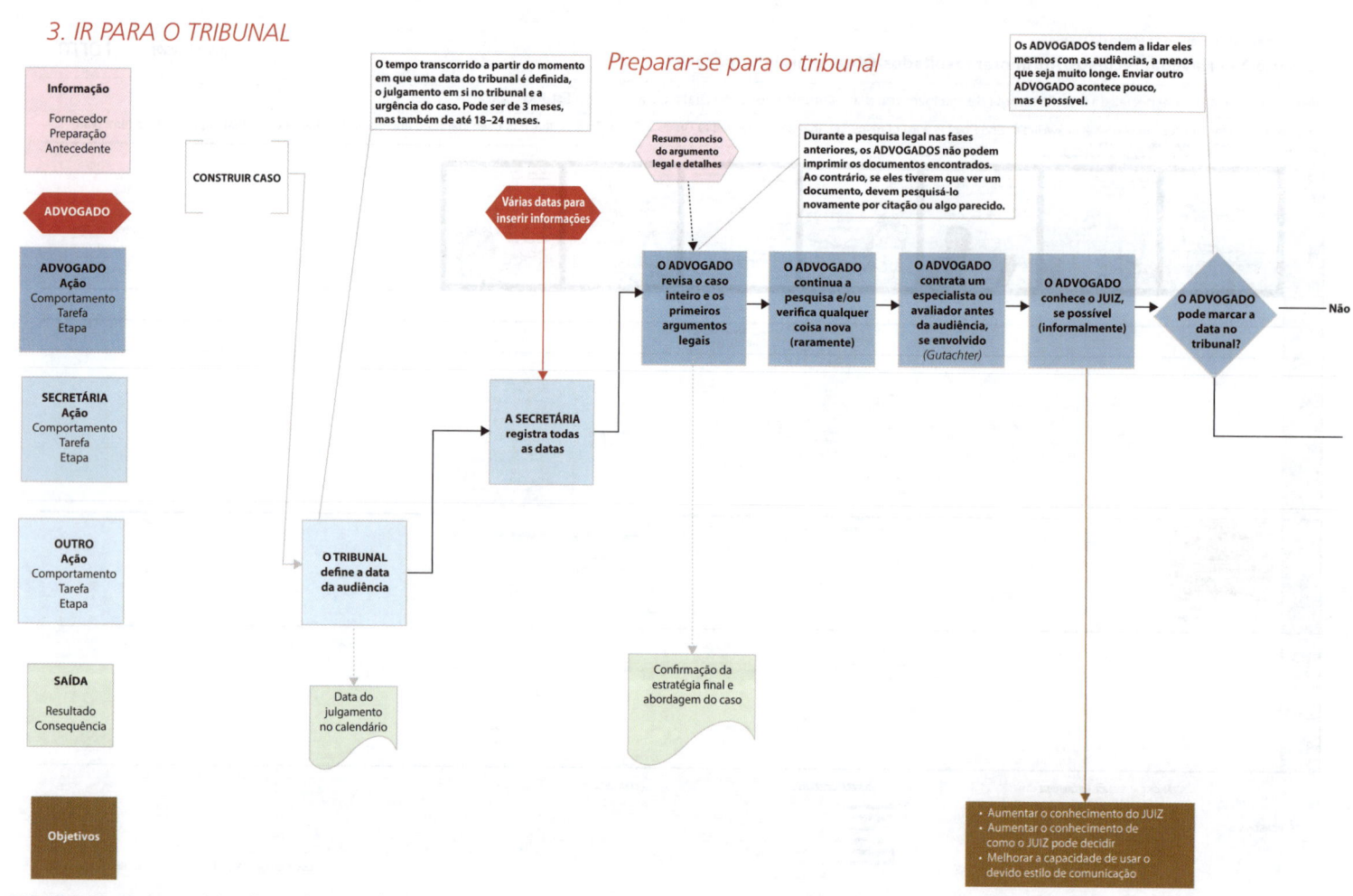

- CONSTRUIR CASO

- O tempo transcorrido a partir do momento em que uma data do tribunal é definida, o julgamento em si no tribunal e a urgência do caso. Pode ser de 3 meses, mas também de até 18–24 meses.

- Resumo conciso do argumento legal e detalhes

- Durante a pesquisa legal nas fases anteriores, os ADVOGADOS não podem imprimir os documentos encontrados. Ao contrário, se eles tiverem que ver um documento, devem pesquisá-lo novamente por citação ou algo parecido.

- Os ADVOGADOS tendem a lidar eles mesmos com as audiências, a menos que seja muito longe. Enviar outro ADVOGADO acontece pouco, mas é possível.

- Várias datas para inserir informações

- O ADVOGADO revisa o caso inteiro e os primeiros argumentos legais
- O ADVOGADO continua a pesquisa e/ou verifica qualquer coisa nova (raramente)
- O ADVOGADO contrata um especialista ou avaliador antes da audiência, se envolvido *(Gutachter)*
- O ADVOGADO conhece o JUIZ, se possível (informalmente)
- O ADVOGADO pode marcar a data no tribunal? — Não

- A SECRETÁRIA registra todas as datas

- O TRIBUNAL define a data da audiência

- Data do julgamento no calendário

- Confirmação da estratégia final e abordagem do caso

- Aumentar o conhecimento do JUIZ
- Aumentar o conhecimento de como o JUIZ pode decidir
- Melhorar a capacidade de usar o devido estilo de comunicação

FIGURA 12-12. Uma página de um diagrama do fluxo de trabalho com 20 páginas mostra uma experiência detalhada.

Por exemplo, você pode contratar um novo terno para *ter boa aparência* em uma entrevista de trabalho ou contratar o Facebook para *manter contato com amigos* diariamente. Também poderia contratar uma barra de chocolate para *aliviar o estresse*. Todos são jobs to be done.

Dessa perspectiva, as pessoas são vistas como indivíduos com objetivos que buscam um resultado desejado. Dar suporte a esses resultados é basicamente o valor que as organizações criam.

Tony Ulwick fez parte do trabalho mais avançado ao colocar a teoria dos "jobs to be done" em prática. Sua empresa, Strategyn, baseia sua oferta de consultoria nos jobs to be done. Junto com seu colega Lance Bettencourt, Ulwick propõe um modelo para entender os jobs to be done como uma sequência de etapas. Eles chamam isso de *mapas do trabalho*.[‡]

O job to be done de uma pessoa pode ser visto como um processo que, segundo Ulwick e Bettencourt, tem estágios universais (mostrados na Figura 12-13):

1. *Definir:* Essa etapa inclui determinar objetivos e planejar a abordagem para fazer o trabalho.
2. *Localizar:* Antes de começar, as pessoas devem localizar os dados, reunir os itens e encontrar as informações necessárias para fazer o trabalho.
3. *Preparar:* Nessa etapa, as pessoas preparam o ambiente e organizam os materiais.
4. *Confirmar:* Aqui, as pessoas asseguram que os materiais e o ambiente estejam devidamente preparados.
5. *Executar:* Nessa etapa, as pessoas fazem o trabalho como o planejado. De sua perspectiva, é a etapa mais crítica no mapa do trabalho.
6. *Monitorar:* As pessoas avaliam o sucesso do trabalho quando ele está sendo executado.
7. *Modificar:* Modificações, alterações e iterações podem ser necessárias para terminar um trabalho.
8. *Concluir:* Essa etapa se refere a todas as ações realizadas para terminar e fechar o trabalho.

Esses estágios não são necessariamente rótulos em um diagrama do mapa do trabalho, mas categorias das etapas que podem ser incluídas. Considere as categorias universais do mapa do trabalho como um lembrete para cobrir o processo inteiro, do início ao fim.

Com o mapa do trabalho em mãos, as organizações criam produtos e serviços melhores dos quais as pessoas realmente precisam.

[‡] Lance Bettencourt e Anthony Ulwick, "The Customer-Centered Innovation Map", *Harvard Business Review* (maio 2008).

Com um mapa do trabalho em mãos, as organizações criam produtos e serviços melhores dos quais as pessoas realmente precisam. Bettencourt e Ulwick encorajam as equipes a usar os mapas do trabalho em colaboração para identificar oportunidades:

> Com um mapa da jornada em mãos, você começa a ver sistematicamente oportunidades para criar valor... Uma ótima maneira de começar é considerar as maiores desvantagens das soluções atuais em cada etapa no mapa, em particular as desvantagens relacionadas à velocidade da execução, à variabilidade e à qualidade da saída. Para aumentar a eficiência dessa abordagem, convide uma equipe diversa de especialistas (marketing, design, engenharia e até alguns clientes importantes) para participar da discussão.

Oportunidades de inovação podem aparecer em qualquer etapa no mapa do trabalho. Considere estes exemplos:

- Os Vigilantes do Peso aperfeiçoam o estágio "Definir" com um sistema que não requer contagem de calorias.
- Para reunir itens durante a etapa "Localizar" ao se mudar de casa, a U-Haul fornece aos clientes kits que incluem diferentes tipos de caixas necessárias.

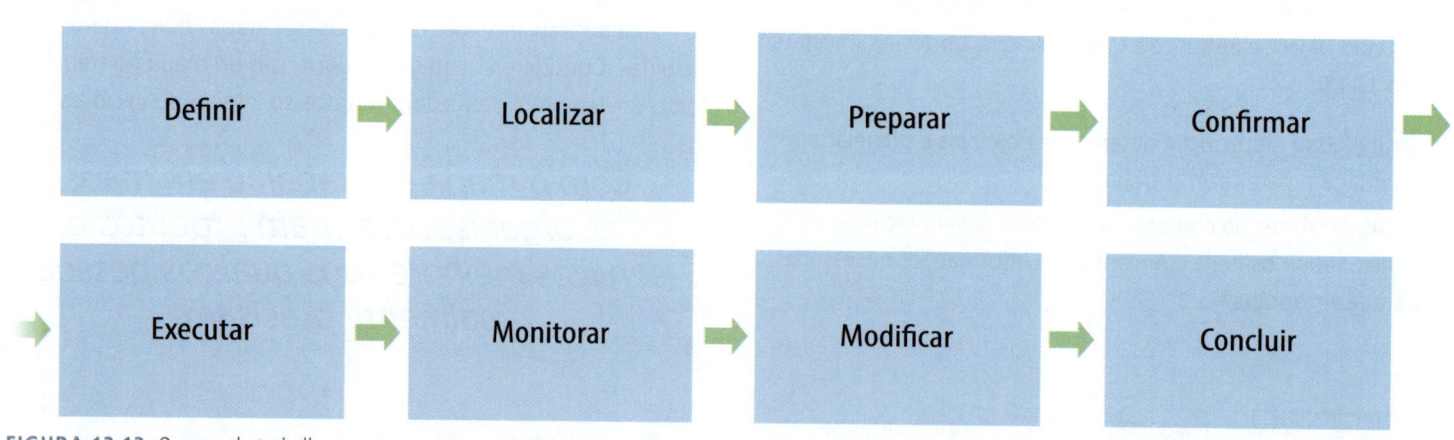

Definir → Localizar → Preparar → Confirmar →

→ Executar → Monitorar → Modificar → Concluir

FIGURA 12-13. O mapa do trabalho, como proposto por Bettencourt e Ulwick, tem oito fases universais que podem ser personalizadas em situações específicas.

- A Nike ajuda os corredores a avaliarem o sucesso do trabalho na etapa "Monitorar" com um sensor no tênis que fornece retorno sobre tempo, distância, ritmo e calorias queimadas via conexão com um iPhone ou Apple Watch.
- O software SaaS baseado em navegador atualiza-se automaticamente para que os usuários não tenham que instalar novas versões, reduzindo assim a complexidade na etapa "Modificar".

A Figura 12-14 mostra um exemplo de mapa do trabalho para a principal tarefa de recuperar informações científicas. Observe que não há elementos emocionais nem inspiradores. Os mapas do trabalho focam apenas as etapas de fazer o trabalho. Os resultados desejados, trabalhos emocionais e sociais, cuja compreensão é essencial, são reunidos em outro lugar e lidados separadamente. O mapa do trabalho é o processo básico descrito nas etapas anteriores.

Como os mapas do trabalho e da experiência se baseiam em uma cronologia que é independente de qualquer tecnologia ou solução, você pode usar o primeiro como base do último, ou seja, crie um mapa do trabalho simples com etapas básicas, como na Figura 12--14. Então, organize-se em faixas na página e adicione linhas abaixo ou acima dessa cronologia para incluir os aspectos mais empíricos e emocionais de uma jornada.

Elementos dos Mapas da Experiência

Os elementos dos mapas da experiência são muito parecidos com um mapa da jornada do cliente, embora os mapas da experiência tendam a ter ainda mais liberdade, com aspectos das informações incluídas ou não dependendo da história sendo contada. Porém, convenções estão surgindo. Os elementos típicos dos mapas da experiência incluem alguns ou todos os pontos a seguir:

- Fases do comportamento.
- Ações e etapas realizadas.
- Jobs to be done, objetivos ou necessidades.
- Pensamentos e perguntas.
- Emoções e estado de espírito.
- Pontos críticos.
- Artefatos físicos e dispositivos.
- Oportunidades.

Os mapas da experiência tendem a se distanciar de um foco na decisão de compra — um fator principal de distinção dos mapas da jornada do cliente. Embora uma compra possa fazer parte da experiência, o foco em um mapa da experiência não é necessariamente tomar uma decisão.

Mapa do trabalho: recuperar informações científicas

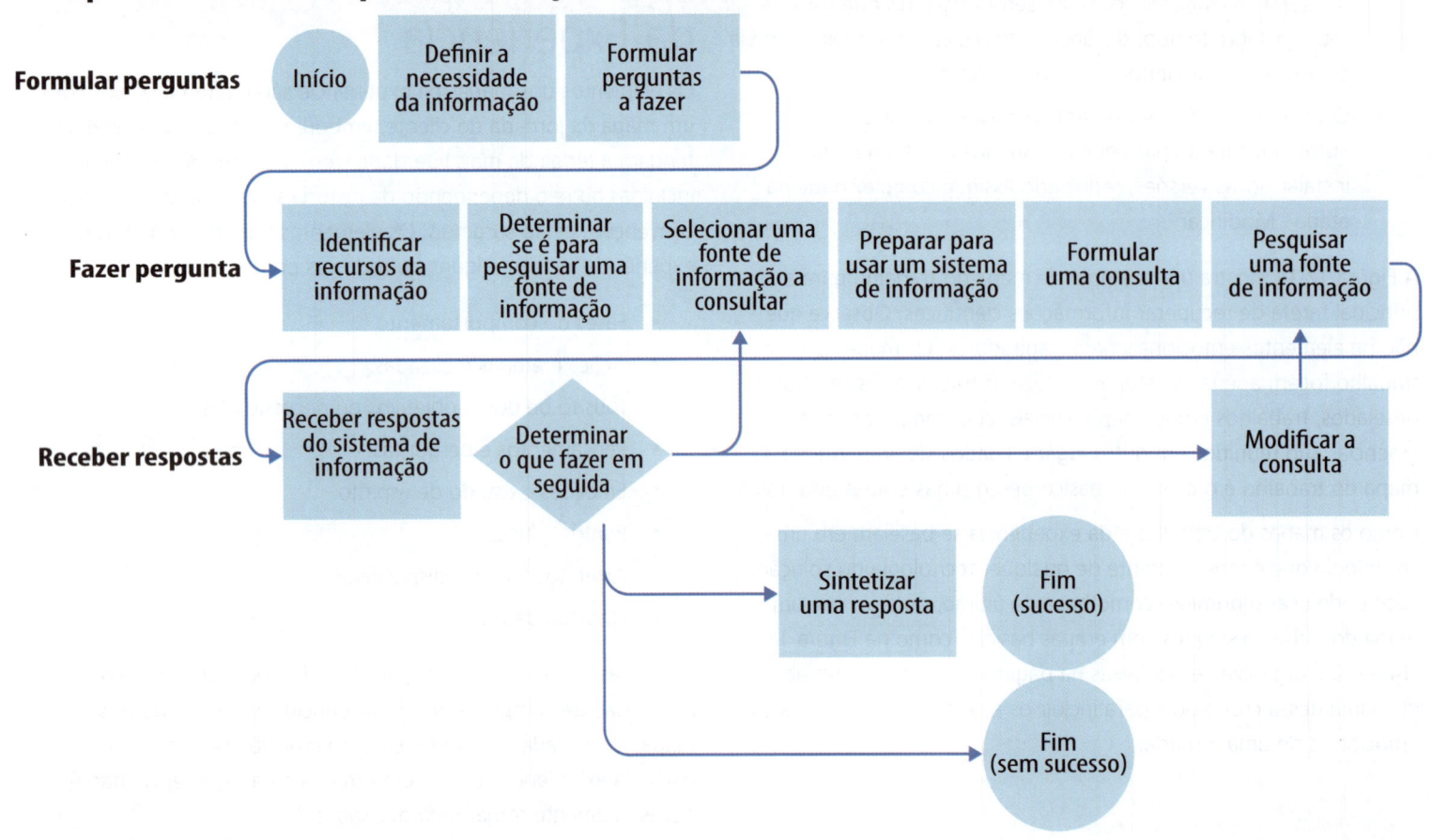

Formular perguntas: Início → Definir a necessidade da informação → Formular perguntas a fazer

Fazer pergunta: Identificar recursos da informação → Determinar se é para pesquisar uma fonte de informação → Selecionar uma fonte de informação a consultar → Preparar para usar um sistema de informação → Formular uma consulta → Pesquisar uma fonte de informação

Receber respostas: Receber respostas do sistema de informação → Determinar o que fazer em seguida → Modificar a consulta

→ Sintetizar uma resposta → Fim (sucesso)

→ Fim (sem sucesso)

FIGURE 12-14. Este mapa do trabalho para encontrar informações científicas online mostra o processo de fazer o trabalho, desde realizar a tarefa até executá-la e concluí-la.

A Tabela 12-1 resume os principais aspectos que definem os mapas da experiência usando a estrutura descrita no Capítulo 2.

TABELA 12-1. Definindo os aspectos dos mapas da experiência.

Ponto de vista	Pessoa orientada a objetivos, operando em um sistema ou domínio amplos, e interagindo potencialmente em muitos serviços.
Organização	Cronológica.
Escopo	O processo global de uma experiência definida, completa, inclusive ações, pensamentos e sentimentos. Pode ser limitado a uma única pessoa ou agregar o comportamento dos atores.
Foco	Foca principalmente a experiência humana, em geral com pouco ou nenhum processo de retaguarda explícito.
Usos	Usado para a análise das relações do ecossistema e o design das soluções. Informa o planejamento estratégico e a inovação.
Pontos fortes	Oferecem uma perspectiva externa e nova que ajuda a criar empatia. Fornecem insight além da relação com uma única organização ou marca.
Pontos fracos	Podem ser vistos como abstratos demais por alguns stakeholders. Os diagramas detalhados podem levar à uma análise exagerada e à "sobrecarga do mapeamento".

Mais Leitura

Peter Szabo, *User Experience Mapping* (Packt, 2017)

> Esse volume completo foca o mapeamento para o design do software Agile e as finalidades de desenvolvimento. Voltado para designers UX e gerentes de produto, o livro tem dicas sobre como criar mapas em programas como o Adobe Illustrator. Szabo cobre tópicos como mapas dos stakeholders, mapas da mudança comportamental e "mapeamento Kaizen" ou técnicas para uma melhoria contínua da experiência do usuário.

Sarah Gibbons, "Journey Mapping 101", blog NN/g (dez. 2019)

> Esse pequeno artigo divide muito bem o mapeamento em seus componentes básicos. Há uma rápida análise das diferenças entre as abordagens de mapeamento, inclusive exemplos claros e relevantes. Veja também outros artigos do Nielsen Norman Group sobre mapeamento (*https://www.nngroup.com/articles* — conteúdo em inglês).

Chris Risdon, "The Anatomy of an Experience Map", blog da Adaptive Path (nov. 2011)

> Esse excelente artigo divide a técnica do mapeamento da experiência em seus componentes constituintes. Chris Risdon é líder no mapeamento da experiência e fez grande parte do trabalho de descrever os métodos para a técnica.

Gene Smith, "Experience Maps: Understanding Cross-Channel Experiences for Gamers", blog da nForm (fev. 2010)

> É uma pequena postagem do blog de Gene Smith, que compartilha sutilmente vários mapas da experiência. São alguns dos primeiros exemplos na categoria e serviram como modelo para o mapeamento da experiência subsequente.

Mapeando a Jornada da Violência Doméstica

Karen Woods

Violência doméstica (VD) é um crime complexo que afeta mais mulheres que homens, com vítimas de todas as idades, raças e condições socioeconômicas. No Canadá, uma pesquisa indica que cerca de metade de todas as mulheres acima de 16 anos vivenciou, pelo menos, um evento envolvendo violência física ou sexual. No pior caso, a violência termina em assassinato, com a taxa de uma mulher a cada seis dias.[*]

Na grande maioria dos crimes VD, o agressor é homem e conhecido das vítimas. Apesar de um sistema de serviços contra a violência doméstica (DVSS) formal no Canadá, a maioria dos eventos relacionados à VD não é informada e menos de 30% das vítimas acessam a rede de serviços e apoio existente. O DVSS é complexo, sendo difícil prever quando uma vítima vai interagir com os serviços.

Embora o mapeamento da jornada já seja usado no meio corporativo para capturar experiências do usuário completas, percebemos que a ferramenta seria útil para avaliar a performance do sistema inter-relacionado "inteiro". As abordagens tradicionais de avaliação focam sobretudo a eficiência dos serviços individuais com pouca ou nenhuma responsabilidade coletiva pelo sistema maior. Como disse Donella Meadows, autora do livro *Thinking in Systems*: "O comportamento de um sistema não pode ser percebido apenas conhecendo os elementos que o compõem."

Junto com as agências VD no Canadá, fui chamada para ajudar no projeto de mapeamento e avaliar o sistema inteiro.

Entrevistas Guiadas

Sete mulheres concluíram todo o processo de mapeamento nas entrevistas guiadas. Essas seções de uma hora e meia foram feitas em colaboração com o Abrigo para Mulheres da área e especialistas locais. Todos os esforços foram feitos para garantir a segurança das participantes durante o projeto.

O principal investigador realizou todas as entrevistas de mapeamento, com um psicólogo do abrigo atuando como observador e fazendo anotações. No caso de uma participante parecer aborrecida ou cansada, o investigador principal saía da sala e o psicólogo ficava. Todas as sessões aconteceram em um local seguro, conhecido apenas pela participante e pelos membros da equipe de entrevista.

Antes, foi preparado um quadro da jornada para realizar cada entrevista, mostrado na Figura 12-15. As participantes iniciaram o processo de entrevista com uma análise dos objetivos do projeto e sua finalidade. Então, foram lembradas sobre as precauções de segurança e que poderiam parar a entrevista quando quisessem.

---

[*] https://canadianwomen.org/the-facts/gender-based-violence

ESTUDO DE CASO

FIGURA 12-15. O mapeamento da violência doméstica usa uma grade previamente formatada, canetas coloridas e notas adesivas para capturar as experiências individuais durante a entrevista guiada.

As participantes começaram identificando todos os pontos de contato do sistema de serviço e interações que fizeram parte de sua jornada pessoal usando uma atividade com fichas. Qualquer serviço adicional poderia ser adicionado, se identificado. O número total de interações do serviço foi registrado nesse momento. Então foi pedido que elas escolhessem até dez serviços, aqueles com maior impacto (+/-) em sua jornada VD.

Depois, esses serviços foram colocados em ordem cronológica da esquerda para a direita, identificando a primeira até a última interação no quadro de mapeamento. Usando um roteiro, o entrevistador as guiou na coleta de dados presencial, iniciando com a identificação dos desejos e das necessidades da participante em relação ao serviço (identificar o motivo para interagir).

Na segunda etapa, as participantes colocaram um ponto no quadro de mapeamento para identificar o nível de estresse vivenciado no início da interação do serviço. Outras citações e comentários foram documentados solicitando à entrevistada pensamentos e sentimentos adicionais sobre a experiência do serviço. Esses outros comentários foram usados na análise e fornecidos como um apêndice extra no relatório.

Esse processo foi repetido para cada um dos dez serviços. Seguindo a documentação completa do serviço, foi pedido que as mulheres identificassem os pontos de contato do serviço que tiveram o impacto mais positivo e negativo em sua jornada. No fim de cada entrevista, cada participante teve a oportunidade de ver os quadros do mapeamento e, depois, foi pedido que refletissem sobre o processo de documentar a jornada em um formato visual

Descobertas

Uma das maiores surpresas do projeto foi o número total de serviços com os quais as mulheres interagiram durante a jornada VD, uma combinação total de 61 serviços. Em média, as mulheres que passaram por VD interagiram com 22 serviços diferentes. Os serviços identificados incluíam suportes formal e informal.

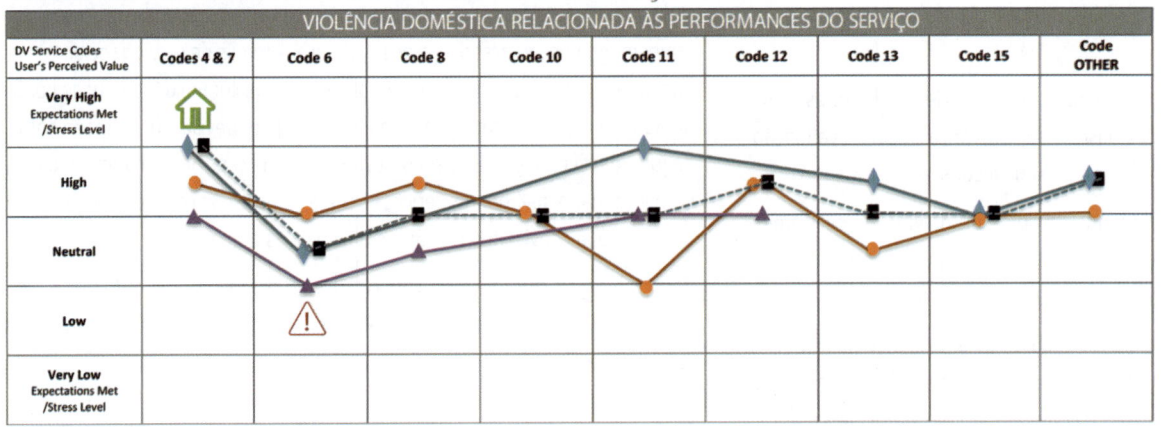

FIGURA 12-16. Mapear o valor percebido dos serviços em três tipos de jornada doméstica revela oportunidades para melhorias.

As necessidades e os serviços com os quais interagiram eram diferentes dependendo do tipo de jornada VD identificado. Apontamos três tipos de jornada fundamentais:

- *Tipo de Jornada I:* Conviver com o agressor. Nesse ponto, as vítimas precisam de informações básicas de segurança, além da validação de outras pessoas para lidar com seus medos.
- *Tipo de Jornada II:* Viver longe do agressor. As vítimas precisam de ajuda para usar o sistema e acessar os recursos. Elas são guiadas por um desejo de mudança pessoal e empoderamento
- *Tipo de Jornada III:* O agressor saiu de casa. Nos últimos estágios da jornada, as vítimas precisam de suportes financeiro e emocional quando buscam compaixão e compreensão das outras pessoas.

A equipe e eu mapeamos cada tipo de jornada para várias interações do serviço e aspectos no ecossistema de violência doméstica, mostrados na Figura 12-16. Cada categoria do serviço tem um código separado no diagrama, permitindo à equipe de pesquisa ter uma noção relativa do valor percebido.

A pesquisa mostrou que o sistema era bem robusto e, em grande parte, conseguiu atender às necessidades funcionais das mulheres. Contudo, alguns serviços tinham menos probabilidade de lidar com as necessidades emocionais subjacentes das vítimas, como a necessidade de mais compaixão. O mapeamento da jornada da experiência do Sistema VD permitiu que a equipe de avaliação identificasse serviços de alta (e baixa) performance no sistema usando uma Matriz de Performance do Sistema, com informações que poderiam ser usadas para aproveitar recursos e habilidades no sistema.

No geral, o uso do mapeamento da jornada foi bem recebido pelos stakeholders de VD e pela comunidade. A técnica não é apenas útil, mas também uma opção acessível e possível para sistemas de serviço social participarem. Até hoje, mais de 40 stakeholders na comunidade e funcionários do abrigo em Ontário foram treinados para fazer entrevistas de mapeamento da jornada. O processo está sendo usado a fim de capacitar a comunidade para informar e melhorar os serviços VD e a resposta da comunidade para mulheres que convivem ou escapam da violência doméstica.

Para obter mais informações, veja o relatório completo online: *https://wcsleadershipnetwork.com/portfolio/domestic-violence-ux-journey-maps* (conteúdo em inglês).

Sobre a Colaboradora

Karen Woods é designer de serviço e consultora de avaliação de desenvolvimento em Ottawa, ON. Nos últimos 30 anos, ela trabalhou com grandes equipes e pessoas para desenvolver e avaliar programas e serviços para crianças, jovens e famílias em Ontário. Sua vida é dedicada a assegurar que toda criança tenha as oportunidades necessárias para conseguir saúde, felicidade e aprendizagem em comunidades sustentáveis e acolhedoras.

Créditos de Diagramas e Imagens

Figura 12-1: Mapa da experiência de veteranos de Sarah Brown, usado com permissão.

Figura 12-2: Mapa da experiência criado por Diego S. Bernardo, tirado de seu blog "Agitation and Elation [in the User Experience]", usado com permissão.

Figura 12-3: Mapa da experiência com várias personas criado por Tarun Upaday, cofundador e CEO da Gallop.AI (*gallop.ai*), usado com permissão.

Figura 12-4: Mapa da experiência criado por Gene Smith e Trevor von Gorp da nForm, tirado do blog de Smith "Experience Maps: Understanding Cross-Channel Experiences for Gamers", usado com permissão.

Figura 12-5: Mapa da experiência do Exploratorium em um estudo de caso de Brandon Schauer, tirado de "Exploratorium: Mapping the Experience of Experiments", usado com permissão.

Figura 12-6: Diagrama do modelo de modos criado por Stuart Karten da Karten Design, usado com permissão.

Figura 12-7: Estrutura para capturar uma história diária, adaptada do livro *Contextual Design* de Karen Holtzblatt e Hugh Beyer.

Figura 12-8: Diagrama de uma semana típica criado por Jim Kalbach na Visio.

Figura 12-9: Mapa da jornada do consumidor criado por Jamie Thomson (Mad*Pow), aparecendo originalmente no artigo de Megan Grocki "How to Create a Customer Journey Map", usado com permissão.

Figura 12-10: Diagrama de faixas da Wikipédia, domínio público.

Figura 12-11: Diagrama de faixas com storyboard de Yvonne Shek da nForm, usado com permissão.

Figura 12-12: Diagramas do fluxo de trabalho de Jim Kalbach na Visio, usado com permissão da LexisNexis.

Figura 12-14: Mapa do trabalho da recuperação de informações científicas, adaptado por Jim Kalbach no MURAL.

Figura 12-15: Foto do mapeamento da violência doméstica de Karen Woods, usada com permissão.

Figura 12-16: Mapa dos serviços de violência doméstica por tipo de jornada em um estudo realizado por Karen Woods, usado com permissão.

NESTE CAPÍTULO

- Segundo plano e visão geral dos modelos mentais
- Diagramas rápidos do modelo mental
- Derivando a estrutura
- Elementos dos diagramas do modelo mental
- Estudo de caso: Modelo mental para uma seguradora inovadora

CAPÍTULO 13

Diagramas do Modelo Mental

O termo *modelo mental* tem suas raízes na Psicologia. Ele se refere ao processo de pensamento de uma pessoa sobre como o mundo funciona — sua estrutura de realidade.

Os modelos mentais permitem prever como as coisas funcionam. São construções cognitivas baseadas em crenças, suposições e experiências passadas. Mas o modelo mental de uma pessoa é uma *percepção* de como um sistema funciona, não necessariamente como pode ser que ele funcione.

Por exemplo, digamos que você entre em casa nos Estados Unidos em um dia frio. Para se aquecer rápido, você aumenta o termostato. Sua suposição é que, quanto mais alto estiver o termostato, mais quente ficará.

Mas um termostato não funciona como uma torneira. É mais parecido com um interruptor: o calor liga ou desliga dependendo da temperatura atingida (veja Figura 13-1). Nesse cenário, você teria um modelo mental errado de como o sistema realmente funciona. O cômodo não ficará mais quente mais rapidamente se você aumentar a temperatura. Ao contrário, o aquecedor simplesmente ficará ligado mais tempo até a casa atingir a temperatura desejada.

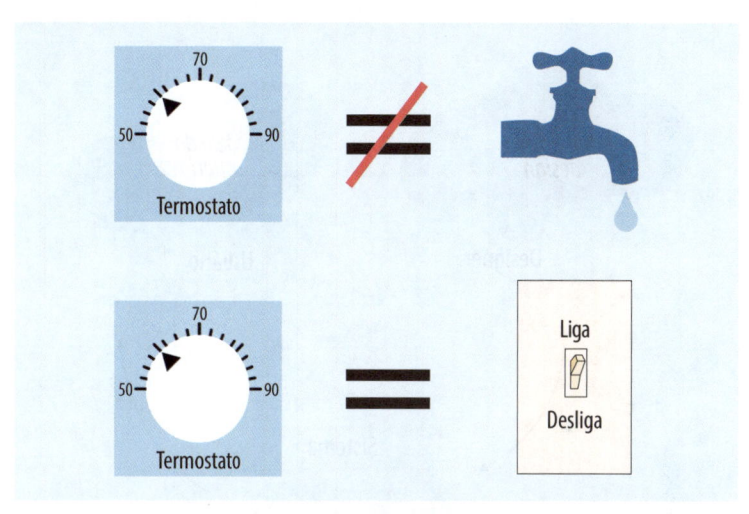

FIGURA 13-1. Os termostatos são mais parecidos com interruptores, não torneiras.

A lição para os provedores de produtos ou serviços é profunda: sua compreensão dos sistemas criados difere da compreensão do usuário. Você tem muito mais conhecimento sobre como o sistema realmente funciona do que as outras pessoas.

A diferença nos modelos mentais é um ponto-chave de Don Norman em seu importante livro *O Design do Dia a Dia*. A Figura 13-2 mostra seu gráfico com ícones de três modelos diferentes em cena: o modelo que o designer tem do sistema, o modelo do sistema real e o modelo mental que o usuário tem do sistema.

O objetivo do design é entender o modelo mental das pessoas para quem você projeta. Para tanto, é preciso um ciclo de feedback, indicado pelas duas setas à direita na Figura 13-2. Requer a capacidade de colocar sua própria perspectiva de lado e ver o sistema como um usuário veria, ou seja, projetar requer *empatia*.

Os diagramas explorados neste livro ajudam a entender o ciclo de feedback entre o usuário e o sistema. O modelo mental que o usuário tem do sistema é estruturado por esse sistema. Se você explorar o modelo mental de uma pessoa, em vez de um usuário, que tenta chegar a um objetivo, então poderá romper com a estrutura do sistema. Poderá descobrir os aspectos de como uma pessoa pensa sem nenhuma relação com o sistema, mas sim com o modo como essa pessoa consegue realizar o que queria.

O mapeamento é a principal maneira de compreender os modelos mentais e torná-los visíveis para sua organização. Na prática, mapear as experiências é, de fato, mapear o modelo mental de alguém. A abordagem analisada neste capítulo foca uma técnica específica desenvolvida por Indi Young, chamada de *diagrama do modelo mental*.

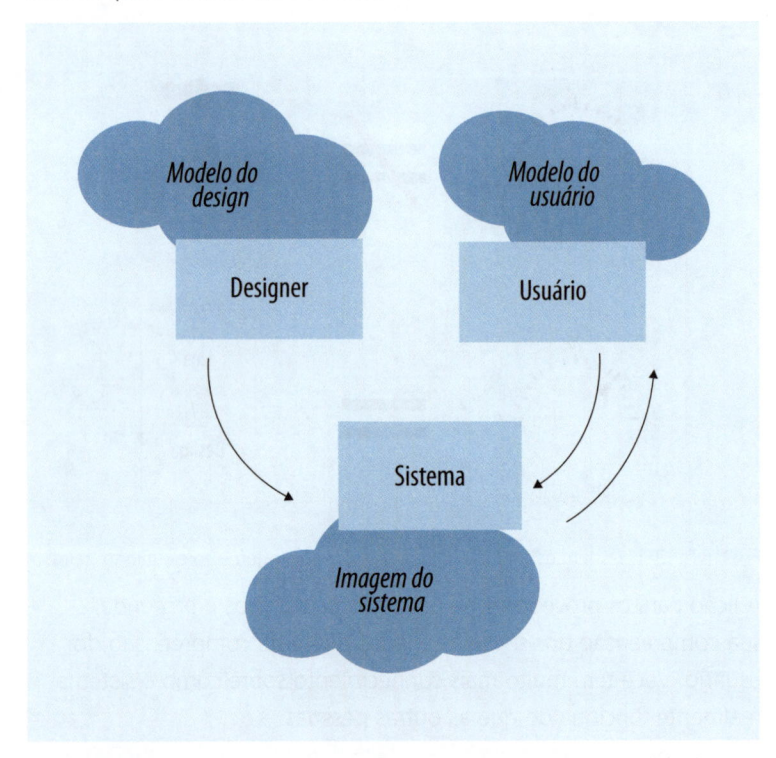

FIGURA 13-2. O conhecido diagrama de Don Norman ilustra que o modelo do designer não é igual ao modelo mental do usuário.

Diagramas do Modelo Mental

Em 2008, Indi Young publicou um método formal para visualizar os modelos mentais em seu livro homônimo. A Figura 13-3 mostra um exemplo do modelo mental usado no livro. Esse exemplo examina a "ida ao cinema".

Os diagramas do modelo mental são geralmente documentos muito longos e podem ter de 3–4m de largura quando impressos. O diagrama na Figura 13-3 foi dividido em duas partes para caber na página.

A metade superior do diagrama descreve os padrões do modelo mental em um conjunto de pessoas. Existem três níveis básicos de informação nessa parte do diagrama (Figura 13-4):

Caixas

São os blocos de construção básicos, mostrados como pequenos quadrados. As caixas contêm os pensamentos, as reações e os princípios condutores de uma pessoa. (Originalmente, Young se referia a isso como "tarefas", mas foi retirado da linguagem para evitar confusão com as ações físicas apenas.)

Torres

As caixas formam grupos de afinidade, chamados torres. São as áreas com fundos coloridos no diagrama.

Espaços mentais

As torres, por sua vez, formam grupos de afinidade chamados espaços mentais. Os espaços mentais são demarcados com linhas verticais escuras e rotulados acima das torres.

Uma linha escura horizontal no centro do diagrama separa o modelo mental do "suporte", ou seja, todos os produtos e serviços envolvidos no processo considerado em uma torre. A partir dessa organização, vemos os princípios básicos do alinhamento em ação.

No geral, a abordagem de descrever os modelos mentais foca pessoas, não ferramentas. Por exemplo, em vez de escrever "Filtrar cores da imagem no Photoshop", foque a principal tarefa, que pode ser "Alterar cores da imagem" ou "Melhorar cor da imagem".

Os diagramas também não refletem a preferência pessoal ou a opinião. Pelo contrário, tente focar o que passa pela mente da pessoa, sua voz interna, e capture isso no diagrama.

Como resultado, de todos os diagramas tratados neste livro, a metade superior do diagrama do modelo mental é a mais focada na pessoa por natureza. É uma vantagem em termos de flexibilidade: eles podem ser aplicados a qualquer domínio ou situação. Os diagramas do modelo mental também aproveitam a longevidade: uma vez terminados, um modelo mental mudará pouquíssimo, geralmente ficando relevante por anos.

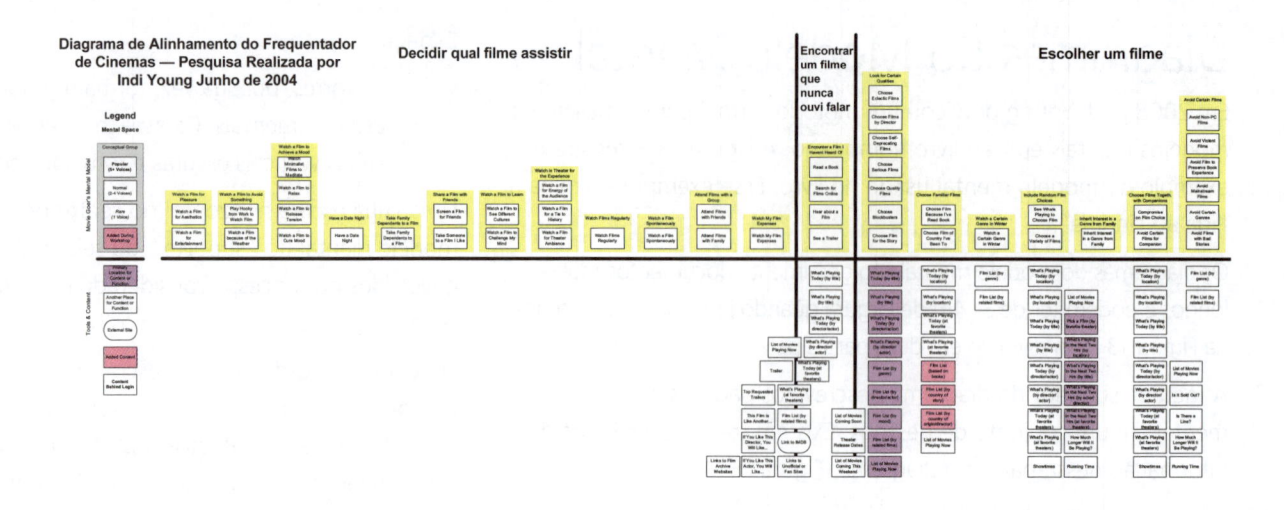

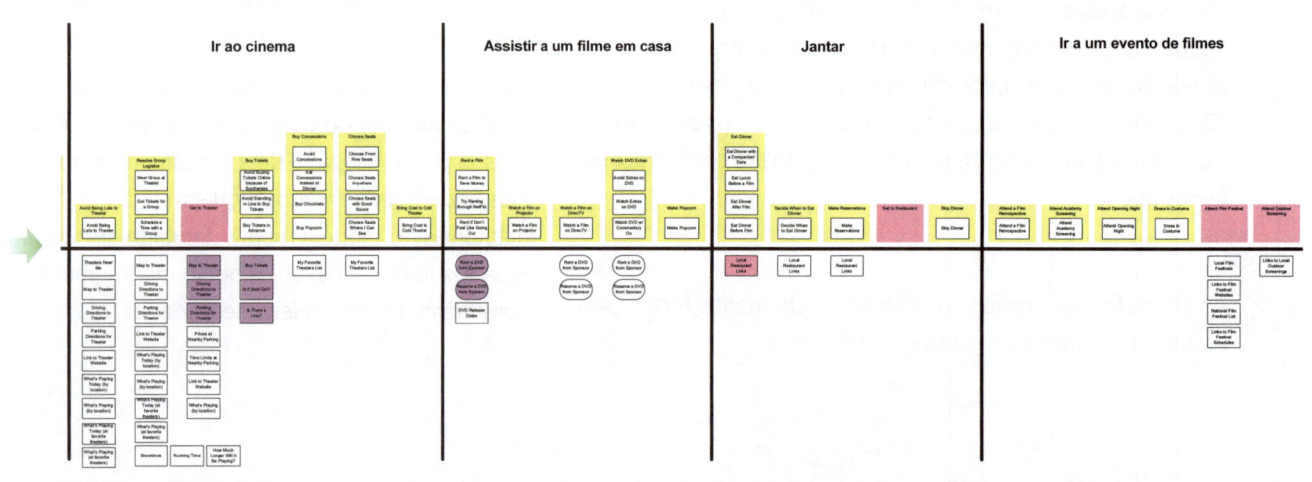

FIGURA 13-3. Este exemplo de um diagrama do modelo mental do livro de Indi Young mostra a experiência geral de ir ao cinema.

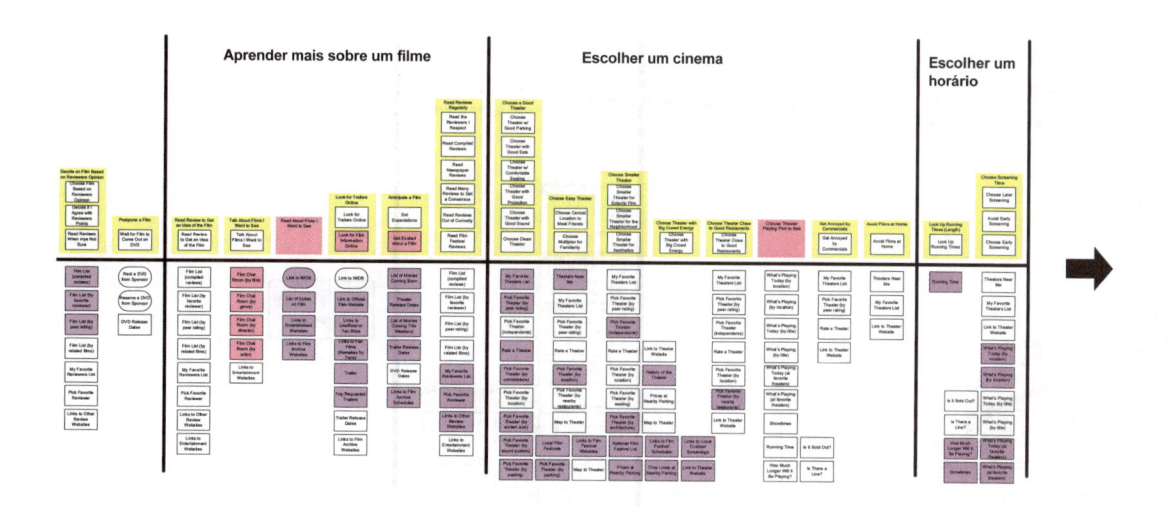

Diagramas do Modelo Mental

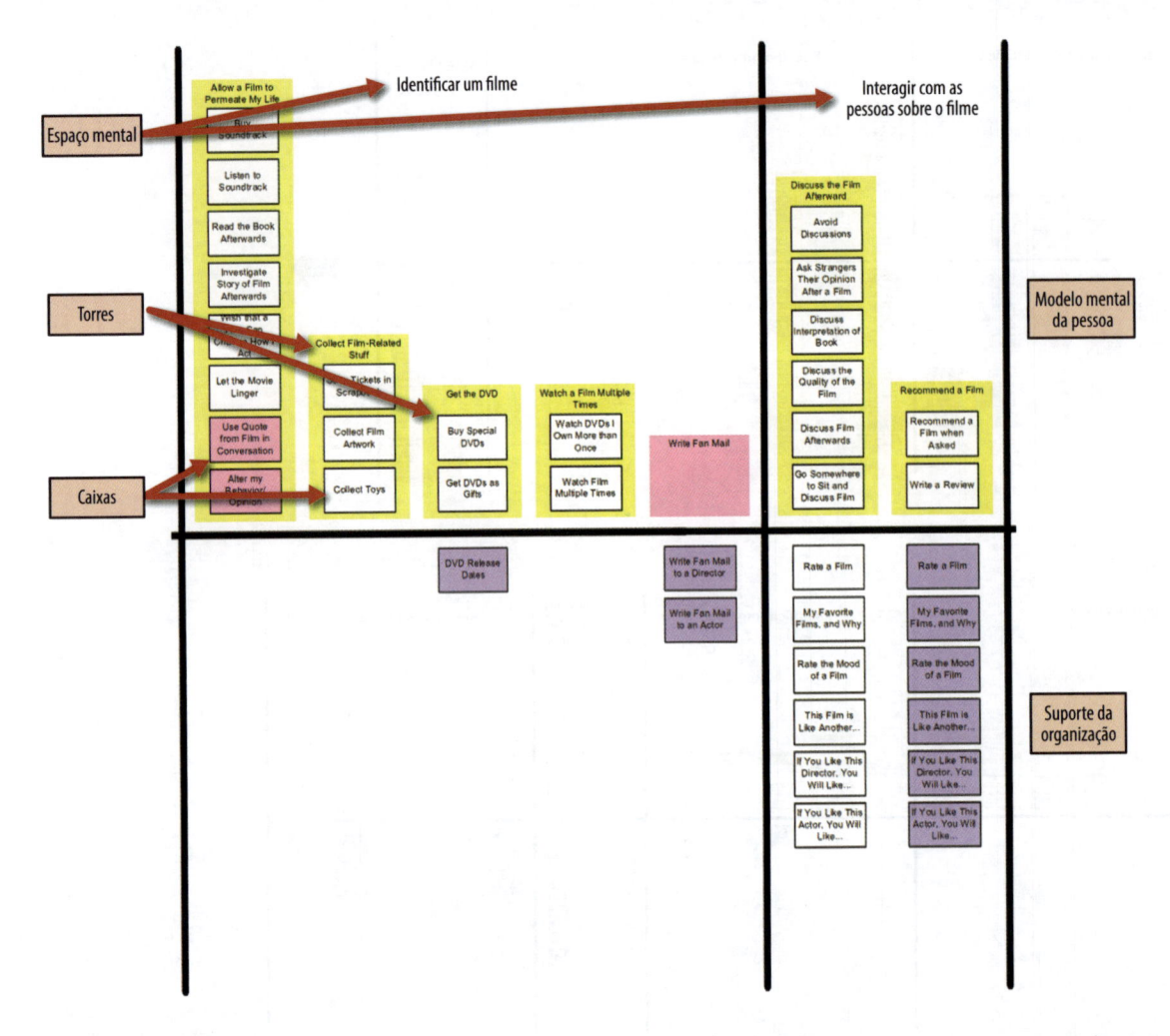

FIGURA 13-4. Os três elementos básicos em um diagrama do modelo mental são as caixas, as torres e os espaços mentais.

358 CAPÍTULO 13 Diagramas do Modelo Mental

Um risco dos diagramas do modelo mental é que eles podem sobrecarregar as outras pessoas com detalhes. Vi empresários pedirem um modelo mais simples. Mas esse detalhe também é um ponto forte para aqueles que procuram entender profundamente o estado de espírito das pessoas.

Combinando as Transcrições

O processo para criar diagramas do modelo mental é parecido com as etapas descritas nos Capítulos 5–8 deste livro. A principal diferença é a normalização das descobertas da pesquisa em um formato-padrão. Essa normalização facilita muito o processo de descobrir as afinidades entre os itens.

Você começa a análise combinando as transcrições da entrevista para obter informações relevantes. O tempo gasto combinando dá ao pesquisador uma compreensão muito maior do que cada participante quis dizer. Esse processo está no centro da técnica do modelo mental. Cada elemento no diagrama segue um formato parecido:

1. Inicie com um verbo para focar o pensamento, não o objetivo.
2. Use a primeira pessoa para se colocar no lugar do participante.
3. Adicione uma ideia por caixa, para simplificar e ter clareza.

Cada elemento vem do pensamento que você ouve dos participantes. Se você gravar a sessão e tiver uma transcrição, poderá desenhar cada elemento a partir da transcrição como uma citação. Para facilitar a descoberta das afinidades entre os elementos, escreva um resumo de cada citação desta forma:

[Eu (opcional)] [verbo] [substantivo] [qualificadores]

Essa uniformidade rígida permite a organização dos elementos hierarquicamente: as caixas são agrupadas em torres, e as torres são agrupadas em espaços mentais. O processo começa separando os elementos a partir das transcrições. O objetivo é chegar à essência dos modelos mentais das pessoas no formato prescrito.

Formatar as tarefas requer prática. Não é apenas um processo de copiar frases dos textos brutos reunidos durante a pesquisa. Para ilustrar, a Tabela 13-1 mostra algumas citações hipotéticas sobre beber café. À direita, estão os resumos de exemplo no formato prescrito que você pode obter dos dados.

TABELA 13-1. Exemplo de resumos (direita) em um formato normalizado obtido de textos brutos de pesquisa (esquerda).

Citações diretas da pesquisa	Resumo
"Quando levanto, meu corpo diz 'tome café!' É como se eu não funcionasse sem ele. Então, a primeira coisa que faço toda manhã é café — é quase automático. Acho que posso fazer isso quase dormindo. Então, desfruto de uma xícara no café da manhã ou lendo o jornal."	Sentir-se não funcional até beber café Sentir-se forçado a fazer café de manhã Desfrutar de uma xícara de café de manhã
"Minha esposa e eu realmente gostamos de beber café de manhã. É uma boa maneira de acordar — coloca a pessoa em movimento. Na verdade, não me sinto muito bem até beber minha primeira xícara."	Desfrutar de uma xícara de café de manhã Desejar café de manhã Não se sentir muito bem até a primeira xícara de café

Método Rápido do Modelo Mental

Criar um diagrama do modelo mental pode requerer muito esforço. Os projetos formais com 20–30 participantes levam semanas ou meses para terminarem. É um investimento inicial valioso, mas algumas organizações não querem reservar tempo para isso.

Após o livro *Mental Models* ter sido publicado, Young desenvolveu um método para criar diagramas rapidamente — dentro de dias. Ela descreve a abordagem em uma postagem intitulada "Try the 'Lightning Quick' Method". Ele gira em torno de um único workshop com stakeholders.

Este é um resumo da abordagem rápida de Young para reunir dados e descobrir afinidades:

1. Peça histórias antes.

    Reúna histórias curtas sobre certo tópico de seu público-alvo uma semana antes. Isso pode ser feito por e-mail, por pequenas sessões de ouvidoria, via redes sociais e outras fontes online. As histórias são descrições capturadas em uma ou duas páginas de como as pessoas raciocinam para chegar a um objetivo. Se preciso, reescreva as histórias na primeira pessoa para todos os textos terem uma perspectiva parecida.

2. Pesquise e resuma.

    Leia as histórias em voz alta no workshop. Com grandes notas adesivas ou em um documento compartilhado, os diferentes membros da equipe registram os resumos lidos. Em poucas horas, você deverá produzir 100 resumos distintos.

3. Agrupe por padrões.

    Assim que os resumos começarem a se acumular, comece a agrupá-los segundo a intenção do escritor. Muitos desses primeiros grupos mudarão quando você adicionar resumos. Quando avançar mais, poderá começar a organizar as torres em espaços mentais. Você deve conseguir criar uma estrutura provisória em uma tarde.

4. Faça sessões de brainstorming.

    Use o resto do workshop para fazer um brainstorming das soluções. Onde estão as lacunas entre como as pessoas raciocinam e como a organização apoia esse raciocínio? Quais oportunidades você vê?

O método rápido é ideal para as equipes que precisam agir rapidamente nos resultados. O resultado é um primeiro diagrama que reflete o que você reuniu até esse ponto. Ele pode precisar de mais validação. Mas, como as histórias das pessoas são reunidas no início, o diagrama está fundamentado na realidade.

Da Construção até a Estrutura

A natureza hierárquica dos diagramas do modelo mental torna-os particularmente relevantes para a prática da arquitetura da informação. O processo pode ser descrito como *fundamentado*: uma abordagem de baixo para cima começando com resumos de como as pessoas descrevem seu raciocínio, reações e princípios condutores

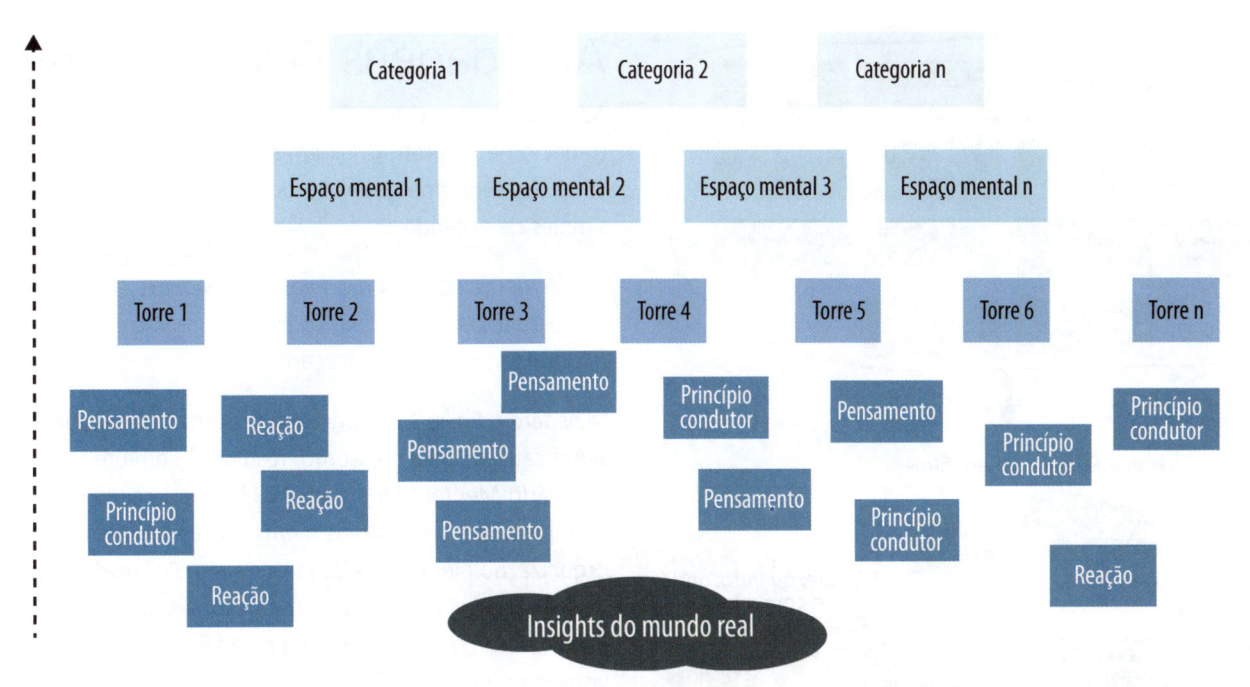

FIGURA 13-5. Derivar a estrutura dos diagramas do modelo mental é um processo de baixo para cima fundamentado nos insights do mundo real.

conforme realizam uma finalidade maior do que sua oferta. Então, é uma questão de agrupar com êxito as informações em categorias de nível mais alto (Figura 13-5).

O resultado é uma categorização que corresponde ao modelo mental real das pessoas atendidas e reflete o vocabulário usado nas entrevistas. Os designers de apps e da Web, por exemplo, podem usar esse esquema como base para a navegação. Isso melhora muito a usabilidade da navegação e assegura sua longevidade também.

Young detalha o processo de obter a estrutura e mapeá-la para a navegação. A Figura 13-6 é um exemplo do processo descrito em seu livro, e mostra como os espaços mentais podem ser agrupados em categorias que servem, então, como a principal navegação para um site.

FIGURA 13-6. Agrupe os espaços mentais para propor categorias de alto nível que possam ser usadas para a navegação do site, por exemplo.

Abordagens Relacionadas

As origens da investigação nos modelos mentais remontam ao trabalho de Kenneth Craik em seu livro *The Nature of Explanation* de 1943. Ele tem uma definição dos modelos mentais que é concisa e simples de entender:

> *A mente constrói modelos da realidade, em pequena escala, para antecipar os eventos, raciocinar e fundamentar a explicação.*

Mais tarde, Philip Johnson-Laird fez uma das pesquisas mais significativas sobre o assunto, resultando em um livro completo intitulado *Mental Models* em 1983. As primeiras tentativas de representar os modelos mentais visualmente refletem uma organização hierárquica da informação. Por exemplo, a abordagem de Johnson-Laird viu como uma história significativa constrói eventos e episódios. Foi fundamentada na análise textual que ele, então, visualizou (Figura 13-7).

Em linhas gerais, isso representa a técnica da *escada*: mostrar camadas de causalidade desde a evidência granular até as conclusões de alto nível. Os diagramas do modelo mental também são baseados em um tipo de escada.

Considere a escada na estrutura de meios e fins, mostrada na Figura 13-8. Isso mostra uma hierarquia de objetivos e meios para a gravidez, criada pela designer Beth Kyle. No topo, está o principal

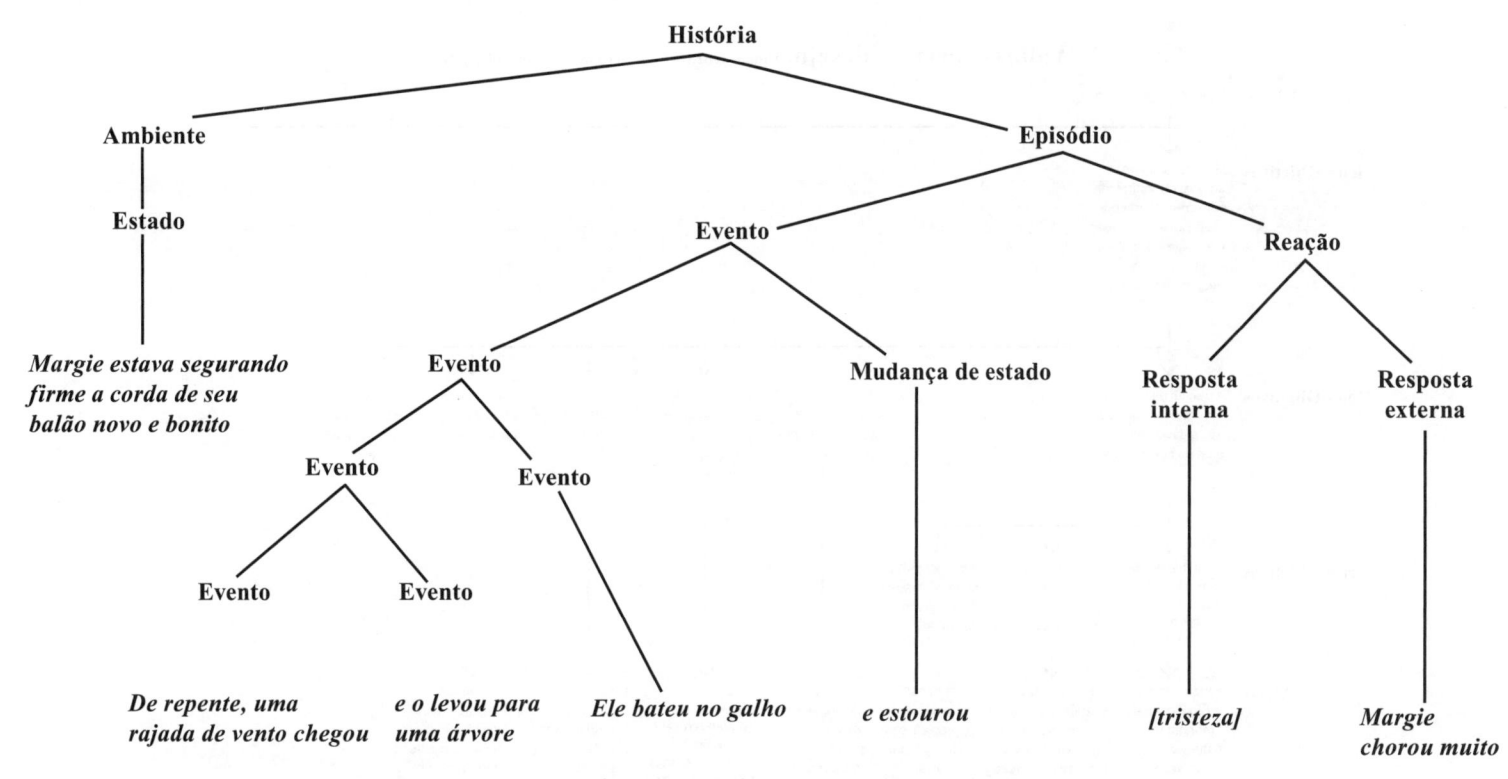

```
                                    História
                    ┌──────────────────┴──────────────────┐
              Ambiente                                Episódio
                 │                        ┌───────────────┴───────────┐
              Estado                   Evento                       Reação
                 │              ┌─────────┼──────────┐          ┌─────┴─────┐
                 │           Evento              Mudança      Resposta   Resposta
                 │         ┌────┴────┐           de estado     interna    externa
   Margie estava         Evento   Evento           │              │          │
   segurando                                       │              │          │
   firme a corda de
   seu balão novo
   e bonito
                    De repente, uma  e o levou   Ele bateu    e estourou  [tristeza]  Margie
                    rajada de vento  para uma    no galho                             chorou
                    chegou           árvore                                           muito
```

FIGURA 13-7. Este exemplo de diagrama de Philip Johnson-Laird reflete a natureza hierárquica da análise do modelo mental.

Valores sociais e desejo: Uma estrutura de objetivos para gravidez e HCI

Objetivos
Criança e mãe saudáveis

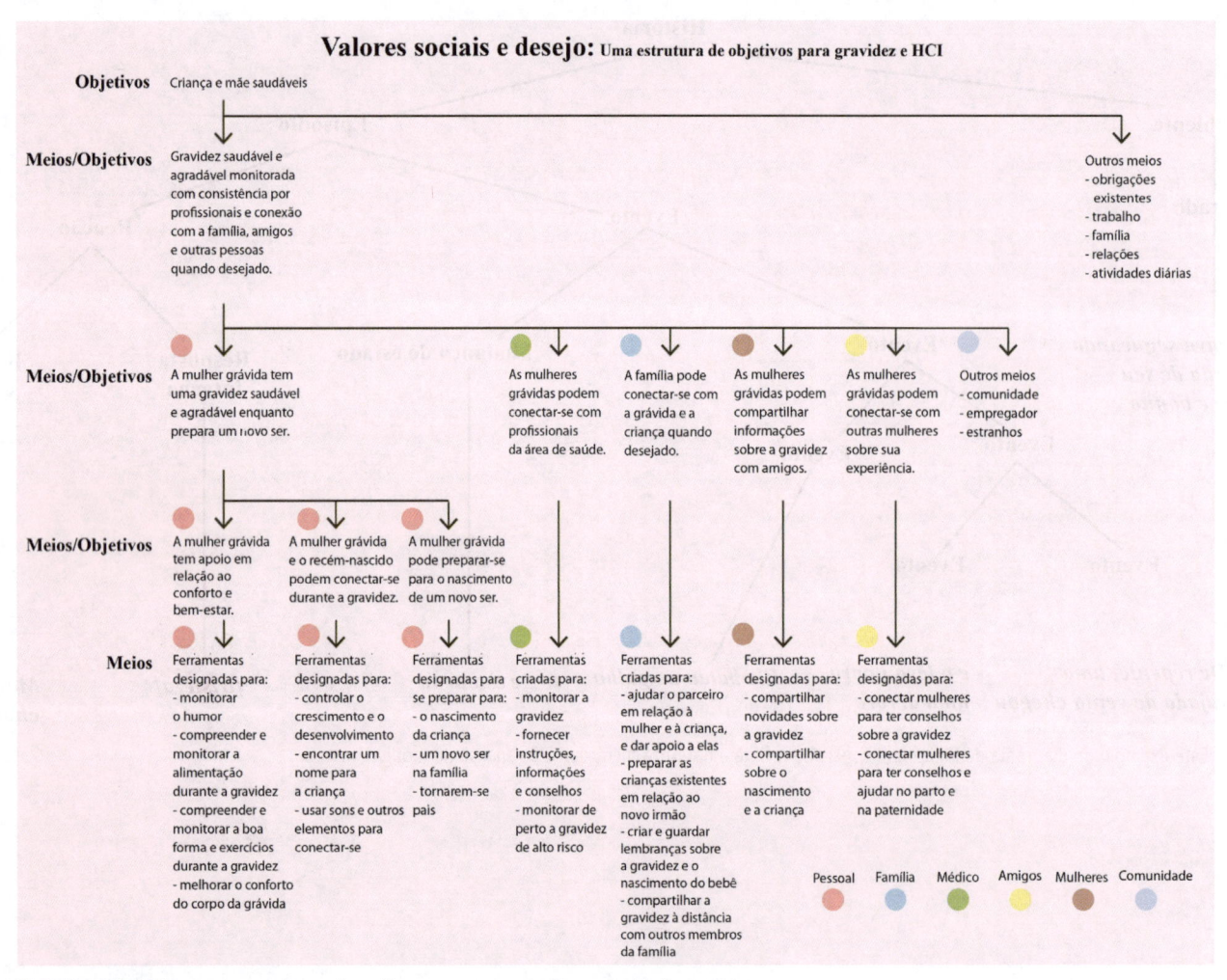

Meios/Objetivos
Gravidez saudável e agradável monitorada com consistência por profissionais e conexão com a família, amigos e outras pessoas quando desejado.

Outros meios
- obrigações existentes
- trabalho
- família
- relações
- atividades diárias

Meios/Objetivos
- A mulher grávida tem uma gravidez saudável e agradável enquanto prepara um novo ser.
- As mulheres grávidas podem conectar-se com profissionais da área de saúde.
- A família pode conectar-se com a grávida e a criança quando desejado.
- As mulheres grávidas podem compartilhar informações sobre a gravidez com amigos.
- As mulheres grávidas podem conectar-se com outras mulheres sobre sua experiência.
- Outros meios
  - comunidade
  - empregador
  - estranhos

Meios/Objetivos
- A mulher grávida tem apoio em relação ao conforto e bem-estar.
- A mulher grávida e o recém-nascido podem conectar-se durante a gravidez.
- A mulher grávida pode preparar-se para o nascimento de um novo ser.

Meios

Ferramentas designadas para:
- monitorar o humor
- compreender e monitorar a alimentação durante a gravidez
- compreender e monitorar a boa forma e exercícios durante a gravidez
- melhorar o conforto do corpo da grávida

Ferramentas designadas para:
- controlar o crescimento e o desenvolvimento
- encontrar um nome para a criança
- usar sons e outros elementos para conectar-se

Ferramentas designadas para se preparar para:
- o nascimento da criança
- um novo ser na família
- tornarem-se pais

Ferramentas criadas para:
- monitorar a gravidez
- fornecer instruções, informações e conselhos
- monitorar de perto a gravidez de alto risco

Ferramentas criadas para:
- ajudar o parceiro em relação à mulher e à criança, e dar apoio a elas
- preparar as crianças existentes em relação ao novo irmão
- criar e guardar lembranças sobre a gravidez e o nascimento do bebê
- compartilhar a gravidez à distância com outros membros da família

Ferramentas designadas para:
- compartilhar novidades sobre a gravidez
- compartilhar sobre o nascimento e a criança

Ferramentas designadas para:
- conectar mulheres para ter conselhos sobre a gravidez
- conectar mulheres para ter conselhos e ajudar no parto e na paternidade

Pessoal · Família · Médico · Amigos · Mulheres · Comunidade

FIGURA 13-8. Uma estrutura dos meios e fins conecta as soluções e os objetivos subjacentes.

objetivo de ter mãe e filho saudáveis. Os meios de conseguir isso são listados no próximo nível. O processo itera até as soluções específicas e os recursos são determinados no nível mais baixo.

Em outro exemplo, a Figura 13-9 mostra as novas atividades comerciais de uma empresa de arquitetura. É um diagrama que criei em um projeto anterior, modificado para ocultar as identidades da empresa e do nosso cliente.

Como novas atividades comerciais podem ocorrer em qualquer ordem, usar uma representação hierárquica fez sentido nesse caso. Ela permitiu mostrar as relações entre as ações sem colocá-las em uma linha do tempo. Com a escada, é possível identificar os objetivos de nível mais alto e as necessidades.

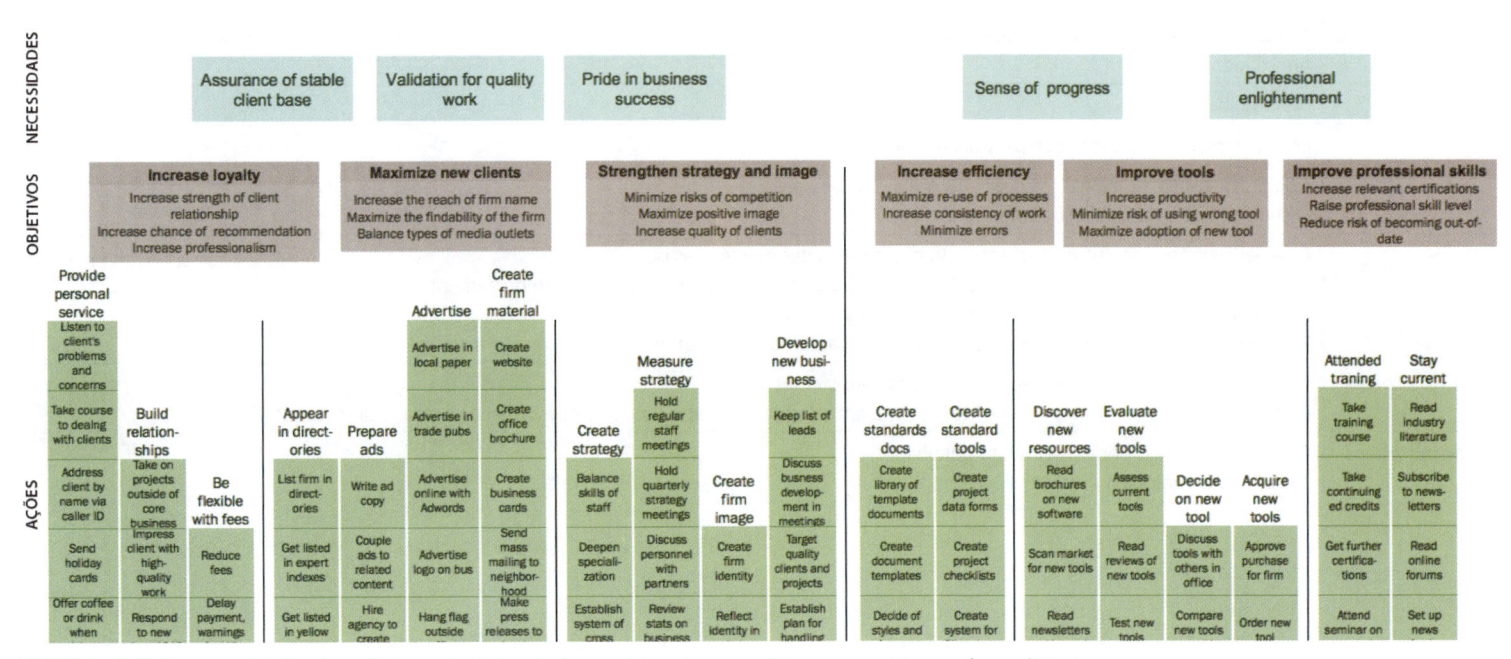

FIGURA 13-9. Um mapa hierárquico reflete as atividades de desenvolvimento comerciais para uma empresa de arquitetura.

Elementos dos Diagramas do Modelo Mental

Dos tipos apresentados na Parte 3 deste livro, os diagramas do modelo mental representam um arquétipo das ilustrações hierárquicas. O livro de Indi Young fornece um guia passo a passo para criar esses diagramas, assim como modos de usá-los na prática.

Em linhas gerais, os diagramas do modelo mental refletem o conceito de escada — uma abordagem fundamentada de baixo para cima a fim de criar modelos das experiências humanas com base em observações.

A Tabela 13-2 resume os principais aspectos que definem os diagramas do modelo mental usando a estrutura descrita no Capítulo 2.

TABELA 13-2. Definindo os aspectos dos diagramas do modelo mental.

Ponto de vista	Pensamentos, emoções e princípios condutores que passam pela mente de uma pessoa em determinado contexto quando chega a uma finalidade.
Estrutura	Hierárquica.
Escopo	Muito amplo e inclui várias perspectivas das pessoas.
Foco	Comportamento, raciocínio, crenças e filosofias das pessoas. O suporte que as organizações oferecem.
Usos	Para desenvolver empatia compreendendo o que passa nas mentes das pessoas. Para descobrir oportunidades de inovação com base na compreensão profunda do comportamento humano. Para obter navegação e arquitetura das informações de alto nível. Para guiar o fluxo de oferta e apoiar o pensamento capturado no diagrama.
Pontos fortes	Os formatos normalizados fornecem resultados consistentes. Profundo entendimento do pensamento humano em relação ao escopo da finalidade à qual a pessoa está tentando chegar.
Pontos fracos	Os diagramas finais podem ser muito detalhados. Falta fluxo cronológico.

Mais Leitura

Thomas Reynolds e Jonathan Gutman, "Laddering Theory, Method, Analysis, and Interpretation", *Journal of Advertising Research* (fev.–mar. 1988)

Esse é um artigo antigo dos primeiros inventores da abordagem de escada, com base na abordagem de meio e fim de Gutman descrita anos antes. É uma descrição detalhada da técnica com muitos exemplos. Em geral, a escada fundamenta as conclusões que você coloca em evidência.

Indi Young, *Mental Models* (Rosenfeld Media, 2008)

Indi foi pioneira em uma técnica específica para ilustrar os modelos mentais no início dos anos 2000. É um livro meticulosamente detalhado com instruções passo a passo. Ele é fundamental para qualquer pessoa interessada em terminar um projeto de diagramação do modelo mental.

Indi Young, "Try the 'Lightning Quick' Method" (mar. 2010)

Nessa postagem do blog, Young descreve um processo modificado para criar e usar diagramas do modelo mental que podem ser feitos em uma questão de dias. E oferece uma alternativa rápida para o método completo descrito em seu livro.

Modelo Mental de uma Seguradora Inovadora

Indi Young

ESTUDO DE CASO

Este estudo de caso em particular representa um cenário comum, no qual um produto ou um serviço já existe, e a organização está buscando um modo de fazer melhorias graduais.

A organização de exemplo é uma seguradora.* A empresa oferece seguros de carro e de residência. Há um grupo na empresa, separado de qualquer um desses negócios, encarregado da direção estratégica e de novos produtos. O grupo existe há dois anos, criado por alguns executivos em resposta às discussões na sala de reuniões sobre concorrência e inovação. Os executivos queriam experimentar algo além dos métodos tradicionais do setor. Esse grupo realizou alguns estudos focados na pessoa, um deles sendo sobre o que passa pelas mentes delas durante e imediatamente após um acidente de automóvel. Devido ao que foi descoberto, o grupo suspeita que pode haver algo relacionado a aprender com os padrões de pensamento durante os quase acidentes.

Eles quiseram realizar outro estudo equivalente ao estudo de acidente para que tivessem uma fundamentação maior com a qual criar suas ideias em potencial para novas direções. O grupo espera usar as descobertas para guiar o modo como eles fornecem serviços para as pessoas asseguradas.

---

* Como é difícil ter permissão legal para usar estudos genuínos e transcrições, o estudo de caso da seguradora é fictício. As 24 histórias dos participantes coletadas são verdadeiras, mas as ideias que surgiram das descobertas são inventadas a partir de uma fundamentação na experiência de duas décadas.

O escopo de seu estudo subsequente é: "*O que passou por sua cabeça durante e depois de um quase acidente marcante?*" Esse escopo não é limitado pelo tipo ou pelo local do incidente. A equipe ouvirá histórias das pessoas que quase tiveram acidentes na cozinha ou na estrada, sozinhas ou em grupo, nos quais alguém teve culpa ou ninguém teve. Como é uma pesquisa focada na pessoa, o acidente não tem relação com o produto (seguros de carro e de residência) que a empresa fornece. O objetivo é coletar informações sobre pensamento e maneiras de tomar decisão durante um quase acidente, tendo ou não relação com os automóveis. Então, os padrões de pensamento poderão ser usados como uma estrutura para ter novas ideias sobre o seguro de carro.

Acidentes que quase aconteceram

A equipe começou realizando sessões de audição com 24 pessoas. E iniciou cada sessão com a pergunta: "O que passou por sua cabeça durante e depois de um quase acidente marcante?" Então, deixou que o participante falasse qualquer coisa, dentro desse escopo.

Veja a primeira parte de uma das histórias. O ouvinte se aprofunda em várias coisas que foram mencionadas para que possa entender melhor o raciocínio e as reações que passaram pela mente do participante no momento.

17: O suporte caiu do caminhão — transcrição

Ouvinte: Estou procurando histórias que me ajudem a entender o que passa pelas mentes das pessoas nos quase acidentes ou ferimentos. Você se lembra de algum quase acidente ou quase ferimento?

Falante: Acho que isso é um quase acidente porque foi um acidente real, mas poderia ter sido muito pior. Então, acho que conta como os dois. Foi há algum tempo — deve ter sido quando minha filha tinha 4 ou 5 anos. Não precisa ser relacionado a carros, certo?

Ouvinte: Certo.

Falante: É uma dessas coisas quando você está dirigindo na autoestrada e está a 100km/h. Eu estava bem atrás do caminhão de uma empresa de tapumes. Um suporte de alumínio balançou na carroceria acima do caminhão. Eu não estava muito atrás dele — apenas a uma distância normal. Eu estava dirigindo um Honda Odyssey e o suporte bateu no para-brisa na altura do meu rosto. Foi um instante! Foi uma daquelas coisas que acontecem em um flash. Senti toda a adrenalina. Então, tentei parar o outro carro e disse para ir para o acostamento. Depois, fui para a outra pista e parei ao lado dele. Examinei e eram quatro homens; três deles dormiam! Fiz com que parassem para acionar o seguro. Fiquei gesticulando para eles. Havia um tipo de serviço para automóveis ou carro oficial do município. Tentei sinalizar para parar e eles olharam confusos. Finalmente, voltei para casa e vi o que aconteceu. Cara, fiquei contente por ser vidro temperado. Se tivesse acontecido 50 anos atrás, eu estaria morta. E minha filha estava na cadeirinha no banco de trás: "O que está acontecendo, mamãe?"

Ouvinte: Uau! Sim, graças a Deus era vidro temperado. É muito assustador! Você falou em "adrenalina". O que quer dizer?

Falante: Essa é a parte na qual você sente um pouco de pânico. Tudo acontece muito rápido, mas de certo modo lento ao mesmo tempo. Seu coração bate rápido e você não tem certeza sobre a coisa certa a fazer, mas tem que fazer *algo*. Você tem um pouco de bom senso para não sair da estrada. Mas esse tipo de coisa nunca aconteceu antes, então, um pouco de adrenalina vem de estar em uma zona não familiar. Eu não estava certa sobre o que fazer em seguida. Talvez devesse pegar o nome da empresa. Tentei anotar a placa. Lembrei de pesquisar na internet quando cheguei em casa. Eu estava pensando: "Posso ligar e falar com eles: 'vocês fizeram isso no meu carro'." Fiquei chateada.

Ouvinte: Ficou chateada?

Falante: São uns US$500 quando algo acontece com seu carro! Mas a adrenalina foi também saber que poderia ter sido pior. Você fica assustado. Tudo naquele caminhão deveria ter sido arrumado e amarrado. Porém, isso acontece o tempo todo, o que é assustador. Em um mundo perfeito, nada disso deveria acontecer. Portanto, foi adrenalina para fazer algo: lutar ou correr. Ou os dois. [risos]

Ouvinte: Você disse que pesquisou na internet quando chegou em casa?

Falante: Pesquisei para assegurar que era uma empresa. Pensei em ligar para eles, mas o que diriam? Como posso provar que algo aconteceu? Foi em uma autoestrada a 100km/h. Não havia testemunha. Tudo que tenho é um carro que precisa de um novo para-brisa e não posso dirigir. Decidi que não há nada que posso fazer quanto a isso, exceto registrar como uma das experiências da vida. Tentar aprender com isso. Nunca dirija atrás de um caminhão desse tipo. Disse para meus filhos para nunca dirigirem atrás de um caminhão. Há muitas situações assustadoras; você pode ficar irritado com isso. Quando meu marido chegou em casa, disse que tive sorte. Ele falou: "Era realmente um lugar ruim. Você poderia ter se machucado mesmo."

Ouvinte: O que passou por sua cabeça quando ele disse isso?

Falante: Concordei completamente: "Sim, você está certo." "Ah sim, não foi apenas minha imaginação." Foi uma confirmação. *Tenho* a sorte que penso ter.

ESTUDO DE CASO

Escrevendo Resumos

Depois de coletar as histórias, a equipe se sentou para examinar os detalhes das transcrições. Entender o que uma pessoa disse a partir da transcrição deu mais profundidade para entender, no lugar de simplesmente ouvir. Envolveu um diálogo confuso com divagações, escolhendo as citações certas para colocar com outras partes do diálogo da pessoa e produzir uma ideia melhor do que ela queria transmitir. Esse trabalho permitiu à equipe absorver os pensamentos, as reações e as filosofias dos participantes. A equipe desenvolveu uma empatia cognitiva profunda pelos participantes.

Veja algumas citações de exemplo que a equipe analisou. Eles amarraram várias citações de uma transcrição que apresentava o mesmo conceito, anotaram se era um raciocínio/pensamento, uma reação ou um princípio condutor, experimentaram alguns verbos que poderiam possivelmente se destacar como a primeira palavra brilhante do resumo, e então escreveram o resumo desse conceito.

> Talvez, eu devesse pegar o nome da empresa... anotar a placa... se isso acontecesse com outra pessoa e ela me contasse, eu perguntaria: "Quem foi?"... para ter informações sobre ela... Lembro-me de pesquisar na internet quando cheguei em casa... Pesquisei para assegurar que era uma empresa.
>
> (pensando)
>
> *Verbos:* Ter, Descobrir, Ver, Identificar...
>
> *Resumo:* Identificar quem causou o acidente pelo nome da empresa ou placa, porque quero saber quem fez isso.

> Finalmente voltei para casa... Decidi que não há nada que posso fazer quanto a isso, exceto registrar como uma das experiências da vida.
>
> (pensando)
>
> *Verbos:* Voltar, Decidir, Pensar, Registrar, Perceber, Concluir...
>
> *Resumo:* Decidir voltar para casa porque não havia nada que eu pudesse fazer.

Descobrindo Padrões

Após resumir todos os conceitos das 24 transcrições, a equipe procurou padrões nos resumos. Quando os padrões começaram a se formar, eles descobriram surpresas, assim como coisas que esperavam. As surpresas e as coisas esperadas foram extremamente úteis mais tarde para reestruturar seu pensamento.

Quando a equipe terminou, repassou todas as partes uma segunda vez para ver se poderia organizar os itens em grupos maiores. Veja uma lista de todas as partes rotuladas (níveis a, b, c com recuo) e os grupos formados com base nessas partes (níveis 1, 2, 3).

> **Padrões Encontrados nos Resumos Transcritos para os Quase Acidentes**
>
> 1. Reconheço que estou em uma situação perigosa
>   a. De repente, ficar chocado por estar em uma situação que pode ser perigosa.
>   b. Ficar apavorado por se envolver em um acidente (ou ficar machucado).
>   c. Descobrir se é uma situação perigosa.

2. Ficar seguro de novo
   a. Comportar-se de modo inteligente para poder sair da situação perigosa com segurança, apesar da adrenalina.
   b. Entrar mentalmente em contato com outras pessoas para conseguir ajuda para sair da situação.
3. Descobrir se alguém ficou machucado
   a. Preocupar-se por ter machucado alguém.
   b. Ficar aliviado por não estar/ter machucado outras pessoas.
   c. Tranquilizar as pessoas sobre o fato de não estar machucado.
4. Ficar aliviado por ter acabado
   a. Ficar agradecido à pessoa que ajudou a sair da situação perigosa.
   b. Ficar aliviado pelo perigo ter acabado.
   c. Passar um tempo sentindo a adrenalina sair do corpo.
   d. Ficar surpreso por reagir assim.
5. Ficar com raiva da outra pessoa envolvida
   a. Ficar com raiva da pessoa que poderia ter evitado isso.
   b. Confrontar a outra pessoa (ou não) para ela saber que a irritou.
   c. Confrontar a pessoa para ela não fazer isso de novo com alguém.
   d. Tentar neutralizar a tensão entre mim e a outra pessoa envolvida.
   e. Imaginar o que a outra pessoa envolvida estava pensando.
6. Ficar chateado com o fato de a pessoa que fez isso provavelmente não estar prestando atenção, não se importar
   a. Ficar irritado comigo mesmo.
   b. Ficar irritado comigo mesmo sobre meu papel no incidente (ser parcialmente culpado).
   c. Ficar com vergonha da minha reação, falta de habilidade.
7. Voltar para casa/para o que estava fazendo
   a. Continuar com que estava fazendo (ou não).
   b. Voltar para casa.
8. Seguir o processo do seguro
   a. Trocar informações do seguro com a outra pessoa porque houve um dano menor.
   b. Ser forçado a fazer coisas que não acho que preciso por causa do processo do seguro.
9. Passar um tempo pensando sobre o que aconteceu
   a. Tentar descobrir o que acabou de acontecer/como.
   b. Pensar sobre o que teria acontecido.
   c. Ficar surpreso com como algo menor teve repercussões tão grandes.
   d. Ficar grato pelo apoio emocional das pessoas após o incidente.
   e. Descobrir que o acidente poderia ter sido pior, o que o qualifica como uma quase perda.
10. Tentar impedir que isso aconteça novamente/com outras pessoas
    a. Relatar o incidente (ou não) às autoridades para que saibam o que aconteceu.
    b. Convencer alguém responsável a fazer algo para impedir que isso aconteça de novo.
    c. Mudar minhas ações para que não aconteça de novo.
    d. Impedir um acidente seguindo hábitos seguros.

ESTUDO DE CASO

Diagrama do Modelo Mental

Os rótulos das partes que a equipe reuniu são os títulos das torres no diagrama do modelo mental. As caixas em cada torre são os resumos em si. Os grupos de afinidade formados são os espaços mentais para o diagrama (Figura 13-10).

Concentrar-se nos Objetivos Comerciais Atuais

Há alguns padrões que a equipe descobriu nos resumos. A próxima etapa foi chamar a atenção para alguns comportamentos relacionados às prioridades articuladas nos objetivos comerciais desse ano:

- Aumentar a filiação, ou seja, atrair mais clientes para o seguro (um objetivo contínuo).
- Reduzir as reclamações (um objetivo contínuo).
- Alavancar o capital social da empresa (tem sido um objetivo por quatro anos).
- Oferecer mais serviços via aplicativos móveis, telefone ou tablet, para ajudar as pessoas "em cena" (tem sido um objetivo nos últimos dois anos).
- Aumentar o orgulho do funcionário pelo que a empresa faz (novo; esse ano).

Com esses objetivos de toda a organização em mente, a equipe percorreu uma lista de padrões e escolheu os mais interessantes. São os padrões que a equipe pensa que podem afetar alguns objetivos.

Padrões que parecem associados aos objetivos anuais

- Tranquilizar as pessoas sobre eu não estar machucado.
- Confrontar a pessoa para que ela não faça isso de novo com alguém.
- Tentar neutralizar a tensão entre mim e a outra pessoa envolvida.
- Ficar irritado comigo mesmo devido ao meu papel no incidente (ser parcialmente culpado).
- Ficar com vergonha da minha reação, falta de habilidade.
- Passar um tempo sentindo a adrenalina sair do corpo.
- Relatar o incidente (ou não) às autoridades para que saibam o que aconteceu.
- Convencer alguém responsável a fazer algo para impedir que isso aconteça de novo.
- Mudar minhas ações para que não aconteça de novo.
- Ser forçado a fazer coisas que não acho que preciso por causa do processo do seguro.
- Impedir um acidente seguindo hábitos seguros.
- Descobrir que o acidente poderia ter sido pior, o que o qualifica como uma quase perda.

Introduzindo Ideias Inspiradoras

Finalmente, durante algumas sessões de trabalho com os principais stakeholders, a equipe usou esses padrões para desencadear algumas ideias. Usando histórias reais ouvidas nas sessões de auditoria, a equipe ajudou o grupo a percorrer as extensões que poderiam terminar de várias maneiras para a organização. Ela orientou a sessão de trabalho para que as ideias não ficassem limitadas a um produto ou um serviço existente.

Veja algumas ideias que o grupo propôs, junto com notas sobre a viabilidade e perguntas para explorar mais antes de decidir se é para insistir em uma ideia.

Ideia: Avisar outras pessoas do perigo ou do erro.

Padrão: Alguns clientes desejam relatar o incidente para que as autoridades saibam o que aconteceu, para que fiquem cientes de um perigo ou de um processo que não está funcionando corretamente.

Ideia: Escolha alguns detalhes para descrever o perigo ou o erro. Se esses detalhes não forem suficientes, digite uma descrição. Daremos as informações às pessoas que podem avisar os outros.

Objetivos atendidos:

Reduzir futuras reclamações: Enviar a mensagem para os canais que os clientes já usam, como relatórios de tráfego ou Google Maps, ajudará para que fiquem cientes de um perigo na estrada. Eles poderão dirigir com mais segurança.

Fortalecer capital social: Se enviássemos a mensagem para os clientes que fornecem relatórios valiosos sobre o perigo e fosse para as pessoas certas, certamente isso fortaleceria nossa reputação.

Aumentar filiação: Os clientes sentirão satisfação ajudando os outros a evitar o que vivenciaram. Eles podem divulgar a informação para outras pessoas.

Ideia: Reclamação-Lite

Padrão: Várias situações de quase perda são, na verdade, acidentes menores. As pessoas pensam: "Poderia ter sido muito pior." A interação subsequente com o processo do seguro fica confusa demais quando as pessoas pensam em seu incidente como uma quase perda.

Ideia: Crie um novo tipo de reclamação para quando as pessoas envolvidas o considerarem menor e não quiserem que o processo fique complicado demais.

Objetivos atendidos:

Aumentar filiação: Se for uma experiência positiva, os clientes falarão sobre esse tipo de reclamação. Depois de o novo processo estar funcionando e ser estável, poderemos usá-lo em nosso marketing.

Reduzir futuras reclamações: Isso deveria, de fato, ser "reduzir as reclamações", uma vez que substituiremos certa porcentagem de reclamações pela versão "lite".

Este exemplo da seguradora demonstra como uma pesquisa focada na pessoa pode reformular como um grupo interno aborda as melhorias para suas ofertas e processos internos. Nem toda ideia deve ser buscada. A equipe desejará testá-la. Algumas ideias aguardarão até mais tarde; outras nunca receberão atenção. É até possível que nenhuma ideia faça sentido para a organização. Tente não ficar preso demais. O segredo é usar sua compreensão empática das pessoas que a ideia apoia para julgar claramente se é para investir mais recursos nela ou deixar morrer. As organizações bem-sucedidas sabem a diferença.

ESTUDO DE CASO

FIGURA 13-10. A parte superior de um diagrama do modelo mental gerado com uma primeira pesquisa.

Passar um tempo pensando sobre o que aconteceu

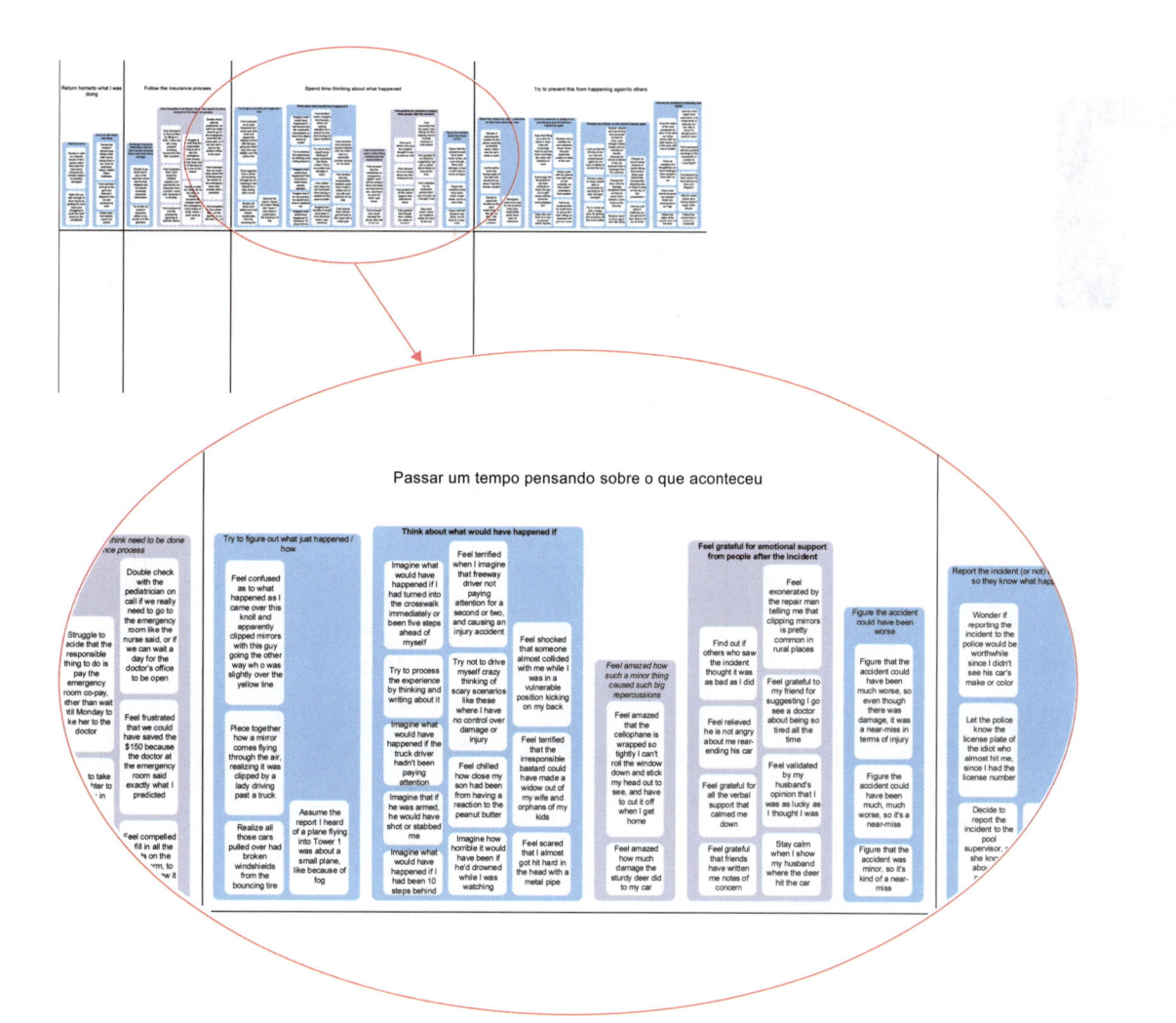

Try to figure out what just happened / how

- Feel confused as to what happened as I came over this knoll and apparently clipped mirrors with this guy going the other way who was slightly over the yellow line
- Piece together how a mirror comes flying through the air, realizing it was clipped by a lady driving past a truck
- Realize all those cars pulled over had broken windshields from the bouncing tire
- Assume the report I heard of a plane flying into Tower 1 was about a small plane, like because of fog

Think about what would have happened if

- Imagine what would have happened if I had turned into the crosswalk immediately or been five steps ahead of myself
- Try to process the experience by thinking and writing about it
- Imagine what would have happened if the truck driver hadn't been paying attention
- Imagine that if he was armed, he would have shot or stabbed me
- Imagine what would have happened if I had been 10 steps behind
- Feel terrified when I imagine that freeway driver not paying attention for a second or two, and causing an injury accident
- Try not to drive myself crazy thinking of scary scenarios like these where I have no control over damage or injury
- Feel shocked that someone almost collided with me while I was in a vulnerable position kicking on my back
- Feel terrified that the irresponsible bastard could have made a widow out of my wife and orphans of my kids
- Feel chilled how close my son had been from having a reaction to the peanut butter
- Imagine how horrible it would have been if he'd drowned while I was watching
- Feel scared that I almost got hit hard in the head with a metal pipe

Feel grateful for emotional support from people after the incident

- Feel amazed how such a minor thing caused such big repercussions
- Feel amazed that the cellophane is wrapped so tightly I can't roll the window down and stick my head out to see, and have to cut it off when I get home
- Feel amazed how much damage the sturdy deer did to my car
- Feel exonerated by the repair man telling me that clipping mirrors is pretty common in rural places
- Find out if others who saw the incident thought it was as bad as I did
- Feel relieved he is not angry about me rear-ending his car
- Feel grateful for all the verbal support that calmed me down
- Feel grateful that friends have written me notes of concern
- Feel grateful to my friend for suggesting I go see a doctor about being so tired all the time
- Feel validated by my husband's opinion that I was as lucky as I thought I was
- Stay calm when I show my husband where the deer hit the car

Figure the accident could have been worse

- Figure that the accident could have been much worse, so even though there was damage, it was a near-miss in terms of injury
- Figure the accident could have been much, much worse, so it's a near-miss
- Figure that the accident was minor, so it's kind of a near-miss

Estudo de Caso • Modelo Mental de uma Seguradora Inovadora 375

Sobre a Colaboradora

Indi Young é pesquisadora, coach, escritora e ensina sobre estratégia inclusiva de produtos. Seu trabalho se baseia no espaço do problema, cujo foco é a pessoa, não o usuário. Indi é pioneira nos mapas da oportunidade, diagramas do modelo mental e estilos do pensamento. Seu modo de abordar os problemas permite que as equipes prestem muita atenção nas pessoas, sem uma tendência cognitiva e suposições. Indi escreveu dois livros, *Practical Empathy* e *Mental Models*.

Créditos de Diagramas e Imagens

Figura 13-2: Diagrama de Don Norman em seu livro *The Design of Everyday Things*.

Figura 13-3: Diagrama de Indi Young em seu livro *Mental Models*, usado com permissão.

Figura 13-6: Imagem do livro *Mental Models* de Indi Young, usado com permissão.

Figure 13-7: Diagrama de Philip Johnson-Laird em seu livro *Mental Models*.

Figura 13-8: Estrutura dos meios e fins de Beth Kyle em "With Child: Personal Informative and Pregnancy", usada com permissão.

Figura 13-9: Diagrama de Jim Kalbach.

Figura 13-10: Diagrama de Indi Young, usado com permissão.

NESTE CAPÍTULO

- Modelos de ecossistema e diagramas
- Mapeamento dos ecossistemas de serviço, multidispositivo e conteúdo
- Estudo de caso: Criando um mapa do ecossistema de serviços do zero

CAPÍTULO 14

Modelos de Ecossistema

Conforme a internet continua a crescer e evoluir, os ecossistemas de serviços ficam mais complexos. Os produtos estão conectados. A ideia de uma oferta independente já é algo do passado. Criar a famosa isca melhor não é mais o caminho para o sucesso.

Pelo contrário, pensar em termos de ecossistemas é a nova vantagem competitiva. Steve Denning, um escritor de negócios popular da revista *Forbes*, fala o seguinte:

> Até os melhores produtos podem desaparecer muito rapidamente. Em oposição, é difícil criar os ecossistemas que encantam os clientes, mas, uma vez criados, é difícil competir com eles.*

As organizações bem-sucedidas serão determinadas por como seus serviços se complementam e, o mais importante, como se encaixam nas vidas das pessoas.

O ecossistema não se aplica apenas às grandes organizações. A GOQii, por exemplo, é uma pequena empresa que fabrica uma pulseira inteligente. Mas, ao contrário das outras marcas, ela está conectada a um treinador, que dá um feedback personalizado sobre a saúde. Atender os objetivos diários definidos pelo treinador traz pontos de carma, que os usuários podem doar para boas causas.

Conectando as atividades em torno do setor fitness, a GOQii criou um ecossistema de experiências. É uma parte essencial da proposta de valor da GOQii, refletida nos materiais para os clientes da marca, como visto na Figura 14-1.

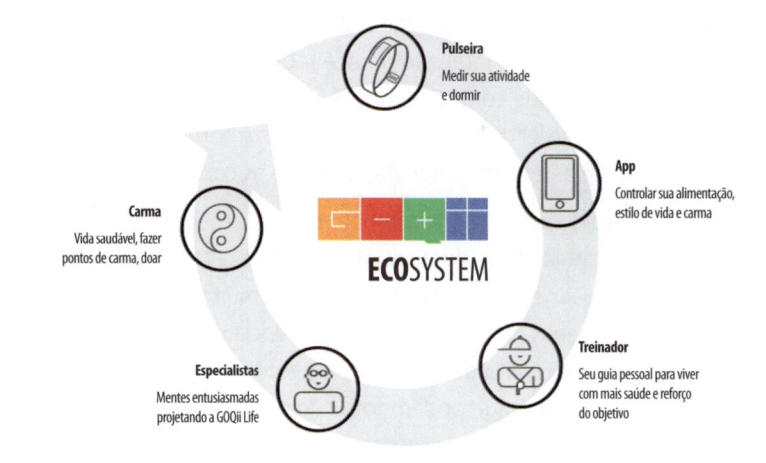

FIGURA 14-1. A GOQii se integra em muitos pontos de contato em um ecossistema de saúde e treinamento.

---

* Steve Denning, "Why Building a Better Mousetrap Doesn't Work Anymore", *Forbes* (fev. 2014).

Lembre-se de que refletir sobre os ecossistemas não significa que você precisa realmente criar um. Pelo contrário, significa entender como sua solução se encaixa no contexto maior das interações do serviço da perspectiva humana. A ideia é considerar a experiência ao percorrer os pontos de contato em um ecossistema, mesmo que você não controle cada um deles.

Este capítulo foca os vários tipos de modelos de ecossistema e mapas multicanais, destacando as principais técnicas e usos.

Mapas do Ecossistema

Os mapas do ecossistema tendem a favorecer uma organização em rede das informações, não uma linha do tempo cronológica, por exemplo, diferenciando-os dos mapas da jornada do cliente e dos mapas da experiência. A intenção geral é mostrar as *relações* entre as várias entidades que compõem uma experiência. Isso engloba a complexidade das ofertas comerciais modernas e como devem ser compatíveis com as ofertas em volta, inclusive as concorrentes.

O mapeamento do ecossistema também dá uma visão de nível mais alto da granularidade do que, digamos, os mapas da jornada do cliente, normalmente reduzidos para incluir muitos fatores que podem afetar apenas indiretamente a experiência da pessoa. Como resultado, o mapeamento do ecossistema costuma anteceder outros tipos de mapeamento, que podem focar apenas um aspecto com mais detalhe. Os modelos do ecossistema fornecem uma estrutura para organizar e interconectar outros tipos de diagramas.

Chris Risdon e Patrick Quatelbaum defendem começar com uma visão do ecossistema maior em seu livro *Orchestrating Experiences*. Os autores escrevem:

> O processo básico inclui identificar o que compõe o ecossistema, identificar as relações... Um ecossistema de experiências complementa outros modelos, como personas e jornadas do cliente, que fornecem insights para os clientes e suas experiências.

A Figura 14-2 mostra um exemplo de mapa do ecossistema no livro. Esse diagrama em particular lida com a assistência médica nos EUA, mostrando várias entidades e as relações básicas entre elas. Os círculos concêntricos refletem a rapidez e a influência direta desses aspectos sobre a pessoa, que fica no centro.

O objetivo é examinar os pontos de contato e as interações que uma pessoa tem ao percorrer os caminhos no sistema. Surgem pontos de integração entre as várias partes do modelo, fazendo a equipe discutir sobre oportunidades e soluções.

As visualizações dão uma compreensão rápida e nos ajudam a chegar a conclusões estratégicas. Os mapas mostram as inter-relações em um ecossistema.

Em Biologia, ecossistema é uma comunidade de organismos vivos interagindo entre si e com elementos não vivos no ambiente. Pense em plantas, animais e insetos, e como eles se movem no ar, na água e na terra. A soma é maior que suas partes: os ecossistemas são conjuntos diversificados de relações. Podemos ver as organizações e as pessoas que elas atendem de modo igual, como um todo, em vez de uma coleção de partes distintas.

O mapeamento do ecossistema se aplica ao que é chamado de *pensamento sistêmico* ou uma consideração de várias entidades em um ambiente complexo de modo global. Basicamente, pensamento sistêmico é um modo de ver as relações entre vários componentes em conjunto. Isso permite que as equipes identifiquem pontos de alavancagem, ou pontos que elas podem influenciar ou impactar para encontrar oportunidades de mudança e melhorias.

Por exemplo, com base no modelo da Figura 14-2, uma equipe poderia discutir sobre o papel dos padrões na saúde geral da pessoa e como ela poderia ter um impacto mais direto. Há uma excessiva simplificação intencional de cada aspecto no diagrama para conseguir focar as conexões entre eles, ao invés das complexidades em cada um.

Cornelius Rachieru, sócio-diretor na empresa de consultoria Ampli2de, Canadá, também fez um trabalho extenso com mapas do ecossistema e pensamento sistêmico em cenários comerciais e outros. Sua abordagem combina pensamento sistêmico e design thinking, ou solução criativa de problemas.

Os diagramas do ecossistema podem ter um ponto de vista distinto ou focar um aspecto do sistema em detrimento de outro. Racheriu aponta várias perspectivas diferentes que os mapas do ecossistema podem ter, inclusive ecossistemas de serviço, de dispositivo e de conteúdo, examinados nas próximas seções. Para conhecer outros detalhes sobre o processo de mapeamento do ecossistema de Rachieru, veja o estudo de caso no fim deste capítulo.

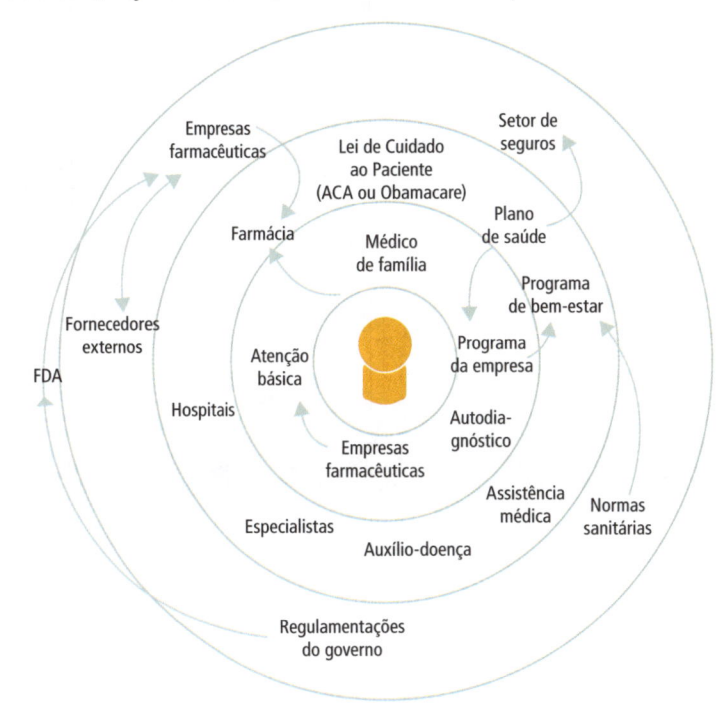

FIGURA 14-2. Um mapa do ecossistema fornece uma visão de alto nível das relações entre os elementos em um sistema maior.

FIGURA 14-3. Um mapa do ecossistema para compartilhar carros reflete interações em diferentes granularidades, desde a experiência no carro até carros na comunidade etc.

Ecossistemas do Serviço

Os diagramas do ecossistema de serviços focam as interações e os pontos de contato em um ambiente de serviço amplo. A intenção é entender os objetivos e as necessidades das pessoas no sistema, e como lhes fornecer um serviço melhor.

A Figura 14-3 mostra um exemplo de mapa do ecossistema que aparece no livro *Service Design* de Andy Polaine, Lavrans Løvlie e Ben Reason. É uma visualização de um serviço de compartilhamento de carros criado para a Fiat.

Cada "fatia" no diagrama representa uma consideração diferente no sistema; nesse caso, quem, o quê, onde, quando, como e por quê. Os círculos concêntricos refletem os diferentes níveis ou ordens de magnitude dos fatores envolvidos.

O centro do diagrama mostra a relação do motorista com o carro. Movendo-se para fora, as relações começam incluindo passageiros, outros carros, outros serviços, comunidades, a sociedade e a Terra. Tais diagramas permitem que as equipes vejam e discutam sobre as várias relações de modo concreto.

Kim Erwin, professora adjunta no Illinois Institute of Technology, Institute of Design, tem uma abordagem alternativa. Ela desenvolveu um formato com muitas informações chamado de *mapa de insights do consumidor*, descrito assim:

> *Os Mapas de Insight do Consumidor promovem um contato emocional com a pesquisa, exibem uma importante complexidade nas vidas dos consumidores e apoiam a persistência da voz do consumidor durante (e geralmente além) um processo de design... Os Mapas de Insight do Consumidor são designados a pegar a complexidade das vidas dos consumidores — ambições, atividades e ansiedades concisas, confusas e interconectadas que permeiam seus dias — e fazer um nivelamento para que possamos examiná-las mais sistematicamente.*[†]

A Figura 14-4 mostra um exemplo de mapa de insights do consumidor.

[†] Kim, Erwin, "Consumer Insight Maps: The Map as Story Platform in the Design Process", *Parsons Journal for Information Mapping* (inverno de 2011).

FIGURA 14-4. Os mapas de insight do consumidor coordenam vários tipos de conteúdo em uma única visão geral.

Segundo Erwin, o segredo da eficiência é o modo como as informações são organizadas. A técnica conta com os princípios dos mapas cartográficos mostrando as relações entre os tipos de informação.

Por exemplo, Erwin define diferentes *zonas* de informação, vistas na Figura 14-5 — mentalidade, atividades, ansiedades, atitudes e oportunidades de produtos. Em cada zona, subgrupos de informações fornecem aprimoramento e profundidade para a história geral contada pelo mapa.

O resultado é uma visão geral fácil de entender que expõe a diversidade de aspectos de uma experiência sem uma descrição supersimplificada. Lançando mão dos princípios da cartografia, os mapas de insight do consumidor apresentam informações no contexto, permitindo ao leitor orientar-se no território e consumir as informações nos níveis micro e macro, como desejado.

Em outro exemplo, o mapa na Figura 14-6 mostra uma combinação de modelo do ecossistema de serviços no topo, na forma de um mapa espacial, e uma jornada do cliente típica na parte inferior. Assim, uma equipe pode discutir as relações entre os diferentes elementos no sistema e ver como a experiência se desdobra ao longo do tempo.

Em geral, o mapeamento do ecossistema de serviços é uma abordagem ampla com poucos padrões ou regras a seguir. O objetivo é fornecer insight em uma rede de vários fatores para diminuir a complexidade e tomar decisões estratégicas.

ZONA VERDE
Estilo de vida e mentalidade

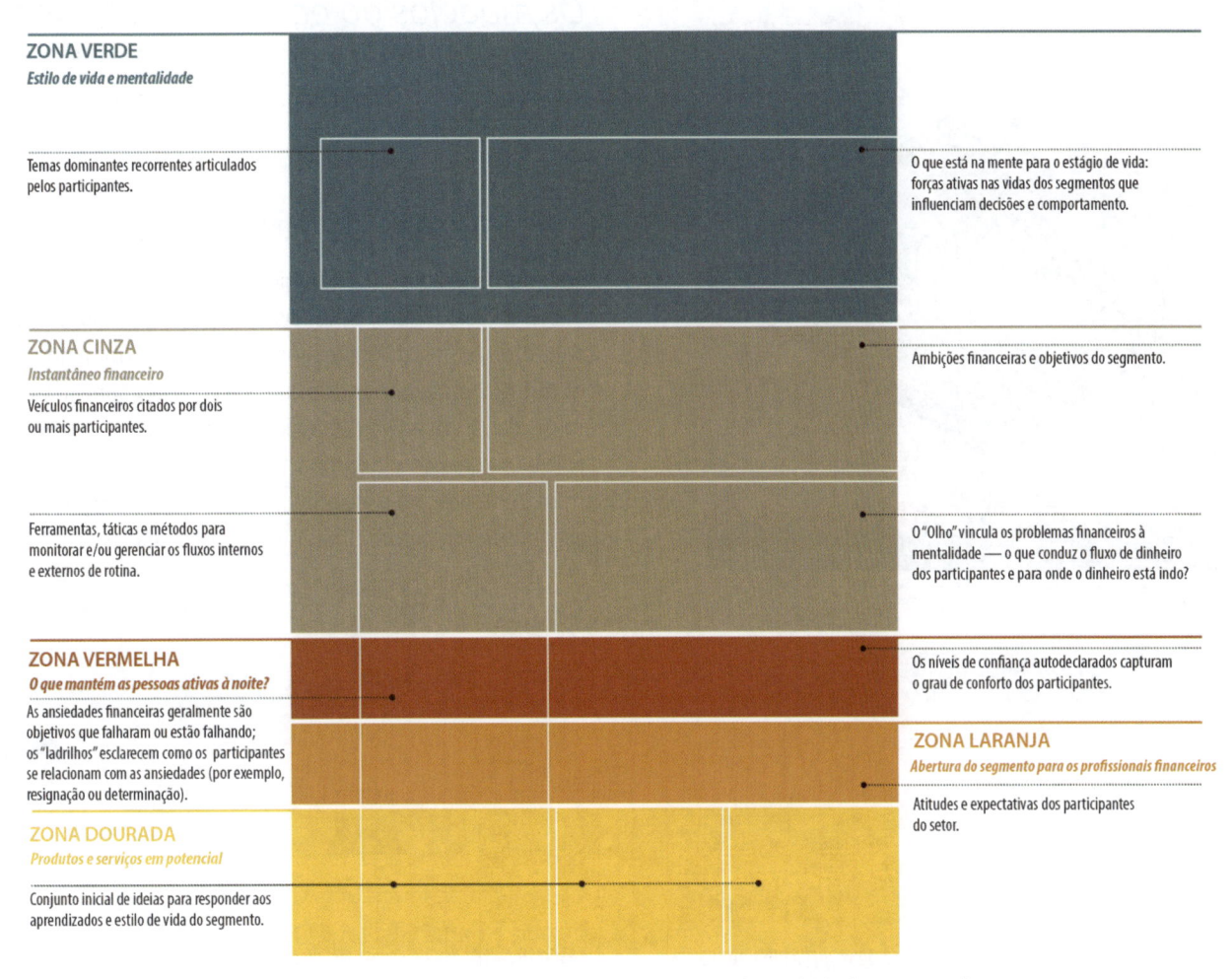

Temas dominantes recorrentes articulados pelos participantes.

O que está na mente para o estágio de vida: forças ativas nas vidas dos segmentos que influenciam decisões e comportamento.

ZONA CINZA
Instantâneo financeiro

Veículos financeiros citados por dois ou mais participantes.

Ambições financeiras e objetivos do segmento.

Ferramentas, táticas e métodos para monitorar e/ou gerenciar os fluxos internos e externos de rotina.

O "Olho" vincula os problemas financeiros à mentalidade — o que conduz o fluxo de dinheiro dos participantes e para onde o dinheiro está indo?

ZONA VERMELHA
O que mantém as pessoas ativas à noite?

As ansiedades financeiras geralmente são objetivos que falharam ou estão falhando; os "ladrilhos" esclarecem como os participantes se relacionam com as ansiedades (por exemplo, resignação ou determinação).

Os níveis de confiança autodeclarados capturam o grau de conforto dos participantes.

ZONA LARANJA
Abertura do segmento para os profissionais financeiros

Atitudes e expectativas dos participantes do setor.

ZONA DOURADA
Produtos e serviços em potencial

Conjunto inicial de ideias para responder aos aprendizados e estilo de vida do segmento.

FIGURA 14-5. O mapa de serviço do consumidor se baseia em diferentes categorias de conteúdo dispostas no diagrama como zonas.

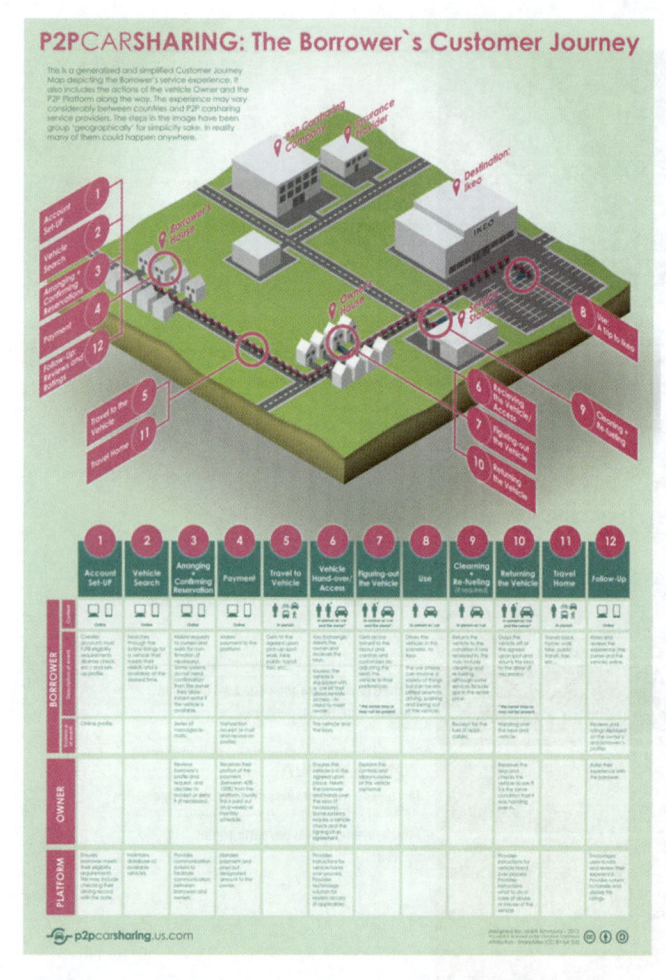

FIGURA 14-6. Mapa do ecossistema para serviço de compartilhamento de carro.

Os modelos do ecossistema fornecem uma estrutura para organizar e interconectar outros diagramas.

Ecossistemas de Dispositivos

Atualmente, é comum interagir com vários dispositivos em nosso cotidiano (veja Figura 14-7). Dois terços das pessoas compram online usando dispositivos, começando em um e terminando a transação em outro. Do mesmo modo, uma transação bancária pode iniciar em um celular, ir para um caixa eletrônico e terminar no computador. O uso de um serviço de compartilhamento de carro começa reservando um carro (talvez no notebook), vai para um leitor de cartão no veículo e termina com uma interação no celular.

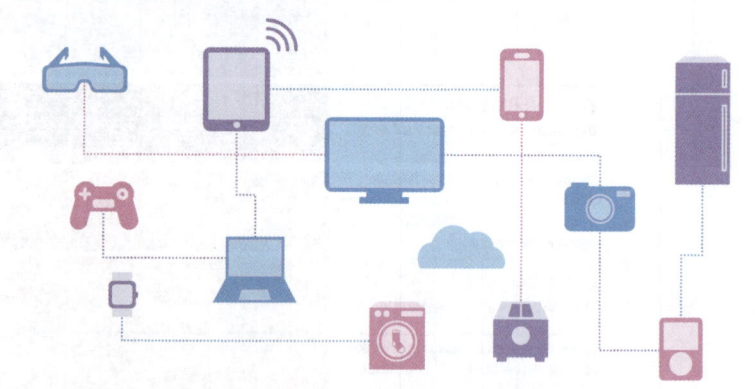

FIGURA 14-7. O sistema de dispositivos conectados está sempre crescendo, demandando cada vez mais clareza ao mapear as interações entre eles.

Embora o ideal é que sejam contínuas, na realidade nossas experiências costumam ser desconexas. As pessoas criam acessos alternativos, como enviar por e-mail para si mesmas URLs ou informações de captura na tela de um dispositivo para usar em outro. Por fim, os clientes perdem a paciência e os negócios perdem dinheiro possivelmente nas lacunas entre as experiências do dispositivo.

A nova oportunidade se trata menos de planejar pontos de contato individuais e mais de interações entre eles, sendo elas físicas, digitais, por voz ou não. Desse ponto de vista, a arquitetura do produto se torna a nova experiência do usuário ao interagir com diferentes pontos de contato do dispositivo de forma fluida.

E, conforme aumenta o número de dispositivos, fica cada vez mais difícil entender e planejar experiências coerentes. Derrubar os silos de dispositivos é um desafio comum para qualquer designer de ecossistema.

Mas há muitos fatores para equilibrar, e conseguir entendê-los ao mesmo tempo é fundamental. Wolfram Nagel, autor do livro *Multiscreen UX Design*, sugere que os designers foquem quatro elementos:

Dispositivos

Uma compreensão profunda do hardware e de seus recursos é necessária desde o começo.

Usuários

Você também deve estar ciente dos usuários e de seus objetivos e necessidades.

Contexto

O ambiente no qual um dispositivo é usado é essencial para o design do sistema.

Conteúdo

As informações devem ser modeladas e projetadas de tal modo que possam cruzar facilmente diferentes dispositivos e tamanhos de tela.

Para ver todos esses fatores ao mesmo tempo, Nagel recomenda visualizar a interação em uma matriz de pontos de contato, como na Figura 14-8. Esse exemplo mostra um dia na vida de uma persona, com todos os dispositivos e interações usados. É uma abordagem simples, mas eficiente, para ver o movimento entre as telas e as exigências do usuário necessárias em cada transição.

Uma alternativa é considerar como esses elementos se reúnem no Cloudwash, um protótipo experimental de máquina de lavar criado e reformulado pela Berg.[‡] O sistema integra vários serviços envolvidos na lavagem de roupas, como contatar um encanador, agendar o uso das máquinas de lavar e pedir detergente (Figura 14-9). A Berg não tem nenhuma participação direta nesses serviços, embora o sistema imaginado combine-os perfeitamente.

[‡] Veja Bruce Sterling, "'Cloudwash', the BERG Cloud-Connected Washing Machine", *Wired* (fev. 2014).

Matriz de pontos de contato
(daily routine | activities | environment | needs | media/service touchpoints)

Robert Sullivan
Digital pros

QUANDO?	Acordar 5:30	Cedo de manhã 6:00	Meio da manhã 7:30	Meio-dia 12:30	Tarde 15:00	Início da noite 19:30	Tarde da noite 20:30	Ir dormir 23:30
ATIVIDADE O QUÊ?	Getting up, showering	Having breakfast, reading newspaper, sometimes on the laptop	Working, meetings, organisation	Eating, having a break, privately surfing the Internet	Working, organisation, customer meetings	Working	Sport, meeting friends, watching a film, work-related events	Going to bed, reading
LOCAL ONDE?	Bedroom (bed), bath	Dining rooom (dining table)	Office (own and employee's desk, conference room)	Office (kitchen), bar (dining table), nature (park bench)	Office (desk, employee's workplace), at the customer	Office (desk)	Restaurant (dining table), event (podium, foyer), living room (sofa)	Bedroom (bed)
AMBIENTE ONDE?								
NECESSIDADES POR QUÊ? (POSITIVO/NEGATIVO)	Discipline, diligence, conscientiousness, efficiency, ambition	Order, diligence, efficiency, assurance, diligence, excellence, curiosity	Reliability, loyalty, assurance, diligence, responsibility, conscientiousness, excellence, power, influency, quality, status, trailblazer	Bon vivant, recreation, well-being, phantasy, dreaminess, friendship, curiosity	Reliability, order, diligence, conscientiousness, power, influency, excellence, quality, trailblazer	Conscientiousness, diligence, excellence, quality, order, willpower, acceptance, recognition, popularity, honour, ambition	Recreation, safety, variety, enjoyment, bon vivant, well-being, stimulation, relaxation, coziness, friendship, relatedness	Curiosity, trailblazer, phantasy, enjoyment, carefreeness, relaxation, stimulation
CANAL COM O QUÊ?								
DISPOSITIVO PONTO DE CONTATO COM O QUÊ?								

FIGURA 14-8. Uma matriz de pontos de contato pode ser usada para estudar o fluxo de interações e informações em diferentes dispositivos.

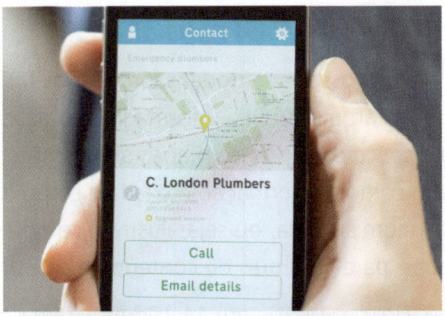

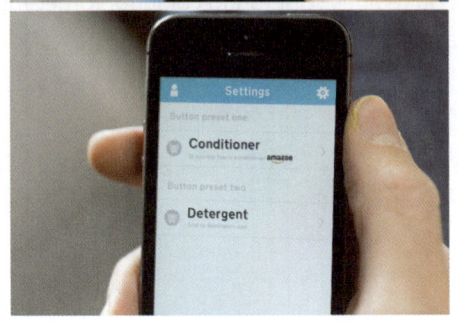

FIGURA 14-9. O Cloudwash integra vários serviços de diversos provedores (fotos de Timo Arnall, copyright da Berg).

A abordagem para o design de vários dispositivos pode variar segundo a situação. Em alguns casos, a intenção pode ser fornecer uma experiência uniforme entre os dispositivos. Em outros, pode haver experiências complementares que diferem entre eles. Quando aplicações, funções, tamanhos de tela, contexto e necessidades do usuário mudam, seu design também muda nos dispositivos.

Michal Levin fez um trabalho extenso com o design de vários dispositivos. Em seu livro *Designing Multi-Device Experiences*, ela aponta três abordagens distintas para criar experiências:

Consistente

Nesse caso, a mesma experiência básica é replicada entre os dispositivos, mantendo contexto, fluxo, estrutura e recursos essenciais o mais iguais possível. O Twitter é um bom exemplo: os layouts podem mudar nos diferentes tamanhos de tela, mas a experiência geral é uniforme nos dispositivos. Os usuários conseguem realizar todas as tarefas em qualquer dispositivo.

Contínua

Essa abordagem foca uma experiência passada entre os dispositivos, continuando uma atividade ou progredindo em sequência. Por exemplo, usando o Kindle Cloud Reader da Amazon, os clientes podem parar de ler em um dispositivo e continuar no mesmo ponto em outro.

Complementar

Nessa abordagem, os dispositivos se complementam, com diferentes experiências em cada um. O app Zipcar é um bom exemplo: embora acessar o zipcar.com em um notebook dê ao usuário acesso a muitas opções da conta e reserva, o app do celular oferece apenas um pequeno subconjunto, focado na experiência de dirigir. As opções são adaptadas ao dispositivo: existe até uma opção para tocar a buzina do carro no app do celular para encontrar um Zipcar estacionado, algo não disponível na experiência no navegador.

Existe uma oportunidade inexplorada nas lacunas entre os dispositivos. O design de vários dispositivos pode abrir muito potencial para a fidelidade do cliente e o crescimento comercial. Conforme essa tendência continua, a necessidade de visualizar as experiências na forma de diagramas só aumenta, lançando luz sobre um aspecto invisível do design.

As visualizações oferecem rapidez de compreensão e ajudam a chegar a conclusões estratégicas. Os mapas mostram as inter-relações em um ecossistema.

Ecossistemas do Conteúdo

Os modelos de um ecossistema podem fornecer os fundamentos da organização para a arquitetura da informação e o desenvolvimento da taxonomia. Especificamente, os mapas do ecossistema do conteúdo focam como a informação é criada e como ela flui entre as extremidades em um sistema, ou seja, ilustram como as informações serão vivenciadas, para criadores de conteúdo e consumidores.

Por exemplo, as Figuras 14-10a até 14-10d mostram uma série de diagramas criados por Paul Kahn, Julia Moisand Egea e Laurent Kling. Elas mostram o ecossistema da produção de conteúdo no Institut National de Recherche et de Sécurité (INRS), uma grande organização do governo francês.

Na Figura 14-10a, cada cobertura colorida representa um departamento diferente na organização, formando um diagrama básico. Os formatos do conteúdo e sistemas são colocados sobre as coberturas ou regiões com fundo colorido, fornecendo insight a partir de várias perspectivas.

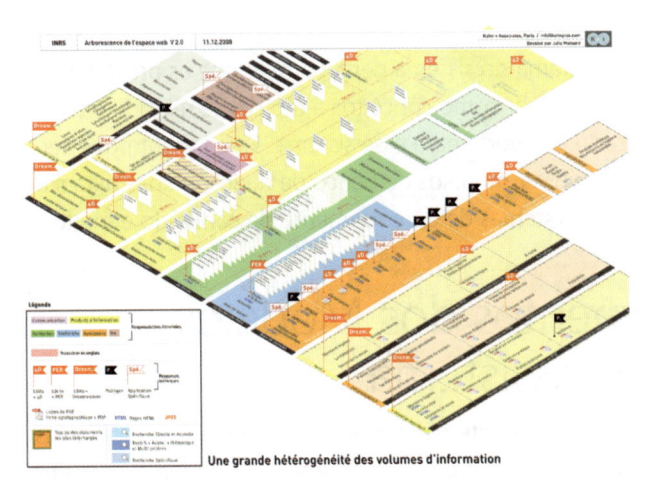

FIGURA 14-10a. O mapa básico da produção de conteúdo na organização.

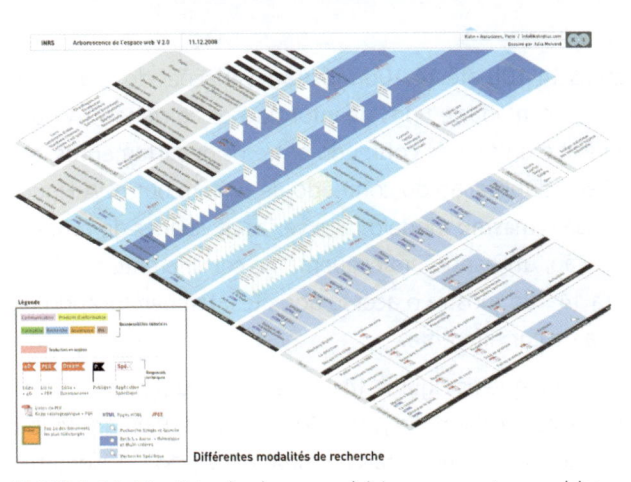

FIGURA 14-10c. Estendendo o mapa básico para mostrar os vários mecanismos de pesquisa e índices.

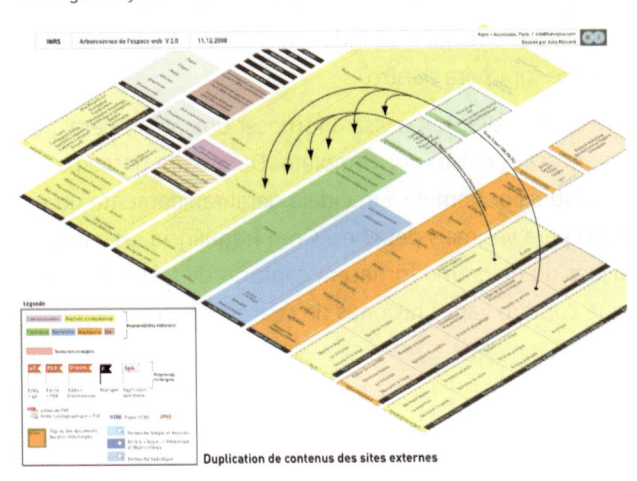

FIGURA 14-10b. As camadas mostrando a duplicação do conteúdo nos locais externos.

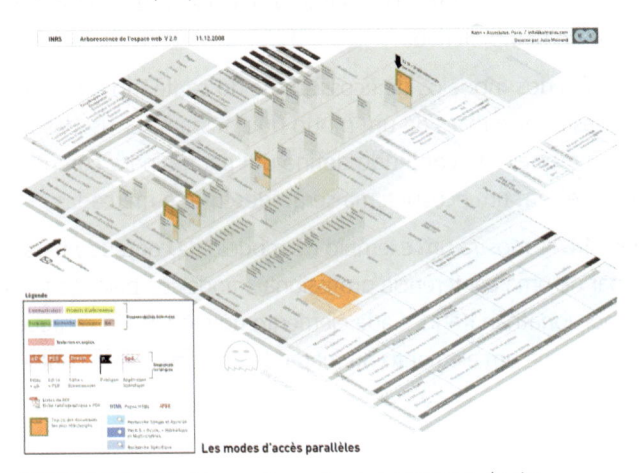

FIGURA 14-10d. Esta versão mostra que uma parte do site foi duplicada a fim de torná-lo disponível no Google para a indexação da pesquisa.

Mapas do Ecossistema

As Figuras 14-10b até 14-10d mostram variações do diagrama básico com camadas e tipos de informações adicionais. A Figura 14-10b exibe o fluxo de conteúdo entre os departamentos, em particular a duplicação do conteúdo de um em outro. A Figura 14-10c usa o mesmo modelo para ver as atividades de pesquisa na organização, utilizando um esquema de cor diferente no diagrama. A Figura 14-10d mostra o acesso aos sites, também usando um esquema de cor diferente.

Note também que as Figuras 14-10a até 14-10d representam um tipo de diagrama chamado *projeção isométrica*. É um método de ilustrar objetos tridimensionais em duas dimensões. A isometria é conseguida girando os ângulos nos quais os objetos aparecem no diagrama. Quando todos os ângulos lineares ficam iguais, uma sensação de plano é criada.

O propósito dos modelos de ecossistema do conteúdo é conseguir planejar as informações de um modo que possam ser usadas nas mídias. O modelo do conteúdo define um padrão para como as informações em um ecossistema serão descritas e marcadas.

A Figura 14-11 mostra um exemplo de modelo de conteúdo para participar de uma conferência profissional, modelada pelo diagrama criado por Jonathan Kahn. Cada elemento no modelo do conteúdo pode derivar de um elemento no mapa do ecossistema do conteúdo.

Ter um diagrama do sistema geral permite que os provedores entendam melhor como conceitos e tópicos se relacionam ao organizar o conteúdo para esse sistema. Esse insight pode ser usado para desenvolver modelos de banco de dados, mapas para sites, navegação, sistemas de gerenciamento de conteúdo e muito mais.

Elementos dos Modelos de Ecossistema

Os mapas do ecossistema comparam os modelos cronológicos e hierárquicos. Ao invés de mostrar uma linha do tempo ou uma escada de elementos, eles mostram a relação e as ideias por meio de uma organização em rede. Os insights vêm do layout espacial das informações, por exemplo, usando anéis concêntricos para mostrar a prioridade de fora para dentro.

Um modelo de ecossistema visa a fornecer uma visão geral para que o sistema possa ser visto por completo. Dando um passo para trás, os observadores podem ter uma ideia geral rapidamente ou ampliar uma seção para ver mais detalhes. Com frequência, as camadas ou as variações do diagrama fornecem capturas de tela diferentes das ideias que contam várias histórias de criação do valor.

LOCAL
nome
endereço
URL
[...]

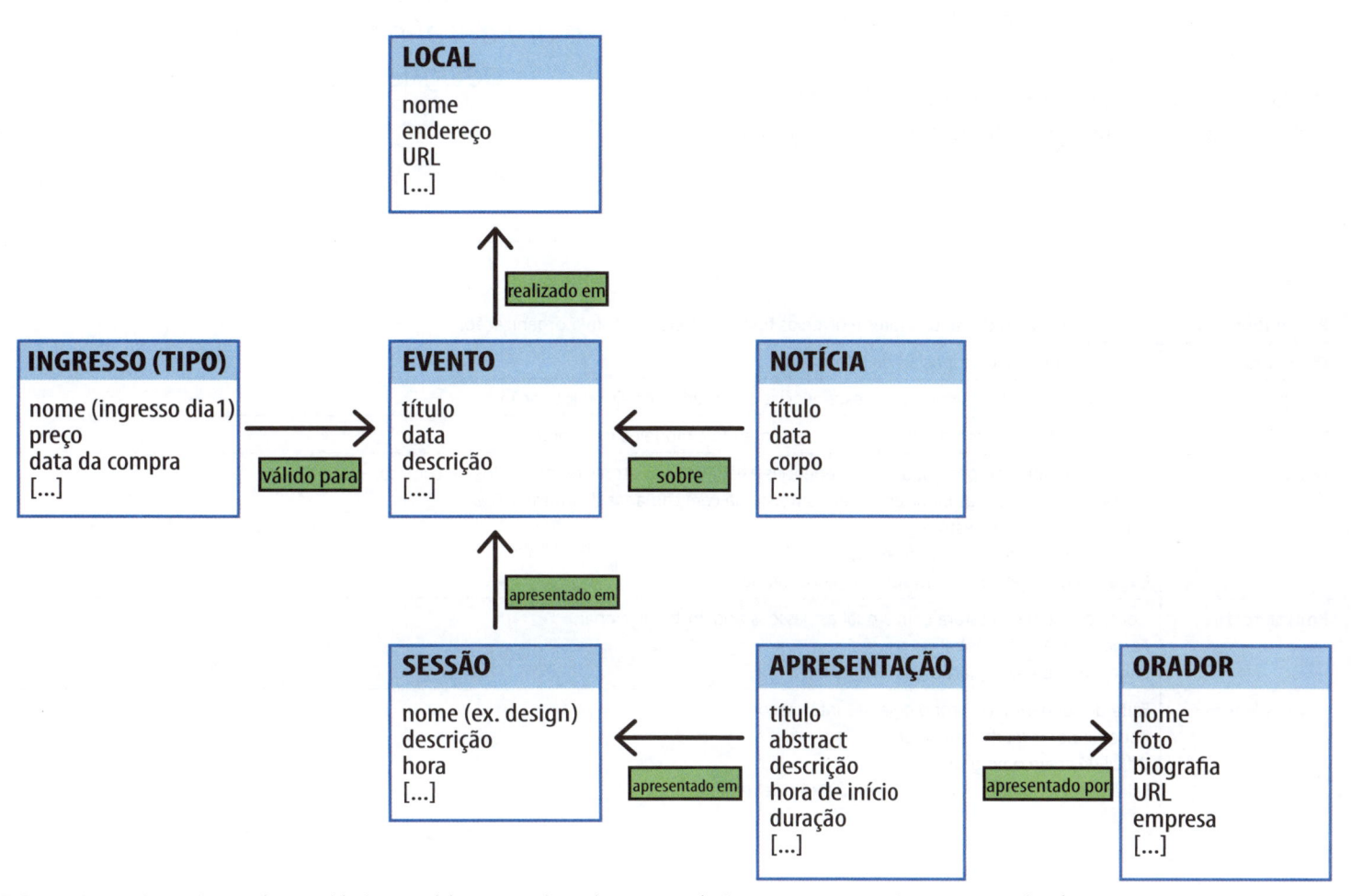

↑ realizado em

INGRESSO (TIPO)
nome (ingresso dia1)
preço
data da compra
[...]

→ válido para

EVENTO
título
data
descrição
[...]

← sobre

NOTÍCIA
título
data
corpo
[...]

↑ apresentado em

SESSÃO
nome (ex. design)
descrição
hora
[...]

← apresentado em

APRESENTAÇÃO
título
abstract
descrição
hora de início
duração
[...]

→ apresentado por

ORADOR
nome
foto
biografia
URL
empresa
[...]

FIGURA 14-11. O ecossistema do conteúdo é um modelo conceitual que descreve as relações entre pessoas e coisas no sistema da informação.

Elementos dos Modelos de Ecossistema

Os elementos essenciais são entidades, podendo ser atores, objetos físicos ou conteúdo, e as relações entre eles. O objetivo é mostrar o fluxo de valor de um ponto a outro.

A Tabela 14-1 resume os principais aspectos que definem os modelos do ecossistema usando a estrutura descrita no Capítulo 2.

Derrubar os silos de dispositivos é um desafio comum para qualquer designer de ecossistema.

TABELA 14-1. Um resumo das principais dimensões dos mapas de ecossistema.

Ponto de vista	Inclui perspectivas de vários atores e diversos tipos de interação com a organização.
Estrutura	Exibições em rede ou espaciais da informação.
Escopo	Global, capturando elementos das experiências em diversos níveis de interação.
Foco	Foca várias relações entre atores, objetivos, conteúdo e modelos de interação.
Usos	Tem uma ampla compreensão das experiências existentes nos atores e nos pontos de contato. Destaca as lacunas e as ineficiências em um sistema com camadas de informações. Cria e compreende a estratégia. Inova com experiências significativas. Organiza os objetivos de um sistema de conteúdo.
Pontos fortes	Conta com uma metáfora com a qual as pessoas podem se relacionar. Fornece uma visão global. Engajamento e adequação para workshops.
Pontos fracos	Falta de sequência ou cronologia das informações. Pode demorar muito para criar. Difícil de criar como grupo. Falta detalhe, omite indicação de emoções e sentimentos.

Mais Leitura

Michal Levin, *Designing Multi-Device Experiences* (O'Reilly, 2014)

Esse livro completo é dedicado a entender o ecossistema de dispositivos ao planejar experiências em vários canais. Ele foca bastante a experiência em dispositivos móveis, mas não às custas de outros modos, como PCs, TVs e outros.

Kim Erwin, "Consumer Insight Maps: The Map as Story Platform in the Design Process", *Parsons Journal for Information Mapping* (inverno de 2011)

A professora Erwin apresenta uma técnica que descreve diretamente a estrutura previsível dos mapas geográficos, chamada de mapa de insights do consumidor. Essa estrutura ajuda as equipes a entender as experiências de uma maneira direta e imediata. Ela foca quatro aspectos dos mapas cartográficos a incorporar nas visualizações: zonas, elevações, topografias e blueprints. A combinação espacial das informações resulta em uma plataforma para entregar histórias visuais poderosas para diversos stakeholders.

Sofia Hussain, "Designing Digital Strategies, Part 1: Cartography", *UX Booth* (fev. 2014)

Sofia Hussain, "Designing Digital Strategies, Part 2: Connected User Experiences", *UX Booth* (jan. 2015)

Nesses dois artigos, a especialista em design Sofia Hussain analisa as abordagens dos ecossistemas de mapeamento. Ela favorece os diagramas circulares que se afastam da representação da cronologia linear, da esquerda para a direita. O foco em comportamentos e motivações lembra os diagramas do modelo mental de Young. Os mapas de Hussein são muito compactos e apresentam uma visão geral clara e imediata.

Criando um Mapa do Ecossistema de Serviços do Zero

Cornelius Rachieru

ESTUDO DE CASO

O mapeamento do ecossistema de serviços visualiza desafios comerciais complexos, permitindo que os estrategistas encontrem soluções junto com os stakeholders. A abordagem independe do domínio e encoraja o uso de qualquer dado relevante que possa lançar luz sobre o problema a ser resolvido.

Esse processo foi usado com sucesso há alguns anos pela minha empresa, Ampli2de Inc. (*ampli2de.com*), uma consultoria de design estratégico no Canadá. O método combina técnicas do design thinking e do pensamento sistêmico, integrando aspectos de abordagens anteriores e leituras de Rosalind Armson, Peter Checkland, Russell Ackoff, Sofia Hussain e Jim Kalbach.

Nosso processo reflete uma abordagem de baixo para cima em duas fases, cada uma com três etapas.

Fase 1: Pesquisa e Definição

Começamos com, pelo menos, duas semanas de pesquisa no espaço do problema. Isso inclui não só uma pesquisa do usuário, como também uma pesquisa da concorrência no setor vertical, junto com uma pesquisa de mercado ocasional.

Depois, começamos a esboçar um bom cenário do ecossistema. É importante manter uma baixa fidelidade conforme os dados são coletados para permitir iterações e ajustes no processo.

Terceiro, identificamos os atores primário e secundário. Para o mapeamento do ecossistema de serviços, atores humanos e não humanos são considerados. A Figura 14-12 mostra um esboço dessas três primeiras etapas para um mapa do ecossistema em torno da "aposentadoria".

Fase 2: Síntese e Exploração Visual

Na fase seguinte, aplicamos técnicas do pensamento sistêmico para criar um mapa do ecossistema. Isso começa com uma subcamada de serviços da perspectiva do ator primário. Usando as práticas jobs to be done (JTBD), mapeamos seus objetivos para cada grupo de serviços no modelo, como na Figura 14-13. Os JTBD se tornam as unidades de análise principais no ecossistema de serviços, refletindo quais necessidades devem ter suporte do provedor a partir da perspectiva da pessoa.

Então é possível expandir a área de foco identificando grupos adicionais. São considerados serviços secundários, mas são importantes para o modelo geral a fim de entender o ecossistema de forma global. A Figura 14-14 mostra como investigamos mais os grupos de interesse além do modelo básico de objetivos primários.

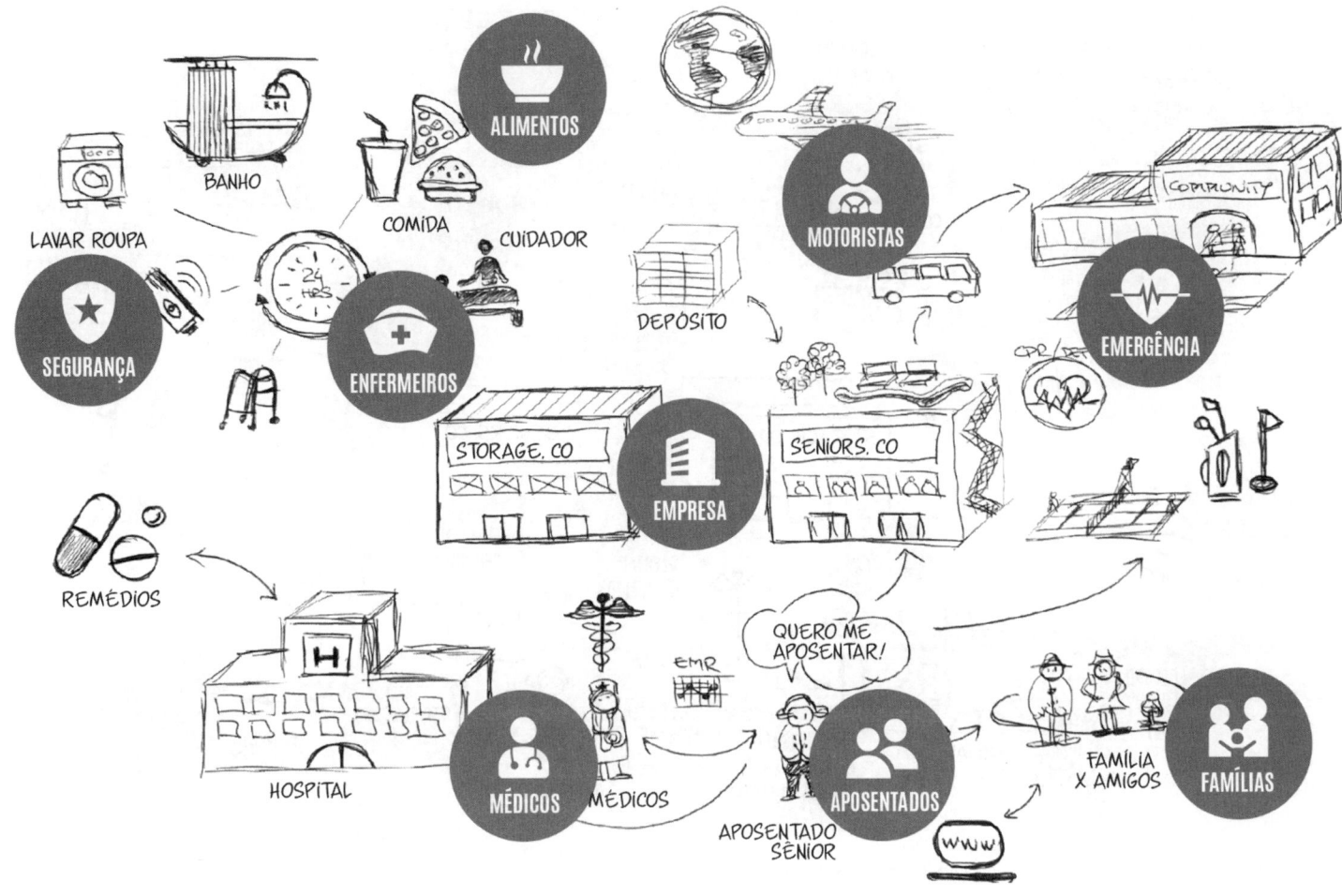

FIGURA 14-12. A modelagem do ecossistema começa com pesquisa e um esboço inicial das entidades e dos atores no sistema.

Estudo de Caso • Criando um Mapa do Ecossistema de Serviços do Zero

ESTUDO DE CASO

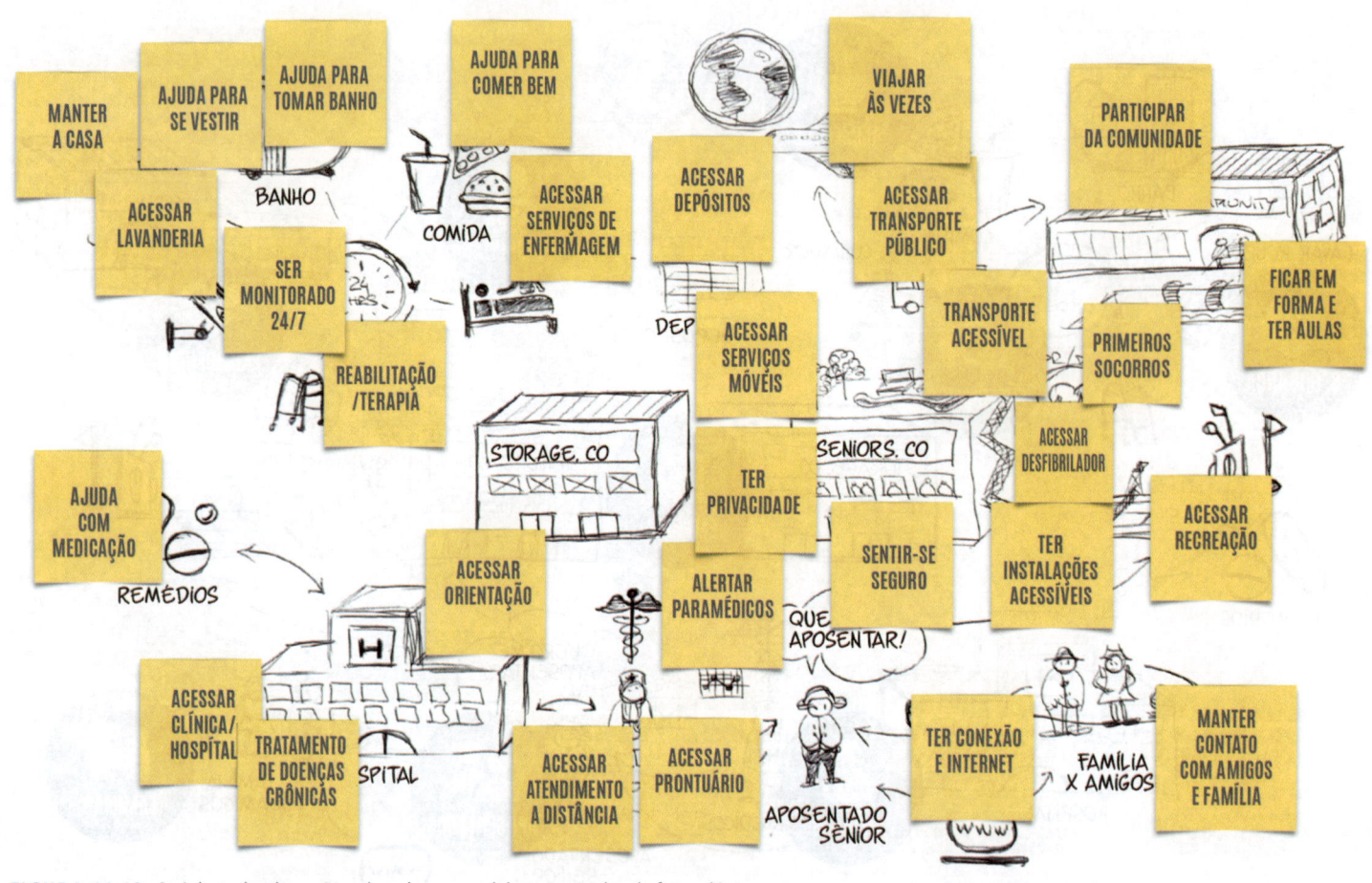

FIGURA 14-13. Os jobs to be done são colocados no modelo e agrupados de forma lógica.

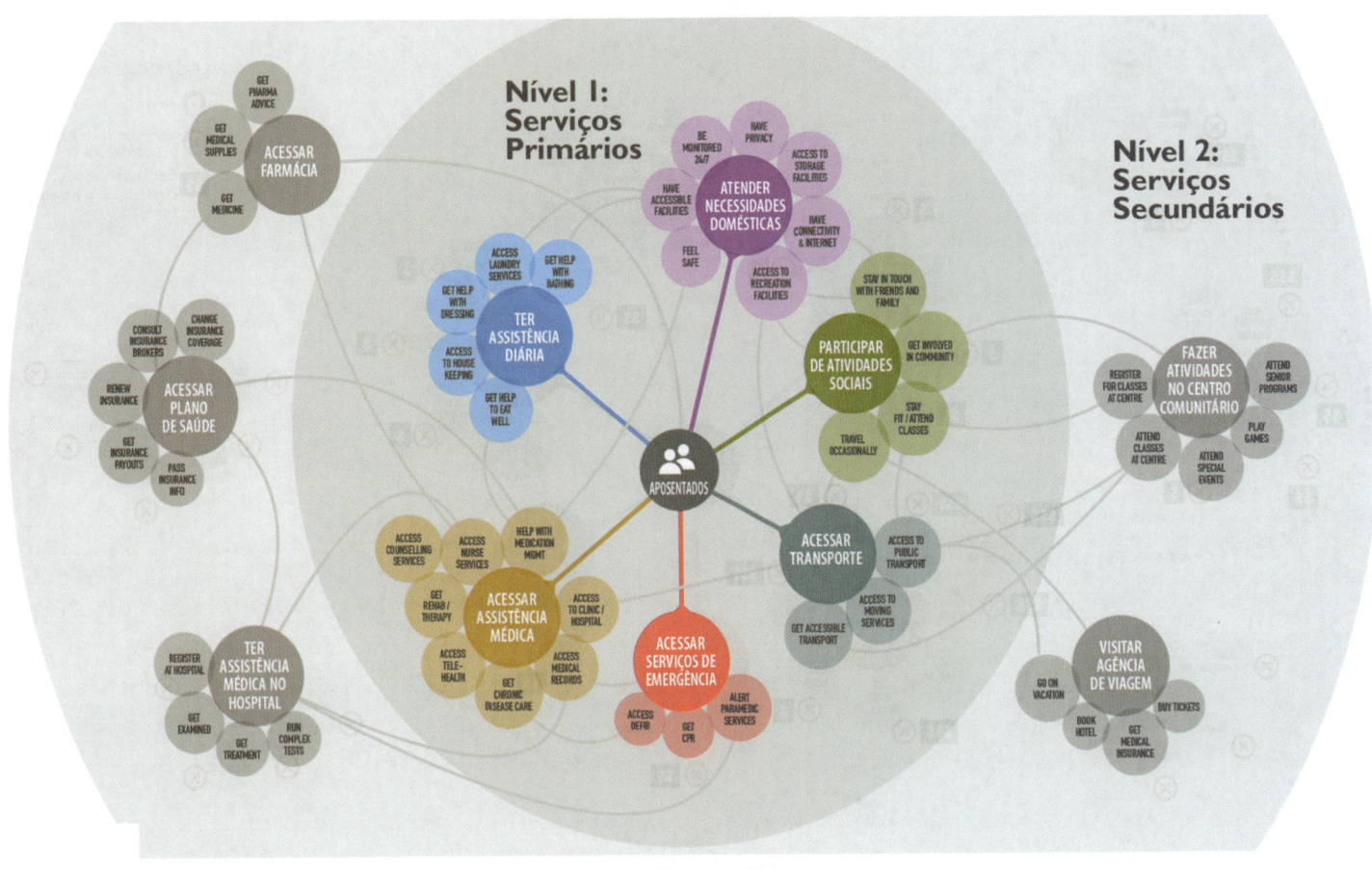

FIGURA 14-14. Estenda o modelo de ecossistemas para incluir grupos de serviços secundários.

Estudo de Caso • Criando um Mapa do Ecossistema de Serviços do Zero

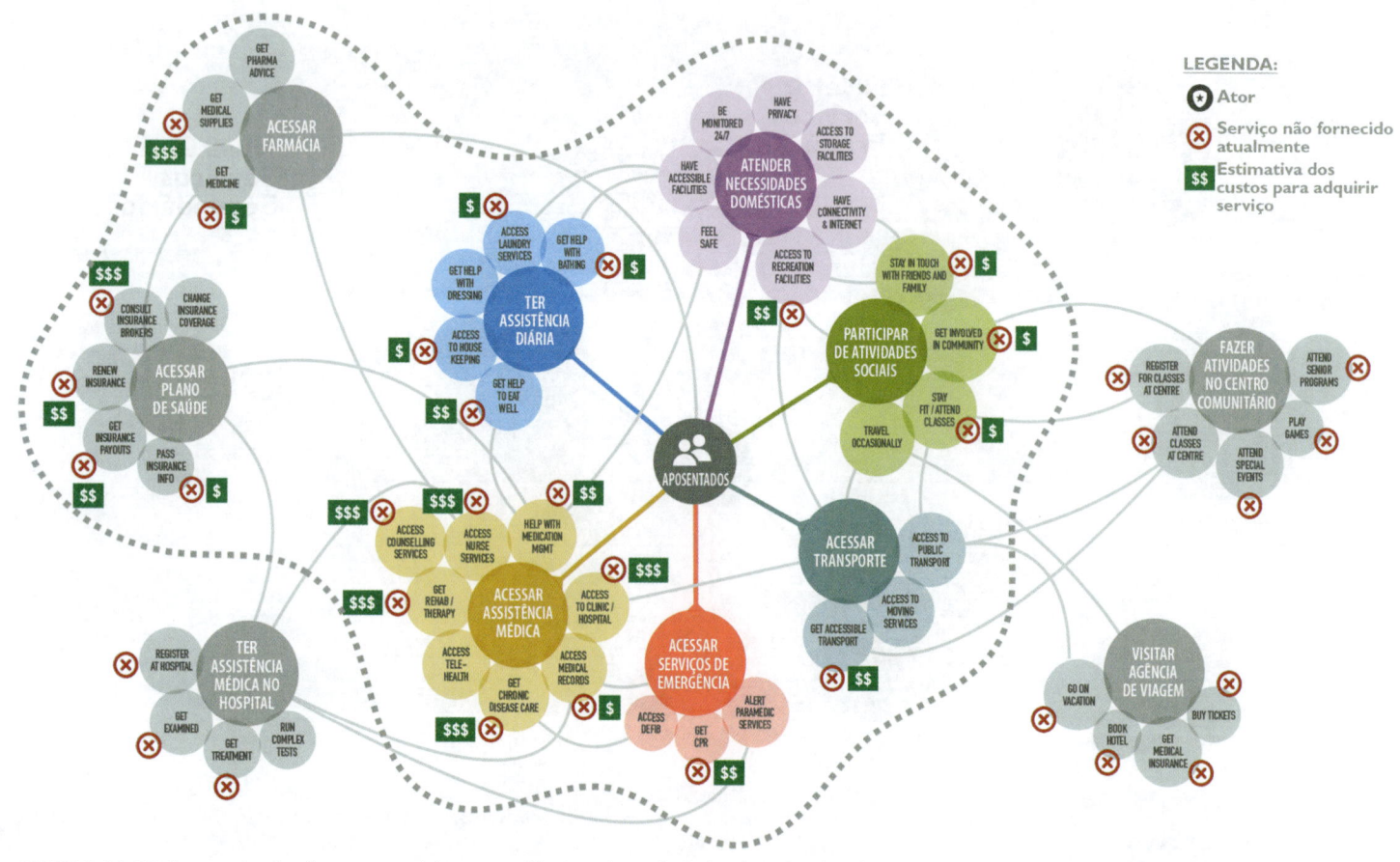

FIGURA 14-15. As camadas dos fatores estratégicos a considerar, ou lente de dados, fornecem insight para oportunidades e pontos de intervenção.

400   CAPÍTULO 14 Modelos de Ecossistema

Os ecossistemas de serviço têm um escopo amplo. O provedor de serviço deve colocar limites para o que considerar nas futuras iniciativas. Desenhar uma linha em torno das áreas de serviço no diagrama limita o foco dos esforços subsequentes de forma estratégica.

A última etapa, e a mais importante, consiste em escolher e equilibrar os vários dados ou os fatores mais relevantes para o negócio e para a situação. Por exemplo, no mapa do ecossistema de exemplo para aposentados, focamos as lacunas no fornecimento do serviço (em vermelho na Figura 14-15) e o custo para adquirir o serviço (em verde). Nesse caso, os provedores de serviço podem decidir estrategicamente quais lacunas preencher com base no custo da entrega.

O segredo é recuar e considerar várias áreas na organização: estratégia comercial, gerenciamento de risco da empresa, RH, diversidade, produto e outros. Contar apenas com dados conhecidos pode fazer com que você perca oportunidades estratégicas. Também lembre-se de que podem ser aplicadas diversas camadas de dados, cada uma resultando em uma visão única das oportunidades no ecossistema de serviços.

Por fim, terminamos o processo de mapeamento do ecossistema com um workshop. Armada com um mapa robusto do ecossistema baseado em pesquisa, a equipe conseguiu facilitar várias conversas para esclarecer a estratégia dos stakeholders. Em geral, são sessões de um dia com atividades estruturadas que encorajam debates e interação em um grupo diversificado de stakeholders.

Sobre o Colaborador

Cornelius Rachieru é sócio-diretor da Ampli2de Inc., fundador e copresidente da CanUX, a principal conferência UX do Canadá. Ele é chefe de design de serviço e do espaço de design da experiência, com quase 20 anos de estrada, colocando a necessidade humana no centro do design. Cornelius ensina e escreve sobre mapeamento do ecossistema há anos, sendo um formador de opinião reconhecido sobre o assunto.

Créditos dos Diagramas e das Imagens

Figura 14-2: Diagrama do ecossistema de Chris Risdon e Patrick Quatelbaum em seu livro *Orchestrating Experiences*, usado com permissão.

Figura 14-3: Diagrama do ecossistema de Andy Polaine, Lavrans Løvlie e Ben Reason no livro *Service Design*, usado com permissão.

Figuras 14-4 e 14-5: Mapas de insight do consumidor e modelo de Kim Erwin, aparecendo originalmente em seu artigo "Consumer Insight Maps: The Map as Story Platform in the Design Process", usado com permissão.

Figura 14-6: Diagrama criado por Mark Simmons e Aaron Lewis, CC BY-SA 3.0, usado com permissão.

Figura 14-8: Exemplo de matriz de pontos de contato do dispositivo criada por Wolfram Nagel em seu livro *Multiscreen UX Design*, usado com permissão.

Figura 14-9: Fotos do protótipo Cloudwash de Timo Arnall, copyright da Berg, usadas com permissão (obrigado a Sofia Hussain por indicar o exemplo em sua apresentação na conferência UX STRAT de 2014).

Figuras 14-10a até 14-10d: Mapas isométricos criados por Paul Kahn, Julia Moisand Egea e Laurent Kling, aparecendo originalmente no artigo "Patterns That Connect: The Value of Mapping Complex Data Networks" de Kahn and Moisand, usados com permissão.

Figura 14-11: Modelo de conteúdo baseado em um exemplo criado originalmente por Jonathan Kahn.

Figuras 14-12 até 14-15: Exemplos de um modelo de ecossistema em estágios diferentes criados por Cornelius Rachieru, usados com permissão.

Referências

12totu. "SteveJobs CustomerExperience" (out. 2015) https://www.youtube.com/watch?v=r2O5qKZll50

Abilla, Pete. "Lean Service: Customer Value and Don't Waste the Customer's Time", Schmula.com (jun. 2010) http://www.shmula.com/lean-consumption-dont-waste-the-customers-time/2760

Anthony, Scott, Mark Johnson, Joseph Sinfield e Elizabeth Altman. *The Innovator's Guide to Growth* (Harvard Business Press, 2008)

Banfield, Richard, C. Todd Lombardo e Trace Wax. *Design Sprint: A Practical Guidebook for Building Great Digital Products* (O'Reilly, 2015)

Berkun, Scott. *The Myths of Innovation* (O'Reilly, 2007)

Bernardo, Diego. "Agitation and Elation [in the User Experience]" (jan. 2013) https://diegobernardo.com/2013/01/05/agitation-elation-in-the-user-experience

Berners-Lee, Tim, James Hendler e Ora Lassila. "The Semantic Web", *Scientific American* (maio 2001) https://www.scientificamerican.com/article/the-semantic-web

Bettencourt, Lance e Anthony W. Ulwick. "The Customer-Centered Innovation Map", *Harvard Business Review* (maio 2008) https://hbr.org/2008/05/the-customer-centered-innovation-map

Beyer, Hugh e Karen Holtzblatt. *Contextual Design* (Morgan Kaufmann, 1997)

Bitner, Mary Jo, Amy L. Ostrom e Felicia N. Morgan. "Service Blueprinting: A Practical Technique for Service Innovation", Documento de Trabalho, Center for Leadership Services, Arizona State University (2007) https://er.educause.edu/-/media/files/article-downloads/erm1266.pdf

Bodine, Kerry. "How to Map Your Customer Experience Ecosystem", Forrester Reports (maio 2013) https://www.slideshare.net/AlexIlorens/how-to-map-your-customer-experience-ecosystem

Bodine, Kerry. "The State of Journey Managers" (2018) https://kerrybodine.com/product/journey-manager-report

Booz and Company. "Executives Say They're Pulled in Too Many Directions and That Their Company's Capabilities Don't Support Their Strategy" (fev. 2011) https://www.globenewswire.com/news-release/2011/01/18/1209299/0/en/Executives-Say-They-re-Pulled-in-Too-Many-Directions-and-That-Their-Company-s-Capabilities-Don-t-Support-Their-Strategy-According-to-Booz-amp-Company-Survey.html

Bringhurst, Robert. *The Elements of Typographic Style*, 3ª ed. (Hartley & Marks, 2008)

British Standards Institution. "BS 7000-3:1994 Design Management Systems. Guide to Managing Service Design" (1994)

Brown, David. "Supermodeler: Hugh Dubberly", *GAIN: AIGA Journal of Design for the Network Economy* (maio 2000) *http://www.aiga.org/supermodeler-hugh-dubberly*

Brown, Tim. *Change by Design: How Design Thinking Transforms Organizations and Inspires Innovation* (HarperBusiness, 2009)

Browne, Jonathan, com John Dalton e Carla O'Connor. "Case Study: Emirates Uses Customer Journey Maps to Keep the Brand on Course", Forrester Reports (2013) *https://docplayer.net/35789295-Case-study-emirates-uses-customer-journey-maps-to-keep-the-brand-on-course.html*

Brugnoli, Gianluca. "Connecting the Dots of User Experience", *Journal of Information Architecture* (abr. 2009) *http://journalofia.org/volume1/issue1/02-brugnoli/jofia-0101-02-brugnoli.pdf*

Business Roundtable. "Business Roundtable Redefines the Purpose of a Corporation to Promote 'An Economy That Serves All Americans'" (ago. 2019) *https://www.businessroundtable.org/business-roundtable-redefines-the-purpose-of-a-corporation-to-promote-an-economy-that-serves-all-americans*

Carbone, Lewis P. e Stephan H. Haeckel. "Engineering Customer Experiences", *Marketing Management* (jan. 1994) *https://www.researchgate.net/publication/265031917_Engineering_Customer_Experiences*

Card, Stuart, Jock Mackinlay e Ben Shneiderman (Eds.). *Readings in Information Visualization: Using Vision to Think* (Morgan Kaufmann, 1999)

Carlzon, Jan. *Moments of Truth* (Reed Business, 1987)

Charan, Ram. *What the Customer Wants You to Know* (Portfolio, 2007)

Christensen, Clayton. *The Innovator's Dilemma* (Harvard Business Press, 1997)

Christensen, Clayton. *The Innovator's Solution* (Harvard Business School Press, 2003)

Christensen, Clayton, Scott Cook e Taddy Hall. "Marketing Malpractice: The Cause and the Cure", *Harvard Business Review* (dez. 2005) *https://hbr.org/2005/12/marketing-malpractice-the-cause-and-the-cure*

Christensen, Clayton e Derek van Beyer. "The Capitalist's Dilemma", *Harvard Business Review* (jun. 2014) *https://hbr.org/2014/06/the-capitalists-dilemma*

Claro Partners. "A Guide to Succeeding in the Internet of Things" (2014) *https://www.slideshare.net/claropartners/a-guide-to-succeeding-in-the-internet-of-things*

Clatworthy, Simon David. *The Experience-Centric Organization: How to Win Through Customer Experience* (O'Reilly, 2019)

Colley, Russell. *Defining Advertising Goals for Measured Advertising Results* (Association of National Advertisers, 1961)

Constable, Giff. *Talking to Humans: Success Starts with Understanding Your Customers* (editado pelo autor, 2014)

Constantine, Larry. "Essential Modeling: Use Cases for User Interfaces", *ACM Interactions* (abr. 1995)

Cooper, Alan. About Face 2.0: The Essentials of Interaction Design (Wiley, 2003)

Court, David, Dave Elzinga, Susan Mulder e Ole Jørgen Vetvik. "The Consumer Decision Journey", *McKinsey Quarterly* (jun. 2009) *http://www.mckinsey.com/insights/marketing_sales/the_consumer_decision_journey*

Craik, Kenneth. *The Nature of Explanation* (Cambridge University Press, 1943)

Danielson, David. "Transitional Volatility in Web Navigation", *IT & Society* (jan. 2003) https://pdfs.semanticscholar.org/87af/8d464f206fe86b2c9b29a2937849474c1112.pdf

Denning, Steve. "The Copernican Revolution in Management", *Forbes* (2013) http://www.forbes.com/sites/stevedenning/2013/07/11/the-copernician-revolution-in-management

Denning, Steve. "Why Building a Better Mousetrap Doesn't Work Anymore", *Forbes* (fev. 2014) http://onforb.es/1SzZdPZ

Diller, Steve, Nathan Shedroff e Darrel Rhea. *Making Meaning: How Successful Businesses Deliver Meaningful Customer Experiences* (New Riders, 2005)

Drucker, Peter. *The Practice of Management* (Harper and Brothers, 1954)

Dubberly, Hugh. "A System Perspective on Design Practice" [conversa por vídeo na Carnegie Melon] (2012) http://vimeo.com/51132200

Edelman, David C. "Branding in the Digital Age: You're Spending Your Money in All the Wrong Places", *Harvard Business Review* (dez. 2010) https://hbr.org/2010/12/branding-in-the-digital-age-youre-spending-your-money-in-all-the-wrong-places

Ellen MacArthur Foundation and IDEO. *The Circular Design Guide* (2017) https://www.circulardesignguide.com

Ensley, Michael. "Going Green", blog PureStone Partners (jun. 2009) http://purestonepartners.com/2009/06/17/going-green

Ertel, Chris e Lisa Kay Solomon. *Moments of Impact: How to Design Strategic Conversations That Accelerate Change* (Simon & Schuster, 2014)

Erwin, Kim. "Consumer Insight Maps: The Map as Story Platform in the Design Process", *Parsons Journal for Information Mapping* (inverno de 2011) https://www.academia.edu/1264057/Consumer_insight_maps_the_map_as_story_platform_in_the_design_process

Flom, Joel. "The Value of Customer Journey Maps: A UX Designer's Personal Journey", UXmatters (set. 2011) http://www.uxmatters.com/mt/archives/2011/09/the-value-of-customer-journey-maps-a-ux-designers-personal-journey.php

Flowers, Erik e Megan Miller. "Practical Service Design" [site]. http://www.practicalservicedesign.com

Frishberg, Leo e Charles Lambdin. *Presumptive Design: Design Provocations for Innovation* (Morgan Kaufmann, 2015)

Frishberg, Leo e Charles Lambdin. "Presumptive Design: Design Research Through the Looking Glass", UXmatters (ago. 2015) https://www.uxmatters.com/mt/archives/2015/08/presumptive-design-design-research-through-the-looking-glass.php

Fullenwinder, Kyla. "How Citizen-Centered Design Is Changing the Ways the Government Serves the People", *Fast Company* (jul. 2016) https://www.fastcompany.com/3062003/how-citizen-centered-design-is-changing-the-ways-the-government-serves-the-people

Furr, Nathan e Jeff Dyer. *The Innovator's Method* (Harvard Business Review Press, 2014)

Gary, Loren. "Dow Corning's Big Pricing Gamble", *Strategy & Innovation* (mar. 2005) https://hbswk.hbs.edu/archive/dow-corning-s-big-pricing-gamble

Geertz, Clifford. "Thick Description: Toward an Interpretive Theory of Culture", em *The Interpretation of Cultures: Selected Essays* (Basic Books, 1973)

Gibbons, Sarah. "Journey Mapping 101", NN/g blog (dez. 2019) https://www.nngroup.com/articles/journey-mapping-101

Golub, Harvey, Jane Henry, John L. Forbis, Nitin T. Mehta, Michael J. Lanning, Edward G. Michaels e Kenichi Ohmae. "Delivering Value to Customers", *McKinsey Quarterly* (jun. 2000) http://www.mckinsey.com/insights/strategy/delivering_value_to_customers

Gothelf, Jeff, com Josh Seiden. *Lean UX: Designing Great Products with Agile Teams* (O'Reilly, 2013)

Gray, Dave, Sunni Brown e James Macanufo. *Gamestorming: A Playbook for Innovators, Rulebreakers, and Changemakers* (O'Reilly, 2010)

Grocki, Megan. "How to Create a Customer Journey Map", UX Mastery (set. 2014) http://uxmastery.com/how-to-create-a-customer-journey-map

Harrington, Richard e Anthony Tjan. "Transforming Strategy One Customer at a Time", *Harvard Business Review* (mar. 2008) https://hbr.org/2008/03/transforming-strategy-one-customer-at-a-time

Hobson, Kersty e Nicholas Lynch. "Diversifying and De-Growing the Circular Economy: Radical Social Transformation in a Resource-Scarce World", *Futures* (set. 2016) https://doi.org/10.1016/j.futures.2016.05.012

Hohmann, Luke. *Innovation Games: Creating Breakthrough Products Through Collaborative Play* (Addison-Wesley, 2006)

Holtzblatt, Karen, Jessamyn Burns Wendell e Shelley Wood. *Rapid Contextual Design: A How-to Guide to Key Techniques for User-Centered Design* (Morgan Kaufmann, 2004)

Hoober, Steven e Eric Berkman. *Designing Mobile Interfaces: Patterns for Interaction Design* (O'Reilly, 2011)

Hubert, Lis e Donna Lichaw. "Storymapping: A MacGyver Approach to Content Strategy, Part 2", UXmatters (mar. 2014) http://www.uxmatters.com/mt/archives/2014/03/storymapping-a-macgyver-approach-to-content-strategy-part-2.php

Hussain, Sofia. "Designing Digital Strategies, Part 1: Cartography", UX Booth (fev. 2014) http://www.uxbooth.com/articles/designing-digital-strategies-part-1-cartography

Hussain, Sofia. "Designing Digital Strategies, Part 2: Connected User Experiences", UX Booth (jan. 2015) http://www.uxbooth.com/articles/designing-digital-strategies-part-2-connected-user-experiences

Jenkins, John R. G. *Marketing and Customer Behaviour* (Pergamon Press, 1971)

Johnson-Laird, Philip N. *Mental Models: Towards a Cognitive Science of Language, Inference, and Consciousness* (Harvard University Press, 1983)

Jones, Phil. *Strategy Mapping for Learning Organizations: Building Agility into Your Balanced Scorecard* (Rutledge, 2016)

Kahn, Paul e Julia Moisand. "Patterns That Connect: The Value of Mapping Complex Data Networks", *Information Design Journal* (dez. 2009) https://www.researchgate.net/publication/233704486_Patterns_that_connect_The_value_of_mapping_complex_data_networks

Kalbach, James. "Alignment Diagrams", *Boxes and Arrows* (set. 2011) https://boxesandarrows.com/alignment-diagrams

Kalbach, James. "Business Model Design: Disruption Case Study", Experiencing Information (set. 2011) https://experiencinginformation.wordpress.com/tag/business-model-canvas

Kalbach, James. *Designing Web Navigation* (O'Reilly, 2007)

Kalbach, James. "Strategy Blueprint", Experiencing Information (out. 2015) https://experiencinginformation.com/2015/10/12/strategy-blueprint

Kalbach, James e Paul Kahn, "Locating Value with Alignment Diagrams", Parsons Journal of Information Mapping (abr. 2011) https://experiencinginformation.com/2011/04/19/locating-value-with-alignment-diagrams

Kaplan, Robert S. e David P. Norton. "Having Trouble with Your Strategy? Then Map It", Harvard Business Review (set. 2000) https://hbr.org/2000/09/having-trouble-with-your-strategy-then-map-it

Kaplan, Robert S. e David P. Norton. "Linking the Balanced Scorecard to Strategy", (1996) https://www.strimgroup.com/wp-content/uploads/pdf/KaplanNorton_Linking-the-BSC-to-Strategy.pdf

Kaplan, Robert S. e David P. Norton. Strategy Maps: Converting Intangible Assets into Tangible Outcomes (Harvard Business Review Press, 2004)

Katz, Joel. Designing Information: Human Factors and Common Sense in Information Design (Wiley, 2012)

Ke, Chenghan. "Business Origami: A Method for Service Design", Medium (ago. 2018) https://medium.com/@hankkechenghan/business-origami-valuable-method-for-service-design-43a882880627

Kempton, Willett. "Two Theories of Home Heat Control", Cognitive Science (jan.–mar. 1986) https://doi.org/10.1207/s15516709cog1001_3

Kim, W. Chan e Renée Mauborgne. Blue Ocean Strategy (Harvard Business Review Press, 2005)

Knapp, Jake, Sprint: How to Solve Big Problems and Test New Ideas in Just Five Days (Simon & Schuster, 2016)

Kolko, Jon. "Dysfunctional Products Come from Dysfunctional Organizations", Harvard Business Review (jan. 2015) https://hbr.org/2015/01/dysfunctional-products-come-from-dysfunctional-organizations

Kuniavsky, Mike. Observing the User Experience: A Practitioner's Guide to User Research, 2ª ed. (Morgan Kaufman, 2012)

Kyle, Beth. "With Child: Personal Informatics and Pregnancy". http://www.bethkyle.com/EKyle_Workbook3_Final.pdf

Lafley, A. G. e Roger Martin. Playing to Win: How Strategy Really Works (Harvard Business Review Press, 2013)

Lavidge, Robert e Gary Steiner. "A Model for Predictive Measurements of Advertising Effectiveness", Journal of Marketing (out. 1961) https://www.jstor.org/stable/1248516?seq=1

Lazonick, William. "Profits Without Prosperity", Harvard Business Review (set. 2014) https://hbr.org/2014/09/profits-without-prosperity

Lecinski, Jim. ZMOT: Winning the Zero Moment of Truth, Google (2011) http://ssl.gstatic.com/think/docs/2011-winning-zmot-ebook_research-studies.pdf

Lee Yohn, Denise. Fusion: How Integrating Brand and Culture Powers the World's Greatest Companies (Brealey, 2018)

Leinwand, Paul e Cesare Mainardi. The Essential Advantage: How to Win with a Capabilities-Driven Strategy (Harvard Business Review Press, 2010)

Levin, Michal. Designing Multi-Device Experiences: An Ecosystem Approach to User Experiences Across Devices (O'Reilly, 2014)

Levitt, Theodore. "Marketing Myopia", Harvard Business Review (jul.–ago. 1960) https://hbr.org/2004/07/marketing-myopia

Lichaw, Donna. *The User's Journey: Storymapping Products That People Love* (Rosenfeld Media, 2016)

Løvlie, Lavrans. "Customer Journeys and Customer Lifecycles", blog Livework (dez. 2013) *http://liveworkstudio.com/the-customer-blah/customer-journeys-and-customer-lifecycles*

Manning, Andre. "The Booking Truth: Delighting Guests Takes More Than a Well-Priced Bed", (jun. 2013) *http://news.booking.com/the-booking-truth-delighting-guests-takes-more-than-a-well-priced-bed-us*

Manning, Harley e Kerry Bodine. *Outside In: The Power of Putting Customers at the Center of Your Business* (New Harvest, 2012)

Martin, Karin e Mike Osterling. *Value Stream Mapping: How to Visualize Work and Align Leadership for Organizational Transformation* (McGraw Hill, 2014)

Maurya, Ash. *Running Lean: Iterate from Plan A to a Plan That Works* (O'Reilly, 2012)

McGrath, Rita Gunther. *The End of Competitive Advantage* (Harvard Business Review Press, 2013)

McMullin, Jess. "Business Origami", blog Citizen Experience (abr. 2011) *http://www.citizenexperience.org/2010/04/30/business-origami*

McMullin, Jess. "Searching for the Center of Design", *Boxes and Arrows* (set 2003) *https://boxesandarrows.com/searching-for-the-center-of-design*

Meadows, Donella H. *Thinking in Systems: A Primer* (Chelsea Green Publishing, 2008)

Meirelles, Isabel. *Design for Information: An Introduction to the Histories, Theories, and Best Practices Behind Effective Information Visualizations* (Rockport, 2013)

Melone, Jay. "Problem Framing v2: Parts 1-4", New Haircut blog (ago. 2018) *https://designsprint.newhaircut.com/problem-framing-v2-part-1-of-4-5bbb236000f7*

Merchant, Nilofer. *The New How: Creating Business Solutions Through Collaborative Strategy* (O'Reilly, 2009)

Mintzberg, Henry. "The Strategy Concept I: Five Ps for Strategy", *California Management Review* (outono de 1987)

Mintzberg, Henry, Joseph Lampel e Bruce Ahlstrand. *Strategy Safari: A Guided Tour Through The Wilds of Strategic Management* (Free Press, 1998)

Morgan, Jacob. *The Employee Experience Advantage* (Wiley, 2017)

Nagel, Wolfram. *Multiscreen UX Design: Developing for a Multitude of Devices* (Morgan Kaufmann, 2015)

Norman, Don. The Design of Everyday Things (Basic Books, 1988)

Ogilvie, Tim e Jeanne Liedtka. "Journey Mapping", in *Designing for Growth* (Columbia University Press, 2011)

O'Reilly III, Charles A. e Michael L. Tushman. "The Ambidextrous Organization", *Harvard Business Review* (abr. 2004) *https://hbr.org/2004/04/the-ambidextrous-organization*

Osterwalder, Alexander e Yves Pigneur. *Business Model Generation: A Handbook for Visionaries, Game Changers, and Challengers* (Wiley, 2010)

Patton, Jeff. *User Story Mapping: Discover the Whole Story, Build the Right Product* (O'Reilly, 2014)

Pine II, B. Joseph e James H. Gilmore. *Authenticity: What Consumers Really Want* (Harvard Business School Press, 2007)

Pine II, B. Joseph e James H. Gilmore. *The Experience Economy* (Harvard Business School Press, 1999)

Polaine, Andy. "Blueprint+: Developing a Tool for Service Design", Service Design Network Conference (2009) http://www.slideshare.net/apolaine/blueprint-developing-a-tool-for-service-design

Polaine, Andy, Lavrans Løvlie e Ben Reason. *Service Design: From Insight to Implementation* (Rosenfeld Media, 2013)

Porter, Michael. "Creating Shared Value, an HBR Interview with Michael Porter", Harvard Business IdeaCasts (abr. 2011) Part 1: https://www.youtube.com/watch?v=F44G4B2uVh4; Part 2: https://www.youtube.com/watch?v=3xwpF1Ph22U

Porter, Michael e Mark R. Kramer. "Creating Shared Value", *Harvard Business Review* (jan.–fev. 2011) https://hbr.org/2011/01/the-big-idea-creating-shared-value

Portigal, Steve. *Interviewing Users: How to Uncover Compelling Insights* (Rosenfeld Media, 2013)

Pruitt, John e Tamara Adlin. *The Persona Lifecycle: Keeping People in Mind Throughout Product Design* (Morgan Kaufmann, 2006)

Rawson, Alex, Ewan Duncan e Conor Jones. "The Truth About Customer Experience", *Harvard Business Review* (set. 2013) https://hbr.org/2013/09/the-truth-about-customer-experience/ar/1

Reichheld, Fred. *The Ultimate Question: Driving Good Profits and True Growth* (Harvard Business School Press, 2006)

Reis, Eric. *The Lean Startup: How Today's Entrepreneurs Use Continuous Innovation to Create Radically Successful Business* (Crown Business, 2011)

Reynolds, Thomas e Jonathan Gutman. "Laddering Theory, Method, Analysis, and Interpretation", *Journal of Advertising Research* (fev.–mar. 1988)

Richardson, Adam. "Touchpoints Bring the Customer Experience to Life", *Harvard Business Review* (dez. 2010) https://hbr.org/2010/12/touchpoints-bring-the-customer

Richardson, Adam. "Using Customer Journey Maps to Improve Customer Experience", *Harvard Business Review* (nov. 2010) https://hbr.org/2010/11/using-customer-journey-maps-to

Risdon, Chris. "The Anatomy of an Experience Map", blog Adaptive Path (nov. 2011) https://articles.uie.com/experience_map

Risdon, Chris. "Un-Sucking the Touchpoint". Blog Adaptive Path (nov. 2014) https://articles.uie.com/un-sucking-the-touchpoint

Risdon, Chris e Patrick Quattlebaum. *Orchestrating Experiences: Collaborative Design for Complexity* (Rosenfeld Media, 2018)

Rogers, Everett. *Diffusion of Innovations*, 5ª ed. (Free House, 2003)

Royal Society of Arts. "The Great Recovery Report" (jun. 2013) https://www.thersa.org/discover/publications-and-articles/reports/the-great-recovery

Sauro, Jeff. "Measuring Usability with the System Usability Scale (SUS)", Measuring U (fev. 2011) http://www.measuringu.com/sus.php

Schauer, Brandon. "Exploratorium: Mapping the Experience of Experiments", Adaptive Path blog (abr. 2013)

Schrage, Michael. *The Innovator's Hypothesis: How Cheap Experiments Are Worth More Than Good Ideas* (MIT Press, 2014)

Schrage, Michael. *Who Do You Want Your Customers to Become?* (Harvard Business Review Press, 2012)

"Service Design Tools" [site]. *https://servicedesigntools.org*

Shaw, Colin. *The DNA of Customer Experience: How Emotions Drive Value* (Palgrave Macmillan, 2007)

Shaw, Colin e John Ivens. *Building Great Customer Experiences* (Palgrave Macmillan, 2002)

Shedroff, Nathan. "Bridging Strategy with Design: How Designers Create Value for Businesses", Interaction South America [presentation] (nov. 2014) *https://www.youtube.com/watch?v=64-HpMC1tCw*

Sheth, Jagdish, Bruce Newman e Barbara Gross. *Consumption Values and Market Choices* (South-Western Publishing, 1991)

Shostack, G. Lynn. "Designing Services That Deliver", *Harvard Business Review* (jan. 1984) *https://hbr.org/1984/01/designing-services-that-deliver*

Shostack, G. Lynn. "How to Design a Service", *European Journal of Marketing* (jan. 1982) *https://www.servicedesignmaster.com/wordpress/wp-content/uploads/2018/10/EUM0000000004799.pdf*

Sinclair, Matt, Leila Sheldrick, Mariale Moreno e Emma Dewberry. "Consumer Intervention Mapping — A Tool for Designing Future Product Strategies Within Circular Product Service Systems", *Sustainability* (jun. 2018) *https://www.mdpi.com/2071-1050/10/6/2088*

Skjelten, Elisabeth Bjørndal. *Complexity and Other Beasts* (Oslo School of Architecture and Design, 2014)

Smith, Gene. "Experience Maps: Understanding Cross-Channel Experiences for Gamers", blog nForm (fev. 2010) *https://www.nform.com/ideas/experience-maps-understanding-cross-channel-experiences-for-gamers*

Spengler, Christoph, Werner Wirth e Renzo Sigrist. "360° Touchpoint Management—How Important Is Twitter for Our Brand?" *Marketing Review St. Gallen* (fev. 2010) *https://documents.pub/document/2010-marketing-review-360-degree-touchpoint-management.html*

Spraragen, Susan. "Enabling Excellence in Service with Expressive Service Blueprinting", Estudo de caso 9 em *Design for Services* de Anna Meroni e Daniela Sangiorgi (Gower, 2011)

Spraragen, Susan e Carrie Chan. "Service Blueprinting: When Customer Satisfaction Numbers Are Not Enough", International DMI Education Conference [presentation] (abr. 2008) *https://public.webdav.hm.edu/pub/__oxP_a1e6c9eb1d936c5f/Service%20Blueprinting/DMIServiceBlueprintingFullPaperSSpraragen.pdf*

Sterling, Bruce. "'Cloudwash', the BERG Cloud-Connected Washing Machine", *Wired* (fev 2014) *https://www.wired.com/2014/02/cloudwash-berg-cloud-connected-washing-machine*

Stickdorn, Marc, Markus Edgar Hormess, Adam Lawrence e Jakob Schneider. *This is Service Design Doing* (O'Reilly, 2018)

Stickdorn, Marc e Jakob Schneider. *This is Service Design Thinking: Basics, Tools, Cases* (Wiley, 2012)

Stillman, Daniel. *Good Talk: How to Design Conversations That Matter* (Management Impact Publishing, 2020)

"SUMI" [site]. *http://sumi.uxp.ie*

Szabo, Peter. *User Experience Mapping* (Packt, 2017)

Tate, Tyler. "Cross-Channel Blueprints: A Tool for Modern IA" (fev. 2012) *http://tylertate.com/blog/ux/2012/02/21/cross-channel-ia-blueprint.html*

Temkin, Bruce. "It's All About Your Customer's Journey", blog Experience Matters (mar. 2010) *https://www.xminstitute.com/blog/all-about-customer-journeys*

Temkin, Bruce. "Mapping the Customer Journey", Forrester Reports (fev. 2010) *http://www.iimagineservicedesign.com/wp-content/uploads/2015/09/Mapping-Customer-Journeys.pdf*

Thompson, Ed e Esteban Kolsky. "How to Approach Customer Experience Management", Gartner Research Report (dez. 2004) *https://www.gartner.com/en/documents/466017*

Tincher, Jim e Nicole Newton. *How Hard Is It to Be Your Customer? Using Journey Mapping to Drive Customer Focused Change* (Paramount, 2019)

Tippin, Mark e Jim Kalbach. *The Definitive Guide to Facilitating Remote Workshops* (MURAL, 2019)

Tufte, Edward. *Envisioning Information* (Graphics Press, 1990)

Tufte, Edward. *Visual Explanations: Images and Quantities, Evidence and Narrative* (Graphics Press, 1997)

Ulwick, Anthony. "Turn Customer Input into Innovation", *Harvard Business Review* (jan. 2002) *https://hbr.org/2002/01/turn-customer-input-into-innovation/ar/1*

Ulwick, Anthony. *What Customers Want: Using Outcome-Driven Innovation to Create Breakthrough Products and Services* (McGraw Hill, 2005)

Unger, Russ, Brad Nunnally e Dan Willis. *Designing the Conversation: Techniques for Successful Facilitation* (New Riders, 2013)

Vetan, John, Dana Vetan, Codruta Lucuta e Jim Kalbach. *Design Sprint Facilitator's Guide V3.0* (Design Sprint Academy, 2020) *https://designsprint.academy/facilitation-guide*

Walters, Jeannie. "What IS a Customer Touchpoint?" Blog Customer Think (out. 2014) *https://customerthink.com/what-is-a-customer-touchpoint*

Wang, Tricia. "The Human Insights Missing from Big Data", palestra TEDx Cambridge (set. 2016) *https://www.ted.com/talks/tricia_wang_the_human_insights_missing_from_big_data*

Wang, Tricia. "Why Big Data Needs Thick Data", *Ethnography Matters* (maio 2013) *http://ethnographymatters.net/blog/2013/05/13/big-data-needs-thick-data*

Whelan, Jonathan e Stephen Whitla. *Visualising Business Transformation: Pictures, Diagrams and the Pursuit of Shared Meaning* (Rutledge, 2020)

Williams, Luke. *Disrupt: Think the Unthinkable to Spark Transformation in Your Business*, 2ª ed. (FT Press, 2015)

Womack, James e Daniel Jones. "Lean Consumption", *Harvard Business Review* (Mar 2005) *https://hbr.org/2005/03/lean-consumption/ar/1*

Womack, James e Daniel Jones. *Lean Thinking: Banish Waste and Create Wealth in Your Corporation*, 2ª ed. (Simon & Schuster, 2010)

Wreiner, Thomas, Ingrid Mårtensson, Olof Arnell, Natalia Gonzalez, Stefan Holmlid e Fabian Segelström. "Exploring Service Blueprints for Multiple Actors: A Case Study of Car Parking Services", First Nordic Conference on Service Design and Service Innovation (nov. 2009) *http://www.ep.liu.se/ecp/059/017/ecp09059017.pdf*

Young, Indi. *Mental Models: Aligning Design Strategy with Human Behavior* (Rosenfeld Media, 2008)

Young, Indi. *Practical Empathy: For Collaboration and Creativity in Your Work* (Rosenfeld Media, 2015)

Young, Indi. "Try the 'Lightning Quick' Method" (mar. 2010) *https://rosenfeldmedia.com/mental-models/the-lightening-quick-method*

Zeithaml, Valarie, Mar Jo Bitner e Dwayne Gremler. *Services Marketing: Integrating Customer Focus Across the Firm*, 6ª ed. (McGraw-Hill, 2012)

Índice

Símbolos

5x5, técnica, 247

A

Abilla, Pete, 285
Acesso, barreira para consumo, 224
Adlin, Tamara, 130, 256
Adobe Creative Suite, como recurso de diagramação, 200
A Estratégia do Oceano Azul (Kim e Mauborgne), 101
Afirmações hipotéticas, 246
Alinhamento
　atrito, 20
　diagramas
　　atualizar critérios, 135
　　benefícios, 19–21, 125
　　cliente, mapas da jornada, 5–7
　　conjunto de habilidades necessárias para criar, 140
　　determinar experiências a mapear, 128–129
　　experiência do funcionário, 61–64
　　experiência, mapas, 7
　　identificar estratégia e objetivos para organização, 128
　　longevidade, 22
　　papel ao revelar a experiência do cliente, 87–88
　　personas, criar, 130–132
　　preliminar, 154–156
　　serviço, blueprints, 7
　　tipos, 5–11
　　tipo, seleção no processo de mapeamento, 135–141
　workshops, 246
　　avaliar, fase, 226–230
　　empatia, fase, 216–217
　　estrutura, 233–237
　　facilitar, 233–237
　　identificar oportunidades, fase, 219–222
　　prever, fase, 222–226
　　remover barreiras, 223–224
Ambiente
　cultural, experiência do funcionário, 59
　físico, experiência do funcionário, 59
　técnico, experiência do funcionário, 59
A mentalidade enxuta nas empresas (Womack e Jones), 283
Ampli2de Inc., 381, 396
Análise de dados, investigação para projeto de mapeamento, 165–168
Argumentação em projeto de mapeamento, 127
Ar, Sanduíche, 98
Artificial, inteligência, 74
Avaliação, fase no workshop de alinhamento, 226–230, 231–232

B

Barreiras para a oportunidade, remover no workshop de alinhamento, 223–224
Beck, Harry, 33, 34
Benchmarks do setor, para pesquisa quantitativa, 169
Benefício social de um valor compartilhado, abordagem, 92, 95
Berkman, Eric, 177
Berkun, Scott, 69, 248
Bernardo, Diego S., 323
Bettencourt, Lance, 341
Beyer, Hugh, 158, 331
Bitner, Mary Jo, 276
Bodine, Kerry, 76, 305
Booz and Company, 21
Braden, Amber, 172–174
Brainstorm
　alinhamento, workshop, 222–223
British Standard Institution, 275
Brown, Tim, 87
Brugnoli, Gianluca, 13, 15–16
Buffett, Warren, 13
Business Model Generation (Osterwalder e Pigneur), 109–110
Business origami, técnica, 218

C

Cadeia de valor do cliente, 128, 144
Caixas, diagrama do modelo mental, 355
Call center, relatórios para pesquisa quantitativa, 169
Campo
　de visão estratégico, 85
　pesquisa para projeto de mapeamento, 158–169
　　dados, análise, 165–168
　　entrevista, 159–161
Canvanizer, 203
Capacitação, montar equipes compassivas, 69
Carlzon, Jan, 46, 299
Chan, Carrie, 7, 8, 280
Change by Design (Brown), 87
Charan, Ram, 86
Chartjunk (excesso visual), 193
Christensen, Clayton, 88–89, 338
Ciclo de vida, mapas, 305–308, 338
Circular, design, 46, 49–54
Citrix (empresa), 113
Claro Partners, 96

Classificar desempenho, 219
Clientes
　cadeias de valor, 128
　mapas do ciclo de vida, 305–308
　personas para, 130–132
　segmentação, 88–91, 110
　tipos de valor, 17
Cloudwash, 387
Codificação colorida, 257
Coerência
　na estratégia comercial, 21
　importância na concepção e no design do sistema, 274
Colley, Russell, 305
Combater extremismo violento (CEV), 25–28
Compassivas, montar equipes, 67–69
Compatibilidade, processo de decisão da inovação, 307
Complexidade, processo de decisão da inovação, 307
Comportamentais, elementos no design do diagrama, 39
Comportamento contínuo, ilustrar em diagrama, 181
Concorrente, análise, 127
　alinhamento, workshop, 220
　reformular concorrência, 88–91
Condicional, valor, 17
Conselho de Pesquisa em Engenharia e Ciências Físicas (EPSRC), 49–54
Consumidor
　consideração no design do diagrama, 42
　jornada de decisão, 309, 310

mapa de insights, 383
mapeamento da intervenção (estudo de caso), 49–54
Consumo
　barreiras ao, 266
　enxuto, 285
Conteúdo, mapas do ecossistema, 390–392
Contexto e objetivos, modelar, 143
Contextual
　Design (Beyer e Holtzblatt), 158, 331
　investigação, 158
Contratação, montar equipes compassivas, 69
Convergente
　pensamento, 226
　seleção, 305
Conversão, funil, 309–312
Cook, Scott, 88–90
Cor, função gráfica no diagrama, 189
Craik, Kenneth, 362
Criação de valor, fatores, 102
Críticas e avaliações, 148
Cronológicos, diagramas, 40, 41
　cliente, mapa da jornada, 312
　diários ou semanais, diagramas, 334
　fases em, 183
　ilustrar, 181
　mapa da experiência, 345
Cultura da empresa, diferenciar da experiência do funcionário, 58
Custos do projeto de mapeamento, estimar, 141

D
Dados, acesso no gerenciamento da jornada, 76
Danielson, David, 273
Defensor para esforço de mapeamento, encontrar, 127
Defining Advertising Goals for Measured Advertising Results (Colley), 305
Denning, Steve, 379
Desenvolvimento profissional e crescimento, montar equipes compassivas, 69
Design
　mapa, 256
　organizacional, 57
　sprints, 264
　studio, 266
Designing
　Mobile Interfaces (Berkman), 177
　Multi-Device Experiences (Levin), 389–390
Dewberry, Emma, 46
Diagramas, 5
　de experiências, 90
Diário, diagrama, 331–335
Diffusion of Innovations (Rogers), 307
Diller, Steve, 17
Dinheiro, barreira para consumidor, 224
Dispositivo, diagramas do ecossistema, 386–389
Divergente
　movimento, 305
　pensamento, 223–224

Dow Corning (empresa), 109–110
Drucker, Peter, 148
Dubberly, Hugh, 4
DVSS (sistema de serviços contra a violência doméstica), 347
Dyer, Jeff, 46

E
Economia circular, 49
Ecossistema
　de serviços, 96
　workshop de mapeamento, 401
Egea, Julia Moisand, 390–392
Elementos gráficos, design do diagrama, 188
Emocional e social, barreiras na experiência atual, 225
Emoções, ilustrar em diagrama, 197–199
Emotivas, respostas no blueprint de serviço expressivo, 280
Empatia
　cognitiva, 370
　fase no workshop de alinhamento, 216–217
　ganhar, 245
Ensley, Michael, 101
Enterprise Design Thinking, 251
Entregar valor, insight estratégico para, 95–97

Entrevista
  dicas, 163–164
  montar equipes compassivas, 69
  na organização, 152–154
  pesquisa de campo, 159–161
Entrevistar
  mental, normalização da transcrição do modelo, 359
Enxuto, mapas de consumo, 285–287
Epistêmico, valor, 17
Erwin, Kim, 383–385
Escada, 362–366
Escopo, dimensão no design do diagrama, 36–37, 133
  blueprints de serviço, 289
  ecossistema, modelos, 394
  mapa da experiência, 345
  mapa da jornada do cliente, 312
  mental, diagramas do modelo, 366
  e ponto de vista, 136
  selecionar tipo de diagrama, 135
Esforço
  como barreira para consumidor, 224
  estruturar esforço de mapeamento, 32–34
  identificar pontos, 220
  recurso, avaliação, 140
Espaciais, mapas, 41, 183, 394
Estado
  atual, diagramas, 123
  futuro, mapa, 250
Estáticos, pontos de contato, 44
Estratégia
  blueprint, 104–106
  canvas, 101–103

combinar diagrama de alinhamento com organizacional, 128
  como esforço criativo, 104–106
  mapa, 98–101
Estrutural, dimensão no design do diagrama, 40, 133, 289
Estruturar esforço de mapeamento, 32–34
Evidência, consolidar descobertas, 149
Experiência
  blueprint, 299
  da pessoa, consolidar descobertas, 149
  descrever na criação do diagrama, 183
  do cliente (CX), 57, 127, 215
    alinhar com experiência do funcionário, 65–67, 79–81
    começando com, 86–88
    compaixão pelos clientes, 19, 67–69
    importância de investigar, 147
    modelar, 4
  do funcionário (EX), 57
  mapas da, 7, 133, 323–351
    diário, diagrama, 331–335
    elementos, 343
    exemplo, 9
    fluxo de trabalho, diagramas, 337–341
    híbridos, mapas da experiência, 326–328
    pontos fortes e fracos, 345
    trabalhos, mapas, 338–340

versus mapas da jornada do cliente, 136–139
  violência doméstica (VD), mapa da experiência (estudo de caso), 347–350
  modelar, 4–5
Experimentação, processo de decisão da inovação, 307
Experimentos, planejar, 246
Extremismo violento, combater (estudo de caso), 25–28

F

Facilitar
  alinhamento, workshop, 215–243, 233–237
  sessões colaborativas com blueprint de serviço (estudo de caso), 293–294
Faixas, diagrama, 337–338
Falha, pontos de
  identificar no workshop de alinhamento, 220
Farrow, Hennie, 194
Feedback
  alinhamento, workshop, 229–230
  investigar dados a partir de um projeto de mapeamento, 148
Ferramentas e software, para ilustrar diagramas, 200–202
Físicos, elementos no design do diagrama, 39
Flowers, Erik, 276, 293–294

Fluxo
  alternativos, ilustrar no diagrama, 182
  de trabalho, diagramas, 337–341
Focado na pessoa, natureza do diagrama do modelo mental, 355
Foco, dimensão no design do diagrama, 39–40, 133
  benefício, 21
  blueprints de serviço, 289
  diferenças baseadas no tipo de diagrama, 40
  diferençcas com base no tipo de diagrama, 136
  ecossistema, mapas, 394
  experiência, mapa, 345
  mapa da jornada do cliente, 312
  mental, diagramas do modelo, 366
Fontes de informação, examinar para projeto de mapeamento, 148–149
Fora para dentro, perspectiva
  encontrar valor criado por organizações, 19
  mapas da experiência como, 331
  papel dos diagramas de alinhamento em, 11
  para insight estratégico, 87
Formal, análise de dados, 168
Formalidade para novo projeto de mapeamento, determinar, 124–125
Formatar conteúdo do diagrama, 184, 302
Frishberg, Leo, 231–232
Funcional, valor, 17
Funcionário, experiência (EX)

alinhar experiência do cliente, 65–67, 73–76, 79–81
cultural, ambiente, 59
diferenciar da cultura da empresa, 58
físico, ambiente, 59
como essencial para crescimento, 59
interno, alinhamento, 71–73
mapeamento, 60–64
e escopo do mapa de experiências, 37
técnico, ambiente, 59
Furr, Nathan, 46
Fusion (Lee Yohn), 65
Futuras experiências, modelar, 143

G

Geertz, Clifford, 157
Gig economy, 60
Gilmore, James, 60
Goebel, Craig, 197
Google, 311
GOQii (empresa), 379–380
GoToMeeting, 113
Gross, Barbara, 17
Grupo focal, 229

H

Habilidade, barreira para usuário, 224
Hall, Taddy, 88–89
Heart of the Customer, 130, 312–313
Hedayah (NGO), 25–28
Híbridos, mapas da experiência, 326–328

Hierárquicos, diagramas, 41
  categorias, 183
  escada nos modelos mentais, 362–365
  mentais, modelos, 359, 360, 366
Histórias, contar
  como ferramenta de alinhamento, 217, 228
Holística, natureza da experiência, 32
Holtzblatt, Karen, 158, 331
Humanos, pontos de contato entre, 44
Hussain, Sofia, 93–95, 180

I

Ícones, no design do diagrama, 189
Ideias, volume, 248
Ilustrar diagramas de alinhamento, 177–213
  compilar conteúdo, 182–185
  design do conteúdo, 187–194
  exemplo do processo de diagramação, 194–196
  ferramentas e software, 200–202
  layout, 179–181
Incidente crítico, técnica da entrevista em campo, 160
Independência, dimensão no design do diagrama, 135
Informação, arquitetura, 360–362
Informal, análise de dados, 165
Iniciar projeto de mapeamento, 123–145
  custo, estimar, 141
  decidir sobre duração, 140

  determinar experiências a mapear, 128–129
  diagrama, seleção do tipo, 135–141
  formalidade, nível, 124–125
  obter adesão do tomador de decisão, 125–127
  organizacional, estratégia e objetivos, 128
  personas, criar, 130–132
  recurso, avaliação, 140
Inovação
  mapa do trabalho para destacar oportunidades, 342–343
  processo de decisão, 307
Insight estratégico, visualizar, 85–120
  cliente primeiro, foco, 86–88
  criar valor compartilhado, 92–95
  diagram's value in mapping strategy, 96–106
  entregar valor, 95–97
  reformular concorrência, 88–91
Institut National de Recherche et de Sécurité (INRS), 390–392
Integração, montar equipes compassivas, 69
Interativos, pontos de contato, 44
Internet das Coisas (IoT), 95–96, 111
Interno, alinhamento, 57, 71–73
Interpretações, consolidar descobertas, 149
Intervalo de tempo para projeto de mapeamento, estabelecer, 140
Introspecção organizacional, 147
Investigação para um projeto de mapeamento, 147–175

  analisar dados, 165–168
  conclusões, 151
  consolidar descobertas, 149–150
  entrevistar na organização, 152–154
  examinar fontes existentes, 148–149
  externa, pesquisa, 157–162
  preliminar, modelo, 154–156

J

Jain, Seema, 67, 79–81
Jenkins, John, 305, 306
Jobs, Steve, 4
Jobs to be done (JTBD), práticas, 110–114, 341, 396
Johnson-Laird, Philip, 362–363
Jones, Daniel, 283, 285
Jornada
  do cliente, canvas, 302, 304
  gerenciamento, 42
    EX e CX, alinhamento, 79–81
    funcionário, experiência, 73–76
    multifuncional, alinhamento, 71–73
    violência doméstica, mapa da experiência (estudo de caso), 347–350
  linhas nas etapas do cliente, 46

K

Kahn, Paul, 207–211, 390–392
Kaplan, Robert, 98, 101
Karten, Stuart, 331
Kasper, Ryan, 113–117

Kim,
  Ebae, 207–211
  W. Chan, 101
Kitewheel, 74
Kling, Laurent, 390–392
Kodak (empresa), 85
Kolko, Jon, 20, 71
Kolsky, Esteban, 197
Kyle, Beth, 362

L

Lacunas no suporte dos clientes, identificar, 220
Lafley, A. G., 104
Lambdin, Charles, 231
Layout do diagrama de alinhamento, 179–181, 280
Lean, práticas em blueprints de serviço, 283–285
Lee Yohn, Denise, 65
Lei de Conway, 57
Leinwand, Paul, 21
Levin, Michael, 389–390
Levitt, Theodore, 86
LexisNexis, 90, 334, 338
Lichaw, Donna, 252
Linha
  de frente e retaguarda, elementos blueprint de serviço, 276
  canvas do modelo de negócios, 109
  função gráfica no diagrama, 188
Longevidade dos diagramas de alinhamento, 22

Louras, Samantha, 207–211
Løvlie, Lavrans, 383–385
Lucidchart, 203

M

Mad*Pow (empresa), 207–211
Mainardi, Cesare, 21
Making Meaning (Shedroff, Diller e Rhea), 17
Mapas da jornada do cliente (MJCs), 5–7, 128, 133, 136–139, 299–321
  versus mapas do ciclo de vida do cliente, 305–308
  elementos, 312–314
  exemplo simples, 6
  fases, 302–305
  funil de conversão e, 309–312
  insights estratégicos de, 102
  pontos fortes e fracos, 312
  relação com mapas da experiência, 326, 343
  versus mapeamento da história de valor (estudo de caso), 316–320
  workshop, estudo de caso, 239–242
Mapeamento, 250
  da história do usuário, 258
  escolher técnicas para projeto, 143
  fundamentos, 31–55
  iniciar projeto, 123–145
  investigação, fase, 147–175
  processo geral, 121
  vantagem para insight estratégico, 87

Mapear
  ilustrar diagrama, 177–213
Marketing and Customer Behaviour (Jenkins), 305
Martin,
  Karen, 283
  Roger, 104
Mauborgne, Renée, 101
MaxQDA, 167–168
McGrath,
  Chris, 61
  Rita Gunther, 90
McMullin, Jess, 3, 218
Meadows, Donella, 347
Meios e fins, estrutura, 364
Melone, Jay, 220
Mentais, espaços, 355
Mental
  diagramas do modelo, 11, 353–377
    combinar informações da transcrição, 359
    diagramas como oportunidades, 21
    e arquitetura da informação, 360
    elementos, 366
    escada, 362–365
    exemplo, 10
    pontos fortes e fracos, 366
    processo, 355–358
    rápido, método do modelo mental, 360
    seguradora, modelo mental (estudo de caso), 368–376

Models
  Johnson-Laird, 362
  Young, 355
Mentalidade disruptiva, incentivar, 225–226
Mercado
  modelo contínuo, 305
  pesquisa ao investigar projeto de mapeamento, 149
Merchant, Nilofer, 98
Metodologia Lean, 283
Métrica, recurso para pesquisa quantitativa, 169
Miller, Megan, 276, 293–294
Mintzberg, Henry, 104
Miopia da estratégia, 85, 88, 111
Modelo
  de negócios, canvas, 109–112
  mental, diagramas, 133
  e desenvolvimento de produto (estudo de caso), 113–117
Modelos e mapas (ecossistema), 133, 379–402
  consideração ecológica no design do diagrama, 44
  conteúdo, mapas do ecossistema, 390–392
  CX=EX, alinhamento, 65–67
  determinar experiências a mapear, 128
  dispositivos, diagramas do ecossistema, 386–389
  elementos, 392
  pontos fortes e fracos, 394

serviço, diagramas do ecossistema, 383–387, 396–401
Modo, mapeamento, 331
Momentos da verdade, 46, 189, 219, 309–310
Moore, Michael Dennis, 316–320
Moreno, Mariale, 46
Morgan, Jacob, 59–60
Múltiplos atores, mapeamento de experiência, 12, 14
Multicanal
   blueprints
      exemplos, 16
   mapa de experiência, 15
Multifuncional, alinhamento
   benefícios dos diagramas de alinhamento para, 20
   e alinhamento CX=EX, 71–73
Múltiplo
   alinhamento, 12–15
   pontos de contato, experiência de mapeamento em, 13, 15
Multiscreen UX Design (Nagel), 387
MURAL (empresa), 79–81, 203, 263, 266
Música, curadoria (estudo de caso), 172–174

N

Nagel, Wolfram, 387
Não comerciais, cenários, 25–28, 46
Narrativa, 252
   mental, construção do modelo com, 370
Narrativo, arco, 252
Net Promoter Score (NPS), 169
Newman, Bruce, 17
Norton, David, 98, 101
Noun Project, 190

O

Objetivos, combinar diagrama de alinhamento com organizacional, 128
Observância, processo de decisão da inovação, 307
O Crescimento pela Inovação (Christensen), 338
O Design do Dia a Dia (Norman), 354
O Dilema da Inovação (Christensen), 338
OKRs (objetivos e principais resultados), 72
Omnigraffle, 200
Online, ferramentas para mapeamento, 203–204
Oportunidades
   destacar inovação, 342–343
   diagramas de alinhamento como provedores de, 21
   identificar no workshop de alinhamento, 219–222
   mental, diagramas do modelo, 21
   remover no workshop de alinhamento, 223–224
O Que o Cliente Quer que Você Saiba (Charan), 86
Orchestrating Experiences (Risdon e Quatelbaum), 380–381
Ordem variável, ilustrar no diagrama, 181
Organizacionais, elementos no design do diagrama, 39
Osterling, Mike, 283
Osterwalder, Alexander, 109–110, 110–111

P

Padilla, Jen, 113–117
Patagonia (empresa), 100, 101
Patton, Jeff, 258
Pensamento sistêmico, no mapeamento do ecossistema, 381
Pensar alto, entrevistas, feedback do workshop de alinhamento, 230
Personas
   criar no processo de mapeamento, 130–132
   diários, diagramas, 334
   rastrear múltiplas personas no mapa da experiência, 326
Persuasão, fase no processo de decisão da inovação de Rogers, 307
Pesquisa
   como ferramenta da pesquisa quantitativa, 168
   fase ao investigar projeto de mapeamento, 157–162
Pessoal, natureza da experiência, 32
Pessoas, modelar para, 143
Pigneur, Yves, 109–110
Pine, Joseph II, 60
Playing to Win (Martin e Lafley), 104
Polaine, Andy, 13, 14, 383–385
Ponto de vista, 35–36, 133
   blueprints de serviço, 289
   desenvolver no workshop de alinhamento, 221
   ecossistema, modelos, 394
   mapa da experiência, 345
   mapa da jornada do cliente, 312
   mental, diagramas do modelo, 366
Pontos de contato, 309
   consumidor, mapeamento da intervenção (estudo de caso), 49
   diagrama, criação, 183
   diagrama, exemplo de design, 45
   dispositivo, diagramas do ecossistema, 387–388
   no mapeamento do ecossistema, 380
   identificar, 42–45
   das entrevistas, 153
   pegar inventário, 154–156
   produto versus serviço, 274
   programas de gerenciamento para, 203
   reunir para MJCs, 302
   volatilidade transacional, 273–274
Porter, Michael, 92–93
Prático, blueprint de serviço (estudo de caso), 293–294
Premium, valores, 17
Presumptive Design (PrD) (estudo de caso), 231–232

Prever, fase do workshop de alinhamento, 222–226
Prioridade de oportunidades no workshop de alinhamento, 226
Problema da cronologia, 181
Programa de computador, para ilustrar diagramas, 200
Projeto piloto para projeto de mapeamento, 127
Proposta de valor
    canvas, 110–111
    criar da perspectiva do valor compartilhado, 93
Protótipo de ideias, workshop de alinhamento, 229
Provedor, identidade no blueprint de serviço expressivo, 280
Pruitt, John, 130

Q

Qualitativa, pesquisa
    compilar conteúdo para diagrama, 183
    dados, análise, 165–168
    entrevista, 157–162
Qualtrics XM, 74
Quantitativa, pesquisa
    incluir no diagrama, 186
    papel ao investigar um projeto de mapeamento, 168–169
Quatelbaum, Patrick, 380–381
Questionamento aberto, abordagem de entrevista, 163

R

Rachieru, Cornelius, 381, 396–401
Raciocínio da jornada, 76
Rail Europe, diagrama, 9, 87, 157–158
Rápido, método do modelo mental, 360
Rawson, Alex, 44, 126
Reason, Ben, 383–385
Recrutamento, montar equipes compassivas, 67
Recursos para esforço de mapeamento, avaliar, 140
Rede
    estrutura para diagrama, 41, 380, 394
    sociais, pesquisar, 148, 169
Redistribuída, produção, 49
Referência compartilhada, diagramas de alinhamento como, 20
Reformular concorrência, 88–91
Reichheld, Fred, 169
Relatórios do setor e documentos, investigar projeto de mapeamento, 149
Repetir comportamento, ilustrar no diagrama, 181
Rhea, Darrel, 17
Risdon, Chris, 7, 9, 44, 87, 157–158, 380–381
Rogers, Everett, 307

S

Safári de Estratégia (Mintzberg), 104
Schauer, Brandon, 276, 326
Schneider, Jakob, 302, 304
Schrage, Michael, 254
Secreto, consumidor, 154
Segmentação
    de clientes
        proposta de valor, canvas, 110
        repensar, 88–91
    de jornadas, 75
    significativa, 88
Seguradora, modelo mental (estudo de caso), 368–376
Semanal, diagrama, 334, 335
Service Design (Polaine, Løvlie e Reason), 383
Serviço,
    blueprints, 7, 128, 133, 273–297
        diferenciar de MJCs, 136–139
        elementos, 289–290
        estender, 276–278
        exemplos, 8, 14
        expressivos, 280
        facilitar sessões colaborativas com (estudo de caso), 293–294
        mapeamento, aspectos, 289
        pontos fortes e fracos, 289
        visualização, serviços, 274–278
    blueprints
        versus mapas da jornada do cliente, 312
    diagramas do ecossistema, 383–387, 396–401
Setor, desafiar suposições, 225–226

Shaw, Colin, 299–300
Shedroff, Nathan, 17
Shek, Yvonne, 338
Sheldrick, Leila, 46
Sheth, Jagdish, 17
Shostack, G. Lynn, 274, 285
Significado, como valor premium, 17
Sinclair, Matt, 46, 49–54
Situacional, natureza da experiência, 34
Smaply, 203
Smith, Gene, 326
SnapSupport, 247
Snow, John, 31, 47
Social, valor, 17
Software
    para ilustrar diagrama, 200–202
    Usability Measurement Index (SUMI), 169
Sonos (empresa), 172–174
Southwest Airlines, 67–68, 101
Spraragen, Susan, 7, 8, 280
Stakeholders, 123, 127
    mapas dos, 128
Starbucks, 177
Stickdorn, Marc, 302, 304
Storyboard, 247
System Usability Scale (SUS), 169

T

Tallec, Christophe, 239–242
Tate, Tyler, 13, 16
Taxonomia, desenvolvimento, 390–392
Temkin, Bruce, 299–300
Tempo, barreira para consumo, 224
Teoria "jobs to be done", 113

Teste
  do corredor, técnica de feedback, 229
  em laboratório, mapa da experiência (estudo de caso), 207–211
  online, feedback do workshop de alinhamento, 229
Thapliyal, Elizabeth, 113–117
The Ask, 254
The End of Competitive Advantage (McGrath), 90
The Essential Advantage (Leinwand e Mainardi), 21
The Innovator's Method (Furr e Dyer), 46
The Nature of Explanation (Craik), 362
The New How (Merchant), 98
The Persona Lifecycle (Adlin e Pruitt), 130
The Ultimate Question (Reichheld), 169
The Year Without Pants (Berkun), 69
Thinking in Systems (Donella Meadows), 347
This is Service Design Thinking (Stickdorn e Schneider), 302
Thomson, Jamie, 334
Tincher, Jim, 130
Tipografia, design do diagrama, 187
Tomadores de decisão, ter adesão para projeto de mapeamento, 125–127
Torres, no diagrama do modelo mental, 355
Touchpoint Dashboard, 203
Trabalhos, mapas, 338–340
Transacional, volatilidade, 273–274
Transcrição, informações, 168, 359
Tufte, Edward, 193

U

Ulwick, Tony, 114, 341
Upaday, Tarun, 326
uso, dimensão no design do diagrama, 42, 133
  blueprints de serviço, 289
  ecossistema, modelos, 394
  mapa da experiência, 345
  mapa da jornada do cliente, 312
  mental, diagramas do modelo, 366
Usuário
  habilidade, barreira ao encontrar valor, 224
  histórias, 258
  modelo mental, função para, 354
  vida diária, 36, 63
UXPressia, 203

V

Valor
  alinhar, 5, 13, 17–18, 219
  comercial compartilhado, 95
  compartilhado, criar, 92–95
  da marca, promover a vivência, 70
  design centrado em, 3, 285–287
  emocional
    alinhamento para, 17
    momentos de verdade como, 46
  entender percepção do cliente, 148
  como interseção de pessoa e organização, 3–4
  mapeamento da história (estudo de caso), 316–320
  mapeamento do fluxo, 283
Value Stream Mapping (Martin e Osterling), 283
Vantagem relativa, processo de decisão da inovação, 307
Vários atores, mapeamento da experiência, 338
"Viabilidade versus valor", matriz, 226
Vida diária do usuário, ponto de vista, 36, 63
Visio, 200
Visual
  alinhamento no diagrama, 191
  hierarquia, criar no design do diagrama, 191
Vivas, Rafa, 61
Von Gorp, Trevor, 326

W

Walters, Jeannie, 44
Wang, Tricia, 157
Web, ferramentas para mapear, 203–204
We Design Services (WDS), 239
Womack, James, 283, 285
Woods, Karen, 347–350
Workshops, montar equipes compassivas, 70
Wreiner, Thomas, 276

X

Xiameter (empresa), 109

Y

Young, Indi, 113, 172, 355–358, 368–376

Z

Zero, Momento de Verdade (ZMOT), 311

Projetos corporativos e edições personalizadas
dentro da sua estratégia de negócio. Já pensou nisso?

Coordenação de Eventos
Viviane Paiva
viviane@altabooks.com.br

Assistente Comercial
Fillipe Amorim
vendas.corporativas@altabooks.com.br

A Alta Books tem criado experiências incríveis no meio corporativo. Com a crescente implementação da educação corporativa nas empresas, o livro entra como uma importante fonte de conhecimento. Com atendimento personalizado, conseguimos identificar as principais necessidades, e criar uma seleção de livros que podem ser utilizados de diversas maneiras, como por exemplo, para fortalecer relacionamento com suas equipes/ seus clientes. Você já utilizou o livro para alguma ação estratégica na sua empresa?

Entre em contato com nosso time para entender melhor as possibilidades de personalização e incentivo ao desenvolvimento pessoal e profissional.

CONHEÇA OUTROS LIVROS DA **ALTA BOOKS**

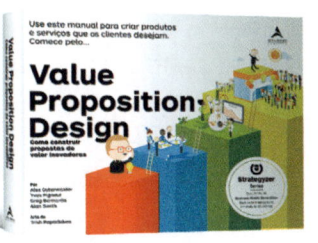

- Data Science do Zero — Joel Grus
- Desenvolvimento Real de Software — Raoul-Gabriel Urma & Richard Warburton
- Mãos à Obra: Aprendizado de Máquina com Scikit-Learn, Keras & TensorFlow — Aurélien Géron
- Estatística Prática para Cientistas de Dados — Peter Bruce & Andrew Bruce
- Value Proposition Design
- Testing Business Ideas

Todas as imagens são meramente ilustrativas.

PUBLIQUE SEU LIVRO

Publique seu livro com a Alta Books.
Para mais informações envie um e-mail para: autoria@altabooks.com.br

ALTA LIFE Editora · ALTA NOVEL · ALTA/CULT Editora · ALTA BOOKS Editora · alta club

/altabooks /alta-books /altabooks /altabooks